Andreas Brosch

Unsere Vornamen

und was sie uns erzählen

1500 Namen

von biblisch bis modern

BRUNNEN
Verlag GmbH · Giessen

Andreas Brosch, Jahrgang 1957, arbeitet als Pfarrer in Kaiserslautern.
Mehr über UNSERE VORNAMEN UND WAS SIE UNS ERZÄHLEN sowie ergänzende Informationen und Angebote finden Sie unter www.unsere-vornamen.de

MIX
Papier aus verantwortungsvollen Quellen
FSC® C014496

2. Auflage 2019

Idee & Redaktion: Petra Hahn-Lütjen
Umschlaggestaltung: Spoon Design, Daniel Eschner
Satz: Brunnen
Druck: GGP Media, Pössneck
ISBN 978-3-7655-0995-7

www.brunnen-verlag

Für Sven Findeisen,
der mich die Liebe zu den Wörtern lehrte

Inhalt

Vorwort

Unsere Vornamen erzählen Geschichten. Namen sind meist etliche Hundert Jahre alt, viele stammen aus unserer deutschen Sprache, andere sind im Laufe der Geschichte bei uns eingewandert. Da gibt es was zu erzählen: über das Ursprungsland und seine Sprache; über die Bedeutung, die sich vielleicht im Laufe der Jahrhunderte verändert hat; über Namensvorbilder in der Bibel oder in der Geschichte. Hier begegnen wir Helden und Heiligen, aber auch Versagern und Verzweifelten.

In vielen Namen, vor allem in den biblischen, steckt ein Zuspruch: Du bist gewollt, du bist ein großes Geschenk, du bist geliebt. Und so hat Gott mit jedem von uns seine persönliche Geschichte …

Ist dies ein christliches Buch? – Ja und nein. Nein, weil es auch in einem anderen, nicht ausdrücklich christlichen Verlag hätte erscheinen können. Ja, weil ein solches Buch unweigerlich christlich wird: Zu groß ist der Anteil biblischer Namen in unserem Namensschatz, zu viele Heilige haben dafür gesorgt, dass Namen aus der Antike es in unsere Zeit geschafft haben. Und weil dieses Buch vor allem Geschichten erzählen will, kommt es gar nicht umhin, auch die Geschichte dieser biblischen Gestalten und der Heiligen auszubreiten – wahrscheinlich etwas ausführlicher, als dies in anderen Büchern geschieht.

So ist dieses Buch auch eine Einladung, sich mit dem eigenen Namen auseinanderzusetzen. Aber auch mit den vielen anderen Namen, deren Geschichte zusammengenommen so etwas wie eine kurze Kulturgeschichte unseres Landes, ja Europas ergibt.

Viel Freude beim Schmökern wünscht
Andreas Brosch

Einführung: Die Herkunft unserer Namen

Meine Spielkameraden hießen Gerhard und Wolfgang, Sabine und Petra. Wenn ich heute in den Kindergarten gehe, begegne ich Kindern wie Jayden und Zoe, Travis und Okilani – hie und da aber auch einem Karl oder Friedrich. Die Vielfalt unserer Namen ist enorm gewachsen, die Globalisierung auch hier weit fortgeschritten. Und es ist nicht ungewöhnlich, dass auch ein Kind deutscher Eltern einen Namen trägt, der aus Hawaii kommt oder aus der Suahelisprache stammt.

Nicht immer ist es so einfach, zu sagen, woher ein Name kommt. Da ist es wie bei den Menschen:

„Wo kommst du her?", frage ich den jungen Mann. Sein schwarzes Haar, sein dunkler Teint und der leicht asiatische Zug um seine Augen haben mich neugierig gemacht. „Aus Bielefeld", antwortet er in akzentfreiem Deutsch.

„Und deine Familie?", will ich wissen.

„Das ist eine lange Geschichte …", fängt er an und erzählt mir dann, wie seine Vorfahren vor vielen Jahren das östliche Kasachstan verließen und auf Umwegen schließlich über Frankreich nach Deutschland kamen.

„Wo kommt mein Name her?" – Auch hier muss man mit einer komplizierten Antwort rechnen. Nicht nur Menschen, auch Namen haben manchmal einen langen Weg hinter sich. Sie haben eine Geschichte, und man darf sich nicht durch den Klang täuschen lassen. So kommt der Name John offensichtlich aus England; doch man sieht ihm an, dass dahinter Johannes steht. Das ist ein biblischer Name, in dieser Form griechisch, im Grunde jedoch hebräisch. Der Name Nadine, man hört es, ist aus Frankreich eingewandert. Dorthin hatte es ihn aber aus Russland verschlagen vor gar nicht allzu langer Zeit. Dahinter steht tatsächlich ein russisches Wort für „Hoffnung", doch das ist nur die Übersetzung eines griechischen Heiligennamens …

Vergleicht man unseren Vornamenschatz mit einem Meer oder einem riesigen „Pool", dann kann man sagen: Es gibt heute wesentlich mehr Zuflüsse als früher. Und diese Zuflüsse sind oft sehr lang, sie reichen weit zurück in die Vergangenheit. Sie sind zum Teil weit verzweigt, und immer wieder gibt es unerwartete Querverbindungen. Es ist spannend, sozusagen flussaufwärts zu wandern und zu versuchen, an die Quellen zu gelangen. Wobei auch der Unterlauf durchaus seinen Reiz hat und die Quelle nicht alle Aufmerksamkeit für sich beanspruchen kann. Trotz der Fülle an Zuflüssen aus oft fremden Quellen – es sind bis heute im Wesentlichen drei Quellen, aus denen sich unser Namenschatz speist.

Es sind die drei Kulturkreise, die auch auf anderen Gebieten bis heute prägend sind: die Welt der hebräischen Bibel, die griechisch-römische Kultur und die Welt der Germanen.

Biblisch-hebräische Namen

Eine ganze Reihe unserer Namen stammen aus der Hebräischen Bibel, unserem Alten Testament. Bei vielen merkt man das kaum noch: Hans klingt für viele sehr deutsch, und auch Amrei sieht man nicht an, dass die biblischen Namen Anna und Maria hinter dem Namen stehen.

Die meisten hebräischen Namen sind Satznamen und drücken ***Freude und Dank*** der Eltern aus. Der Grund ist die Geburt des Kindes und der damit verbundene soziale und religiöse Prestigegewinn vor allem der Mutter; Adressat ist Gott, auch wenn er nicht immer ausdrücklich genannt wird.

Wie einst Hanna im Heiligtum in Silo, so hat die Mutter Gott um einen Sohn gebeten, und Gott hat sich daran „erinnert" (Zacharias), hat ihre Not „gesehen" (Ruben), ihre Gebete „erhört" (Simon). Das Kind ist „der Erbetene" (Saul), ein „Gottesgeschenk" (Matthias), von Gott selbst „gegeben" (Jonathan). So hat der „gute Gott" (Tobias) der Mutter „Barmherzigkeit gezeigt" (Johannes, Hanna), er hat sie „gerettet" (Joshua, Hosea), wohl vor dem Spott der Nachbarn. Vielleicht hat er sie „geheilt" (Rafael, Josia), wahrscheinlich von ihrer Kinderlosigkeit, und sie dadurch „rehabilitiert" (Daniel, Dana, Dina): Keiner konnte mehr behaupten, ihre Unfruchtbarkeit sei eine Strafe Gottes. So hat Gott sie (aus dem Staub) „erhoben" (Joachim) und sich selbst „als überlegen erwiesen" (Jeremias). Denn nur der lebendige Gott konnte dieses Kind schenken, er, Jahwe, ist der einzige Gott (Elias, Joel) und alleinige „Herrscher" (Sara, Israel) in der „Fülle" seiner Macht und Möglichkeiten (Elisabeth) – „wer ist wie Er?!" (Michael).

In diesem Kontext sind die meisten hebräischen Namen zu deuten. Andere richten das Augenmerk auf die Schönheit des Kindes oder auf andere ***Eigenschaften***: Saphira ist „schön", Edna „lieblich" und Rebecca „bestrickend". Jiska ist eine „Augenweide", Ruth reines „Labsal" und Naomi die schiere „Freundlichkeit". Isaak „lacht" (wenn es nicht seine Eltern tun oder Gott selbst), David ist der „Liebling" und Martha zur „Herrin" geboren.

Manchmal wird ein Vergleich aus der ***Tier- oder Pflanzenwelt*** bemüht, um eine (erwünschte) Eigenschaft des Kindes zu beschreiben: Die Taube (Jonas) ist wohl so süß wie das Vögelchen (Zippora), die Biene (Debora) hingegen fleißig. Tabea und Jael sollen sich einmal so elegant bewegen wie eine „Gazelle" und Lea wie eine „Wildkuh". Von Rahel, dem „Mutterschaf", wird erwartet, dass sie einmal fruchtbar sein wird – ebenso wie Tamar, die „Dattelpalme", die daneben auch stattlich dasteht, während Susanne, die „Lilie", einfach schön ist.

Auch andere ***Wünsche für das Kind*** werden in den Namen hineingelegt:

Benjamin soll ein „Glückskind" sein (wenn er nicht einfach der „Südländer" ist), Ethan, dem „Beständigen", wünscht man langes Leben, und Jakob trägt den Wunsch im Namen, „Gott möge (ihn) beschützen".
Der Sinn mancher Namen erschließt sich auch aus der ***Situation der Familie:*** So kann man Hiob übersetzen als „Wo ist Vater?" und das Kind als eine Art Ersatz verstehen für den Verstorbenen. Als Ersatz für ein gestorbenes Geschwisterkind können Salomo und Salome, aber auch Seth gesehen werden. Josef hat zumindest beim Erstgeborenen den Sinn „(Gott) möge hinzufügen", nämlich weitere Geschwister. Thomas schließlich ist ein „Zwilling".

Rund 1400 Personennamen werden in der Bibel erwähnt, zum größten Teil Männernamen. Nur relativ wenige davon sind bei uns heute gebräuchlich; in den USA ist das etwas anders, und niemand dort wundert sich über einen Seth oder eine Abigail.

Den Weg in die Moderne fanden die biblischen Namen meist über die Kirche: als Namen von Heiligen oder anderer verehrungswürdiger Personen. Das geschah vor allem im 12. und 13. Jahrhundert, aber auch im Zuge der Reformation, wo man Wert legte auf die biblische Tradition im Gegensatz zu oder unabhängig von Heiligengeschichten. Nach dem 2. Weltkrieg gab es eine erneute Hinwendung zu biblischen Namen, Ausdruck einer Suche nach neuen oder eben alten Werten. Die Internationalisierung unserer Namen schließlich hat in den letzten Jahrzehnten eine Welle biblischer Namen aus dem englischsprachigen Bereich zu uns herüberschwappen lassen; einige davon waren mit den Puritanern einst in die Neue Welt gesegelt. Hierzulande waren sie über die Jahrhunderte auch zu finden gewesen, doch erst jetzt kamen sie richtig in Mode. Die englische Form ist häufig ein Indiz hierfür: Joshua, Ben (Benjamin) und Mia (aus Maria ➤ Miriam) mögen hier als Beispiel dienen, auch Aaron und Mara gehören hierher. Auch bisher völlig unbekannte Namen aus der Bibel wie Sharon (ein Landschaftsname) oder Jayden (Jadon in der Bibel) wurden hier populär – wohl des Klanges wegen.

Griechisch-römische Namen

Die Namen aus dem griechisch-römischen Kulturkreis sind wesentlich vielfältiger als die biblisch-hebräischen. Und auch hier gilt: Nur ein Bruchteil davon ist heute bei uns noch in Gebrauch.

Ein Teil der Namen ist auch hier religiös motiviert, jedoch in wesentlich größerer Vielfalt: Neben Theodor, dem „Gottesgeschenk", steht Isidor, das „Geschenk der (ägyptischen Göttin) Isis". Und außer Theophilos, der „Gott liebt", gibt es auch Oinophilos, der „den Wein liebt". Die Namen sind aufs Ganze wesentlich profaner, sie sind prosaischer und pragmatischer als die meisten biblisch-hebräischen.

Viele Namen bezeichnen die ***Herkunft*** eines Menschen: Roman und Urban meinen den Römer, Laurentius kam einst aus der Stadt Laurentum und Lukas aus der Landschaft Lukania. Adrian stammte aus Hadria, Moritz aus dem Land der Mauren. Lydia ist ursprünglich die Lydierin so wie Doris die Dorierin und Sabine die Sabinerin. Silvia aber kommt „vom Walde", während Barbara für eine Ausländerin steht, die kein Griechisch spricht, sondern nur „Rhabarber" stammelt, eine Barbarin eben.

Manche Namen weisen auf den ***Beruf*** eines frühen Namensträgers hin: Fabian ist der „Bohnenzüchter", Georg schlicht der „Bauer", Oliver pflanzte einst Oliven an, und Jason war wohl Arzt („Heiler").

Wie bei den meisten deutschen Namen spielen auch ***Krieg und Herrschaft***, Ruhm und Herkunft eine Rolle. Dinge, auf die man stolz sein konnte. Andreas ist „mannhaft", Alexander „Männer abwehrend" und Nikita „unbezwingbar". Archip bedeutet „Pferdelenker", Ägidius „Schildträger", und Veronika bringt den Sieg (Victoria). Als „Sieger" kommen Victor und Vinzenz nach Hause, wo sie vom Volk (Nikolaus) empfangen werden. Auf die edle Abkunft und entsprechenden sozialen Status weisen Eugen („wohlgeboren") und Patrick („Patrizier") hin. Clara ist „berühmt", einen ehrenden „Lorbeerkranz" trägt Laura, und auch Stephan ist „bekränzt".

Viele Namen beziehen sich auf tatsächliche oder erwünschte ***Eigenschaften*** des Trägers: Melanie ist „schwarz", Rufus „rot"; gemeint sind wohl die Haare. Während Paulus auf die „kleine" Gestalt weist, ist Magnus „groß" und Maximilian gleich „der Größte", was sich nicht auf die Körpergröße beziehen muss. Positive Eigenschaften wie „gut" (Agathe) und „heilig" (Agnes), „ehrwürdig" (Priszilla) und „stark" (Valentin) überwiegen, doch auch mit körperlichen Mängeln ging man nicht zimperlich um: Calvin ist der „Kahlkopf", Claudia „hinkt", und Cäcilia ist wohl „blind".

Auch ***Tier- und Pflanzenwelt*** sind vertreten: Löwe (Leo, Leon), Biene (Melissa) und Pferd (Philipp, der „Pferdefreund"); Veilchen (Viola), Lilie (Lilia) und Myrthe (Myrta). Auch Margareta als „Perle" gehört hierher.

Die ***Umstände der Geburt*** finden ebenfalls ihren Niederschlag in den Namen: Desirée (Desiderata) und Erasmus waren „ersehnt", Quentin (Quintus) kam als fünftes Kind auf die Welt und Cordula mit Verspätung. Den Geburtstermin halten fest: Natalia (Weihnachten), Pascal (Ostern) und Dominik (an einem Sonntag) – alle drei schon christliche Namen (s. u.).

Die griechische und lateinische ***Mythologie*** wird gerne bemüht, Kinder werden bestimmten Göttern geweiht, etwa Apollonia dem Apoll oder Aurel dem Gotte Ausel. Martin, Markus und Marius gehören dem Kriegsgott Mars, sofern sie nicht im März geboren sind, der ebenfalls dem Gotte heilig war. Hier wäre noch Demeter zu nennen (Dmitri) und auch Maja, die nach der gleichnamigen Göttin heißt. Auch Götterchef Jupiter darf nicht fehlen: Julius und Julia tragen ihn wahrscheinlich im Namen.

Manche religiös motivierten Namen wurden später von den ***frühen Christen*** umgedeutet: Dorothea, das „Gottesgeschenk", kam nun vom christlich-jüdischen Gott, ebenso Donatus, dessen Name schlicht „der Geschenkte" bedeutet. Dieselbe Übertragung kann man beobachten bei Theophil, „Gottlieb“, oder Timotheus, „Fürchtegott“. Beate galt nun als „glücklich“ in völlig neuem Sinn, nämlich der Seligpreisungen. Wer als „Sieger“ (Victor, Vinzenz) zu gelten hatte, wurde neu definiert: Es waren die Märtyrer, die in der Verfolgung durchgehalten hatten – ein Ehrentitel, in deutschen Bibeln steht hier meist „Überwinder“.

Einige spätantike Namen aber wurden von den Christen neu geschaffen: Petrus, der „Fels“, war vorher unbekannt, Renatus und Renata galten als „wiedergeboren“ im christlichen Sinn, und Anastasia trug die Hoffnung auf ihre „Auferstehung“ im Namen. Und christlicher als Christian/-a und Christoph geht es nicht mehr: Beides bedeutet schlicht „Christ“.

Die Griechen kannten vorwiegend zweigliedrige Namen, vergleichbar den germanischen. Auch hier steht die Welt des Kriegers und des Herrschers im Mittelpunkt, und auch hier ist nicht immer klar, ob die beiden Glieder inhaltlich aufeinander bezogen sind und ein Gesamtsinn gesucht werden sollte. Die meisten dieser Namen kennen wir nur noch aus Geschichtsbüchern: Telemachos (fern + Kampf), Peisistratos (überreden, täuschen + Heer), Nikodemos (Sieg + Volk), Kleopatra (Ruhm + Vater), Sokrates (Retter + Herrschaft) usw. Eingliedrige Namen sind etwa: Odysseus (der Zornige), Ptolomaios (Kämpfer), Perseus (Vernichter), Seleukos (der Strahlende) oder Philemon (Kuss).

Die Römer pflegten über Jahrhunderte ein strenges dreigliedriges Namensystem aus Vornamen (praenomen), Geschlechternamen (nomen gentile) und Beinamen (cognomen); Letzterer wurde erst dem Erwachsenen beigelegt. Doch bald nach der Zeitenwende löste sich dieses System auf, und die meisten Menschen trugen nur noch einen Namen; der konnte aus jeder der drei genannten Gruppen stammen.

Nur wenige dieser antiken Namen haben es in die Moderne geschafft. Die meisten davon wurden als Namen von Heiligen im Mittelalter übernommen, ungeachtet ihrer Herkunft und Bedeutung. Auch ziemlich unchristliche Namen wie Isidor („Geschenk der Isis“) oder Martin („dem Mars geweiht“) kamen so zu uns; der Aufschwung des Heiligenkults im Gefolge der Kreuzzüge spielte hier eine wichtige Rolle. Nur ausnahmsweise wurden Namen wegen ihrer Bedeutung für die griechische oder römische Kultur hier heimisch, die meisten in der Zeit des Humanismus. Jason ist hier zu nennen, aber auch August, in neuerer Zeit Doris und Daphne.

Germanische Namen

Die Welt der germanischen Namen ist im Wesentlichen die Welt des Kriegers: Kampf und Stärke, Ruhm und Ehre beherrschen hier das Feld. Das gilt auch für Frauennamen, die meist aus denselben Bausteinen zusammengesetzt sind; nur wenige Namenglieder sind Frauen vorbehalten oder haben dort eine abgewandelte Bedeutung, etwa HEIT, (schönes) Wesen, LIND, mild, oder RUN, Geheimnis.

Die meisten germanischen Namen bestehen aus zwei Namenwörtern oder Namengliedern: SIEG + FRIED, HER + BERT, KON + RAD. Eingliedrig sind zum Beispiel Bruno, Ernst, Frank oder Wigand. Die meisten kurzen Namen, die man für eingliedrig halten könnte, sind hingegen aus zweigliedrigen Namen entstanden, etwa Bert aus Herbert, Kurt aus Konrad oder Sigi aus Siegfried.

Die germanischen Namen sind in grauer Vorzeit entstanden; was sich ihre Schöpfer damals dabei dachten, liegt häufig im Dunkeln. Wahrscheinlich jedoch hatten diese zweigliedrigen Namen ursprünglich einen Gesamtsinn wie „mächtig im Volk" (Dietrich), „kühn im Rat" (Konrad) oder „der wie ein Wolf in die Schlacht zieht" (Wolfgang).

Ob dies bei einem bestimmten Namen der Fall ist, lässt sich selten mit Sicherheit sagen. Das liegt an einer Namenmode, die etwa zwischen dem 4. und dem 10. Jahrhundert zu beobachten ist: Um den Zusammenhalt der Sippe zu zeigen und zu festigen, kombinierte man Namenglieder der Eltern oder anderer Verwandter zu neuen, bisher nicht dagewesenen Namen. Häufig wurde auch nur ein Namenglied übernommen. So finden sich in der Sippe der bairischen Langobardenkönige des 7./8. Jahrhunderts Namen wie Theudebert, Cunipert, Raginpert oder Haripert, allesamt mit dem Namenglied BERT, berühmt. Und im Hildebrandslied wird dies noch gesteigert durch den Stabreim in den Erstgliedern, die sich zusätzlich inhaltlich ähneln: Hildebrand, Hadubrand und Heribrand („Schwertträger im Kampf / im Heer").

Die genannten Kombinationen ergeben einen zufriedenstellenden Sinn. Doch kamen durch diese Mode der relativ beliebigen Kombination von Namengliedern auch eine Reihe sinnloser Namen zustande wie Hedwig und Hildegund („Kampf-Kampf") oder Volker und Dieter („Kriegsschar-Kriegsschar"). Der Zufall konnte natürlich auch wieder Sinnvolles hervorbringen, stammen doch die meisten Namenwörter aus der Welt des Kampfes.

Auf diese Weise wuchs der Namenschatz enorm an, zur Zeit Karls des Großen standen rund tausend verschiedene Namenglieder zur Verfügung; heute sind vielleicht noch zehn Prozent davon in Gebrauch oder auch nur bekannt.

Es gab aber auch Regeln für die Zusammensetzung von Namengliedern: Bei Frauennamen muss das zweite Glied weiblich sein, bei Männernamen männlich. Stabreim innerhalb des Namens (*Hug-helm) findet sich nirgends, ebenso wenig interner Endreim (*Trut-mut).

Etliche Namenwörter stammen aus der dichterischen Sprache und wurden schon früh nicht mehr verstanden, weil längst andere Wörter diese Bedeutung übernommen hatten: *scild* für RANT, *swert* für BRAND usw. Andere verloren ihren ursprünglichen Sinn ganz und wurden nur noch als Endungen empfunden und dann auch im allgemeinen Wortschatz so verwendet (HART wie heute noch in *Bankert* oder BALD wie in *Trunkenbold*).

In der folgenden exemplarischen Auflistung (und auch im lexikalischen Teil) wird nur die Bedeutung der einzelnen Namenglieder beachtet, nicht die Gesamtbedeutung der Namen. Wer mag, kann sich eine solche in den meisten Fällen leicht zusammenreimen.

Manche Namenwörter bezeichnen den ***Kampf*** als solchen (GUND, HADU, HILD, WIG) oder aber den Kämpfer (MAN) bzw. das Kriegsvolk (DIET, VOLK, HER). Hierher gehören auch die Wörter, die sich auf ***Verteidigung und Schutz*** beziehen: BURG, FRIED, GARD, HEIL, HELM, MUNT usw. ***Eigenschaften des Kriegers*** spielen eine wichtige Rolle: Kraft und Tapferkeit (AMAL, MAHT, MAIN, TRUD), Kühnheit und Entschlossenheit (BALD, KON, MUT, NAND, WIL), aber auch Verstand und Besonnenheit (HUG, RAT, RAIN).

Häufig wird der Krieger durch seine ***Waffe*** repräsentiert, etwa sein Schwert (BRAND, aber auch AGI, Schärfe, oder ORT, Spitze) oder seinen Spieß (ENGEL, GER, GIS), seinen HELM oder seinen Schild (LIND, RAND). Auch ***Tiere*** stehen stellvertretend für den Kämpfer und seine Eigenschaften: Adler (ARN), Bär (BER, BRUN), EBER, Löwe (LEON), Rabe (RAM) und WOLF.

Ruhm und Ehre im Kampf zu erwerben ist Lebenssinn und -ziel des Kriegers. Hiervon zeugen RUD und RUM („Ruhm"), BERT, LUD und MARI („berühmt"), aber auch GILD (wohl zu „gelten") und ERA („Ehre").

Auch ***Herrschaft und Grundbesitz*** gehören zu den angesagten Werten der germanischen Männerwelt: Für den Herrscher stehen BOD, RICH und WALT, für den Besitz BURG, HAG, HEIM, LEIB und OT.

Auf die ***Herkunft*** wird großer Wert gelegt: Edel sollte sie sein (ADAL, KUNI), sie kann aber auch rein geografisch gemeint sein (FRANK, GOS, NORD, SAHS, WALAH).

Schließlich fehlt auch die Welt der ***Mythologie*** nicht. Naturgeister kommen vor (ALB), aber auch Götter wie Ingwio (ING) oder THOR, das Göttergeschlecht der Asen (ANS) oder schlicht GOTT. Zauberei und der Umgang mit Runen (RUN) war Frauen vorbehalten.

Andere Namen

Anita und Mike, Kerstin und André, Alina und Luis – viele Namen, die in den letzten Jahrzehnten aus anderen Ländern zu uns gekommen sind, sehen modern aus, stammen jedoch aus den genannten drei Quellen (hebräisch: Hanna und Michael; griechisch: Christiane und Andreas; germanisch: Adelheid und Ludwig).

Eine Reihe von Namen sind ***keltischen Ursprungs;*** sie wurden teils schon im späten Mittelalter importiert wie Brigitta, Artur oder Tristan. Zum Teil stammen sie auch aus der (gefälschten) Ossian-Dichtung des Schotten MacPherson (18. Jahrhundert), etwa Oskar oder Selma. Die meisten aber sind in jüngerer Zeit vor allem über das Englische zu uns gelangt: Cedric und Finn, Kevin und Lynn, Muriel und Vivian …

Slawische Namen haben seit Langem ihren Platz in unserem Namenschatz, wenn auch nur vereinzelt: Wenzeslaus und Dagmar finden sich seit dem 13., Ludmila seit dem 16. und Gustav seit dem 17. Jahrhundert. Gustav hatte seine große Zeit um die Wende zum 20. Jahrhundert, Dagmar dann in den 40er- bis 60er-Jahren. Im neuen Jahrtausend schwimmen einige wenige Namen auf der Wohlklang-Welle zum Teil recht weit oben: Mila, Milan und Milena seien hier genannt.

Die Internationalisierung oder Globalisierung der Namen in jüngster Zeit sorgt dafür, dass auch arabische Namen (Laila, Rabea, Samira), indische (Shirin) und indianische (Chayenne, Winona) im Kindergarten und in der Schule nichts Ungewöhnliches mehr sind.

Zum Gebrauch dieses Buches

Soll man blättern in diesem Buch? – Ja und nein. Ja: Das Buch lädt ein zum Schmökern, es soll ein Lesebuch sein. Deswegen ist Blättern erwünscht: Die Geschichte von Tristan findet bei Isolde ihre Fortsetzung, Romeo seine Julia etliche Seiten zuvor, und die Story des Nibelungenlieds kann man sich bei Gunter und Hagen, bei Kriemhilde und Siegfried zusammenlesen. Insofern: blättern, ja bitte.

Nicht blättern muss man in diesem Buch in dem Sinn, dass man von Pontius zu Pilatus geschickt würde: Wer etwa Alisa aufschlägt, muss sich nicht über Alice durchhangeln zu Adelheid, um endlich zu erfahren, dass der Name „von vornehmem Wesen" bedeutet; die Kurzinformation steht immer gleich mit dabei, bei fremdsprachigen Namen auch die Herkunftssprache. Wer mehr wissen möchte, findet ausführlichere Informationen dann bei Adelheid.

Wer es ganz genau wissen möchte, für den gibt es detaillierte Auskunft zu den ***deutschen Namenwörtern.*** In rund neunzig Sonderartikeln werden diese heute noch lebendigen deutschen Namenglieder wie ADAL und HEIT, HER und BERT, SIEG und FRIED genauer beleuchtet: Was sind die sprachgeschichtlichen Zusammenhänge? Welche Vorstellungen stehen hinter dem Wort? Wie hat sich die Bedeutung historisch entwickelt? In welchen Namen (Personennamen, Familiennamen, Ortsnamen) findet sich das Wort beispielsweise? In allen Artikeln zu Namen, die solche Namenwörter enthalten, findet sich dann ein Hinweis auf diese Sonderartikel; die Namenglieder sind dabei in Großbuchstaben gesetzt. Ein * innerhalb dieser Sonderartikel (vereinzelt auch in anderen Artikeln) bedeutet: Diese Form ist nicht belegt, sondern erschlossen. Das ist bei germanischen Wörtern der Fall (die Germanen schrieben selten), aber auch bei indoeuropäischen (s. u.).

So können auch solche deutschen Namen, die nicht gesondert behandelt werden in diesem Buch, etwa Berthild oder Siegwald, mühelos in ihrer Bedeutung erschlossen werden. Zu BERT und HILD sowie SIEG und WALD finden sich genaue Angaben unter dem entsprechenden Stichwort. Mehr dazu in der Einführung unter „Germanische Namen".

Bei der sprachlichen Herleitung dieser Namenwörter sind einige paar Fachbegriffe unvermeidlich. Sie werden am Ende dieses Abschnitts kurz erklärt.

Viele Namen kommen aus anderen Sprachen zu uns und werden entsprechend ausgesprochen: englisch oder französisch, spanisch oder italienisch etwa. Nun gibt es zwar eine präzise phonetische Umschrift (Lautschrift), doch die beherrschen nur wenige. Deswegen wurde für dieses Buch eine sehr ***einfache Lautschrift*** gewählt, die auf Sonderzeichen ganz verzichtet. Fremde Laute werden durch einen Vergleich mit bekannten Lehnwörtern deutlich gemacht: Henri [ohrih; vorne wie in Feuille*ton*] oder Giulia [dschulia; vorne wie in *Dsch*ungel]. Der Vergleichslaut ist zur Verdeutlichung kursiv gesetzt, die betonte Silbe bzw. der Vokal unterstrichen; Letzteres gilt auch für den Namen zu Beginn des jeweiligen Artikels (Adelheid).

Zu fast allen Namen finden sich am Ende eines Artikels Angaben zum ***ersten Auftreten*** in Deutschland (oder im deutschsprachigen Raum) und zur weiteren Entwicklung; wo es möglich ist, wird etwas über die aktuelle ***Popularität*** des Namens gesagt. Grundlage hierfür sind vor allem Seibickes *Historisches Deutsches Vornamenbuch* und die Internetseite *www.beliebte-vornamen.de.*

Prominente Namensträger aus Vergangenheit und Gegenwart werden in Auswahl geboten; die Zusammenstellung hat dabei immer auch etwas Willkürliches. Dasselbe gilt für die ***Namenspatrone,*** auch hier wird kein Wert auf Vollständigkeit gelegt.

Das ***Literaturverzeichnis*** ganz am Ende des Buches lädt dazu ein, sich noch intensiver mit der Geschichte unserer Namen zu beschäftigen. Kurze Erläuterungen zu einigen der Bücher oder Webseiten sollen dabei helfen.

Auf Abkürzungen wurde weitestgehend verzichtet, auch bei der Angabe von Bibelstellen; das Buch soll auch ohne Insiderwissen leicht zu lesen sein.

Die Übersetzungen aus Tacitus' *Germania* stammen von mir.

indoeuropäisch: bezeichnet zunächst eine Sprachfamilie. Die meisten europäischen Sprachen wie Griechisch, Lateinisch mit allen romanischen Sprachen, aber auch Deutsch und alle germanischen Sprachen gehören dazu, ebenso Russisch und die anderen slawischen Sprachen. Wie der erste Teil des Namens *Indo-* zeigt, zählen auch Sprachen zu dieser Familie, die bis heute zum Beispiel in Indien gesprochen werden. Man nimmt eine gemeinsame geografische Heimat dieser Sprachen an, vielleicht in der Region um das heutige Wolgograd im Süden der Sowjetunion. Von dort sind seit etwa 4000 v.Chr. Volksgruppen in verschiedene Richtungen gewandert. Ihre ursprünglich gemeinsame Sprache (Ur-Indoeuropäisch) differenzierte sich dann aus in sehr unterschiedliche Sprachen. Da keine Texte in dieser Ursprache existieren, muss man sie durch sprachliche Analysen und Vergleiche erschließen. Es handelt sich also nur um eine Rekonstruktion.

germanisch: Ganz ähnlich bezeichnet *germanisch* zunächst auch eine Sprachfamilie, der das Deutsche ebenso angehört wie Niederländisch, Englisch, Schwedisch, Dänisch usw. Und auch hier muss es eine Art Ur-Germanisch gegeben haben, eine gemeinsame Sprache der germanischen Stämme, wohl im 2. vorchristlichen Jahrtausend. Auch diese Sprache kann man nur zu rekonstruieren versuchen. Daraus entwickelten sich zunächst die germanischen Dialekte und erst viel später die heutigen germanischen Sprachen.

althochdeutsch: ein Sammelbegriff für die deutschen Dialekte, die etwa zwischen 750 und 1050 in großen Teilen des heutigen Deutschlands gesprochen wurden, aber auch in Teilen Hollands, Belgiens und Westfrankreichs sowie in der Schweiz und Österreich. Es wird *alt* genannt im Gegensatz zum

Mittelhochdeutschen und *hoch* im Gegensatz zum Niederdeutschen, das wir heute noch etwa als Plattdeutsch kennen.

mittelhochdeutsch: nennt man die Sprachform des Deutschen bzw. seiner Dialekte, die etwa zwischen 1050 und 1350 gesprochen wurde. Es liegt zeitlich zwischen dem Althochdeutschen und dem Neuhochdeutschen. *Hoch* wird es genannt im Gegensatz zum Niederdeutschen.

A

Aaron (m.) hebräisch (?). In der Bibel ist Aaron der ältere Bruder des ➤ Mose und gewissermaßen sein innen- und außenpolitischer Sprecher: Er redet für Mose vor dem Pharao und fordert: „Lass das Volk Israel in die Freiheit ziehen!“ (2. Mose 4,10-17). Mose weiht Aaron und dessen Söhne Nadab, Abihu, Eleasar und Itamar zu Priestern (Kap. 29); Aarons Frau heißt Eliséba (➤ Elisabeth). Beim Tanz ums Goldene Kalb spielt Aaron eine wenig rühmliche Rolle (Kap. 32), doch durch Moses' Fürbitte wird er gerettet. – Die Herkunft des Namens Aaron ist unklar. Möglicherweise kommt er von hebräisch *or*, Licht; dann hieße er etwa „der Erleuchtete“. Oder er hängt zusammen mit arabisch *harun*, erhaben (Harun ist Aarons Name im Koran). Es könnte sich aber auch wie bei Mose und wohl auch bei ihrer beider Schwester ➤ Miriam um einen ägyptischen Namen handeln; möglicherweise bedeutet er „großer Kämpfer“. Erwogen wird hier auch: „Schwangerschaft“, „Bergbewohner“, „groß ist der Name (Gottes)“, „Anführer“ und „Zeltmann“. Die Eltern der drei Geschwister sind Amram und Jochebed. – Einige Kirchenmänner in Deutschland ab dem 8. Jahrhundert heißen Aaron. Später spielt der Name fast nur noch in jüdischen Familien eine Rolle, doch gegen Ende des 20. Jahrhunderts ist er allgemein häufiger anzutreffen; kurz nach der Jahrtausendwende kommt er unter die Top 100 und hält sich seitdem dort.

Abel (m.) aus dem Hebräischen. Nach 1. Mose 4 ist Abel der zweite Sohn der ersten Menschen, von ➤ Adam und ➤ Eva, der jüngere Bruder von Kain, vielleicht sein Zwilling. Kain wird Bauer, Abel aber Viehhirte. Als beide Gott ein Opfer bringen, Kain von den Erstlingen des Feldes und Abel von seinen Viehherden, da nimmt Gott Abels Opfer an, Kains jedoch nicht. In seiner Wut lockt Kain seinen Bruder aufs Feld und erschlägt ihn. Die Bibel gibt keine Erklärung des Namens Abel, auf Hebräisch *Héwel*, doch das gleichlautende Wort bedeutet „Hauch, Nichts, Vergeblichkeit“, und das passt zu Abels kurzem Leben. Man hat auch versucht, den Namen von akkadisch *ablu*, Sohn, abzuleiten, doch das bleibt Spekulation. Als erster „Märtyrer“ der Menschheit hat Abel sein Fest am 9. Dezember. – Der 5. August ist der Namenstag des heiligen Abel von Reims, ebendort Bischof im 8. Jahrhundert. – Im Mittelalter ist Abel auch als Kurzform von ➤ Albert in Gebrauch („Adel“ + „berühmt“). Seit dem 12. Jahrhundert ist der Name in Deutschland belegt, bleibt aber insgesamt recht selten. Seit dem 20. Jahrhundert wird er kaum noch gegeben; daran ändert auch ➤ Manfred Hausmanns Roman *Abel mit der Mundharmonika* (1932) nichts.

Abigail (w.) hebräisch. Es gibt zwei Möglichkeiten, den Namen zu übersetzen: „(Mein) Vater ist erfreut“ oder „Vater der Freude“. Die Grundbedeutung des hebräischen Wortes *gil* ist „frohlocken, jauchzen", eigentlich „sich (tanzend) im Kreise drehen", als Nomen „Jubel". Grund der Freude ist hier das neugeborene Kind; mit dem „Vater", hebräisch *aw* (oder *ab*), ist wohl Gott gemeint. Der wird in der hebräischen Bibel zwar nur selten als „Vater" bezeichnet, doch ist hier wohl daran gedacht, dass sich Gott in der Geburt als liebevoll und stark wie ein Vater gezeigt hat. – Im Alten Testament (1. Samuel 25) ist Abigail die Frau des Nabal, schön und weise zugleich. Nabal weist die Bitte des späteren Königs ➤ David um Verpflegung brüsk zurück – der schwört Rache. Abigail aber geht David und seinen Mannen entgegen, bietet ihnen Brot und Wein an, Hammelbraten und süße Kuchen, nimmt alle Schuld auf sich und verhindert so ein Blutbad. Als Nabal hört, wie seine Frau ihn hintergangen hat, erleidet er einen Herzschlag. Davids Antrag, sie möge seine Frau werden, nimmt Abigail freudig an. Auch eine Schwester (oder Halbschwester?) Davids trägt den Namen Abigail (2. Samuel 17,25). – In den USA gehört der Name seit ungefähr 2000 zu den beliebtesten Vornamen; in Deutschland taucht er im 17. Jahrhundert auf und bleibt bis heute selten.

Abraham (m.) hebräisch. In der Bibel (1. Mose 11–25) wird Abraham als Stammvater des Volkes Israel geschildert. Aus Ur in Chaldäa, im Südosten des heutigen Iraks, zieht seine Familie nach Haran im Süden der heutigen Türkei. Von dort beruft Gott Abram – so sein ursprünglicher Name –, sein Heimatland zu verlassen und in ein Land zu ziehen, „das ich dir zeigen werde": Kanaan. Gott verheißt Abram Nachkommen wie die Sterne am Himmel, doch der und seine Frau Sarai (➤ Sarah) bleiben kinderlos – bis ihnen im hohen Alter ➤ Isaak geboren wird. In 1. Mose 17,5 gibt Gott Abram seinen neuen Namen Abraham, „denn ich habe dich zum Vater gemacht der Menge der Völker". Das hebräische Wort für „Menge" lautet *hamón*; um einen Teil davon, die Silbe *ham*, wird der ursprüngliche Name hier erweitert, ohne dass er erklärt werden soll. Abram bedeutet „Vater (eine Gottesbezeichnung) ist erhaben" oder aber „Er ist erhaben im Hinblick auf den Vater", also „von vornehmer Herkunft". Als biblischer Heiliger hat Abraham sein Fest am 9. Oktober. – Der heilige Abraham von Kiduna, unweit des biblischen Haran, soll im 4. Jahrhundert ein äußerst entbehrungsreiches Leben geführt haben. Angeblich starb der Einsiedler um das Jahr 366, sein Namenstag ist der 16. März. – Der Name ist in Deutschland schon im späten 8. Jahrhundert nachzuweisen und findet recht große Verbreitung; seit dem 20. Jahrhundert ist er außerhalb jüdischer Familien kaum noch zu finden.

Absalom (m.) Der Name, hebräisch Awschalom, besteht aus den beiden Wörtern *aw*, Vater (gemeint ist wohl Gott), und *schalóm*, Friede; also entweder „Vater des Friedens" oder „Vater ist Friede". Vorgeschlagen wird auch die Übersetzung „(die Gottheit) Schalom ist Friede". Die Grundbedeutung von *schalóm* ist „Unversehrtheit, Ganzheit", es kann unserem „Wohlergehen, Glück" entsprechen oder aber mit

„Friede, Freundlichkeit" übersetzt werden. Im Richterbuch (Kap. 6,24) nennt der Richter ➤ Gideon einen Altar, den er für Gott errichtet hat, „Der Herr ist Friede". Der Zusammenhang weist darauf hin, dass hier Gottes freundliche Absichten gemeint sind, der das Leben will und vor dem man sich nicht fürchten muss. – Im 2. Samuelbuch ist Absalom der dritte Sohn ➤ Davids, seine Mutter Maacha ist eine aramäische Königstochter. Als sein Bruder Amnon der Schwester ➤ Thamar Gewalt antut, rächt Absalom dieses Vergehen und lässt ihn umbringen (Kap. 13). Durch eine List (ein vorgetäuschter Rechtsfall) erreicht Absaloms Vetter Joab die Versöhnung mit David (Kap. 14). Doch Joab ist es, der am Ende Absalom tötet: Der zettelt eine Verschwörung an gegen seinen Vater, doch seine Leute werden geschlagen. Er selbst bleibt auf der Flucht mit seinen langen Haaren in einem Baum hängen, und Joab ersticht ihn mit dem Speer (Kap. 18). – Die ältesten Belege für den Namen Absalom in Deutschland reichen zurück ins 9. Jahrhundert; beliebt wird er außerhalb jüdischer Familien jedoch erst im 20. Jahrhundert in seiner schwedischen Form ➤ Axel.

Achim (m.) Kurzform von ➤ Joachim (hebräisch: „Der Herr richtet auf")

Ada (w.) deutsch oder hebräisch. Als deutscher Name ist Ada eine Kurzform von Namen mit dem Element ➤ *ADAL*, edel oder Adel, allen voran ➤ Adelheid (mit dem zweiten Element *-heit*, Wesen, Art, ➤ HEID). Als hebräischer Name geht Ada zurück auf das Verb *adah*, schmücken; wir haben es hier zu tun mit einer Kurzform von Namen wie Eladá, „Gott hat geschmückt", oder Adaja, „Jahwe hat geschmückt". Dabei ist wohl an die Zierde zu denken, die das Kind als Geschenk Gottes für die Mutter darstellt, oder aber an die Schönheit des Kindes selbst. Schmuck gilt in der Bibel aber auch allgemein als Zeichen der Freude, besonders bei der Hochzeit. Nach 1. Mose 4,18ff. ist Ada eine der Frauen Lamechs und Mutter von Jabal, dem ersten Nomaden, und Jubal, dem Vorfahr aller Musiker. In 1. Mose 36,2–4 wird berichtet, wie Esau, einer der beiden Söhne ➤ Isaaks, drei kanaanitische Frauen heiratet, darunter Ada, die Tochter des Hethiters Elón; sie gebiert Esau einen Sohn namens Elifás. – Die ältesten Belege für Ada in Deutschland reichen bis etwa 1300; hier steht Ada für Adewig ➤ Hedwig („Kampf" + „Kämpferin"). Im 20. Jahrhundert bleibt der Name selten.

ADAL – „Adel"
Althochdeutsch *adal,* Abstammung, Geschlecht, entspricht unserem *Adel.* Die ursprüngliche Bedeutung ist umstritten: Entweder gehört *adal* zu einem Wort, das „erblicher Grundbesitz" bedeutet, oder man leitet es ab von der indoeuropäischen Wurzel **atta,* Vater. Ob *adal* verwandt ist mit althochdeutsch *uodil,* Besitztum, Heimat (➤ OD/ODAL), das etwa dem Namen ➤ Ulrich zugrunde liegt, ist heute umstritten. Im Spätmittelalter kann *Adel* bei den Mystikern auch die Bedeutung „edle, tugendhafte Gesinnung" annehmen.
Über den Ursprung des Adels als

landbesitzende und herrschende Klasse bei den Germanen wissen wir wenig. Der römische Schriftsteller Tacitus erwähnt um 100 n. Chr. Adelige (*nobiles*) in seiner *Germania* (Kap. 25). Von Stamm zu Stamm verschieden, wurden aus dem Kreis der Adeligen Könige, Fürsten und Priester gewählt. Das Prinzip der Heerfolge scheint hier eine große Rolle gespielt zu haben. Im weiteren Sinn kann *Adel* in altgermanischer Zeit auch die breite Schicht der bäuerlichen Grundbesitzer bezeichnen. In den altdeutschen Vornamen mit dem Element ADAL kommt der Stolz auf eine solche edle Abkunft zum Ausdruck.
Namen: ➤ Adalbert, ➤ Adelheid (w.), ➤ Adolf, ➤ Albert, ➤ Albrecht, ➤ Alena, ➤ Alicia (w.), ➤ Alina (w.), ➤ Alisa (w.), Alison (w.), Alissa (w.), ➤ Almut(h) (w.), ➤ Alwin, ➤ Audray (w.), ➤ Edelgard (w.), ➤ Edeltraud (w.), ➤ Eleonore (w.)?, ➤ Elfriede (w.), ➤ Elke (w.), ➤ Elmar, ➤ Elvira (w.)

Adalbert (m.) ältere Form von ➤ Albert („Adel" + „berühmt")

Adam (m.) hebräisch. Im zweiten biblischen Schöpfungsbericht (1. Mose 2,7) ist Adam der erste von Gott geschaffene „Mensch", und das bedeutet sein Name zunächst auch, genauer: „Menschheit". Aus der „Erde", im Urtext *adamá*, formte Gott den Adam. Wahrscheinlich kann man *adám* und *adamá* zurückführen auf die Grundbedeutung „Haut, Oberfläche"; bei „Mensch" stünde die „Haut" dann als Teil für das Ganze. Dass das verwandte *adóm* das hebräische Wort für „rot" ist, zeigt nur, dass Erde im Mittleren Osten offenbar meist rötlich ist, wohl nach dem Pflügen. Auf Adams Begrenztheit als „Irdischer" weist 1. Mose 3,19: „Du bist Erde und sollst zu Erde werden." (Ab hier lässt die Septuaginta, die griechische Übersetzung des Alten Testaments, *Adam* als Eigennamen unübersetzt.) Das Wortspiel *adám/adamá* ist gleichzeitig ein Hinweis darauf, dass der Mensch in seiner Arbeit an die Erde gewiesen ist und umgekehrt. Damit Adam nicht allein sei, schafft Gott die Tiere und lässt Adam ihnen Namen geben. Diese sind aber kein echtes Gegenüber, sodass Gott Adam schließlich ➤ Eva zur Seite stellt (2,22). Gemeinsam werden sie aus dem Paradies vertrieben (3,24). – Der Name Adam ist in Deutschland ab dem 8. Jahrhundert belegt und im Mittelalter und darüber hinaus vorwiegend im evangelischen Norden verbreitet. Im 18. Jahrhundert ist er auch im Süden häufiger zu finden, nimmt danach aber ab und bleibt außerhalb jüdischer Familien eher selten. 2017 liegt der Name auf Rang 90, und sehr viel weiter oben ist er auch in den Jahrzehnten davor nicht zu finden.

Adele (w.) Kurzform von ➤ Adelheid („Adel + Wesen")

Adelheid (w.) deutsch. Zusammengesetzt aus althochdeutsch ➤ *ADAL*, Abstammung, Geschlecht, Adel, und ➤ *HEIT*, Art, Wesen, kann der Name übersetzt werden mit „von edler Art, vornehmem Wesen". Noch Anfang des 20. Jahrhunderts stand das Wort *Adelheit* in diesem Sinn im Wörterbuch. – Von mehreren Heiligen dieses Namens ist Kaiserin Adelheid von Burgund am berühmtesten: Geboren 931, heiratete sie den deutschen König und späteren Kaiser ➤ Otto I., auf den sie großen (und offenbar guten) Einfluss hatte. Nach seinem Tod 973 übernahm sie die Regentschaft für ihren unmündigen Sohn Otto II. und später noch einmal für ihren Enkel Otto III. Ihr Biograf Odilo von Cluny nannte die starke und intelligente Frau „die kaiserlichste aller Kaiserinnen". Sie unterstützte die Klosterreform, die von Cluny ausging, und gründete das Reformkloster Selz im Elsass, wo sie später selber lebte und 999 auch starb. Der 16. Dezember ist ihr Namenstag. – Ihr ist es zu verdanken, dass sich der Name über Jahrhunderte in vielen Varianten großer Beliebtheit erfreut; erst seit der Mitte des 20. Jahrhunderts geht er deutlich zurück.

Adolf (m.) deutsch. Adolf ist eine Form des älteren Adalwolf mit den beiden althochdeutschen Elementen ➤ *ADAL*, edel, vornehm, und ➤ *WOLF*. – Im 7. oder 8. Jahrhundert lebte der heilige Adolf von Utrecht, Bischof in Utrecht oder Maastricht; sein Namenstag ist der 17. Juni. Seliggesprochen wurde 1991 Adolph Kolping; er sammelte im 19. Jahrhundert Handwerker in den nach ihm benannten Kolping-Vereinen, um ihren sozialen Abstieg zu verhindern. Sein Gedenktag ist der 4. Dezember. – Nach dem 2. Weltkrieg wurde der Name aus verständlichen Gründen kaum noch gegeben. Zu seiner Beliebtheit davor hatte Hitler allerdings nur sehr wenig beigetragen; es war vielmehr der Schwedenkönig ➤ Gustav Adolf (1594–1632), der besonders bei den Protestanten Norddeutschlands als Namensvorbild diente. Er gab dem 30-jährigen Krieg die entscheidende Wendung und gilt vielen als „Retter des Protestantismus".

Adrian (m.) lateinisch? Adrian ist eine Nebenform zu Hadrian. Die Vorfahren des Kaisers Hadrian (2. Jahrhundert n. Chr.) stammten aus Hadria, einer Stadt in Mittelitalien (heute: Atri, nördlich von Pescara an der Ostküste). Nach einer zweiten Stadt gleichen Namens (nahe der Po-Mündung) ist das Adriatische Meer benannt. Die Bedeutung ist unsicher: Manche bringen den Namen in Verbindung mit lateinisch *ater*, dunkel, düster, stürmisch. Der griechische Schriftsteller Stephanos von Byzanthion hingegen berichtet, ein gewisser *Aithría* habe einst die Stadt gegründet. Dessen Name entspricht dem griechischen Wort für „heiterer Himmel", das mit *heiter* und *heiß* verwandt ist. – Neben mehreren Päpsten dieses Namens hat auch der heilige Hadrian von Canterbury (7. Jahrhundert) die Verbreitung des Namens gefördert. In Afrika geboren, wurde er Benediktinermönch in Neapel und ging als Missionar nach England. Dort wirkte er als Abt des Klosters St. Peter und Paul in der Nähe von Canterbury (Südost-England); sein Namenstag ist der 9. Januar. – Der älteste Beleg für den Namen in Deutschland stammt aus dem 13. Jahrhundert. In Thomas Manns *Zauberberg* (1947) kommt ein Komponist namens Adrian Leverkühn vor, doch der Name ist im 20. Jahrhundert eher selten und erreicht erst in den 1980ern die Top 100.

Agatha / Agathe (w.) griechisch. *Agathós*, in der weiblichen Form *agathé*, bedeutet „gut". Das konnte „tapfer, stark" meinen, aber auch „vornehm, edel" oder „rechtschaffen". *Agathós* und *gut* sind sprachlich miteinander verwandt, die Grundbedeutung ist wohl „passend"; auch der *Gatte* hängt damit zusammen, der ja auch passen sollte. Der Athener Dichter Agathon lebte im 5. vorchristlichen Jahrhundert, er war ein Freund Platons. Rund 700 Jahre später, Mitte des 3. Jahrhunderts, starb die heilige Agatha von Catania, einem Ort im Osten Siziliens, in der Verfolgung unter Kaiser Decius, so die Legende. Der Stadtpräfekt Quintianus wollte die schöne adelige Jungfrau heiraten, sie aber wies ihn ab. Daraufhin führte er sie in ein Bordell und ließ sie schließlich aufs Grausamste foltern; sie starb im Kerker. Agathas Namenstag ist der 5. Februar. – In Deutschland erscheint der Name schon im frühen 11. Jahrhundert; in neuerer Zeit wird er nur noch selten gegeben – trotz der bekannten englischen Kriminalautorin Agatha Christie (1890–1976).

Ägidius (m.) griechisch? „Dann wird Zeus, der Kronid, aus strahlender Höhe des Äthers gegen sie all erschüttern das Graun der umnachteten Ägis" – so schildert Homer in seiner *Ilias* die Ägis, diese schildartige Wunderwaffe des obersten Gottes der Griechen, die er zuweilen auch an Apollon oder ➤ Athene auslieh. Die *Áigis* ist hier jedoch weniger Waffe als vielmehr ein Symbol für den Sturm. Die Herkunft des Wortes liegt im Dunkeln, später wurde es als „Ziegenfell" interpretiert. Der Genitiv von *aigís* lautet *aigídos*, so kommt das D in den Namen, den man vielleicht mit „Schildträger" übersetzen kann. – Der heilige Ägidius stammte aus Athen und starb um das Jahr 720 in dem später nach ihm benannten St-Gilles, rund 15 km westlich von Arles in Südfrankreich. Die Legende erzählt, Ägidius fing einen Pfeil des Westgotenkönigs Wamba mit der Hand; der hatte auf die Hirschkuh gezielt, die Ägidius einst genährt hatte. Wamba war beeindruckt und erlaubte Ägidius, ein Kloster zu gründen: St-Gilles. Das Fest des Ägidius ist der 1. September. – Durch die Verehrung des Heiligen verbreitet sich der Name rasch; Nachnamen wie Gehlen, Gillman oder Ilgner belegen dies. Durch die Jahrhunderte ist der Name Ägidius recht beliebt, doch seit dem 20. Jahrhundert wird er nur noch selten gegeben. In Frankreich war die Form Gilles früher so verbreitet, dass das Wort die Bedeutung „Hanswurst" annehmen konnte, und in England sagt man bis heute *Jack and Jill*, wo wir von „Hinz und Kunz" reden.

AGI / AGIL – „Schrecken"
Noch im Hochmittelalter gab es das (mittelhoch)deutsche Wort *ege*, Furcht, Schrecken; doch aus unserem Wortschatz ist es verschwunden und lebt nur in einigen Namen fort. Vermutlich ist hier ursprünglich der Schrecken gemeint, den ein Krieger im Kampf verbreitet. Schon früh hat sich AGI(L) vermischt mit AGI(N), Schärfe (des Schwertes); viele Namen sind daher nicht sicher zuzuordnen.
Namen: Egbert, Egmont?, ➤ Egon?,

➤ Eike?, Einhard?, ➤ Ekkehard?, ➤ Uwe?

AGI / AGIN – „Schneide (des Schwerts)"
Noch im Mittelhochdeutschen (12.–14. Jahrhundert) bedeutete das Wort *Ecke* in erster Linie „Schneide einer Waffe", vor allem des Schwerts, dann auch „Eck, Kante, Spitze". Darin ist der ursprüngliche Sinn dieses Namenworts zu suchen, das zurückgeht auf germanisch **agjo*. Sprachlich verwandt sind lateinisch *acies*, Schärfe, Schneide, englisch *edge*, Rand, Schneide, sowie der *Ahorn* (wohl wegen seiner spitzen Blätter), die spitze *Ähre* und die *Egge*, die ebenfalls Spitzen aufweist. AGI(N) hat sich schon früh vermischt mit ➤ AGI(L), Schrecken, sodass die einzelnen Namen kaum sicher zuzuordnen sind.
Namen: Egbert?, Egmont?, ➤ Egon?, ➤ Eike?, Einhard?, ➤ Ekkehard?, ➤ Uwe?
Nachnamen: Ebrecht (aus Egbrecht)

Aglaia (w.) griechisch. In der griechischen Mythologie ist Aglaia die jüngste der drei Chariten, gütige Göttinnen der Anmut und des Liebreizes, Töchter des Zeus und der Eurynome; die Römer nannten sie die drei Grazien. Der Name Aglaia geht zurück auf das griechische Wort *aglaós*, glänzend, hell. Die Chariten waren ursprünglich wohl Fruchtbarkeitsgöttinnen. Der Dichter Hesiod (8./7. Jahrhundert v.Chr.) nennt ihre Dreizahl und ihre Namen: Aglaia (festlicher Glanz), Euphrosyne (Freude) und Thalia (blühendes Glück). Der Begriff *Chariten* geht zurück auf griechisch *cháris*, Anmut, Gnade, Dank, was dem lateinischen *gratia* in etwa entspricht. Als *Charme* in Person (das französische Wort hat hier seinen Ursprung) bringen die Chariten den Menschen Frohsinn und Schönheit. Im Neuen Testament bezeichnet *cháris* die unverdiente Zuwendung Gottes. Auch die Geburt eines Kindes ist „Gnade", ebenso das Erreichen eines hohen Alters. Die hebräische Entsprechung ist *chen* (➤ Hanna). – Der Name Aglaia taucht Ende des 18. Jahrhunderts in Deutschland auf und bleibt in allen seinen Varianten bis heute sehr selten.

Agnes (w.) griechisch. Hinter dem Namen steht das griechische Wort *hagnós*, keusch, rein, geheiligt, in der weiblichen Form *hagné*. Ein Grund, warum das H schließlich ganz verschwand, ist die klangliche Ähnlichkeit mit dem lateinischen *agnus*, Lamm, an das der Name angelehnt wurde. Das „reine Lamm" wurde auf Christus bezogen; im Hintergrund stehen Bibelstellen wie Johannes 1,29: „Johannes (der Täufer) sieht, dass Jesus zu ihm kommt, und spricht: Siehe, das ist Gottes Lamm, das der Welt Sünde trägt." – Im 3. oder 4. Jahrhundert starb die heilige Agnes von Rom offenbar schon jung als Märtyrerin; ihr Namenstag ist der 21. Januar. – Der Name ist in Deutschland ab dem 11. Jahrhundert belegt; ab dem 19. Jahrhundert kommt er wieder in Mode: durch das tragische Schicksal der schönen Baderstochter Agnes Bernauer, der Geliebten von Herzog ➤ Albrecht III. von Bayern. Albrechts

A

Vater lässt sie als Hexe in der Donau ertränken. 1852 wird ➤ Friedrich Hebbels „Deutsches Trauerspiel" *Agnes Bernauer* uraufgeführt, 1946 die Oper *Agnes Bernauerin* von Carl Orff. Gehört Agnes um 1890 noch zu den 20 beliebtesten Namen, so verlässt der Name schon in den 1930ern die Top 100 und ist heute selten.

Aileen (w.) Nebenform des irischen Namens [ailihn] ➤ Eileen (wohl germanisch: vielleicht „die Starke")

Aischa / Aische (w.) Im Arabischen gibt es ein Adjektiv, das in seiner femininen Form *a'ischa* lautet und „gesund und munter" bedeutet. Es wird abgeleitet von dem Verb *ascha*, leben. In der arabischen Welt ist Aische oder auch Aischa ein weitverbreiteter traditioneller Name. Mohammeds dritte Frau – sie war seine Lieblingsfrau – Aischa bint-Abi-Bakr lebte von 613 bis 678. Sie war die Tochter von Abu-Bakr al-Sidiq („der Gerechte"), des ersten Kalifen. Der Überlieferung zufolge heiratete Mohammed sie, als sie erst neun Jahre alt war. Eine starke Persönlichkeit sei sie gewesen und eine eifersüchtige Ehefrau, heißt es. Nach dem Tode Mohammeds mischte sie sich ein in die Machtkämpfe um das Kalifat, wurde jedoch mit ihren Rebellen vom vierten Kalifen Ali ibn-Abi-Talib geschlagen. Daraufhin widmete sie sich der religiösen Unterweisung; in der muslimischen Literatur wird sie als „Mutter der Gläubigen" bezeichnet. Viele mündliche Berichte über Mohammeds Leben und Lehren stammen von ihr. – Die Belege für den Namen in Deutschland reichen zurück ins 17. Jahrhundert, insgesamt bleibt er sehr selten.

AL ➤ ADAL („edel")

ALB – „Naturgeist, Elfe"
Alben, schon althochdeutsch im Singular *alb*, sind im Volksglauben niedere Naturgeister. Ihr Name leitet sich wahrscheinlich ab von lateinisch *albus*, weiß; dann wäre das Wort als „weiße Nebelgestalt" zu deuten. Manchmal werden die Alben aber auch mit den *Alpen* („hoher Berg") in Verbindung gebracht und als „Berggeister in den Alpen" verstanden. Mitunter wird auch ein altindisches Wort für „kunstreiche Halbgötter" erwogen; immerhin verstanden sich die Alben wie die Zwerge auf die Schmiedekunst. Auch die *Elfen* hängen sprachlich mit den *Alben* zusammen: Im 18. Jahrhundert kam das Wort aus England zu uns durch Wielands Übersetzung von Shakespeares *Sommernachtstraum*.
Jacob Grimm behandelt in seiner *Deutschen Mythologie* die Alben oder Elben zusammen mit Wichten und Zwergen, allesamt Wesen zwischen Göttern und Menschen. Die Alben bilden ein eigenes Volk, können sich unsichtbar machen und dem Menschen schaden oder helfen. Die nordische Mythologie unterscheidet Lichtalben und Dunkel- oder Schwarzalben, zu denen auch die Zwerge zählen. Später wird der Alb zum Nachtgeist, der sich Schlafenden auf die Brust setzt und für das *Albdrücken* sorgt.
In England und Skandinavien

wurde der Geisterglaube nach der Christianisierung häufig durch die Verehrung von Engeln abgelöst, und man verstand ALB-Namen wie ➤ Alfred als christliche Namen.
Namen: Albin, Albuin, Alfgarda (w.), ➤ Alfred, ➤ Alwin, ➤ Aubray (w.), ➤ Elfriede (w.), ➤ Oliver

Albert (m.) deutsch. Die Nebenform Adalbert zeigt: Der erste Teil von Albert ist althochdeutsch ➤ *ADAL*, edel, vornehm. ➤ *BERT* bedeutet „hell, berühmt". – Mehrere berühmte Personen dieses Namens dürften zuletzt seine Verbreitung gefördert haben: Albert Einstein (1879–1955), Nobelpreisträger der Physik, stellte mit seiner „speziellen Relativitätstheorie" unsere menschliche Vorstellung von Raum und Zeit auf den Kopf. Der Pfarrer Albert Schweitzer wurde noch mit dreißig Arzt und gründete das berühmte Urwaldkrankenhaus in Lambarene (Westafrika). Mehr noch dürfte jedoch der Universalgelehrte Albertus Magnus im 13. Jahrhundert für die Beliebtheit des Namens getan haben; er war Theologe, Philosoph und Naturwissenschaftler und suchte einen Ausgleich zwischen Glauben und Denken. – In seine Zeit fallen dann auch weitere Belege für den Namen in Deutschland, der durch die Jahrhunderte beliebt bleibt und erst seit den 1920er-Jahren langsam, aber deutlich zurückgeht; seit den 60ern wird er kaum noch gegeben.

Albrecht (m.) Variante von ➤ Albert („edel" + „berühmt")

Alena (w.) Koseform verschiedener Namen. In manchen slawischen Sprachen, etwa im Tschechischen, ist Alena als Koseform von ➤ Magdalena (hebräisch: „aus Magdala") in Gebrauch. Im Russischen hingegen, wo der Name [aljona] gesprochen wird, ist er eine Variante entweder von ➤ Alexandra ➤ Alexander (griechisch: „Männer abwehrend") oder aber von Jelena ➤ Helena (griechisch: „strahlend"?). Auch ➤ Adelheid („Adel" + „Wesen") kommt in einigen Fällen als Ursprung des Namens infrage. – Aus adeligem Hause stammte die heilige Alena; sie soll um das Jahr 640 in der Provinz Brabant im heutigen Belgien als Märtyrerin gestorben sein. Ihr Namenstag ist der 17. Juni. – Zum ersten Mal taucht der Name in Deutschland gegen Ende des 12. Jahrhunderts auf; insgesamt bleibt er deutlich seltener als die Variante ➤ Alina.

Alessa (w.) Kurzform von ➤ Alessandra ➤ Alexandra ➤ Alexander (griechisch: „Männer abwehrend"). – 1889 veröffentlicht die deutsche Schriftstellerin ➤ Claire von Glümer ihren Roman *Alessa*; doch erst knapp hundert Jahre später erscheint der Name auf den deutschen Standesämtern und bleibt sehr selten.

Alessandra (w.) italienische Form von ➤ Alexandra ➤ Alexander (griechisch: „Männer abwehrend"). – Seit den 1960er-Jahren taucht der Name in Deutschland vereinzelt auf.

Alex (m./w.) Kurzform von ➤ Alexander oder ➤ Alexandra (griechisch: „Männer abwehrend")

Alexa (w.) Kurzform von ➤ Alexandra ➤ Alexander (griechisch: „Männer abwehrend"). – Der Name ist in Deutschland zum ersten Mal im Jahr 1800 belegt. Er bleibt relativ selten, erfreut sich aber seit der Jahrtausendwende einiger Beliebtheit; 2002 erreicht er eine Platzierung unter den Top 100.

Alexander (m.) Alexander kann man übersetzen als „der Männer Abwehrende" oder „Schützer", zu griechisch *alexeín*, abwehren, sich verteidigen, und *anér* (Genitiv *andrós)*, Mann. – Alexander ist der zweite Name des griechischen Helden Paris, wohl die Übersetzung seines Namens ins Griechische, aus welcher Sprache, ist nicht klar. – Alexander der Große, ein makedonischer Prinz, eroberte im 4. vorchristlichen Jahrhundert ein Weltreich, überrollte Persien und gelangte bis nach Indien. Nach seinem achtjährigen Feldzug, bei dem er auch nach Ägypten kam und sich zum Pharao krönen ließ, starb er im Jahr 323 v.Chr. gerade mal 32-jährig in Babylon an Malaria. Sein Reich zerfiel bald nach seinem Tod. – Im Neuen Testament begegnen uns vier relativ unbedeutende Personen dieses Namens. Eine Reihe von Heiligen haben zu seiner Verbreitung beigetragen: Papst Alexander I. soll um 115 in Rom das Martyrium erlitten haben (Fest am 3. Mai), Alexander von Bergamo um das Jahr 300 (26. August). Der byzantinische Patriarch Alexander von Alexandria (18. April) tat sich etwa um dieselbe Zeit hervor im Kampf gegen die Lehren des Arius, der die volle Gottheit Jesu leugnete. In dieser Auseinandersetzung stand auch Alexander von Konstantinopel (28. August), der den Titel „Bischof des neuen Rom" erhielt, als Konstantinopel 330 zur neuen Hauptstadt wurde. – Seit dem Hochmittelalter erfreut sich der Name in Deutschland großer Beliebtheit; als Vorbild dient dabei eher Alexander der Große als die Heiligen dieses Namens. Gegen Ende des 20. Jahrhunderts wird Alexander zum Modenamen: Zwischen Anfang der 70er bis Ende der 90er ist er immer wieder unter den Top 10 zu finden.

Alexandra (w.) weibliche Form von ➤ Alexander (griechisch: „Männer abwehrend"). – Der Name findet sich in Deutschland seit dem 12. Jahrhundert, volkstümlich wird er jedoch erst im 19. In den 1970er-Jahren gehört Alexandra zu den Modenamen, erreicht aber nie die Top 10.

ALF ➤ ALB („Elfe, Naturgeist")

Alfons (m.) deutsch. Als die Westgoten im 5. Jahrhundert auf ihren Wanderungen nach Spanien kamen, brachten sie ihre germanischen Namen mit. Im Laufe der Zeit gaben sie ihre gotische Sprache auf und sprachen Spanisch bzw. eine Vorform davon; ihre Namen veränderten sich dementsprechend. So wurde aus Hadufuns Alfonso. Germanisch ➤ *HADU* bedeutet „Kampf", althochdeutsch ➤ *FUNS* „bereit, tapfer". Wahrscheinlich kam es auch zu einer Vermischung mit dem Namen Hildefuns (zu germanisch **hiltja*, Kampf ➤ HILD) wie auch mit althochdeutsch ➤ *ADAL*, edel, vornehm. – Auf der Iberischen Halbinsel gab es zwischen dem 8. und dem 14. Jahrhundert etliche Herrscher dieses Namens. Für seine Verbreitung sorgte auch der heilige Alfons Maria von Liguori. Zunächst äußerst erfolgreich als Jurist, studierte Alfons Theologie und wurde Priester. Er gründete den Orden der Redemptionisten und wurde einer der größten Kirchenlehrer. 91-jährig starb er 1787 in seiner Heimatstadt Neapel, sein Namenstag ist der 1. August. – Im 17. Jahrhundert kommt der Name über Frankreich nach Deutschland, erlebt im 19. Jahrhundert einen Aufschwung durch die Heiligsprechung Alfons' von Liguori, spielt aber im 20. Jahrhundert kaum noch eine Rolle.

Alfred (m.) englisch. Der Name ist zusammengesetzt aus altenglisch *aelf*, Elfe, und *raed*, Rat. Das Wort *Elfe* ist verwandt mit unserem ➤ *ALB*, Naturgeist, und kommt auch aus dem Englischen zu uns. In England wurde der Geisterglaube nach der Christianisierung häufig durch die Verehrung von Engeln abgelöst; man verstand Alfred dann als christlichen Namen. – Denkbar wäre auch eine Erklärung des Namens aus den Elementen *Al-* (Kurzform von althochdeutsch ➤ ADAL, edel, vornehm) und *fred* (althochdeutsch *fridu*, Friede, Schutz; ➤ FRIED); um 760 hieß der Bischof von Noyon (zwischen Reims und Amiens) Adalfred. – König Alfred der Große vertrieb im 9. Jahrhundert die Dänen aus England. Dort wird er als Heiliger verehrt, auch wenn er offiziell nie heiliggesprochen wurde. Sein Fest ist am 28. Oktober. – In Deutschland wird der Name erst seit dem 19. Jahrhundert gegeben; bis etwa 1930 gehört Alfred zu den 20 beliebtesten Jungennamen, nach den 60ern wird er kaum noch gegeben.

Ali (m.) In Deutschland ist Ali gebräuchlich als Kurz- oder Koseform von Namen, die mit *Al-* beginnen, etwa ➤ Alfred („Elfe" + „Rat") oder ➤ Alfons („Kampf" + „tapfer"?). Der Illustrator und Autor von Kinderbüchern Ali Mitgutsch, Jahrgang 1935, heißt eigentlich Alfons. – Als arabischer Name geht Ali zurück auf *alij*, erhaben, edel, von dem Verb *ala*, aufsteigen. Während wir hier wahrscheinlich am ehesten an *Ali Baba und die vierzig Räuber* denken, hat der Name in der arabischen Welt einen ganz anderen Klang: Ali ibn Abi-Talib (etwa 600–661) war ein Cousin des Propheten Mohammed und gleichzeitig sein Schwiegersohn. Vierundzwanzig Jahre nach Mohammeds Tod wurde Ali der vierte Kalif („Stellvertreter" des Propheten), nachdem sein Vorgänger ermordet worden war; fünf Jahre später fiel Ali selbst einem Anschlag zum Opfer. Er war der letzte der sogenannten „rechtgeleiteten Kalifen", die die gesamte islamische Welt beherrschten. Nach ihm kam es zur Spaltung in Sunniten und Schiiten; Letztere berufen sich auf Ali. – In Deutschland erscheint der Name erstmals gegen Ende des 19. Jahrhunderts und bleibt selten.

Alice (w.) französisch. Alice geht zurück auf Adaliz, zusammengezogen zu Aliz, beides altfranzösische Koseformen von ➤ Adelheid („Adel" + „Wesen"). Der Name wird meist französisch gesprochen [alihss], manchmal auch [aliss], sonst auch englisch [äliss] oder italienisch [alihtsche];

selbst die Aussprache [alihtse] findet sich zuweilen. – An der Wende zum 20. Jahrhundert gehört Alice zu den beliebten Namen, nimmt danach aber ab und macht gegen Ende des Jahrhunderts anderen Varianten wie ➤ Alicia, ➤ Alina oder ➤ Alisa Platz.

Alicia (w.) spanische Form von ➤ Adelheid („Adel" + „Wesen"). – Anfang des 20. Jahrhunderts taucht der Name in Deutschland auf, bleibt zunächst selten und erfreut sich gegen Ende des Jahrhunderts einiger Beliebtheit.

Alina / Aline (w.) deutsch oder griechisch. Der Name hat mehrere mögliche Ursprünge: Alina ist zum einen eine französische Kurzform von Adeline, was unserem Namen ➤ Adelheid („Adel" + „Wesen") entspricht. Gleichzeitig kommt Alina auch vor als slawische Form von ➤ Helena (griechisch: „strahlend"?). Schließlich ist Alina eine weibliche Bildung zu dem arabischen Namen ➤ Ali („der Erhabene"). – Nach Deutschland kommt der Name erst im 19. Jahrhundert; seit Anfang der 1990er-Jahre gehört er fast durchgehend zu den Top 20.

Alisa / Alise (w.) Alisa ist eine niederländische Form von ➤ Alice, einer französischen Variante von ➤ Adelheid („Adel" + „Wesen"). In Israel ist der Name Alisa ebenfalls geläufig; hebräisch *alís* bedeutet „fröhlich", *alisá* ist die weibliche Form.

Alison (w.) Alison ist eine englische [älissn] oder französische [alissoh; hinten wie in Feuille*ton*] Form von ➤ Alice, einer französischen Variante von ➤ Adelheid („Adel" + „Wesen"). – In englischsprachigen Ländern weit verbreitet, taucht der Name in Deutschland in den 1970er-Jahren erstmals auf und bleibt sehr selten.

Aljona (w.) In Russland ist Aljona gebräuchlich als Koseform entweder von ➤ Alexandra ➤ Alexander (griechisch: „Männer abwehrend") oder von ➤ Jelena ➤ Helena (griechisch: „strahlend"?). – In Deutschland erscheint der Name in den 1970er-Jahren und bleibt extrem selten.

Aljoscha (m./w.) In Russland gilt Aljoscha als Koseform von Alexej ➤ Alexander (griechisch: „Männer abwehrend"), aber auch von ➤ Jelena ➤ Helena (griechisch: „strahlend"?). – In Deutschland ist Aljoscha seit den 1950er-Jahren gelegentlich zu finden, jedoch nur als Jungenname.

Alma (w.) lateinisch oder deutsch. *Almus* bedeutet im Lateinischen „nährend, gütig, segnend, wohltätig" (*Alma Mater* als Bezeichnung für die Universität ist wörtlich die „Nährmutter"). Nach anderer Herleitung ist Alma eine Kurzform von Namen, die mit *Amal-* beginnen, etwa Amalgunde oder Amalfrida (dann hat eine Buchstabenumstellung stattgefunden, eine sogenannte Metathese). Diese Namen tauchen auf im Zusammenhang mit dem ostgotischen Königsgeschlecht der Amaler oder Amelungen. Ob deren Namen mit gotisch *amals*, tapfer, tüchtig, zusammenhängt, ist unsicher. Umstellungen wie Amal zu Alma begegnen bei Namen jedoch öfters. – In England erreichte der Name nach der Schlacht an der Alma 1854 eine gewisse Popularität: An diesem Bergfluss auf der Halbinsel Krim schlugen die Engländer die russische Armee. In Tennessee Williams' Stück *Summer and Smoke* schließlich erklärt eine Alma, ihr Name leite sich ab von dem gleichlautenden spanischen Wort für „Seele", doch das scheint eher Zufall zu sein. – Eine Enkelin Goethes hieß Alma Sedina ➤ Henriette ➤ Cornelia von Goethe; der Name kommt um die Zeit in Deutschland auf und gehört bis etwa zum 1. Weltkrieg zu den Top 50. Nach 1930 zeigt die Kurve steil nach unten.

Almut / Almuth (w.) deutsch. Almut ist eine jüngere Form des heute seltenen Namens Adelmut. Der setzt sich zusammen aus althochdeutsch ➤ *ADAL*, Abstammung, Geschlecht, Adel, und ➤ *MUT*, Mut, Seele, Herz, Gemüt. – Die heilige Almud von Wetter gründete zusammen mit ihrer Schwester Digmud im Jahr 1015 das Chorfrauenstift Wetter im Oberlahngau (rund 12 km nördlich von Marburg), deren erste Äbtissin sie wurde. Dass sie und ihre Schwester schottische Königstöchter waren, wie die Überlieferung sagt, wird heute angezweifelt. Ihre Verehrung geht nach der Reformation unter; ihr Namenstag ist der 12. März. – Der Name Almut(h) findet sich in Deutschland im 14. Jahrhundert wieder und ist bis in die Mitte des 20. Jahrhunderts relativ beliebt.

Alois (m.) Nebenform von ➤ Ludwig („berühmt" + „Kämpfer"). Der heilige Alois von Gonzaga (1568–91) hat wesentlich zur Verbreitung des Namens beigetragen, vor allem im süddeutschen Raum. Von adeliger Herkunft, verzichtete Alois später auf das Erbe der Markgrafschaft in der Nähe von Mantova (südlich von Verona) und wurde Mönch; knapp zwanzigjährig trat er in den Jesuitenorden ein. Er studierte Theologie und widmete sich der Seelsorge und Krankenpflege. Drei Jahre später starb er an der Pest, er hatte sich bei der Pflege von Pestkranken angesteckt; sein Namenstag ist der 21. Juni. Alois unterschrieb Alugi Gonzala, getauft war er auf den Namen Ludovico, Alugi ist eine Koseform davon. Der Name Alois wird manchmal gleichgesetzt mit Alviss oder Alwis; so heißt in der nordischen Sagenwelt der „allwissende" Zwerg, der den Blitzhammer des Donnergottes Thor schmiedete. Das ist jedoch recht unwahrscheinlich. – Der Name tritt in Deutschland zum ersten Mal im 17. Jahrhundert auf, und zwar in Bayern. Alois gilt als katholischer Name und wird in der zweiten Hälfte des 20. Jahrhunderts immer weniger gegeben.

Alwin (m.) deutsch. Dass *-win* von dem althochdeutschen Wort *wini*, Freund (➤ WIN), kommt, darüber herrscht Einigkeit. Die Deutung der Anfangssilbe *Al-* hingegen ist umstritten: Entweder handelt es sich um eine Kurzform von ➤ *ADAL*, edel, vornehm, oder aber von altenglisch *aelf*, Elfe (➤ ALB). – Für die Deutung von *Al-* als „Elfe" spricht, dass der selige Alwin nicht nur Engländer war, sondern zuweilen auch Albin geschrieben wurde. Alwin stammte aus Ely (rund 25 km nördlich von Cambridge) und wurde von König Ethelred zum Bischof von Elmham (in Norfolk östlich von Cambridge) ernannt. Sein Namenstag ist der 26. Mai, der Tag, an dem er um das Jahr 1035 starb. – Alwin ist ein alter deutscher Name, die Belege gehen bis ins 7. Jahrhundert zurück. Im 19. Jahrhundert kommt er durch die wiederentdeckte Ritterdichtung wieder in Mode, bleibt im 20. Jahrhundert aber selten.

Amadeus (m.) lateinische Übersetzung des griechischen Namens ➤ Theophilos („geliebt von Gott" oder „der Gott lieb hat"). Auch im Lateinischen ist die grammatische Zuordnung der beiden Namensteile *amare*, lieben, und *deus*, Gott, nicht klar. Schon im Mittelalter findet sich der Name, vorwiegend in der heutigen Westschweiz. Der heilige Amadeus (auch Amédée) von Lausanne war im 12. Jahrhundert zunächst Abt des Klosters Hautecombe in Savoyen (dieses Fürstentum lag größtenteils in der Westschweiz, Hautecombe selbst ist heute französisch) und später Bischof von Lausanne; sein Namenstag ist der 27. August. Die Pietisten des 18. Jahrhunderts nahmen den Namen wieder auf und deuteten ihn als lebenslange Aufgabe des Namensträgers, Gott zu lieben, also als gelehrte Form von ➤ Gottlieb. Der deutsch-österreichische Komponist ➤ Wolfgang Amadeus Mozart (1756–1791) wurde getauft als ➤ Johannes Chrysostomus („Goldmund") Wolfgang Theophilus. Sein vierter Vorname ist auch als Gottlieb überliefert, Amadeus in jedem Fall eine Übersetzung davon; Mozart selbst nannte sich meist Amadé. In Mode kam der Name erst, als der Schriftsteller ➤ Ernst ➤ Theodor ➤ Wilhelm Hoffmann, selbst ein begabter Komponist, aus Begeisterung für Mozart seinen dritten Vornamen gegen Amadeus tauschte und sich fortan E.T.A. Hoffmann nannte. Im 20. Jahrhundert wird der Name zunächst immer seltener gegeben, doch seit Anfang der 80er-Jahre ist er wieder häufiger zu finden; welchen Einfluss dabei der Mozartfilm *Amadeus* des tschechischen Regisseurs *Miloš Forman* (1984) hat oder ➤ Falcos Hit *Rock me, Amadeus* (1985), ist unklar.

AMAL – „fleißig, tapfer"?
Amal steht für das ostgotische Herrschergeschlecht der *Amaler* (im Nibelungenlied heißen sie *Amelungen*). Dessen bekanntester Vertreter war Theoderich der Große (um 454–526), er stammte von einem gewissen *Amala* ab. Der Name soll sich ableiten von dem (nur erschlossenen) gotischen Wort **amals*, eifrig, tätig, tüchtig, tapfer. Belegt ist offenbar altwestnordisch *aml*, eifrig. Mit dem Namen ➤ Emil hat der Wortstamm nichts zu tun.
Namen: Amalberga (w.), Amalfrida (w.), ➤ Amalia/-e (w.), ➤ Amélie (w.)
Nachname: Emmerich (auch Vorname)

Amalia, Amalie (w.) deutsch. Amalia/-e ist eine latinisierende Kurzform von Namen, die mit *Amal-* beginnen, etwa Amalfrida (mit dem zweiten Namensteil althochdeutsch *fridu*, Friede, Schutz; ➤ FRIED) oder Amalberga (*bergan* bedeutet bergen; ➤ BERG). ➤ *AMAL* steht dabei für das ostgotische Herrschergeschlecht der Amaler. – Die Belege für Amalia/-e gehen zurück ins 8. Jahrhundert; die wohl legendäre heilige Amalia (Amalberga) von Maubeuge (in Frankreich, nahe der belgischen Grenze) soll sogar schon 690 gestorben sein. Ihr Namenstag ist der 10. Juli. Amalie Sieveking (1794–1859) gilt zusammen mit ➤ Heinrich Wichern und ➤ Friedrich Bodelschwingh als Begründerin der organisierten Diakonie. Aus einem biblisch fundierten Glauben heraus gründete sie in Hamburg den *Weiblichen Verein für Armen- und Krankenpflege*, der bis heute als *Amalie-Sieveking-Stiftung* besteht. Ihr Engagement führte auch zu einem neuen Nachdenken über die Rolle der Frau bei Leitungsaufgaben in der Kirche. Im 19. Jahrhundert geht die Beliebtheitskurve des Namens nach oben, fällt jedoch in der zweiten Hälfte des 20. Jahrhunderts deutlich; Anfang des 21. Jahrhunderts arbeitet sich Amalia langsam wieder nach oben.

Amanda (w.) lateinisch. Amandus, die männliche Form des Namens, kommt heute so gut wie nicht mehr vor, ist aber bedeutend älter als das ebenfalls sehr seltene Amanda. Der heilige Amandus von Straßburg etwa war im 4. Jahrhundert ebenda erster Bischof; sein Namenstag ist der 26. Oktober. Amanda hingegen ist erst seit dem 17. Jahrhundert belegt und wurde offenbar unabhängig von Amandus gebildet nach dem Muster von Namen wie Miranda (die „Bewundernswerte"). Zugrunde liegt das lateinische Verb *amare*, lieben; *amandus/-a* ist ein sogenanntes Gerundivum dazu und kann mit „liebenswürdig, liebenswert" übersetzt werden.

Amelie (w.) Nebenform von ➤ Amalia („eifrig, tapfer"?)

Amélie (w.) französische Form von ➤ Amalia („eifrig, tapfer"). – Seit etwa 1990 erfreut sich der Name in Deutschland recht großer Beliebtheit. Die deutsche Form ➤ Amelie [amelie] oder Amelia findet sich schon im 13. Jahrhundert. Seit etwa 1990 wird Amélie zusehends beliebter und findet sich seit 2004 immer wieder unter den Top 20. Dazu hat sicher auch der französische Film *Die fabelhafte Welt der Amélie* von 2001 beigetragen, mit ➤ Audrey Tautou in der Hauptrolle.

Amos (m.) hebräisch. Amos ist ein biblischer Name, sehr wahrscheinlich eine Kurzform von Amasja; so heißt einer von König Joschafats Offizieren (2. Chronik 17,16). Sein Name bedeutet „Jahwe trägt" oder „Jahwe hat getragen". Dabei ist wohl an ein Durchtragen in schweren Zeiten gedacht, in erster Linie während der Schwangerschaft, bei der Geburt oder in der Zeit zuvor, wo die Familie vergeblich auf Nachwuchs hoffte. – Amos ist einer der zwölf „kleinen Propheten" im Alten Testament, eingeklemmt zwischen ➤ Joel und Obadja. Er ist ein Zeitgenosse von Jesaja und ➤ Hosea und wirkt wie Letzterer im Nordreich Israel, obwohl er aus Juda stammt: aus Tekoa, rund 15 km südlich von Jerusalem. Von Haus aus ein wohlhabender Viehzüchter und Maulbeerfeigenpflanzer, prangert er in rustikalen Bildern soziale Ungerechtigkeit unter König Jerobeam II. (787–747 v.

Chr.?) an: überzogene Getreideabgaben, die die Ärmsten um ihre Existenz bringen, bestechliche Richter, die das Recht verdrehen (Amos 5). Amos tritt ein für einen strengen Monotheismus, kündigt Gottes Strafgericht über Israel an – aber auch eine Heilszeit, in der wieder aufgebaut werden wird, was zerstört ist (Kap. 9,11ff.). Amos' Namenstag als alttestamentlicher Prophet ist der 15. Juni. – Der Name findet sich in Deutschland seit dem späten 16. Jahrhundert, ein früher Beleg ist der Theologe und Pädagoge ➤ Jan Amos Comenius, geboren 1592. Bis in unsere Zeit bleibt der Name sehr selten.

Amrei (w.) Kurzform von ➤ Annemarie, aus ➤ Anna ➤ Hanna (hebräisch: zu einem Wort für „Gnade") und Marie ➤ Miriam (ägyptisch: „geliebt"?). – Der Name ist vor dem 20. Jahrhundert in Deutschland nicht zu finden und bleibt selten.

Amy (w.) englisch < französisch < lateinisch. Als der altfranzösische Name Amee [ameh] nach England kam, wurde dort Amy [ejmi] draus. Der Name bedeutet „geliebt"; das ist einerseits ein verbreiteter Kosename und andererseits die Entsprechung zum lateinischen Namen Amata. So lautet das Partizip der Vergangenheit des Verbs *amare*, lieben. – Zwei Heilige namens Amatus haben zur Verbreitung der männlichen Form beigetragen: Amatus von Remiremont (in den Vogesen, rund 60 km westlich von Freiburg) im 6./7. und Amatus von Sitten (Sion, rund 70 km östlich von Genf) im 7. Jahrhundert. Über die heilige Amata wissen wir wenig: Sie war eine Nichte der ➤ Klara von Assisi und trat in den nach dieser benannten Klarissenorden ein. Sie starb um 1254, ihr Fest ist der 20. Februar. Ihr Name kann auch einen anderen Ursprung haben: In der römischen Sagenwelt ist Amata die Frau von König Latinus und Mutter der ➤ Lavinia. Deren Ehe mit dem Trojanerhelden Aeneas versucht Amata vergeblich zu verhindern. Amata gilt also als Stamm-Mutter der Römer; ihr Name ist vorrömisch, seine Bedeutung unbekannt. – Der Name ist in Deutschland seit den 1980er-Jahren zu finden und gehört seit der Jahrtausendwende sogar zu den Top 100; wie viel die englische Sängerin Amy Winehouse (1983–2011) zu seiner Verbreitung beigetragen hat, ist schwer zu sagen.

Anastasia (w.) griechisch. *Anástasis* bedeutet im Griechischen das „Aufstehenlassen" im Sinne von „Errichtung" oder das „Aufstehen" selber (von *aná*, nach oben, und *hístemi*, stellen); im Neuen Testament ist damit fast immer die „Auferstehung" Jesu von den Toten gemeint (etwa Matthäus 28) und in seinem Gefolge auch derer, die an ihn glauben (1. Korinther 15). Dies ist auch der Hintergrund des Namens, der in dieser Form aus Russland zu uns kommt. Für seine Beliebtheit ist vor allem die heilige Anastasia verantwortlich. Historisch gesichert ist nur ihr Märtyrertod im Jahre 304 in Sirmium, dem heutigen Sremska Mirtovica in Serbien, westlich von Belgrad. Angeblich wurde Anastasia gegen ihren Willen mit einem heidnischen Mann verheiratet. Nach dessen Tod verbannte ein Richter sie zusammen mit zweihundert Jungfrauen auf eine Insel und ließ sie dort töten. Möglicherweise war Anastasia die Schwester von Kaiser ➤ Konstantin; ihr Namenstag ist der 25. Dezember. – Der Name taucht in Deutschland im 15. Jahrhundert auf, bleibt relativ selten und nimmt erst gegen Ende des 20. Jahrhunderts etwas zu, möglicherweise aufgrund des Zuzugs deutschstämmiger Russen und Ukrainer.

André (w.) französische Form von ➤ Andreas (griechisch: „mannhaft"). – In Deutschland erst seit Mitte des 20. Jahrhunderts belegt, nimmt der Name seitdem ständig zu, ohne je in die Spitzengruppe vorzudringen.

Andrea (w.) weibliche Form von ➤ Andreas (griechisch: „mannhaft"). In Italien ist Andrea ein Männername. – Der früheste Beleg im deutschsprachigen Raum stammt aus dem Jahr 1813; das Kind ist nach dem Großvater und Paten genannt, der Andreas heißt. In den 1960er- und 70er-Jahren gehört Andrea zusammen mit Andreas zu den beliebtesten Namen, etwa zwischen 1960 und 1970 durchgängig zu den Top 10.

Andreas (m.) Griechisch *andreios* bedeutet „der Mannhafte, Tapfere"; das konnte sich aufs Schlachtfeld beziehen, aber auch aufs Bett. Dahinter steckt das Wort *anér* (Genetiv: *andrós*, daher das D) für „Mann". – Im Neuen Testament heißt so der Bruder des ➤ Simon ➤ Petrus; beide sind von Beruf Fischer. Andreas führt Petrus zu Jesus mit der Botschaft: „Wir haben den Messias gefunden", und die beiden werden die ersten Jünger, die Jesus beruft (vgl. Matthäus 4,18–20 und Johannes 1,40–42); sie gehören dann zum Kreis der zwölf Jünger. Der Legende nach predigte Andreas später in Kleinasien (der heutigen Türkei) und Bulgarien und kam bis Georgien. Im griechischen Petras (am Nordufer des Peloponnes) schließlich führte er die Frau des Statthalters Ägeas zum Glauben und starb dafür als Märtyrer. Er wurde an ein diagonales Kreuz genagelt – wir kennen bis heute das Andreaskreuz von Bahnübergängen und Fachwerkhäusern. Die Gebeine des heiligen Andreas liegen in Amalfi, südlich von Neapel; sein Namenstag ist der 30. November. – Seit dem 8. Jahrhundert gehört Andreas durchgängig zu den beliebten Namen in Deutschland; etwa zwischen Mitte der 1950er-Jahre und 1980 zählt er zu den Top 10, doch auch im 21. Jahrhundert ist er nach wie vor präsent.

Andris (m.) lettische Kurzform von ➤ Andreas (griechisch: „mannhaft")

Anette (w.) französische Koseform von ➤ Anna ➤ Hanna (hebräisch: zu einem Wort für „Gnade"), ➤ Anett/-e. – Eine frühe Anetta ist in Deutschland für das späte 15. Jahrhundert belegt, doch heimisch wird der Name, zusammen mit ➤ Annette, erst im 17. Jahrhundert, aus Frankreich kommend. Ungefähr zwischen Mitte der 1950er-Jahre und Anfang der 70er gehört der Name zu den Top 50; seit den 80ern wird er kaum noch gegeben.

Angela (w.) lateinisch < griechisch < persisch. Spätlateinisch *angelus* bedeutet „Engel". Das Wort haben die

Römer von den Griechen übernommen, die sagten *ángelos*, hatten es aber wiederum von den Persern ausgeborgt: Bei denen bezeichnete *angaros* einen reitenden Eilboten. Engel brauchen kein Pferd, sie fliegen – als geflügelte Wesen stellt man sie sich gemeinhin vor. In der Bibel jedoch sind Engel ganz einfach Boten Gottes, in aller Regel Männer. Das Ev*angel*ium, die Geschichte von Leben, Sterben und Auferstehung Jesu, ist umrahmt von zwei Erscheinungen von Engeln: Einer – in der Bibel Gabriel genannt – eröffnet Maria, dass sie Gottes Sohn gebären wird (Lukas 1,26–38); ein anderer (hier namenloser) Engel erscheint den Frauen am Grab Jesu und verkündet: „Fürchtet euch nicht! Er ist nicht hier, er ist auferstanden" (Kap. 24,1–12). Was die Engel zu sagen haben, ist also „frohe Botschaft", Ev-Angelium, auf Griechisch *euangélion (eu* bedeutet „gut"). – Der Name taucht in Deutschland im 14. Jahrhundert auf und gehört etwa zwischen 1950 und 1970 zu den Top 50.

Angelika (w.) griechisch < persisch. Dass er mit „Engeln" zu tun hat, hört man dem Namen noch an. *Angélikos*, weiblich *angélika*, bedeutet im Griechischen „engelhaft, Engels-"; es kommt von *ángelos*, ursprünglich der „Bote" (vgl. ➤ Angela). – Der Name findet sich seit dem 16. Jahrhundert in Deutschland; etwa zwischen 1950 und 1960 gehört er zu den 10 beliebtesten Mädchennamen, danach nimmt er ab.

Angelina (w.) italienische [andschelihna; in der Mitte wie in *Dsch*ungel] Erweiterung von ➤ Angela (lateinisch: „engelsgleich"). – Der älteste Beleg in Deutschland stammt aus dem späten 17. Jahrhundert; der Name bleibt aber zunächst selten und erlebt in den 80er-Jahren des 20. Jahrhunderts einen leichten Aufschwung. Seit etwa 2005 ist er wieder unter den Top 50 zu finden.

Angélique (w.) französische Form [ohshelik; vorne wie in Para*vant*, dann wie in *Jour*nal] von ➤ Angelika (lateinisch: „engelsgleich")

ANGIL – „Haken", „Volksstamm der Angeln"?
Die *Angel* hat (ebenso wie der *Anker)* ihren Namen vom Haken, der „gekrümmt" ist; das ist wohl die ursprüngliche Bedeutung der indoeuropäischen Wurzel **ang*. Das althochdeutsche *ango* kann aber auch „Spitze, Stachel" bedeuten, wie wir es aus der Tür*angel* kennen. Das althochdeutsche *angul* bezeichnet dann auch speziell den Angelhaken. Bei dem Namenglied ist am ehesten an eine Waffe zu denken, vermutlich an den Ango, auch „Frankenspieß" genannt. Der griechische Historiker Agathias beschrieb im 6. Jahrhundert diesen bis zu 3 m langen Speer mit eisernem Widerhaken an der Spitze in seiner fatalen Wirkung: Tritt die Spitze in den Körper ein, kann der Speer nicht herausgezogen werden, und der Getroffene stirbt auch an relativ leichten Verletzungen. Steckt der Ango im Schild des Gegners, tritt der Angreifer auf den Speer und kann den schutzlos Gewordenen leicht töten. Man hat auch auf den Volksstamm

der *Angeln* hingewiesen, den Tacitus in seiner *Germania* erwähnt (Kap. 40). Auch die Stammesnamen der Hessen (Hasso), Goten (Godebert) und Warnen (➤ Werner) haben ja Eingang gefunden in den deutschen Rufnamenschatz. Die Angeln haben ihren Namen von der Landschaft in Schleswig-Holstein, in der sie einst lebten (andere meinen, es sei gerade umgekehrt): Den Landstrich zwischen Schlei und Flensburger Förde kann man mit etwas gutem Willen als „Winkel" betrachten (englisch *angle*). Andere denken an den *Anger*, althochdeutsch *angar*, „Wiese, Weide", was von derselben indoeuropäischen Wurzel abgeleitet ist und ursprünglich vielleicht „der Flusskrümmung folgendes Weideland" bedeutet. Ab dem 5. Jahrhundert drangen Angeln, Jüten und Sachsen in Britannien ein; daraus entstand der Name *England* (Angelland).
Nach der Christianisierung der Germanen wurde das Namenglied ANGIL gerne als „Engel" verstanden (zu althochdeutsch *angil*, Engel, lateinisch *angelus* ➤ Angelika) und etwa ➤ Engelbert als „strahlender Engel" gedeutet. Der Engel als Symbol des Evangelisten Matthäus mag dabei eine Rolle gespielt haben.
Das Namenglied erscheint nur an erster Stelle.
Namen: Angilberga (w.), Angelfred, ➤ Engelbert
Nachnamen: Engel, Engelhard

Anita (w.) spanisch < hebräisch. Anita ist eine spanische Koseform von ➤ Anna ➤ Hanna (hebräisch: zu einem Wort für „Gnade"). – Bei Anita kann es sich aber auch um eine Kurzform von Juanita handeln, das ist die spanische Variante von ➤ Johanna (mit derselben Bedeutung). – Vermutlich kam der Name Ende des 19. Jahrhunderts nicht direkt aus Spanien nach Deutschland, sondern über Italien; dort hatte die Frau des Freiheitskämpfers Guiseppe Garibaldi, Anita Ribiera da Silva, für seine Verbreitung gesorgt. In der ersten Hälfte des 20. Jahrhunderts ist er bei uns unter den Top 50 zu finden, danach nimmt die Vergabe ab.

Anja (w.) russische Koseform von ➤ Anna ➤ Hanna (hebräisch: zu einem Wort für „Gnade"). – Der Name erscheint in Deutschland nicht vor Mitte des 20. Jahrhunderts und nimmt zwischen Anfang der 60er- und Ende 70er-Jahre meist Plätze unter den Top 10 ein.

Anke (w.) niederdeutsche Form von ➤ Anna ➤ Hanna (hebräisch: zu einem Wort für „Gnade"). – Der Name ist in Norddeutschland zuerst im 13. Jahrhundert belegt, bleibt aber selten. Erst gegen Mitte des 20. Jahrhunderts breitet er sich auch in den Süden aus und ist etwa zwischen 1940 und 1980 unter den Top 50 zu finden.

Ann (w.) Kurzform von ➤ Anna ➤ Hanna (hebräisch: zu einem Wort für „Gnade"), oft englisch gesprochen [än]

Anna (w.) griechische und lateinische Form von ➤ Hanna (hebräisch: zu einem Wort für „Gnade"). In der griechischen Übersetzung des Alten Testaments wird der Name Hanna als Anna wiedergegeben; im Neuen Testament hingegen findet sich nur Hanna. Das auf Griechisch verfasste sogenannte Protevangelium des Jakobus (um 150 n. Chr.) erzählt die Geschichte von ➤ Marias Eltern, in offensichtlicher Anlehnung an die Erzählung von Hanna und ➤ Samuel (1. Samuel 1 und 2): ➤ Joachim und Anna (in dieser Form) warten zwanzig Jahre vergeblich auf ein Kind – bis Maria geboren wird. – Die Verehrung Annas (Fest am 26. Juli) hat maßgeblich zur Verbreitung des Namens beigetragen, der in Deutschland schon im 9. Jahrhundert auftritt. Anna ist im ganzen Mittelalter beliebt und führt im 16. Jahrhundert die Hitliste an. Konkurrenz bekommt der Name nur von ➤ Maria, deren Kult die Verbreitung von Anna bis dahin gefördert hat. Bis in die Gegenwart gehören Anna (mit Anne) und Maria (mit Marie und neuerdings Mia) zu den beliebtesten Namen und lösen sich zu Beginn des 21. Jahrhunderts an der Spitze der Hitliste gegenseitig ab.

Annabel / Annabell (w.) lateinisch? hebräisch? Die Entwicklung des Namens ist nicht mehr eindeutig zurückzuverfolgen, mehrere Quellen scheinen zusammengeflossen zu sein: Sehr wahrscheinlich haben wir es mit einer Abwandlung von Amabel zu tun, abgeleitet von lateinisch *amabilis*, liebenswert. In dieser Form kommt der Name aus Großbritannien zu uns [ännebell]. Möglich ist aber auch eine Kombination von ➤ Anna und Bel(la). Anna ist die griechische Form von ➤ Hanna (hebräisch: zu einem Wort für „Gnade"). *Bel* kann verkürzt sein aus ➤ Bella (italienisch: „die Schöne") oder aus ➤ Isabel, der spanischen Form von ➤ Elisabeth (hebräisch: „Gott ist Fülle"). – Die Belege für Annabel und Annabell in Deutschland stammen vorwiegend aus dem letzten Viertel des 20. Jahrhunderts; seit den 80er-Jahren wird der Name zusehends beliebter und belegt zwischen 1994 und 2002 immer wieder Plätze unter den Top 100, ohne ganz nach oben zu stoßen.

Annabella / Annabelle (w.) Nebenform zu ➤ Annabel (lateinisch: „liebenswert" oder ...). In Frankreich wird Annabelle als [annabell] gesprochen.

Anna-Lena (w.) aus ➤ Anna ➤ Hanna (hebräisch: zu einem Wort für „Gnade") und ➤ Lena (➤ Magdalena, hebräisch: „aus Magdala"; oder ➤ Helena, griechisch: „strahlend"?). – Zusammen mit der Form Annalena gehört der Name etwa seit Mitte der 1990er-Jahre zu den Top 100 in Deutschland.

Anna-Marie (w.) aus ➤ Anna ➤ Hanna (hebräisch: zu einem Wort für „Gnade") und ➤ Maria ➤ Miriam (ägyptisch: „geliebt"?)

Anne (w.) Nebenform von ➤ Anna ➤ Hanna (hebräisch: zu einem Wort für „Gnade"). – In den 1980er- und 90er-Jahren gehört Anne meist zu den Top 100; danach wird der Name etwas weniger gegeben.

Annegret (w.) aus ➤ Anna ➤ Hanna

(hebräisch: zu einem Wort für „Gnade") und ➤ Margarete (griechisch: „Perle"). – Der Name kommt in Deutschland um 1900 auf und ist etwa in den 40er- bis 60er-Jahren unter den Top 100 zu finden.

Annelie (w.) aus ➤ Anna ➤ Hanna (hebräisch: zu einem Wort für „Gnade") und ➤ Elisabeth (hebräisch: „Gott ist Fülle"). – Der Name ist in Deutschland seit den 1930er-Jahren belegt, bleibt jedoch selten.

Anneliese / Annelise (w.) aus ➤ Anna ➤ Hanna (hebräisch: zu einem Wort für „Gnade") und ➤ Liese ➤ Elisabeth (hebräisch: „Gott ist Fülle") oder ➤ Luise ➤ Ludwig („berühmt" + „Kämpfer"). – Anfang des 18. Jahrhunderts taucht der Name in Deutschland auf und erfreut sich in der ersten Hälfte des 20. Jahrhunderts wachsender Beliebtheit.

Annelore (w.) aus ➤ Anna ➤ Hanna (hebräisch: zu einem Wort für „Gnade") und ➤ Lore ➤ Laura (lateinisch: „lorbeerbekränzt") oder ➤ Eleonore („fremd"? + ?). – Der Name ist in der ersten Hälfte des 20. Jahrhunderts relativ beliebt.

Annemarie (w.) aus ➤ Anna ➤ Hanna (hebräisch: zu einem Wort für „Gnade") und ➤ Marie ➤ Miriam (ägyptisch: „geliebt"?). – Gegen Ende des 19. Jahrhunderts kommt der Name in Deutschland auf und gehört bis etwa 1960 zu den Top 100.

Annerose (w.) aus ➤ Anna ➤ Hanna (hebräisch: zu einem Wort für „Gnade") und ➤ Rose ➤ Roswitha („Ruhm" + „stark") oder ➤ Rosa (lateinisch: „Rose"?)

Annett / Annette (w.) französische Koseform von ➤ Anna ➤ Hanna (hebräisch: zu einem Wort für „Gnade"). – Der Name kommt im 17./18. Jahrhundert nach Deutschland, wird aber lange Zeit vor allem als moderne Koseform von Anna verwendet. So heißt etwa die deutsche Dichterin Annette von Droste-Hülshoff eigentlich Anna-Elisabeth, und die Schriftstellerin Annette Kolb wird als Anne Mathilde getauft. Die Glanzzeit des Namens liegt dann in den 1960ern.

Anni (w.) Koseform von ➤ Anna ➤ Hanna (hebräisch: zu einem Wort für „Gnade"). – Der Name taucht Ende des 19. Jahrhunderts auf und bleibt bis in die 30er-Jahre zusammen mit Annie und Anny in den Top 100.

Annika (w.) skandinavische Form von ➤ Anna ➤ Hanna (hebräisch: zu einem Wort für „Gnade"). – Die ältesten Belege reichen zurück bis ins frühe 17. Jahrhundert, doch erst seit *Pippi Langstrumpf* ist Annika als Name in Deutschland beliebt; etwa zwischen 1970 und 2000 findet sich der Name unter den Top 20.

Ann-Kathrin / Annkathrin (w.) aus ➤ Anna ➤ Hanna (hebräisch: zu einem Wort für „Gnade") und ➤ Kathrin ➤ Katherina (später verbunden mit griechisch *katharós*, rein)

Annmarie (w.) aus ➤ Anna ➤ Hanna (hebräisch: zu einem Wort für „Gna-

A

de") und ➤ Marie ➤ Miriam (ägyptisch: „geliebt"?)

Anouk (w.) französische Koseform von ➤ Anna ➤ Hanna (hebräisch: zu einem Wort für „Gnade")

ANS / AS / OS – „Ase (Gott)"
Außer in Namen wie Anselm oder Oswald kennen wir das Wort nicht mehr. Germanisch **ans* (verkürzt zu *as)* ist eine Bezeichnung für einen (heidnischen) Gott oder Halbgott; daneben steht germanisch **gudh*, Gott (➤ GOTT).
Ans (im Plural **Anseis)* ist der gotische Name der germanischen *Asen*. Diesem Göttergeschlecht, deren Wohnsitz Asgard („Götterhof" oder „Asenhof") war, gehört nicht nur der oberste Gott Odin an, sondern auch seine Söhne Thor und Tyr. Ihre Gegenspieler sind die (nicht nur zahlenmäßig unterlegenen) Wanen, die von Ackerbauern verehrt wurden, während die Asen die Götter der Viehzüchter waren. Sowohl Odin als auch Thor werden zuweilen als *der Ase* bezeichnet. Unklar ist, ob hier ein ursprünglich allgemeiner Begriff verengt oder ob der Name einer Untergruppe später verallgemeinert wurde.
Die ursprüngliche Bedeutung von *a(n)s* ist umstritten: Es kann für einen „Balken" stehen und ein Hinweis sein auf schlichte Götterbilder in Pfahlform; es könnte mit gotisch *anan*, atmen, zusammenhängen und in Richtung Seelenwesen weisen; möglich ist auch eine Verbindung zu althochdeutsch *ano*, Ahn, sodass an Ahnengeister zu denken wäre.
Die nordischen Dichter können einen Krieger *hildar áss* nennen, also „Kampf-Ase"; wahrscheinlicher als Namengebungsmotiv ist jedoch der Wunsch nach Schutz durch die Götter oder durch einen bestimmten Gott.
Namen: Ansbald, ➤ Anselm, ➤ Ansgar, ➤ Ansgard (w.), Ansarich, Anshilt (w.), Ansmar, Ansulf, Osbern, ➤ Oskar?, ➤ Oswald

Anselm (m.) deutsch. Unser Wort ➤ *HELM* bildet das zweite Element des Namens, es bedeutet auch „Schutz". ➤ *ANS* ist der gotische Name der germanischen Asen. – Im Mittelalter sorgte der heilige Anselm von Canterbury (um 1033–1109) für die Verbreitung des Namens: Er stammte aus Norditalien und wurde schließlich Erzbischof von Canterbury im Südosten Englands. Anselm war einer der großen theologischen Lehrer des Mittelalters; er betonte die Vereinbarkeit von Glaube und Vernunft: *Credo ut intelligam* (Ich glaube, um zu erkennen). Sein sogenannter *Ontologischer Gottesbeweis* wurde berühmt – und später widerlegt. Anselms Namenstag ist der 21. April. – In Deutschland ist der Name seit dem 12. Jahrhundert belegt; seit dem 20. Jahrhundert wird er selten gegeben.

Ansgar (m.) deutsch. ➤ *ANS* ist der gotische Name der germanischen Asen (Götter). Der zweite Teil des Namens *gar* entspricht dem ➤ GER, dem aus Kreuzworträtseln bekannten „germanischen Wurfspeer". – Der heilige Ansgar von Hamburg gilt als „Apostel des Nordens". Sein Leben lang versuchte er, zunächst als Erzbischof von Hamburg, später von Bremen aus Dänemark und Schweden zu missionieren. Dabei erlitt er immer wieder herbe Rückschläge, sodass sein Biograf sein ganzes Leben als ein einziges Martyrium deutete. Doch Ansgars charismatische Entschlossenheit und sein unbeugsamer Mut hinterließen einen bleibenden Eindruck. Er starb mit etwas über sechzig Jahren am 3. Februar 865; das ist auch sein Namenstag. – Der Name findet sich in Deutschland zweimal im 18. Jahrhundert, dann erst wieder im 20. Jahrhundert, wo er selten bleibt.

Ansgard (w.) deutsch. Die beiden Glieder des Namens sind ➤ *ANS*, die Bezeichnung für einen germanischen Gott, und ➤ *GARD*, „umzäunter Besitz" oder auch „Schutz, Schützer". – Als Ansgardis erscheint der Name im 8. Jahrhundert. Ansgard von Burgund (826–880), die erste Frau des westfränkischen Königs ➤ Ludwig II., war zwanzig Jahre älter als er und gebar ihm fünf Kinder, von denen zwei für kurze Zeit ihrem Vater auf dem Königsthron folgten. Die Ehe war jedoch gegen den Willen von Ludwigs Vater geschlossen worden und wurde später annulliert. Ludwig heiratete nun ➤ Adelheid von Friaul, starb jedoch bald darauf. Ansgards weiterer Weg ist nicht bekannt. Der Name bleibt bis heute sehr selten.

Antje (w.) friesische Koseform („Klein-Anna") von ➤ Anna ➤ Hanna (hebräisch: zu einem Wort für „Gnade"). – Seit etwa 1700 in Deutschland verbreitet, erklimmt der Name Anfang der 1940er-Jahre die Top 50, die er, abgesehen von einem Durchhänger in den 50ern, erst Anfang der 80er wieder verlässt.

Anton (m.) unbekannter Herkunft. Antonius ist ein alter Geschlechtername im antiken Rom, nachweisbar seit dem 5. vorchristlichen Jahrhundert. Manchmal wird dieses Geschlecht zurückgeführt auf einen sagenhaften Sohn des Herakles, der Anton (oder Anteon) hieß. Ein bedeutender Vertreter des Geschlechts war der Politiker und Feldherr Mark Anton (um 82–30 v.Chr.). Manche bringen den Namen in Verbindung mit der Stadt *Antium* (heute Anzio, rund 50 km südlich von Rom), doch der Ursprung des Städtenamens ist unbekannt. Andere stellen Anton zu griechisch *antécho*, widerstehen, doch mehr als eine Vermutung ist das nicht. Gerne wird auch eine Verbindung hergestellt zu griechisch *ánthos*, Blume; das fehlende H jedoch spricht dagegen und wurde zuweilen sogar ergänzt wie beim englischen Anthony. Vermutlich ist der Name etruskischen Ursprungs, seine Bedeutung verloren gegangen. – Bekannt und beliebt wurde der Name durch zwei Heilige: Antonius „der Große" widerstand im 3./4. Jahrhundert als Einsiedler in der ägyptischen Wüste allerlei Anfechtungen durch Dämonen; sein Fest ist am 17. Januar. 900 Jahre später nannte ein Portugiese namens Fernandez sich nach seinem großen Vorbild und hieß in der Folge Antonius von Padua. Angeblich lieh ein junger Mönch ohne Antons Einverständnis dessen Psalmbuch aus. Daraufhin wurde er von Albträumen heimgesucht und brachte das Buch zurück; seitdem wird Anton angerufen, wenn etwas verloren gegangen ist. Sein Namenstag ist der 13. Juni. – Der Name ist ab dem 10. Jahrhundert in Deutschland zu finden; eine Reihe von abgeleiteten Nachnamen belegen die frühe Verbreitung: Töns, Tönnies, Dengel, Dünnes. Im ersten Viertel des 20. Jahrhunderts erlebt Anton eine Zeit relativ großer Beliebtheit, die schon wieder am Abflauen ist, als ➤ Erich Kästners Kinderbuch *Pünktchen und Anton* erscheint (1931); in dieser Zeit verlässt der Name die Top 100. Seit etwa 1980 steigt die Beliebheitskurve wieder, und Anton ist mittlerweile unter den Top 50 zu finden mit Platz 16 im Jahr 2017.

Antonia / Antonie (w.) weibliche Form von Antonius ➤ Anton (Bedeutung unbekannt). – Die selige Antonia von Florenz (1401–1472) trat nach dem frühen Tod ihres Mannes in ein Tertiarenkloster der Franziskaner ein, gründete bald ein Kloster in Foligno (zwischen Rom und San Marino) und ein weiteres in Aquila (gut 100 km nordöstlich von Rom), dem sie bis zu ihrem Tod als Oberin vorstand. Ihr Namenstag ist der 28. Februar. – In Deutschland seit dem 12. Jahrhundert belegt, gehört Antonia in der ersten Hälfte des 20. Jahrhunderts zu den beliebteren Namen, kommt dann jedoch aus der Mode, um seit Mitte der 80er-Jahre wieder in der Gunst der Eltern zu steigen; etwa zwischen 1996 und 2001 ist der Name unter den Top 20 zu finden, die beste Platzierung ist Rang 9 im Jahr 1998.

Anuk (w.) eindeutschende Schreibweise von ➤ Anouk ➤ Anna ➤ Hanna (hebräisch: zu einem Wort für „Gnade") oder Variante von ➤ Anuuk (grönländisch: „Bär")

Anuschka (w.) ungarische und russische [anuschka] Koseform von ➤ Anna ➤ Hanna (hebräisch: zu einem Wort für „Gnade"). – In Deutschland taucht der Name um 1900 auf und bleibt selten.

Anuuk (w.) aus dem Grönländischen. *Nanoq* oder *Nanuk* ist in der Sprache der Inuit auf Grönland das Wort für „Bär". Davon leiteten sie vor mindestens tausend Jahren den Namen Anuk oder Anuuk ab und benutzen ihn sowohl für Jungen als auch für Mädchen. Der Bär spielt im Alltag wie in der Mythologie der arktischen Völker eine besondere Rolle: Als gefährlicher Jäger ist er Konkurrent des Menschen, dem er ähnelt, weil er auf zwei Beinen stehen kann. Er gilt als Herr der Tiere, der über ihre Seelen wacht, aber auch als höchstes Wesen. – In der Form Anouk wurde der Name in Deutschland bekannt durch die französische Schauspielerin Anouk Aimée (eigentlich Françoise Sorya Dreyfus). Dabei handelt es sich allerdings um eine französische Koseform von ➤ Anna ➤ Hanna (hebräisch: zu einem Wort für „Gnade").

Apollonia (w.) griechisch. Der Name Apollonios ist für das 3. vorchristliche Jahrhundert belegt; die weibliche Form war zunächst der Name mehrerer Städte, erst später wurde Apollonia zum Frauennamen. Beide, Stadt und Person, waren schlicht „dem Apollo geweiht". Der Sohn des Zeus und der Leto sowie der Zwillingsbruder der Artemis war der

Gott der Reinheit, der Weissagung, der Kunst des Bogenschießens und der Musik; später wurde er mit dem Sonnengott identifiziert. So vielfältig wie seine Zuständigkeiten sind die Versuche, seinen Namen zu erklären: „Verderber" (von griechisch *apóllymi,* verderben), „Verkünder" (zu *apeiléo,* drohen, prahlen, laut geloben), „Unheilabwehrer", „der starke Helfer". Wahrscheinlich ist der Name jedoch vorgriechischen Ursprungs, seine Bedeutung unbekannt. – Auch über die heilige Apollonia ist wenig Verlässliches überliefert: Sie starb im 3. Jahrhundert im ägyptischen Alexandria um 249 den Märtyrertod. Apollonia gilt als Patronin der Zahnärzte; ihre Peiniger rissen ihr die Zähne aus, heißt es, doch Engel setzten sie wieder ein. Laut betend stieg sie auf den Scheiterhaufen. Ihr Namenstag ist der 9. Februar. – Der Name erscheint in Deutschland Mitte des 14. Jahrhunderts und erfreut sich bis ins 20. Jahrhundert recht großer Beliebtheit; heute ist er sehr selten.

AR / ARN – „Adler"
Den *Aar* kennt man fast nur noch aus dem Kreuzworträtsel, und dass er auch im *Adler* steckt, ist kaum noch zu hören: Letzterer ist der *adel-are* (zu althochdeutsch *aro* oder *arn),* der „edle Aar". Diese Bezeichnung verdrängte den *Aar* seit dem 12. Jahrhundert und zeigt, dass mit *Aar* früher ganz verschiedene große Raubvögel gemeint sein konnten. Sprachlich verwandt ist griechisch *órnis,* Vogel, wohl zu *órnymi,* hervorschießen. Als Ausgangsbedeutung der indoeuropäischen Sprachwurzel wird „der Aufblitzende, der sehr Schnelle" angenommen.
In Europa sind einige Adlerarten zu finden, der größte und berühmteste unter ihnen ist der Steinadler. Er ist Urbild des Wappentiers, vom römischen Feldzeichen (häufig mit Blitzbündel in den Krallen) bis hin zum deutschen und österreichischen Bundesadler. Der Adler ist in vielen Kulturen der angesehenste Vogel, der König der Lüfte. Er steht für Schnelligkeit, Kraft und Ausdauer, in der Bibel auch für jugendliche Erneuerung (Jesaja 40,31).
Diese Eigenschaften ließen den Adler (neben Wolf, Bär und Eber) zum Sinnbild des germanischen Kriegers werden. Zur Verbreitung der Adler-Namen trug auch die Tatsache bei, dass der Adler ein Attribut-Tier Odins ist (wie er auch schon Bote und Helfer des Zeus/Jupiter war): Als Sturmvogel begleitet er Odin in die Schlacht und gehört wie Rabe (➤ RAM) und ➤ WOLF zu den Tieren, die sich über die Leichen der Gefallenen hermachen. Über dem westlichen Tor der Walhall, wo Odin die toten Krieger zum Endkampf versammelt, hängt ein Wolf, darüber schwebt ein Adler. In Gestalt eines Adlers flieht Odin vor dem Riesen Suttungr. Odins Beiname „der Adlerhäuptige" bezieht sich möglicherweise auf einen Helm in Form eines Adlerkopfes, wie er auch archäologisch belegt ist. Manchmal wird der Adler auch in Verbindung mit dem Gott Freyr gebracht. Schließlich kann der Adler, wie auch der Rabe, nach germanischem Glauben zukünftige Ereignisse vorhersagen.

Namen: Adolar, Arnbjörn, ➤ Arnd, ➤ Arne, Arnfried, Arnhelm, Arnhild (w.), ➤ Arno, ➤ Arnold, ➤ Arnulf, ➤ Art(h)ur (?), ➤ Erna (w.)?

Arabella (w.) aus Schottland. Die Herkunft des Namens ist umstritten. Er erscheint zuerst in Schottland in der Form Orabilis, später als Arable oder Orable; die Verbindung mit lateinisch *orabilis,* verehrungswürdig, anbetungswürdig, scheint jedoch künstlich. Im 16. Jahrhundert schließlich findet sich der Name als Arbella. Vermutlich geht dies zurück auf ➤ Annabel; der Weg von N zu R ist nicht weit. Doch auch Annabel hat schon einen Weg hinter sich: Dahinter steht der Name Amabel, zu lateinisch *amabilis,* liebenswert; bei der Angleichung hat wohl der Name ➤ Anna ➤ Hanna (hebräisch: zu einem Wort für „Gnade") Pate gestanden. Schließlich findet man für Arabella auch die Herleitung von *Arabia,* was angeblich „die Liebliche, Anmutige" bedeutet (und dann nicht verwandt ist mit dem Namen des Landes *Arabien*). – *Arabella* ist der Titel einer Oper von ➤ Richard Strauss und ➤ Hugo von Hofmannsthal, sie wurde 1933 uraufgeführt. Der Automobilbauer Lloyd brachte 1959 ein Mittelklassemodell mit dem Namen *Arabella* auf den Markt, das sich als „kleine Schwester" der Borgward Isabella bis 1963 mäßig gut verkaufte (Lloyd gehörte zur Borgward-Gruppe). – Der Name erscheint in Deutschland erstmals im 19. Jahrhundert und bleibt selten.

Archip (m.) aus dem Griechischen. Auf Griechisch lautet dieser sehr seltene Name Archippos. Er setzt sich zusammen aus den beiden Wörtern *arché,* Herrschaft, Kommando, Amt, und *híppos,* Pferd. Man kann ihn mit „Pferdelenker" übersetzen oder mit „Stallmeister", möglicherweise auch mit „Befehlshaber der Kavallerie". Archippos hießen ein sagenhafter König in Athen, ein Dichter der Alten Komödie im 5./4. Jahrhundert und zur selben Zeit ein Philosoph aus der Schule der Pythagoräer. Seinen Weg in die Moderne fand der Name jedoch durch die neutestamentliche Gestalt des Archippus: Der Apostel ➤ Paulus lässt ihm am Ende seines Briefes an die Gemeinde in Kolossae (4,17) ausrichten, er möge den Auftrag, den er von Jesus erhalten hat, treu ausführen. Am Anfang des Philemonbriefs (2) nennt Paulus ihn seinen „Mitstreiter". Der Theologe ➤ Theodor von Mopsuestia (350–428) vermutet, Archippus könnte der Sohn des Philemon und der Aphia gewesen sein.

Ariadne (w.) aus dem Griechischen. Ihre List mit dem Bindfaden ist sprichwörtlich geworden, der *Ariadnefaden* zum Leitfaden: Ariadne war in der griechischen Mythologie die Tochter der Pasiphae und des Minos, Herrscher von Knossos auf der Insel Kreta. Nach diesem war der Minotaurus genannt, ein stierköpfiges Wesen, das in einem Labyrinth hauste und Jahr für Jahr sieben Knaben und sieben Mädchen aus Athen als Opfer forderte. Einmal kam der Held Theseus mit nach Knossos, um die Kinder abzuliefern. Ariadne gab ihm ein magisches Schwert und ein Wollknäuel; mit dem Schwert erschlug er das Untier, und mithilfe des Fadens fand er wieder aus dem Labyrinth (das offenbar ein Irrgarten war). Theseus und Ariadne flohen von der Insel, doch der Held verließ sie, woraufhin Ariadne wohl den Weingott Dionysos heiratete. – Hinter der Figur der Ariadne verbirgt sich wahrscheinlich eine alte kretische Fruchtbarkeitsgöttin, ihr Name bedeutet entweder „die herrlich Strahlende" oder aber „die sehr Heilige" *(Ári-hagné)*. – Als ➤ Ariana ist der Name in Deutschland schon im 16. Jahrhundert belegt und dann in der zweiten Hälfte des 20. Jahrhunderts relativ beliebt; die griechische Form bleibt äußerst selten.

Ariana / Ariane (w.) weibliche Formen von Arian, der niederländischen Version von ➤ Adrian (lateinisch: „aus Hadria") oder als Ariane die französische Form [arjann] von ➤ Ariadne (griechisch: „die herrlich Strahlende" oder „die sehr Heilige"). 1957 bringt der Autohersteller Simca das Mittelklassemodell *Ariane* auf den Markt; schon Anfang des 20. Jahrhunderts stellt in Frankreich die Firma *Automobiles Ariane* kurzzeitig Zweisitzer mit Einzylinder-Motoren her.

Arjen (m.) niederländische Form von ➤ Adrian (lateinisch: „aus Hadria"). – Der Name ist vorwiegend in Norddeutschland seit Ende des 19. Jahrhunderts vereinzelt zu finden.

ARM ➤ IRM („groß")

Armgard (w.) Nebenform von ➤ Irmgard („groß" + „Einfriedung, Schutz"). – Seit dem 13. Jahrhundert in Deutschland belegt, stirbt der Name im 20. Jahrhundert fast völlig aus.

Armin (m.) deutsch. Armin klingt ein bisschen wie ➤ Hermann, aber die Gleichsetzung ist mehr als fragwürdig. Auch mit ➤ *AR*, dem Adler, hat der Name wahrscheinlich nichts zu tun. Vermutlich hat er dieselbe Wurzel wie ➤ Irma: *irmina* (➤ IRM) allumfassend, groß. Armin wäre dann eine Kurzform eines Namens, der mit diesem Wort beginnt, etwa Irimbert oder Irimfrid. Der Cheruskerfürst Arminius (die Cherusker waren ein germanischer Volksstamm im Norden Deutschlands) besiegte die Römer unter dem Kommando des Varus in der „Schlacht am Teutoburger Wald" im Jahre 9 n. Chr. und vertrieb sie schließlich aus dem Land. (Die Schlacht fand wohl in der Kalkrieser-Niewedder Senke rund 15 km nördlich von Osnabrück statt, also ein ganzes Stück entfernt vom Teutoburger Wald.) Armins Frau hieß übrigens Thusnelda. Knapp 60 m erhebt sich das 1875 eingeweihte Hermannsdenkmal auf der Grotenburg bei Detmold, das an diesen Sieg erinnern soll; eigentlich müsste es Arminsdenkmal heißen. – Der Name kommt im 19. Jahrhundert in Deutschland in Mode und hält sich von den 1930er- bis Anfang der 60er-Jahre unter den Top 100, 1960 kratzt der Name sogar an den Top 50; seitdem wird er nur noch selten gegeben.

ARN ➤ AR („Adler")

Arnd / Arndt (m.) Kurzform von ➤ Arnold („Adler" + „Herrscher"). – Der Name ist seit dem 13. Jahrhundert belegt; in der zweiten Hälfte des 20. Jahrhunderts erfreut er sich einiger Beliebtheit.

A

Arne (m./w.) Kurzform von ➤ Arnold („Adler" + „Herrscher") oder anderer Namen mit dem ersten Glied *Arn-* ➤ AR. – Der Name kommt um 1940 in Deutschland auf und ist etwa zwischen 1960 und 1995 unter den Top 100 zu finden, mit der Spitze im Jahr 1969. Vereinzelt tritt Arne auch als Mädchenname auf. Der deutsche Schriftsteller Volker Braun, Jahrgang 1939, und seine Frau erwarten 1965 ein Kind und rechnen fest mit einem Jungen. Als es ein Mädchen wird, geben sie ihm den Namen, den sie für den Jungen ausgesucht haben: Arne. Daraufhin entsteht das Gedicht *Für Arne*.

Arno (m.) Kurzform von ➤ Arnold („Adler" + „Herrscher") oder anderer Namen mit dem ersten Glied *Arn-* ➤ AR. – Der heilige Arno von Salzburg war im 8. Jahrhundert ebendort Bischof; sein Fest ist am 24. Januar. Rund hundert Jahre später lebte der heilige Arno von Würzburg, ebenfalls Bischof; sein Namenstag ist der 13. Juli. – Im 20. Jahrhundert erfreut sich der Name einiger Beliebtheit, vor allem in Bayern.

Arnold (m.) deutsch. Arnwald lautet eine ältere Form des Namens, darin ist noch althochdeutsch ➤ *walten*, herrschen, zu erkennen (➤ WALT). Der erste Teil des Namens ist althochdeutsch *arn*, Adler, Aar (➤ AR). – Der heilige Arnold von Arnoldsweiler (bei Düren, zwischen Köln und Aachen) stammte angeblich aus Griechenland und verdingte sich wahrscheinlich im 8./9. Jahrhundert als Sänger und Harfenspieler am Hofe ➤ Karls des Großen. Karl soll Arnold ein großes Waldstück geschenkt haben; der überließ den Wald den Bewohnern der dortigen Dörfer. Arnolds Namenstag ist der 18. Juli. – Vor allem in Bayern und in Norddeutschland ist Arnold im Hochmittelalter weit verbreitet, verschwindet aber bis zum 15. Jahrhundert fast vollständig und wird erst im 19. Jahrhundert wiederbelebt. Der österreichische Bodybuilder und Actionschauspieler Arnold Schwarzenegger, von 2003 bis 2011 Gouverneur von Kalifornien, hat nur geringen Einfluss auf die Namengebung.

Arnulf (m.) deutsch. Zwei Tiere sind enthalten in diesem Namen: der Adler (➤ AR) und der ➤ WOLF. – Der heilige Arnulf von Metz stammte aus einer Adelsfamilie und wurde ein hoher Beamter des fränkischen Königs Chlothar II. Sein Sohn Ansgisel heiratete Begga, die Tochter Pippins des Älteren; so wurde Arnulf zum Mitbegründer des Karolingerhauses. Später empfing er die Priesterweihe, wurde 614 zum Bischof von Metz ernannt, gab dreizehn Jahre später sein Amt auf und pflegte als Einsiedler Aussätzige. Er starb an einem 18. Juli um das Jahr 640; das ist auch sein Namenstag. Am 14./15. August ist das Fest des heiligen Arnulf von Soissons (um 1040–1087); er wurde 1076 Abt des Klosters St-Médard bei Soissons (rund 100 km nordöstlich von Paris). Es heißt, er wollte sich dieser Wahl nicht stellen und versteckte sich im Wald – bis ein Wolf ihn fand. In Deutschland tat Arnulf von Kärnten mehr für die Verbreitung des Namens; er war Ende des 9. Jahrhunderts zunächst ostfränkischer König und dann bis zu seinem Tod im Jahr 899 römischer Kaiser. – Seit dem ausgehenden Mittelalter gerät der Name in Vergessenheit und wird erst im 19. Jahrhundert wiederbelebt; seit Mitte des 20. Jahrhunderts wird er nur noch selten gegeben.

Arsène (m.) französische Form von Arsenius. Der Name leitet sich ab von *ársen*, einer dichterischen Nebenform des griechischen *árren*, männlich, mannhaft, kraftvoll; das konnte sich aufs Schlachtfeld ebenso beziehen wie aufs Bett. Mit dem Gift *Arsen* hat der Name offenbar nichts zu tun, dieses Wort stammt aus Persien. In der Form Arsenius ist der Name im frühchristlichen Rom belegt (2./3. Jahrhundert), mehrere Heilige trugen zu seiner Verbreitung bei: Arsenius der Große (von Ägypten) wurde um 354 in eine römische Adelsfamilie geboren, ging der Überlieferung zufolge nach Konstantinopel, um die beiden Söhne Kaiser Theodosius' zu unterrichten, und floh schließlich in die ägyptische Wüste; dort führte er über fünfzig Jahre als Einsiedler ein entbehrungsreiches Leben. Sein Namenstag ist der 19. Juli, in der griechischen Kirche der 8. Mai. Ein anderer Heiliger dieses Namens, Arsenius I. von Serbien, lebte im 13. Jahrhundert; sein Fest ist am 30. August. – Der Meisterdieb Arsène Lupin ist der Held von insgesamt zwanzig Romanen des französischen Schriftstellers ➤ Maurice Leblanc; sie erschienen zwischen 1905 und 1935. In Deutschland bleibt der Name selten. Bekanntester Namensträger dürfte momentan der französische Fußballtrainer Arsène Wenger sein, seit 1996 Trainer des englischen Erstligisten FC Arsenal London; Wenger wurde 1949 in Straßburg geboren.

Arthur / Artur (m.) keltisch? Der Name kommt aus England zu uns. Wahrscheinlich ist er keltischen Ursprungs und leitet sich ab von dem Wort *artos*, Bär. Das kennen wir von der *Arktis*, nach dem griechischen Wort für das Sternbild des Großen Bären. Möglicherweise war Arthur aber auch ursprünglich ein römischer Geschlechtername (Artorius), vielleicht zu lateinisch *artus*, fest, oder zu *ars*, Kunst. Auch die Erklärung aus nordisch Arnthor, ➤ AR(N), Adler + thor (➤ Thorsten) wird erwogen. – Berühmt wurde der Name durch den britischen König Arthur (oder Artus), der vermutlich im 5. oder 6. Jahrhundert regierte; die Römer waren abgezogen, und die Angelsachsen sickerten erst langsam ins Land. Der Sage nach suchten er und seine hundertfünfzig „Ritter der Tafelrunde" den „heiligen Gral", den Abendmahlskelch Jesu; den hatte angeblich ➤ Josef von Arimathia aus dem Heiligen Land nach Britannien gebracht. Der Bischof und Chronist Geoffrey von Monmouth erzählt im 12. Jahrhundert die Geschichte Arthurs und beruft sich auf alte Quellen; das meiste jedoch dürfte erfunden sein. In dieser Zeit taucht der Name auch in Deutschland auf und nimmt dann erst wieder im 19./20. Jahrhundert Fahrt auf. Mitte des 20. Jahrhunderts schwächelt er ein wenig, hält sich zu Beginn des 21. aber unter den Top 200.

AS ➤ ANS („Gott")

Asmus (m.) Kurzform von ➤ Erasmus (griechisch: „geliebt, ersehnt"). – Der Name ist seit dem 15. Jahrhundert in Deutschland zu finden und erfreut sich recht großer Beliebtheit. Unter dem Pseudonym „Asmus" schreibt der Dichter und Journalist ➤ Matthias Claudius in den 1870er-Jahren im *Wandsbeker Boten*. Im 20. Jahrhundert bleibt der Name selten.

Astrid (w.) nordisch. *As* oder ➤ *ANS* bedeutet „Gott(heit)", altnordisch *fridr* (vgl. ➤ FRIED), schön, klar, bildet das zweite Element des Namens. – Wie der Name Astrid kam auch Königin Astrid von Belgien (1905–35) aus Schweden. Sie trug erheblich zur Verbreitung des Namens bei uns bei; ein tragischer Verkehrsunfall in Küssnacht (bei Luzern) beendete ihr Leben. Schwedin war auch Astrid Lindgren (1907–2002), jedem Kind bekannt durch Bücher wie *Pippi Langstrumpf, Karlsson vom Dach* oder *Ronja Räubertochter*. – Der Name Astrid ist schon für das 14. Jahrhundert in Deutschland belegt; etwa zwischen 1960 und 1975 gehört er zu den Top 50.

Athena / Athene (w.) vorgriechisch. Woher die griechische Göttin *Athene* ihren Namen hat, ist unklar. Sicher ist er vorgriechisch, möglicherweise stammt er aus Kreta und ist minoischen Ursprungs; seine Bedeutung kennen wir nicht. – Athene ist die Tochter der Metis („Klugheit") und des Zeus. Doch kommt sie nicht auf natürliche Weise zur Welt, sondern entspringt dem Kopf ihres Vaters, ausgewachsen und in voller Rüstung, nachdem Hephaistos ihm den Schädel mit der Axt gespalten hat. Zeus hatte ihre schwangere Mutter nämlich verschlungen, aus Angst vor einem Sohn, der mächtiger sein könnte als er. Als Kopfgeburt ist Athena die Göttin der Weisheit, aber auch des Krieges. Sie kämpft im Trojanischen Krieg aufseiten der Griechen, ist Beschützerin des Odysseus, aber auch der Stadt Athen, die nach ihr benannt ist (wenn es nicht umgekehrt war). Sie wird auch Pallas („Mädchen") Athene genannt, und blieb, obwohl Männern nicht abgeneigt, stets Jungfrau, griechisch *parthénos*, daher der Name *Parthenon* für den Tempel, der ihr in Athen geweiht wurde. – Seit Ende des 19. Jahrhunderts ist der Name in Deutschland zu finden, jedoch nur sehr selten.

Aubray (w.) über das Englische [ohbri]. Aubray galt vor allem in den USA bis in die 1970er-Jahre als Männername; heute wird er fast nur noch Mädchen gegeben. Die französischsprechenden Normannen brachten den Namen 1066 nach England; dort war er im Mittelalter beliebt, kam später jedoch aus der Mode. Ursprünglich handelt es sich um den germanischen Namen Alberich mit den beiden Teilen ➤ *ALB*, Elfe (oder auch Zwerg) und ➤ *RICH*, Reich, Herrscher. In der germanischen Mythologie ist Alberich der König der Zwerge, und hier ist der Name Programm: Gelten doch die Zwerge als unterirdische Vertreter dieser übernatürlichen Lichtwesen; erst später geraten sie als „Schwarzalben" in Misskredit. So auch in Wagners *Ring* *der Nibelungen*, wo der tyrannische Zwergenkönig Alberich seinen Nibelungenschatz bewacht. Die französische Sage *Les Prouesses et faitz du noble* von Huon du Bordeaux (14. Jahrhundert) kennt den Zwergenkönig Auberon; als Oberon fand dieser später Eingang in die Artussage. – Der Name erscheint in Deutschland in der zweiten Hälfte des 20. Jahrhunderts und bleibt sehr selten.

Audrey (w.) englische Form [ohdri] von ➤ Edeltraud („edel" + „stark"). – Seine Bekanntheit in Deutschland verdankt der Name Audrey zum großen Teil der Schauspielerin Audrey Hepburn (1929–1993); sie wird berühmt durch Filme wie *Sabrina* oder *Frühstück bei Tiffany*. Bei den Standesämtern taucht der Name nicht vor den 1980er-Jahren auf und bleibt sehr selten.

August (m.) lateinisch. Im Lateinischen bedeutet *augustus* heilig, ehrwürdig, erhaben (von *augere*, vergrößern, verherrlichen). Augustus ist damit die lateinische Entsprechung des griechischen *sebastós*, dem wir den Namen ➤ Sebastian verdanken. Der erste römische Kaiser Gaius Oktavianus bekam im Jahr 27 v.Chr. vom Senat den ehrenden Beinamen *Augustus* verliehen, der Titel wurde gleichbedeutend mit *Kaiser*. Dieses Wort kommt, ebenso wie *Zar*, vom Namen seines Adoptivvaters ➤ Julius *Caesar*. Und weil der auch schon einen Monat zu seinen Ehren hatte, den Juli, wurde der (damals) sechste Monat später in *August* umbenannt. Außerdem wurde er um einen Tag verlängert – weil auch der Juli 31 Tage hat. Vereinzelt wird Augustus auch abgeleitet von *augur*, Vogelschauer. – Aus der Bibel ist uns Kaiser Augustus bekannt als Auslöser der Wanderung von Maria und Josef von Nazareth nach Bethlehem, wo dann Jesus geboren wird (Lukas 2,1). Augustus ordnet eine allgemeine Volkszählung an, die erste überhaupt, wie es heißt. – Im Zuge der Renaissance und ihrer Rückbesinnung auf die Antike kommt der Name in Deutschland auf, ist vor allem im 18. und 19. Jahrhundert weit verbreitet und gehört noch an der Wende zum 20. Jahrhundert zu den 20 beliebtesten Jungennamen; seitdem wird er immer weniger gegeben und spielt heute kaum mehr eine Rolle. Inwieweit die Figur des „dummen August" damit zusammenhängt, ist unklar. Dieser tollpatschige Zirkusclown hat antike Vorbilder und erscheint in dieser Form Anfang des 19. Jahrhunderts.

Augusta / Auguste (w.) weibliche Form von ➤ August (lateinisch: „der Erhabene"). – Zwei deutsche Kaiserinnen trugen zur Verbreitung des Namens bei: ➤ Augusta ➤ Marie ➤ Luise ➤ Katharina von Sachsen-Weimar-Eisenach (1811–1890) war die Ehefrau von Kaiser ➤ Wilhelm I. und Auguste ➤ Viktoria von Schleswig-Holstein-Sonderburg-Augustenburg die Gattin des letzten deutschen Kaisers Wilhelm II. Im 20. Jahrhundert verliert der Name immer mehr an Bedeutung.

Aurel, auch **Aurel** (m.) aus dem Lateinischen. *Aurelius* ist ein alter römischer Geschlechtername. Er wird gerne in Verbindung gebracht mit lateinisch *aurum*, Gold, und dann mit „golden" oder auch „liebenswert" übersetzt. Wahrscheinlicher jedoch leitet sich Aurel ab von *Ausel*, dem Namen des sabinischen Sonnengottes. So erscheint *Aurelius* in den ältesten Inschriften auch als *Auselius* und kann mit „dem Ausel geweiht" übersetzt werden. Sowohl *Ausel* als auch *aurum* gehen zurück auf eine alte Sprachwurzel, die „glänzen, strahlen" bedeutet. Davon kommt auch *aurora*, das lateinische Wort für „Morgenröte", sowie unser Wort *Osten*. Die ältesten bekannten Aurelier lebten im 3. vorchristlichen Jahrhundert, der berühmteste dürfte Kaiser ➤ Marc Aurel sein (121–180), der sich auch als Philosoph der Stoa (und als Christenverfolger) einen Namen machte. Mehrere Heilige dieses Namens taten sicher mehr für seine Verbreitung als der Kaiser: Aurelius, Bischof von Karthago (4./5. Jahrhundert, Fest am 20. Juli) ist hier ebenso zu nennen wie Aurelius von Riditio, angeblich Bischof in Armenien im 5. Jahrhundert (Namenstag 9. November). Auch Kirchenvater Augustinus von Hippo im 4./5. Jahrhundert hieß Aurelius; sein Fest ist am 28. August. – Vor dem 19. Jahrhundert ist der Name in Deutschland nicht nachzuweisen; er bleibt bis heute selten.

Aurelia (w.) weibliche Form von Aurelius ➤ Aurel (lateinisch: „dem Ausel geweiht"). – Aurelia hieß die Frau des Verschwörers Catalina und auch die Mutter Caesars; beide lebten im 1. Jahrhundert v.Chr. Mehr für die Verbreitung des Namens dürfte die selige Aurelia von Regensburg getan haben: Angeblich war sie eine französische Königstochter und floh ins Kloster St. Emmeram bei Regensburg, um ihrer Hochzeit zu entkommen. Nach fünfzig Jahren zurückgezogenen und entbehrungsreichen Lebens starb sie dort am 15. Oktober 1027; das ist auch ihr Namenstag. – Der Name erscheint in Deutschland – nach der legendären Heiligen – im 14. Jahrhundert. Goethe nennt eine der Figuren in seinem Roman *Wilhelm Meisters Lehrjahre* (1795/96) Aurelia, E.T.A. Hoffmann in seinen *Elexieren des Teufels*. Im 20. Jahrhundert ist der Name mäßig vertreten, Anfang des 21. deutet sich ein bescheidener Aufschwung an.

Ava (w.) germanisch? Kurzer Name – viele Deutungsmöglichkeiten. Wahrscheinlich hängt Ava zusammen mit dem altsächsischen Wort *aval*, Kraft. Er kann aber auch eine Variante des alten Namens Awe sein, der sich von einem Wort für „Heil" ableitet (oder für „Wasser"?). Es gibt auch den Männernamen Avo, zu *aba*, Mann (wohl verwandt mit *aval*), davon kann Ava die weibliche Form sein. In manchen Ländern gilt Ava als Nebenform von ➤ Eva (hebräisch: „Mutter des Lebens"), in Italien auch von Ave (Maria); dort wird zuweilen auch eine Verbindung zu lateinisch *avis*, Vogel, hergestellt. Auch ein germanisches Wort **avi* wird hier erwogen; möglicherweise bedeutet es „begehrt". – Ava ist die erste Schriftstellerin deutscher Sprache, deren Namen wir kennen. Sonst wissen wir wenig über sie: Sie stammte aus adeligem Geschlecht, hatte zwei Söhne, Hartmann und ➤ Heinrich, die ihr offenbar bei ihren religiösen

Dichtungen behilflich waren. Diese erzählen auf schlichte Weise vorwiegend neutestamentliche Texte nach und haben den Weg der Kirche zum Thema. Nach dem Tod ihres Mannes zog Ava sich in eine Einsiedelei zurück, entweder nach Melk (rund 80 km westlich von Wien) oder nach Göttweig (bei Krems an der Donau). Dort starb sie der Überlieferung nach im Jahr 1127; ihr Namenstag ist der 7. Februar. – Der älteste Beleg für den Namen in Deutschland stammt aus dem 10. Jahrhundert; im 20./21. Jahrhundert bleibt er selten.

Axel (m.) dänische Form von ➤ Absalom (hebräisch: „Vater des Friedens" oder „Vater ist Friede"). Zuweilen wird Axel auch als Kurzform von ➤ Alexander (griechisch: „Männer abwehrend"?) gebraucht. – Im 17. Jahrhundert kommt der Name nach Deutschland; seit den 30er-Jahren des 20. Jahrhunderts ist er häufiger zu finden, hat seine Glanzzeit etwa zwischen 1960 und 1970 und wird seit den 80ern kaum noch gegeben.

Aylin (w.) türkisch. Aylin soll so viel bedeuten wie „Mondschein", aber auch „Lichtkranz, Heiligenschein". Dahinter steht angeblich türkisch *ay*, Mond, und arabisch *lin*, Licht. Hier kommt aber auch arabisch *lien*, zart, infrage. – Als irisch-keltischer Name bedeutet Aylin anscheinend „die Sonnenhafte", wobei nicht klar ist, ob das etwas zu tun hat mit dem englischen Namen ➤ Eileen (wohl germanisch: vielleicht „die Starke"). Viele sehen in dem Namen aber auch eine irische Form des französischen Namens ➤ Elaine, der auf ➤ Helene (griechisch: „strahlend") zurückgeht. – Der Name Aylin erscheint in den 1960er-Jahren und bleibt selten sowie meist auf türkischstämmige Familien beschränkt.

B

BALD – „kühn"
Das Namenwort geht zurück auf althochdeutsch *bald*, mutig, zuversichtlich, tapfer (vgl. englisch *bold*, kühn). Dahinter steht wahrscheinlich eine indoeuropäische Wurzel **bhel*, aufschwellen (verwandt mit *Ball);* die ursprüngliche Bedeutung wäre dann etwa „mit geschwollener Brust". Unser Wort *bald* hat seine Bedeutung erhalten über „kühn, eifrig", dann „schnell". Als Namenglied fügt sich BALD mühelos ein in die germanische Welt des Kriegers; seit dem 11. Jahrhundert aber ist es verblasst zu einer weitgehend bedeutungslosen Nachsilbe, wie wir sie noch heute im *Raufbold* oder *Witzbold* haben. Vermischung und Verwechslung mit ➤ WALT kommt vereinzelt vor.
Namen: ➤ Balder, Baldgardis (w.), ➤ Balduin, ➤ Baldur, Grimbolda (w.), ➤ Leopold, Luitpold, Willibald

Nachname: Garibaldi (italienischer Freiheitskämpfer des 19. Jahrhunderts)

Balder (m.) (auch ➤ Baldur) aus dem Nordischen. In der germanischen Sagenwelt ist Balder ein Sohn von Götterchef Odin, schön, weise und gut, eine wahre Lichtgestalt unter den Göttern. Weil Balder von seinem bevorstehenden Tod träumt, beschließen die anderen Götter, ihn zu schützen, und nehmen jedem Ding der Erde den Schwur ab, ihn nicht zu töten – außer der Mistel, die man für zu jung hält. Loki aber bastelt aus einem Mistelzweig einen Pfeil und bringt Balders blinden Bruder Hoter dazu, diesen auf Balder zu werfen, mit tödlichem Ausgang. – Die Herkunft des Namens Balder (und des Gottes selbst) ist nicht eindeutig geklärt: Entweder leitet er sich ab von einer indoeuropäischen Wortwurzel **bhel*, weiß, glänzend; dann wäre Balder vielleicht ein Sonnen- oder Himmelsgott. Oder sein Name ist mit „Herr, Fürst" zu übersetzen, verwandt mit ➤ *BALD*, mutig, was auf einen eher kriegerischen Charakter des Gottes schließen ließe. Hinter *bald* und *Balder* kann sich aber auch ein Wort für „sprießen" verbergen; Balder wäre dann ein Fruchtbarkeitsgott. Diese letzte Deutung könnte auch zur Übersetzung „Herr" passen, sind doch orientalische Gottheiten wie Kyrios, Adonis oder Baal ebenfalls Fruchtbarkeitsgötter, und ihre Namen bedeuten allesamt „Herr". Balder kann aber auch eine Kurzform von Namen mit dem ersten Element *Bald-* sein, etwa Baldheri (➤ HER, Heer, Kämpfer). – Der Name tritt vereinzelt auf seit Ende des 19. Jahrhunderts. Häufiger ist die Form ➤ Baldur, doch beide bleiben sehr selten.

Balduin (m.) deutsch. Baldewin lautet eine ältere Form des Namens, Balduin ist eine romanisierende (vorfranzösische) Variante davon. Das erste Namenglied, althochdeutsch ➤ *BALD*, bedeutet „mutig, tapfer"; althochdeutsch *wini* ist der „Freund" (➤ WIN). – Der heilige Balduin (Baldewin) von Laon (nordwestlich von Reims) wurde um 680 Opfer eines Mordanschlags; sein Namenstag ist der 8. Januar. Der normannische Kreuzfahrer Balduin (Baudouin) von Boulogne wurde 1100 zum ersten christlichen König von Jerusalem gekrönt. – Im Mittelalter ist Balduin ein beliebter Vorname auch in Deutschland, heute ist er selten geworden. Welchen Anteil daran der verhinderte Dichter *Balduin Bählamm* in Wilhelm Buschs gleichnamiger Bildergeschichte trägt, ist ungewiss. Filme wie *Balduin das Nachtgespenst* (1968) belegen eine gewisse komische Komponente des Namens in unserer Zeit. Die frühesten Belege reichen bis ins 8. Jahrhundert zurück.

Baldur (m.) Nebenform von ➤ Balder („glänzend"?, „Herr"?). – Der nationalsozialistische Politiker Baldur von Schirach, 1907 in Berlin geboren, sorgt für einen bescheidenen Boom des Namens vor dem 2. Weltkrieg, doch beide Formen bleiben sehr selten.

Balthasar (m.) aus dem Akkadischen. Balthasar ist die griechische Form des babylonischen (akkadischen) Namens Bel-schar-usus, zu Deutsch: „Gott (Baal) schütze den König". Uns ist der Name eher geläufig als Belsazar (aramäisch Belschazar): So hieß im 6. vorchristlichen Jahrhundert nach Daniel 5 der letzte Herrscher des Neubabylonischen Reiches, Sohn und Mitregent von König Nabonid und möglicherweise Enkel Nebukadnezars II. Bekannt wurde „Balthasar" als Name eines der „Heiligen drei Könige"; die anderen sollen Kaspar und Melchior geheißen haben. Diese Namen setzen sich erst im 9. Jahrhundert durch, von „Königen" ist seit dem 5. Jahrhundert die Rede, und rund 200 Jahre zuvor schloss man aus der Dreizahl der Geschenke, Gold, Weihrauch und Myrrhe, auf drei Besucher im Stall zu Bethlehem. Die Bibel nennt weder Zahl noch Namen, sie spricht von *mágoi*, also Magiern, aus dem Morgenland, vermutlich aus Persien (Matthäus 2). Angeblich sind sie in Köln begraben; ihr Namenstag ist der 6. Januar. – Der Name Balthasar wird in Deutschland seit dem ausgehenden Mittelalter gegeben; seine frühe Beliebtheit schlägt sich in zahlreichen Familiennamen nieder wie Balzer, Baltes oder Häuser. Im 20. Jahrhundert bleibt der Name Balthasar selten und ist am ehesten im Süden anzutreffen.

Baptist / Baptiste (m.) [baptist], aus dem Griechischen. *Baptistés* ist „der Täufer", zu *baptízein*, taufen. *Báptein* bedeutet im klassischen Griechisch „eintauchen", so wie auch *taufen* auf *tauchen* zurückgeht. „Der Täufer" ist ➤ Johannes der Täufer, und lange erscheint der Name in Deutschland nur in dieser Verbindung: als Johannes Baptisma, erstmals Ende des 15. Jahrhunderts; ohne Johannes findet sich Baptist erst im 19. Jahrhundert. Der Zusatz „Baptist" wird in dem Moment nötig, wo man klarstellen will, dass ein Kind nicht nach Johannes dem „Evangelisten", Johannes Evangelista, genannt ist, sondern eben nach dem „Täufer". Die *Baptisten* sind eine evangelische Freikirche, entstanden im England des 17. Jahrhunderts, die die Gläubigentaufe praktiziert. Ob der *Batist*, ein feinfädiges Gewebe, seinen Namen tatsächlich von einem flandrischen Leineweber des 13. Jahrhunderts namens Bâtiste hat, ist nicht sicher.

Barbara (w.) Das griechische *barbarós* bedeutet „fremd, ungebildet". Dieses Wort ist sicher lautmalerisch: Die Griechen hatten eine hohe Meinung von ihrer eigenen Sprache und Kultur, alles Fremde klang für sie wie „Rhabarber, Rhabarber". Von dem griechischen *barbarós* leitet sich übrigens auch unser Wort *brav* ab: Aus der Bedeutung „unkultiviert, wild" wird „grausam", aber auch „tapfer, tüchtig, wacker", wie wir es vom englischen *brave* kennen. Auch das ursprünglich italienische *bravo* kommt sehr wahrscheinlich daher. – Türkin (nach unseren heutigen geografischen Verhältnissen) war die heilige Barbara – wenn sie jemals gelebt hat. Der Überlieferung nach stammte Barbara aus Nikomedia, heute Izmit im Nordwesten der Türkei. Sie soll an einem 4. Dezember gestorben sein, irgendwann um das Jahr 300. Das ist ihr Namenstag, der Tag der „Barbara-Zweige": Viele Leute stellen Obstzweige in die Vase in der Erwartung, dass sie bis Weihnachten blühen, denn das gilt als gutes Vorzeichen. Mit Weihnachten hat das insofern zu tun, als die aufblühenden Zweige für Jesus stehen: Er wird in der Bibel als „Spross aus der Wurzel Isais" bezeichnet (Römer 15,12); Isai war der Vater von König David und damit ein Vorfahr Jesu. Angeblich geht der Brauch zurück auf Barbara selbst: Kurz vor dem Märtyrertod soll sie mit dem Wasser ihres Trinknapfes einen Kirschbaumzweig benetzt haben; der erblühte und spendete ihr Trost im Kerker. Barbara gilt unter anderem als Patronin der Bergleute: Angeblich öffnete sich ein Felsen vor ihr und bot ihr Schutz vor ihrem eigenen Vater, der sie verfolgte und schließlich ins Gefängnis brachte. – Im 15. Jahrhundert breitet sich die Verehrung Barbaras in Deutschland aus und damit die Verbreitung des Namens. In den 1940er- und 50er-Jahren nimmt Barbara fast durchgängig Plätze unter den Top 10 ein und hält sich dann bis Mitte der 70er unter den Top 50; seitdem wird der Name kaum noch gegeben, ebenso wenig wie ➤ Bärbel, das schon in den 60ern aus der Mode kommt.

Bärbel (w.) Koseform von ➤ Barbara (griechisch: „fremd, ungebildet"). – Die Namensform erscheint in Deutschland fast zeitgleich mit Barbara und erfreut sich im 20. Jahrhundert im Kielwasser der Ausgangsform einer fast ebenso großen Beliebtheit.

Bartholomäus (m.) aus dem Hebräischen. Einer der zwölf Apostel Jesu heißt so; wahrscheinlich ist Bartholomäus jedoch nur sein Beiname, denn er wird auch Nathanael (hebräisch: „Gott hat geschenkt") genannt. Jesus bezeichnet ihn als einen „aufrichtigen Menschen, einen wahren Israeliten" (Johannes 1,47). Die Legende berichtet von Missionsreisen des Bartholomäus nach Ägypten, Persien und Indien. In Armenien schließlich habe er König Polymios zum christlichen Glauben bekehrt. Daraufhin ließ dessen Bruder Bartholomäus bei lebendigem Leibe die Haut abziehen; deshalb gilt der Heilige als Patron der Gerber. Sein Namenstag ist der 24. August. An diesem Tag im Jahr 1572, in der sogenannten *Bartholomäusnacht*, ließ die französische Königsmutter Katharina von Medici insgesamt 22 000 Hugenotten (Protestanten) ermorden und verhalf so dem Katholizismus zum Sieg in ihrem Land. Der Name Bartholomäus lautet auf Hebräisch Bar Talmái, „Sohn des Talmai". Das wiederum wird in Verbindung gebracht mit einem Wort für „Furche" und wahlweise als „Furchenzieher" oder „mit gefurchtem Gesicht" übersetzt; andere deuten den Namen als „verwegen, mutig". In 2. Samuel 3,3 wird ein gewisser Talmai erwähnt, König von Geschur, einem kleinen Königreich östlich des Sees Genezareth; seine Tochter Maacha wird eine von König ➤ Davids Frauen. – Im Mittelalter ist der Name Bartholomäus seit dem 12. Jahrhundert beliebt, dies belegen Familiennamen wie Barth, Bartels, Maus, Möbius oder Mewes. Im 20./21. Jahrhundert bleibt der Name sehr selten.

Bastian (m.) Kurzform von ➤ Sebastian (griechisch: „der Erhabene"). –

Schon im 14. Jahrhundert in Deutschland belegt, erklimmt der Name 1974 eine Position unter den 100 beliebtesten Namen, die er nach einem Durchhänger um die Jahrtausendwende bis heute hält.

Bea (w.) Kurzform entweder von ➤ Beate (lateinisch: „die Glückliche") oder von ➤ Beatrix (lateinisch, ursprünglich: „Pilgerin"). – Der Name erscheint Ende des 19. Jahrhunderts in Deutschland und bleibt als eingetragener Vorname sehr selten.

Beata / Beate (w.) aus dem Lateinischen. *Beatus* (eigentlich ein Partizip von *beo*, beglücken, zu *bonus*, gut) heißt im Lateinischen „reich, gesegnet, glücklich". *Beatus* ist die Übersetzung von Makarios, einem klassischen griechischen Namen. In seiner lateinischen Form kam der Name jedoch erst in christlicher Zeit auf, sicher wegen der Seligpreisungen Jesu (Matthäus 5,1–12). Als *beati* werden dort etwa die Traurigen bezeichnet, „denn Gott wird sie trösten" (5,4), oder „die um der Gerechtigkeit willen verfolgt werden, denn ihnen gehört das Himmelreich" (V. 10). Der Name wurde gerne von frühen Christen gegeben – vielleicht in der Erwartung, ihre Kinder könnten um ihres Glaubens willen verfolgt werden (vgl. ➤ Beatrix). – Die heilige Beate von Sens stammte vermutlich aus Spanien. Sie starb unter Kaiser Aurelianus um das Jahr 275 im Nordosten Frankreichs den Märtyrertod; ihr Namenstag ist der 6. September. Seit dem 9. Jahrhundert liegen ihre Gebeine in der Kirche St-Pierre-le-Vif in Sens. – Der Name erscheint in Deutschland im 13. Jahrhundert; im 20. Jahrhundert nimmt er in den 40ern Schwung auf und hat seine Glanzzeit in den 60ern, danach nimmt er deutlich ab.

Beatrice (w.) italienische Form [be-atrihtsche] von ➤ Beatrix (lateinisch, ursprünglich: „Pilgerin")

Béatrice (w.) französische Form [beatrihss] von ➤ Beatrix (lateinisch, ursprünglich: „Pilgerin")

Beatrix (w.) aus dem Lateinischen. Die heilige Beatrix soll um das Jahr 305 in Rom während der Verfolgung durch Kaiser Diokletian als Märtyrerin gestorben sein. Zusammen mit ihren Brüdern Simplicius, Faustus und ➤ Rufus hatte sie zuvor, so die Überlieferung, die Leichname anderer Christen bestattet. Als ihre Brüder umgebracht und in den Tiber geworfen wurden, barg sie die Leichen und begrub sie. Schließlich wurde sie selbst von ihrem Verlobten Lucretius denunziert (nach anderer Überlieferung von einem Nachbarn, der es auf ihren Besitz abgesehen hatte) und von ihren Dienern im Kerker erdrosselt. In den größtenteils legendarischen Berichten lautet ihr Name ursprünglich Viatrix, und so steht ihr Name auch auf ihrem Grabmal, das in Rom entdeckt wurde. Erst später wurde er angelehnt an lateinisch *beatus*, glücklich. *Beatus* war auch ein ehrender Beiname für einen Christen, der in der Verfolgung standfest geblieben und dem die Seligkeit nun sicher war. *Viatrix* ist die weibliche Form von lateinisch *viator*, Reisender, Wanderer, Pilger (so wie nicht etwa *victoria*, sondern *victrix* die weibli-

B

che Form ist zu *victor*, Sieger). Dahinter steht lateinisch *via*, Weg. Der Namenstag der Beatrix/Viatrix ist der 29. Juli. Beatrix selbst kann man als „die Beglückende" übersetzen. – Der Name ist in Deutschland schon um das Jahr 1 000 belegt; bekannt wird er in der Form Beatrice durch die Geliebte des italienischen Dichters Dante, ➤ Beatrice Portinari. Vor allem in den 1970er-Jahren wird er in Deutschland gerne gegeben.

Béla (m.) ungarisch. Die Herkunft des Namens Béla ist nicht geklärt. Man hat ihn gleichsetzen wollen mit ➤ Adalbert („edel" + „berühmt") oder mit ➤ Abel (hebräisch: „Hauch, Nichtigkeit"), doch das ist mehr als fraglich. Auch mit dem biblischen Bela („beredt"?), ein Sohn ➤ Benjamins, hat der Name wohl nichts zu tun. Béla ist ein ungarischer Königsname: Zwischen dem 11. und dem 13. Jahrhundert hießen so vier Könige aus dem Hause Árpád. Vielleicht handelt es sich bei dem Namen um eine Verkleinerungsform von Bél, zu ungarisch *bél*, innerer Teil, Herz, Seele. Andere leiten den Namen aus dem Türkischen ab und übersetzen „der Vornehme". Schließlich wird Béla manchmal auch als Kurzform des slawischen Beloslav gesehen oder ähnlicher Namen mit demselben Erstglied *belo*, leuchtend, weiß. – Der ungarische Komponist Béla Bartok lebte von 1881 bis 1945; ungarischer Herkunft ist der deutsche Sportjournalist Béla Rethy, Jahrgang 1956. In Deutschland taucht der Name Ende des 19. Jahrhunderts auf und bleibt sehr selten.

Belinda (w.) über das Englische. Der Name kommt Mitte des 20. Jahrhunderts aus England zu uns, angeregt vermutlich durch die britische Schauspielerin Belinda Lee und dann durch Chris Andrews' Schlager *Pretty Belinda*. Schon der englische Schriftsteller Sir John Vanbrugh verwendet den Namen in seiner Komödie *A Provok'd Wife* (1697), und fünfzehn Jahre später nennt ➤ Alexander Pope die schöne Heldin seines Gedichts *The Rape of the Lock* Belinda, was die Verbreitung des Namens sicher förderte. Belinda heißt aber schon im mittelalterlichen Karlsepos die Frau ➤ Rolands, der zusammen mit seinem Waffengefährten ➤ Oliver bei einem Feldzug ➤ Karls des Großen gegen das muselmanische Spanien heldenhaft ums Leben kommt. Als germanischer Name könnte Belinda zusammengesetzt sein aus germanisch **badu*, Kampf (oder ➤ *BERT*, berühmt; vielleicht auch ➤ *BER*, Bär), und ➤ *LIND*, sanft, mild; eine Nebenform ist Betlindis. Allerdings lautet der Name von Rolands Verlobter im französischen *Chanson de Roland* Aude, und Belinda findet sich nur in italienischen Fassungen der Geschichte. Deswegen hat man vermutet, der Name sei doch von *bella*, schön, abgeleitet, mit der Endung *-inda*, wie wir sie etwa von Lucinda kennen.

Bella (w.) Kurzform von ➤ Isabella ➤ Elisabeth (hebräisch: „Gott ist Fülle") oder von ➤ Arabella ➤ Annabella ➤ Amabel (lateinisch: „liebenswert"). Man darf aber auch einfach an das italienische *bella*, schön, denken. – Seit dem 18. Jahrhundert wird der Name in Deutschland gegeben, offenbar zunächst in jüdischen Familien; als eingetragener Vorname bleibt Bella sehr selten.

Bellana (w.) Erweiterung von ➤ Bella. Bellana ist eine Neuschöpfung, entstanden vermutlich in Anlehnung an Bella. Ob dabei der Name der lateinischen Kriegsgöttin *Bellona* eine Rolle gespielt hat, weiß man nicht sicher. Bei ➤ Bella handelt es sich um eine Kurzform entweder von ➤ Isabella ➤ Elisabeth (hebräisch: „Gott ist Fülle") oder von ➤ Arabella ➤ Annabella ➤ Amabel (lateinisch: „liebenswert").

Ben (m.) kurz für ➤ Benjamin (hebräisch: „Sohn des Südens / des Glücks") oder Benedikt (lateinisch: „gesegnet"). In England wird Ben zuweilen auch als Kurzform von Reuben ➤ Ruben gebraucht, in den Niederlanden von ➤ Bernhard. – Seit Ende des 19. Jahrhunderts ist der Name in Deutschland zu finden; seit etwa 1990 zeigt die Beliebtheitskurve steil nach oben, 2009 ist Ben in den Top 10 zu finden, seit 2011 ununterbrochen auf Platz 1.

Benedikt (m.) aus dem Lateinischen. *Benedictus* steht in der lateinischen Bibel für das hebräische *barúch*. Das Wort bedeutet in beiden Sprachen zunächst einmal „gesegnet" (im Lateinischen wörtlich „gut besprochen") und bezieht sich hier auf die Eltern, die Gott mit diesem Kind gesegnet hat. „Gesegnet" sein soll auch das Kind selber – diesen Wunsch bringen die Eltern mit dem Namen zum Ausdruck. – Der heilige Benedikt von Nursia (480–547), Begründer des Benediktiner-Ordens, gilt als Vater des abendländischen Mönchtums. Seine Ordensregel *Ora et labora* („Bete und arbeite") bestimmte über Jahrhunderte das mönchische Leben. Seine Klöster wurden zu Orten der Gelehrsamkeit: Klassische und antike christliche Literatur wurde hier gesammelt und abgeschrieben, vieles wäre heute sonst verloren. So wundert es nicht, dass Papst ➤ Johannes Paul VI. Benedikt 1964 zum „Patron des Abendlandes" erklärte; Benedikts Namenstag ist der 11. Juli. Am 19. April 2005 wurde ➤ Joseph Kardinal Ratzinger zum Papst gewählt und nannte sich Benedikt XVI. – Schon für das 8. Jahrhundert ist der Name in Deutschland belegt, seine frühe Beliebtheit spiegelt sich wider in Nachnamen wie Benz, Bendix oder Dix. Später findet er sich häufig in jüdischen Familien als Übersetzung von ➤ Baruch. Seit den 1980er-Jahren ist der Name in den Top 100 zu finden, ohne jemals weiter nach oben zu stoßen. Die französische Form lautet Benoît.

Benjamin (m.) hebräisch. In der Bibel ist Benjamin der jüngste der zwölf Söhne ➤ Jakobs, deswegen bezeichnen wir den jüngsten Sohn einer Familie als „Benjamin". Als die Familie Jakobs wegen einer Hungersnot zu Benjamins Bruder ➤ Josef nach Ägypten kommt, schmuggelt der ihm einen silbernen Becher unter. Am Ende geht alles gut aus, die Familie ist vereint, und Jakob segnet alle (1. Mose 49). Bei der Geburt will Benjamins Mutter ➤ Rahel ihn Ben-Oni nennen: „Sohn des Unglücks" oder „Sohn der Trauer" – tatsächlich stirbt sie kurz darauf; doch Jakob besteht auf

Ben-Jamin: „Sohn der rechten Hand". Die Rechte gilt im Orient als die Hand des Glücks (vergleiche bei uns: *rechts* und *richtig*); deswegen kann man Benjamin übersetzen als „Sohn des Glücks, Glückskind". *Jamin* bedeutet aber auch „Süden" (vgl. Republik *Jemen*) – wohl weil der Süden rechts ist, wenn man nach Osten schaut, sich „orientiert" (vgl. ➤ NORD). Dann wäre Benjamin der „Südländer". Tatsächlich ist Benjamin als einziger der zwölf Brüder im südlichen Kanaan geboren; später liegt das Stammesgebiet der Benjaminiter im Süden des Landes Israel. – In Deutschland wird der Name zuerst bei den Protestanten des 16. Jahrhunderts gegeben, zunächst jüngeren Söhnen, deren Mutter wie einst Rahel nach der Geburt stirbt. Benjamin ist ein Modename der 1980er-Jahre und hält sich seitdem meist unter den Top 50.

Bennet (m.) englische Form [bennit] von ➤ Benedikt (lateinisch: „gesegnet"). – Der Name wird in den 1970er-Jahren entlehnt und gehört seit Ende der 90er zu den Top 100.

Benno (m.) Kurzform von Namen, die mit *Bern-* beginnen, in den meisten Fällen von ➤ Bernhard, zusammengesetzt aus althochdeutsch ➤ *BERN*, Bär, und *harti*, hart, fest, stark (➤ HART). Aber auch ➤ Bernold („Bär" + „Herrscher") oder ➤ Bernward (mit ➤ *WART*, Wächter) kommt hier infrage. – Mehrere Heilige namens Benno trugen zur Beliebtheit des Namens bei, allen voran Benno von Meißen (um 1010–1106). Im Sachsenkrieg König ➤ Heinrichs IV. setzte er sich für eine friedliche Lösung ein; im Investiturstreit zwischen Kaiser und Papst wechselte er mehrmals die Seiten, verlor sein Bistum, wurde aber später wieder in sein Amt eingesetzt. 1580 wurden seine Gebeine nach München überführt, er gilt als Patron der Stadt wie auch (Alt-)Bayerns. Sein Namenstag ist der 16. Juni. – Benno kann auch eine Kurzform von ➤ Benedikt sein (lateinisch: „gesegnet"). – Der älteste Beleg für Benno in Deutschland stammt aus dem 11. Jahrhundert; seit dem 20. Jahrhundert spielt der Name keine bedeutende Rolle mehr, 2017 belegt er Rang 165.

Benny (m.) englische Kurzform von Namen wie ➤ Benjamin (hebräisch: „Sohn des Südens / des Glücks") oder ➤ Benedikt (lateinisch: „gesegnet"). – Der Name taucht erstmals Anfang des 19. Jahrhunderts in Deutschland auf, bleibt selten und ist häufig auf jüdische Familien beschränkt.

Berenike (w.) aus dem Griechischen. Berenike ist offenbar die mazedonische (Makedonien liegt im Norden Griechenlands) Form des griechischen Namens Pherenike. Der setzt sich zusammen aus *pherein*, tragen, bringen, und *nike*, Sieg, kann also übersetzt werden als „Siegbringerin". Bei den Ptolomäern, den Nachfahren ➤ Alexanders des Großen in Ägypten, war Berenike ein beliebter Name. In der Apostelgeschichte (25 und 26) wird eine Bernike erwähnt. Zusammen mit ihrem Bruder Herodes Agrippa II. kommt sie zum neuen Prokurator Festus nach Cäsaräa, wo Paulus im Gefängnis auf seinen Prozess wartet. Diese Julia Ber(e)nike, geboren im Jahr 28 n. Chr. als Tochter des Königs Agrippa I., war mehrmals verheiratet und lebte zeitweise mit ihrem Bruder zusammen, was Anlass zu allerlei Gerüchten gab. – In Deutschland findet sich der Name seit den 1960er-Jahren, bleibt aber selten. In der Form ➤ Veronika wird der Name bedeutend populärer.

BERG ➤ BURG („die Bergende"?)

BERN / BERO – „Bär"
Die einfache Form des Namenworts, BERO, begegnet uns nur noch in Ortsnamen wie *Beromünster* (unweit Luzern in der Schweiz) oder in dem alten deutschen Namen *Bero*. *Bero* oder *pero* ist auch die althochdeutsche Form von *Bär*. In den nordischen Sprachen heißt er *björn* (➤ Björn), und das weist zurück auf germanisch **beran* oder **bernu*, eine Erweiterung der Wurzel **ber*. Die Bezeichnungen des Raubtiers in romanischen Sprachen, etwa französisch *ours* oder spanisch *oso*, gehen hingegen zurück auf lateinisch *ursus* (vgl. ➤ Urs und ➤ Ursula). Das ist verwandt mit griechisch *árktos*, Bär (wörtlich wohl „Zerstörer"), uns vertraut von der *Arktis*, wo das Sternbild des (Großen) Bären steht. Sicher gab es auch bei den Germanen ein vergleichbares Wort, es wurde jedoch aus Tabugründen gemieden, aus Angst nämlich, das gefürchtete Tier durch Nennung seines richtigen Namens herbeizurufen. So nannten sie ihn ersatzweise „der Braune". Dieses Farbwort geht ebenso wie *Bär* (und *Biber*) zurück auf die indoeuropäische Sprachwurzel **bher*. (Andere Forscher hingegen leiten *Bär* ab von einem Wort für „wildes Tier", verwandt mit dem bedeutungsgleichen griechischen *ther*.)
Das genannte Tabu belegt, ebenso wie das antike Sternbild des *Bären*, die religiös-mythische Bedeutung des Tieres. Jacob Grimm nannte den „König der Wälder" ein nach dem Volksglauben „heiliges, höheres Wesen, dem menschlicher Verstand und die Stärke von zwölf Männern einwohne". Das häufige Vorkommen in Personen- und Ortsnamen (etwa *Bern* in der Schweiz) belegt das hohe Ansehen des Bären. Seine sprichwörtlichen „Bärenkräfte" kommen zum Ausdruck in der Redewendung, einer kämpfe „wie ein Berserker". Hier ist sehr wahrscheinlich an das Fell eines Bären gedacht; altnordisch *serkr* bedeutet „Gewand, Waffenrock, Tierfell". Die Germanen legten sich zum Kampf ein Bärenfell auf die Schultern, in dem Glauben, die Kraft des Bären übertrüge sich dann auf sie (vgl. ➤ WOLF), ja, sie würden selbst zum Bären. Nach anderer Deutung heißt *Ber-* hier *bar*, also „ohne"; die Berserker hätten dann nackt gekämpft.
In Mittel- und Nordeuropa haben wir an den Braunbären zu denken, der in Deutschland im Mittelalter recht häufig war und erst im 19. Jahrhundert ausgerottet wurde. Er war schon immer ein beliebtes Jagdtier; in manchen germanischen Stämmen musste ein junger Mann einen Bären erlegen, um in die Gemeinschaft der Krieger aufgenommen zu werden.

In der biblisch-christlichen Symbolik spielt der Bär keine besondere Rolle; er erscheint jedoch in einigen Heiligenlegenden, wo er durch die Macht der geistlichen Persönlichkeit gezähmt wird (➤ Korbinian, Columban, ➤ Severin).
Namen: ➤ Belinda (w.)?, ➤ Benno, ➤ Bernadette (w.), ➤ Bern(h)ard, ➤ Bernd, Bernfried, Bernhild/-e (w.), Bern(h)old, Bernolf, ➤ Bernward, ➤ Björn, ➤ Thorben

Bernadette (w.) aus Frankreich übernommene [bernadett] weibliche Kurzform von ➤ Bernhard („Bär" + „hart"), auch englisch [böhnedett]. – Bernadette war der Taufname der heiligen ➤ Maria Bernarda, der Gründerin der Wallfahrtskirche in Lourdes. In einer Marienerscheinung wurde ihr aufgetragen, die Kirche zu bauen; bald darauf entsprang an dieser Stelle eine angeblich wundertätige Quelle, die bis heute Millionen von Besuchern anzieht. Bernadette, die zeit ihres Lebens kränkelte, starb gerade einmal 35-jährig am 16. April 1879; das ist auch ihr Namenstag. In Deutschland taucht der Name 1930 auf und bleibt selten.

Bernd (m.) Kurzform von ➤ Bernhard („Bär" + „hart, stark"). – Die Form Bernd ist schon für das 14. Jahrhundert belegt; Ende der 1930er-Jahre erlebt der Name einen kometenhaften Aufstieg mit Plätzen unter den Top 10 etwa zwischen 1942 und 1959; seit den 70er-Jahren wird er nur noch selten gegeben.

Bernhard (m.) deutsch. Zusammengesetzt aus „Bär" (➤ *BERN*) und ➤ *HART* im Sinne von „stark", gehörte Bernhard zu den beliebtesten Namen des Mittelalters. Eine ganze Reihe von heiligen oder seligen Bernhards sind im Namenskalender verzeichnet. Der berühmteste ist Bernhard von Clairvaux (in der Nähe von Troyes, gut 100 km südöstlich von Paris). Er erneuerte im 12. Jahrhundert den Zisterzienser-Orden, gründete viele Klöster und war ein großer Prediger. Seine mystische Frömmigkeit hatte Jesus zum Mittelpunkt: „Jesus ist Honig im Mund, Melodie im Ohr, Jubelgesang im Herzen." Fatale Wirkung hatten seine Kreuzzugspredigten: Inspiriert durch eine angebliche Marienvision, rief er auf zum blutigen Kampf gegen die „Ungläubigen". Bernhards Namenstag ist der 20. August. – Der große und der kleine Sankt-Bernhard-Pass hingegen sind benannt nach Bernhard von Menthon (bei Annecy, südlich von Genf). Der Überlieferung nach baute er an beiden Passstraßen ein Hospiz zum Schutz der Pilger. Auch die Hunde, die im Schnee Verschüttete retten sollen, haben ihren Namen von ihm. Sein Namenstag ist der 15. Juni, der Tag, an dem er 1008 über 80-jährig starb. – Schon im Hochmittelalter ist der Name sehr beliebt; das zeigt sich auch in zahlreichen abgeleiteten Nachnamen wie Börner, Behrens, Benz oder Betz. Auch *Meister Petz* hat hier seinen Ursprung. Die Bezeichnung des Bären in der Fabel geht zurück auf eine solche Koseform von Bernhard, Betz oder Petz, und findet sich zuerst bei ➤ Hans Sachs (16. Jahrhundert). Im 20. Jahrhundert hält sich Bernhard bis etwa 1960 unter den Top 50; seit etwa 1970 wird der Name kaum noch gegeben.

Bernward (m.) deutsch. Der Name ist zusammengesetzt aus ➤ *BERN*, Bär, und ➤ *WARD*, Wächter. Der Name war bis ins 17. Jahrhundert vor allem im östlichen Niedersachen weit verbreitet – aufgrund der Beliebtheit des heiligen Bernward von Hildesheim. Um 960 geboren, genoss der junge Adelige eine gründliche Ausbildung an der Domschule in Hildesheim. Er wurde Priester und kam 987 als Kaplan an den Hof von Kaiser Otto II., wo er auch als Erzieher des jungen Otto III. wirkte. 993 wurde Bernward zum Bischof von Hildesheim gewählt; während seiner fast 30-jährigen Amtszeit tat er viel für die Armenpflege und war als Seelsorger gesucht. Er gilt als Patron der Goldschmiede und war selbst künstlerisch begabt und gebildet. Er gründete die Hildesheimer Kunstschule, die sich auch der Malerei und der Goldschmiedekunst widmete. Bernward starb am 20. November 1022; das ist auch sein Namenstag. – Heute ist der Name sehr selten.

BERT – „hell, strahlend, berühmt"
Außer in Namen ist das Wort im Deutschen nicht mehr zu finden; es entspricht aber dem englischen *bright*, hell, leuchtend, klar. Althochdeutsch *beraht*, strahlend, berühmt, geht zurück auf germanisch **berhta* mit derselben Bedeutung. In Namen erscheint es als BERT oder BRECHT. Gemeint ist ursprünglich wohl der Heldenruhm des Kriegers, möglicherweise aber auch die „berühmte" Abstammung.
Namen: ➤ Adalbert, ➤ Albert, ➤ Albrecht, Ansberta (w.), ➤ Belinda (w.)?, ➤ Bert(h)a (w.), Berthild (w.), ➤ Berthold, Bertlinde (w.), ➤ Bertram, ➤ Bertrand, ➤ Dagobert, Egbert, ➤ Engelbert, ➤ Erkenbrecht, Friedbert, ➤ Gisbert, ➤ Her(i)bert, Hildeberta (w.), ➤ Hubert, Humbert, Kunibert, ➤ Norbert, ➤ Robert, ➤ Rupert, ➤ Si(e)gbert
Nachnamen: Ebrecht (aus Agibrecht ➤ AGIL oder ➤ AGIN)

Berta / Bertha (w.) deutsch. Bert(h)a ist eine Kurzform von Namen, die mit *Bert-* beginnen, etwa Berthild mit dem zweiten Element „Kampf, Kämpfer", oder auf *-berta* enden wie Amalberta ➤ AMAL, fleißig, tapfer. *Bert* geht zurück auf althochdeutsch *beraht,* berühmt (➤ BERT). – In der germanischen Mythologie ist Frau *Berchta* oder *Bertha* die süddeutsche Ausgabe von Frau Holle, eine Schreckgestalt des Volksglaubens, eine Art dämonischer Wintergeist. Ihr Name wird als „die Glänzende" übersetzt. Von den Heiligen dieses Namens ist Bertha von Avenay (rund 20 km südlich von Reims) die bedeutendste. Sie starb im dortigen Kloster, dessen Äbtissin sie war, gegen Ende des 7. Jahrhunderts; angeblich wurde sie ermordet. Ihr Fest ist der 1. Mai. – Die Mutter ➤ Karls des Großen, eine seiner Schwestern und eine Tochter hießen Berta, ebenso die Gemahlin von Kaiser ➤ Heinrich IV. Im Mittelalter ist der Name sehr beliebt und kommt durch die Ritterdichtung der Romantik im 19. Jahrhundert wieder in Mode. Noch bis zur Wende zum 20. Jahrhundert ist der Name unter den Top 10 zu finden, nimmt danach jedoch stetig ab und wird heute kaum noch gegeben. Bertha von Suttner (1843–1914) war Pazifistin und Schriftstellerin, die erste Friedensnobelpreis-Trägerin. Die *Dicke Bert(h)a*, ein Geschütz aus dem 2. Weltkrieg, ist benannt nach Bertha Krupp, der Tochter von ➤ Friedrich ➤ Alfred Krupp.

Berthold (m.) deutsch. Der Name ist zusammengesetzt aus althochdeutsch *beraht*, strahlend, berühmt (➤ BERT), und *waltan*, herrschen (➤ WALT); der zweite Teil wurde später angeglichen an das Wort *hold*, zugetan, treu. Seine Beliebtheit vor allem im süddeutschen Raum verdankt der Name einer Reihe von Fürsten, nämlich Berthold I.–V. von Zähringen. Dieses schwäbische Fürstengeschlecht nannte sich seit Ende des 11. Jahrhunderts nach seiner Burg Zähringen in der Nähe von Freiburg im Breisgau (eine Gründung der Zähringer). Bis zum 13. Jahrhundert baute es seine Herrschaft auf beiden Seiten des Schwarzwalds und in der Schweiz aus. – Neben drei Heiligen dieses Namens ist der selige Berthold von Regensburg (1210–72) von Bedeutung: Er machte sich stark gegen Judenverfolgung und die Auswüchse des Flagellantentums (öffentliche Selbstgeißelung). Berthold trat als Volksprediger auf mit bis zu 40 000 Zuhörern; seine Predigten waren sehr anschaulich und zeitgemäß, sagen zeitgenössische Quellen. Sein Namenstag ist der 14. Dezember. Seit dem Mittelalter gehört Berthold zu den beliebten Männernamen; seit der zweiten Hälfte des 20. Jahrhunderts wird der Name jedoch immer seltener gegeben.

Bertram (m.) deutsch. Bertram ist zusammengesetzt aus althochdeutsch *beraht*, strahlend, berühmt (➤ BERT), und *hraban*, Rabe (➤ RAB). – Es gab mehrere Heilige dieses Namens, etwa im 6./7. Jahrhundert Bertram, Bischof von Le Mans (rund 150 km südwestlich von Paris); sein Fest ist der 30. Juni. Bekannter ist Meister Bertram (etwa 1345–1415), ein bedeutender Maler und Bildschnitzer der Gotik. Sein wichtigstes Werk ist der große Grabower Altar (heute in der Hamburger Kunsthalle). – Seit dem 12. Jahrhundert in Deutschland belegt, erfreut sich der Name im späten Mittelalter einiger Beliebtheit; im 20. Jahrhundert bleibt er selten und wird seit den 70er-Jahren kaum noch gegeben.

Bertrand (m.) deutsch. Bertrand setzt sich zusammen aus althochdeutsch *beraht*, strahlend, berühmt (➤ BERT), und ➤ *RAND*, Rand des Schildes, Schildbuckel. – Der Name ist in Deutschland für das 15. Jahrhundert belegt und wird schon damals vermengt mit ➤ Bertram („berühmt" + „Rabe"); der heilige Bertrand von Le Mans (6./7. Jahrhundert, Fest am 30. Juni) nannte sich auch Bertechram. Die Wiederbelebung des Namens Bertrand im 20. Jahrhundert geht wahrscheinlich auf englischen und französischen Einfluss zurück.

Bettina / Bettine (w.) Kurzform von Elisabettina, einer in Italien verbreiteten Erweiterung von ➤ Elisabeth (hebräisch: „Gott ist Fülle"). – In Deutschland taucht der Name Bettina Ende des 18. Jahrhunderts auf: Die Schriftstellerin Bettina von Arnim, die Schwester von ➤ Clemens Brentano, wird 1785 geboren als ➤ Elisabeth Catharina Ludovica Magdalena Brentano. In den 60er-Jahren des 20. Jahrhunderts nimmt der Name fast durchgängig Plätze unter den Top 20 ein; seit den 70ern nimmt seine Popularität langsam ab.

Bianca (w.) italienisch *Bianca* bedeutet „die Weiße, Strahlende, Reine", die französische Form des Namens ist Blanche, die Spanier sagen Blanca. Dies mag sich auf die blonden Haare oder einen besonders hellen Teint beziehen, aber auch auf innere Werte. Interessanterweise haben fast alle romanischen Sprachen für „weiß" nicht etwa das lateinische Wort *albus* zugrunde gelegt, sondern die germanische Wurzel **blanka*. In vielen Kulturen ist Weiß die Farbe der Unschuld und Wahrheit. Die neugetauften Christen der frühen Kirche (und in manchen Kirchen bis heute) trugen weiße Kleider als Zeichen der Vergebung und des neuen, zu Christus gehörigen Lebens (vgl. etwa Offenbarung 3,4.5 oder 7,9). Die heilige Bianca (Blanca) von Kastilien (Zentralspanien) wurde im Jahre 1200 im zarten Alter von zwölf Jahren mit König ➤ Ludwig VIII. verheiratet. Nach dessen Tod regierte sie mit Umsicht und Entschlossenheit weiter, bis ihr Sohn Ludwig IX. alt genug war für den Thron. Die schöne Frau setzte sich ein für die Armen und Kranken ihres Landes; ihr Namenstag ist der 1. oder auch der 2. Dezember. Bianca heißt in Shakespeares Theaterstück *Der Widerspenstigen Zähmung* (1593) die jüngere Tochter des reichen Kaufmanns Baptista. Lucentio gewinnt Biancas Herz und schafft es überdies, die „widerspenstige" ältere Schwester ➤ Katherina unter die Haube zu bringen. – Im 20. Jahrhundert hält sich Bianca zusammen mit Bianka etwa von 1960 bis 1995 unter den Top 100, der Höhepunkt liegt in den 70er-Jahren.

Bianka (w.) eingedeutschte Form von ➤ Bianca (italienisch: „die Weiße, Strahlende, Reine")

Birgid (w.) Schreibvariante von ➤ Birgit ➤ Birgitta (gälisch: „die Erhabene")

Birgit / Birgitt (w.) Kurzform von Birgitta, einer Variante von ➤ Brigitta (gälisch: „die Erhabene"). Birgit erscheint in Deutschland Mitte des 20. Jahrhunderts und wird vor allem in den 50er- und 60er-Jahren zusammen mit der Form ➤ Brigitte zum Modenamen. In der ersten Hälfte der 50er nehmen beide Positionen unter den Top 10 ein.

Birk (m.) Koseform von ➤ Burkhard („Schutz" + „hart"). Birk ist eine alte alemannische Kurzform von Burkhard, kommt seit den 1960er-Jahren aber aus dem Norden zu uns. 1981 erscheint ➤ Astrid Lindgrens Roman ➤ *Ronja Räubertochter*, 1984 wird er verfilmt. Birk ist hier der Sohn des verfeindeten Räuberhauptmanns Borka. In Deutschland bleibt der Name dennoch sehr selten.

Birka / Birke (w.) Birka/-e ist entweder die weibliche Form von ➤ Birk ➤ Burkhard („Schutz" + „stark") oder aber eine Kurzform von Frauennamen mit dem Element ➤ *BURG*, Schutz, etwa Burghild. Manchmal wird der Name auch als Kurzform von ➤ Brigitta (keltisch: „die Erhabene") aufgefasst. Die meisten Menschen, die heute den Namen Birke hören, denken jedoch an den gleichnamigen Baum; der heißt so wegen seiner „glänzenden" Borke. – Der Name erscheint in Deutschland gegen Ende des 19. Jahrhunderts und bleibt sehr selten.

Birte / Birthe (w.) dänische Kurzform von ➤ Birgit ➤ Birgitta (keltisch: „die Erhabene"). Mit dem Männernamen Birger hat der Name nur indirekt zu tun; der geht zurück auf das Namenglied ➤ BURG, und das wiederum ist verwandt mit *briganti*. – Angeblich brachten Urlauber im 19. Jahrhundert den Namen Birte zurück nach Deutschland; er war ihnen in Dänemark als Schiffsname begegnet. In den 1960er- bis 80er-Jahren ist Birte unter den Top 100 zu finden, der Höhepunkt liegt Anfang der 70er-Jahre; seit den 90ern wird er kaum noch gegeben.

Björn (m.) nordisch. Im Norwegischen und Schwedischen ist *björn* der Bär. Als Namenglied entspricht dies unserem ➤ *BERN*, das wir von Namen wie ➤ Bernhard kennen. – Als Börn ist der Name schon im 12. Jahrhundert in Deutschland belegt, taucht danach jedoch erst wieder im 20. Jahrhundert auf. Björn erlangt dann vor allem in den 80er-Jahren eine gewisse Beliebtheit, teilweise durch den schwedischen Tennisspieler Björn Borg und durch Björn Ulvaeus von der schwedischen Popgruppe *Abba*.

BOD – „Gebieter"
Die ursprüngliche Bedeutung des Namenglieds ist sehr wahrscheinlich „Gebieter" im Sinne von „Herrscher" (vgl. ➤ RICH und ➤ WALT). BOD ist zusammengezogen aus älterem *baud* und geht zurück auf althochdeutsch *biotan*, bieten, bekanntmachen, germanisch **beuda*, bieten. Dahinter steht eine indoeuropäische Sprachwurzel **bheud*, wach sein, beobachten, erkennen, aber auch: zur Aufmerksamkeit veranlassen, kundtun, gebieten. Hieran wird deutlich, dass bei BOD auch der *Bote* (althochdeutsch *boto*) eine Rolle spielt. Das *Gebiet* ist der Bereich, wo der Herrscher *gebietet*, und je weiter sein Reich reicht, desto mehr ist er angewiesen auf Stellvertreter, die seine *Gebote* dem Volk *darbieten*. Im Hochmittelalter wurde BOD sicher in diesem Sinn verstanden, und bei den in jener Zeit entstandenen Namen, die auf *-bod(o)* enden (etwa Herbod oder Helmbodo), ist wohl von vorneherein daran gedacht. Ob nach der Christianisierung der Germanen dabei auch Engel assoziiert wurden, ist ungewiss (vgl. ➤ Angelika). Sprachlich verwandt mit *bieten* ist z. B. griechisch *péuthesthai*, fragen, erfahren, wissen, aber auch der *Buddha* („der Erleuchtete", zu altindisch *bodhayati*, erwecken, aufmerksam machen).
Namen: ➤ Bodo, Bodomar, Botho, Botolf, Eilbodo, Helmbodo, Merbod
Ortsnamen: Adelboden, Disiboden

Bodo (m.) deutsch. In dem Namen Bodo steckt das Wort *Gebot* ebenso wie *Bote* (➤ BOD). Bodo ist eine Kurzform von Namen wir Helmbodo (mit dem ersten Element ➤ HELM) oder Herbot (➤ HERI, Heer, Kriegsschar), Bodomar (➤ MAR, berühmt) oder Botolf (➤ WOLF). – Über das Leben des heiligen Bodo wissen wir wenig; nur wie er starb, ist überliefert: Er fiel am 2. Februar 880 in der Schlacht bei Hamburg im Kampf der Sachsen gegen die heidnischen Normannen; das ist auch sein Namenstag. Seine Gebeine wurden später ins Kloster Ebsdorf gebracht, rund 25 km südlich von Lüneburg. – Der älteste Beleg für den Namen Bodo in Deutschland stammt aus dem Jahr 1006; in den 50er- und 60er-Jahren des 20. Jahrhunderts ist er weit verbreitet.

Boris (m.) aus dem Tatarischen? Als slawischer Name wird Boris meist erklärt als Kurzform von Borislaw. Das setzt sich zusammen aus urslawisch **borti*, kämpfen, und **slawa*, Ruhm. Wahrscheinlicher jedoch handelt es sich um eine Kurzform des tatarischen Namens Bogoris (Tatarisch ist eine Turksprache, die bis heute in der ehemaligen Sowjetrepublik Tatarstan gesprochen wird). Als Bedeutung wird entweder „Wolf" angegeben oder aber „klein". In den slawischen Ländern ist Boris ein beliebter Vorname – dank zweier Heiliger: Der bulgarische Zar Boris I. tat im 9. Jahrhundert viel für die Christianisierung seines Landes. Als Rom ihm ein eigenes Patriarchat verweigerte, wandte er sich endgültig der byzantinischen (Griechisch-Orthodoxen) Kirche zu. Boris wurde zum Nationalheiligen Bulgariens; sein Fest ist am 7. Mai. Am 2. Juli haben Boris und Gleb (Gottlieb) ihren Namenstag. Die beiden russischen Prinzen wurden im 11. Jahrhundert von ihrem Bruder Swjatopolk aus Machtgier ermordet. – In Deutschland ist der Name Boris nicht vor dem 20. Jahrhundert belegt; zwischen Mitte der 60er- und Mitte der 80er-Jahre hält er sich unter den Top 100, ohne jemals in die Top 50 vorzudringen. Welchen Anteil der Tennisspieler Boris Becker an der Beliebtheit des Namens hat, ist kaum auszumachen.

BRECHT ➤ BERT („hell, strahlend, berühmt")

Brigitta / Brigitte (w.) aus dem Keltischen. Der Name geht wahrscheinlich zurück auf das keltische Wort *briganti*, der/die Erhabene (➤ BURG); andere übersetzen „Kraft, Stärke". Brigit ist auch der Name einer altirischen Lichtgottheit; viele ihrer Eigenschaften wurden später auf die irische Nationalheilige Brighid übertragen und damit alte Traditionen „getauft". – Brighid lebte im 5./6. Jahrhundert, sie gründete ein berühmtes Kloster in Kildare. Einmal kamen, so heißt es, einige kirchliche Würdenträger unangemeldet in ihr Haus, und das Bier war gerade ausgegangen. Kurzerhand verwandelte sie das Badewasser im Bottich in Bier. Brighids Namenstag ist der 1. Februar. – Die heilige Brigitta oder Birgitta, die Schutzheilige Schwedens, lebte im 14. Jahrhundert. Sie war verheiratet und hatte acht Kinder; sie setzte sich ein für Obdachlose und Arme: „Wir müssen geben, solange wir haben; denn auch wir haben einen großmütigen Geber." Später gründete sie den nach ihr benannten Brigittenorden; ihr Fest ist am 23. Juli. – Der älteste

Beleg für den Namen in Deutschland stammt aus der Zeit um 1000, durch die Jahrhunderte erfreut er sich ziemlicher Beliebtheit, doch das 20. Jahrhundert wird seine große Zeit: Zwischen Mitte der 20er- und Anfang der 70er-Jahre hält er sich unter den Top 100, etwa zwischen 1945 und 1957 ist er unter den Top 10 zu finden. Danach wird er teilweise abgelöst von den Varianten ➤ Birgit und ➤ Britta.

Bringfried (m.) deutsch. Der Name steht in der Tradition pietistischer Neuschöpfungen des 18. und 19. Jahrhunderts: ➤ Fürchtegott, Bleibefromm oder Ehregott sind Satznamen und bedeuten genau das, was sie sagen. Wegen ihrer grammatischen Form konnten sie sowohl Jungen als auch Mädchen gegeben werden. Zu Bringfried gibt es jedoch eine eindeutig weibliche Entsprechung, nämlich ➤ Bringfriede, sodass der Name Bringfried nur Jungen gegeben wurde. Beide Namen sind relativ jung und haben einen anderen Hintergrund als die oben genannten: Sie sind entstanden während des 1. Weltkriegs, ganz offensichtlich als Wunschnamen angesichts eines sinnlosen Kriegs. Auch während der Nazi-Herrschaft und im 2. Weltkrieg wird der Name relativ häufig gegeben, danach nur noch vereinzelt. – Der DDR-Fußballer und Fußballtrainer Bringfried Müller wurde 1931 geboren. Der 18-fache Nationalspieler gewann mit seinem Verein SC Wismuth Karl-Marx-Stadt dreimal die DDR-Meisterschaft und einmal den DDR-Fußballpokal.

Bringfriede (w.) eindeutig weibliche Form von ➤ Bringfried (mit wörtlicher Bedeutung). – 1943 in Bremen geboren ist die SPD-Politikerin Bringfriede Kahrs; die gelernte Pädagogin gehört 1987 zum ersten Mal der Bremischen Bürgerschaft an und bekleidet von 1995 bis 1999 das Amt einer Senatorin. Insgesamt bleibt der Name sehr selten.

Britta (w.) Kurzform von ➤ Brigitta (gälisch: „die Erhabene"). Der Name Britta taucht in Deutschland im zweiten Drittel des 20. Jahrhunderts auf und ist in den 60er-Jahren unter den Top 20 zu finden.

BRUN – „braun", „Bär"
Das Namenglied entspricht unserem Wort *braun*, althochdeutsch *brun*, braun, dunkel; es geht dann wohl zurück auf einen Beinamen für einen Menschen mit brauner Haut, braunen Haaren oder Augen. „Der Braune" kann aber auch der *Bär* sein (➤ BERN), der dieselbe sprachliche Wurzel hat: indoeuropäisch **bher*. Das Namenwort *brun* wurde schon sehr früh vermischt mit ➤ BRUNNI, Brünne, Brustpanzer.
Namen: Brun, Bruna (w.)?, ➤ Bruno?

Brunhilde (w.) deutsch. *Brünne* wird der Brustpanzer der mittelalterlichen Ritterrüstung genannt (➤ BRUNNI). Das zweite Element des Namens ist althochdeutsch *hiltja*, Kampf (➤ HILD). – Königin Brunichildis war im 6. Jahrhundert die Gattin des ostfränkischen Königs Sigibert I. Eine Renaissance erlebt der Name im 18. Jahrhundert, als das Nibelungenlied aus der Versenkung gehoben wird. Dort ist Brunhilde eine isländische Prinzessin; sie wird die Gattin des Burgunderkönigs ➤ Gunther, der mit ➤ Siegfrieds Hilfe um sie wirbt. Letzterer heiratet zur gleichen Zeit Gunthers Schwester ➤ Kriemhild. Aus verletztem Stolz beauftragt Brünhild den Gefolgsmann ihres Mannes, ➤ Hagen von Tronje, Siegfried zu töten. Doch am Ende der Geschichte nimmt Kriemhild blutige Rache … – In den 1920er- und 30er-Jahren findet sich der Name meist unter den Top 100, wird seitdem aber kaum noch gegeben.

BRUN(NI) – „Brünne, Brustschutz"
Die *Brünne* ist der Brustpanzer der mittelalterlichen Ritterrüstung bzw. sein Vorläufer. *Brunni* oder *brunna* auf Althochdeutsch, geht das Wort wahrscheinlich zurück auf das keltische (bretonische) *bronn*, Brust, letztlich auf eine indoeuropäische Wurzel **bhreu*, schwellen (daher kommt *protzen* und wohl auch unser Wort *Brust*). Seit wann die Germanen über diese Art Rüstung verfügten, ist umstritten. Tacitus (um 100 n. Chr.) schreibt in seiner *Germania*, „nur wenige tragen einen Panzer" (Kap. 6). Die ersten Brünnen dürften aus schwerem Stoff oder Leder bestanden haben, was sich archäologisch kaum belegen lässt. Kettenhemden kannten die Germanen von den Römern und Kelten. Abgesehen von vereinzelten Beutestücken spielten sie bei Auseinandersetzungen jedoch kaum eine Rolle; vielleicht waren sie zu schwer für die Kampfweise der Germanen.
Das Namenglied BRUN(NI) hat sich früh vermischt mit ➤ BRUN (braun, Bär); manche Namen sind daher nicht mehr eindeutig zuzuordnen.
Namen: Bruna (w.), ➤ Brunhild/-e (w.), Brünhild/-e (w.), Bruni (w.), ➤ Bruno?

B

Bruno (m.) deutsch. Bruno ist eine latinisierte Form von Brun, ein Name, der wahrscheinlich zurückgeht auf althochdeutsch ➤ *BRUN*, braun. Bruno könnte dann ursprünglich ein Beiname gewesen sein für einen Menschen mit braunen Haaren oder Augen. Oder aber eine Kurzform von Namen mit diesem Element, wie etwa ➤ Brunold. – Der Sachsenfürst Brun (um 830–880) gilt als Begründer des Adelsgeschlechts der Brunonen. Nach einem Mitglied dieses Geschlechts ist die Stadt Braunschweig benannt: *Bruns Wik* bedeutet „Bruns Siedlung". Berühmt wurde das Adelsgeschlecht durch den heiligen Bruno I. von Köln, genannt „der Große": 925 geboren, wurde Bruno 953 zum Erzbischof von Köln gewählt. Er starb am 11. Oktober 965 in Reims; das ist auch sein Namenstag. Ein anderer heiliger Bruno von Köln wurde um 1035 in Köln geboren; er gründete den Kartäuser-Orden (so genannt nach dem Gebirgszug „La Chartreuse" bei Grenoble). Er hatte sich in die Einsamkeit zurückgezogen aus Enttäuschung über seinen vergeblichen Kampf gegen die Käuflichkeit kirchlicher Ämter: Seine eigene Wahl zum Bischof von Reims war für nichtig erklärt worden, ein Günstling des Königs erhielt das Amt. Brunos Namenstag ist der 6. Oktober. – Seit dem Hochmittelalter ist der Name in Deutschland recht beliebt. Bis in die 30er-Jahre des 20. Jahrhunderts findet sich Bruno unter den Top 50; danach verabschiedet er sich langsam aus der Namengebung – meldet sich jedoch im neuen Jahrtausend zurück. 2017 belegt der Name Rang 103.

BURG – „Anhöhe, Befestigung"
Die Deutung dieses Namenworts ist genauso umstritten wie die Herleitung des Wortes *Burg* selbst. Offensichtlich hängt es mit *Berg* zusammen, der einfach „hoch" ist. Daher hat der germanische Stamm der *Burgunder* seinen Namen ebenso wie der keltische Stamm der *Brigantes*. Der keltische Frauenname ➤ *Brigitte* („die Erhabene") kommt daher, und auch die Insel *Bornholm* („Burgunder-Insel") und die Stadt *Bregenz* tragen dieses Wort in ihrem Namen. Wahrscheinlich hängt *Burg* auch zusammen mit lateinisch *burgus*, Kastell, Wachturm, und dem gleichbedeutenden griechisch *pýrgos* – wie, ist nicht mehr nachvollziehbar. Da die Germanen noch keine Burgen bauten, bezeichneten sie mit **burg* entweder Befestigungsanlagen oder Siedlungen der Römer oder anderer Völker oder aber allgemein befestigte Siedlungen auf einer Anhöhe. Hier könnte das ursprüngliche Namengebungsmotiv anzusiedeln sein (vgl. ➤ FRIED). Später nahm das Wort auch die Bedeutung (befestigte) „Stadt" ein; daher sprechen wir vom *Bürger*. Häufig jedoch wird *Burg* abgeleitet von *bergen* (verwandt mit *borgen* und *bürgen*, aber auch mit englisch *bury*, beerdigen), als der Ort, an dem man Zuflucht nimmt. Hier vermuten manche auch den ursprünglichen Sinn des Namenglieds BURG in Frauennamen: die Bergende, die (in der Schlacht) Schützende, vielleicht auch die in Walkürenart die Gefallenen Bergende (➤ Walburga). Die genauen Vorstellungen dabei bleiben unklar. Bei Männernamen ist vielleicht eher an „beschützt" zu denken oder aber an „Beschützer".
Namen: ➤ Birka/-e, ➤ Birt(h)e (w.), ➤ Brigitta/-e (w.), Burgel (w.), ➤ Burkhard, Burghild/-e (w.), ➤ Birk, Burgoald (Burgwald), Burg(w)olf, ➤ Ingeborg (w.), ➤ Ingeburg (w.), ➤ Walburga/Walpurga (w.)
Nachnamen: Borgward (Burgward)

Burkhard (m.) deutsch. Burkhard ist der einzige verbleibende männliche Name mit dem Element ➤ *BURG*; allenfalls Borgward dürfte als Nachname (und als Automarke) heute noch bekannt sein. *Burg* ist hier wohl im übertragenen Sinn als Schutz oder Zuflucht zu deuten; das zweite Element ist althochdeutsch *harti*, hart, stark, tapfer (➤ HART). – Der Name Burkhard findet sich vor allem in Süddeutschland, und das ist dem heiligen Burkhard von Würzburg geschuldet. Um 683 in Südengland geboren, wurde der Benediktinermönch im Alter von dreißig Jahren von Bonifatius zum Priester geweiht und folgte ihm bald darauf aufs Festland, wo er ihn in seiner Missionsarbeit unterstützte. Bonifatius weihte Burkhard 742 zum ersten Bischof von Würzburg; acht Jahre später gründete Burkhard das dortige Kloster St. Andreas, das später nach ihm benannt wurde. Burkhards Namenstag ist der 2. Februar (sein Todestag im Jahr 755) oder auch der 14. Oktober (der Tag, an dem seine Gebeine erhoben wurden). – Seit dem Hochmittelalter ist der Name in Deutschland sehr beliebt. Das zeigt sich etwa in dem heute vergessenen Ausdruck *Butz und Utz* für „jedermann"; so wie heute ➤ Heinrich und ➤ Konrad als „Hinz und Kunz" Allerweltsnamen darstellen, waren es früher Burkhard und ➤ Ulrich. Im 20. Jahrhundert spielt der Name Burkhard keine besondere Rolle mehr.

C

Cäcilia / Cäcilie (w.) aus dem Lateinischen? Cäcilia ist die weibliche Entsprechung zu Caecilius; das bedeutet einfach „aus dem römischen Adelsgeschlecht der Caecilier". Der Ursprung des Namens mag etruskisch sein, später wurde der Name in Verbindung gebracht mit lateinisch *caecus*, blind. Aus diesem Geschlecht stammte angeblich auch die heilige Cäcilie. Sicher ist nur, dass sie im 3. Jahrhundert lebte. Die Legende erzählt, wie sie ihren heidnischen Ehemann Valerius auf wundersame Weise zum christlichen Glauben bekehrte: Sie bat ihn, sie nicht zu berühren, sie sei einem anderen versprochen; ein Engel stehe neben ihr, sie zu beschützen. Daraufhin forderte Valerius, den Engel zu sehen – „Wenn du getauft bist", erwiderte sie. Und tatsächlich sah Valerius den Engel. Er und sein Bruder Tiburtius starben als Märtyrer, und als Cäcilie sie verbotenerweise begrub, verhaftete und tötete man auch sie. Durch mancherlei Wunder wurden zuvor jedoch Wächter und Henker bekehrt. Cäcilies Namenstag ist der 22. November. Die *Legenda aurea*, eine Sammlung von Heiligenlegenden aus dem 13. Jahrhundert, die Cäcilias Geschichte erzählt, erklärt ihren Namen unter anderem als *Coela lilia*, also als „Himmelslilie" (vgl. ➤ LILIA). Das wurde später so gedeutet, dass schon bei der Geburt ihre Wangen zartweiß und ihre Augen himmelblau gewesen seien. – Der Name ist in Deutschland seit dem 11. Jahrhundert belegt; heute findet er sich nur selten.

Caleb (m.) englische Form [keileb] von ➤ Kaleb (hebräisch: „Hund")

Calvin (m.) aus dem Lateinischen. Im alten Rom war *Calvus* zunächst ein Spitzname: „der Glatzköpfige"; irgendwann wurde ein Familienname daraus. Eine spätere französische Form des Namens lautet Chauvin, und Jean Calvin oder Chauvin hieß der große Reformator von Haus aus, den wir als Johannes Calvin kennen. Genau genommen ist *calvin* eine Verkleinerungsform von *calve*, einer picardischen Variante von *chauve,* dem französischen Wort für „kahl". Jean Calvin lebte von 1509 bis 1564, er studierte zunächst wie Luther Rechtswissenschaften und wurde später Pfarrer. Für die „neue Lehre" des Protestantismus setzte er sich vor allem von Genf und später von Straßburg aus ein. Schlichte Kirchen und Gottesdienste sowie ein streng moralisches Leben zu Ehren Gottes waren ihm wichtige Anliegen. Zu seinen Ehren wird Calvin [kälwin] in England seit dem 19. Jahrhundert auch als Vorname gegeben. – In Deutschland erscheint der Name nicht vor Mitte des 20. Jahrhunderts und wird bekannt durch den amerikanischen Modeschöpfer Calvin Klein (Jahrgang 1942); er bleibt aber sehr selten. Einem anderen Chauvin verdanken wird das Wort *Chauvinismus* für übertriebenen Nationalstolz: der Figur des Nicolas Chauvin in dem französischen Lustspiel *La Cocarde Tricolore* der Brüder Cogniard (1831).

Camilla (w.) (vor-)lateinisch. Camilla ist der Name einer jungfräulichen Heldin, die gegen Ende von Vergils *Aeneis* auftaucht und aufseiten des Aeneas gegen den Rutulerkönig Turnus kämpft. Das Buch handelt von der Flucht des Aeneas aus dem brennenden Troja und seiner Landung in Italien; dort wird er einer der Stammväter Roms. Die männliche Form Camillus kam häufig vor als Familienname im Geschlecht der Furii; deren bekanntester Vertreter war ➤ Marcus Furius Camillus, ein römischer Politiker und Feldherr, der angeblich Rom vor seinen feindlichen Nachbarn rettete. Als Camillo ist der Name in Italien bis heute beliebt – wegen des heiligen Camillo de Lellis, der im 16. Jahrhundert eine religiöse Gemeinschaft für Krankenpfleger gründete. – Woher der Name stammt, ist nicht klar. Oft wird er in Verbindung gebracht mit den *Camilli,* Kindern aus römischen Adelsfamilien, die beim Opferdienst halfen. – Die *Kamille* hingegen leitet sich ursprünglich ab von griechisch *chamaí,* auf der Erde wachsend, und *mélon,* Apfel (wegen ihres Duftes). – Der Name Camilla (auch Camille) taucht Ende des 16. Jahrhunderts in Deutschland auf, bekommt Mitte des 19. Jahrhunderts literarischen Rückenwind durch ➤ Ernst von Houwalds Trauerspiel *Das Bild* (1821) und die Erzählung *Zwei Schwestern* von ➤ Adalbert Stifter (1850; die andere heißt ➤ Maria); heute ist er selten.

Cammy (w.) [kammi / kämmi], Kurzform von ➤ Camilla (Bedeutung unklar)

Cara (w.) italienisch. Der Name ist für das mittelalterliche Italien belegt, in modernen italienischen Namenbüchern taucht er jedoch nicht auf; in Spanien ist Cara vereinzelt zu finden. Sehr wahrscheinlich geht der Name zurück auf italienisch *caro/-a,* lieb, teuer (vergleiche französisch *cher),* und wurde im 20. Jahrhundert neu geprägt. Dahinter steht lateinisch *carus,* teuer im Sinne von hochpreisig, im übertragenen Sinn auch lieb, wert, beliebt, geschätzt. So wurde Carus im alten Rom auch zum Cognomen, zum Beinamen; ein Dichterfreund des Ovid (43 v.Chr. bis 18 n.Chr) hieß so. – Cara wird zuweilen auch aufgefasst als Kurzform von Catharina ➤ Katharina, (später in Verbindung gebracht mit griechisch *katharós*, rein). – In Deutschland kommt der Name nicht vor der zweiten Hälfte des 20. Jahrhunderts vor und bleibt sehr selten.

Carina (w.) Weiterbildung von ➤ Karin ➤ Katharina (später in Verbindung gebracht mit griechisch *katharós*, rein). Carina kann aber auch aus dem Italienischen kommen und „die Hübsche, Liebe" bedeuten. Schon im alten Rom gab es den Beinamen Carinus mit der Bedeutung „lieb, wert, geschätzt" (➤ Cara). – Der Name taucht um 1960 in Deutschland auf und erfreut sich zusammen mit Karina etwa zwischen 1970 und der Jahrtausendwende recht großer Beliebtheit, schafft es aber gerade mal kurz unter die Top 50.

Carl (m.) Schreibvariante von ➤ Karl (zu einem Namen mit dem Element „Heer")

Carla (w.) weibliche Form von ➤ Karl (zu einem Namen mit dem Element „Heer"). – Als ➤ Karla bzw. Karle ist der Name in Deutschland für das 16. Jahrhundert belegt; gegen Ende des 20. Jahrhunderts erfreut er sich (ebenso wie Karla und Carola/Karola sowie Carolin/Karolin) einiger Beliebtheit mit Platzierungen unter den Top 100.

Carmen (w.) aus dem Hebräischen. Carmen ist eigentlich ein spanischer Beiname und bezieht sich als *Virgin del Carmen* auf die Jungfrau Maria, und zwar die vom Berge Karmel; daraus wurde durch Angleichung an das lateinische Wort für „Lied" Carmen. Auch wenn der Name ursprünglich also nichts damit zu tun hat, klingt das Wort dennoch mit, auch in seiner „zauberhaften" Bedeutung, die wir noch in unserem *charmant* kennen. Der *Karmel* (wörtlich: „Obstgarten") ist ein Gebirge in Israel, das sich zwischen der Stadt Akko und dem Jordan hinzieht. Dort in einem Karmeliterkloster befand sich ein Bildnis der Maria „vom Karmel"; heute ist es angeblich in Neapel zu sehen. Nach den Kreuzzügen zog sich der Orden nach Westeuropa zurück, vor allem nach Spanien. Das Fest der Maria vom Karmel am 16. Juli ist seit dem 14. Jahrhundert bezeugt. – Georges Bizets Oper *Carmen* (nach Prosper Mérimées gleichnamiger Novelle) wurde 1875 uraufgeführt; sie förderte sicher die weitere Verbreitung des Namens. – Der erscheint in Deutschland jedoch nicht vor dem 20. Jahrhundert und wird Mitte der 50er zum Modenamen mit Platzierungen unter den Top 50 bis in die 60er-Jahre; die Top 100 verlässt Carmen dann Ende der 70er.

Carola (w.) weibliche Form von ➤ Karl (zu einem Namen mit dem Element „Heer"). – Der Name taucht in Deutschland vor 1900 auf und ist in den 1960er- und 70er-Jahren unter den Top 100 zu finden.

Carolin (w.) verkürzte Form von ➤ Caroline ➤ Karl (zu einem Namen mit dem Element „Heer"). – Der Name kommt in dieser Form in Deutschland in den 1960er-Jahren auf und ist gegen Ende des Jahrhunderts sehr beliebt (vgl. ➤ Caroline).

Caroline (w.) [auch französisch: karolihn], Erweiterung von ➤ Carola, einer weibliche Form von ➤ Karl (zu einem Namen mit dem Element „Heer"). – Die ältesten Belege reichen bis ins frühe 17. Jahrhundert. Um die Wende zum 20. Jahrhundert gehört Caroline noch zu den Top 100, sinkt danach deutlich ab und erreicht dieses Niveau, zusammen mit Carolin, erst wieder in den 60er-Jahren mit einem vorläufigen Höhepunkt Mitte der 80er und Platzierungen unter den Top 20; im neuen Jahrtausend nimmt das Interesse an dem Namen wieder ab.

Carsten (m.) niederdeutsche Form von ➤ Christian (griechisch: „Christ"). – Der Name taucht Mitte des 15. Jahrhunderts in Deutschland auf; zusammen mit der Schreibweise Karsten gehört er etwa zwischen 1960 und 1980 zu den Top 20.

Caspar / Casper (m.) Schreibvarianten von ➤ Kaspar (altpersisch: „Schatzmeister")

Cassandra (w.) lateinische und englische Form von ➤ Kassandra (griechisch: „die Männer übertrifft"?)

Catherine (w.) englische [käthrin; mit Ti-ejtsch] und französische [katrihn] Form von ➤ Katharina (später in Verbindung gebracht mit griechisch *katharós*, rein)

Cathrina / Cathrine (w.) historische Form von Kathrina ➤ Katharina (später in Verbindung gebracht mit griechisch *katharós*, rein)

Cäzilia / Cäzilie (w.) Schreibvariante von ➤ Cäcilia/-e (später verbunden mit lateinisch *caecus*, blind)

Cedric (m.) [ssedrik, auch: ssidrik], aus dem Gälischen? Den Namen hat offenbar Sir Walter Scott für seinen Ritterroman *Ivanhoe* (1820) erfunden. Cedric of Rotherwood heißt dort der Vater von Sir Wilfred of Ivanhoe, einem angelsächsischen Fürsten. Die Geschichte spielt im späten 12. Jahrhundert in England und lebt im Wesentlichen von der Feindschaft zwischen den Angelsachsen und den herrschenden Normannen. Cedric enterbt seinen Sohn, nur weil der sich auf einem Kreuzzug mit dem normannischen König ➤ Richard verbündet. Offenbar hat Scott einen alten Namen leicht verändert: Cerdic hieß der angelsächsische Gründer des Königreichs Wessex im Südwesten Englands im 6. Jahrhundert. Manche vermuten einen germanischen Ursprung des Namens, andere halten Cedric für einen walisischen König und deuten seinen Namen vom Gälischen als „Heerführer" oder aber „liebenswert". Daneben werden walisisch *ced*, Freigebigkeit, und *drych*, Vorbild, ebenso als mögliche Elemente des Namens gehandelt wie keltisch *kad*, Kampf (➤ HAD), und *rik*, König (➤ RICH). Zur Verbreitung des Namens hat Cedric ➤ Errol Fauntleroy beigetragen, *Der kleine Lord* in Frances Hodgson Burnetts gleichnamigem Kinderroman (1886). – Seit den 1970er-Jahren ist der Name in Deutschland zu finden und schafft es 2001 unter die beliebtesten 50 Jungennamen.

Celina (w.) [sselihna, tselihna, tschelihna], aus dem Lateinischen. Bei

Celina handelt es sich zunächst um eine Kurzform von Marcellina; dies wiederum ist eine weibliche Verkleinerungsform von ➤ Marcel(lus), verwandt mit ➤ Marcus, einem alten Geschlechternamen (lateinisch: „dem Mars geweiht"?). Vielleicht ist Celina aber auch eine andere Form von ➤ Selina. Dieser griechische Name geht wahrscheinlich auf *Seléne* zurück, den Namen der griechischen Mondgöttin. Möglich ist auch die Ableitung von Celia; dem liegt ein alter römischer Geschlechtername zugrunde, der wohl zurückgeht auf lateinisch *caelum*, Himmel. Bekannt wurde dieser Name durch die Celia in Shakespeares Stück *As You Like It*. Schließlich wird Celina gelegentlich auch zu lateinisch *celare*, verbergen, gestellt (daher kommt auch unser *Keller*, vgl. ➤ Kilian). – Die heilige Celina (Céline) von Laon (gut 100 km nordöstlich von Paris), die Mutter des heiligen Remigius, Bischof von Reims, starb um das Jahr 458, ihr Namenstag ist der 21. Oktober. – Seit den 1930er-Jahren ist der Name in Deutschland zu finden; in den 90ern ist er zusammen mit Celine recht beliebt und hält sich seitdem in den Top 50.

Celine (w.) französische Form [sselihn] von ➤ Celina (mehrere Deutungsmöglichkeiten)

Chantal (w.) über das Französische [schohtal; vorne wie in Par*avant; auch deutsch*: schanntall]. Der Name geht zurück auf eine französische Heilige namens Jeanne Françoise Frémyot (1572–1641). Mit zwanzig Jahren heiratete sie einen gewissen Christophe de Rabutin, Baron de Chantal, und zog mit ihm auf sein Schloss bei Dijon. Die Ehe war glücklich, heißt es, Jeanne de Chantal eine treue Ehefrau und fürsorgliche Mutter. Als ihr Mann bei einem Jagdunfall ums Leben kam, widmete sie sich ganz dem Gebet und der Buße. Nach ihrer Begegnung mit ➤ Franz von Sales gründeten die beiden den „Orden von der Heimsuchung Mariä", auch „Salesianerinnen" genannt. Jeanne Chantals Namenstag ist der 12. Dezember. – Der Nachname Chantal wird zurückgeführt auf ein altprovenzialisches Wort mit der Bedeutung „Mauerstein"; möglicherweise war ein früher Vorfahr Maurer oder wohnte in der Nähe einer markanten Mauer. Nach anderer Deutung handelt es sich ursprünglich um einen Ortsnamen, genauer: den Namen eines Berges in der Nähe von Bordeaux. Mit dem französischen *chanter*, singen, hat Chantal jedenfalls nichts zu tun. – Der Name ist seit den 1970er-Jahren in Deutschland zu finden, seine Beliebtheitskurve steigt stetig, bis der Name 2005 an den Top 50 kratzt – und danach fast schlagartig aus den Hitlisten verschwindet.

Charlene (w.) aus England [tscharlihn / scharlihn] übernommene weibliche Form von ➤ Charles ➤ Karl (zu einem Namen mit dem Element „Heer"). – In Deutschland wird der Name bekannt durch die amerikanische Schauspielerin Charlene Tilton, die in der Fernsehserie *Dallas* (1979–91) ➤ Lucy ➤ Ann Ewing Cooper spielt. In dieser Zeit tauchen auch erste Charlenes auf den Standesämtern auf; der Name bleibt sehr selten.

Charles (m.) englische [tschahls] und französische [scharl] Form von ➤ Karl (zu einem Namen mit dem Element „Heer")

Charlie (m./w.) Der männliche Name ist eine englische Koseform [tschahli] von ➤ Charles ➤ Karl (zu einem Namen mit dem Element „Heer"), der weibliche von ➤ Charlotte [tschahlet] ➤ Karl. – Seit Mitte des 20. Jahrhunderts wird der Name gelegentlich gegeben; welche Rolle der englische Komiker Charlie Chaplin (eigentlich ➤ Charles Spencer Chaplin, 1889–1977) dabei spielt, ist ungewiss. Dasselbe gilt für die liebenswerte Comicfigur Charlie Brown, die Charles M. Schulz für seine Comicserie *The Peanuts* schuf, die ab 1947 erscheint.

Charlott (w.) deutsche Schreibweise von französisch ➤ Charlotte ➤ Karl (zu einem Namen mit dem Element „Heer")

Charlotte (w.) über das Französische. Der Name Charlotte kommt aus Frankreich zu uns [scharlott], ist aber eine weibliche Bildung zu ➤ Karl (zu einem Namen mit dem Element „Heer"). – Charlottenburg in Berlin ist benannt nach Kurfürstin ➤ Sophie Charlotte von Preußen (1668–1705). Sie war die Frau von König ➤ Friedrich I. und Mutter des „Soldatenkönigs" Friedrich ➤ Wilhelm I. – Der älteste Beleg für den Namen in Deutschland ist ➤ Liselotte von der Pfalz, eigentlich ➤ Elisabeth Charlotte, geboren 1652. In der Folgezeit wird der Name ungeheuer populär und gehört bis in die 1930er-Jahre zu den Top 50. Bis zu den 80er-Jahren ist er wieder zu den Top 100 geklettert und nähert sich seit etwa 2010 den Top 20.

Charly (m.) englische Koseform [tschahli] von ➤ Charles ➤ Karl (zu einem Namen mit dem Element „Heer"). – Seit Ende des 19. Jahrhunderts wird der Name gelegentlich gegeben.

Chiara (w.) italienische Form [kiara] von ➤ Clara (lateinisch: „hell, strahlend")

Christa (w.) Kurzform von ➤ Christina ➤ Christian (griechisch: „Christ"). – Der Name erscheint in Deutschland Mitte des 19. Jahrhunderts, gehört in den 1930er- und 40er-Jahren meist zu den Top 10 und wird seit den 60er-Jahren immer seltener gegeben.

Christel (w.) Koseform von ➤ Christina ➤ Christian (griechisch: „Christ"). – Der Name findet sich in Deutschland erstmals gegen Ende des 19. Jahrhunderts. 1891 wird ➤ Carl Zellers Operette *Der Vogelhändler* uraufgeführt; die „Christel von der Post" ist darin die Braut des Vogelhändlers ➤ Adam aus Tirol. Etwa zwischen 1930 und 1960 gehört Christel zu den 50 beliebtesten Mädchennamen.

Christelle (w.) französische Koseform [kristell] von ➤ Christina ➤ Christian (griechisch: „Christ")

Christian (m.) aus dem Griechischen. Christian bedeutet einfach „Christ, Christus-Anhänger". Der Name leitet sich ab von griechisch *christós*, gesalbt, zu *chríein*, bestreichen (daher vielleicht auch unsere *Creme*). *Christos* ist die Übersetzung des hebräischen *maschíach*, unser Wort *Messias*. Gesalbt wurden im Alten Testament Könige (etwa König ➤ David vom Propheten ➤ Samuel, verbunden mit der Verleihung des Geistes Gottes, 1. Samuel 16,13) ebenso wie Priester (➤ Aaron und seine Söhne durch ➤ Mose, 2. Mose 29). Deshalb erwarteten viele Juden zur Zeit Jesu einen Priester-König als Retter und Befreier vom Joch der verhassten Römer. Dabei spielte besonders die Erinnerung an König David eine wichtige Rolle; aus seinem Geschlecht sollte der Messias kommen. Die frühen Christen sahen in Jesus von Nazareth diesen Messias und gaben ihm den Titel *Christós*. Nach Apostelgeschichte 11,26 wurden seine Nachfolger zum ersten Mal in Antiochia in Syrien (heute Antakya in der Süd-Türkei) *christianoí* genannt, also „Christen"; das muss um das Jahr 43 n. Chr. gewesen sein. – In Deutschland findet sich der Name ab dem 8. Jahrhundert. Als eine Art Protest gegen die katholischen Heiligennamen ist Christian nach der Reformation unter Protestanten in Norddeutschland verbreitet; man wollte die Menschen durch die Namenwahl daran erinnern, dass Christen eben Christus nachfolgen sollen. In der zweiten Hälfte des 20. Jahrhunderts gehört der Name zu den beliebtesten in ganz Deutschland, vor allem in den 70ern und 80ern: Etwa zwischen 1960 und 1990 nimmt der Name durchgängig Positionen unter den Top 10 ein.

Christiana / Christiane (w.) weibliche Form von ➤ Christian (griechisch: „Christ"). – Die Belege für den Namen in Deutschland reichen zurück bis ins 11. Jahrhundert; Christiane gehört etwa zwischen 1950 und 1985 zu den 50 beliebtesten Mädchennamen.

Christina / Christine (w.) weibliche Form von ➤ Christian (griechisch: „Christ"). – Die heilige Christina von Bolsena (rund 100 km nordwestlich von Rom) lebte im 3. Jahrhundert. Die Wunderlegenden, die sich um ihren Märtyrertod ranken, sind spektakulär: Man band sie auf ein Rad und legte Feuer darunter – doch nicht sie verbrannte, sondern die große Schar der Gaffer. In einem glühenden Ofen überlebte sie Gottes Lob singend wie einst Daniel; Giftschlangen kühlten ihren Körper und töteten ihre Henker. Das spätere „Blutwunder von Bolsena" spielte eine Rolle bei der Einführung des katholischen Fronleichnamfestes: Als im Jahr 1263 der Priester ➤ Peter von Prag in der nach Christina benannten Kirche eine Messe feierte, fielen aus der Hostie (Oblate) einige Tropfen Blut auf den Boden; der vorher zweifelnde Priester ward überzeugt. Papst ➤ Urban IV. führte daraufhin das Fest ein. Christinas Namenstag ist der 24. Juli. – Zusammen mit ➤ Christiane und weiteren Formen gehört der Name seit dem 10. Jahrhundert zu den beliebtesten Frauennamen. Im 20. Jahrhundert nimmt er in den 70ern und 80ern fast durchgängig Plätze unter den Top 20 ein; im neuen Jahrtausend wird er kaum noch gegeben.

Christof (m.) Variante von ➤ Christoph (griechisch: „Christusträger")

C

Christoph (m.) aus dem Griechischen. In der ursprünglichen Form Christópheros bedeutet der Name „Christus-Träger" im Sinne von „der Christus in sich trägt". – Die Legende erklärt den Namen so: Ein großer, starker Mann namens Reprobus möchte dem dienen, der am mächtigsten ist. So kommt er erst zu einem König – doch der bekreuzigt sich, sobald der Teufel erwähnt wird. Reprobus dient dem Teufel – bis er sieht, wie der einem Kruzifix an der Straße aus dem Wege geht. So macht er sich schließlich auf die Suche nach Christus. Auf den Rat eines weisen Mannes hin schleppt er Vorbeikommende über einen reißenden Fluss. Einmal kommt ein kleines Kind, um sich über den Fluss tragen zu lassen, doch mitten im Fluss wird es dem Mann unendlich schwer. Der Junge gibt sich als Christus zu erkennen – und Reprobus seinen neuen Namen: Christopher. Den heiligen Christopher hat es offenbar wirklich gegeben; um das Jahr 250 starb er im Südwesten der heutigen Türkei als Märtyrer, heißt es. Sein Namenstag ist der 24. Juli. Christopherus gilt als Patron der Kraftfahrer und ist als Figur häufig im Führerhaus von Lastwagen zu sehen. Der Ausdruck „Stoffel" für einen ungehobelten und unbeholfenen Menschen geht ebenfalls auf Christopherus zurück: Er wird ja in der Legende als Riese geschildert, ungeschlacht und ungelenk. – Als Christophorus ist der Name in Deutschland schon für das 9. Jahrhundert belegt, er ist in verschiedenen Formen im gesamten Mittelalter zu finden, erfreut sich im 16./17. Jahrhundert großer Beliebtheit und wird in der zweiten Hälfte des 20. Jahrhunderts (auch als Christof oder Christopher) zeitweise zum Modenamen. In den 80er-Jahren gehört er mehrfach zu den Top 20.

Claire (w.) französische Form [klär] von ➤ Clara („hell, strahlend"), auch englisch [kläh]

Clara (w.) lateinisch. *Clarus* heißt im Lateinischen „hell, klar, strahlend, deutlich, berühmt" (daher auch unser Wort *klar);* ursprünglich bedeutet es „hell tönend". Es geht letztlich zurück auf das griechische Verb *kaléo,* laut rufen; unsere *Klarinette* hat davon ihren Namen, und auch die „schreiende" *Reklame* kommt daher. Hinter dem Namen Clarus bzw. Clara stand wohl der Wunsch, das Kind möge einmal berühmt und angesehen werden. – Die Heilige Clara von Assisi lebte zur Zeit des Heiligen ➤ Franz (12./13. Jahrhundert) in Mittelitalien. Gegen die Vorstellungen ihrer Familie wurde sie zusammen mit ihrer Schwester ➤ Agnes seine Anhängerin; für sie und ihre Gefährtinnen gründete Franziskus den „Zweiten Orden der Armen Frauen" (später: Klarissen). Mit einunddreißig Jahren wurde sie durch eine Krankheit ans Bett gefesselt; ihr Leiden trug sie mit großer Geduld, heißt es. Sie starb am 11. August 1253; das ist auch ihr Namenstag. – Seit dem 12. Jahrhundert ist der Name in Deutschland durchgängig zu finden; Ende des 19. Jahrhunderts gehört Clara zu den beliebtesten Mädchennamen, nimmt dann zur Mitte des Jahrhunderts deutlich ab und befindet sich seit den 90ern wieder deutlich im Aufschwung.

Claudia (w.) weibliche Form von ➤ Claudius (lateinisch: „der Hinkende"?). – Im Neuen Testament wird eine Claudia erwähnt: Paulus trägt seinem Freund und Mitarbeiter Timotheus auf, einige Gemeindeglieder zu grüßen, darunter eine gewisse Claudia (2. Timotheus 4,21). – Die heilige Claudia starb um das Jahr 300 in der Verfolgung durch Kaiser Maximianus als Märtyrerin, entweder in Amisium (einer antiken Stadt in Paphlagonien, im Norden der heutigen Türkei) oder aber in Rom. Sie wurde ausgepeitscht, zerfleischt und schließlich in einen glühenden Ofen geworfen, heißt es; ihr Namenstag ist der 20. März. Claudia hieß der Tradition zufolge auch die Frau des Pilatus (in Matthäus 27,19 wird sie erwähnt, ohne dass ihr Name genannt wird). – Der Name kommt in Deutschland im 18. Jahrhundert auf, bleibt jedoch zunächst selten. Ab der Mitte des 20. Jahrhunderts wird Claudia zum Modenamen, in den 60ern und 70ern ist er immer wieder unter den Top 10 zu finden.

Cláudio (m.) portugiesische Form von ➤ Claudius (lateinisch: „der Hinkende"?)

Claudius (m.) lateinisch. Der alte römische Geschlechtername Claudius wird häufig abgeleitet von dem lateinischen Beinamen Claudus, der Lahme, Hinkende. Das lateinische Wort *claudus* kommt wohl von *claudo*, schließen (im Gehen geschlossen), sodass manche Claudius auch mit „der Verschlossene" übersetzen. Weil das Geschlecht der Claudier jedoch ursprünglich wohl sabinisch war, geht man heute davon aus, dass auch der Name daher kommt und wir seine Bedeutung nicht kennen. – Diesem Geschlecht entstammten etliche erfolgreiche Staatsmänner: Appius Claudius Cäcus reformierte im 4./3. Jahrhundert nicht nur die Rechtschreibung, sondern auch das politische System, indem er etwa Freigelassene in die Bürgerschaft aufnahm. Kaiser Tiberius Claudius Nero Germanicus (10 v. Chr. bis 54 n. Chr.), der Nachfolger Caligulas, stabilisierte Gallien und eroberte Britannien. Der heilige Claudius von Rom soll Bildhauer gewesen sein. Er starb unter Kaiser Diokletian um 306 als Märtyrer; sein Fest ist am 8. November. – Der Name kommt in Deutschland um 1600 auf, bleibt aber im Gegensatz zu ➤ Claudia selten.

Claus (m.) Nebenform von ➤ Klaus ➤ Nikolaus (griechisch: „Sieg" + „Volk"). – Claus findet sich in Deutschland seit Anfang des 15. Jahrhunderts, bleibt jedoch deutlich zurück hinter der Form Klaus.

Clemens (m.) lateinisch. *Clemens* bedeutet im Lateinischen „sanftmütig, gnädig". Dieses Wort ist zusammengesetzt aus *clinatus*, geneigt (zu griechisch *klíno*, neigen, daher die *Klinik*, in der man liegt; auch unser Wort *lehnen* ist damit verwandt) und *mens*, Sinnesart. Die frühen Christen nahmen den Namen Clemens gerne auf, entsprach das Wort doch einer herausragenden Eigenschaft ihres Gottes, nämlich gnädig zu sein. In der Vulgata steht *clemens* in ganz zentralen Bibelstellen für das hebräische *rachúm* oder das gleichbedeutende *chanún*, das auch dem Namen ➤ Johannes zugrunde liegt: Gott in seiner großen Gnade hat der Familie dieses Kind geschenkt, und er möge sich ihm auch weiterhin gnädig zeigen, sich geneigt erweisen. – Der heilige Klemens I., im 1. nachchristlichen Jahrhundert der vierte Bischof von Rom, soll vom Apostel Barnabas getauft worden sein und auch ➤ Petrus gekannt haben. Sein sogenannter 1. Klemensbrief, ein Sendschreiben der Gemeinde in Rom an die Christen im griechischen Korinth, ist eine wichtige Quelle für Leben und Lehre der frühen Kirche; in der Syrischen Kirche gilt er als Teil des Neuen Testaments. Klemens starb angeblich am 23. November des Jahres 97 (oder 101) als Märtyrer; das ist auch sein Namenstag. – Die mandarinenartige *Clementine* oder *Klementine* ist benannt nach Pater Clément Rodier; er kreuzte um die Wende zum 20. Jahrhundert mehr oder weniger zufällig eine Bitterorange mit einer Mandarine. – Seit dem 8. Jahrhundert ist der Name in Deutschland durchgängig anzutreffen; in der zweiten Hälfte des 20. Jahrhunderts erfreut er sich einiger Beliebtheit, ohne je ganz an die Top 50 heranzureichen.

Colin (m.) englische Koseform von ➤ Nikolaus (griechisch: „Sieg" + „Volk"). – Der Name ist seit den 1970er-Jahren in Deutschland zu finden und erreicht um 2005 die Top 50.

Conrad (m.) andere Form von ➤ Konrad („kühn" + „Rat")

Constanze (w.) moderne Form von Constantia. Ursprünglich ist Constanze ein lateinischer Name: Constantia kann die weibliche Form von Constantius sein, oder der Name geht direkt zurück auf lateinisch *constantia*, Beständigkeit. Constantius wiederum ist eine Ableitung von Constans, zu lateinisch *constans*, beständig. Constantia hieß eine Tochter ➤ Konstantins des Großen; sie wird in der katholischen Kirche als Heilige verehrt, ihr Fest ist am 18. Februar. Der Name ist sicher vorchristlich; die frühen Christen deuteten ihn im Sinne von „standfest im Glauben". – Schon im Mittelalter ist der Name recht weit verbreitet, vor allem in adeligen Kreisen sowohl in Deutschland als auch in England. Vorbild ist häufig Konstanze von Sizilien, Ehefrau von Kaiser ➤ Heinrich VI. (12. Jahrhundert); die Frau Kaiser ➤ Friedrichs II. war Konstanze von Aragón (gestorben 1222). Der Name kommt im 18. Jahrhundert in Mode, wohl unter französischem (Constance) und italienischem Einfluss (Costanza). Mozarts Frau heißt Constanze, im Jahr der Eheschließung (1782) nennt er die Hauptgestalt seines Singspiels *Die Entführung aus dem Serail* nach ihr. – Die Frauenzeitschrift *Constanze* erschien zwischen 1947 und 1969; etwa in dieser Zeit erfreut sich der Name einiger Beliebtheit.

Cordula (w.) aus dem Lateinischen. Der Name leitet sich wahrscheinlich ab von spätlateinisch *cordus*, spät geboren. Volksetymologisch wurde er aber bald als „Herzchen" gedeutet (von *cor*, Genetiv *cordis*, Herz). Vereinzelt wird auch griechisch *kóre*, Mädchen, als Ursprungswort vorgeschlagen. Ob die Cordelia in Shakespeares *King Lear* ursprünglich auch auf Cordula zurückgeht, ist ungewiss. – Der Name taucht zum ersten Mal auf in Legenden um die heilige ➢ Ursula aus dem 11. Jahrhundert. Die heilige Cordula wird erwähnt als eine der elf (später wurden elftausend daraus) Gefährtinnen Ursulas, die der Tradition zufolge mit ihr zusammen in Köln den Märtyrertod erlitten. Die Damengesellschaft befand sich auf der Rückreise von einer Pilgerfahrt rheinabwärts, als eine Hunnenhorde über sie herfiel. Cordula hatte sich auf dem Schiff verborgen, stellte sich aber, als sie sah, wie ihren Gefährtinnen geschah. Dies sei im Jahre 304 oder aber 451 geschehen; Cordulas Namenstag ist der 22. Oktober. – In den 60er- bis 80er-Jahren des 20. Jahrhunderts ist der Name relativ beliebt.

Corinna (w.) Nebenform von ➢ Korinna (griechisch: „Mädchen"). Corin(n)a ist aber auch die weibliche Entsprechung zu Corin, der französischen Form [korä̃; hinten wie in Gra*tin*] von ➢ Quirinius (zu lateinisch *quiris*, Lanze?). – Corinna bzw. Korinna ist in Deutschland seit dem 19. Jahrhundert bekannt; etwa zwischen 1960 und 1990 ist der Name unter den Top 100 zu finden.

Cornelia (w.) weibliche Form von ➢ Cornelius (zu lateinisch *cornu*, Horn?). – Eine berühmte Cornelia der Antike war die Mutter der Gracchen und Tochter des Publius ➢ Cornelius Scipio Africanus, der Ende des 3. vorchristlichen Jahrhunderts Hannibal besiegte. Cornelia wurde gerühmt wegen ihres Mutes, ihrer edlen Haltung und ihrer Allgemeinbildung. Ihre Bedeutung für die Namengebung ist sicher höher anzusetzen als die der heiligen Cornelia, über die wir nur wenig wissen. Zusammen mit anderen Glaubenszeugen soll sie in Karthago den Märtyrertod erlitten haben; ihr Namenstag ist der 31. März, ihre Lebensdaten sind unbekannt. – Der Name taucht in Deutschland im 16. Jahrhundert auf; etwa zwischen 1950 und 1980 ist er unter den Top 100 zu finden.

Cornelius (m.) aus dem Lateinischen. Die Cornelier waren eines der größten und bedeutendsten Patriziergeschlechter im alten Rom. Ein berühmter Vertreter war der Feldherr Publius Cornelius Scipio Africanus; er besiegte im Jahre 202 v.Chr. im 2. Punischen Krieg Hannibal in der Schlacht von Zama bei Karthago. Gut fünfzig Jahre später machte sein Namensvetter Publius Cornelius Scipio Aemilianus Hannibals Nachfahren endgültig den Garaus. – Aus dem Geschlecht der Cornelier stammt auch der Hauptmann Kornelius, der im Neuen Testament erwähnt wird (Gedenktag 20. Oktober). Nach Apostelgeschichte 10 benutzt Gott diesen römischen Offizier, um ➢ Simon ➢ Petrus gegenüber der Heidenmission zu öffnen; Kornelius wird von Petrus als erster Nichtjude christlich getauft. Der heilige Cornelius, ein Papst des 3. Jahrhunderts, wird häufig mit einem Horn in der Hand dargestellt. Das hängt zusammen mit der gängigen Ableitung seines Namens von lateinisch *cornu*, Horn; sicher ist diese aber nicht. Wenn sie zutrifft, ist wohl an die Festigkeit des Horns gedacht. – Die ältesten Belege für den Namen in Deutschland reichen zurück bis ins 12. Jahrhundert; im 20. Jahrhundert wird er selten gegeben.

Creszentia (w.) Das seltene lateinische Wort *crescentia* bedeutet „Wachstum, Zunehmen“, von *cresco,* wachsen. Crescens war ein üblicher römischer Männername; das Neue Testament erwähnt einen Kreszenz oder Kreskes, einen Mitarbeiter des ➤ Paulus, der nach Galatien im Zentrum Kleinasiens abgereist ist (2. Timotheus 4,11); sein Fest ist am 27. Juni. Die frühen Christen nahmen den Namen auf und deuteten ihn im Sinne von Johannes 3,30, wo Johannes der Täufer auf Jesus weist und sagt: „Jener muss wachsen, ich aber muss kleiner werden.“ In Verbindung mit Stellen wie Epheser 4,15 („Wir wollen in allen Dingen auf Christus zuwachsen“) wurde Creszentia als Wunsch verstanden, die Namensträgerin möge im Glauben an Jesus Christus wachsen. – Die heilige Crescentia starb zusammen mit ihrem Mann Modestus Anfang des 4. Jahrhunderts in Süditalien als Märtyrerin; ihr Fest ist am 15. Juni. Mehr Einfluss auf die Namengebung hatte die heilige ➤ Maria Kreszentia Höß (1682–1744), eine bayerische Ordensfrau und Mystikerin; ihr Namenstag ist der 5. April. – Der Name erscheint im 16. Jahrhundert im deutschsprachigen Raum und findet vor allem in Süddeutschland Verbreitung, in Bayern häufig als Zenzi, aber auch als ➤ Senta. Heute ist er selten.

Curd (m.) Nebenform von ➤ Kurt ➤ Konrad („kühn“ + „Rat“). – Der deutsch-österreichische Schauspieler Curd Jürgens, 1915–1982, wurde bekannt durch Filme wie *Des Teufels General* oder *Der Spion, der mich liebte*.

Cynthia (w.) [ssintia, tsintia], griechisch. Der Name Cynthia kommt über das Englische [ssinthje; hinten mit Ti-ejtsch] zu uns, ist aber ursprünglich griechisch. Artemis, die Göttin der Jagd, trug diesen Beinamen, der so viel bedeutet wie „vom Berge Kynthos stammend“. Dieser Berg befindet sich auf Delos, einer winzigen, unwirtlichen Insel rund 140 km südöstlich von Athen. Dort wurden der Sage nach Artemis und ihr Bruder Apollo von der Leto geboren, als diese sich – verfolgt von Hera, dem eifersüchtigen Weib des Zeus – auf die Insel rettete. Zeus war nämlich der Vater der beiden, und er hatte einst auch die Insel geschaffen: Eine Nymphe, die sich gegen seine amourösen Nachstellungen wehrte, hatte er in einen Stern verwandelt, der stürzte ins Meer und schwamm seitdem als Insel umher. Woher der Berg Kynthos seinen Namen hat, weiß man nicht mehr; sicher ist er vorgriechisch. – Als Frauenname taucht Cynthia zum ersten Mal kurz vor der Zeitenwende auf: in den Liebesgedichten des römischen Dichters Propertius. In Deutschland ist der Name nicht vor dem 20. Jahrhundert belegt.

D

Dagmar (w.) slawisch (?). ➢ Margareta Dragomira, Tochter des böhmischen Königs Ottokar I. Přemysl, heiratete im Jahr 1205 den dänischen König ➢ Waldemar II. Ihren Namen hörten die Dänen als Dagmar und deuteten ihn als Kombination von dänisch *dag*, Tag, und *mar*, Mädchen. Tatsächlich gab es im frühen Mittelalter den Namen Dagmar – allerdings als männlichen Namen – mit den Elementen „Tag" (vgl. aber ➢ Dagobert) und ➢ MAR, berühmt. Der Frauenname Dagmar enthält ursprünglich auch dieses Element *meri*, berühmt; im slawischen Sprachraum wurde dieser Namensteil später umgedeutet als „Frieden" (etwa russisch *mir*). Dag- hingegen leitet sich ab von slawisch *dorog*, lieb, teuer. – Zur Verbreitung des Namens Dagmar trug ➢ Bernhard Ingemanns Roman *Valdemar Sejr* (*Waldemar, der Sieger*, 1826) wesentlich bei; er schildert die junge Königin Margareta Dragomira als beliebte Wohltäterin. Als sie mit nur dreiundzwanzig Jahren starb, zogen Bauern den Wagen mit ihrem Sarg von Waldemars Schloss jeweils innerhalb ihrer Gemeindegrenzen von Hand bis zum 200 km entfernten Ringstedt. – Zwischen den 1940er-Jahren und etwa 1970 gehört Dagmar zu den 50 beliebtesten Mädchennamen in Deutschland; seitdem wird er kaum noch gegeben.

Dagobert (m.) deutsch? Die Herkunft des Namens ist umstritten. Eindeutig ist die Deutung des zweiten Glieds ➢ BERT, zu althochdeutsch *beraht*, strahlend, berühmt. *Dago*- könnte auch deutsch sein und dann unserem Wort *Tag* entsprechen. Die Bedeutung des Namenworts wäre dann vielleicht ebenfalls „glänzend, berühmt". Wenn die beiden Teile von Dagobert inhaltlich aufeinander bezogen sind, kann man den Namen auch übersetzen als „glänzend wie der Tag". Allerdings kommt das Namenwort *dago* auch in keltischen Namen häufig vor, mit der Bedeutung „gut". Es ist gut möglich, dass das keltische Wort von den Franken entlehnt und dabei umgedeutet wurde; vielleicht sind die beiden Namenwörter auch miteinander verschmolzen. – Zwei fränkische Könige aus dem Geschlecht der Merowinger im 7. Jahrhundert hießen Dagobert, zur Zeit Dagoberts I. auch ein Bischof von Augsburg. Die Könige herrschten über Austrasien; das umfasste den Norden und Nordosten Frankreichs, Teile Belgiens und der Niederlande sowie Mitteldeutschland bis Thüringen. Dagobert II. wird in der katholischen Kirche als Heiliger verehrt; sein Fest ist der 23. Dezember. Am 19. Januar hat Dagobert von Bourges seinen Namenstag, ebendort Bischof im 10./11. Jahrhundert. – Im Mittelalter kommt der Name aus der Mode und wird erst im 19. Jahrhundert wiederbelebt. Heute verbinden die meisten Walt Disneys Comicfigur mit dem Namen Dagobert; Onkel Dagobert heißt eigentlich Dagobert Duck, im englischen Original Uncle Scrooge (nach Ebenezer Scrooge, einer Figur in Charles Dickens' Roman *A Christmas Carol*). In Deutschland bleibt der Name selten.

Damaris (w.) griechisch. Im Neuen Testament wird eine Frau dieses Namens erwähnt: Der Apostel Paulus missioniert in Athen und hält auf dem Areopag („Areshügel") eine Rede. Ein Teil der Zuhörer reagiert mit Spott, als Paulus von der Auferstehung spricht, andere würden gerne ein andermal mehr hören. Unter denen aber, die sich Paulus anschließen und zum christlichen Glauben geführt werden, ist auch diese Damaris, die als einzige Frau hier mit Namen genannt wird (Apostelgeschichte 17,34). – Außerhalb der Bibel ist der Name in der Antike nicht belegt. Man hat daher schon früh vermutet, dass es sich bei Damaris um eine Form von Damalis handelt mit der Bedeutung „Kalb, junge Kuh". Andere leiten den Namen ab von griechisch *damár*, Ehefrau, Geliebte. Damaris' Namenstag ist der 4. Oktober. – Die Puritaner nehmen im 17. Jahrhundert den Namen auf, zusammen mit anderen biblischen Namen. Im deutschsprachigen Raum taucht er erstmals Mitte des 19. Jahrhunderts auf und bleibt sehr selten.

Damian (m.) griechisch. Damian ist wahrscheinlich verwandt mit dem Namen ➤ Damon und leitet sich wie dieser ab von griechisch *damnáo*, bezwingen. Dieses Verb wiederum gehört zu griechisch *damnázo* und lateinisch *domeo*, beide mit derselben Bedeutung. Wahrscheinlich hängt es auch zusammen mit *zähmen* und *zimmern*. Andere vermuten eine Verbindung zu griechisch *daímon*, göttliches Wesen (Dämon), oder aber zu *dēmos*, Volk. – Die Überlieferung von den Brüdern Damian und Kosmas ist sehr vielgestaltig, auch was die Art ihres Todes und den Ort ihres Grabes angeht. Die vorwiegend legendären Berichte sind sich darin einig, dass die beiden als Ärzte viele Menschen unentgeltlich geheilt und dann zum christlichen Glauben geführt haben. Einmal erlitten sie im 4. Jahrhundert in Rom das Martyrium, ein andermal in Arabien, einer dritten Überlieferung zufolge starben sie eines natürlichen Todes. Damian und Kosmas sind die Patrone der Ärzte und Apotheker, ihr Namenstag ist der 26. September – zumindest nach einer Tradition. – Der Name ist in Deutschland seit etwa 1500 belegt; im 20. Jahrhundert bleibt er sehr selten. 2010 erklimmt Damian erstmals die Top 100.

Damon (m.) [auch englisch: dejmn] griechisch. Der Name ist sehr wahrscheinlich verwandt mit ➤ Damian (griechisch: „Bezwinger"?). – Die antiken Schriftsteller berichten von Damon, der vom Tyrannen Dionysios (4. Jahrhundert v.Chr.) zum Tode verurteilt wurde. Weil sein Freund Pythias sich als Bürge einkerkern lässt, darf Damon in die Heimat, um noch einige Dinge zu regeln. Der treue Freund kehrt kurz vor Ablauf der Frist zurück, und der Tyrann ist so beeindruckt, dass er beiden die Freiheit schenkt. Schillers Gedicht *Die Bürgschaft* beruht auf dieser Geschichte; hier heißen die beiden Freunde Möros und Selinuntius. Weit bekannter als der antike Damon dürfte der britische Rennfahrer Damon Hill sein, der 1996 die Formel-1-Weltmeisterschaft gewann. – Der Name ist in Deutschland seit Ende des 20. Jahrhunderts vereinzelt belegt.

Dana (w.) Es gibt mehrere Erklärungen für den Namen. Zum einen kann Dana eine Kurzform sein von ➤ Daniela ➤ Daniel (hebräisch: „Gott hat mir zu meinem Recht verholfen") oder aber die weibliche Entsprechung zu Dan. So heißt der fünfte Sohn Jakobs, sein Name ist eine Kurzform von Daniel. Als slawischer Name ist Dana als Kurzform von Danuta oder Bogdana in Gebrauch (beides „Gottesgeschenk"). In Skandinavien gibt es den Namen in der Bedeutung „Dänin". Dana (auch Ana) gilt in der keltischen Mythologie als Stammmutter eines Göttergeschlechts. Auch von Jordana (zum Flussnamen *Jordan*) kann der Name eine Kurzform sein. Im Persischen schließlich soll Dana „weise" bedeuten. – Der Name taucht in Deutschland in den 1930er-Jahren auf und bleibt insgesamt selten.

Daniel (m.) hebräisch. Daniel heißt „Gott ist (mein) Richter", genauer: „Gott hat mir zu meinem Recht verholfen." Das sagt die glückliche Mutter, denn Kinderlosigkeit galt im Alten Orient als Strafe Gottes. Das neugeborene Kind beweist nun die Unschuld der Mutter, Gott als höchster Richter hat sie rehabilitiert. – In der Bibel ist Daniel der zweite Sohn von König ➤ David, die Mutter heißt ➤ Abigail (1. Chronik 3,1). Das Prophetenbuch Hesekiel (Kap. 14,14) erwähnt eine Art urzeitlichen Heiligen namens Daniel: Mit ➤ Noah und ➤ Hiob wird er, weil er ein Gerechter ist, am Tage des Gerichts sein eigenes Leben retten können. Am bekanntesten jedoch ist der Prophet Daniel, der mit seinem Volk nach Babylon verschleppt wird. Zusammen mit drei Freunden hält er fest an seinem Glauben an den einen Gott – trotz Intrigen – und wird schließlich einer der mächtigsten Männer im Reich (Daniel 1 bis 6). Daniel wird geschildert als „schön, begabt, weise, klug"; seine größte Gabe ist die der Traumdeutung. – Die ältesten Belege für den Namen in Deutschland reichen zurück bis ins 9. Jahrhundert; in der zweiten Hälfte des 20. Jahrhunderts wird Daniel zum Modenamen, etwa zwischen 1980 und 2000 ist er immer wieder unter den Top 10 zu finden.

Daniela (w.) weibliche Form von ➤ Daniel (hebräisch: „Gott hat mir zu meinem Recht verholfen"). – In Deutschland ist der Name seit dem ausgehenden 19. Jahrhundert zu finden; in den 1970er-Jahren wird Daniela zum Modenamen und hält sich bis in die 80er unter den Top 20.

Daniella (w.) italienische Form von ➤ Daniela ➤ Daniel (hebräisch: „Gott hat mir zu meinem Recht verholfen")

Danielle (w.) [danjäll], französische Form von ➤ Daniela ➤ Daniel (hebräisch: „Gott hat mir zu meinem Recht verholfen")

DANK – „Denken, Gedanke, Dank" Das Namenwort zeigt den engen Zusammenhang auf zwischen *denken* und *danken*: Wer an eine empfangene Wohltat denkt, sie in Ge-

danken behält, wird dafür danken; Gedankenlosigkeit aber führt dazu, dass der Dank ausbleibt. Das althochdeutsche *dank*, Dank, Gnade, Lohn, geht zurück auf althochdeutsch *denken*, denken, trachten, bedacht sein. Dem entspricht germanisch **thankjan*, denken, meinen, was wiederum zurückzuführen ist auf die indoeuropäische Wurzel **thong*, denken, fühlen. Vergleichbar ist noch lateinisch *tongere*, kennen, wissen. Bei DANK als Namenwort steht eher das *Denken* im Vordergrund als das *Danken*; vgl. auch ➤ HUG, Gesinnung, Mut, Verstand.
Namen: Dankmar, Dankrad, ➤ Dankward, Godedanc, Tanchild (f.), Tancolf, Wolfthanc

Dankward / Dankwart (m.) deutsch. Der erste Teil des Namens geht zurück auf althochdeutsch ➤ *DANK*, Dank, Gnade, Lohn, Gedenken; der zweite Teil ist ➤ *WARD*, Hüter, Wächter. – Neben einem brandenburgischen Bischof dieses Namens im 11. Jahrhundert hat vor allem Dankwart von Tronje für dessen Verbreitung gesorgt. Im Nibelungenlied ist er der Bruder ➤ Hagens, des Mörders von ➤ Siegfried, und Gefolgsmann der drei Burgunderkönige ➤ Gunther, ➤ Gernot und Giselher. Er ist mit dabei, als Gunther, Siegfried und Hagen nach Island fahren, um Prinzessin ➤ Brunhilde für Gunther zu werben. Im finalen Gemetzel am Hofe des Hunnenkönigs Etzel kommt Dankwart schließlich durch die Hand Helferichs ums Leben. – Der Name ist im Hochmittelalter recht beliebt und kommt im 19. Jahrhundert wieder in Mode, als das Nibelungenlied wiederentdeckt wird. Seit dem 20. Jahrhundert wird der Name nur noch vereinzelt gegeben.

Danny (m.) [dänni], englische Kurzform von ➤ Daniel (hebräisch: „Gott hat mir zu meinem Recht verholfen")

Daphne (w.) griechisch. *Dáphne* ist das griechische Wort für Lorbeer(-baum), und eine alte Geschichte soll erklären, wie die Pflanze zu ihrem Namen kam. Bei dem römischen Dichter Ovid liest sich das etwa so: Daphne, Tochter des Peneios, ist eine schöne Nymphe. Der Gott Apoll macht sich eines Tages lustig über die armseligen Pfeile Amors. Der Liebesgott schießt daraufhin einen goldenen Pfeil auf Apoll, der entflammt in Liebe zu Daphne. Daphne hingegen wird von Amor mit einem Pfeil mit bleierner Spitze getroffen – jede Liebe in ihr erstirbt, ewig will sie Jungfrau bleiben. Neben anderen Freiern taucht auch Apoll auf, doch Daphne flieht vor ihm. All sein Flehen hilft nichts, immer wieder entwindet sie sich ihm. Als er sie fast eingeholt hat und sie sich ihm in ihrer ganzen Schönheit darbietet, begegnet sie ihrem Vater. Auf ihren Wunsch verwandelt der sie in einen Lorbeerbaum, und Apoll bleibt nur, den Stamm zu umarmen. Seitdem ist der Baum dem Gotte heilig. – Der Name erscheint in Deutschland nicht vor dem 20. Jahrhundert und bleibt sehr selten.

Daria (w.) weibliche Form von ➤ Darius (altpersisch: „der das Gute hält"?). – Die heilige Daria starb Anfang des 4. Jahrhunderts zusammen mit ihrem Gatten Chrysanthus

(„Goldblume") als Märtyrerin. Ihr Namenstag wird in der katholischen Kirche am 25. Oktober gefeiert; ihre Überreste sollen in der Stiftskirche Bad Münstereifel liegen. – In Deutschland wird der Name nicht vor dem 20. Jahrhundert heimisch und bleibt relativ selten.

Dario (w.) italienische Form von ➤ Darius (altpersisch: „der das Gute hält"?)

Darius (m.) aus dem Altpersischen. Darius ist die lateinische Form des Namens, die Griechen sagten Daréios, doch der Name kommt aus Persien. Dort lautete er wohl Darajavausch, zusammengesetzt aus altpersisch *dara*, halten, und *vahu*, das Gute; vielleicht kann man übersetzen: „der das Gute festhält" oder „Besitzer des Guten". Mehrere altpersische Herrscher trugen diesen Namen, genauer wohl: diesen Titel. Darius I., genannt der Große, aus der Dynastie der Achämeniden, regierte von 522 bis 486 v.Chr. und stellte das Reich seines Vorvorgängers Kyros II., des Großen, wieder her. Der hatte die in Babylon gefangenen Juden nach rund fünfzigjährigem Exil wieder in ihre Heimat ziehen lassen; Dareios ermöglichte nun den heimkehrenden Juden, ihren Tempel wiederaufzubauen (Esra 4,5; Haggai 1,1). Er vergrößerte sein Reich beträchtlich, indem er den überwiegenden Teil des heutigen Afghanistan eroberte. Dareios II. regierte von 423 bis 402 v. Chr., und im Jahr 331 v.Chr. musste schließlich Dareios III. sich Alexander dem Großen geschlagen geben. Das war das Ende des Altpersischen Reiches. – Der Name Darius taucht in Deutschland im 15. Jahrhundert auf und bleibt seit dem 20. Jahrhundert selten.

Darleen (w.) englisch [dalihn]. Offensichtlich wurde der Name neu geprägt, indem man die Endung *-ene* bzw. *-een* an den Wortstamm des englischen *darling* anhängte. Die wörtliche Übersetzung von *darling* ist Liebling; *-ling* bezeichnet in beiden Sprachen eine Person, die die genannte Eigenschaft trägt, in diesem Fall *dear*, lieb, teuer. Schon im Althochdeutschen bedeutet *tiuri* „hoch im Preis, lieb, wert"; möglicherweise leitet es sich ab von *dauern* im Sinne von bedauern. Andere bringen das Wort in Verbindung mit lateinisch *fovere*, wärmen, hegen, lieben, und griechisch *téphra*, Asche. Die Endung *-ene* bzw. *-een* ist offenbar übernommen von Namen wie Marlene oder Charleen. Vielleicht verbirgt sich dahinter aber auch die Koseendung *-lin* (-lein) wie in ➤ Fridolin oder ➤ Evelin. – In Amerika taucht der Name in den 30er-Jahren auf und bleibt bis in die 60er modern, zumeist als Darlene. Etwa Mitte des 20. Jahrhunderts kommt er zu uns nach Deutschland und wird hier meist in der Form Darleen gegeben; insgesamt bleibt er sehr selten.

David (m.) hebräisch. Der Name hängt wahrscheinlich zusammen mit hebräisch *dod*, Geliebter, Liebling. Dazu muss man wissen, dass der hebräische Buchstabe Waw sowohl für ein O stehen kann als auch für ein W; das I von David kann, muss jedoch nicht als eigener Buchstabe erscheinen. „Liebling" scheint ein passender Name für ein jüngeres Kind zu sein; das hebräische Wort *dod* (vermutlich ein Lallwort) bedeutet aber auch „Onkel", genauer: „Vatersbruder". Dies könnte ein Hinweis sein auf einen verstorbenen Onkel, für den das neugeborene Kind eine Art Ersatz darstellt. Im Alten Testament ist David ein Sohn des Isai, schön, stark, redegewandt und hochmusikalisch. Sprichwörtlich geworden ist sein Kampf gegen den riesigen Philister Goliat, den der Hirtenjunge mit einem Stein aus seiner Schleuder besiegt (1. Samuel 17). Als Waffenträger und Musiker kommt David an den Hof König Sauls, um dessen üble Launen zu vertreiben. Er wird der beste Freund des Königssohns Jonathan und später selbst Herrscher über Israel (1. Samuel 16–31). Er schreckt auch vor Mord nicht zurück, um an sein Ziel zu kommen, ist aber auch zu tiefer Reue fähig (2. Samuel 11–12; vgl. auch Psalm 51). Trotz seiner Fehler bleibt er Vorbild für nachfolgende Generationen, er macht aus Israel eine (relative) Großmacht. Aus seinem Geschlecht soll einst der Messias kommen (vgl. Lukas 1,32–33); sein Namenstag als alttestamentlicher Prophet ist der 29. Dezember. – Die Belege für den Namen in Deutschland gehen zurück bis ins 8. Jahrhundert. In der Reformationszeit gewinnt David als biblischer Name Land, ist seitdem durchgängig belegt und wird gegen Ende des 20. Jahrhunderts zum Modenamen mit Platzierungen meist unter den Top 20 und einer Spitze im Jahr 2004 mit Platz 8.

Debora / Deborah (w.) hebräisch. Im Original heißt sie Dwóra, die griechische Entsprechung ist ➤ Melissa, beides bedeutet „Biene". Deren sprichwörtlicher Fleiß war sicher das ursprüngliche Motiv für diesen Wunschnamen. Zwei Frauen namens Debora kennt das Alte Testament: die Amme von ➤ Rebekka, der Frau ➤ Jakobs (1. Mose 35,8), und eine der sogenannten Richter, die einzige Frau. Die Richter und ihre Kollegin waren charismatische Führer des Volkes Israel in der Zeit zwischen Landnahme und Königszeit. Debora, Frau eines gewissen Lappidot, wird im Richterbuch (Kap. 4,4) als Prophetin bezeichnet (die übrigen Richter sind keine Propheten) mit Sitz unter der „Palme Deboras" zwischen Rama und Bethel; dort spricht sie als einzige ihrer Kollegen auch tatsächlich Recht, wird erzählt. Sie beauftragt und begleitet den israelischen Heerführer Barak bei einem Feldzug gegen den kanaanitischen Feldhauptmann Sisera. Dessen Heer wird geschlagen, er selbst flieht zu Fuß. Eine Frau namens ➤ Jael ermordet ihn im Schlaf, indem sie einen Zeltpflock durch seine Schläfe treibt. Im Duett singen Debora und Barak ein beeindruckendes Siegeslied (Kap. 5). Deboras Gedenktag ist der 21. September. – Der Name taucht in Deutschland im 16. Jahrhundert auf und erfreut sich gegen Ende des 20. Jahrhunderts einiger Beliebtheit.

Denis (m.) französische Form [dönih] von ➤ Dennis (griechisch: „Zeus" + „Lichterfluss"?), aber auch deutsch bzw. englisch ausgesprochen [dennis]

Denise (w.) weibliche Form [denihs] von Denis ➤ Dennis (griechisch: „Zeus" + „Lichterfluss"?). Der Name Denise kommt in den 60er-Jahren des 20. Jahrhunderts aus Frankreich [dönihs] zu uns und gehört etwa zwischen 1980 und 2000 zu den Top 100 mit der höchsten Platzierung auf Rang 24 im Jahr 1994.

Dennis (m.) aus dem Griechischen. Dennis ist eine moderne Variante des griechischen Namens Dionysios, die in dieser Form aus England zu uns kommt. Er bedeutet „dem Dionysos geweiht", und dessen Name hängt wohl zusammen mit Zeus und einem Wort für „Lichterfluss". Möglicherweise steckt aber auch *Nýsa* darin; so hieß ein legendärer Ort in der heutigen Türkei, wo Dionysos aufgewachsen sein soll. In der griechischen Mythologie ist er der Sohn des Zeus und der Semele. Er wurde verehrt als Gott der Fruchtbarkeit und speziell des Weinbaus und des Rausches; oft nahm er die Gestalt eines Stieres an. Bei den Römern hieß er Bacchus. Die Dionysien waren sehr ausgelassene, ja ekstatische Feste mit Theater, Musik und natürlich Wein. – Ein Mann namens Dionysius ist unter den Zuhörern des Paulus bei dessen Areopag-Rede in Athen (Apostelgeschichte 17). Er gehört dem Areopag an, dem hohen Gerichtshof, und kommt an diesem Tag zum Glauben. Später wird er der erste Bischof von Athen; sein Namenstag ist der 3. Oktober. Papst Dionysios von Rom (Fest am 26. Dezember) setzte sich in der zweiten Hälfte des 3. Jahrhunderts für die Lehre der Wesensgleichheit des Sohnes mit dem Vater ein und erklärte, der Logos (Christus) sei nicht geschaffen, sondern gezeugt, jedoch ewig. Dionysos' Gegenspieler auf der römischen Synode, bei der diese Fragen verhandelt wurden, war Dionysios von Alexandria (Fest am 8. April), der seine Position jedoch bald aufgab. Der heilige Denis von Paris war Mitte des 3. Jahrhunderts der erste Bischof des damals römischen Lutecia Parisiorum; bald nach seiner Weihe wurde er vom römischen Gouverneur verhaftet und hingerichtet. Der Legende nach lief er nach der Enthauptung mit dem Kopf in den Händen ein Stück weit dorthin, wo er begraben werden wollte. Die katholische Kirche gedenkt seiner am 9. Oktober. – In der französischen Form ➤ Denis [dönih] taucht der Name Anfang des 20. Jahrhunderts auf; in beiden Schreibweisen wird er in den 70ern modern und schafft es in den 80ern bundesweit in die Top 10. Seit etwa 2000 wird er seltener gegeben.

Denny (m.) englische Kurzform von ➤ Dennis (griechisch: „Zeus" + „Lichterfluss"?)

Désirée (w.) aus dem Lateinischen. Der Name kommt in dieser Form aus Frankreich zu uns; dort ist er als weibliche Entsprechung zu Désiré in Gebrauch. Das geht zurück auf lateinisch Desiderius, zu *desiderare*, ersehnen, wünschen. Spätlateinisch *desiderius* bedeutet eigentlich „verlangend nach" – „ersehnt", die Bedeutung des Namens, müsste im Grunde *desideratus* heißen. Doch wahrscheinlich handelt es sich einfach um eine klangvolle Verkürzung des Wortes. „Ersehnt" wurde das Kind, das nun endlich angekommen ist, und das hat auch eine spirituelle Komponente: Die Eltern haben es von Gott erbeten, der Name ist in gewisser Weise ein Dank dafür, ein stilles Lob Gottes (vgl. auch ➤ Erasmus). – Der heilige Desiderius von Langres (rund 50 km nördlich von Dijon) soll um das Jahr 355 den Märtyrertod erlitten haben; sein Fest ist am 23. Mai. Désirée Clary (1777–1860) war ab 1818 Königin von Schweden und Norwegen und nannte sich Desideria. – In Deutschland erscheint der Name in den 1960er-Jahren und bleibt relativ selten. Die luxemburgische Moderatorin Désirée Nosbusch ist Jahrgang 1965.

Detlef / Detlev (m.) Nebenform von Dietleib. Die beiden Teile des Namens sind althochdeutsch *diot*, Volk (➤ DIET), und *leiba*, Erbe, Sohn (➤ LEIB). Dietleib heißt in der Sage von König ➤ Laurin einer der Ritter, die mit ➤ Dietrich von Bern losziehen, um den Zwergenkönig zu bestrafen. Der heilige Detlev von Parkentin (bei Rostock) war im 14./15. Jahrhundert Bischof von Ratzeburg; sein Fest ist der 13. November. – Für das 4. Jahrhundert ist ein Theolaiph bezeugt, ein Thiotleip im 9. Weitere Belege finden sich dann in Deutschland ab dem 12. Jahrhundert, die hochdeutsche Form Dietleib ist nach dem 19. Jahrhundert nicht mehr zu finden. Etwa von Beginn der 1940er- bis Mitte der 1960er-Jahre gehört Detlef/Detlev zu den 50 beliebtesten Jungennamen; seitdem wird er kaum noch gegeben.

Diana / Diane (w.) griechisch. Bei den Römern war Diana die Göttin der Jagd und der Morgenröte. Die Griechen nannten sie Artemis, ihr Zwillingsbruder hieß Apollo (➤ Apollonia). Ihre Eltern waren Leto (auf Lateinisch Latona) und Zeus (Jupiter), und ihr Name hängt sehr wahrscheinlich zusammen mit dem ihres Vaters. *Zeus* geht zurück auf eine alte indoeuropäische Gottheit *dyeus*, was so viel bedeutet wie „Himmel", „leuchtend". Das griechische *theós* und entsprechend lateinisch *deus* für „Gott" kommt daher. Jupiter geht zurück auf *dieupater*, göttlicher Vater. Ganz ähnlich könnte Diana früher Diviana geheißen haben. *Di-* heißt „göttlich", und *-iana* steht für den römischen Gott ➤ *Janus*, den Gott der Anfänge und Enden (nach ihm ist der *Januar* benannt; *ianua* bedeutet „Tür"). – Es gab auch eine Heilige dieses Namens: Diana Andalò lebte im 13. Jahrhundert und baute in Bologna das Agneskloster. Ihr Namenstag ist der 10. Juni, 1236 ihr Todesjahr. – Der Name kommt seit dem 13. Jahrhundert in Deutschland vereinzelt vor, nimmt Mitte des 20. Jahrhunderts langsam Fahrt auf und wird in den 70er- und 80er-Jahren zum Modenamen. Diana von Wales, besser bekannt als Lady Di, hat daran sicher Anteil; im Jahr ihrer Hochzeit mit Prinz Charles 1981 streift der Name die Top 20, nach ihrem tragischen Tod 1997 wird sie in der Boulevardpresse zu einer Art Heiligen stilisiert.

Diego (m.) spanische Kurzform von Santiago(?). Die Herkunft des Namens ist umstritten. Einer Theorie zufolge wurde Tiago/Diego willkürlich verkürzt aus Sant Jago (Santiago), also „Heiliger Jakob(us)" ➤ Jakob (hebräisch: „Gott beschützt"). Hierbei mag das griechische Wort *didaché*, Lehre, eine Rolle gespielt haben; der Name ist auch überliefert als Didacus oder Diacus. Andere gehen aufgrund dieser Formen von einem keltischen Ursprung des Namens aus, zusammengesetzt aus keltisch *di*, besonders, und *daco/dago*, gut. – Im letzten Viertel des 20. Jahrhunderts finden sich einige Belege für den Namen Diego, wohl unter spanischem Einfluss. Im neuen Jahrtausend wird der Name beliebter, ohne jedoch die Top 100 zu erreichen.

DIET – „Volk"
Aus unserem Wortschatz ist das Wort verschwunden; es lebt jedoch weiter in unserem Adjektiv *deutsch*: Althochdeutsch *diudisc* bedeutet „zum (eigenen) Volk" gehörig und bezog sich ursprünglich auf die Sprache (in Abgrenzung gegen das Lateinische oder andere romanische Sprachen). Ob auch *(be)deuten* und *deutlich* davon abgeleitet sind, ist unsicher; *deuten* wurde jedoch schon früh so verstanden: „für das Volk verständlich machen". Dahinter steht althochdeutsch *diot*, Volk, germanisch **theudo*. Vermutlich ist in Namen an das Volk (Stamm, Sippe) als solches gedacht und weniger an das Kriegsvolk.
Namen: ➤ Detlef/-v, Dietbert, Dietburg (w.), ➤ Dieter, Dietfried, Dietger, Diethard, ➤ Diethelm, Diethild (w.), ➤ Dietlind/-e (w.), ➤ Dietmar, ➤ Dietrich, Dietrun (w.), Dietwin, Dietwolf, ➤ Till, ➤ Tillmann, ➤ Timm

Dieter (m.) deutsch. Der Name Dieter hat zwei Wurzeln: Als eigenständiger Name setzt er sich zusammen aus althochdeutsch *thiot*, Volk (➤ DIET), und ➤ *HER*, Heer. Später wurde Dieter aber auch als Kurzform von ➤ Dietrich gebraucht (aus ➤ DIET, Volk, und ➤ RICH, Herrscher, reich, mächtig). – In der Sage um Dietrich von Bern ist Diether dessen jüngerer Bruder, der im Kampf gegen Wittich fällt, einen Sohn ➤ Wielands, des Schmieds. Der Name ist in Deutschland etwa seit 1300 belegt; als die Dietrichssage im 19. Jahrhundert wiederentdeckt wird, beginnt ein erneuter Siegeszug des Namens Dieter (und Dietrich), der bis in die 60er-Jahre des 20. Jahrhunderts anhält.

Diethelm (m.) deutsch. Der Name ist zusammengesetzt aus althochdeutsch *thiot*, Volk (➤ DIET) und ➤ *HELM*. – Diethelm von Krenkingen (bei Waldshut) war Bischof von Konstanz und Abt des Klosters Reichenau. Als enger Berater des Barbarossa-Sohnes ➤ Philipp von Schwaben wurde er von Papst Innozenz III. 1201 exkommuniziert; der Bann wurde 1204 wieder aufgehoben. Sein Amt als Bischof legte Diethelm im Jahr seines Todes 1206 nieder. – Seit dem 9. Jahrhundert als Theothelm, Thietelm oder auch Diethelm belegt, ist der Name im Mittelalter sehr beliebt, wird aber seit Mitte des 20. Jahrhunderts kaum noch gegeben.

Dietlind / Dietlinde (w.) deutsch. Dietlind/-e ist zusammengesetzt aus althochdeutsch *diot*, Volk (➤ DIET), und ➤ *LIND*, sanft, mild. – Die heilige Dietlind (Theudelinda, 6./7. Jahrhundert) war die Tochter des Bayernherzogs Garibald I. und Frau des Langobardenkönigs Authari. Es heißt, sie sei „zu einem jeglichen guten Werk schnelle bereit" gewesen; ihr Namenstag ist der 22. Januar. Im Nibelungenlied begegnet uns Dietlind, die Tochter des Markgrafen ➤ Rüdiger von Bechelaren (Pöchlarn in Österreich). Die Wiederbelebung der Ritterdichtung während der Romantik verleiht auch dem Namen Dietlind neuen Schwung, der bis in die 60er-Jahre des 20. Jahrhunderts anhält (vgl. das beliebte Lesebuch *Dieter und Dietlinde*, das 1928 erscheint); heute wird der Name nur noch sehr selten gegeben.

Dietmar (m.) deutsch. Die beiden Elemente des Namens sind althochdeutsch *thiot*, Volk (➤ DIET), und *mari*, berühmt, angesehen, vortrefflich (➤ MAR). – Schon im 5. Jahrhundert begegnet uns der Ostgotenkönig Theudemar oder Theodemer, der Vater Theoderichs des Großen. Mehrere Heilige sorgten dann für die weitere Verbreitung des Namens: Dietmar von Prag war im 10. Jahrhundert ebendort erster Bischof; sein Fest ist der 2. Januar. Dietmar (Thetmar) von Neumünster (zwischen Hamburg und Kiel) missionierte zweihundert Jahre später unter den Wenden in Holstein. Er wurde gerühmt, weil er Armen und Notleidenden half; der 17. Mai ist sein Namenstag. Am 28. September ist das Fest des Dietmar (Thiemo) von Salzburg, im 11. Jahrhundert Erzbischof ebendort. Dietmar von Minden schließlich war im 12. Jahrhundert Bischof, sein Fest ist am 5. März. – Der Name ist einer der beliebtesten germanischen Taufnamen des Mittelalters und seitdem durchgängig belegt. Nach dem 2. Weltkrieg bis in die 60er-Jahre erlebt Dietmar einen Aufschwung. Der österreichische Schauspieler Dietmar Schönherr, 1926 geboren als Dietmar Edler von Schönleiten, wird in den 60er-Jahren bekannt als Major Cliff Allister McLane, Kommandant des Schnellen Raumkreuzers Orion in der Fernsehserie *Raumpatrouille*. Er stirbt 2014.

Dietrich (m.) deutsch. Der Name setzt sich zusammen aus althochdeutsch *thiot*, Volk (➤ DIET), und *rihhi*, Herrscher, reich, mächtig (➤ RICH). – Seine Beliebtheit seit Anfang des 20. Jahrhunderts verdankt der Name der Wiederentdeckung der Sagen um Dietrich von Bern. Hinter dieser Gestalt steht Theoderich (Dietrich), König der Ostgoten, der im 5. Jahrhundert kurze Zeit über das Weströmische Reich herrschte. – Dietrich (auch: Theodorich) von Thoreida (eine Landschaft östlich von Riga in Lettland), im 13. Jahrhundert ein eifriger Missionar im Baltikum, gründete 1205 als Basis für seine Mission das Kloster Dünamünde in der Nähe von Riga. Sechs Jahre später wurde er zum ersten Bischof von Estland geweiht; dort missionierte er erfolgreich, wurde aber 1219 von Gegnern in Reval (heute: Tallinn) erschlagen. Sein Namenstag ist der 29. April. – Der Name ist im deutschsprachigen Raum schon im 8. Jahrhundert zu finden; in der ersten Hälfte des 20. Jahrhunderts gehört Dietrich zu den 100 beliebtesten Jungennamen, ohne je in die Nähe der Spitze zu gelangen; seit den 60er-Jahren wird der Name kaum noch gegeben. – Die Bezeichnung *Dietrich* für einen Nachschlüssel ist schon für das 13. Jahrhundert belegt und war ursprünglich scherzhaft gemeint.

Dina (w.) hebräisch. In der Bibel (1. Mose 30,21 und Kap. 34) ist Dina die Tochter von Jakob und Lea. Ein Hiwiter (die Hiwiter waren ein kanaanitischer Stamm im Libanongebirge) namens Sichem vergewaltigt Dina und will sie später heiraten. Den Israeliten bieten er und sein Vater Freundschaft an. Dinas Brüder ➤ Simeon und Levi gehen zum Schein darauf ein, dann aber nehmen sie blutige Rache an Sichem und der ganzen Stadt und bringen Dina wieder nach Hause. Ihr Vater ➤ Jakob jedoch missbilligt diese Tat und bestraft die beiden Söhne noch auf dem Sterbebett (1. Mose 49,5–7). Das hebräische *din* bedeutet „Gericht, Rechtssache, Recht"; wahrscheinlich kann man den Namen Dina übersetzen als „gerechtes Urteil", nämlich Gottes, der das Kind als Rehabilitation für die Mutter schenkt. Wegen ihrer Kinderlosigkeit (oder einer längeren Kinderpause) war sie als von Gott Gestrafte verspottet worden (vgl. ➤ Daniel). – Dina kann auch eine Kurzform von Namen sein, die auf *-dina* enden, etwa Bernhardina ➤ Bernhard („Bär" + „hart"), Albertina ➤ Albert („Adel" + „berühmt") oder auch ➤ Christina ➤ Christian (griechisch: „Christ"). – Der Name Dina taucht bei uns zum ersten Mal im 14. Jahrhundert auf und bleibt insgesamt selten.

Dirk (m.) niederdeutsche Kurzform von ➤ Dietrich („Volk" + „Herrscher"). – Der Name erscheint in Deutschland im 14. Jahrhundert und erfreut sich recht großer Beliebtheit. Während des 2. Weltkriegs erklimmt er Ränge unter den Top 50, fällt danach aber zunächst wieder ab – um in den 60ern zu den Top 20 aufzuschließen, kurzfristig sogar zu den Top 10. Seit den 80ern wird der Name nur noch selten gegeben. Der Basketballspieler Dirk Nowitzki ist Jahrgang 1978.

Dmitri (m.) griechisch. Dmitri (auch: Dimitrij, Dimitri oder Dimitrij) ist die russische Form des griechischen Namens Demetrios. Der wird zurückgeführt auf die griechische Fruchtbarkeitsgöttin Demeter, Tochter des Chronos und der Rhea und Mutter der Persephone. Als Letztere von Hades in die Unterwelt entführt wird, sucht Demeter sie überall. Schließlich darf Persephone zwei Drittel des Jahres auf der Erde verbringen. Der Name Demeter wird häufig mit „Mutter Erde" übersetzt, wobei griechisch *méter* unserem Wort *Mutter* entspricht. Ungewiss ist jedoch, ob *De* eine Nebenform von griechisch *ge*, Erde, ist oder aber ein uralter Name der Göttin selbst. Auch die Übersetzung „Hausmutter" wird vorgeschlagen. – Der heilige Demetrius von Thessalonike (heute: Saloniki im Norden Griechenlands), einer der bedeutendsten Heiligen der Ostkirche, starb um 306 den Märtyrertod, weil er verfolgten Christen geholfen haben soll; sein Namenstag ist der 9. April, nach orthodoxer Tradition der 26. Oktober. – Der Name ist in Deutschland etwa seit 1970 zu finden, nach der Wende häufig bei Aussiedlern aus Russland.

Dominic (m.) Kurzform von Dominicus (manchmal unter englischem Einfluss) ➤ Dominik (lateinisch: „am Sonntag geboren", „zum Herrn gehörig")

Dominik (m.) aus dem Lateinischen. *Dominicus* ist zunächst der „am Sonntag Geborene", nämlich am Tag des Herrn (von *dominus*, Herr, eigentlich Hausherr). In einem christlichen Umfeld kann der Name aber auch „der zum Herrn (Jesus) Gehörige" bedeuten. Die ersten Christen hatten den Titel „der Herr" von Gott auf Jesus übertragen, ursprünglich handelt es sich um ein Ersatzwort für den (für Juden) unaussprechlichen Namen Gottes (vgl. ➤ Elias). – Von den zahlreichen Heiligen dieses Namens ist Dominikus von Kastilien (1170–1221) der bekannteste. Er war ein gelehrter Mann von großem Organisationstalent und tiefer Menschenkenntnis. Er studierte Theologie und Philosophie und wurde der Begründer des später nach ihm benannten Dominikaner-Ordens. Dieser widmete sich vorwiegend der Bekehrung von Irrgläubigen in Predigt und Seelsorge; später waren die Dominikaner führend bei der Inquisition. Dominik ist unter anderem der Patron der Näherinnen und Schneider; sein Namenstag ist der 8. August. – Der Name findet sich in unterschiedlichen Formen seit dem 9. Jahrhundert in Deutschland, ist lange Zeit vorwiegend auf katholische Familien beschränkt und wird gegen Ende des 20. Jahrhunderts allgemein zum Modenamen; seit den 80er-Jahren ist er immer wieder unter den Top 50 zu finden.

Dominique (m./w.) französische Form von Dominicus/Dominica ➤ Dominik (lateinisch: „am Sonntag geboren", „zum Herrn gehörig"). – Der Name erscheint um 1960 in Deutschland und bleibt sowohl als Jungen- wie auch als Mädchenname sehr selten.

Donat (m.) aus dem Lateinischen. Donatus ist ein alter Märtyrername, der schon im 1. Jahrhundert auftaucht. Ob er von den frühen Christen erfunden oder nur neu interpretiert wurde, ist nicht sicher. Für sie war es der lebendige Gott, der das Kind „gegeben" hat, so die Bedeutung des Namens (vgl. ➤ Matthias oder ➤ Theodor). In Zeiten der Christenverfolgung war es naheliegend, einen solchen Namen zu wählen, der zwar christlich war, nach außen hin aber neutral wirkte. Eine ganze Reihe von Märtyrern trugen diesen Namen; daraus hat man geschlossen, dass Donatus und entsprechend Donata als Ehrenname für Märtyrer gebraucht wurde, wie das bei ➤ Victor, ➤ Felix oder ➤ Christian der Fall ist. Als Beispiel sei hier Donatus von Arezzo (zwischen Florenz und Perugia) angeführt, im 4. Jahrhundert ebendort Bischof. Ihm werden Wundertaten nachgesagt, so soll er einen Drachen bezwungen haben. Angeblich starb er als Märtyrer durch das Schwert in der Verfolgung unter Kaiser Julian Apostata um das Jahr 363; sein Namenstag ist der 7. August. – In Deutschland taucht der Name erstmals Anfang des 15. Jahrhunderts auf; er bleibt selten und wird seit dem 20. Jahrhundert kaum noch gegeben.

Donata (w.) weibliche Form von ➤ Donat(us) (lateinisch: „gegeben"). – Eine erste von insgesamt 18 Märtyrerinnen namens Donata starb im 1. Jahrhundert in Rom mit ihren Gefährtinnen ➤ Paulina, Rogata und Hilaria; ihr Namenstag ist der 31. Dezember. Am 17. Juli hat eine andere Donata ihr Fest, sie erlitt im Jahr 180 in Scili im heutigen Algerien das Martyrium. – Der Name erscheint in Deutschland Mitte des 20. Jahrhunderts und bleibt sehr selten.

Dora (w.) Kurzform von ➤ Dorothea oder ➤ Theodora (beides griechisch: „Gottesgeschenk")

Doreen (w.) über das Englische [dorihn], Ableitung von ➤ Dorothea („Gottesgeschenk"). Bei Doreen wurde wahrscheinlich ➤ *Dora*, eine Kurzform von ➤ Dorothea, mit der irischen Verkleinerungs-Nachsilbe *-een* kombiniert, die wir von Namen wie Kathleen oder Maureen kennen. Möglicherweise hat dabei auch der irische Name Doireann eine Rolle gespielt. Der bedeutet entweder „düster, mürrisch" oder aber „Tochter von Finn". ➤ Finn MacCool ist eine irische Sagengestalt, sein Vorname bedeutet „blond". 1894 kommt ➤ Edna Lyalls Roman *Doreen* heraus, von da an verbreitet sich der Name in England und erreicht in den 1920ern sogar die Top 10. In den USA bleibt er selten, mit einem bescheidenen Hoch Mitte der 50er. In Deutschland kommt Doreen nach dem Krieg zunächst in der DDR in Mode, der Höhepunkt liegt in den 70er-Jahren. Im Westen bleibt er selten.

Doris (w.) griechisch. *Doris* nannten die alten Griechen zwei unterschiedliche Landschaften: zunächst eine Region im Zentrum des Landes, gut 100 km nördlich von Athen, und später auch ein Gebiet rings um die Insel Rhodos mit einem Zipfel Kleinasiens. Hier siedelten einst die *Dorer* oder auch *Dorier*, ein Volksstamm, der aus dem Norden Griechenlands kam und sich vor allem auf der Peloponnes ausbreitete, aber auch nach Kreta und eben Rhodos. Ihr Name wird manchmal in Verbindung gebracht mit griechisch *doromáchos*, Speerkämpfer. Von den Dorern ist uns die dorische Tonart überliefert (die mit einem Halbtonschritt beginnt) und in der Architektur der dorische Stil mit seinen schlichten Säulen-Kapitellen. Der sagenhafte Stammvater dieses Volkes hieß *Dóros*, vielleicht zu dem griechischen Wort *dóron*, Geschenk. Von diesem Wort wird auch der Name der mythologischen Gestalt Doris abgeleitet: Sie war die Tochter des Okeanos und der Tethys, Gemahlin des Nereus und Mutter der fünfzig Nereiden (Meernymphen). Schon im 4. vorchristlichen Jahrhundert wurde der Name Doris in Griechenland für reale Personen verwendet: Die Frau des griechischen Tyrannen Dionysios I. von Syrakus (auf Sizilien; 5./4. Jahrhundert) hieß so, ebenso die erste Frau Herodes des Großen (1. vorchristliches Jahrhundert). – In Deutschland findet Doris Eingang in die Namengebung durch die barocke Schäferpoesie: Im 17. und 18. Jahrhundert werden klassische Dichter nachgeahmt und entsprechende Namen verwendet; Schäfer namens Hylas oder Aegon besingen Frauen wie Delia und Doris. Der weiteren Verbreitung des Namens kommt damals sicher auch entgegen, dass Doris als Koseform von ➤ Dorothea verstanden wurde. Im 20. Jahrhundert gehört Doris von den 40er- bis in die 60er-Jahre zu den 50 beliebtesten Mädchennamen mit einem Höhepunkt 1957; der Anteil der amerikanischen Schauspielerin Doris Day daran dürfte eher gering sein.

Dorothea / Dorothee (w.) griechisch. Hinter dem Namen stehen die beiden griechischen Wörter *dóron*, Gabe, Geschenk, und *theós*, Gott; man kann ihn also als „Gottesgeschenk" übersetzen oder vielleicht als „Geschenk an Gott". – Die heilige Dorothea von Kappadozien (dem heutigen Kayseri in der südlichen Zentral-Türkei) soll im Jahr 305 gerade fünfzehnjährig den Märtyrertod erlitten haben. Der heidnische Statthalter Apricius hielt um ihre Hand an, sie aber wies ihn zurück; da verurteilte er sie zum Tode. ➤ Theophilus, der heidnische Schreiber des Richters, verspottete sie auf dem Weg zum Richtplatz: Wenn sie in den Paradiesgarten ihres Bräutigams komme, möge sie ihm ein paar Früchte und Blumen zukommen lassen – es war mitten im Winter. Daraufhin erschien ein Engel (oder ein Knabe) mit den gewünschten Gaben; Theophilus bekehrte sich zum christlichen Glauben – und wurde zusammen mit Dorothea enthauptet. Wegen dieser Geschichte gilt sie als Patronin der Gärtner, ihr Namenstag ist der 6. Februar. Ihre Verehrung führt zur weiten Verbreitung des Namens schon im ausgehenden Mittelalter; Goethes Gedicht *Hermann und Dorothea* (1797) sorgt für einen weiteren Schub. Anfang des 20. Jahrhunderts ist Dorothea noch unter den Top 50, um 1990 verlässt der Name die Top 100 und wird heute nur noch relativ selten gegeben.

Dörte / Dörthe (w.) (auch: Dorte, Dorthe) niederdeutsche Kurzform von ➤ Dorothea (griechisch: „Gottesgeschenk"). – Als Dorthe ist der Name schon im ausgehenden 17. Jahrhundert belegt, Dorte folgt im 18., Dörte im 19. und Dörthe in den 60er-Jahren des 20. Jahrhunderts. In neuerer Zeit ist der Name selten. Daran hat auch die dänische Schlagersängerin Dorthe (Kollo), Jahrgang 1947, nichts geändert; sie wurde in Deutschland bekannt durch Titel wie *Sind Sie der Graf von Luxemburg* oder *Wärst du doch in Düsseldorf geblieben* (beide 1968).

Dunja (w.) aus dem Griechischen. Dunja ist eine Koseform von Awdotja, einer mundartlichen Variante von Jewdokija, der russischen Form des griechischen Namens Eudokia. Der kann zurückgehen auf das griechische Wort *eudoxía*, guter Ruf; viel wahrscheinlicher jedoch steht das Wort *eudokía* selbst hinter dem Namen. Im klassischen Griechisch kommt es nicht vor, wohl aber in der griechischen Übersetzung des Alten Testaments, der Septuaginta. Dort steht es für das hebräische *razón*, (guter) Wille, Wohlgefallen, Gnade. Als Name bezieht sich Eudokia dann auf das Kind als einen Gnadenerweis Gottes. – Die Legende von der heiligen Eudokia erzählt, wie die schöne Prostituierte Christin wird, ihr Vermögen an die Armen verteilt und in ein Kloster eintritt. Ein ehemaliger Freier zeigt sie an, und schließlich stirbt sie als Märtyrerin. Dies sei am 1. März 107 oder 117 geschehen; das ist auch ihr Namenstag. – Im Serbokroatischen bedeutet Dunja „Quitte". – In Deutschland wird der Name seit den 60er-Jahren des 20. Jahrhunderts vereinzelt gegeben. Die in Kroatien geborene Sängerin Dunja Rajter ist Jahrgang 1946.

E

E / EWA – „Ewigkeit", „Recht, Gesetz"
Das Wort, das diesem Namenwort zugrunde liegt, lebt fort in *ewig* und in *Ehe:* Althochdeutsch *e, e(h)a* oder *ewa* kann einerseits „Ewigkeit" bedeuten, andererseits auch „Recht, Gesetz, Regel". *Diu alta/niuwa e* bezeichnet das Alte/Neue Testament. Das dahinterstehende westgermanische **aiwa,* Gesetz, ewige Ordnung, setzt die beiden Bedeutungen in Beziehung zueinander (vgl. auch lateinisch *ius,* Recht). Die weitere Herleitung ist umstritten: Manche gehen für *ewig* und *ewa* aus von einer indoeuropäischen Wurzel **eiw* mit der Bedeutung „Lebenszeit" (vgl. griechisch *aión* und lateinisch *aevum,* Lebenszeit, Ewigkeit); andere denken an **aiu,* Lebenskraft. Die *Ehe* ist die „gesetzliche" Verbindung von Mann und Frau, wie es sie „schon immer" gab.
Wie „Ewigkeit" oder „Gesetz" in die germanischen Namen fand, ist unklar.
Namen: Eolf, ➤ Erich?, ➤ Erika (w.)?, Euricus , ➤ Ewald

EBER – „Eber"
Eber findet sich so schon im Mittelhochdeutschen, eine althochdeutsche Form (8. Jahrhundert) lautet *ebur;* das Wort geht wohl zurück auf germanisch **eburaz.*
Heute bezeichnet *Eber* (wie das englische *boar)* allgemein das männliche Schwein, meist jedoch das Hausschwein, während der Wildeber seit dem 17. Jahrhundert „Keiler" genannt wird. Als Namenwort bezieht sich *Eber* wie auch das urverwandte lateinische *aper* wohl ausschließlich auf das Wildschwein. Schon sehr früh hat der Mensch das Schwein domestiziert – vor dem Wildschwein aber hatte er großen Respekt. Dessen Schnelligkeit, seine unbändige Kraft, aber auch die langen Hauer des Keilers machten das Tier zum Sinnbild des starken Kämpfers. Seine Überlegenheit spiegelt sich wider im (verwandten) altnordischen *jofurr,* das ausschließlich im übertragenen Sinn für „Fürst" steht.
Der (Wild-)Eber ist auch das Tier von ➤ Freyja und Freyr. Die Kinder des Meeresgottes Njörd (vgl. ➤ Herta) werden als Götter der Fruchtbar-

keit verehrt: Freyja ist zuständig für Ehe und Liebe, Freyr hingegen für Sonnenschein, Wachstum und Regen. Freya reitet auf einem Eber namens Hiliswini („Kampfschwein"), Freyrs Reittier ist der blitzschnelle Gullinborsti („Goldborsten"). Letzterer erhellt die Nacht zum Tage, was wohl mit den blitzenden Hauern des Tieres zusammenhängt, das man in den Wetterwolken am Werke sah, die im Wirbelsturm dahinjagen.
Namen: Ebbo, ➤ Eberhard, Eberhilt (w.), Eberhold, Eberwin, Everburga (w.), Eberwin ➤ Erwin, ➤ Jordis (w.)? Nachnamen: Ebert, Evers

Eberhard (m.) deutsch. Eberhard ist ein alter deutscher Name, zusammengesetzt aus althochdeutsch *ebur*, ➤ EBER, und ➤ *HART*, fest, stark, mutig, kühn. – Der Benediktinermönch Eberhard von Salzburg, im 12. Jahrhundert ebendort Erzbischof, wurde zunächst der erste Abt des Klosters Biburg im Bistum Regensburg. Er wird als wohltätig und versöhnlich geschildert und nahm – obwohl auf der Seite des Papstes stehend – eine vermittelnde Rolle ein im Investiturstreit zwischen Papst ➤ Alexander III. und Kaiser ➤ Friedrich Barbarossa. Etwa 80-jährig starb Eberhard am 21. oder 22. Juni 1164; das ist auch sein Namenstag. – Der Name ist seit dem 9. Jahrhundert in Deutschland belegt und erfreut sich im Mittelalter vor allem beim Adel großer Beliebtheit. In der Zeit der Romantik wird er wiederbelebt und gehört im 20. Jahrhundert bis etwa 1960 zu den beliebten Namen.

ECK ➤ EGI(N) ➤ AGI(N) („Schärfe des Schwertes")

Eckard / Eckardt / Eckart (m.) Schreibvarianten von ➤ Eckehard („Schneide" + „hart")

Eckehard / Eckehart (m.) deutsch. Der erste Teil des Namens ist althochdeutsch *ekka*, Schneide, Spitze, Schärfe (➤ EGIN), den zweiten Teil bildet althochdeutsch *harti*, hart, fest, kräftig (➤ HART). – Die Sagengestalt des „getreuen Eckarts", der als wohlmeinender Warner auftritt, etwa im Nibelungenlied, hat die Verbreitung des Namens sicher ebenso gefördert wie Meister Eckart (um 1260–1327). Dieser wohl bedeutendste deutschsprachige Mystiker suchte das geistige Einswerden mit Gott; die Voraussetzung dafür sah er in einer „Gelassenheit", einem „Sich-Gott-Lassen" als innere Freiheit der Seele von allem Glück und Leid: „Wer leer ist aller Kreatur, der wird Gottes voll." Die katholische Kirche erklärte einige seiner Lehrsätze für ketzerisch, weil er angeblich den Unterschied zwischen Schöpfer und Schöpfung verwischte, vor allem jedoch, weil in seiner Lehre die Kirche ihre absolute Machtposition verlor. In der Evangelischen Kirche wird der 27. März als sein Gedenktag gefeiert; im katholischen Kalender steht Eckart nicht. – In Deutschland ist der Name in seinen vielen Varianten seit dem 10. Jahrhundert durchgängig belegt; seit den 70er-Jahren des 20. Jahrhunderts wird er nur noch selten gegeben.

ED ➤ OD („Besitz")

Edda (w.) altisländisch? Edda sagen die Italiener zu Hedda, einer Kurzform von ➤ Hedwig („Kampf" + „Kämpferin"). Edda kann aber auch eine Kurzform von Namen sein, die mit *Ed-* beginnen, etwa ➤ Edith („Besitz" + „Kampf") oder ➤ Edeltraud („adelig" + „Stärke"). Edda ist schließlich auch ein nordischer Name mit der Bedeutung „Ahnenmutter". Der findet sich selten in Skandinavien; bekannter unter diesem Namen ist eine Sammlung nordischer Götter- und Heldensagen aus dem 13. Jahrhundert (genau genommen sind es zwei: die „Snorre-Edda" und die ältere „Lieder-Edda"). Woher die ihren Namen haben und ob der überhaupt mit dem Personennamen identisch ist, weiß man nicht. Altisländisch *edda* bedeutet „Urgroßmutter"; manche denken auch an *odr*, Dichtkunst, Poesie. – In Deutschland ist der Name zuerst Ende des 18. Jahrhunderts belegt und wird seitdem in bescheidenem Maße gegeben.

Edelgard (w.) deutsch. Der Name setzt sich zusammen aus althochdeutsch ➤ *ADAL*, adelig, und germanisch **gardaz*, Zaun, Umfriedung (➤ GARD). – Edelgard ist ein alter deutscher Name, er begegnet uns schon im 8. Jahrhundert als Athalgard, in der Form Edelgard allerdings erst Anfang des 20. Jahrhunderts; seitdem bleibt er sehr selten.

Edeltraud / Edeltrud (w.) deutsch. Den ersten Teil des Namens braucht man nicht zu übersetzen, der zweite jedoch ist uns nur scheinbar vertraut: Althochdeutsch ➤ *ADAL* oder *edili*, adelig, von vornehmer Abkunft, hervorragend, und germanisch **thruthi*, Kraft, Stärke (➤ TRUD), sind die beiden Elemente des Namens. – Die heilige Edeltraud von Ely (ein Ort etwa 25 km nördlich von Cambridge), Tochter des Königs Anna von Ostangeln, lebte im 7. Jahrhundert in England und nannte sich damals Etheldreda oder auch ➤ Audrey. Sie wurde insgesamt zweimal verheiratet (ihr erster Mann starb sehr jung), sah ihre Berufung aber nicht in der Ehe (angeblich blieb sie zeit ihres Lebens Jungfrau), sondern im Klosterleben: Im Jahr 673 gründete sie das Kloster Ely in der Grafschaft Essex. Sechs Jahre später starb sie nach einem asketischen Leben 44-jährig an der Pest. Bis heute ist sie in England sehr beliebt; ihr Fest wird am 23. Juni begangen. – Der Name erscheint in Deutschland Ende des 19. Jahrhunderts und erfreut sich im 20. einiger Beliebtheit; in neuerer Zeit wird er kaum noch gegeben.

Edgar (m.) englisch. Als Edgar kommt der Name aus dem Englischen zu uns, er setzt sich zusammen aus altenglisch *ead*, Erbgut, Besitz (das entspricht unserem Namensteil ➤ OD in Namen wie ➤ Otmar oder ➤ Ute), und *gar*, Speer (➤ GER). – Der heilige Edgar (943–975), König von England, förderte und erneuerte das kirchliche Leben, festigte das Reich und sorgte für Frieden; das Volk gab ihm den Beinamen „der Friedfertige". Rund hundert Jahre später hieß der englische Thronanwärter Edgar Atheling – doch dann eroberte ➤ William the Conqueror England. Ende des 11. Jahrhunderts regierte in Schottland König Edgar, Etgair mac Maíl

Coluim. Der Name geriet auch in England in Vergessenheit und kam erst im 19. Jahrhundert wieder in Mode: Sir ➤ Walter Scott verwendete ihn in seinem Roman *The Bride of Lammermoor* (1819). – Als Odalgar ist der Name auch bei uns für das Mittelalter belegt, allerdings nur vereinzelt. Im 18. Jahrhundert findet er Eingang in die deutsche Namengebung, bleibt aber selten.

Edith (w.) englisch [ihdith; hinten mit Ti-ejtsch]; deutsche Aussprache [ehditt]. Der Name setzt sich zusammen aus altenglisch *ead*, Erbgut, Besitz, und *gyth*, Kampf. Das erste Element entspricht im Deutschen ➤ OD, Besitz, wie in ➤ Otto, das zweite dem Namensteil ➤ GUND, Kampf, wie in ➤ Gudrun. – Eine der bekanntesten Namensträgerinnen ist Edith Stein: Die katholische Religionsphilosophin jüdischer Abstammung wurde 1891 in Breslau geboren. Sie studierte unter anderem Philosophie bei Edmund Husserl und promovierte 1917 über das Thema *Zum Problem der Einfühlung*. 1922 ließ sie sich taufen, nachdem sie die Autobiografie der ➤ Teresa von Avila gelesen hatte und zu dem Schluss gekommen war: „Das ist die Wahrheit!" Elf Jahre später trat sie dem Karmeliter-Orden in Köln bei, 1938 musste sie als Jüdin in den Karmel im holländischen Echt gehen. Dort wurde sie 1942 von den Nazis verhaftet, nach Auschwitz gebracht und ermordet. 1988 wurde sie heiliggesprochen; ihr Fest ist der 9. August. Die französische Chansonsängerin Édith Piaf wurde nach dem 2. Weltkrieg bekannt durch Lieder wie *La vie en rose* und *No, je ne regrette rien*. – Ende des 19. Jahrhunderts wird der Name aus dem Englischen übernommen und gehört bis Mitte des 20. Jahrhunderts zu den 100 beliebtesten Mädchennamen, in den 20ern und 30ern sogar zu den Top 20; nach den 60er-Jahren wird er kaum noch gegeben.

Edmund (m.) englisch [edmnd]. In der Form Edmund kommt der Name aus dem Englischen zu uns, er setzt sich zusammen aus altenglisch *ead* (➤ OD), Erbgut, Besitz, und ➤ *MUND*, Hand, Schutz, Beschützer. – Der heilige Edmund, König von Ost-Anglien (um 841–870), war ein gerechter Herrscher von aufrichtiger Frömmigkeit, heißt es. Bei einer Invasion der Dänen wurde er in Hoxne (in Suffolk, Südost-England) gefangen genommen und auf brutale Weise gefoltert – doch Edmund verleugnete seinen christlichen Glauben nicht, sondern rief den Namen Jesu an, bis er schließlich enthauptet wurde. Sein Namenstag ist der 20. November. – Rund achtzig Jahre später herrschte König Edmund I. über England; 946 wurde auch er von Dänen ermordet. – Als Odalmunt ist der Name in Deutschland für das 8. Jahrhundert belegt, findet sich dann vereinzelt vor allem seit dem 14. Jahrhundert, nimmt im 19. Jahrhundert etwas Fahrt auf, die sich nach dem 2. Weltkrieg wieder deutlich verlangsamt.

Edna (w.) hebräisch. Im Buch Tobit (Kap. 7,2) in den Spätschriften zum Alten Testament ist Edna die Frau des Raguel und Schwiegermutter des ➤ Tobias. Allerdings nur in den Übersetzungen, die sich an der griechischen Fassung des Alten Testaments orientieren. In der alten Lutherbibel heißt die Frau ➤ Hannah, weil Luther sich an die lateinische Fassung hielt; in der Ausgabe von 2017 wird sie Edna genannt. Es gibt allerdings verwandte männliche Vornamen in der Bibel: Adna (2. Chronik 17,14) und Adina (1. Chronik 11,42). Ebenso wie Edna kann man diese mit „Wonne, Lieblichkeit" übersetzen: Entweder ist das Kind „lieblich", oder aber die Freude der Eltern ist gemeint. Der Garten *Eden* hingegen hängt wohl nicht mit dem Namen zusammen, sondern stammt aus dem Sumerischen und bedeutet einfach „Ebene, Flachland"; dennoch hörte ein Hebräer auch hier die „Wonne" mit. – Im Englischen gilt Edna auch als Form des irisch-gälischen Namens Eithne; als Bedeutung wird „Getreidekorn" angegeben (wohl als Kosewort) oder auch „kleines Feuer". – In England kommt der Vorname erst im 18. Jahrhundert auf, in Deutschland um 1900; hier bleibt er selten.

Eduard (m.) deutsche Form von ➤ Edward („Reichtum" + „Schützer"). – Der Name ist zwar seit Anfang des 15. Jahrhunderts in Deutschland belegt (etwa als Otward), bekannt aber wird er erst, als er im 19. Jahrhundert über Frankreich (als Edouard) aus England zu uns kommt. 1785 erscheint die deutsche Übersetzung von Jean-Jacques Rousseaus Roman *La nouvelle Héloïse (Julie oder die neue Heloise)*; darin kommt ein gewisser Milord Edouard Bomston vor. Weitere literarische Gestalten dieses Namens bis hin zum Eduard in Goethes *Wahlverwandtschaften* sorgen für die Verbreitung des Namens. Im 20. Jahrhundert erfreut er sich einiger Beliebtheit, mit einem bescheidenen Hoch um 1950.

Edward (m.) englisch [ed-ued]. Das erste Element des Namens ist altenglisch *ead*, Reichtum, Glück; in deutschen Namen erscheint es in der Regel als *odal* (etwa in Odalrik, ➤ Ulrich) oder *ot* (wie in ➤ Otmar oder ➤ Otto ➤ OD). Hinter dem zweiten Teil steht altenglisch *weard*, schützen (➤ WARD). – Im Mittelalter gab es zwei englische Könige dieses Namens, die auch als Heilige verehrt werden. Edward „der Märtyrer" (um 963–978) wurde im Auftrag seiner Stiefmutter Elfrida bei der Jagd erstochen; sein Namenstag ist der 18. März. Sein Grab in der Westminster Abbey wurde zum Nationalheiligtum. Diese Kirche erbaute sein Neffe Edward „der Bekenner" (um 1005–1066), der letzte angelsächsische König. Er regierte mild und weise, die vierundzwanzig Jahre seiner Herrschaft waren ausgesprochen friedlich. Sein Namenstag ist der 5. Januar. – Der Name erscheint in Deutschland gegen Ende des 18. Jahrhunderts; Mitte des 20. erlebt er eine bescheidene Blüte, erreicht jedoch nie die Top 100.

Edwin (m.) englisch [ed-uin]. Der heilige Edwin sorgte für die Verbreitung des Namens, zunächst in England und seit dem 19. Jahrhundert auch bei uns. Sein Name ist auch als Aeduini überliefert, mit den beiden altenglischen Elementen *ead*, Reichtum, Glück (➤ OD), und *wine*, Freund (➤ WIN). Edwin war im 7. Jahrhundert König von Northumbrien, einem angelsächsischen Königreich im Norden Englands (etwa zwischen Glasgow und Sheffield). Durch seine zweite Frau Aethelburga, Prinzessin von Kent, ließ er sich vom christlichen Glauben überzeugen und sorgte dann für die Christianisierung seines Landes. Sein Gegenspieler, der heidnische König Penda von Mercien (in etwa Mittelengland im Viereck London, Hull, Liverpool und Manchester) besiegte ihn 633 in der Schlacht von Hatfield Chase – ein herber Rückschlag für die Mission in Angelsachsen und der Grund dafür, dass Edwin bald als Märtyrer verehrt wurde. Sein Namenstag ist der 12. Oktober. – Gegen Ende des 19. Jahrhunderts taucht der Name in Deutschland auf und erfreut sich bis in die 1960er-Jahre einiger Beliebtheit.

EG ➤ AGI(L) („Schrecken") oder ➤ AGI(N) („Schneide")

EGI / EGIN ➤ AGI(N) („Schneide, Schärfe")

Egon (m.) deutsch. Egon ist eine Nebenform zu Egino, einer Kurzform von Namen, die auf *Egin-* beginnen, etwa Eginhard (eine Form von Ekkehart mit dem zweiten Namensteil ➤ *HART*, hart, kräftig) oder Eggibert (mit althochdeutsch *beraht*, glänzend, berühmt ➤ BERT). Zwei Wortwurzeln können hinter *Egin-* stehen, möglicherweise haben sie sich vermischt: althochdeutsch *egi*, Schrecken, Zucht (➤ AGIL), und *egga*, Schneide, Spitze, Schärfe (➤ AGIN). – Der selige Egino von Augsburg (um 1065–1120) musste im Streit mit seinem Bischof (wie so oft ging es um Macht) zunächst ins Kloster St. Blasien fliehen (rund 30 km südöstlich von Freiburg), konnte später aber wieder zurückkehren und wurde Abt des Benediktinerklosters, in dem er erzogen worden war. Er starb in Pisa, nachdem er Papst Callistus II. aufgesucht hatte. Sein Namenstag ist der 15. Juli. – Der Name kommt bei uns im 14. Jahrhundert auf, ist zunächst beim Adel beliebt und gehört in der ersten Hälfte des 20. Jahrhunderts zu den 100 beliebtesten Jungennamen.

Eike (m./w.) deutsch. Eike ist eine niederdeutsche Kurzform von Namen, die mit *Ecke-* (Ekkehard / Agilburgis) oder mit *Eg-* (Egmund / Aganfreda) anfangen. *Ecke* steht für die „Schneide des Schwerts" (➤ AGIN), *Eg-* bedeutet „Schrecken" (➤ AGIL). – Der Name Eike findet sich schon im 11. Jahrhundert; Anfang des 13. Jahrhunderts lebte Eike von Repgow, der Verfasser des *Sachsenspiegels*, des ältesten Rechtsbuchs des deutschen Mittelalters. Als Frauenname erscheint Eike nicht vor dem späten 19. Jahrhundert und bleibt noch seltener als der Männername.

Eileen (w.) irisch [ailihn, manchmal auch: ailihn]. Eileen ist die englische Form des irischen Namens Eibhlín oder Aibhilin. Der kommt jedoch nicht aus dem Keltischen, sondern ist germanischen Ursprungs: Aveline ist eine alte französische Koseform von Avila, einer Erweiterung von Ava. Dahinter steckt möglicherweise das germanische Wort **aval*, Kraft (verwandt mit lateinisch *valere*, stark sein). Ebenso wie ➤ Evelyn, eine andere Form des Namens, wird Eileen manchmal gedeutet als „Evalein", als kleine ➤ Eva (hebräisch: „Mutter des Lebens"). Manche verstehen Eileen auch als irische Entsprechung zu Elaine, einer französischen Form von ➤ Helena (griechisch: „strahlend"?). Daneben findet sich die Ableitung von dem Namen Emeline (zu ➤ AMAL, eifrig, tapfer). – Der Name taucht in Deutschland Mitte des 20. Jahrhunderts auf, nimmt schnell Fahrt auf und gehört seit den späten 80ern zu den Top 100.

EIN ➤ AGI(N) („Schneide, Schärfe")

EKK ➤ EGI(N) ➤ AGI(N) („Schneide, Schärfe")

Ekkehard / Ekkehart (m.) Varianten von ➤ Eckehard / Eckehart („Schärfe" + „hart")

EL ➤ ADAL („edel")

Elaine (w.) englische Variante [ilejn] von ➤ Helena (griechisch: „strahlend"?). Manche vermuten auch einen keltischen Ursprung des Namens und übersetzen mit „Hirschkuh" oder „Rehkitz". In den Sagen um König Artus (➤ Artur) ist Elaine eine schöne junge Adelige, deren Liebe zu Ritter Lancelot unerwidert bleibt – sie stirbt an gebrochenem Herzen. – Der Name kommt in den 1970er-Jahren aus England zu uns und bleibt sehr selten.

Elena (w.) italienische und spanische Form von ➤ Helena (griechisch: „strahlend"?). – Diese Namensform ist in Deutschland seit dem ausgehenden Mittelalter zu finden; seit den 1970er-Jahren hält sich Elena meist unter den 100 beliebtesten Mädchennamen.

Eleonora / Eleonore (w.) germanisch? Die Herkunft des Namens ist umstritten. Manche fassen ihn auf als eine Ableitung von ➤ Helena (griechisch: „strahlend"?), andere führen ihn zurück auf arabisch Ellinor („Gott ist mein Licht"; allerdings ist dieser Name in arabischen Quellen offenbar nicht zu finden). Möglicherweise leitet sich Eleonora ab von lateinisch *alienus*, fremd. Als Alienor ist der Name im Altprovenzialischen belegt; Eleonore von Aquitanien (eine Provinz in Südfrankreich), die Mutter von König ➤ Richard Löwenherz, starb 1204. Alienor wurde später gedeutet als *alia Aenor*, die andere Aenor, zur Unterscheidung von ihrer Mutter, die ebenfalls Aenor hieß. Offensichtlich handelt es sich hierbei jedoch um Volksetymologie, der Name ist nachweislich älter. Es wird auch vorgeschlagen, Alienor zurückzuführen auf Aldenor, zusammengesetzt aus ➤ *ADAL*, vornehm, und ➤ *NORD*, Norden; allerdings erscheint *Nord* sonst nie als Zweitglied bei Frauennamen, weil das Nomen maskulin ist und Frauennamen nur auf feminine Glieder enden. Rund hundert Jahre nach der Aquitanierin lebte die heilige Eleonore von England, die Frau ➤ Heinrichs III. Ihr Namenstag ist der 25. Juni. – In Deutschland wird der Name im 16. Jahrhundert heimisch; im 20. Jahrhundert ist er bis in die frühen 30er einigermaßen beliebt, wird aber danach kaum noch gegeben.

Elfriede (w.) deutsch. Für den Namen kommen mehrere Erklärungen infrage. In England kommt er vor als Elfreda, zusammengesetzt aus altenglisch *aelf*, Elfe ➤ ALB, und *frith*, Stärke, vielleicht aber auch (wie bei ➤ Alfred) *raed*, ➤ RAT. Genauso gut kann der erste Teil des Namens aber auch eine Kurzform sein von ➤ *ADAL*, edel, vornehm, sodass Elfriede auch eine Nebenform zu Adalfriede ist. Hier bedeutet der zweite Namensteil wohl „Friede, Schutz" (➤ *FRIED*), möglicherweise aber auch „Stärke". – Als Aelfryth, Etheldritha, Alfreda und Althrida ist der Name der heiligen Elfriede von Mercien überliefert. Es heißt, sie war die Tochter von König Offa von Mercien, heiratete König Ethelbert von Ostanglien und zog sich schließlich als Einsiedlerin nach Crowland zurück (rund 20 km nördlich von Peterborough, Lincolnshire). Sie starb vermutlich 835, ihr Namenstag ist der 2. August. – Sicher beeinflusst durch literarische Vorbilder wie ➤ Adolf Hausraths Roman *Elfriede* (1885), war der Name in der zweiten Hälfte des 19. und der ersten Hälfte des 20. Jahrhunderts weit verbreitet; der Höhepunkt lag zur Zeit des 1. Weltkriegs.

Elia (m.) lutherische Form des alttestamentlichen Namens ➤ Elias (hebräisch: „Gott ist der Herr"). – Die Namensform erscheint in einer jüdischen Familie in Deutschland im 17. Jahrhundert und bleibt sehr selten.

Elias (m.) aus dem Hebräischen. Elias ist eine griechische Form des hebräischen Namens Elijáhu, zu Deutsch: „(Mein) Gott ist der Herr" (und der ist offensichtlich in der Lage, mir den Sohn zu schenken, den ich mir so gewünscht habe). Der Name ist also ein Bekenntnis zu dem einen Gott Jahwe, dem der Vorzug zu geben ist gegenüber anderen Göttern. In deutschen Bibeln steht meist „der Herr", wo man in der hebräischen Bibel Jahwe liest. „Der Herr" ist die Übersetzung von hebräisch *adonái*, einem Ersatzwort für den unaussprechlichen Namen Gottes, das Juden benutzen, um diesen Namen nicht zu missbrauchen. – Im Alten Testament ist Elia(s) ein Prophet zur Zeit König Ahabs. Er nimmt den Kampf auf gegen den Baals-Kult (Baal war ein kanaanäischer Fruchtbarkeitsgott, an dessen Verehrung auch die Israeliten immer wieder Gefallen fanden), feiert aufsehenerregende Siege, fällt in tiefe Depression und bekommt von Gott neue Aufgaben (1. Könige 17–19). So wird sein Name „Programm" für sein Leben. Im katholischen Heiligenkalender steht Elias am 20. Juli. – Seit dem 11. Jahrhundert ist der Name in Deutschland durchgängig zu finden. Gegen Ende des 20. Jahrhunderts wird er (manchmal in der lutherischen Form ➤ Elia) zum Modenamen; seit etwa 2007 nimmt Elias einen Platz unter den 25 beliebtesten Jungennamen ein.

Elina / Eline (w.) nordische Form von ➤ Helena (griechisch: „strahlend"?) oder englische Kurzform von Elinor ➤ Eleonore („fremd"? + ?). Im Französischen wird der Name Élina [elina] auch als weibliche Entsprechung zu Élie aufgefasst ➤ Elias (hebräisch: „Mein Gott ist Jahwe"). – In Dänemark ist der Name seit dem Mittelalter verbreitet, in Deutschland taucht er gegen Ende des 19. Jahrhunderts auf und bleibt selten. Erst zu Anfang des neuen Jahrtausends zeichnet sich so etwas wie ein kleiner Trend ab, ohne dass der Name bisher die Top 100 erreicht hat.

Elisa / Elise (w.) Kurzform von ➤ Elisabeth (hebräisch: „Gott ist Fülle"). Der biblische Männername Elisa bedeutet „Gott hat gerettet" (1. Könige 19,19). – Die Form Elise erscheint zuerst in der Schäferpoesie des Rokokos (18. Jahrhundert). 1810 komponierte ➤ Ludwig van Beethoven das Stück *Für Elise*; Anfang des 20. Jahrhunderts findet sich diese Namensform noch auf Plätzen um 20, wird danach aber immer weniger gegeben. Elisa taucht im 17. Jahrhundert auf und macht sich Anfang des neuen Jahrtausends auf den Weg an die Spitze; 2013 erklimmt der Name einen Rang unter den Top 50.

Elisabeth (w.) aus dem Hebräischen. Im Alten Testament kommt der Name genau einmal vor (2. Mose, 6,23) und lautet dort im Original Elischéwa. In der Septuaginta, der griechischen Übersetzung des Alten Testaments, wird ihr Name als Elisabeth wiedergegeben, in manchen Handschriften auch als Elisabet (mit Tau statt Theta am Schluss) oder Elisabe; in dieser Form findet er sich auch in der Vulgata, der lateinischen Bibel. Elischewa bedeutet „(Mein) Gott ist Fülle, Vollkommenheit". Es klingt aber auch genauso wie „... ist sieben" und hängt vermutlich auch damit zusammen; denn sieben gilt als Zahl der Vollkommenheit (vgl. Siebenmeilenstiefel, Siebensachen). In der Bibel ist Elischeba, Tochter des Amminadab, die Frau ➤ Aarons, Bruder des ➤ Mose; ihre Kinder heißen Nadab, Abihu, Eleasar und Itamar. Nach neutestamentlichem Bericht wird eine andere Elisabeth in hohem Alter die Mutter von ➤ Johannes dem Täufer (Lukas 1,5–25), der später Jesus als den Retter ankündigt (Kap. 3,15–17). Als ➤ Maria Elisabeth besucht, erklärt diese ihr, vom Heiligen Geist erfüllt, dass ihr Sohn Jesus von Gott erwählt ist (Kap. 1,41–43). Elisabeths Fest als katholische Heilige ist am 5. November. – Für die Popularität des Namens bis heute ist vor allem die heilige Elisabeth von Thüringen (1207–1231) verantwortlich. Schon als junges Mädchen wurde die ungarische Königstochter mit dem thüringischen Landgrafensohn ➤ Ludwig verheiratet; nach seinem frühen Tod widmete sie sich ganz dem Dienst an den Armen und Kranken. Ihr Namenstag ist der 19. November. – Seit dem 14. Jahrhundert ist der Name in Deutschland heimisch und gehört neben Johannes zu den häufigsten Taufnamen überhaupt. Mit seinen vielfältigen Koseformen wie Betty, Lili oder Lisa ist Elisabeth Ende des 19. Jahrhunderts ein äußerst beliebter Name, bis etwa 1920 stets unter den Top 10 und bis etwa 1960 unter den Top 50 zu finden; im neuen Jahrtausend pendelt sich der Name um Platz 100 ein.

Elke (w.) niederdeutsche Kurzform von ➤ Adelheid („Adel" + „Wesen") oder von Namen, die mit *Eil-* beginnen (➤ AGIL, „Schärfe des Schwertes"), etwa Eilke. – Der Name ist in Deutschland schon im 15. Jahrhundert belegt und findet sich vorwiegend im Norden. Anfang der 1930er-Jahre beginnt der kometenhafte Aufstieg des Namens, etwa zwischen 1936 und 1946 gehört er durchgängig zu den Top 10, bis Ende der 50er-Jahre zu den Top 20, und erst um 1970 fällt er weitgehend aus der Gunst junger Eltern.

Ella (w.) Ella kann für verschiedene Namen stehen. Da ist zunächst ➤ Elisabeth (hebräisch: „Gott ist Fülle"); auch ➤ Elfriede („Adel" + „Schutz") wird manchmal zu Ella verkürzt. Vor allem in England wird Ella als Kurzform von ➤ Eleonore („fremd"? + ?) aufgefasst oder von Namen mit dem Element *ali*, fremd. Vielleicht besteht auch eine Verbindung zu ➤ Ellen, also ➤ Helena (griechisch: „strahlend"?), oder zu Ethel, was wiederum unserem *Edel-* entspricht. Manche denken auch an ➤ Elvira („edel"? + „wahr"?). Schließlich kann Ella auch eine Kurzform von Namen sein, die auf *-ella* enden, etwa Gabriella ➤ Gabriel (hebräisch: „Gott hat sich stark gezeigt"), Estella (italienisch: „Stern" ➤ Stella), Graziella (zu lateinisch *gratia*, „Anmut, Gnade") oder ➤ Arabella (zu lateinisch *amabilis*, „liebenswert"). – Ein erster Beleg für Ella in Deutschland stammt aus dem 15. Jahrhundert; hier handelt es sich wohl um eine Kurzform eines „Edel"-Namens wie ➤ Adelheid oder ➤ Edelgard. Bekannt wird Ella aber erst in der zweiten Hälfte des 19. Jahrhunderts; seit den 1930er-Jahren hat sicher die US-amerikanische Sängerin Ella Fitzgerald dazu beigetragen. Zu Beginn des 21. Jahrhunderts ist Ella auf dem Weg nach oben mit Platzierungen unter den Top 50.

Ellen (w.) englische Form von ➤ Helena (griechisch: „strahlend"?)

Elli (w.) Kurzform von ➤ Elisabeth (hebräisch: „Gott ist Fülle")

Elmar (m.) Kurzform von Adelmar („edel" + „berühmt") oder Eilmar („Schrecken" oder „Schneide" + „berühmt"). – Der heilige Elmar wirkte im 7./8. Jahrhundert als Bischof und Missionar in Lüttich (heute Liège im Osten Belgiens). Außer seinem Todestag um das Jahr 700 ist nicht viel Sicheres überliefert; der 28. August ist sein Namenstag. Am 11. September hat Adelmar sein Fest, ein Schüler des Avitus von Micy (bei Orléans). Er wirkte als Priestermönch in einem Kloster bei Le Mans und starb um das Jahr 560. – Ein Eilmarus ist im 13. Jahrhundert in Hamburg belegt. Bis in die 70er-Jahre ist der Name auch im 20. Jahrhundert relativ beliebt, nimmt dann aber ab.

Elsa / Else (w.) Kurzform von ➤ Elisabeth (hebräisch: „Gott ist Fülle"). – Beide Formen sind Anfang des 20. Jahrhunderts sehr beliebt, spielen aber seit den 40er-Jahren kaum noch eine Rolle in der Namengebung.

Elsbeth (w.) Kurzform von ➤ Elisabeth (hebräisch: „Gott ist Fülle")

Elvira (w.) Der Name kommt aus Spanien zu uns, ist aber germanischen Ursprungs, genauer: westgotisch. Was Elvira bedeutet, ist völlig unklar. Für den ersten Teil *El-* werden so unterschiedliche Erklärungen vorgeschlagen wie: gotisch *gails*, erfreuen oder auch Speer, *erla*, edel, vornehm

(➤ ADAL), die Wurzel *ali*, fremd (lateinisch *alienus)*, althochdeutsch *al*, ganz, und *alah*, heilig. Etwas übersichtlicher sind die Erklärungsversuche für *-vira*: althochdeutsch *war*, wahr, das damit verwandte *giwara*, Gewähr, Sicherheit, und das unverwandte *werren*, schützen, abwehren (bzw. *wara*, Schutz). – Zwei Heilige dieses Namens nennt der Kalender: E(r)lvira von Öhren (11./12. Jahrhundert, Gedenktag 16. Juli) und Elvira von Périgord (eine Landschaft zwischen Bordeaux und Limoges); ihr Namenstag ist der 25. August. – In Deutschland wurde der Name Ende des 18. Jahrhunderts bekannt, teilweise durch die Figur der Donna Elvira in Mozarts Oper *Don Giovanni*; in den 1960er-Jahren erlebt er eine bescheidene Blüte.

Emanuel (m.) Nebenform von ➤ Immanuel (hebräisch: „Gott ist mit uns"). – Diese Namensform ist in Deutschland seit dem 16. Jahrhundert belegt und spielt in der nachreformatorischen Zeit eine wesentliche Rolle. In neuerer Zeit ist der Name selten, vor allem in der Form ➤ Emmanuel.

Emely (w.) Variante von ➤ Emily ➤ Emilia ➤ Emil (lateinisch: „eifrig"?)

Emil (m.) Herkunft unklar. Emil klingt gut deutsch, kommt aber als Émile [emihl] aus dem Französischen zu uns und ist seinem Ursprung nach vielleicht lateinisch. Die Aemilianer waren ein altes Patriziergeschlecht in Rom, das führte sich zurück auf Mamaercus mit dem Beinamen Aimylios, angeblich ein Sohn des Pythagoras. *Aimýlios* bedeutet im Griechischen klug, listig – doch die Ähnlichkeit ist wohl zufällig. Später wird auch Aemilia als Ahnherrin des Geschlechts angeführt, eine Tochter des Aeneas, der einst Rom gegründet haben soll. Ihr Name kommt angeblich von lateinisch *aemulus*, fleißig, eifrig, wetteifernd (verwandt mit dem deutschen *eben* im Sinne von „gleich"). Andere sagen, das etruskische Wort *aemus* steht hinter dem Namen; was es bedeutet, weiß man nicht. Auch der Name einer Landschaft bei Ravenna, aus der das Geschlecht der Aemilier stammen soll, wird hier angeführt. – Der heilige Aemilius von Karthago (im Norden des heutigen Staates Tunesien) lebte im 3. Jahrhundert; er verleugnete zunächst seinen Glauben aus Angst vor der Folter, bekannte sich bei erneutem Verhör jedoch furchtlos zu Christus und wurde als Märtyrer verbrannt. Sein Namenstag ist der 22. Mai. – Seit dem 18. Jahrhundert in Deutschland vertreten, wird der Name Ende des 19., Anfang des 20. Jahrhunderts gerne gegeben; ein Zeichen dafür ist ➤ Erich Kästners Kinderbuch *Emil und die Detektive* (1929). Seit den 30er-Jahren verliert der Name an Bedeutung und wird erst seit der Wende zum 21. Jahrhundert wieder gerne gegeben.

Emilia / Emilie (w.) weibliche Form von ➤ Emil (lateinisch: „eifrig"?). – Die heilige Ämilie (Aemiliana), die Tante von Papst ➤ Gregor I., dem Großen, lebte in einem Kloster, das ihr Neffe gegründet hatte, und starb vermutlich um das Jahr 550; ihr Namenstag ist der 5. Januar. – Verein-

E

zelte Belege gehen zurück bis ins 16. Jahrhundert; ➤ Friedrich Schiller nennt seine Tochter 1804 Emilia nach Rousseaus Roman *Émile*. Seit der Wende zum 21. Jahrhundert steht Emilia hoch in der Gunst der Eltern und nähert sich den Top 20.

Emily (w.) englische Form von ➤ Emilia ➤ Emil (lateinisch: „eifrig“?). – Die Namensform erscheint in Deutschland Ende der 1960er-Jahre und beginnt um 1990 einen kometenhaften Aufstieg, der Emily zusammen mit Emilie im neuen Jahrtausend zu Platzierungen unter den Top 10 führt. Auch die seltenere Form ➤ Emely profitiert von dieser Entwicklung.

Emma (w.) deutsch. Emma ist eine Kurzform von Namen, die mit *Erm-* oder ➤ *IRM-*, groß, allumfassend, beginnen, etwa Ermengard oder Irmhild. – Eine Tochter ➤ Karls des Großen hieß Emma, die Sage des 12. Jahrhunderts dichtet ihr eine Affäre mit seinem Biografen Eginhard an. Ende des 19., Anfang des 20. Jahrhunderts wird Emma zum Modenamen; ➤ Christian Morgensterns *Möwenlied* (1905) mag dafür als Beleg dienen: „Die Möwen sehen alle aus, als ob sie Emma hießen …“ Gegen Ende des 20. Jahrhunderts gibt es einen Emma-Boom, wohl beeinflusst durch die ungebrochene Popularität des Namens in Schweden und England sowie das Vorbild von Schauspielerinnen wie Emma Thompson, Emma Walton oder Emma Watson. 2014 und 2017 ist Emma der beliebteste Mädchenname in Deutschland.

Emmanuel (m.) französische [emanüell] und niederländische Nebenform von ➤ Immanuel (hebräisch: „Gott ist mit uns“); siehe auch ➤ Emanuel

ENGEL ➤ ANGIL („Haken“, „Speer“, Stammesname der „Angeln“)

Engelbert (m.) deutsch. Nach der Missionierung der Germanen wurde der Name gerne als „strahlender Engel“ verstanden, doch richtig daran ist nur die Deutung von *-bert* als „strahlend, berühmt“ (➤ BERT). Der erste Teil des Namens aber ist ➤ *ANGIL*, Haken, Spieß. – Der heilige Engelbert I. von Köln war ebenda Erzbischof und genoss das Vertrauen von Kaiser ➤ Friedrich II. Am 7. November 1225 wurde er jedoch nach einer Auseinandersetzung mit dem regionalen Adel brutal ermordet; das ist auch sein Namenstag. – Als Angilberet ist der Name schon im 7. Jahrhundert belegt, ein Schwiegersohn ➤ Karls des Großen hieß Angilbert. Nach dem Komponisten Engelbert Humperdinck (1854–1921), bekannt durch die Märchenoper *Hänsel und Gretel*, nannte sich der britische Sänger ➤ Arnold ➤ George Dorsey (geboren 1936) ebenfalls Engelbert (Humperdinck).

Ephraim (m.) hebräisch. In der Bibel ist Ephraim nach Menasse der zweite Sohn ➤ Josefs, geboren von seiner Frau Asenat in Ägypten zwischen den sieben fetten und den sieben mageren Jahren. Sein Name wird so erklärt: „Und Josef nannte seinen Erstgeborenen Menasse […], und seinen Zweiten nannte er Ephraim, denn Gott hat mich wachsen lassen im Land meines Elends“ (1. Mose 41,52). Das Wort für „wachsen lassen“ (hebräisch *paráh)* klingt in dem Namen Ephraim an und bedeutet wörtlich „fruchtbar sein“, in der grammatischen Form hier „fruchtbar machen“. Ursprünglich war Ephraim wahrscheinlich ein Ortsname mit der Dual-Endung *-ájim*; deren Bedeutung ist hier unklar, sodass man nicht mit „doppelt fruchtbar“ übersetzen muss. Manche legen auch hebräisch *épher* zugrunde, was angeblich „Gebiet“ bedeutet. Josefs Vater Jakob segnet die beiden Brüder, Ephraim mit der rechten Hand, was eigentlich dem Erstgeborenen zusteht. Er erklärt die beiden Enkel zu Stammvätern des Volkes Israel, und so erscheinen ihre Namen bei der Verteilung des Landes unter die zwölf Stämme; die Leviten als Priesterstamm bekommen kein eigenes Land zugewiesen. Später wird der Begriff Ephraim im Sinne von „Nordreich“ verwendet (etwa Jeremia 31,20). – In Deutschland ist der Name erstmals im 10. Jahrhundert als Effrem belegt, so heißt damals ein Mönch in Trier. Im 17. und 18. Jahrhundert ist Ephraim recht beliebt, bekannte Namensträger sind der Dichter Gotthold Ephraim Lessing (1729–81) und in jüngerer Zeit der israelische Schriftsteller Ephraim Kishon (1924–2005). Seit dem 20. Jahrhundert ist der Name bei uns sehr selten.

ER / ERA – „Ehre“
Das althochdeutsche *era* (mit langem e) entspricht unserem Wort *Ehre.* Das Bedeutungsspektrum reicht von Ehre, Würde, Ansehen über Glanz, Amt, Majestät, Vorzug, Auszeichnung, Gnade, Zierde, Verehrung bis zu Sieg. Zurückgeführt wird das Wort auf germanisch **aizo,* Achtung, letztlich auf eine indoeuropäische Wurzel **ais,* ehrfürchtig sein. Verwandt ist das griechische *aidós,* Ehrfurcht, Scheu.

Im Mittelalter war Ehre noch nicht in erster Linie ein sittlicher Begriff (subjektive Ehre), sondern bezog sich auf das Ansehen einer Person im Sinne von Ruhm und Anerkennung; beides wurde vor allem auf dem Schlachtfeld erworben (objektive Ehre). Bei den Germanen ist die Ehre ein sehr hohes Gut, wenn nicht das höchste, höher jedenfalls als das eigene Leben. Nach Tacitus (*Germania* Kap. 6) gilt das Wegwerfen des Schildes als „außerordentliche Schande“, die zum Ausschluss aus der religiösen wie der rechtlichen Gemeinschaft führt. Einem solchen ehrlosen Leben zögen viele den Strick vor. Denselben Ehrverlust zieht es nach sich, wenn der Gefolgsherr nicht bis zum Letzten tapfer kämpft oder umgekehrt der Gefolgsmann lebend aus der Schlacht heimkehrt, in der sein Führer gefallen ist (Kap. 14). Neben der persönlichen Ehre spielt auch die Familienehre eine wichtige Rolle: Bleibt ein Angriff auf ein Mitglied der Familie ungerächt, verliert die gesamte Sippe ihr Ansehen. Dies führte zu langwierigen Blutfehden, ein Problem, das erst die Langobarden im 8. Jahrhundert durch entsprechende Gesetze entschärften.

Vermischungen kommen vor mit folgenden Namengliedern: ➤ HER, Heer, und ➤ ARN, Adler.

Namen: Erbald, Erbrecht, ➤ Erhard, ➤ Erich?, ➤ Erika (w.)?, ➤ Erwin? (Aber: Ehrenfried = Arnfried, Ehrengard = Arngard, und Ehrgott ist eine pietistische Neubildung)

Erasmus (m.) aus dem Griechischen. Das griechische *erasmiós* bedeutet „geliebt, liebenswürdig, ersehnt" und entspricht dem lateinischen Amatus, Amandus (➤ Amy) und Desideratus (➤ Desiree). Der Name Erasmos leitet sich davon ab; er ist schon in der Antike belegt. Der heilige Erasmus von Antiochia (heute Antakya im äußersten Süden der Türkei) soll um das Jahr 300 ebendort Bischof gewesen sein; er starb um 303 (310?) angeblich als Märtyrer unter wundersamen Begleitumständen. So seien ihm bei lebendigem Leibe die Gedärme mit einer Schiffswinde ausgerissen worden sein; seitdem gilt er als Patron der Seefahrer und der Seilmacher. In Italien heißt er S. Elmo, und nach ihm ist das *Elmsfeuer* benannt, eine bläuliche Lichterscheinung auf Schiffen, die durch elektrische Entladung hervorgerufen wird und die vor Gewittern auftritt. Angeblich predigte Erasmus mitten in einem Gewitter auf einem Schiff, doch über ihm blieb der Himmel klar. Sein Namenstag ist der 2. Juni. Einfluss auf die Namengebung hatte auch der niederländische Gelehrte Erasmus von Rotterdam. Er wurde um 1467 als Geert Geerts geboren und soll später seinen Namen ins Lateinische (Desiderius) und Griechische (Erasmus) übersetzt haben. Er ging dabei aus von dem mittelhochdeutschen Wort *geren*, begehren; beide Wörter haben denselben Ursprung. Mit der Bedeutung von Geert ➤ Gerhard („Speer" + „hart") hat das nichts zu tun. Andere sagen, Erasmus sei bereits sein Taufname gewesen. – Die Belege für Erasmus in Deutschland reichen zurück bis ins 13. Jahrhundert, bis ins 18. Jahrhundert ist der Name relativ häufig vertreten, wird aber seit dem 20. Jahrhundert kaum noch gegeben.

ERD – „Erde"

In den meisten Kulturen wird die Erde als segenspendende Macht verehrt. Sie gibt das Leben und nimmt es am Ende wieder in sich auf. Oft wird sie als mehr oder weniger persönliche Göttin verehrt; die Griechen nannten sie Demeter (wohl aus Ge Meter, „Mutter Erde" ➤ Dmitri), die Römer Tellus. Als erdgeboren gilt nach Tacitus' *Germania* der germanische Zwittergott Tuisto, von ihm stammen die Menschen ab (Kap. 2). In Kap. 40 erwähnt Tacitus die Erdgöttin Nerthus, die er mit der römischen Terra Mater gleichsetzt.

Namen mit ERD sind ab dem 13. Jahrhundert belegt; oft tauchen sie in Familien auf, in denen kürzlich ein Kind oder mehrere gestorben sind, und werden schwachen Kindern gegeben. Entweder wollte man diese Kinder durch ihren Namen der Erde nahebringen und sie so stärken (wie man Neugeborene auf die Erde legte, damit deren belebende Kraft auf sie übergehe); oder aber man dachte, der Erde durch einen solchen Namen eine Art Opfer zu bringen und das Kind auf diese Weise loszukaufen.

Vermischungen von ERD mit

➤ HART, hart, sind nicht auszuschließen.
Namen: Erdmann, Erdmar, Erdmund, ➤ Erdmut(h)e?, Erdwig, ➤ Hertha (w.)?

Erdmute / Erdmuthe (w.) deutsch. Der Ursprung des Namens ist nicht klar: Es kann sich um eine Nebenform von ➤ Hartmut(e) handeln (➤ HART + ➤ MUT); der erste Teil des Namens kann aber auch unser Wort *Erde* sein (➤ ERD). – Der Name erscheint in Deutschland im 16. Jahrhundert und bleibt insgesamt selten; nach 1990 wird er kaum noch gegeben.

Erhard (m.) deutsch. Der Name setzt sich zusammen aus althochdeutsch ➤ *ERA*, Ehre, und ➤ *HART*, stark, tapfer, kühn. – Zur Verbreitung des Namens hat der heilige Erhard von Regensburg wesentlich beigetragen. Erhard stammte vermutlich aus Südfrankreich, der Legende nach taufte er die heilige Odilia von Hohenburg (Elsass) und heilte sie dabei von ihrer angeborenen Blindheit. Um 685 kam er nach Regensburg, dort wirkte er als Missionsbischof; im Elsass soll Erhard missioniert und etliche Klöster gegründet haben. Der 8. Januar ist sein Namenstag. – Das ist wohl mit ein Grund, warum der Name zunächst überwiegend im Süden Deutschlands Verbreitung findet. Im 8. Jahrhundert taucht er auf und ist bis weit ins 20. Jahrhundert durchgängig zu finden; seit den 60er-Jahren wird er kaum noch gegeben.

Eric (m.) englische Form von ➤ Erik (altnordisch: „allein" + „herrschen")

Erich (m.) (hoch)deutsche Form von ➤ Erik (altnordisch: „allein" + „herrschen")

Erik (m.) aus dem Nordischen. Erik setzt sich zusammen aus zwei altnordischen Silben: *einn*, allein (oder *ei*, immer; vgl. ➤ E/EWA), und *rik*, Herrscher (➤ RICH). Erik ist aber auch als niederdeutscher und friesischer Name belegt; als erstes Namenglied kommt dann auch altsächsisch ➤ *ERA*, Ehre, oder ➤ *EWA*, Gesetz, infrage. – Vor rund tausend Jahren entdeckte der Norweger Erik der Rote Grönland und Labrador; seitdem war Erik in Skandinavien ein beliebter Name in Königshäusern, und das hat schließlich ab dem 19. Jahrhundert für seine Beliebtheit auch bei uns gesorgt. Einen weiteren Popularitätsschub erfuhr Erik im 12. Jahrhundert durch den Schwedenkönig Erik IX. Jedvardson. In der katholischen Kirche wird er wie ein Heiliger verehrt, ein gottesfürchtiges Leben habe er geführt, heißt es. Er setzte sich ein für die Unterdrückten seines Volkes und unterstützte die Mission unter den Finnen. Er starb am 18. Mai 1160 – angeblich als Märtyrer, wahrscheinlicher jedoch als Opfer einer politischen Verschwörung. Der 18. Mai ist auch sein Namenstag. – Erich, die deutsche Form des Namens, wird nach den 50er-Jahren des 20. Jahrhunderts kaum noch gegeben; als Erik oder Eric aber nimmt der Name seit den 80ern wieder Schwung auf und ist im neuen Jahrtausend unterwegs zu den Top 20.

Erika (w.) aus dem Nordischen. Zwei völlig unterschiedliche Wurzeln hat

E

der Name Erika. Da ist zum einen das griechische Wort *ereíke* [erejke], Heidekraut; auch das deutsche Wort und der daraus abgeleitete Vorname wurden ursprünglich auf der zweiten Silbe betont. Das ging jedoch verloren, als dieser Name mit Erika verschmolz, der weiblichen Form von ➤ Erik (altnordisch: „allein" + „Herrscher"). – Der Name Erika ist in Deutschland seit dem 16. Jahrhundert belegt, wird aber erst in der zweiten Hälfte des 19. Jahrhunderts bekannt, etwa durch die ungarische Prinzessin „Erica die Heideblume" in ➤ Joseph ➤ Victor von Scheffels Roman *Ekkehard* (1857) oder ➤ Wilhelm Jensens Novelle *Die braune Erica* (1868). Im 20. Jahrhundert wird Erika zum Modenamen: Zwischen Beginn des 1. und Ende des 2. Weltkriegs ist der Name durchgängig unter den Top 20, streckenweise sogar unter den Top 10; seit den 60er-Jahren geht er stark zurück.

ERKEN – „heilig, rein, edel"
Das Wort ist schon lange aus unserem Sprachschatz verschwunden. Althochdeutsch *ercan* oder *erchan* (8. Jahrhundert) bedeutet „echt, rein, edel, frei, hervorragend". Wahrscheinlich kommt hier ursprünglich der Stolz auf die eigene edle Abstammung zum Ausdruck, möglicherweise aber auch allgemeiner der Ruhm. In heute vergessenen Namen wie Erkangaud („echter Gote") oder Erkanswap („echter Schwabe") ist an die echte Abstammung des Namenträgers gedacht im Gegensatz zur vermischten Herkunft etwa eines Halbthuring („Halb-Thüringer") oder Halfdan („Halb-Däne"). Formen mit *Arch-*, etwa Archimberta oder das englische Archibald, sind vielleicht angelehnt an griechisch *Arch-* wie in *archón*, Anführer. In England wurden diese Namen mit *archbishop* („Erzbischof") in Verbindung gebracht, das denselben Ursprung hat.
Namen: Archibald, Erkenbald, ➤ Erkenbrecht, Erkenhild (w.), Erkinger, Erko

Erkenbrecht (m.) deutsch. Der Name setzt sich zusammen aus althochdeutsch *erkan*, echt, edel (➤ ERKEN), und *beraht*, berühmt (➤ BERT). – Der selige Erkenbert verließ im 12. Jahrhundert seine Familie, wurde Priester und Probst in dem von ihm gegründeten Augustiner-Chorherrenstift in Frankenthal (zwischen Ludwigshafen und Worms). Der 24. Dezember, sein Todestag im Jahr 1132, ist auch sein Namenstag. – Der Name erscheint in Deutschland spätestens im 8. Jahrhundert und ist noch im 13. lebendig; danach stirbt er fast völlig aus.

Erna (w.) Kurzform von ➤ Ernesta oder ➤ Ernestine ➤ Ernst („Entschlossenheit, Kampf") oder aber von Arnfriede (aus ➤ ARN, Adler, und ➤ FRIED). – In der zweiten Hälfte des 19. sowie der ersten Hälfte des 20. Jahrhunderts ist Erna in Deutschland sehr beliebt; Ende des 1. Weltkriegs verlässt der Name die Top 10 und um 1940 die Top 100. Heute spielt Erna keine Rolle mehr bei der Namensgebung.

Ernesta (w.) weibliche Form von Ernestus, einer latinisierten Form von ➤ Ernst („Entschlossenheit, Kampf")

Ernestina / Ernestine (w.) Erweiterung von ➤ Ernesta ➤ Ernst („Entschlossenheit, Kampf"). – Ernestine von Bayern trat nach dem Tod ihres Mannes in das Kloster Neuburg an der Donau ein, wo sie als Vorbild an Demut und Bescheidenheit galt. Sie starb am 14. April 1775; das ist auch ihr Namenstag. – Der Name erscheint in Deutschland Anfang des 17. Jahrhunderts; er bleibt selten und wird nach dem 2. Weltkrieg kaum noch gegeben.

ERNST – „Ernst, Strenge, Kampf"
ERNST ist eines der wenigen Namenwörter, die für sich alleine einen Namen bilden können, ohne dass es sich dabei um eine Kurzform eines zweigliedrigen Namens handelt. Umgekehrt gibt es kaum zweigliedrige Namen, die mit ERNST gebildet sind. Die Zuordnung dieser und anderer Namen ist schwierig, denn es kommt leicht zu einer Vermischung mit ➤ ER(A), Ehre, oder ➤ HER, Heer. Unser Wort *Ernst* geht zurück auf mittelhochdeutsch *ernest*, althochdeutsch *ernust*, Aufrichtigkeit, Strenge, Festigkeit im Denken, Reden und Handeln, aber auch Kampf (im Gegensatz zu bloßem Schimpf oder Spiel). Das Wort ist verwandt mit griechisch *éris*, Streit, Kampf, und lateinisch *adoriri*, angreifen, und wird meist zurückgeführt auf eine indoeuropäische Wurzel **er*, sich erheben, erregen (hierzu auch *rinnen* und *rennen*).
Namen: Ernald, Ernest (englisch), Ernesto (italienisch, spanisch), ➤ Ernst, Ernwin ➤ Erwin?, Erwig

Ernst (m.) deutsch. Ernst ist einer der wenigen deutschen Namen, die von Anfang an aus nur einem Element bestanden: althochdeutsch *ernust*, Entschlossenheit, Strenge, Kampf (➤ ERNST). – Seit dem Mittelalter sorgte die Sage von Herzog Ernst für die Beliebtheit des Namens. Den historischen Hintergrund bildet die Auflehnung von Herzog Ernst II. gegen seinen Stiefvater Kaiser ➤ Konrad II. im 11. Jahrhundert. Die Sage liegt in mehreren Bearbeitungen vor, bis hin zu ➤ Peter Hacks Stück *Das Volksbuch von Herzog Ernst*. Es geht um Widerstand gegen den Machthaber, um den Vater-(Stief-)Sohn-Konflikt und Freundestreue. In den alten Fassungen des Liedes stirbt der Held, doch spätere Versionen setzen einen versöhnlichen Schluss. – Der heilige Ernst von Pardubitz lebte im 14. Jahrhundert, wurde erster Erzbischof von Prag und war Mitbegründer der dortigen Universität, der ältesten im damaligen Deutschen Reich. Sein Namenstag ist der 30. Juni. – Die ältesten Belege für den Namen reichen bis ins 8. Jahrhundert zurück; im 20. Jahrhundert gehört Ernst bis in die 50er-Jahre zu den 50 beliebtesten Jungennamen, wird aber seit den 70ern kaum noch gegeben.

Errol (m.) gälisch? Der Name geht zurück auf einen alten Familiennamen, der auch als Erroll oder Errel überliefert ist. In England wird dieser abgeleitet von dem altenglischen Vornamen Eoforwulf, zusammengesetzt aus ➤ *EBER* und ➤ *WOLF*. In Schottland jedoch ist der Name identisch mit dem gleichlautenden Ortsnamen Errol. Dieser Ort mit rund 1 200 Einwohnern liegt in der Grafschaft Perthshire, ziemlich genau zwischen Dundee und Perth. Sein Name ist vermutlich gälischen Ursprungs, die Bedeutung verloren gegangen. – Bekannt wird der Vorname durch den australisch-US-amerikanischen Schauspieler Errol Flynn; der spielt in den 1930er- und -40er-Jahren verwegene Abenteuerhelden in Klassikern wie *Robin Hood* oder *Der Herr der sieben Meere* und wird so zu einem der großen Hollywoodstars seiner Zeit. In Deutschland taucht der Name Mitte des 20. Jahrhunderts auf und bleibt äußerst selten.

Erwin (m.) deutsch. Sicher ist: Den zweiten Teil des Namens bildet das althochdeutsche Wort *wini*, Freund (➤ WIN). Die Deutung von *Er-* hingegen ist umstritten: Wahrscheinlich haben wir es zu tun mit einer verkürzten Form von ➤ *HER*, Kriegsschar, Menge. Der Name erscheint aber auch als Eberwin, sodass das Borstentier (althochdeutsch *ebur* ➤ EBER) möglicherweise eine Rolle dabei spielt. Nicht auszuschließen ist schließlich das Namenselement althochdeutsch ➤ *ERA*, Ehre. – Zur Verbreitung des Namens viel beigetragen hat Erwin von Steinbach (1244–1318; Steinbach ist heute ein Stadtteil von Baden-Baden). Der Baumeister trug wesentlichen Anteil an der Erbauung des Straßburger Münsters im 13. Jahrhundert, eines der bedeutendsten Bauwerke der Hochgotik. – Der heilige Erwin (auch Ermin) von Lobbes war im 8. Jahrhundert Bischof von Lobbes (rund 50 km südlich von Brüssel) und Abt des dortigen Klosters; sein Namenstag ist der 25. April. – Anfang des 20. Jahrhunderts gehört Erwin zu den beliebten Namen mit einer Spitze in den 20ern (Top 20); seit den 60er-Jahren wird der Name nur noch selten gegeben.

Ester / Esther (w.) aus dem Persischen. Ein biblisches Buch ist nach Esther benannt, der Pflegetochter des Mordechai. Die Geschichte spielt im Zweistromland nach Ende des Babylonischen Exils: Der persische König Ahasveros (gemeint ist wohl Xerxes) sucht eine neue Frau und verfällt der wunderschönen Esther. Sein Ministerpräsident hat etwas gegen Mordechai und erschleicht vom König die Erlaubnis, alle Juden im Reich umzubringen. Esther warnt Ahasveros, der verhindert das Blutbad an den Juden und erlaubt ihnen, im Gegenzug an ihren Feinden Rache zu nehmen. Das jüdische Purimfest erinnert bis heute an diese Geschichte. – Wahrscheinlich erhält Esther ihren Namen erst, als sie Königin wird. Sie heißt zunächst Hadassá, das bedeutet „Myrthe", eine Pflanze mit sternförmigen Blüten. Das erklärt wohl ihren neuen Namen, der auf altpersisch *setareh*, Stern, zurückgeht. Unser Wort *Stern* kommt ebenso daher wie etwa lateinisch *stella* (➤ Stella) oder französisch *étoile*. Aber auch die Ableitung vom (unverwandten) Namen der babylonischen Göttin *Ischtar* wird erwogen. Nach alter jüdischer Deutung steht jedoch das hebräische Wort *hastír*, verbergen, hinter dem Namen Esther; hat sie doch auf Mordechais Anraten ihre Herkunft verborgen. Nach anderer Tradition war Esther der persische Name der ➤ Venus. – In Deutschland erscheint der Name im 14. Jahrhundert; in der zweiten Hälfte des 20. Jahrhunderts erfährt er einen leichten Aufschwung, schafft es in den 60er- bis 80er-Jahren einige Male in die Top 100 und belegt 2017 Rang 331.

Ethan (m.) Das hebräische *eitán* bedeutet „beständig, verlässlich". Das mag sich auf Gott beziehen, der in seiner beständigen Liebe dieses Kind geschenkt hat. Allerdings verwendet die Bibel *eitán* nie im Zusammenhang mit Gott. Deswegen wird hier wahrscheinlicher der Namensträger selbst als „beständig" bezeichnet, sei es als Aussage oder als Wunsch für das Neugeborene; *eitán* bezieht sich dann auf ein langes Leben. In der Bibel kommt ein gewisser Ethan der Esrahiter vor, er wird gerühmt wegen seiner Weisheit, die nur von der König ➤ Salomons übertroffen wird (1. Könige 5,11). – Der Name Ethan wird in England [ihthn; mit Ti-ejtsch] von den Puritanern aufgenommen, bleibt jedoch selten. Im 18. Jahrhundert wird er bekannter durch den amerikanischen Revolutionshelden Ethan Allen und später wegen ➤ Edith Whartons Novelle *Ethan Frome*. Ende des 20. Jahrhunderts boomt der Name in den USA, größtenteils weil ➤ Tom Cruise 1996 den Ethan Hunt spielt im ersten *Mission: Impossible*-Film. In Deutschland ist Ethan extrem selten.

EUTH / EUTHA – „Kind, Nachkomme, Mensch"
Dieses Namenglied begegnet uns nur noch im Namen ➤ Jutta (sofern der keine Kurzform des biblisch-hebräischen Namens ➤ Judith ist). Es geht wohl zurück auf germanisch **eutha*, Kind, Nachkomme, Mensch. Damit zumindest verwandt ist offenbar der Volksname der *Jüten* und *Juthungen*, sodass der Name Jute auch „Jütin" bedeuten kann. Auch das Element *jud*, das zur Erklärung der beiden Volksnamen herangezogen wird und das wohl zurückgeht auf ein altnordisches Wort für „Menschen", hängt vermutlich damit zusammen.
Namen: Eodbert, Eudo, Euthar, Euthildis (w.), Eutlinda (w.), Eudulf, ➤ Jutta
Ortsnamen: Eutin?, Ittenheim (bei Straßburg)

Eugen, auch Eugen (m.) aus dem Griechischen. Im 4. Jahrhundert n. Chr. ist der Name in Griechenland als Eugenios belegt; er kommt von dem Wort *eugenés*, hochwohlgeboren, vornehm, edel. Die Silbe *eú*, gut, schön, kennt man von Fremdwörtern wie „Euphemismus" (Beschönigung), *genés* leitet sich ab von *gennáo*, erzeugen, und findet sich etwa in dem Namen der Rockgruppe *Genesis* oder auch in unseren *Genen* wieder. Eugen bedeutet also „von vornehmer Herkunft". – Von mehreren Heiligen dieses Namens ist Eugenius von Karthago (heute ein Vorort von Tunis in Tunesien) der früheste. Er wurde dort im Jahr 481 Bischof, doch bald darauf verbannte Kaiser Zeno ihn in die Wüste. Grund dafür war unter anderem Eugenios' Nachsicht gegenüber Andersdenkenden. Er starb 505 in Frankreich; sein Namenstag ist der 13. Juli. Vier Päpste zwischen dem 7. und dem 15. Jahrhundert trugen den Namen Eugen; einer von ihnen wurde selig-, ein weiterer heiliggesprochen – bedeutend war keiner. – In Deutschland ist der Name seit dem frühen 18. Jahrhundert heimisch; das Volkslied *Prinz Eugen, der edle Ritter* besingt Prinz Eugen von Savoyen (1663–1736), genialer General des Habsburger Reiches. Gegen Ende des 20. Jahrhunderts ist der Name relativ häufig bei Aussiedlern aus Russland zu finden, wo er als Jevgenij bekannt ist.

Eva (w.) [efa] oder auch [ewa], aus dem Hebräischen. Der Name lautet in der hebräischen Bibel Chawa. Das wird dort in Verbindung gebracht mit dem Verb *chajáh*, leben, und mit „Mutter allen Lebens" übersetzt. – Nach der biblischen Überlieferung war Eva die Frau ➤ Adams. Gott schuf sie aus Adams Rippe (1. Mose 2,18–23) – von seiner Seite, damit sie ihm weder über- noch unterlegen sei, sondern „seinem Herzen am nächsten", wie es eine jüdische Auslegung der Bibelstelle formuliert. Evas Name wird erst in Kapitel 3,20 erwähnt: Die Schlange verführt zunächst sie, dann auch Adam, von den Früchten des verbotenen „Baumes der Erkenntnis" zu essen. Sie verspricht ihnen, danach würden sie sein wie Gott. Es folgt die Vertreibung aus dem Paradies (1. Mose 3). – Die rabbinische Auslegung der Bibel bringt Chawa in Verbindung mit aramäisch *chewja*, Schlange, weil die Schlange Evas Ruin ist und Eva Adams „Schlange". Eva gebiert Kain und ➤ Abel und – nach Abels Tod – ➤ Seth als „Ersatz" für ihn (Kap. 4,25). – Eva ist schon im Mittelalter (etwa seit 1200) ein beliebter Taufname und gewinnt mit der Reformation noch deutlich an Popularität, die bis weit ins 20. Jahrhundert reicht. Bis auf eine kurze Schwächelphase um die Wende zum 21. Jahrhundert ist der Name stets unter den Top 100 zu finden.

Evelin / Evelina / Eveline (w.) Varianten von ➤ Evelyne (deutsch: „Kraft", „Heil"?)

Evelyn (w.) über das Englische. Evelyn wird manchmal gedeutet als „Evalein", als kleine ➤ Eva (hebräisch: „Mutter des Lebens"), und das kann durchaus richtig sein. Wahrscheinlicher jedoch ist der Name germanischen Ursprungs: Aveline ist eine alte französische Koseform von Avila, einer Erweiterung von ➤ Ava (deutsch: „Kraft"?, „Heil"?). – Der Name Aveline wird von den Normannen in England eingeführt. Die Form Evelyn ist zunächst als Nachname in Gebrauch, seit dem 17. Jahrhundert ist sie als Jungenname nachweisbar, und erst seit dem 19. Jahrhundert wird Evelyn vorwiegend für Mädchen gebraucht, heute fast ausschließlich. Etwa Mitte des 19. Jahrhunderts taucht der Name so auch in Deutschland auf und ist etwa zwischen 1930 und 1960 unter den Top 100 zu finden; im neuen Jahrtausend wird er dann wieder etwas häufiger gegeben. Die irische Form des Namens ist ➤ Eileen.

EWA ➤ E („Ewigkeit", „Recht, Gesetz")

Ewald (m.) deutsch. Die beiden Elemente dieses Namens sind althochdeutsch ➤ *E*, Recht, Gesetz, und *waltan*, herrschen (➤ WALT). – Im Mittelalter war der Name vor allem in Westfalen beliebt, wo zwei angelsächsische Brüder dieses Namens im 7. Jahrhundert als Missionare wirkten. Nach ihrer Haarfarbe wurden sie „der weiße und der schwarze Ewald" genannt. Sie stammten wahrscheinlich aus England und wurden im Jahr 695 (?) von den heidnischen Sachsen wegen ihres Glaubens erschlagen und in die Emscher geworfen. Durch ein Wunder trieben ihre Leichen flussaufwärts, bis ein Mönch sie an Land zog, erzählt die Legende. Beide sind sie Landespatrone von Westfalen; ihr Namenstag ist der 3. Oktober. – Im 18. Jahrhundert wird der Name allgemein bekannt durch den Dichter Ewald ➤ Christian von Kleist, einen Onkel ➤ Heinrich von Kleists. Als sein Hauptwerk gilt das Gedicht *Der Frühling* aus dem Jahr 1749, eine blühende Naturbeschreibung. Seit dem letzten Viertel des 20. Jahrhunderts wird der Name kaum noch gegeben.

F

Fabian (m.) aus dem Lateinischen. Fabian ist eine Erweiterung von Fabius, einem römischen Geschlechternamen, dessen Bedeutung nicht eindeutig geklärt ist. Wahrscheinlich kommt er von lateinisch *faba*, Bohne; dann wäre er am ehesten mit „Bohnenzüchter" zu übersetzen. Angeblich wurden junge Männer aus diesem Geschlecht *fabiani* genannt, die mitwirkten bei einem Umzug während der Fruchtbarkeitsriten der Lupercalien jeweils im Februar. Manche bringen hier ein lateinisches, allerdings nicht belegtes Wort *fabis*, edel, ins Spiel. Andere denken an einen Herkunftsnamen vom Ort *Fabiae*, wo immer der gelegen haben mag. – Die Wahl des heiligen Fabian zum Papst, so wird berichtet, erfolgte unter kuriosen Umständen: Nur zufällig hielt er sich in Rom auf, als eine Taube sich auf seinem Haupt niederließ. Daraufhin wählte man ihn einstimmig – man erinnerte sich an den Bericht von Jesu Taufe (Matthäus 3,16). Dort war ebenfalls eine Taube erschienen, als Zeichen von Gottes Geist. Fabian ordnete die Kirche von Rom neu und schuf verschiedene Ämter und Weihegrade, die zum Teil bis heute Bestand haben. Fabian starb 250 als Märtyrer unter Kaiser Decius; sein Namenstag ist der 20. Januar. – Der Name ist in Deutschland seit dem 14. Jahrhundert belegt; seit etwa 1980 hat Fabian die Top 50 nicht verlassen.

Fabienne (w.) französische [fabjenn] weibliche Form von ➤ Fabian (lateinisch: „Bohnenzüchter"?). – Der Name erscheint in Deutschland zuerst in den späten 1960er-Jahren, kommt Anfang der 80er in Mode und erklimmt kurz nach der Jahrtausendwende die Top 100.

Fabio (m.) italienische und spanische Form von ➤ Fabian (lateinisch: „Bohnenzüchter"?). – Seit den 1960ern in Deutschland bekannt, erreicht der Name Mitte der 90er die Top 100.

Falk (m.) Variante von ➤ Falko (wohl zum Volksnamen der „Falen")

Falko (m.) deutsch. Möglicherweise hängt der Name mit dem *Falken* zusammen. Die Germanen bewunderten Stärke, Gewandtheit und Mut des Vogels; in der nordischen Sagenwelt wird die Göttin ➤ Freya von einem Falken begleitet. Woher er seinen Namen hat, ist nicht ganz klar. Wahrscheinlich geht er zurück auf lateinisch *falx*, Sichel, wegen der gekrümmten Klauen oder des spitzen, gebogenen Schnabels; oder er hängt mit *fahl* zusammen und bedeutet „der Graubraune". – Wahrscheinlicher als der Vogel jedoch steckt hinter dem Namen Falko der Volksname der *Fal(h)en*, den wir noch vom Landesteil West*falen* kennen. Die Falen gehörten zu den Sachsen, ihr Name hängt vielleicht zusammen mit altsächsisch *falah*, Feld, Ebene. – Um 512 starb Bischof Falko von Tongern (bei Maastricht in Belgien); sein Gedenktag ist der 20. Februar. Erzbischof Falko von Reims lebte rund 400 Jahre später, er hat am 17. Juni seinen Namenstag. Als jüdischer Name steht Falko oft für ➤ Josua. – Schon im 13. Jahrhundert ist der Name in Deutschland recht beliebt, stirbt dann aber fast vollständig aus und wird erst im 20. Jahrhundert wiederbelebt; er bleibt aber selten. Der österreichische Musiker Falko wurde 1957 als Johann Hölzel geboren.

Fanny (m.) englische [fänni] Koseform von ➤ Frances ➤ Franziska ➤ Franz (italienisch: „Französlein"). Angeregt durch literarische Vorbilder wie die Fanny in ➤ Henry Fieldings Roman *Joseph Andrews* (1742, deutsch 1844), findet der Name in Deutschland zunächst als Kosename einige Verbreitung, später auch als Vorname, häufig als Kurzform von ➤ Stefanie ➤ Stephan (griechisch: „bekränzt").

Fay / Faye (w.) über das Englische [fej]. Der Name Fay(e) entspricht unserem Wort *Fee* und ist wie dieses dem Französischen entlehnt: *fée* bzw. altfranzösisch *fa(i)e*. Dahinter steht das spätlateinische *fata*, Schicksalsgöttin (zu *fatum*, Schicksal; auch unser Wort *gefeit* hängt damit zusammen). Das Wesen der Feen bestimmt sich jedoch nicht aus dem römischen Schicksalsglauben, sondern aus keltisch-französischen Vorstellungen: Feen sind leichtfüßige übernatürliche Wesen, zeitlos jung, heiter und schön, freundlich und hilfreich gegenüber Menschen, oft aber auch in seliger Zweckfreiheit ganz in ihrer eigenen Feenwelt lebend. Zur Verbreitung des Namens Fay hat auch Morgan de la Faye beigetragen, die Halbschwester von König Artus (➤ Artur). Der Name Fay kann jedoch auch eine Ableitung sein von französisch *foi*, Glaube (altfranzösisch *fei*, zu lateinisch *fides*). Fides (➤ Vera) ist eine legendäre Heilige, die angeblich mit ihren Schwestern Caritas (Liebe) und Spes (Hoffnung) Anfang des 2. Jahrhunderts als Märtyrerin starb (vgl. 1. Korinther 13). Ihr Fest ist am 1. August, zusammen mit dem ihrer Mutter Sapientia (Weisheit), auf Griechisch ➤ Sophia. – In Deutschland taucht der Name nicht vor Anfang des 20. Jahrhunderts auf und bleibt äußerst selten. Die US-amerikanische Schauspielerin Faye Dunaway ist Jahrgang 1941.

Felia (w.) Wahrscheinlich ist Felia eine Kurz- oder Koseform von ➤ Felizitas oder Felicia; in Italien kommt der Name allerdings kaum vor. Das lateinische *felicitas* bedeutet „Glück". Denkbar ist auch eine Ableitung von Ophelia, zu griechisch *ophelía*, Hilfe. So heißt bei Shakespeare Hamlets Geliebte, die sich im Wahnsinn ertränkt. – Der Name wird seit dem 20. Jahrhundert sehr vereinzelt gegeben.

Felicitas (w.) lateinisch *felicitas* bedeutet „Glück", zu *felix*, glücklich. *Felicitas* war auch der Name einer römischen Göttin; sie verkörperte Glück und Fruchtbarkeit. – Zwei Heilige dieses Namens kennt der Kalender: Felicitas von Rom kam der Überlieferung nach um das Jahr 166 als Märtyrerin ums Leben, zusammen mit ihren sieben Söhnen ➤ Alexander, ➤ Felix, Januarius, Martialis, Philippus, Silanus und Vitalis; ihr Gedenktag ist der 23. November. – Felicitas von Karthago (im heutigen Tunesien) war Sklavin, zusammen mit ihrer Herrin Perpetua wurde sie im Jahr 202 oder 203 verhaftet, weil die beiden sich als Katechumenen auf die Taufe vorbereiteten. Im Kerker noch ließen sie sich taufen, dann wurden sie im Zirkus den wilden Tieren vorgeworfen und schließlich vom Henker erdolcht. Zwei Tage zuvor gebar Felicitas ein Mädchen, ihre Schwester nahm es an Kindes statt an. Felicitas' Märtyrerakte wird als zuverlässig angesehen und als „ein berührendes Zeugnis von Menschlichkeit und Mut" gepriesen. Ihr Namenstag ist der 7. März. – Der Name taucht in Deutschland im 12. Jahrhundert auf; in der zweiten Hälfte des 20. Jahrhunderts ist er recht weit verbreitet.

Felix (m.) lateinisch. *Felix* bedeutet im Lateinischen ursprünglich „fruchtbar", bei Früchten auch „köstlich" – im Zusammenhang mit Menschen jedoch „glücklich". Eltern haben mit dem Namen wohl einen sehr verständlichen Wunsch verbunden. Als die frühen Christen diesen Namen übernahmen, dachten sie wahrscheinlich an einen ziemlich ungewöhnlichen Katalog von Menschen, die „glücklich" sind: an die Seligpreisungen Jesu. Dort heißt es unter anderem: „Glücklich sind die Barmherzigen, denn Gott wird auch ihnen barmherzig sein" (Matthäus 5,7). Das letzte Glück suchten sie wohl nicht auf dieser Erde. Das Wort, das hier in der lateinischen Bibelübersetzung steht, lautet zwar *beatus* (➤ Beate), doch die frühen Christen verliehen vielen ihrer Märtyrer postum den Beinamen oder Titel *Felix* im Sinne von „selig, gerettet" (vgl. auch ➤ Victor). – Vier Päpste (im 3. bis 6. Jahrhundert) hießen Felix, daneben hatte der heilige

Felix von Zürich Einfluss auf die Namengebung: Zusammen mit seiner Schwester Regula wurde er um 302 im Zuge einer Christenverfolgung in Zürich enthauptet; sein Namenstag ist der 11. September. – Der älteste Beleg für den Namen in Deutschland stammt aus dem 10. Jahrhundert, doch erst im 18. Jahrhundert wird er populär; seit den 70er-Jahren des 20. Jahrhunderts ist Felix Modename und seit den 90ern meist unter den Top 10 zu finden.

Felizitas (w.) Variante von ➤ Felicitas (lateinisch: „Glück")

Fenja (w.) Der Name Fenja hat mehrere mögliche Ursprünge: In Russland gilt er als Koseform von Namen wie Marfa ➤ Martha (aramäisch: „Herrin"), Feodora ➤ Theodora ➤ Theodor (griechisch: „Gottesgeschenk") oder Feodossja (Theodosia, mit derselben Bedeutung). Fenja kann auch eine friesische Koseform sein von Namen mit dem Element ➤ *FRIED*, Friede, Schutz, umfriedeter Besitz, etwa ➤ Elfriede oder ➤ Friederike. Ganz anderen sprachlichen Ursprungs ist der nordische Name Fenja: Altnordisch *fen* bedeutet – wie das gleichlautende englische Wort – „Moor, Sumpf". In nordischen Sagen wird die Geschichte von Fenja und Menja erzählt: Der dänische Sagenkönig Frodi zwingt die beiden Riesinnen, an der Wunschmühle Grotti Tag und Nacht Gold, Frieden und Glück zu mahlen. Aus Rache mahlen sie ein feindliches Heer herbei, Frodi wird getötet, sein Reich erobert. Der siegreiche König Mysing nimmt Mühle und Riesinnen mit, sie sollen auf einem Schiff Salz mahlen – doch das Schiff bricht auseinander; seitdem ist das Meer salzig. – Der Name Fenja erscheint in Deutschland offenbar erst in der zweiten Hälfte des 20. Jahrhunderts; zu Anfang des neuen Jahrtausends erreicht er Platzierungen unter den Top 100 und hat dabei wohl auch Anteil am Erfolg des unverwandten Namens ➤ Finja.

Ferdinand (m.) germanisch. Der Name Ferdinand kommt aus Spanien zu uns, ist aber ursprünglich germanisch; er wurde von den Westgoten dort eingeführt. Ferdinand setzt sich zusammen aus althochdeutsch *fridu*, Friede (mit Buchstabentausch *fredu* zu *ferdu* ➤ FRIED), und *nanth*, Kühnheit (➤ NAND). Für den ersten Teil des Namens wird auch altnordisch *ferdu*, Fahrt, vorgeschlagen. Im 15. Jahrhundert kam der Name durch die Heiratspolitik der Habsburger nach Österreich und rund 200 Jahre später nach Deutschland: 1558 bestieg Ferdinand I. den römisch-deutschen Kaiserthron. – Der heilige Ferdinand III. (1199–1252), der Sohn von König ➤ Alfons IX. von Leon und Berenguela von Kastilien, bestieg 1230 den Thron des vereinigten Königreichs. Er eroberte Südspanien von den muslimischen Mauren zurück, tat viel für die Klöster in seinem Land und gründete die Universität von Salamanca. Seine Gerechtigkeit und sein christlicher Lebenswandel wurden auch von seinen Gegnern anerkannt. In der Kathedrale von Sevilla liegt er begraben; sein Namenstag ist der 30. Mai. – Der Name ist seit dem späten Mittelalter in Deutschland heimisch; im 20. Jahrhundert gehört

Ferdinand zunächst zu den beliebten Namen, fällt dann in den 30ern aus den Top 100 und hat sich trotz eines erneuten Anlaufs seit den 80ern nicht mehr davon erholt.

Finja (w.) lateinisch, gälisch, nordisch. Finja kann eine russische Koseform von Rufina sein, der weiblichen Entsprechung zu Rufin, lateinisch Rufinus. Dieser römische Beiname leitet sich her von ➤ *Rufus*, der „Rote". Finja wird aber auch als weibliche Form von ➤ Finn aufgefasst (gälisch: „weiß, blond"), oder er wird abgeleitet von altnordisch *finnr*, Finne. – Der Name Finja taucht erst 1970 in Deutschland auf, nimmt in den 90ern Fahrt auf und ist seit der Jahrtausendwende meist unter den Top 50 zu finden.

Finn (m.) aus dem Gälischen. Der Name Finn (in modernem Gälisch Fionn) bedeutet einfach „blond, weiß" und bezog sich ursprünglich auf einen besonders blonden oder blassen Mann. Seine Beliebtheit verdankt der Name der irischen Sagengestalt Finn MacCool (auf Irisch Mac Cumaill), einem kriegerischen Helden und großen Jäger. Durch den Genuss eines Stückchens Haut von einem verzauberten Lachs erlangt er dessen große Weisheit; damit besteht er zahlreiche Abenteuer. Zusammen mit seinem Sohn Oisin und seinem Enkel ➤ Oscar kämpft er gegen die Fomors, ein Riesen-Geschlecht. Möglicherweise geht die Gestalt Finns zurück auf einen irischen Führer, der im frühen Mittelalter sein Land gegen einfallende Wikinger verteidigte. – Der Name Finn lässt sich auch ableiten von altnordisch *finnr*, Finne. Woher die Finnen ihren Namen haben, weiß man nicht sicher; manche bringen ihn in Verbindung mit althochdeutsch *fendo*, Fußgänger, Fußkämpfer (verwandt mit *finden*). Schon Tacitus erwähnt um 100 n. Chr. das Volk der *Fennen*; was er über ihre sehr einfache Lebensweise schreibt, passt am ehesten zu den Lappländern. – Der Name taucht in der zweiten Hälfte des 20. Jahrhunderts in Deutschland auf, wird ab den späten 80ern zunehmend beliebter und hält sich seit der Jahrtausendwende unter den Top 10.

Fiona (w.) aus dem Gälischen. Das gälische Wort *fionn* bedeutet „weiß, blond, schön". Der Jungenname Fionn ist alt (➤ Finn); die weibliche Form Fiona taucht offenbar zum ersten Mal auf im Gedicht *Fingal* (1761) des schottischen Schriftstellers ➤ James MacPherson. Der sorgte für Aufsehen, als er eine Reihe von selbst verfassten Heimat- und Heldengedichten als Übersetzung uralter schottisch-gälischer Originale ausgab. Die geniale Fälschung machte den sonst mäßig begabten Dichter ebenso reich wie berühmt. Ein anderer schottischer Dichter, ➤ William Sharp (1855–1905), wählte *Fiona Macleod* als Pseudonym für seine Werke und blieb damit bis an sein Lebensende inkognito. Manchmal wird der Name auch mit „reizendes Mädchen" übersetzt. Der irische Name Fíona [fina], „Weinrebe, Ranke", ist anderen Ursprungs. – In Deutschland erscheint der Name im 19. Jahrhundert, nimmt gegen Ende des 20. etwas Fahrt auf und erreicht im neuen Jahrtausend Platzierungen unter den Top 50. Welchen Anteil daran die Figur der Prinzessin Fiona aus den *Shrek*-Filmen hat (ab 2001), ist schwer zu sagen.

Flora (w.) lateinisch. Hinter dem Namen steht lateinisch *flos*, Genitiv *floris*, Blume oder Blüte. Flora kann die weibliche Form des römischen Beinamens Florus sein. *Florus* bedeutet zunächst „blond" und nimmt erst später die Bedeutung „blühend" an, vielleicht im Sinne von „blühendes Leben". Die Eltern gaben ihrem Kind dann den Namen wohl, weil es aussah wie das blühende Leben oder weil es wachsen und gedeihen sollte. *Flora* ist aber auch der Name der römischen Göttin des Frühlings, der Blüte, der Jugend und schließlich der Schwangerschaft. Zu ihren Ehren wurden ab dem 3. vorchristlichen Jahrhundert in Rom Ende April, Anfang Mai die *Floralia* begangen, eine Art Volksfest mit freizügigen Elementen. Der römische Dichter Ovid setzt die Frühlingsgöttin mit der griechischen Nymphe Chloris gleich; deren Name hat jedoch mit Flora nichts zu tun. Durchaus verwandt mit *flos, floris* sind die deutschen Wörter *blühen* und *Blume*. Die Blume findet sich in der *Floskel* (eigentlich eine blumige Formulierung) ebenso wieder wie im *Florett*; das hat seinen Namen von der Kugel an der Degenspitze, die Verletzungen beim Üben verhindern sollte und wohl an eine Blütenknospe erinnert. Der ungarische *Forint* schließlich geht zurück auf den *Florentiner*, ein Geldstück aus der Stadt Florenz, einst von Augustus gegründet und zu Ehren der Blumengöttin benannt. – Der Vorname Flora taucht in Deutschland Mitte des 17. Jahrhunderts auf, etwa zu der Zeit, als das Wort erstmals im Sinne von „Pflanzenwelt" verwendet wird. Weitere Verbreitung erfährt der Name jedoch erst im 19. Jahrhundert, angeregt vor allem durch Sir ➤ Walter Scotts Roman *Waverley*, der in Deutschland 1822 erscheint; hier ist Flora die schöne Schwester des schottischen Clanführers Fergus, die den englischen Soldaten Waverley am Ende abweist. Bis heute bleibt der Name Flora selten.

Florentin (m.) aus dem Lateinischen. Man könnte Florentin übersetzen als „Mann aus Florenz", doch hier liegt nicht der Ursprung des Namens. Er ist vielmehr eine Erweiterung zu Florentius, das geht zurück auf den römischen Beinamen Florus, blond, blühend (➤ Flora). Die Stadt Florenz wurde im Jahre 59 v.Chr. von Julius Cäsar gegründet, zu Ehren der römischen Fruchtbarkeitsgöttin Flora. – Der heilige Florentinus von Trier war im 3. Jahrhundert (?) ebendort Bischof und starb als Märtyrer; sein Namenstag ist der 16. Oktober. Am 27. September hat ein anderer Heiliger dieses Namens sein Fest, Bischof von Sitten (Sion) im Südwesten der Schweiz. Er soll um 406 das Martyrium erlitten haben im damaligen Pseudunum, heute Brémur-et-Vaurois in der Côte-d'Or, zwischen Dijon und Troyes. – Der Name erscheint in Deutschland im 18. Jahrhundert, bleibt aber selten.

Florentina / Florentine (w.) weibliche Form von ➤ Florentin (lateinisch: „blond, blühend"). – Die heilige Florentina oder Florentia lebte in der zweiten Hälfte des 6. Jahrhunderts im Süden Spaniens. Aufgewachsen in Cartagena, rund 200 km südlich von Valencia, floh sie mit ihrer Familie nach Sevilla, wo sie in ein Kloster eintrat. Der Grund für ihre Flucht war der Feldzug des byzantinischen Kaisers Justitian I. gegen die Vandalen. Florentinas Namenstag ist der 20. Juni. – Der Name findet sich in Deutschland seit dem 16. Jahrhundert, heute ist er selten.

Florian (m.) aus dem Lateinischen. Florian ist eine Weiterbildung des römischen Beinamens Florus, „blond, blühend" (➤ Flora). – Der heilige Florian starb um 304 als Märtyrer in der Verfolgung durch Kaiser Diokletian in Lorch (in der Nähe von Linz in Oberösterreich). Er wurde mit einem Mühlstein um den Hals in die Enns geworfen. Doch versank Florian nicht in der Bedeutungslosigkeit, sondern durch ein Wunder tauchte sein Leichnam wieder auf. Über seinem Grab baute man das Stift St. Florian; der Mühlstein ist heute in der Krypta der Stiftskirche St. Florian in Linz zu sehen. Als junger Mann – so die Überlieferung – rettete er ein brennendes Haus durch sein Gebet; seitdem gilt er als Patron der Feuerwehrleute. Sein Namenstag ist der 4. Mai. – Die ältesten Belege für den Namen in Deutschland stammen aus dem 15. Jahrhundert. Als Heiligenname bleibt Florian lange weitgehend auf katholische Gegenden beschränkt und ist bis heute dort äußerst populär; seit den 1970er-Jahren findet sich der Name fast durchgängig unter den 50 beliebtesten Jungennamen, Tendenz abnehmend.

Florin (m.) (auch Florin) aus dem Lateinischen. Der Name ist eine Kurzform von Florinus, einer Erweiterung des lateinischen Beinamens Florus, „blond, blühend" (➤ Flora). – Der heilige Florin vom Vinschgau wurde angeblich als Sohn eines Engländers und einer getauften Jüdin im heutigen Matsch in Südtirol geboren, unweit des Dreiländerecks. Er wirkte als Pfarrer im nahen Remüs, auf der Schweizer Seite. Dort starb er auch an einem 17. November, seinem Namenstag; in welchem Jahr, ist unbekannt, vermutlich aber im 6. oder 7. Jahrhundert. Zahlreiche Legenden vernebeln seine Biografie; einmal schenkte er den Messwein einer armen Frau und feierte die Messe mit Wasser – das sich prompt in Wein verwandelte. – Florin wird manchmal als Variante von ➤ Florian aufgefasst. Der Name erscheint in Deutschland im 12. Jahrhundert als Florinus und bleibt bis heute selten.

Florina / Florine (w.) weibliche Form von ➤ Florin (lateinisch: „blond, blühend") oder Erweiterung von ➤ Flora (lateinisch: zum Namen der Frühlingsgöttin *Flora).* – Zusammen mit Flora taucht der Name im 17. Jahrhundert in Deutschland auf und bleibt bis heute selten.

Flurina (w.) weibliche Form von Flurin ➤ Florin (lateinisch: „blond, blühend")

FOLK ➤ VOLK („Volk, Kriegsvolk")

FONS – „bereit, tapfer, entschlossen" Das Adjektiv ist aus unserem Sprachschatz verschwunden; im Althochdeutschen (8.–10. Jahrhun-

dert) bedeutet *funs* „bereit, eilig", im Gotischen auch „tapfer, entschlossen". Im Altsächsischen fällt das N aus: *fus*. Erhalten hat sich das Wort nur in Namen wie ➤ Alfons. *Funs* ist jedoch verwandt mit *finden* im Sinne von „auf etwas kommen". Beides geht zurück auf germanisch **funsa,* eifrig, bereit, willig, eilig, und letztlich auf eine indoeuropäische Wurzel **pent*, treten, kommen, gehen. Die findet sich wieder in griechisch *pátos*, Pfad, Tritt, und lateinisch *pons*, Brücke, Steg, eigentlich „Pfad, Weg", auf den man tritt. Im Zusammenhang mit Namen ist bei FONS wohl am ehesten an die Entschlossenheit und den Mut des Kriegers zu denken. Die Verbindung zur Wurzel **pent* liegt dabei vielleicht in einer gewissen Vorwärtsbewegung.
Namen: Adalfuns ➤ Alfons, Fonsa, Fusu, Herifuns, Sigifuns, Willifons

Frances (w.) englische Form [fränssiss] von ➤ Franziska ➤ Franz (italienisch: „Französlein"). – Der Name taucht in Deutschland um die Wende zum 20. Jahrhundert auf und bleibt selten.

Francesca (w.) italienische Form [frantschesska] von ➤ Franziska ➤ Franz (italienisch: „Französlein")

Francis (m./w.) englische Form [fränssiss] von ➤ Franz (italienisch: „Französlein") oder Variante von ➤ Frances

FRANK – „mutig, kühn", „Franke"
Das Namenwort *frank* ist heute nur noch in dem gleichlautenden Namen lebendig; in früheren Jahrhunderten begegnen auch Namen wie Francobert oder Valfranc. Dahinter steht der Volksname der *Franken*. Die waren der erfolgreichste der germanischen Stämme: Sie tauchten irgendwann im 3. Jahrhundert am Rhein auf, bis 500 hatten sie ein Reich aufgebaut, das von Toulouse im Süden bis nach Nordfriesland reichte. Sie eroberten auch Gebiete östlich des Rheins, mainaufwärts – die Nachfahren dieser Untertanen nennen wir in Deutschland bis heute *Franken*.
Doch woher die Franken ihren Namen haben, war in der Vergangenheit umstritten. Man hat versucht ihn abzuleiten von einer für die Franken typischen Waffe, einem Wurfspieß, der im Altenglischen als *franka* belegt ist; doch es scheint eher umgekehrt zu sein, und der Spieß ist nach dem Volk benannt.
Auch die Erklärung des Volksnamens als „die Freien" ist denkbar, so wie unser Wort *frank* (und frei) „frei, offen" bedeutet. Doch geht das französische *franc*, das im 15. Jahrhundert entlehnt wurde, umgekehrt auf den Volksnamen zurück. Die Franken verstanden sich tatsächlich als „die Freien", doch diese Bedeutung entstand erst, nachdem die Franken die Oberschicht im linksrheinischen Teil des Frankenreichs bildeten und sich abgrenzten von der leibeigenen keltischen Urbevölkerung.
Ursprünglich bedeutet das germanische **franka* mutig, kühn, kampfbegierig. Es ist wohl verwandt mit *frech* und geht zurück auf eine alte Sprachwurzel **preg*, gierig, heftig.

Tatsächlich bestätigen spätantike Schriftsteller die Wildheit der Franken und leiten schon damals ihren Namen davon ab.
Namen: Francobert, ➤ Frank, ➤ Franka (w.), ➤ Franz, ➤ Franziska (w.), Valfranc

Frank (m.) deutsch. ➤ FRANK („Franke“, ursprünglich „kühn“). – In Deutschland ist der Name seit dem 11. Jahrhundert nachzuweisen und wird im 19. Jahrhundert wieder modern, offensichtlich unter dem Einfluss des englischen Vornamens Frank [fränk] – meist eine Kurzform von ➤ Francis. In den 1940er-Jahren kommt der Name in Mode und hat seine große Zeit vor allem in den 60ern.

Franka (w.) weibliche Form von ➤ Frank („Franke“, ursprünglich „kühn“). – In Deutschland taucht der Name Franka erstmals in den 1930er-Jahren auf und bleibt selten. Die Schauspielerin Franka Potente ist Jahrgang 1974.

Franz (m.) Kurzform von Franziskus. Der Name geht zurück auf den heiligen Franz von Assisi. Franz hieß eigentlich Giovanni Bernadone und wurde Francesco (italienisch: „Französlein“) genannt wegen seiner Liebe zur französischen Sprache und höfischen Kultur (seine Mutter stammte aus Frankreich). Er lebte im 12./13. Jahrhundert in Mittelitalien, gut 100 km nördlich von Rom. Nach einer sehr weltzugewandten Jugend entschloss er sich zu einem Leben in der Nachfolge Christi in absoluter Armut. Predigend zog er durchs Land und scharte Gleichgesinnte um sich. Die Menschen waren fasziniert von seiner Freundlichkeit und seiner großen Liebe zu Mensch und Tier und nahmen ihn freundlich auf. Sein Namenstag als Heiliger ist der 4. Oktober. – Die Franzosen wiederum heißen so nach dem Volksstamm der *Franken* (➤ FRANK). – Seit dem 14. Jahrhundert ist der Name Franz in Deutschland heimisch, zunächst vorwiegend im Süden und oft als Franziskus. Im 17. Jahrhundert wird er durch die massive Volksmission der Franziskaner volkstümlich und hält sich bis weit ins 20. Jahrhundert nicht nur in katholischen Gegenden; ist er um 1900 noch unter den Top 20 zu finden, fällt er um 1960 aus den Top 100.

Franziska (w.) weibliche Form von Franziskus ➤ Franz (italienisch: „Französlein“). – Die heilige Franziska von Rom (1384–1440) widmete sich aufopferungsvoll dem Dienst an Armen und Kranken und erwarb sich einen Ruf als Wundertäterin und große Mystikerin; ihr Namenstag ist der 9. März. Rund fünfzig Jahre später lebte die heilige Franziska von Amboise in Nordfrankreich. 1463 gründete sie das erste Karmeliterinnenkloster Frankreichs; nach dem Tod ihres Mannes 1467 trat sie selbst in das Kloster ein. Ihr Fest ist der 4. November. – Der Name erscheint in verschiedenen Formen ab dem 15. Jahrhundert in Deutschland, erlebt ein Hoch in der zweiten Hälfte des 19. und der ersten Hälfte des 20. Jahrhunderts mit Platzierungen unter den Top 100. Nach einem Tief um die Jahrhundertmitte nimmt Franziska dann ab den 70er-Jahren wieder Fahrt auf und gehört in den 80ern zu den Top 20, teilweise sogar zu den Top 10; heute hält sich der Name wieder unter den Top 100.

Frauke (w.) deutsch. Das *-ke* am Schluss ist dasselbe wie in ➤ Heike oder ➤ Anke: die niederdeutsche oder friesische Form der verkleinernden Koseendung *-chen*. Der erste Teil des Namens hingegen ist nicht ganz geklärt. Viele nehmen an, unser Wort *Frau* stehe dahinter und der Name sei als „Frauchen, Fräulein" zu übersetzen. Das althochdeutsche *frouwa* ist eine weibliche Bildung zu *fro*, Herr (das lebt weiter in *Fron*dienst und *Fron*leichnam) und bezeichnete eine vornehme Frau, eine Herrin (➤ Freyja). Das Gegenstück zum „Mann" war damals das „Weib"; erst im 18. Jahrhundert wird „Frau" die Geschlechtsbezeichnung und rund hundert Jahre später auch allgemeine Anrede. Die Grundbedeutung der Namen, von denen Frauke eine Verkleinerungsform ist, könnte also auch „Herr" sein. Hinter dem Namenselement *fro* kann aber auch unser Wort *froh* stehen. – Namen mit dem Element *fro* sind seit dem 4. Jahrhundert nachzuweisen; Frauke taucht im 16. Jahrhundert auf (wo es manchmal auch als deutsche Form von ➤ Veronika verstanden wird) und hält sich etwa zwischen 1940 und 1970 unter den 100 beliebtesten Mädchennamen.

Fred (m.) Kurzform von Namen wie ➤ Alfred („Elfe" + „Rat"), ➤ Manfred („Mann" + „Schutz"), ➤ Frederik ➤ Friedrich („Schutz" + „Herrscher") usw. – Der Name kommt in Deutschland gegen Ende des 19. Jahrhunderts auf und erfreut sich in den 60er- und 70er-Jahren des 20. Jahrhunderts einiger Beliebtheit.

Frederic (m.) französische Form von ➤ Friedrich („Schutz" + „Herrscher"). – Der französische Komponist Frédéric Chopin wurde nur 39 Jahre alt. In Deutschland erscheint diese Schreibweise des Namens rund zwanzig Jahre nach seinem Tod im Jahr 1849. Der Name bleibt selten, gewinnt dann um die Jahrtausendwende etwas Land und erreicht die Top 50.

Frederick (m.) alte deutsche und moderne englische Form von ➤ Friedrich („Schutz" + „Herrscher"). Siehe auch ➤ Frederic.

Frederik (m.) niederdeutsche, niederländische und dänische Form von ➤ Friedrich („Schutz" + „Herrscher"). – Der Name ist in Deutschland seit dem 13. Jahrhundert belegt und wird in den 1970ern wiederbelebt, wohl unter englischem Einfluss. In den 1990er-Jahren erlangt er zusammen mit Frederic und Frederick einige Beliebtheit, erreicht jedoch nur kurzfristig einen Platz unter den Top 50.

Freia / Freya (w.) Variante von ➤ Freyja (nordisch: „Herrin")

Freyja (w.) nordisch. In der skandinavischen Sagenwelt ist Freyja die Tochter Nörds (vgl. ➤ Herta) und die Schwester (und wohl auch Frau) von Freyr. Die Familie gehört zum Göttergeschlecht der Wanen, die von

Bauern verehrt werden, es sind also in erster Linie Fruchtbarkeitsgötter. Durch den Clash of Clans der Wanenkriege kommt Freyja als Geisel zum konkurrierenden Geschlecht der Asen (➤ AS), den Göttern der Viehzüchter. Zu den Asen gehört Frigg, die Frau Odins. Bei den Südgermanen heißt diese Frija, und weil auch sie für Fruchtbarkeit und Familie zuständig ist, vermischt sich ihr Kult teilweise mit dem der Freyja. Die Römer setzten beide mit ➤ Venus gleich, deswegen wurde aus dem „Venustag" (französisch Vendredi) der „Freitag". Wie Venus ist Freyja die Göttin der Schönheit und der Liebe, hat aber auch mit Krieg und Tod Berührung: Die Hälfte der gefallenen Helden gehört ihr, die darf sie auf ihren Hof Folkwang führen, in ihren Saal Sessrumnir; die anderen kommen zu Odin nach Walhall. Freyja fährt auf einem von Katzen gezogenen Wagen oder reitet auf dem Eber Hiliswini (Kampfschwein), mit ihrem Falkengewand fliegt sie geschwind wohin immer sie will. Ihr Name hängt zusammen mit althochdeutsch *frouwa*, Herrin, unser Wort *Frau*. Wahrscheinlich ist Freyja ursprünglich eher Titel als Name. – Der Name erscheint in Deutschland gegen Ende des 19. Jahrhunderts und bleibt selten, auch in der Form ➤ Freia oder (häufiger) Freya.

Frida (w.) skandinavische Form von ➤ Frieda („Schutz" + ?)

Friderun (w.) Variante von ➤ Friederun („Schutz" + „Raunerin")

Fridolin (m.) Koseform von ➤ Friedrich („Schutz" + „Herrscher"). – Der heilige Fridolin von Säckingen (rund 15 km östlich von Basel), ein fränkischer Missionar des 7. Jahrhunderts, wurde zunächst Abt des Hilarius-Klosters in Poitiers (im Westen Frankreichs); später wirkte er als Wanderprediger an der Mosel, im Elsass und zuletzt in Rätien, einer römischen Provinz zwischen Alpenvorland und Westschweiz. Sein Fest ist am 6. März. – Seit dem 16. Jahrhundert ist der Name in Deutschland zu finden, seit Mitte des 20. Jahrhunderts allerdings immer seltener.

FRIED – „Friede, Einfriedung, Freundschaft, Schutz"

Unser Wort *Friede* geht zurück auf althochdeutsch *fridu*, aus germanisch **frithu*, Frieden, mit breitem Bedeutungsspektrum (s. u.). Dahinter steht eine indoeuropäische Wurzel **pri*, nahe, bei, bzw. **prijo*, eigen, lieb, freundlich. Davon leitet sich dann sowohl *Freund* ab als auch *frei* und *freien*. Den Zusammenhang muss man sich vielleicht so denken: Denen gegenüber, die mir nahe sind (also in erster Linie meiner Sippe, aber auch meinem Stamm), verhalte ich mich freundlich, die sind mir lieb (das klingt noch an im *Freier*, dem Liebhaber), die schone ich (s. u.). Und das unterscheidet sie von den Kriegsgefangenen und anderen stammesfremden Unfreien.

Friede bezeichnet hier also zunächst eine Bindung innerhalb einer engen sozialen Gruppe, im weiteren Sinne auch Schutz (vgl. ➤ MUND) und Sicherheit, die eine solche Bindung gewährt. Die Abwesenheit von Kampfhandlungen hat dabei

wohl immer nur eine untergeordnete Rolle gespielt. Der Friede mit anderen Stämmen oder Völkern wurde nicht als Wert an sich angesehen, höchstens später unter christlichem Einfluss.
Höher als der Friede stand immer die Ehre (➤ ERA); deswegen war selbst der Stammesfriede stets gefährdet durch Fehden und den Anspruch auf Rache. Ein intakter Friedensverband des Stammes, wie er offenbar auf dem Stammesthing von den Priestern festgestellt oder hergestellt wurde, konnte nahtlos übergehen in einen Kampfverband, wenn Gefahr drohte oder aus anderen Gründen ein fremder Stamm angegriffen wurde. So konnte auch Krieg „Friede" sein.
Auf eine weitere mögliche Bedeutung von Friede in unseren Namen weist der *Friedhof*: Das ist ursprünglich der „eingefriedete Hof", also ein umzäuntes Stück Land. In Namen mit FRIED käme somit wie bei ➤ GARD, ➤ OD/ODAL der Stolz auf Grundbesitz zum Ausdruck. So kann etwa ➤ Friedrich gedeutet werden als „Herrscher in seinem geschützten Erbgut", so wie ➤ Heinrich „Herrscher" ist in seinem „Haus" (➤ HEIM) oder in seinem „umhegten Bezirk" (➤ HAG).
Die Nebenbedeutung „einfrieden" im Sinne von „hegen" führt auch zu dem mit FRIED verwandten Namenglied FRID, gepflegt, geschmückt, schön, das wir heute noch in ➤ Astrid finden (zu altnordisch *fridhr*, schön), vielleicht auch in ➤ Frithjof.
Namen: ➤ Alfred?, Arnfried, Bernfried, ➤ Bringfried/-e (w.), Ehrenfried, ➤ Elfriede (w.)?, ➤ Ferdinand?, ➤ Frederic, ➤ Fri(e)derun (w.), ➤ Fridolin, ➤ Frieda (w.), Friedbald, ➤ Fried(e)bert, Friedeburg (w.), Friedegund (w.), Friedel (m./w.), ➤ Friedemann, Friedemar, Frieder, ➤ Friederike (w.), Friedewald, Friedhard, ➤ Friedhelm, Friedhild (w.), Friedhorst, Friedolf, ➤ Friedrich, ➤ Frithjof?, ➤ Fritz, ➤ Gottfried, ➤ Ingrid (w.), ➤ Irmfriede, ➤ Manfred, ➤ Ottfried, Runfried, ➤ Siegfried, ➤ Sigrid (w.), ➤ Wilfried, ➤ Winfried
Nachnamen: Fedder(sen), Frigge, Frisch

Frieda (w.) Kurzform von ➤ Friederike ➤ Friedrich („Schutz" + „Herrscher"), ➤ Elfriede („Adel" + „Schutz") oder anderen Namen mit dem Element ➤ FRIED, Schutz. – Seit dem 18. Jahrhundert (Frida) in Deutschland belegt, gehört der Name Anfang des 20. Jahrhunderts zu den beliebtesten Mädchennamen, bis zum 1. Weltkrieg stets unter den Top 10 zu finden. Schon in den 20ern zeigt die Kurve nach unten und stürzt in den 40ern ins Bodenlose – doch seit der Jahrtausendwende steigt Fri(e)da wieder dramatisch in der Gunst der Eltern und nähert sich den Top 20. 2017 nimmt der Name Rang 29 ein; ein gutes Drittel davon geht auf Fridas Konto.

Friedemann (m.) Friedemann ist ein alter deutscher Name, zusammengesetzt aus althochdeutsch *fridu*, Friede, Schutz, Einfriedung (➤ FRIED), und ➤ *MAN*, Mann. Das zweite Namenglied *-mann* diente später vorwiegend der Verkleinerung wie

-chen oder *-lein*: Friedemann ist also (wie ➤ Fridolin) einfach eine Koseform von Namen wie ➤ Friedbert, ➤ Friedhelm oder ➤ Friedrich. – Der Name Friedemann taucht in Deutschland zuerst um 1400 auf, bleibt aber insgesamt selten. Zu seiner Popularität dürfte der älteste Sohn von ➤ Johann ➤ Sebastian Bach beigetragen haben: ➤ Wilhelm Friedemann Bach (1710–1784); obwohl hochbegabt, litt er doch sein Leben lang unter der Erblast seines Vaters. – Im deutschen Judentum wurde Friedemann im Sinne von „Mann des Friedens" häufig als Übersetzung von ➤ Salomo gegeben.

Friederike (w.) weibliche Form von ➤ Friedrich („Schutz" + „Herrscher"). – Friederike ➤ Elisabeth Brion, eine elsässische Pfarrerstochter, war die Geliebte des jungen Goethe. In seiner Autobiografie schreibt er später über ihre erste Begegnung im Jahr 1770: „Aus heiteren blauen Augen blickte sie sehr deutlich umher, und das artige Stumpfnäschen forschte so frei in die Luft, als wenn es in der Welt keine Sorge geben könnte; der Strohhut hing am Arm, und so hatte ich das Vergnügen, sie beim ersten Blick auf einmal in ihrer ganzen Anmut und Lieblichkeit zu sehn und zu erkennen." – Der Name findet sich in Deutschland seit dem 16. Jahrhundert und gewinnt bis Anfang des 19. Jahrhunderts einige Popularität.

Friederun (w.) deutsch. Der Name setzt sich zusammen aus althochdeutsch *fridu*, Friede, Schutz (➤ FRIED), und *runa*, Geheimnis, Raunerin (➤ RUN). – Friederun ist ein alter deutscher Name, als Frithurun begegnet er bereits im 9. Jahrhundert. Der Name bleibt selten, auch in den Formen ➤ Friderun oder ➤ Friedrun; gegen Ende des 20. Jahrhunderts ist er kaum noch zu finden.

Friedhelm (m.) deutsch. Friedhelm ist ein alter deutscher Name (8. Jahrhundert), zusammengesetzt aus althochdeutsch *fridu*, Friede, Schutz, Einfriedung (➤ FRIED), und ➤ *HELM*. – Der Name ist danach in Deutschland nicht vor den 20er-Jahren des 20. Jahrhunderts belegt und bleibt bis heute selten; manchmal dient er auch als Kurzform von ➤ Friedrich ➤ Wilhelm.

Friedrich (m.) deutsch. Der Name ist zusammengesetzt aus althochdeutsch *fridu*, Frieden, Schutz (➤ FRIED), und *rihhi*, Herrscher, Herrschaft, Reich (➤ RICH). – Friedrich ist ein alter Name und bereits im 7. Jahrhundert in Deutschland zu finden. Lang ist die Liste berühmter Namensträger; zur Verbreitung des Namens maßgeblich beigetragen haben die Kaiser Friedrich I. Barbarossa (1122–1190) und Friedrich II. (1194–1250) sowie der preußische König Friedrich der Große (1712–1786). Der heilige Friedrich war im 9. Jahrhundert Bischof von Utrecht; sein Namenstag ist der 18. Juli. Friedrich von Bodelschwingh (1831–1910) ist ein moderner „Heiliger": Er gründete die Diakonischen Anstalten in Bethel für Behinderte und Arbeitslose. Als junger Mann kam er oft ohne Mantel nach Hause – er hatte ihn auf der Straße gelassen bei einem Obdachlosen, der ihm leidtat. – Ist der Name Anfang des 20. Jahrhunderts noch unter den Top 10 zu finden, so nimmt er danach stetig ab und wird nach den 60er-Jahren nur noch selten gegeben; doch er bleibt auch Anfang des 21. Jahrhunderts präsent mit Platzierungen unter den Top 200.

Friedrun (w.) Variante von ➤ Friederun („Schutz" + „Raunerin")

Frithjof (m.) nordisch. Die Deutung des Namens ist unsicher. Der erste Teil könnte entweder altnordisch *fridh* sein, unser Wort *Friede*, wohl im Sinne von Schutz (➤ FRIED), oder aber das verwandte *fridhr*, schön (vgl. ➤ Astrid); auch *jöffur*, Fürst, wird erwogen. Für den zweiten Teil kommt *thiófr*, Dieb, infrage oder ein Wort für „Diener" (vgl. althochdeutsch *deo*, Diener). – In Deutschland taucht der Name Mitte des 19. Jahrhunderts auf, sicher angeregt durch die *Frithiofs saga* des schwedischen Dichters Esaias Tegnér (1825). Der verarbeitet in seinem Gedicht die nordische Heldensage um Frithjof den Kühnen, deren älteste Fassung aus der Zeit um 1400 stammt. Sie erzählt die Geschichte von Frithjof und ➤ Ingeborg, der Tochter von König Beli von Sogn in Norwegen. Seit ihrer Kindheit ein Paar, werden die beiden auseinandergerissen durch die Bosheit und den Neid von Ingeborgs Brüdern Helgi und Halfdan: Sie schicken Frithjof auf eine gefährliche Mission und geben Ingeborg dem alten König Ring von Ringerike zur Frau. Doch am Ende sind die Liebenden vereint, und Frithjof wird selbst König von Ringerike. – Im 20. Jahrhundert bleibt der Name selten.

Fritz (m.) Kurzform von ➤ Friedrich („Schutz" + „Herrscher"). – Diese Koseform findet sich schon im Deutschland des 14. Jahrhunderts und bleibt bis in die 1950er-Jahre beliebt; im neuen Jahrtausend gibt Fritz wieder zaghafte Lebenszeichen mit Platzierungen unter den Top 200.

Fürchtegott (m.) deutsch. Zur Zeit des Pietismus, einer geistlichen Erneuerungsbewegung innerhalb der evangelischen Kirche im 17. und 18. Jahrhundert, kamen solche frommen Namen auf wie Leberecht, ➤ Traugott oder ➤ Gottlieb. Auch Fürchtegott ist ein solcher Satzname und bedeutet genau das, was er sagt: Er ist als ständige Ermahnung an den Namensträger gedacht, ein gottgefälliges Leben zu führen. Gleichzeitig ist Fürchtegott die wörtliche Übersetzung des griechischen Namens ➤ Timotheus. ➤ Christian Fürchtegott Gellert (1715–1769) wollte wie sein Vater Pfarrer werden, war aber zu schüchtern zum Predigen. Er verdiente seinen Lebensunterhalt letztendlich als Professor für Philosophie und als Schriftsteller, einer der meistgelesenen (deutschen) seiner Zeit. Der junge Goethe war beeindruckt von seiner Morallehre. Gellert verfasste Lustspiele sowie etliche Fabeln; bekannt ist er bis heute durch Gesangbuchlieder wie *Herr, stärke mich, dein Leiden zu bedenken* (Evangelisches Gesangbuch 91) oder *Jesus lebt, mit ihm auch ich* (EG 115). Seine beiden Brüder hießen übrigens Christlieb Ehregott und Friedrich Leberecht. – Im 18. und 19. Jahrhundert ist der Name relativ weit verbreitet, wird aber seit dem 20. kaum noch gegeben. Unter den Nachfahren Gellerts sollen noch 1981 etwa 27 weibliche Personen mit dem Zweitnamen Fürchtegott gelebt haben.

Fynn (m.) Nebenform von ➤ Finn (gälisch: „blond“)

G

Gabi (w.) Kurzform von ➤ Gabriele ➤ Gabriel (hebräisch: „Gott hat sich stark gezeigt“), die im 20. Jahrhundert in Deutschland aufkommt; in Israel ist Gabi auch Männername.

Gabriel (w,) hebräisch. Zusammengesetzt aus hebräisch *géwer*, Mann, Starker, Held, und *el*, Gott, lässt sich Gabriel übersetzen als „Gottesheld“. Wahrscheinlicher jedoch ist die Deutung „Gott hat sich stark gezeigt“ (und der Mutter oder Familie das erbetene Kind geschenkt), zu hebräisch *gawár*, stark sein. – In der Bibel ist Gabriel neben ➤ Michael (und ➤ Raffael, wenn man die katholische Bibel nimmt) der einzige Engel, dessen Namen wir erfahren. Er legt dem Propheten ➤ Daniel dessen Visionen aus (Daniel 8 und 9), er erscheint dem alten Priester ➤ Zacharias und kündigt ihm die Geburt seines Sohnes ➤ Johannes an (der spätere „Täufer“, Lukas 1,11–20; die Mutter heißt ➤ Elisabeth). Etwas später bringt Gabriel ➤ Maria die Botschaft, dass sie ohne menschliches Zutun ein Kind bekommen wird, das „Gottes Sohn“ genannt werden wird: Jesus (V. 26ff.). In der jüdischen Tradition wird Gabriel mit Feuer in Verbindung gebracht und etwa mit dem Engel im brennenden Dornbusch (2. Mose 3) identifiziert. Zusammen mit Michael und Raffael hat er seinen Namenstag am 29. September. Im Islam spielt Gabriel eine herausragende Rolle: Er beruft Mohammed als den Auserwählten Allahs und übermittelt ihm den Inhalt des Korans. – In Deutschland bürgert sich Gabriel als biblischer Name im Zuge der Reformation ein, wird im 20. Jahrhundert aber selten – im Gegensatz zu seiner weiblichen Entsprechung. Erst seit den 80ern geht der Trend wieder leicht nach oben; zuletzt erreicht der Name Ränge unter den Top 100.

Gabriela / Gabriele (w,) weibliche Form von ➤ Gabriel (hebräisch: „Gott hat sich stark gezeigt“). – Der Name kommt in Deutschland im 19. Jahrhundert auf; in der zweiten Hälfte des 20. Jahrhunderts wird er zum Modenamen und gehört etwa zwischen 1950 und 1970 zu den 20 beliebtesten Mädchennamen, zwischen 1952 und 1963 sogar zu den Top 10. In Italien ist Gabriele ein Männername.

Galina (w.) über das Russische. Das griechische *galenós* bedeutet „ruhig, still“, bei Menschen auch „sanft, heiter“. Als Name begegnet uns Galina in der griechischen Sagenwelt: Hier ist Galina (auf Griechisch Galene) eine der fünfzig Nereiden, Töchter des Nereus und der ➤ Doris. – Galina kann auch eine russische Form von ➤ Helena (griechisch: „strahlend"?) sein. – Der Name erscheint in Deutschland Mitte des 20. Jahrhunderts und bleibt sehr selten.

GANG – „Waffengang, Kämpfer"
Bei diesem Namenwort denken viele an den Waffengang, also an den Kampf. Damit muss nicht die isolierte Kampfhandlung gemeint sein, sondern „eine Lebensform". Andere übersetzen „Kämpfer" und führen das Wort zurück auf germanisch **gangaz*, Kriegsgänger.
Unser Wort *Gang* ist nicht verwandt mit *gehen;* es hat aber die Vergangenheitsform *ging* und das Partizip *gegangen* dazu beigesteuert.
Namen: Adalgang, Gangolf, Hildigang, Vulfgang ➤ Wolfgang, Willigang

GAR ➤ GER (Speer)

GARD – „umzäunter Besitz"
Das Namenwort entspricht unserem *Garten,* althochdeutsch *garto;* das geht zurück auf germanisch **gardaz,* Zaun, Umfriedung, Haus als umzäunter Besitz. Dahinter steht wahrscheinlich eine alte Sprachwurzel **gher,* umfassen, die auch unserem *Gürtel* zugrunde liegt. Schon die Griechen nannten einen Hof oder ein Gehege *chortos,* die Römer sagten *hortus* zum *Garten,* und selbst im Namen der Stadt Wolgo*grad* klingt das Wort nach. Der englische *yard,* Hof, ist damit ebenso verwandt wie die *Gardine,* die über das Französische zu uns gelangt ist und ursprünglich das Bett gegen unerwünschte Blicke „umzäunt". Der französische *jardin* hingegen ist ein Re-Import aus dem Germanischen. Französisch *garder,* schützen, gehört nicht hierher, sondern ➤ WARD, schützen.
Gard als Namenwort weist vermutlich in erster Linie auf den Stolz auf den eigenen Grundbesitz und das Haus (vgl. ➤ OD, Besitz, und ➤ ODAL, Erbgut). Man hat auch an altnordisch *gherdr* gedacht, das wohl unter anderem „Rüstung" bedeuten kann. Schließlich kann *gard* auch metaphorisch verstanden werden und dann einen Fürsten als „Schutzwehr der Mannen" bezeichnen.
Das Namenwort *gard* kommt überwiegend als Zweitglied in weiblichen Namen vor; in früheren Jahrhunderten gab es aber auch männliche Namen wie Helmgart oder Gartrat.
Namen: ➤ Ansgard (w.), ➤ Armgard (w.), ➤ Edelgard (w.), Gartrat, ➤ Gerda (w.), ➤ Heilgard (w.), Helmgart (w.), ➤ Hildegard (w.), ➤ Irmgard (w.), ➤ Luitgard (w.)

Gaston (m.) [gast<u>oh</u>; hinten wie in Feuille*ton*] Herkunft unbekannt. Die Legende erzählt: Einst gab der heilige Gaston König Chlodwig Taufunterricht; zum Dank verlieh dieser ihm das Bistum Arras (eine Stadt zwischen Amiens und Lille). Als Bischof hatte es Gaston nicht einfach: Im Zuge der Völkerwanderung waren die Hunnen durchs Land gezogen und hatten Zerstörung und Chaos hinterlassen. Gaston musste gegen Heidentum und Aberglauben kämpfen in den ersten Jahrzehnten des 6. Jahrhunderts. Die Abtei Saint-Vaast erinnert an ihn, in der Peterskirche in Arras liegen bis heute seine Gebeine; sein Namenstag ist der 6. Februar. Auf Lateinisch lautet sein Name Vedastus, auf Flämisch Waast oder Wadast; die heutige Form des Namens, Gaston, kam vermutlich zustande, indem er an unser Wort *Gast* angeglichen wurde. In England heißt der Heilige *Foster.* Nach einer anderen Theorie ist Gaston identisch mit *Gascon;* so nennen die Franzosen die Bewohner der Gascogne, einer Landschaft im Südwesten des Landes, südlich von Bordeaux. – In Deutschland erscheint der Name erst um 1930 und bleibt sehr selten.

GEB – „Gabe, Geber, gastfrei"?
Hinter dem Namenwort steht althochdeutsch *geba,* germanisch **gebo,* unser Wort *Gabe.* Das entspricht dem englischen *gift,* und auch unser Wort *Gift* bezeichnete ursprünglich das, was der Arzt oder Apotheker dem Patienten *gibt;* in der *Mitgift* ist diese allgemeine Bedeutung noch erhalten.
Die Bedeutung des Wortes als Namenglied ist nicht klar. An eine Gabe der Götter wie bei griechischen Namen mit dem Element *dóron,* Geschenk (➤ Dorothea, „Gottesgeschenk"), dachten die Germanen kaum. Der Namensträger als *Geber* ist am ehesten im Zusammenhang der Gastfreundschaft vorstellbar (Gastgeber); ansonsten schien unseren Vorfahren Nehmen wohl seliger denn Geben. Die Verwandtschaft zum lateinischen *habere,* haben, zeigt jedoch, dass beides zusammengehört: Was man (genommen) hat, kann man auch geben. Ob deshalb mit dem Namenwort *Gabe* ein Bezug zum Besitz gegeben ist, erscheint allerdings fraglich. Das althochdeutsche *geba,* Gabe, diente als Übersetzung verschiedener lateinischer Begriffe: bonum (Gut), donum (Gabe), gratia (Gnade). Möglicherweise wurde nach der Christianisierung der Germanen das Namenwort auch in diesem Sinne verstanden – wenn es überhaupt noch verstanden wurde.
Namen: ➤ Gebhard, Gebalind (w.), Gebarat, Gebeta (w.), Ottogeba (w.)
Nachnamen: Geib

Gebhard (m.) deutsch. Der Name ist zusammengesetzt aus ➤ *GEB,* Gabe, Geber, gastfrei, und ➤ *HARD,* hart, stark, tapfer, kühn. – Der heilige Gebhard von Konstanz wuchs ohne Mutter auf und erhielt seine Erziehung an der dortigen Domschule. Er wurde Priester, 979 weihte ihn Kaiser ➤ Otto II. zum Bischof von Konstanz. Gebhard war enger Berater von Ottos Gemahlin Theophanu und Pate von ihrem Sohn Otto III. 983 gründete Gebhard das Benediktinerkloster Petershausen bei Konstanz und brachte angeblich eine Reliquie von ➤ Gregor dem Großen nach Konstanz. Sein Namenstag ist der 27. August. – Im 14. Jahrhundert ist der Name weit verbreitet; im 20. Jahrhundert wird er kaum noch gegeben und ist fast nur noch als Familienname bekannt.

Gemma (w.) lateinisch. Der Name wurde offenbar aus Italien übernommen, dort bedeutet *gemma* (Halb-) Edelstein und wird [dschemma; vorne wie in *Dsch*ungel] gesprochen. Das Wort kannten schon die Römer, ursprünglich bezeichnete lateinisch *gemma* das Auge oder die Knospe einer Pflanze, besonders des Weinstocks, dann auch einen geschnittenen Edelstein (deutsch *Gemme*) oder ein mit Edelsteinen besetztes oder aus solchen gefertigtes Trinkgeschirr. Schon um das Jahr 400 ist Gemma in Rom als Beiname belegt; als Rufname ist es Ausdruck der Liebe und Wertschätzung durch die Eltern des Kindes oder aber ein Wunsch für sein späteres Leben. – Gemma di Manetto Donati hieß die Frau des italienischen Dichters und Philosophen Dante Alighieri (1265–1321); aus der Ehe gingen vier Kinder hervor. Die heilige Gemma Galgani (1878–1903) aus Lucca (bei Pisa) war eine Mystikerin, die die Leiden Christi am eigenen Leib nacherlebte. Ihr Namenstag ist der 11. April. – Die wenigen Belege für den Namen in Deutschland reichen zurück bis ins späte 19. Jahrhundert.

Georg (m.) aus dem Griechischen. Das griechische Wort *georgós* bedeutet „Bauer, Landmann", zusammengesetzt aus *ge*, Erde (wie in *Geo*grafie), und *érgon*, Arbeit, Werk (wie in *Ergo*therapie). – Der heilige Georg von Kappadokien (eine Landschaft in West-Kleinasien, heute Zentral-Anatolien) starb angeblich um 303 als Märtyrer in Lydda, dem heutigen Lod in Israel. Die Legende erzählt, wie Georg einen Drachen tötete: Das Untier forderte Kinderopfer von den Bewohnern der Stadt Silena im Lande Libyen. Eines Tages fiel das Los auf die Königstochter, doch just als der Drache sie verschlingen wollte, kam Georg herbeigeritten und rettete sie. Georg gehört zu den vierzehn Nothelfern und damit zu den beliebtesten Heiligen; sein Namenstag ist der 23. April. Angeblich erschien Georg den Kreuzrittern bei der Eroberung Jerusalems und führte sie zum Sieg. Vom Heiligen Land brachten sie Georgs Bild auf ihrem Banner nach Westeuropa, seine Verehrung im Marschgepäck. Richard Löwenherz wählte Georg zu seinem Schutzpatron, und im 13. Jahrhundert wurde Georg zum englischen Nationalheiligen; mit dem Feldgeschrei „England und St. George!" zogen Engländer seitdem in die Schlacht. Bis heute bildet das Georgskreuz, rot auf weiß, die englische Flagge und ist Teil des Union Jack, des britischen Banners. George ist in England beliebter Königsname, und Prinz Charles hat Chancen, einmal als George VII. den britischen Thron zu besteigen. – Seit dem 12. Jahrhundert gehört Georg zu den beliebtesten Vornamen in Deutschland; im 20. Jahrhundert findet er sich bis Mitte der 60er-Jahre unter den Top 50, doch spätestens seit den 80er-Jahren ist ein deutlicher Abwärtstrend zu beobachten. Auch neuere Varianten wie ➤ Jörg oder ➤ Jürgen spielen seit dieser Zeit keine nennenswerte Rolle mehr. Momentan erreicht Georg Platzierungen unter den Top 200.

GER – „Speer"
Von den Waffen der Germanen wissen wir durch archäologische Funde – und von Tacitus. Der verfasste um das Jahr 100 n. Chr. seine *Germania*, eine Studie über „Ursprung und geografische Lage der Germanen", so der Untertitel der Schrift. Darin lobt Tacitus unter anderem die Kampfmoral der Germanen und beschreibt ihre Kriegstechnik. Der Speer spielt dabei eine herausragende Rolle: eine schmale und kurze, aber sehr scharfe Eisenspitze auf einem Holzschaft von vielleicht 2 m Länge. Er war eine vielseitige Waffe, die als Wurfspeer ebenso einsetzbar war wie als Lanze, sowohl für Reiter als auch für Fußsoldaten.
Der Speer war darüber hinaus bei den Germanen auch das Statussymbol des freien Mannes, zusammen mit seinem Schild. Beides trug er mit sich beim Thing, der Stammesversammlung; dem Speer muss dabei auch eine symbolische Bedeutung zugekommen sein, von der wir jedoch nichts Genaues wissen.
Die Germanen nannten diese Waffe *Frame*, berichtet Tacitus; das dürfte aber nur ein anderer Name für den *Ger* sein, den wir aus dem Kreuzworträtsel kennen: „Germanischer Wurfspeer mit drei Buchstaben".
Man hat auch gemutmaßt, die *Germanen* seien einst „Ger-Mannen" gewesen und hätten ihren Namen von dieser Waffe (➤ German). Das Wort *Ger* ist in dieser Form aber erst seit dem 8. Jahrhundert belegt, zur Zeit des Tacitus hieß die Waffe **gaiza*. Die Bezeichnung der *Germanen* aber ist noch älter: Um 80 v.Chr. erwähnt der griechische Historiker Poseidonios dieses Volk im Norden. Vielleicht stammt das Wort *Ger* bzw. **gaiza* ebenso aus dem Keltischen wie das wohl verwandte lateinische *gaesum*, Spieß. Vgl. ➤ GIS (Speer).
Namen: ➤ Ansgar, ➤ Edgar, ➤ Gerald, ➤ Gerd, ➤ Gerhard, ➤ Gerlinde (w.), ➤ German?, ➤ Gernot, ➤ Gero, ➤ Gerold, Gerolf, ➤ Gertrud (w.), ➤ Gesa (w.)?, ➤ Gesche (w.), ➤ Gesina/-e (w.)?, ➤ Holger, ➤ Ludger, ➤ Notker, ➤ Oskar?, ➤ Rüdiger

Gerald (m.) Nebenform von Gerwald. Der Name setzt sich zusammen aus ➤ *GER*, Speer, und *waltan*, herrschen (➤ WALT). – Mehrere Heilige trugen zur Verbreitung des Namens bei: Gerald von Braga war im 11. Jahrhundert Erzbischof von Braga im Norden Portugals (Fest am 5. Dezember), Gerald von Mayo (Irland) gründete im 8. Jahrhundert das dortige Benediktinerkloster (13. März), und Gerald von Ostia (bei Rom) wirkte im 11. Jahrhundert dort als Bischof (7. Dezember). – Seit dem 15. Jahrhundert ist der Name in Deutschland nachweisbar; in der Neuzeit wird er zunächst seltener und tritt um die Mitte des 20. Jahrhunderts wieder verstärkt auf.

Gerd (m.) Kurzform von ➤ Gerhard („Speer" + „hart"). – Der Name ist seit dem 17. Jahrhundert in Deutschland belegt und gehört etwa zwischen 1920 und 1960 zu den 50 beliebtesten Jungennamen; der Höhepunkt liegt um die Mitte der 40er.

Gerda (w.) aus dem Nordischen. Man könnte Gerda für die weibliche Form von ➤ Gerd (➤ Gerhard) halten, doch das stimmt nicht. Häufig wird der Name auch als Kurzform von ➤ Gertrud aufgefasst, doch seine Wurzeln sind andere: Er gehört zu dem nordischen Frauennamen Gerdr und kommt von altisländisch *gerd*, Umfriedung (➤ GARD). – In der nordischen Sagenwelt ist Gerda eine Eisriesin, die schöne Tochter des Riesen Gymir. Der sanfte Sommergott Freyr (seiner Schwester Freya verdanken wir den *Freitag)* entbrennt in Liebe zu ihr und schickt seinen Diener Skirnir auf Brautwerbung, doch Gerda bleibt kühl. Selbst goldene Äpfel als Geschenke bleiben ohne Wirkung, und erst bei Androhung eines bösen Fluches und anderer Unannehmlichkeiten taut ihr Herz auf. Gerda gilt als Beschützerin von Heim und Hof – ihr Name ist Programm. – Der Name wird in Deutschland im 19. Jahrhundert aus Skandinavien übernommen und gehört etwa zwischen 1920 und 1940 zu den 10 beliebtesten Mädchennamen.

Gerhard (m.) deutsch. Gerhard setzt sich zusammen aus althochdeutsch ➤ *GER*, Speer, und *harti*, hart, stark, tapfer, kühn (➤ HART). – Eine ganze Reihe von Heiligen haben zur Verbreitung des Namens beigetragen, allen voran Gerhard von Toul. Um das Jahr 935 in Köln geboren, wurde er mit achtundzwanzig Jahren Bischof von Toul (bei Nancy im Nordosten Frankreichs). Er wurde gerühmt für seine Frömmigkeit und Bescheidenheit; sein Fest ist der 23. April. Einfluss auf die Namengebung dürfte auch Meister Gerhard gehabt haben, der erste Dombaumeister am Kölner Dom, gestorben um 1271. Daneben hat auch die rührende und im Mittelalter sehr beliebte Geschichte *Der gute Gerhard* zur Verbreitung des Namens beigetragen: Der Kaufmann Gerhard beschämt Kaiser ➤ Otto den Großen durch seine Erzählung, wie er, Gerhard, zu seinem guten Ruf kam. Sein Großmut und seine Bescheidenheit spielen dabei eine herausragende Rolle. – Gerhard gehört seit dem 12. Jahrhundert zu den beliebten Namen in Deutschland, vor allem im Kölner Raum und in Norddeutschland. Etwa zwischen 1920 und 1950 ist Gerhard unter den 20 beliebtesten Jungennamen; erst nach den 60er-Jahren wird er deutlich seltener gegeben und spielt seit den 70ern kaum noch eine Rolle bei der Namengebung.

Gerlinde (w.) deutsch. Der Name ist zusammengesetzt aus ➤ *GER*, Speer und althochdeutsch ➤ *LIND*, biegsam, weich, mild, sanft, gnädig. – Im nordischen Gudrunlied aus dem 13. Jahrhundert ist Gerlind die Mutter des Normannenprinzen ➤ Hartmut. Der hat ➤ Gudrun entführt, die schöne Tochter des Dänenkönigs Hetel, und sie muss nun für Gerlind die Wäsche des Gesindes waschen. Am Ende wird sie jedoch durch Herwig von Seeland befreit. – Die heilige Gerlind, Herzogin im Elsass, starb um 715; ihr Namenstag ist der 3. Dezember. Gerlinde von Sponheim (bei Bad Kreuznach) lebte rund vierhundert Jahre später; ihr Fest ist am 26. Februar. – Der Name erscheint in Deutschland im 14. Jahrhundert und bleibt insgesamt selten.

German (m.) deutsch. „Und Aventin leitet schon merkwürdig den Namen der Germanen von *germinare,* auswachsen, ab, weil die Deutschen auf den Bäumen gewachsen sein sollen" – so wundert sich schon der Erzähler einer Sage über den Ursprung der Sachsen, die die Gebrüder Grimm überliefern. Doch so verkehrt braucht das (abgesehen von den Bäumen) nicht gewesen zu sein, was der Vater der bayerischen Geschichtsschreibung ➤ Johannes Aventin (1477–1534) vermutet: Die Germanen – daher kommt der Vorname German – könnten ihren Namen tatsächlich von lateinisch *germanus,* leiblich, echt, haben (zu lateinisch *germen,* Spross). Manche denken aber auch an altirisch *gairm,* Ruf, oder *gair,* Nachbar; Letzteres halten viele Sprachwissenschaftler für am wahrscheinlichsten. Diskutiert wird auch die Ableitung von *irmin,* allumfassend, hervorragend (daher kommen Namen wie ➤ Armin oder ➤ Emma ➤ IRM). Daneben gibt es eine Reihe von Vermutungen: „die von den warmen Quellen", „das gesamte Volk", „die Sold Begehrenden" ... German kann aber auch eine Variante des alten deutschen Namens Germann sein, zusammengesetzt aus ➤ GER, Speer, und ➤ MANN. Schließlich ist German auch die russische (und manchmal spanische) Form von ➤ Hermann („Heer" + „Mann"). – Die Belege für German in Deutschland reichen bis ins 15. Jahrhundert zurück; heute ist der Name selten.

Gernot (m.) deutsch. ➤ *GER,* Speer, und ➤ *NOT,* Gefahr, Bedrängnis, Kampf oder auch „Schwingen, Stoßen" (einer Waffe), sind die beiden Elemente des Namens. Umgekehrt wird ➤ Notker draus. – Das Nibelungenlied kennt einen Gernot, den Bruder von ➤ Gunther, Giselher und ➤ Kriemhild. Sein Schicksal ist tragisch: Im Kampf erschlägt er ➤ Rüdiger mit dem Schwert, das der ihm als Gastgeschenk überreicht hat – und stirbt selbst an einer Wunde, die Rüdiger ihm beigebracht hat. Der Name Gernot ist in der Sage an die Stelle des geschichtlich bezeugten Gundomar getreten. – Als Gernt erscheint der Name im 15. Jahrhundert in Braunschweig, im 19. Jahrhundert wird er zusammen mit der Sage wiederbelebt und ist um die Mitte des 20. Jahrhunderts modern; seit den 70er-Jahren wird er nur noch selten gegeben.

Gero (m.) Kurzform verschiedener Namen mit dem althochdeutschen Element ➤ *GER,* Speer, meist ➤ Gerhard (mit dem zweiten Namensteil *harti,* hart, stark, ➤ HART), aber auch ➤ Gerald (mit *waltan,* herrschen, ➤ WALT) oder ➤ Gernot (➤ *NOT,* Kampf). – Um das Jahr 900 geboren, wurde der heilige Gero von Köln 969 zum Erzbischof von Köln gewählt und reiste zwei Jahre später im Auftrag von Kaiser ➤ Otto I. nach Konstantinopel, um für dessen Sohn, den späteren Kaiser Otto II., Prinzessin Theophanu als Braut zu holen. Geros Namenstag ist der 28. Juni, der Tag, an dem er 976 starb. – Schon für das 8. Jahrhundert ist Gero (auch als Kero oder Gairo) belegt.

Gerold (m.) Nebenform von Gerwald. Dieser Name setzt sich zusammen aus ➤ *GER,* Speer, und *waltan,* herrschen (➤ WALT). – Im 10. Jahr-

g

hundert vermachte der adelige Gerold seine Güter dem Kloster Einsiedeln; dort, ganz im Westen des heutigen Österreich, entstand die spätere Probstei St. Gerold. Gerold nahm teil an einer Verschwörung gegen Kaiser ➤ Otto I., musste sich verstecken, wurde dann aber begnadigt. Sein Namenstag als katholischer Heiliger ist der 19. April. Im Norden sorgte Gerold von Lübeck im 12. Jahrhundert für die Verbreitung des Namens. Er war von 1154 bis zu seinem Tod im Jahr 1163 Bischof zunächst in Oldenburg in Holstein, später in Lübeck; sein Fest ist am 13. August. – Nach Mitte des 20. Jahrhunderts wird der Name nur noch selten gegeben.

Gerschom / Gerschon (m.) hebräisch. „Er nannte ihn Gerschom, denn er sagte: Ich bin ein Gast in fremdem Land." So heißt es von ➤ Mose (2. Mose 2,22), der seinen ersten Sohn Gerschom nennt, weil er, Mose, in das Land Midian geflohen war (am Ostufer des Roten Meeres) und „fremd dort" war, hebräisch *ger scham*. In der griechischen und lateinischen Übersetzung des Alten Testaments wird er Gersam genannt. Gerson ist eine Variante davon; in der Bibel gibt es auch die Form Gerschon. So heißt einer der Söhne Levis und Enkel ➤ Jakobs. Seine Nachkommen dienen unter König ➤ David als Sänger im Stiftszelt (1. Chronik 6); unter ihnen ist auch Asaf (V. 24), dem etliche Psalmen zugeschrieben werden. Der Name Gerschom/-n mag sich ableiten von hebräisch *garásch*, vertreiben (womit wohl auch *ger*, fremd, zusammenhängt). Eine ganz andere Erklärung von Gerschom weist auf die arabische Parallele *garasun*: Das bedeutet „Klingel, Glöckchen" und soll ein Zeichen der Freude sein über die Geburt des Kindes. – Seit dem 16. Jahrhundert findet sich der Name in Deutschland meist in jüdischen Familien und bleibt insgesamt sehr selten.

Gerson (m.) Nebenform von ➤ Gerschom/-n (hebräisch: „Fremdling"?)

Gertrud (w.) Gertrud ist zusammengesetzt aus althochdeutsch ➤ *GER*, Speer, und germanisch **thruthi*, Kraft, Stärke (➤ TRUD). – Die heilige Gertrud von Nivelles (626–653 oder 659), eine Tochter des fränkischen Königs Pippin I., leitete das von ihrer Mutter gestiftete Kloster von Nivelles (südlich von Brüssel). Sie war sehr belesen und kannte sich bestens aus in der Heiligen Schrift; deswegen bemühte sie sich um die Bildung der weiblichen Jugend, besonders deren Kenntnis der Bibel. Ihr Namenstag ist der 17. März. – Gut 600 Jahre später lebte Gertud von Helfta (bei Eisleben in Sachsen-Anhalt), eine der großen deutschen Mystikerinnen. Immer wieder erlebte sie innige Vereinigungen mit Christus; die Herz-Jesu-Verehrung geht teilweise auf sie zurück, die Liebe Gottes sollte so in ihr und ihrem Leiden Gestalt gewinnen. Ihr Namenstag ist der 17. November. – Seit dem 13. Jahrhundert ist der Name in Deutschland heimisch, die Belege sind von denen für ➤ Gertraud oft nicht zu trennen. Bis in die 1920er-Jahre gehört Gertrud zu den häufigsten Mädchennamen; seit den 60ern wird er kaum noch gegeben.

Gesa (w.) Gesa ist eine niederdeutsch-friesische Koseform von

Namen mit *Ger-* (➤ GER), vor allem von ➤ Gertrud („Speer" + „Stärke") oder von Namen mit dem Element ➤ *GIS*, Speer. – Die Form Gesa ist zum ersten Mal im 13. Jahrhundert belegt. 1913 erscheint Gorch Focks Roman *Seefahrt ist not!* Dort ist Gesa die Mutter des jungen Klaus Mewes, der schließlich die Nordseefischerei seines Vaters übernimmt. Der Roman fördert offensichtlich die Verbreitung des Namens Gesa. Heute ist er selten.

Gesche (w.) Gesche ist eine niederdeutsch-friesische Koseform von Gertrud. Das setzt sich zusammen aus althochdeutsch ➤ *GER*, Speer, und germanisch **thruthi*, Kraft, Stärke (➤ TRUD). – Als „Jeanne d'Arc von Braunschweig" ging eine junge Frau namens Gesche Meiburg in die Stadtgeschichte ein. Als der Herzog von Braunschweig-Wolfenbüttel im Jahr 1615 mit seinen Truppen die Stadt belagerte, kämpfte sie mutig an vorderster Front und ermutigte auch andere Frauen. Der Feind musste schließlich abziehen. – Der Name erscheint bereits im 14. Jahrhundert als Gechsche, dann als Gessche oder Geische. Er ist dann im Norden zu finden und bleibt insgesamt eher selten.

Gesina / Gesine (w.) Erweiterung von ➤ Gesa ➤ Gertrud („Speer" + „Kraft") oder ➤ Gisela (mit dem Element ➤ GIS, Speer, Spross). – Anfang des 18. Jahrhunderts erscheint der Name in Niedersachsen und bleibt insgesamt selten, vor allem in der Form Gesina. Daran hat weder ➤ Gerhard Ringelings Roman *Die schöne Gesine* (1936) noch die Figur der Gesine Cresspahl in ➤ Uwe Johnsons *Mutmaßungen über Jakob* (1959) etwas geändert.

Gia (w.) über das Italienische [dschia; vorne wie in *Dsch*ungel]. Der Name kommt offensichtlich aus Italien; in Deutschland ist er selten zu finden. Mehrere Erklärungen kommen infrage: Gia kann eine Kurzform von Giórgia sein, der weiblichen Entsprechung zu Giórgio ➤ Georg (griechisch: „Bauer"). Gia wird aber auch als Koseform von Gianna gebraucht, selbst eine Kurzform von Giovanna. Das entspricht unserer ➤ Johanna (hebräisch: „Der Herr ist gnädig"). Schließlich gilt Gia auch als Variante von Cia, einer Kurzform von ➤ Lucia (zu lateinisch *lux*, Licht). – Der Name findet sich in Deutschland erstmals in den 1930er-Jahren und bleibt extrem selten.

Gianluca (m.) italienisch [dschanluka; vorne wie in *Dsch*ungel]. Im Deutschen hieße er Jan-Lukas, aber im Italienischen schreibt man diesen Doppelnamen in einem Wort. Gian ist dabei eine Kurzform von Giovanni, also ➤ Johannes (hebräisch: „Der Herr ist gnädig"), Luca steht für ➤ Lukas (lateinisch: „aus Lukania"). – Der Name Gianluca erscheint in Deutschland in den 1980er-Jahren und bleibt sehr selten.

Gideon (m.) hebräisch [gid-on]. In der Bibel ist Gideon, Sohn des Joasch, einer der sogenannten Richter, ein charismatischer Führer des Volkes Israel in der Zeit zwischen Landnahme und Königszeit (etwa 1200 bis 1050 v. Chr.). Zunächst widerwillig, doch dann mit ganzem Eifer kämpft Gideon gegen zwei Feinde: die Midianiter, die vom Sinai kommend das Land bedrohen, und gegen die Verehrung der Fruchtbarkeitsgötter Baal und Aschera. Er fordert Gott heraus und will sichtbare Zeichen seiner Macht: ein taufreies Lammfell auf taubedecktem Grund. Er lässt sich aber auch von Gott herausfordern, reduziert gehorsam sein Heer auf dreihundert Mann – und schlägt die Midianiter vernichtend (Richter 7). Sein Name hängt zusammen mit dem hebräischen Verb *gadá*, abschlagen. Unklar ist, ob Gideon damit als „Baumfäller" gekennzeichnet wird, also als gewaltiger Krieger, oder ob sich der Name auf seine versehrte Hand bezieht (von der die Bibel jedoch nichts berichtet). – Der Name erscheint in Deutschland erstmals im 16. Jahrhundert und bleibt außerhalb jüdischer Familien selten.

GILD – „(ver)gelten"
Das Namenwort *gild* kommt sowohl als Erstglied (Gildbert, Gildewin) vor als auch als Zweitglied (Ermengildis, Trutgildis). *Gild* hängt zusammen mit *Geld* (mit dem man *vergilt*, also bezahlt) und *Gilde* (Bezahlung, auch: Festschmaus, wohl als Zeichen des genossenschaftlichen Zusammenschlusses). Beides kommt von althochdeutsch *geltan*, (ver)gelten, bezahlen, opfern.
Die Bedeutung von *gild* als Namenglied ist nicht mehr sicher zu bestimmen: Es könnte jemand gemeint sein, der „etwas gilt", also ein bewährter Kämpfer, oder aber ein „Vergelter" im Kampf. Möglicherweise wird ihm sein Einsatz auch von seinem Fürsten „vergolten", möglicherweise ist er oder sie aber auch ein „Opferer", vielleicht ein Priester oder eine Priesterin (die meisten Namen mit *gild* als Zweitglied sind weiblich). Die Germanen opferten ihren Göttern Tiere und sogar Menschen.
Namen: Ermengild/-is (w.), ➤ Gildo, ➤ Gilda (w.), Trutgildis (w.)

Gilda (w.) Gilda ist eine Kurzform von Namen mit dem Element *-gild* oder *Gild-* (➤ GILD, Opferer?, Rächer?), etwa Adalgildis oder Geltfrida. – In Italien ist Gilda [dschilda; vorne wie in *Dsch*ungel] eine verbreitete Kurzform von Ermenegilda mit dem ersten Teil germanisch **ermana*, allumfassend, groß (➤ IRM). – Bekannt wird der Name durch Guiseppe Verdis Oper *Rigoletto* (1851); hier ist Gilda die Tochter des Titelhelden, des buckeligen Narren am Hofe des Herzogs von Mantua. Insgesamt bleibt der Name selten.

Gildo (m.) Kurzform von Namen mit dem Element ➤ *GILD*, Vergelter, Opferer (?), etwa Gildehard oder Gilderad. Als italienischer Name [dschildo; vorne wie in *Dsch*ungel] ist er eine Kurzform von Ermenegildo mit dem ersten Element germanisch **ermana*, allumfassend, groß (➤ IRM). – In Deutschland taucht der Name Gildo in den 1960er-Jahren auf, vielleicht angeregt durch den Schlagersänger Rex Gildo, bürgerlich ➤ Ludwig ➤ Franz Hirtreiter, Jahrgang 1936. Der Name bleibt äußerst selten, auch in der Form ➤ Guildo.

GIS / GISEL – „Speer", „Spross", „Geisel"?
Bedeutung und Entwicklung dieses Namenworts sind nicht geklärt. Schon die Meinungen darüber, ob es sich um ein und dasselbe Wort handelt, gehen auseinander. Ist GISEL eine Erweiterung zu GIS? Oder wurde umgekehrt GISEL zu GIS verkürzt? Trifft vielleicht beides zu? Oder handelt es sich um zwei grundverschiedene Wortstämme? Steht unser Wort *Geißel* hinter dem Namenglied, oder ist von *Geisel* als Grundbedeutung auszugehen? Oder hängen am Ende beide sprachlich zusammen?
Unser Wort *Geisel* war im Althochdeutschen *(gisal)* noch männlich. Wie das altnordische *gisl* und das altenglische *gisel* geht es zurück auf germanisch **geisla,* Geisel. Es ist verwandt mit irisch-gälisch *giall* (aus **ghistlo*), möglicherweise ist es überhaupt aus dem Keltischen entlehnt. Als gemeinsame indoeuropäische Wurzel wird **gheidhtlo,* Bürgschaft, Pfand, angenommen, zu **gheidh,* begehren, gierig sein; daher kommt auch unser Wort *Geiz*. Die Kurzform GIS wäre dann wohl die ursprüngliche. Allerdings konnte GISEL in Namen auch wieder zu GIS verkürzt werden. – Als Namenglied erscheint „Geisel" am ehesten sinnvoll, wenn man sich die antike und mittelalterliche Praxis vor Augen führt: Im Krieg versuchte man möglichst hochstehende Gefangene zu machen, Angehörige des Königshauses oder andere Adelige oder auch hohe Beamte. Diese Kriegsgefangenen mussten mit ihrem Leben für Forderungen des Gegners einstehen, etwa Lösegeldforderungen oder das Einhalten bestimmter Abmachungen. Geiseln als solche Bürgen konnten aber nicht nur genommen, sondern auch gegeben werden, häufig im Austausch. Sowohl der Hunnenherrscher Attila als auch der ostgotische König Theoderich der Große verbrachten einen Teil ihrer Jugend am Hof des Römischen Kaisers, der eine in Rom, der andere im oströmischen Konstantinopel. Auf diese Weise wurden Friedensverträge und andere Bündnisse langfristig gesichert. „Geisel" zu sein war dabei eine Auszeichnung. – Daneben konnte Geisel auch die Bedeutung „Zeuge" oder „Beamter" annehmen, ohne dass der genaue Zusammenhang klar wäre. Auch allgemein „Pfand der Treue" kommt vielleicht infrage als Deutung für das Namenglied GIS/GISEL, *Geisel*.
In den meisten Fällen wird jedoch als Ursprung des Namenglieds GIS/GISEL nicht *Geisel* angenommen, sondern *Geißel* (im Sinne von Peitsche, aber auch Deichsel, also allgemein als Stock oder Stange, noch im 19. Jahrhundert meist ebenfalls *Geisel* geschrieben), althochdeutsch *geis(i)la*. Das wiederum geht zurück auf germanisch **gaisa* oder dann **gaiza,* einer frühen Form von *ger,* Speer (➤ GER). Dazu passt langobardisch *gisl,* Pfeilschaft. Das ursprüngliche Motiv für GIS/GISEL wäre dann wie bei ➤ BRAND (Schwert) oder ➤ AGI (Schärfe des Schwertes) eine Waffe als Kennzeichen des Kriegers. Das verwandte altnordische *geisli* gibt offenbar die Grundbedeutung an: Stab, Strahl.

g

In gewisser Spannung zu dieser sprachlichen Herleitung von *Geisel* und *Geißel* steht die heute meist vertretene Ansicht, für das Namenglied GIS/GISEL seien beide bedeutungsmäßig zu vereinigen: Sowohl der Speer wie der vornehme Jüngling, der zur Geisel taugt, seien „emporgeschossene" Sprösslinge. Im Grimmschen Wörterbuch schließlich werden Mutmaßungen angestellt, Geiseln im oben genannten Sinn seien ursprünglich „Speer-Gefangene", wobei „Speer" eine archaische Bezeichnung für einen „Helden" sei, der hier stellvertretend für seinen Herrn in Gewahrsam genommen wurde. – Eine schlüssige Deutung des Namenglieds GIS/GISEL steht offenbar noch aus.
Namen: ➤ Gesa (w.)?, ➤ Gesina/-e (w.)?, ➤ Gis(el)bert, ➤ Gisela (w.), Giselher, ➤ Gislinde (w.), Gislint (w.), Gismar, Gisulf, Sunnigisil (Sonnenstrahl), Thrudgis (w.)

Gisbert (m.) deutsch. Der erste Teil des Namens ist entweder althochdeutsch *geis(i)la,* Geißel, Speer, oder aber *gisal,* Geisel (➤ GIS). Hinter dem zweiten Glied steht althochdeutsch *beraht,* strahlend, berühmt (➤ BERT). – Der Name Gisbert ist seit dem 7. Jahrhundert belegt und diente zur Wiedergabe des englischen Heiligennamens Cuthbert, aus altenglisch *cuth,* berühmt, und *beorht,* berühmt (s. o.). Der Benediktinermönch Cuthbert (634–687) war Bischof von Lindisfarne, einer Insel im Nordwesten Englands, auch Holy Island genannt. Er wird als „Wundertäter Britanniens" verehrt und gilt als Patron der Seefahrer und Hirten, war er doch ursprünglich selbst Hirte. Sein Namenstag ist der 20. März. – Der Name erscheint in Deutschland Ende des 14. Jahrhunderts als Gijsbert und erfreut sich bis in die Mitte des 20. Jahrhunderts einiger Beliebtheit.

Gisela (w.) deutsch. Gisela ist eine Kurzform von Namen mit dem Element ➤ *GIS/GISEL,* Speer, Spross, Geisel, etwa ➤ Gislinde oder Giselhild. – Gisela hieß die Schwester ➤ Karls des Großen sowie eine seiner Töchter. Gisela von Schwaben (999–1043) war die Gattin von Kaiser ➤ Konrad II. Auch die selige Gisela von Ungarn war als Tochter eines bayerischen Herzogs sicher von edler Herkunft. Sie lebte im 10./11. Jahrhundert, wurde mit König ➤ Stephan von Ungarn vermählt und setzte sich dort für die Verbreitung des christlichen Glaubens ein. Ihr Namenstag ist der 7. Mai. – In der ersten Hälfte des 20. Jahrhunderts wird Gisela zum Modenamen; etwa zwischen 1930 und 1950 findet sich der Name fast durchgängig unter den Top 10.

Gislind / Gislinde (w.) deutsch. Der Name setzt sich zusammen aus ➤ *GIS,* Stab, Speer, Spross, und ➤ *LIND,* Schild oder mild. – Der Name taucht Anfang des 20. Jahrhunderts in Deutschland auf und bleibt selten.

Giulia (w.) italienische Form [dsch<u>uh</u>lia; vorne wie in *Dsch*ungel] von ➤ Julia ➤ Julius (lateinisch: zum Götternamen *Jupiter*?, griechisch: „Bartflaum"?). – Der Name erscheint in Deutschland Anfang des 20. Jahrhunderts und bleibt selten.

GODE – „gut, tüchtig, angesehen“
Das Namenwort GODE ist selten und häufig schwer zu fassen: Vermischung mit GUDA, Gott, ist kaum auszuschließen, und auch mit ➤ GOS, Gote, und GUTH ➤ GUND, Kampf, ist Verwechslung möglich. Unser Wort *gut* geht zurück auf mittelhochdeutsch und althochdeutsch *guot*. Dahinter steht wohl germanisch **goda*, passend, geeignet, zu einer indoeuropäischen Sprachwurzel **ghadh*, eng verbunden sein, zusammenpassen, wovon auch unser Wort *Gatte* stammt. Als Namenglied hat das Wort am ehesten die Bedeutung „trefflich, tüchtig“ oder aber „vornehm, angesehen“. Bei GODE als Zweitglied in Frauennamen ist die Bedeutung wohl weniger klar umgrenzt; man geht davon aus, dass es sich hierbei um ein allgemeineres dichterisches Frauenattribut handelt.
Namen: Godelint (w.), ➤ Gottfried?, Guda (w.), Gudebert, ➤ Gudela (w.), ➤ Gudrun (w.)?, ➤ Gudula (w.)?, ➤ Gustav?, Guterun (w.)

GOS / GOT – „Gote“
Von allen Stammesnamen hat der der Goten oder Gauten die nachhaltigsten Spuren in unserem Namenschatz hinterlassen; von den Hunderten Namen mit diesem Element sind allerdings nur die wenigsten noch in Gebrauch. Ausgangspunkt ist dabei sicher die Bezeichnung eines Fremden mit dem Beinamen „Gote“; später wurde dieser Name Teil des germanischen „Baukastensystems“ für ihre zweigliedrigen Namen und erscheint sowohl als Erst- als auch als Zweitglied.
Das ostgermanische Volk der Goten siedelte ursprünglich im Ostseeraum und bewegte sich bis Anfang des 3. Jahrhunderts in Richtung Schwarzes Meer, wobei sie offenbar Teile anderer Völker an sich zogen, und ließen sich in der heutigen Ukraine nieder. Später gründete ein Teil, die sogenannten Ostgoten, ein Reich, das Italien und Teile des Balkans umfasste und bis Mitte des 6. Jahrhunderts Bestand hatte. Der andere Teil des Volks, die sogenannten Westgoten, zogen innerhalb von rund 130 Jahren durch ganz Griechenland und Italien bis nach Spanien und gründeten dort ein Reich. Als Volk gingen sie in dem Moment unter, als sie den katholischen Glauben annahmen und sich mit den Einheimischen vermischten; das Westgotische Reich fiel 711 durch die muslimischen Invasoren.
Der Name *Goten* ist eine Selbstbezeichnung; sehr wahrscheinlich hängt er mit unserem Wort *gießen* zusammen und heißt „die (Samen) Ergießenden“, also „die (wahren) Männer“.
Namen: Adalgaud, Gautberga (w.), Gautbert, Goswin, Gotelind/-e (w.), ➤ Gudula (w.)?, ➤ Gustav?, Hardgot

GOTT – „Gott“
Das Namenwort GOTT tritt verständlicherweise nur als Erstglied auf; sicher scheute man sich, einen Menschen als „Gott“ zu bezeich-

nen. GOTT und ➤ GODA, gut, sind in Namen schwer auseinanderzuhalten, zu ähnlich sind die beiden Namenglieder. Vermischung ist auch möglich mit GUTH ➤ GUND, Kampf, und vielleicht auch mit ➤ GOS, Gote. In alten Namen konnte sich das ursprünglich sächliche Wort *Gott* auf irgendeine germanische Gottheit beziehen, so wie ➤ ANS einen beliebigen (Halb-) Gott meinen konnte. Dies wurde vermutlich mit dem Wunsch verbunden, die Gottheit möge den Namensträger beschützen, ihm im Kampf beistehen. Erst unter christlichem Einfluss wurde das Wort männlich und meinte dann ausschließlich den Christengott; so wurden dann auch die Namen mit diesem Element verstanden. Im Pietismus des 17./18. Jahrhunderts wurden diese Namen wiederbelebt, und es kamen einige neue Namen dieser Art auf, etwa ➤ Gotthelf oder ➤ Gottlieb. Bei solchen Satznamen konnte *-gott* auch am Ende stehen (➤ Fürchtegott). Auch unter Juden in Deutschland waren Namen mit diesem Element sehr beliebt, denn „Gott" (hebräisch *el* oder *ja*, der Gottesname) ist ein häufiges Element biblisch-jüdischer Namen.
Mittel- und auch althochdeutsch *got* geht zurück auf germanisch **gutha*, Gott(heit). Die Herkunft des Wortes ist ungewiss: Entweder ist ein *Gott* ein mit Zaubersprüchen „angerufenes" Wesen (zu indoeuropäisch **ghuto*, anrufen), oder eines, „dem geopfert wird"; dahinter soll eine Sprachwurzel stehen, die auch unserem Wort *gießen* zugrunde liegt und die in Richtung eines Trankopfers weist (vgl. ➤ GOS/GOT).
Namen: ➤ Fürchtegott, ➤ Gottfried?, Gotthard, Gotthelf, Gotthild (w.), Gotthold (fast nur noch als Nachname bekannt), ➤ Gottlieb, Gottschalk (auch meist Nachname), ➤ Götz, ➤ Gudula (w.)?, ➤ Gustav?, ➤ Traugott

Gottfried (m.) deutsch. Der zweite Teil des Namens ist althochdeutsch *fridu*, Einfriedung, Schutz, Friede (➤ FRIED). Schwerer ist der erste Teil zu deuten: ➤ *GOTT* und *gut* (➤ GODE) werden hier vorgeschlagen, theoretisch wäre auch der Stammesname der *Goten* (➤ GOS) denkbar. Wenn „Gott" der ursprüngliche Sinn des ersten Teils ist (davon geht man allgemein aus), dann war zunächst ein heidnischer Gott gemeint; im Zuge der Christianisierung wurde der Name dann auf den christlichen Gott umgedeutet. – Der heilige Gottfried von Amiens (in Nordfrankreich) war ebendort Bischof Anfang des 12. Jahrhunderts; unerschrocken tadelte er den Lebenswandel hoher Kirchenleute seiner Zeit. Sein Namenstag ist der 8. November. Gottfried von Straßburg, gestorben um 1215, war einer der bedeutendsten Dichter des Mittelalters. Als sein Hauptwerk gilt ➤ *Tristan*, eine Bearbeitung des *Tristan und Isolde*-Stoffes (➤ Isolde). – Gottfried ist einer der beliebtesten altdeutschen Taufnamen des Mittelalters; zur Zeit des Pietismus (17./18. Jahrhundert) kommt er wieder in Mode und wird bis in die 60er-Jahre des 20. Jahrhunderts nicht nur in christlichen Familien gerne gegeben.

Gottlieb (m.) deutsch. Zur Zeit des Pietismus, einer geistlichen Erneuerungsbewegung in der evangelischen Kirche im 17. und 18. Jahrhundert, kamen solche frommen Namen auf wie ➤ Fürchtegott oder ➤ Traugott. Auch Gottlieb ist ein solcher Satzname und bedeutet genau das, was er sagt: „Liebe Gott!" Gleichzeitig ist Gottlieb auch die wörtliche Übersetzung des griechischen Namens ➤ Theophil und seiner lateinischen Form ➤ Amadeus. Vielleicht ist das der Grund, warum Gottlieb weitaus häufiger vorkommt als die Umkehrung Liebegott. Ein weiterer Grund könnte darin liegen, dass Gottlieb auch ein alter deutscher Name ist, als Goteleib schon im 6. Jahrhundert bezeugt; die Pietisten haben ihn wohl nur wiederbelebt. Sein erster Teil ist ➤ *GOTT*, der zweite ➤ *LEIBA*, Erbe. – Aus einem pietistischen Haus stammte der deutsche Dichter ➤ Friedrich Gottlieb Klopstock (1724–1803). Der deutsche Ingenieur Gottlieb ➤ Wilhelm Daimler schuf zusammen mit Wilhelm Maybach 1886 den ersten vierrädrigen Wagen mit Verbrennungsmotor. Seit dem 20. Jahrhundert ist der Name selten.

Götz (m.) Kurzform von ➤ Gottfried („Gott" + „Schutz") oder Gottschalk („Gott" + „Knecht"). – Durch Goethes *Götz von Berlichingen* wurde der „Ritter mit der eisernen Hand" bekannt. Gottfried (1480–1562), so sein eigentlicher Name, spielte eine Rolle im schwäbischen Bauernkrieg. Er verlor die rechte Hand durch einen Schuss und trug daraufhin eine eiserne Prothese. Berlichingen liegt zwischen Heilbronn und Bad Mergentheim. – Als Gozo ist der Name schon im 13. Jahrhundert bezeugt; seit dem 20. Jahrhundert wird er selten gegeben.

Gregor (m.) griechisch. Der Erste, der sich Gregor(ios) nannte, war Gregor „Thaumaturgos", „der Wundertäter", Mitte des 3. Jahrhunderts Bischof von Neocäsarea (am Schwarzen Meer, heute Niksar). Er stammte aus einer heidnischen Familie, hieß eigentlich Theodor und nahm den zweiten Namen wohl erst lange nach seiner Taufe an. Er entnahm ihn dem biblischen Buch Daniel (4,10); dort ist die Rede von einem „heiligen Wächter", der vom Himmel herabkommt. Ein griechisches Wort für Wächter ist *gregorós* (zu *egeírein*, wecken), das Adjektiv dazu lautet *gregórios*, wachsam. Gregor deutete diesen „Wächter" mithilfe einer anderen Bibelübersetzung als „Engel" und erzählt, wie ein Engel ihn und seinen Bruder zu seinem späteren Lehrer Origines führte; dadurch erst wurde er Christ. Bald verstand man den Namen auch im Sinne der Wachsamkeit aller Christen, die die Wiederkunft Jesu nicht verschlafen sollen. Der Namenstag von Gregor dem Wundertäter ist der 17. November. Mehrere Kirchenlehrer und Päpste trugen später den Namen Gregor. – In Deutschland taucht der Name im 8. Jahrhundert auf; die Belege sind aber von denen für ➤ Georg kaum zu trennen (es findet sich sogar die Form Gregorg).

Greta / Grete (w.) Kurzform von ➤ Margarete (griechisch: „Perle"). – Kurzformen wie Grieta sind schon seit dem 14. Jahrhundert in Deutschland belegt; seit den 1990er-Jahren wird der Name zusehends beliebter und hat sich 2010 in die Gruppe der 50 beliebtesten Mädchennamen hochgearbeitet.

GRIM – „Maske, Helm"
Namen mit diesem Element sind fast vollständig verschwunden aus unserem Namenschatz; nur ➤ Kriemhilde ist bekannt aus dem Nibelungenlied, verbreitete sich aus diesem Grund im 19. Jahrhundert und findet sich heute noch gelegentlich.
Grima ist im Altsächsischen, Altenglischen und Altnordischen die „Maske" oder auch der „Helm". Als vor rund tausend Jahren das Wort aus dem althochdeutschen Wortschatz verschwand, wurde das Namenglied nicht mehr verstanden und als „grimmig" (althochdeutsch *grim*) gedeutet. Es lebt wahrscheinlich in der *Grimasse* weiter, die aus dem Französischen rückentlehnt wurde, wohl aber auch auf germanisch **griman*, Maske, Helm, zurückgeht. Ursprünglich war damit eine tarnende Gesichtsbemalung gemeint, zu einer indoeuropäischen Wurzel **ghrei-*, bestreichen. Vermutlich ist auch die *Creme* damit verwandt, die wahrscheinlich auf Griechisch *chrìein*, bestreichen, salben, zurückgeht. Wenn das stimmt, hängt auch *Christus* damit zusammen: Auch er ist „gesalbt".
GRIM könnte sich wie ➤ HELM oder ➤ RAND mühelos einreihen in die Namenwörter, die Waffen eines Kriegers benennen. Man vermutet jedoch, dass es sich bei diesen Masken um Tiermasken handelt; die Helme könnten entsprechend mit Tiersymbolen oder -figuren versehen gewesen sein. Kult und Krieg berühren sich hier, und es stehen wohl magische Vorstellungen aus grauer Vorzeit im Hintergrund. Denen zufolge identifiziert der Krieger sich nicht nur mit dem gefürchteten und verehrten Tier, sondern wird selbst zum Bären (➤ BER) oder ➤ WOLF und erlangt dessen Kräfte und Fähigkeiten. Eine klare Trennung zwischen Mensch und Tier (und Ding) gab es damals nicht. Man mag hier an Masken- oder Tiertänze denken, doch die genauen Vorstellungen bleiben im Dunkeln.
Einen Hinweis in diese Richtung gibt vielleicht der Männername Isegrim(m). Der lässt sich erklären als „Eisenhelm", doch ist das Wort gleichzeitig der Name des Wolfes im Tierepos, vielleicht weil sein Gesicht oder überhaupt sein Fell grau wie Eisen ist. Auch Grimulf und Wolfcrim sind vielleicht so zu deuten.
Namen: Alfgrim, Eburgrim, Grimbald, Grimulf, ➤ Kri(e)mhilde (w.), Wolfcrim

Gudrun (w.) deutsch. Der Name ist zusammengesetzt aus althochdeutsch ➤ *GUND*, Kampf (oder aber *gud*, ➤ GOTT, oder *guot*, gut, ➤ GODE), und *runa*, Geheimnis, Geheimniskünderin (➤ RUN). – Die Gudrun-Sage spielt im Hegelingenland des Königs Hetel, das sich von Dänemark bis Holland erstreckt: Der Normannenfürst ➤ Hartmut hält um die Hand der wunderschönen Königstochter

Gudrun an, ihr Vater aber weist ihn ab. Inzwischen wird Gudrun dem Herwig von Seeland verlobt. Doch Hartmut raubt sie und flieht. Herwig nimmt die Verfolgung auf, muss aber bald aufgeben, und Gudrun verbringt neun qualvolle Jahre am Hofe Hartmuts. Dessen Mutter Gerlind (➤ Gerlinde) versucht sie mit harter Arbeit ihrem Sohn gefügig zu machen. Doch schließlich befreit Herwig seine Braut, und die Liebenden sind vereint. In der nordischen Version des Nibelungenlieds trägt ➤ Kriemhild den Namen Gudrun. – Im Mittelalter ist der Name beim Adel beliebt, im 19. Jahrhundert kommt er wieder in Mode und wird bis weit ins 20. Jahrhundert gerne gegeben; etwa zwischen 1940 und 1960 gehört er zu den 50 beliebtesten Mädchennamen mit Platz 23 als Spitze im Jahr 1953.

Gudula (w.) deutsch. Gudula (auch Gudela) ist eine Erweiterung zu Guda – so viel steht fest, alles andere ist unsicher. Guda kann „die Gute" sein, zu althochdeutsch *guot*, gut, trefflich (➤ GODE). Guda kann aber auch eine Kurzform sein von Namen mit diesem Element, etwa Godelind oder Gutburg – allerdings auch von Namen mit dem Element ➤ *GOTT*, das von *gut* kaum zu trennen ist. Hier ist in erster Linie an den niederdeutschen Namen Godolewa zu denken, eine weibliche Form von ➤ Gottlieb. Aber auch Namen mit ➤ *GUND*, Kampf, konnten zu Guda verkürzt werden. – Die heilige Gudula von Brüssel (auch Gudila, ➤ Gudrun oder Goule), eine adelige Ordensfrau im 7./8. Jahrhundert, führte ein frommes Leben in Selbstverleugnung, Nächstenliebe und Gebet, heißt es. Einer Legende zufolge blies auf dem Weg zur Kirche der Teufel die Laterne der vorausgehenden Magd aus – Engel aber entzündeten sie wieder. Gudulas Namenstag ist der 8. Januar. – Der Name findet sich in Deutschland ab dem 13. Jahrhundert (als Gudela) und bleibt selten.

Guido (m.) [gido], romanische Form von Wido. Aus ➤ Wilhelm wurde Guillaume, aus ➤ Walter Gauthier und aus Wido Guido. Das Anfangs-W bei germanischen Namen wurde zu G, sobald man sie ins Französische oder Italienische übertrug. Das lag daran, dass die Romanen ein anlautendes U (so wurde das W gesprochen) nicht bilden konnten und es durch einen Verschlusslaut ersetzten, ähnlich wie sie es von Wörtern wie *quando* kannten. Wido ist eine Kurzform von Namen, die mit dem Element *wid* beginnen, etwa Widbert, Widfrid oder Widukind. Wahrscheinlich geht *wid* zurück auf althochdeutsch *witu*, Holz, Wald, und bezeichnete vielleicht einen Menschen, der im oder am Wald wohnte. Möglicherweise steht aber auch althochdeutsch *wit*, weit, dahinter; dann könnte jemand gemeint gewesen sein, der von weit her kam, ein Fremder. Auch an *wissen*, althochdeutsch *wizzan*, ist hier vielleicht zu denken. Der Name Wido wurde auch schon sehr früh vermischt mit Vitus (zu lateinisch *vita*, Leben?). – Mehrere Heilige trugen diesen Namen, der bedeutendste dürfte Guido Vagnotelli (von Cortona, rund 80 km südöstlich von Florenz) sein. Er schloss sich im Jahr 1211 der Gemeinschaft des ➤ Franz von Assisi an und zog als charismatischer Prediger durchs

Land. Sein Namenstag ist der 12. Juni. Ein weiterer bedeutender Heiliger dieses Namens war Guido (Wido) von Pomposa (bei Ravenna), Abt des dortigen Klosters im 11. Jahrhundert; sein Fest ist am 31. März. – Der Name ist seit dem 14. Jahrhundert in Deutschland belegt; in den 1960er- und den frühen 70er-Jahren gehört er zu den 100 beliebtesten Jungennamen.

Guildo (m.) [gildo], Form von ➤ Gildo (➤ GILD, Vergelter, Opferer?), die eine italienische Aussprache [dschildo] des Namens vermeiden soll. – Der Schlagersänger Guildo Horn wurde 1963 als Horst Köhler geboren.

GUND – „Kampf", „Schlacht", „Kämpfer"
Das Wort ist schon im Hochmittelalter aus dem deutschen Sprachschatz verschwunden und nur noch in Namen zu finden – dort aber recht häufig, und zwar sowohl als Erst- wie auch als Zweitglied. Das Wort, althochdeutsch *gund*, germanisch **gunthaz* (maskulin) bzw. **gunthi* (feminin), bedeutet „Kampf", Ersteres als Zweitglied wohl aber auch „Kämpfer" (etwa in Baudegund mit dem ersten Namensteil *baud* ➤ BOD, gebieten). Dahinter steckt vielleicht eine indoeuropäische Sprachwurzel mit der Bedeutung „schlagen, töten". In vergleichbaren englischen Namen erscheint GUND als GYTH (➤ Edith), im Sächsischen als *guth*. Deswegen sind Vermischungen mit ➤ GODE, gut, ➤ guda ➤ GOTT, und vielleicht auch ➤ GOS, Gote, nicht auszuschließen.
Namen: ➤ Edith (w.), Elfgund (w.), Friedegund (w.), ➤ Gudrun (w.)?, ➤ Gudula (w.)?, Gunda (w.), ➤ Gundela (w.), Gundhilde (w.), ➤ Gundolf, ➤ Gundula (w.), ➤ Gunhild (w.), ➤ Gunilla (w.), ➤ Gunnar, ➤ Gunt(h)er, ➤ Günt(h)er, Gundthard, Guntram, Gundtrud (w.), Guntwin, Hildegund (w.), ➤ Kunigunde (w.), Margund (w.)

Gundolf (m.) deutsch. Gundolf setzt sich zusammen aus althochdeutsch ➤ *GUND*, Kampf, und ➤ *WOLF*. – Der heilige Gundolf wurde im Jahr 816 Bischof von Metz; sein Fest ist am 6. September. – Gundolf ist seit dem 14. Jahrhundert belegt und heute sehr selten.

Gundula (w.) deutsch. Gundula oder Gundela ist eine Erweiterung von Gundel, einer Kurzform von Namen mit dem Element ➤ *GUND*, Kampf. Frauennamen, die zu Gundel verkürzt werden konnten, sind ➤ Gundhilde (mit dem zweiten Glied *hiltia*, Kampf, ➤ HILD), ➤ Gudrun (mit *runa*, Geheimnis ➤ RUN; das erste Glied könnte hier auch ➤ *GOTT* oder *gut* ➤ GODE sein), Gundtrud (mit germanisch **thruthi*, Kraft, Stärke ➤ TRUD) oder Hildegund. – Die heilige Gundula von Mailand soll um das Jahr 286 als Märtyrerin in der Nähe von Mailand ums Leben gekommen sein; sonst ist nichts über sie bekannt. Ihr Namenstag ist der 6. Mai. In Deutschland ist der Name nicht vor dem 20. Jahrhundert belegt, die Form Gundel schon etwas früher.

Gunhild / Gunhilde (w.) nordisch. Die beiden Teile des Namens sind althochdeutsch ➤ *GUND* (altnordisch *gunnr*), Kampf, und *hiltia (hildr)*, Kampf, Kämpfer (➤ HILD). – Drei Heilige dieses Namens werden in der katholischen Kirche verehrt – möglicherweise handelt es sich jedoch um ein und dieselbe Person, denn die Quellen sind dürftig: Gunthildis von Ohrdruf kam auf Einladung des Bonifatius aus dem Kloster Wimborn in Dorset, Südengland, nach Deutschland und wurde erste Äbtissin des Klosters Ohrdruf bei Gotha; ihr Namenstag ist der 8. Dezember. Gunthildis von Suffersheim bei Eichstädt lebte möglicherweise im 11. Jahrhundert und diente als Viehmagd bei einem Gutsherrn; ihr Fest ist der 22. September. Gunthildis von Biblisheim im Elsass war vielleicht hundert Jahre später erste Äbtissin im dortigen Benediktinerkloster (21. Februar). – Die ältesten Belege für Gunhild reichen zurück bis ins 6. Jahrhundert; seit dem 20. Jahrhundert bleibt der Name selten.

Gunilla (w.) schwedische Form von ➤ Gunhild („Kampf" + „Kampf"). In Schweden ist diese latinisierte Form entstanden und erfreut sich dort Mitte des 20. Jahrhunderts großer Beliebtheit. In Deutschland taucht der Name Mitte des 20. Jahrhunderts auf und bleibt selten.

Gunnar (m.) schwedische Form von ➤ Gunter („Kampf" + „Heer"). – Der Name erscheint in Deutschland erst im 20. Jahrhundert und kratzt Mitte der 70er-Jahre kurz an den Top 50.

Gunter / Günter / Gunther / Günther (m.) deutsch. Der Name ist zusammengesetzt aus althochdeutsch ➤ *GUND*, Kampf, und ➤ *HER*, Heer(fahrt), Menge. Seine Beliebtheit verdankt er dem Gunther des Nibelungenlieds. Dessen zukünftiger Schwager ➤ Siegfried hilft Gunther bei der Brautwerbung: Mit seiner großen Kraft und mithilfe einer Tarnkappe macht er die isländische Prinzessin Brünhild (➤ Brunhilde) gefügig: zunächst auf dem Sportplatz, dann im Bett. Später lässt sie Siegfried durch ➤ Hagen von Tronje ermorden, und als Jahrzehnte danach während des großen Showdowns die Schandtat gesühnt wird, kommt Gunther ums Leben durch das Schwert ➤ Kriemhilds, Siegfrieds Witwe. – Der heilige Günther von Niederaltaich (um 955–1045) stammte aus Thüringen, trat in das Kloster Niederaltaich (bei Deggendorf an der Donau) ein und lebte später als Einsiedler. Sein Namenstag ist der 9. Oktober. – Die Belege für diesen alten Namen reichen zurück bis ins 9. Jahrhundert, im gesamten Mittelalter ist er äußerst beliebt. Die Wiederentdeckung des Nibelungenlieds Ende des 19. Jahrhunderts macht Gunther zu einem der populärsten deutschen Vornamen im 20. Jahrhundert, in den 20er- und 30er-Jahren stets unter den Top 10 zu finden.

Gustav (m.) schwedisch. Die Stammesbezeichnung *gautr*, Goten (➤ GOS), und altnordisch *stafr*, Stab, Stütze, könnten die beiden Teile des Namens sein. Für das erste Element von Gustav wird aber auch ➤ *GOTT* oder *gut* (➤ GODE) vorgeschlagen. Eine andere Theorie leitet den Namen ab von slawisch Gos(tis)lav aus *gost*, Gast (auch: Freund; oder von einem Wort für „Wille"), und *slava*, Ruhm. – Der heilige Gustav von Schweden lebte im 9. Jahrhundert im Norden des Landes als Einsiedler; sein Namenstag ist der 10. März. Weitaus mehr Einfluss auf die Namengebung hatte König Gustav II. Adolf von Schweden: Im 17. Jahrhundert griff er in den Dreißigjährigen Krieg ein und wurde später als Retter des Protestantismus gefeiert. Vor allem aber sah er die schwedische Vormachtstellung an der Ostsee gefährdet durch die nach Norden vordringenden Habsburger. Einen entscheidenden Sieg feierte er bei Breitenfeld im Jahr 1631. Ein Jahr später starb er in der Schlacht bei Lützen (beide Orte liegen bei Leipzig) und wurde in der Folge als Märtyrer verehrt. Sein Gedenktag (evangelisch) ist der 6. November. – Im 20. Jahrhundert nimmt der Name stetig an Bedeutung ab und verschwindet als Babyname um 1950 fast ganz; erst im neuen Jahrtausend wird Gustav wieder etwas häufiger gegeben.

Gwen (w.) walisisch. Gwen ist zum einen ein eigenständiger Name; das walisische Wort *gwen*, die weibliche Form von *gwyn*, bedeutet weiß, blond, schön, gesegnet oder heilig. Ursprünglich bezog sich der Name wohl auf das blonde Haar oder den hellen Teint einer Person. Gwen kann jedoch auch eine Kurzform von Gwendolen ➤ Gwendolin sein, zusammengesetzt aus *gwen* und *dolen*, Ring, Kettenglied, Bogen. – Der Name Gwen erscheint in Deutschland in den 60er-Jahren des 20. Jahrhunderts und bleibt selten.

Gwendolin (w.) walisisch. Gwendolen, so die ursprüngliche Form des Namens, ist zusammengesetzt aus den beiden walisischen Wörtern *gwen*, weiß, blond, schön, gesegnet oder heilig, und *dolen*, Ring, Kettenglied, Bogen. – Geoffrey von Monmouth schreibt im 12. Jahrhundert eine alte walisische Legende auf: Der britannische König Locrine würde gerne die Germanenprinzessin Estrildis heiraten, hat jedoch Gwendolen die Ehe versprochen, woran deren Vater Corineus ihn mit der Streitaxt in der Hand erinnert. Estrildis aber wird Locrines Geliebte. Als Corineus stirbt, macht der König sie zu seiner Frau; da stellt Gwendoline eine Armee auf und zieht gegen Locrine in den Krieg. Locrine wird getötet; Estrildis und ihre Tochter ➤ Sabrina aber lassen Gwendolen im nahe gelegenen Fluss ertränken. – Der Name erscheint in Deutschland 1930 zum ersten Mal, und zwar in der Form Gwendolyn. Alle genannten Formen, dazu Gwendolena und Gwedolene, bleiben sehr selten.

H

HAD – „Kampf"
Germanisch **hathu* ist einer von mehreren Ausdrücken für den Kampf oder das Kämpfen allgemein (➤ GUND, ➤ HILD, ➤ WIG). Schon im Althochdeutschen (um 800) ist das Wort als eigenständige Vokabel verschwunden und lebt heute außer in Namen nur noch im *Hader* fort und möglicherweise im *Hass*. Dahinter steht eine indoeuropäische Sprachwurzel **kath(u)*, Kampf, die sich auch im Keltischen *(cath*, Kampf) und wohl auch im Griechischen (*kótos*, Zorn) findet.
Namen: ➤ Alfons, Gunthad, Hademar, Hadubrand, Hadulinde (w.), ➤ Hedwig (w.), Sigihad

HAG – „Umfriedung, Schutz"
Bis auf ➤ Hagen sind die HAG-Namen fast vollständig aus unserer Namengebung verschwunden. Ursprung und Bedeutung des Namenworts sind unklar. Meist wird es zurückgeführt auf *Hag*, Dorngebüsch, kleiner Wald. Das kennen wir zusammengezogen noch als *Hain*, aus althochdeutsch *hag(an)*, geflochtener Zaun, Dorngestrüpp. Das wiederum geht zurück auf germanisch **hag*; dahinter nimmt man eine indoeuropäische Wurzel **kap*, fassen, an. Ein *Hag* ist also ursprünglich ein umzäuntes, um*heg*tes Stück Land oder Wald. Damit verwandt sind die *Hecke*, die *Hagebutte*, das *Heck* (ursprünglich das Schutzgitter, das den Platz des Steuermanns hinten auf dem Schiff umgab) und wahrscheinlich auch die *Hexe* (die vielleicht auf der *Hecke* ritt oder lauerte). Der *Hagestolz* (als Name: *Hagustalt*) weist auf ein mögliches Motiv für HAG als Namenglied: Heute ein älterer Junggeselle, war der Hagestolz ursprünglich der „Besitzer eines umfriedeten Nebengutes", das so klein war, dass er als Nachgeborener nicht davon leben und eine Familie gründen konnte (die Angleichung an *stolz* erfolgte später). Da das Land wie auch das Gehöft früher grundsätzlich durch Hecken geschützt werden musste vor wilden Tieren wie auch vor dem Wind, zeugt das Namenglied vielleicht vom Stolz auf das eigene Land als Besitz und Herrschaftsgebiet (vgl. ➤ GARD, ➤ FRIED und ➤ ODAL). Andere denken an einen „Grenzbewacher".
Eine zweite Erklärung führt zu germanisch **hag*, bequem, passend, brauchbar, das wir noch in unserem Wort *behaglich* finden. Das wird manchmal zu *Hag* gestellt und mit germanisch **hagan*, schützen, hegen, erklärt. Als Grundbedeutung wird aber auch „nähren" oder „können" angenommen. Welchen Sinn das in Namen ergibt, ist schwer zu sagen.
Namen: Hagabald, Haganrich, Hageburg (w.), ➤ Hagen, Hagestolt, Hagiwolf, Hainarad, ➤ Harry?, ➤ Heike (w.)?, Heinbert, ➤ Heiner?, ➤ Heino?, ➤ Heinrich?, ➤ Heinz?, ➤ Henning?

Hagen (m.) deutsch. Hagen ist eine Kurzform von Namen wie Hagubald oder Hagimar mit dem ersten Namenglied ➤ *HAG* („Einhegung" oder aber „passend"). Daneben wird auch „Eber" oder „dienstbar" als Bedeutung vorgeschlagen. – Bekannt wurde der Name vor allem durch die Figur des Hagen von Tronje aus dem Nibelungenlied. Er gehört zu den Rittern der drei königlichen Brüder ➤ Gunther, ➤ Gernot und Giselher. Im Auftrag von Gunthers Frau Brünhild (➤ Brunhilde) ermordet er den Helden ➤ Siegfried, er stößt ihm den Speer just an der Stelle in den Rücken, an der Siegfried verwundbar ist: zwischen den Schulterblättern, wo ein Lindenblatt auf seine Schultern fiel, als er im Blut des Drachens badete. Am Ende der langen und traurigen Geschichte besiegt ➤ Dietrich von Bern (gemeint ist das italienische Verona) Hagen und nimmt ihn gefangen. Siegfrieds Witwe ➤ Kriemhilde rächt ihren Mann auf blutige Weise … – Der Name ist in Deutschland seit dem 14. Jahrhundert zu finden, bleibt aber relativ selten.

Hanna / Hannah (w.) hebräisch. In der hebräischen Bibel lautet der Name Channa; das hängt zusammen mit dem Wort *chen* [chehn; mit ch wie in Bach] für „Gnade, Barmherzigkeit, Anmut". Die Grundbedeutung von *chen* ist „sich beugen": Gott hat der Mutter Gnade gezeigt (sich zu ihr herabgebeugt), indem er ihr dieses Kind schenkt (vgl. englisch *grace*). – Im Alten Testament ist Hanna die Mutter des Propheten ➤ Samuel. Nach langer Unfruchtbarkeit und viel Spott ihrer Konkurrentin Peninna bekommt sie einen Sohn; ihr Lobgesang nach der Geburt ist einer der schönsten Psalmen (1. Samuel 1–2 und 9). In der griechischen Übersetzung des Alten Testaments wird der Name mit ➤ Anna wiedergegeben. – Im Neuen Testament kommt die alte Prophetin Hanna hinzu, als die Eltern von Jesus das Kind in den Tempel bringen. Sie lobt Gott, dass er den Erlöser gesandt hat (Lukas 2,36–38). – Hanna kann auch eine Kurzform von ➤ Johanna sein (hebräisch: „Der Herr ist gnädig"), der weiblichen Entsprechung zu ➤ Johannes. – Der Name Hanna ist im Mittelalter in Deutschland zwar bekannt; volkstümlich wird er (zusammen mit Johanna) jedoch erst zur Zeit des Pietismus im 18. Jahrhundert. In der ersten Hälfte des 20. Jahrhunderts ist Hanna relativ beliebt; nach einem Tief um 1970 herum steigt er bis zur Jahrtausendwende raketenartig in der Gunst der Eltern und hält sich seitdem meist unter den Top 10.

Hannelore (w.) aus Hanne ➤ Hanna (hebräisch: zu einem Wort für „Gnade") und Lore ➤ Eleonore („fremd" + ?). – Seit Ende des 19. Jahrhunderts ist der Name in Deutschland zu finden und gehört im 20. Jahrhundert zu den beliebtesten Doppelnamen; zwischen den 20er- und den 50er-Jahren ist Hannelore durchgängig unter den Top 20.

Hannes (m.) Kurzform von ➤ Johannes (hebräisch: „Der Herr ist gnädig"). – Diese Namensform erscheint in Deutschland nicht vor dem 19. Jahrhundert. Um 1980 erreicht Hannes die Top 100, und Anfang des 21.

Jahrhunderts gehört der Name zu den 50 beliebtesten Jungennamen.

Hanni (w.) Koseform von ➤ Hanna (hebräisch: zu einem Wort für „Gnade“)

Hanno (m.) Kurzform von ➤ Johannes (hebräisch: „Der Herr ist gnädig“) und anderer Namen. – Der heilige Hanno von Köln hat sein Fest am 5. Dezember; er war im 11. Jahrhundert Erzbischof von Köln. Eigentlich hieß er Anno, eine Kurzform von ➤ Arnold („Adler“ + „herrschen“). Hanno kann jedoch auch eine Verkürzung des historischen Namens Hagano sein, die schon im 14. Jahrhundert belegt ist; dahinter steckt das Namenglied ➤ *HAG* („geflochtener Zaun, Dorngestrüpp“ oder aber „brauchbar“). Auch an eine Zusammenziehung von Johann Hugo hat man gedacht. Schließlich gab es in der Antike Hanno auch als punischen, also phönizischen Namen, wahrscheinlich eine Kurzform von Hannibal (phönizisch: „Baal hat sich erbarmt“). Seit den 1970er-Jahren wird der Name nur noch selten gegeben.

Hans (m.) Kurzform von ➤ Johannes (hebräisch: „Der Herr ist gnädig“). – Die große Beliebtheit von Johannes führte zur ebenso weiten Verbreitung der Kurzform Hans seit dem 14. Jahrhundert. Hänsel und Gretel, Hans im Glück, Hans Guckindieluft – Hans war und ist so volkstümlich, dass der Name in zahllosen Märchen und Liedern vorkommt und – ähnlich wie ➤ Jan (Dummerjan, Liederjan, Schlendrian) – schließlich eine Gattung bezeichnet: Hansdampf in allen Gassen, Schmalhans, Hanswurst, Prahlhans. Bis in die 1960er-Jahre ist Hans als absoluter Modename unter den Top 10 zu finden, häufig in Zusammensetzungen wie Hansjoachim (➤ Joachim), Hansjürgen (➤ Jürgen), Hansmartin (➤ Martin), Hanspeter (➤ Peter), Hanswerner (➤ Werner) usw. (jeweils mit oder ohne Bindestrich).

Harald (m.) skandinavische Form von Herold oder Herwald. Letztere Form zeigt den Ursprung des Namens: althochdeutsch *heri*, Heer (➤ HER), und *waltan*, walten, herrschen (➤ WALT). Wir kennen das Wort *Herold*, das ist nichts anderes und muss ursprünglich einen höheren Heeresbeamten bezeichnet haben; heute hat es die Bedeutung „Bote“. Vertauscht man die beiden Namenselemente, ergibt sich ➤ Walt(h)er. – In der Form Harald kommt der Name aus dem Norden zu uns. Harald I. „Harfagr“ („Schönhaar“) war im 9./10. Jahrhundert der erste König von Norwegen. Es heißt, er habe um die Hand von Prinzessin Gyda angehalten, die jedoch habe darauf bestanden, dass Harald zuerst das Nordreich eine. Als Zeichen seiner Entschlossenheit ließ er sich die Haare wachsen, bis er ganz Norwegen erobert hatte. Das Reich zerfiel jedoch bald nach seinem Tod, nicht zuletzt weil er – nicht nur mit Gyda – gut anderthalb Dutzend potenzielle Thronfolger gezeugt hatte. Rund vierzig Jahre nach Schönhaars Tod bestieg der Däne Harald Blauzahn den Thron des nun wieder geeinten Nordreichs; ihm verdankt die „Bluetooth“-Technik ihren Namen, die unterschiedliche Geräte oder deren

Teile mühelos miteinander verbindet. – Der heilige Harald starb, zusammen mit seinen Söhnen Oderich und Carillus, 574 als Märtyrer in Brescia (rund 80 km östlich von Mailand); sein Namenstag ist der 1. September. – Tacitus erwähnt im 2. Jahrhundert den Bataverfürsten Chariovalda, und in der Form Herold findet sich der Name über die Jahrhunderte. Harald jedoch erscheint in Deutschland erstmals im ausgehenden 18. Jahrhundert und wird dann im 20. Jahrhundert heimisch; etwa zwischen 1920 und 1970 gehört Harald meist zu den 20 beliebtesten Jungennamen.

Hardo (m.) Hardo ist eine Kurzform verschiedener Namen, die mit dem Element *hard* oder ➤ HART gebildet sind. Das Wort entspricht unserem Adjektiv *hart*, bedeutet darüber hinaus aber auch „stark, tapfer, kühn". Aus der Vielzahl von *Hart*-Namen seien hier herausgegriffen: ➤ Hartmut mit dem zweiten Element „Mut, Herz, Seele, Gemüt", ➤ Hartwig, wobei ➤ *WIG* „Kampf" bedeutet, ➤ Hartlieb mit dem zweiten Namensteil ➤ *LIEB* oder *leib*, Erbe, Nachkomme (➤ LEIBA). Viele Namen enden auch auf *-hard:* ➤ Bernhard (➤ BERN), ➤ Eberhard (➤ EBER) und ➤ Leonhard (➤ LEO) tragen den Namen des jeweiligen Tiers, ➤ Gerhard einen „Speer" und ➤ Ekkehard ein scharfes Schwert (*ekka* ist die Klinge ➤ EGIN); ➤ Richard war vielleicht als „Herrscher" in seinem *Reich* hart, ➤ Burkhard auf seiner ➤ *BURG*. – Der Name Hardo erscheint in Deutschland nicht vor Mitte des 20. Jahrhunderts und bleibt sehr selten.

Hardy (m.) Kurzform verschiedener Namen, die mit dem Element *hard* oder ➤ HART gebildet sind (➤ Hardo). – Der deutsche Schauspieler Hardy Krüger wird 1928 als ➤ Eberhard ➤ August ➤ Franz ➤ Ewald Krüger in Berlin geboren; der Name bleibt bis heute selten.

Harold (m.) englische Form von ➤ Harald („Heer" + „Herrscher") oder Herold

Harro (m.) Harro ist eine friesische Kurzform von Namen, die mit *Har-* beginnen (➤ HER): ➤ Harold oder ➤ Harald („Heer" + „Herrscher"), Harbert oder ➤ Herbert („Heer" + „berühmt"). In Friesland findet sich die Form Harman für ➤ Hermann („Heer" + „Mann"). – Der Name Harro erscheint in Deutschland Ende des 18. Jahrhunderts und erlangt im 20. Jahrhundert einige Beliebtheit.

Harry (m.) englische [härri] Koseform von ➤ Henry ➤ Heinrich („Heim" + „Herrscher"). Als die Normannen im 11. Jahrhundert England eroberten, brachten sie außer ihrer romanischen Sprache auch viele Namen mit, darunter ➤ Henri [ohri; vorne wie in Pa*ravant*]. Weil die Engländer Probleme hatten mit der Aussprache des französischen Nasals, sagten sie Herry oder Harry und schrieben es später auch so. Heute ist Harry auch als Kurzform von Harold [härrld] („Heer" + „Herrscher") in Gebrauch, in Deutschland vom gleichbedeutenden ➤ Harald. – Der Name wird in Deutschland im 18. Jahrhundert aus dem Englischen übernommen und erfreut sich in der ersten Hälfte des 20. Jahrhunderts recht großer Beliebtheit mit Platzierungen unter den Top 100 bis etwa 1960; in der Zeit zwischen den Weltkriegen gehört Harry sogar zu den 50 beliebtesten Jungennamen.

HART – „hart, tapfer"
Über mittelhochdeutsch *hert* und althochdeutsch *hart(o)* geht das Wort zurück auf germanisch **hardu(z)*, hart, stark, tapfer, kühn (vgl. englisch *hardy*, zäh, kühn). Dahinter steht eine indoeuropäische Sprachwurzel **kar*, hart, zu der wohl auch griechisch *kratýs*, stark, gehört. Das Wort wurde anfangs auf die Waffe bezogen und dann auf den Kämpfer übertragen, später auch auf den Kampf. – Die Häufigkeit des Namenglieds gerade an zweiter Stelle führte zu Begriffen wie *Bankert* oder *Neidhart*. Hier ist *-hart* nur noch Nachsilbe, die einen Mann mit einer negativen Eigenschaft kennzeichnet: Der *Bankert* ist ein uneheliches Kind, das auf der Bank (der Magd) und eben nicht im Ehebett gezeugt wurde. *Neidhart* steht für einen Neider, ist aber aus unseren Wörterbüchern verschwunden. Im Mittelhochdeutschen gab es daneben noch den *Slinthart*, Schlemmer (zu *slint*, Schlund), und den *Nemhart*, der gerne nimmt. Vergleichbar ist der sehr häufige Name ➤ Jan (aus ➤ Johannes), der sich bis heute im *Dummerjan* und im *Liederjan* findet.
Namen: Adelhard, Bernarda (w.), ➤ Bernhard, ➤ Burkhard, Christhard, Degenhard, Deinhard, ➤ Eberhard, Eginhard, Einhard, ➤ Ekkehard, Engelhard, ➤ Erdmut(h)e (w.)?, ➤ Erhard, Friedhard, ➤ Gebhard, ➤ Gerd, ➤ Gerhard, Gotthard, ➤ Hardo, ➤ Hardy, Hartlint (w.), ➤ Hartmut, ➤ Hartwig, ➤ Le(o)nhard, Liebhard, ➤ Meinhard, ➤ Neidhard, ➤ Reinhard, ➤ Ricarda (w.), ➤ Richard, Sieghard, ➤ Volkhard, Wulfhard

H

Hartmut (m.) deutsch. Die beiden Teile des Namens sind althochdeutsch *harti*, fest, hart (➤ HART), und *muot*, Sinn, Gemüt, Mut (➤ MUT). – Verbreitung fand der Name in Deutschland seit dem 14. Jahrhundert vor allem durch die Gudrunsage: Der Normannenprinz Hartmut entführt ➤ Gudrun, die schöne Tochter des Dänenkönigs Hetel, auf sein Schloss; sie aber verweigert sich ihm. Hartmut selbst begegnet der Ablehnung Gudruns mit Ritterlichkeit, doch seine Mutter macht ihr das Leben sauer und lässt sie die Wäsche des Gesindes waschen. Nach Jahren schließlich befreit Herwig von Seeland Gudrun und übt Rache – nur Hartmut wird verschont. – Der heilige Hartmut von St. Gallen (im Nordosten der Schweiz) war ein Schüler des fränkischen Theologen Rabanus Maurus; im Kloster von St. Gallen lebte er als baufreudiger Abt, bis er 883 abdankte und sich als Rekluse (freiwillig eingeschlossener Büßer) zurückzog. Er starb an einem 23. Januar irgendwann nach 905; das ist auch sein Namenstag. – Der Name ist in Deutschland erstmals Ende des 14. Jahrhunderts belegt. Im 20. Jahrhundert gehört er bis in die 60er-Jahre zu den beliebten Jungennamen; etwa zwischen 1940 und 1960 ist er unter den Top 50 zu finden.

Hartwig (m.) deutsch. ➤ *HART*, tapfer, und ➤ *WIG*, Kampf, sind die beiden Glieder des Namens. – Der heilige Hartwig von Salzburg war ebendort Erzbischof von 991 bis zu seinem Tod am 14. Juni 1023; das ist auch sein Namenstag. Er reformierte viele Klöster und erneuerte den Salzburger Dom, der dann nach ihm benannt wurde. Während einer Pestepidemie und Hungersnot ließ Hartwig den Betroffenen alle erdenkliche Hilfe zukommen. Beim Volk war er sehr beliebt. So taucht der Name keine hundert Jahre nach seinem Tod auch in Deutschland auf und verbreitet sich rasch. Um die Mitte des 20. Jahrhunderts erfreut er sich einiger Beliebtheit.

Hauke (m./w.) friesisch. Der Name ist eine Kurz- oder Koseform von ➤ Hugo oder, wie Hugo selbst, von Namen, die mit dem Element ➤ *HUG*, Verstand, Gesinnung, Mut, beginnen, etwa Hugbert (mit dem zweiten Namenselement *berath*, strahlend, berühmt, ➤ BERT), besser bekannt als ➤ Hubert. Vergleichbare weibliche Namen aus dieser Zeit sind Hugilind (➤ *LIND*, sanft) oder Hugiswint (➤ *SWIND*, stark). Die Endung *-ke* entspricht dem hochdeutschen *-chen*. – Als männlicher Vorname taucht Hauke in der zweiten Hälfte des 15. Jahrhunderts auf. Keine hundert Jahre später ist die erste weibliche Hauke als Houwe oder Houke in Ostfriesland belegt; heute ist der Name selten.

Hedwig (w.) deutsch. Hedwig ist zusammengesetzt aus althochdeutsch *hadu*, Kampf (➤ HAD), und ➤ *WIG*, Kampf, Kämpfer. – Demut zeichnete die heilige Hedwig von Andechs (in Südbayern) aus, eine Tante der heiligen ➤ Elisabeth von Thüringen. Im Alter von zwölf Jahren heiratete sie Herzog ➤ Heinrich I. von Schlesien und gebar ihm sieben Kinder. Sechs davon starben, dazu ihr Mann. Hedwig widmete sich daraufhin hingebungsvoll dem Dienst an Armen und Kranken und gründete mehrere Frauenklöster. Selbst im Winter ging sie barfuß; als ihr Bischof sie aufforderte, Schuhe zu tragen, gehorchte sie – und trug sie in der Hand. Sie starb am 16. Oktober 1243; das ist auch ihr Namenstag. Hedwig gilt als Patronin von Schlesien, der Heimatvertriebenen sowie der Brautleute. – Schon im 10. Jahrhundert ist Hedwig bzw. Hadwig ein verbreiteter Adelsname: Die Mutter ➤ Heinrichs des Voglers, König der Ostfranken, heißt Hadwig, genau wie eine Schwester ➤ Ottos des Großen sowie die Schwester des Bayernherzogs Heinrichs des Zänkers. Anfang des 20. Jahrhunderts gehört der Name zu den beliebtesten 20 Mädchennamen, um 1930 fällt er aus den Top 50 und wird seit den 60er-Jahren kaum noch gegeben.

HEID – „Wesen, Art"
Wir kennen dieses Namenglied noch von der Nachsilbe *-heit* wie in Schön*heit* oder Wahr*heit*; auch die Endung *-keit* kommt daher. *Schönheit* ist also ein „schönes Wesen". Das althochdeutsche Nomen *heit* bedeutet Person, Persönlichkeit, Gestalt, Geschlecht oder auch (geistlicher) Stand und Würde. Es geht zurück auf eine germanische

Wortwurzel *haidu*, Erscheinung, Art; dahinter steht wiederum eine indoeuropäische Wurzel *skaid*, hell, leuchtend. Daher stammt auch unser Wort *heiter*, das sich zunächst auf den Himmel bezog, später auch auf die Stimmung eines Menschen. Für HEID als Namenglied wäre dann von der Grundbedeutung „lichte Erscheinung, schönes Wesen" auszugehen; wohl erst später hat das Wort die allgemeinere Bedeutung „Wesen, Art" angenommen. Somit eignete sich HEID besonders als zweiter Teil für weibliche Namen, und darin könnte der Grund dafür liegen, dass das Wort selbst später weiblich statt männlich wurde, bevor es zur Nachsilbe erstarrte und mehr oder weniger inhaltslos wurde. Es gibt aber auch etliche männliche Namen mit diesem Namenglied; hier könnte die Grundbedeutung auch „Stand" oder „Würde" sein.
Namen: ➤ Adelheid (w.), ➤ Alicia (w.), ➤ Alina (w.), ➤ Alisa (w.), ➤ Alison (w.), Alissa (w.), Arnheit (w.), Berneheidis (w.), ➤ Elke (w.), Haiza (w.), ➤ Heide/-i (w.), Heidfolc, Heidmar, Heidrich, ➤ Heidrun (w.), Irminheid (w.), Meginheid (w.)

Heide (w.) Koseform von ➤ Adelheid („Adel" + „Wesen"), manchmal auch von ➤ Heidrun („Wesen" + „Geheimnis"). Viele denken bei dem Namen auch an Heidekräuter, die auch als „Heiden" bezeichnet werden (vgl. ➤ Erika). – Der Name Heide erscheint bereits im 14. Jahrhundert, wird aber erst im 20. Jahrhundert heimisch; da sind dann auch Zusammensetzungen mit Heide- sehr beliebt: Heideliese (➤ Liese), Heidelore (➤ Lore), ➤ Heidemarie (➤ Marie), ➤ Heiderose (➤ Rose) usw.

Heidemarie (w.) Der Name ist zusammengesetzt aus ➤ Heide, einer Kurzform von Namen, die mit *Heide-* beginnen, vor allem ➤ Adelheid („Adel" + „Wesen"), und ➤ Marie ➤ Maria ➤ Miriam (ägyptisch: „geliebt"?). – Der Name taucht nicht vor dem 20. Jahrhundert auf und hat seine beste Zeit um die Jahrhundertmitte.

Heiderose (w.) aus ➤ Heide ➤ Adelheid („Adel" + „Wesen") und ➤ Rose ➤ Roswitha („Ruhm" + „stark"). – Der Name kommt erst in den 30er-Jahren des 20. Jahrhunderts auf; welche Rolle bei der Verbreitung des Namens Goethes Gedicht vom *Heideröslein* (veröffentlicht 1889) spielt, ist schwer zu sagen.

Heidi (w.) Koseform von Namen mit dem Element ➤ HEID („Wesen"), vor allem ➤ Adelheid („Adel" + „Wesen"). – Heidi kommt in Deutschland noch im 19. Jahrhundert auf und gehört etwa zwischen 1935 und 1975 zu den 100 beliebtesten Mädchennamen mit dem Höhepunkt Anfang der 40er-Jahre. Dazu haben sicher auch die beiden Romane der Schweizer Autorin Johanna Spyri beigetragen: *Heidis Lehr- und Wanderjahre* (1880) und *Heidi kann brauchen, was es gelernt hat* (1881). Die Geschichte von Heidi wurde etliche Male verfilmt.

Heidrun (w.) deutsch. Der erste Teil des Namens, germanisch *haidu*, bedeutet „Art, Gestalt" (➤ HEID); der

H

zweite Teil ist ➤ RUN, Raunerin, Geheimniskünderin. In der Lieder-Edda, einer mittelalterlichen Sammlung nordischer Sagen, wird eine Ziege namens Heidrun erwähnt. Sie frisst das Laub eines Baumes, der mitten in Walhalla steht, dem Wohnsitz Odins; statt Milch gibt sie Met. – Eine einzelne Chaideruna ist für das 7. Jahrhundert belegt. Abgesehen davon findet sich der Name Heidrun in Deutschland erst wieder Mitte des 20. Jahrhunderts; er bleibt selten und wird am ehesten um 1960 herum gegeben.

Heike (w.) Kurzform von ➤ Henrike ➤ Henrik ➤ Heinrich („Heim" + „Herrscher"). – Als Männername ist Heike schon im 15. Jahrhundert in Deutschland zu finden, als Frauenname nicht vor dem 19. Jahrhundert. Etwa zwischen 1940 und 1975 gehört Heike zu den 50 beliebtesten Mädchennamen; der Höhepunkt liegt um 1960.

Heiko (m.) Koseform von ➤ Heinrich („Heim" + „Herrscher"). – Der Name ist in Deutschland seit dem 19. Jahrhundert bekannt und gehört etwa zwischen 1960 und 1985 zu den 50 beliebtesten Jungennamen.

HEIL – „heil, gesund"
Das Namenwort entspricht unserem Adjektiv *heil*, das auch schon in althochdeutschen Zeiten so lautete. Es bedeutet „heil, ganz, gesund, unversehrt" und findet sich auch im englischen *whole*. In dem davon abgeleiteten Substantiv *Heil* wird der magisch-religiöse Hintergrund des Wortes deutlicher, es bedeutet ursprünglich „magisch bedingtes Glück, Segen". Wir dürfen das im Zusammenhang mit Namen als Wunsch verstehen: Hinter dem Namen steht wohl zunächst der Dank der Eltern für ein gesundes Kind und die Bitte, dies möge so bleiben. Im Zuge der Christianisierung nahm *heil* auch die Bedeutung „gerettet, erlöst" im christlichen Sinn an; so wurde der Name auch Ausdruck der Hoffnung, das Kind möge gerettet werden und zur ewigen Seligkeit eingehen. Doch auch hier ist ein mehr oder weniger magisches Verständnis im Sinne eines göttlichen Schutzes durch den Namen selbst nicht auszuschließen.
Mit *heil* verwandt ist *heilig*, das als eigenes Namenglied ebenfalls den Wunsch nach Unverletztheit ausdrücken oder aber „Gott geweiht" bedeuten kann. Heilig ist, wer oder was „(zu) Gott gehört", ihm vollkommen zu eigen ist. Vermutlich ist hier von vornherein an den christlichen Gott gedacht.
Namen: Hailant, Heilfrid, ➤ Heilgard (w.), Heilmar, Heilmuot ➤ Helmut?, Helca ➤ Helga (w.)?, ➤ Helge (m./w.)?, ➤ Olga (w.)?

Heilgard (w.) deutsch. Der Name setzt sich zusammen aus ➤ *HEIL* und ➤ *GARD*, umzäunter Besitz, auch: Schutz. – Der Name ist in Deutschland wahrscheinlich schon im 9. Jahrhundert belegt; seit dem 20. Jahrhundert ist er sehr selten.

HEIM – „Heim, Dorf, Heimat"
Unser Wort *Heim* findet sich so schon im Mittelhochdeutschen, im Althochdeutschen als *heima* und im Germanischen als **haima* mit der Bedeutung „Heim, Dorf, Wohnsitz, Heimat". Das lässt sich zurückführen auf die indoeuropäische Sprachwurzel **kei*, liegen, wohnen. Davon stammt das griechische *kóme*, Dorf, ebenso wie lateinisch *situs*, gelegen, und unser *siedeln*, das wiederum von *sitzen* abgeleitet ist. Auch die *Heirat* und *geheuer* gehören hierher.
Als Grundbedeutung des Namenwortes *Heim* ist von „Wohnsitz" zunächst eines Stammes, später auch des Einzelnen auszugehen. Es bringt den Stolz auf Zugehörigkeit zum eigenen Stamm, dann auch auf den eigenen Grundbesitz zum Ausdruck und ist damit neben ➤ FRIED, ➤ HAG und ➤ OD(AL) zu stellen. Die Änderung von *Heim-* zu *Hein-* in Namen wie ➤ Heinrich ist ungewöhnlich; sie wird mit romanischem Einfluss erklärt (der Name erscheint zuerst bei den altfranzösisch sprechenden Westfranken) oder aber durch mögliche Vermischung mit *hagan* (➤ HAG).
Tacitus berichtet in seiner *Germania* (Kap. 16), die Germanen bewohnten nur Einzelhöfe, sie kennten keine Dörfer oder Städte; archäologische Funde bestätigen das nur zum Teil, es gab sehr wohl Siedlungen mit etlichen Höfen. Das für die Zeit um die Zeitenwende typische Langhaus war 6 bis 8 m breit und 20 bis 60 m lang. Es war aus Holz gebaut und mit Holzschindeln oder Reet gedeckt. Häufig war auch der Viehstall darin untergebracht. Es war meist dreischiffig, das heißt, einzelne Wohnräume oder Ställe lagen links und rechts eines Ganges. Der große Gemeinschaftsraum mit dem Herd dagegen zog sich über die gesamte Breite des Hauses.
HEIM erscheint nur als erstes Namenglied, und zwar sowohl bei maskulinen als auch bei femininen Namen.
Namen: Haimbert, Haimildis (w.), ➤ Harry?, ➤ Heike (w.)?, Heimerich, Heimo, Heimwart, ➤ Heiner, ➤ Heino, ➤ Heinrich, ➤ Heinz, ➤ Hendrik, ➤ Henning, ➤ Henri/ Henry, ➤ Henrik
Nachnamen: Heimann, Heine, Heinemann, Heinckel, Hinkel, H(e)inzmann

HEIN ➤ HEIM („Heim") oder ➤ HAG („Schutz")

Heiner (m.) Kurzform von ➤ Heinrich („Heim" + „Herrscher"). – Die Namensform kommt in der ersten Hälfte des 20. Jahrhunderts auf und erfreut sich bis in die 60er-Jahre großer Beliebtheit.

Heino (m.) Kurzform von ➤ Heinrich („Heim" + „Herrscher") und anderer Namen, die auf Hein- beginnen, etwa Heinold (ebenfalls: „Heim" + „Herrscher"). – Der Name erscheint zuerst im 13. Jahrhundert im hessischen Arnsburg, ist durch die Jahrhunderte mäßig belegt und seit dem 20. Jahrhundert selten. Der Schlagersänger Heino wird 1938 geboren als Heinz Georg Kramm.

Heinrich (m.) deutsch. Heinrich ist ein alter deutscher Name und hat sich entwickelt entweder aus Heim(e)rich (➤ *HEIM*, Haus + ➤ *RICH*, Herrscher, Reich) oder aber Haganrich (➤ *HAG*, Umfriedung, Schutz + ➤ *RICH*). – Einige Herrscher sorgten für die Verbreitung des Namens: Heinrich der Vogler (876–936), Herzog von Sachsen und König von Ostfranken, wird manchmal als erster deutscher König gesehen. Heinrich II. (973–1024) folgte seinem Vater, Heinrich dem Zänker, auf den Kaiserthron. Seine Ehe blieb kinderlos, die Kirche lobte seine Frömmigkeit und seine Großzügigkeit gegenüber Kirchen und Klöstern. Sein Namenstag als katholischer Heiliger ist der 13. Juli. In England sorgte vor allem König Heinrich VIII. dafür, dass der Name dort als ➤ Henry Karriere machte. Auch der Name des Kontinents *Amerika* ist identisch mit Heinrich: Der Erdteil wurde benannt nach Amerigo Vespucci, und dessen Vorname ist eine alte Variante von Enrico, der italienischen Form von Heinrich. Der österreichische Kartograf ➤ Martin Waldseemüller schenkte der Behauptung Vespuccis Glauben, Amerika entdeckt zu haben, und druckte 1507 eine Weltkarte mit dem neuen Land *Amerika*. Als er sechs Jahre später seinen Irrtum bemerkte und den Namen in *Terra Nova* abändern wollte, war es zu spät; da sagte schon *Hinz und Kunz* Amerika (*Hinz* steht hier für Heinrich, *Kunz* für ➤ Konrad). Dieser Ausdruck belegt die ungeheure Beliebtheit des Namens ebenso wie die *Heinzelmännchen* oder *Freund Hein*. – Zu Beginn des 20. Jahrhunderts ist Heinrich unter den 10 beliebtesten Jungennamen, ungefähr 1960 verlässt er die Top 50 und wird seit den 80er-Jahren kaum noch gegeben – da allerdings wird er abgelöst durch andere Formen wie ➤ Hendrik oder ➤ Henrik.

Heinz (m.) Kurzform von ➤ Heinrich („Heim" + „Herrscher"). – Heinz ist die häufigste Kurzform von Heinrich und findet sich schon im 14. Jahrhundert. Etwa zwischen 1910 und 1960 gehört der Name zu den 50 beliebtesten Jungennamen, zwischen 1920 und Ende der 30er sogar zu den Top 10.

Helen (w.) Kurzform von ➤ Helena (griechisch: „strahlend"?), auch englisch [helin]. – In Deutschland taucht diese Namensform gegen Ende des 19. Jahrhunderts auf. Ob das etwas zu tun hat mit der von Geburt an blinden und tauben amerikanischen Schriftstellerin Helen Keller (1880–1968), ist ungewiss. Insgesamt bleibt der Name selten, kommt aber um die Jahrtausendwende den Top 100 nahe.

Helena / Helene (w.) griechisch. In der griechischen Sagenwelt ist Helena die Tochter des Zeus (offiziell des Tyndareos, des Königs von Sparta) und der Leda – und von großer Schönheit. Sie heiratet später den Prinzen Menelaos. Paris, der älteste Sohn des trojanischen Königs Priamos, entführt sie – nicht unbedingt gegen ihren Willen – nach Troja. Damit löst er den Trojanischen Krieg aus, der dann bekanntlich zehn Jahre später mithilfe eines hölzernen Pferdes entschieden wird. Anschließend versöhnen sich Helena und Menelaos wieder. – Der Name Helene hängt vielleicht zusammen mit griechisch *hélios*, Sonne; dann könnte man „die Strahlende" übersetzen. Das griechische Wort ist verwandt mit *Sonne* sowie mit lateinisch *sol;* griechisch *seléne,* Mond, gehört ebenfalls hierher. Andere vermuten, der Name Helena hänge zusammen mit dem Sanskrit-Wort *sarama,* himmelsgeboren. – Die heilige Helena, die Mutter ➤ Konstantins des Großen, des ersten christlichen Kaisers, stammte aus der heutigen Türkei und lebte von 255 bis 330. Ihr Sohn verlieh dem früheren Barmädchen den Titel „Augusta", Kaiserin. Nach ihrer Bekehrung zum christlichen Glauben ließ sie zahlreiche Kirchen errichten, unter anderem die Geburtskirche in Bethlehem. Durch ihre vielen Reisen wurde sie zum Urtyp des christlichen Pilgers. Dabei, so die Legende, fand sie das wahre Kreuz Jesu; bis heute sind in der Kirche Santa Croce (Heiligkreuz) in Rom Splitter zu sehen, die davon stammen sollen, außerdem das „I.N.R.I."-Schild. Der Namenstag Helenas ist der 18. August. – Die Belege für Helena oder Helene, die kaum zu trennen sind, reichen in Deutschland bis ins 12. Jahrhundert zurück. Im 19. Jahrhundert ist der Name sehr beliebt (vgl. etwa Wilhelm Buschs *Fromme Helene*), und auch seit der zweiten Hälfte des 20. Jahrhunderts kommt der Name wieder häufiger vor, meist als Helena oder in Varianten wie ➤ Helen oder ➤ Ellen. Helena hielt sich zuletzt auf Rängen unter den Top 50.

HELG – „heilig" ➤ HEIL („heil")

Helga (w.) aus dem Nordischen. Helga kann eine Kurzform des alten deutschen Namens ➤ Heilgard („heil" + „Schutz") sein; wahrscheinlicher jedoch ist Helga ein eigenständiger Name, die weibliche Entsprechung zum skandinavischen Männernamen ➤ Helge (schwedisch: „heil, unversehrt"). – In Deutschland taucht Helga um 1900 auf und ist etwa zwischen 1925 und 1950 unter den Top 10 zu finden; seit den 60ern wird er nur noch selten gegeben. Die russische Form von Helga lautet ➤ Olga.

Helgard (w.) Nebenform von ➤ Heilgard („heil" + „Schutz")

Helge (m.) aus dem Nordischen. Die Liedersammlung der *Lieder-Edda* aus dem 13. Jahrhundert erzählt vom Helden Helgi, dem Hundingstöter (Hunding ist ein nordischer Sagenkönig). Seine Liebe zu ➤ Sigrun überdauert sogar seinen Tod: Als Wiedergänger vereinigt er sich mit ihr, und schließlich ist ihnen ewiges Glück beschieden in Walhall, der „Wohnung der Gefallenen". Die Figur des Helgi geht wohl zurück auf einen dänischen König Halag im 6. Jahrhundert. – Das schwedische Wort *helig* bedeutet „heilig", es ist eine Weiterbildung zu ➤ *HEIL,* gesund, unversehrt. – Der Name taucht in Deutschland im 19. Jahrhundert auf, wird aber erst durch den dänischen Opernsänger Helge Rosvaenge bekannt, der unter den Nazis große Erfolge an deutschen Bühnen feiert. Insgesamt bleibt der Name selten. Helge Schneider, unter anderem Musiker, Komiker und Unterhaltungskünstler, ist Jahrgang 1955.

Helge (w.) Nebenform von ➤ Helga ➤ Heilgard („heil" + „Schutz")

HELM – „Helm, Schutz, Schützer“
Unser Wort *Helm* findet sich genauso im Althochdeutschen, es geht zurück auf germanisch **helma* in derselben Bedeutung. Dahinter steht eine indoeuropäische Sprachwurzel **kel*, (ver)bergen, schützen. Die finden wir nicht nur in (ver)*hüllen* und *hehlen*, sondern auch in der *Halle* und der *Hölle*. Selbst im *Keller* ist sie versteckt, den wir von lateinisch *cella* („Zelle“) übernommen haben, ursprünglich ein überirdischer Vorratsraum, zu *celare*, verbergen. Auch die griechischstämmige *Apokalypse* (Enthüllung) und das englische Wort *colo(u)r* kommen daher; Letzteres findet sich als *color* schon im Lateinischen und „umhüllt“ als Farbe einen Gegenstand.

Die Deutung von HELM als Namenglied ist nicht einfach. Zunächst muss man wohl an den Helm denken, der im Kampf als Schutzwaffe getragen wird und somit neben Schild (➤ LIND, Schild aus Lindenholz) und Brünne (➤ BRUN/-NI, Brustpanzer) zu stellen ist.

Die frühesten Helme waren aus Leder oder Textilien gefertigt, was sich naturgemäß archäologisch schlecht nachweisen lässt. Der römische Schriftsteller Tacitus schreibt um 100 n. Chr. in seiner *Germania* (Kap. 6): „Wenige haben einen Panzer, kaum einer trägt einen Helm aus Metall oder Leder.“ Das dürfte auch für die folgenden Jahrhunderte gelten, wo Helme aus Metall entweder (teils umgearbeitete) Beutestücke von den Römern waren oder aber schon kunstvoll gearbeitete Spangenhelme, die jedoch ebenfalls Häuptlingen und anderen Adeligen vorbehalten waren. Einen Helm zu besitzen war also lange Zeit mit Prestige verbunden.

Man hat auch an die kultische Bedeutung des Helms gedacht, etwa als Zauberhelm oder Tarnkappe. Andere vermuten, besondere Helme hätten neben Tiermasken eine Rolle gespielt bei kultischen Tiertänzen; deren Träger meinten dann, die Kraft des Tieres ginge auf sie über (vgl. ➤ GRIM, Maske, aber auch ➤ BER, Bär, und ➤ WOLF). Historische Namen wie Bernhelm („Bär“ + „Helm“), Ebarhelm („Eber“ + „Helm“) oder Arnhelm („Adler“ + „Helm“) könnten ein Hinweis darauf sein. So wird der Gott Odin auch „der Adlerhäuptige“ genannt, was sich auf einen Helm in Form eines Adlerkopfes beziehen könnte, wie er archäologisch auch belegt ist. Kultus und Kampf hängen hier wohl eng zusammen, auch wenn die Einzelheiten dabei im Dunkeln bleiben.

Darstellungen von Helmen mit Hörnern (häufig bei Wikingern) oder Flügeln (etwa beim Gallier Asterix) haben ihren Ursprung auch im sakralen Bereich; für den Kampf wären derartige Helme ungeeignet.

Schließlich kann man HELM-Namen auch symbolisch verstehen im Sinne von „Schutz“ (für das Kind) oder aber als „Schützer“ (vgl. ➤ FRIED, Friede, Schutz, und ➤ MUND, Schutz).

Das Namenglied HELM ist vor dem 6. Jahrhundert nicht nachweisbar, als Zweitglied erscheint es nur in maskulinen Namen.

Namen: ➤ Anselm, Arnhelm, ➤ Diethelm, ➤ Friedhelm, ➤ Helma (w.),

Helmbodo, Helmgard (w.), Helmine (w.), Helmo, Helmold, Helmtraud (w.), ➤ Helmut(h)?, ➤ Liam, ➤ Wilhelm, ➤ Wilhelma (w.), ➤ William, ➤ Wilma (w.)

Helma (w.) Kurzform von Namen, die entweder mit *Helm-* beginnen (wie Helmgard oder Helmtrud) oder auf *-helma* enden, vor allem ➤ Wilhelma ➤ Wilhelm („Wille" + „Helm"). – Die Namensform erscheint in Deutschland gegen Ende des 19. Jahrhunderts, erfreut sich vor allem in den 1930er-Jahren einiger Beliebtheit und wird seit dem Krieg kaum noch gegeben.

Helmut / Helmuth (m.) deutsch. Der Name klingt alt, taucht aber in dieser Form nicht vor dem 18. Jahrhundert auf. Je nach Schreibweise wurde er gedeutet als Variante von Heilmut, aber auch als „Helm-Mut" oder „Hell-Mut". Althochdeutsch *muot* bedeutet Mut, Gemüt, Geist (➤ MUT). Am wahrscheinlichsten handelt es sich bei dem Namen jedoch um eine abgeschliffene Form von Helmold. Dieser Name erscheint im 12. Jahrhundert und im 15./16. Jahrhundert eben auch als Helmod und Helmoth. Seine beiden althochdeutschen Elemente sind ➤ *HELM*, Helm, Schutz, und ➤ *WALT*, walten, Gebieter. – Helmut Schön, Helmut Kohl, Helmut Schmidt – in der ersten Hälfte des 20. Jahrhunderts gehört Helmut zu den beliebtesten Jungennamen, etwa zwischen 1910 und 1960 ist er unter den Top 20 zu finden; seitdem wird er nur noch selten gegeben.

Hendrik (m.) niederdeutsche Form von ➤ Heinrich („Heim" + „Herrscher"). – Die Namensform findet sich schon im 15. Jahrhundert in Ostfriesland, bleibt aber zunächst selten. Etwa zwischen 1975 und 2005 gehört Hendrik dann zu den 100 beliebtesten Jungennamen.

Henni (w.) auch: Henny. Kurzform von ➤ Henriette ➤ Heinrich („Heim" + „Herrscher") oder aber von ➤ Johanna ➤ Johannes (hebräisch: „der Herr ist gnädig"). – Als Henny ist der Name schon im 14. Jahrhundert belegt, in der Schreibweise Henni erscheint er Mitte des 19. Jahrhunderts, vereinzelt auch als Hennie. Um die Wende zum 20. Jahrhundert gehört der Name noch zu den Top 50; seit den 20er-Jahren wird er aber immer seltener gegeben.

Henning (m.) Koseform von ➤ Heinrich („Heim" + „Herrscher") oder ➤ Johannes (hebräisch: „der Herr ist gnädig"). In der Tierfabel ist Henning der Name des Hahns. – Henning erscheint in Deutschland zuerst im 14. Jahrhundert und gehört bis weit ins 20. Jahrhundert zu den bekannten Namen, auch in Skandinavien; etwa zwischen 1960 und 1990 ist Henning bei uns unter den Top 100 zu finden.

Henny (w.) auch: ➤ Henni. Kurzform von ➤ Henriette ➤ Heinrich („Heim" + „Herrscher") oder aber von ➤ Johanna ➤ Johannes (hebräisch: „der Herr ist gnädig")

Henri (m.) französische Form [ohrih; vorne wie in Para*vant*] von ➤ Heinrich („Heim" + „Herrscher"), oft auch deutsch ausgesprochen [hennri]. Siehe auch ➤ Henry.

Henrietta / Henriette (w.) weibliche Form von ➤ Henri ➤ Heinrich („Heim" + „Herrscher") mit der Verkleinerungs-Endung *-etta/-ette*. – Im 17. Jahrhundert kommt der Name zusammen mit anderen Errungenschaften der französischen Kultur nach Deutschland und erfreut sich bis in die 30er-Jahre des 20. Jahrhunderts einiger Beliebtheit. Seit den 90er-Jahren ist er wieder etwas häufiger zu finden.

Henrik (m.) niederdeutsche und skandinavische Form von ➤ Heinrich („Heim" + „Herrscher"). Der heilige Henrik von Uppsala soll im 12. Jahrhundert ebendort Bischof gewesen sein. Bei einer Missionsreise nach Finnland wurde er von einem Bauern mit der Axt erschlagen; er gilt als Patron Finnlands. Sein Namenstag ist der 19. oder 20. Januar. – In Deutschland erscheint die Namensform im 15. Jahrhundert, bleibt aber zunächst selten. Daran hat auch der norwegische Dichter Henrik Ibsen (1828–1906) kaum etwas geändert. Zwischen den 1970er-Jahren und dem Anfang des neuen Jahrtausends belegt Henrik immer wieder Plätze unter den Top 100.

Henrika / Henrike (w.) weibliche Form von ➤ Henrik ➤ Heinrich („Heim" + „Herrscher"). – Der Name erscheint in Deutschland nicht vor dem 19. Jahrhundert und bleibt selten.

Henry (m.) englische Form von ➤ Heinrich („Heim" + „Herrscher"). – Genau wie ➤ Henri erscheint diese Namensform um das Jahr 1800; ein Cousin von Heinrich (eigentlich ➤ Harry) Heine hieß Henry. Anfang des 20. Jahrhunderts sind beide Formen zusammen unter den Top 50 zu finden. Seit den 30er-Jahren wird der Name immer weniger gegeben, doch seit der Jahrtausendwende nähert sich die Beliebtheitskurve den Top 20.

HER – „Heer, Heergenosse, Krieger, Heerführer"
Genau wie ➤ VOLK bedeutet das Namenwort HER (auch HERI, HAR oder HARI) „Kriegsschar", aber auch „Heerfahrt" im Sinne von Feldzug. Es entspricht unserem *Heer*, mittelhochdeutsch *her(e)*, althochdeutsch *heri*, germanisch **harja*. Mit *heri* kann auch der einzelne Krieger gemeint sein oder aber der Heerführer.
Der römische Schriftsteller Tacitus beschreibt in seiner *Germania* (Kap. 6) die Taktik eines germanischen Heeres: Die Reiter und das zahlenmäßig überlegene Fußvolk treten in Hundertschaften an und stellen sich keilförmig auf. Die Reiter preschen in geschlossener Linie nach vorne oder aber nach rechts, um dem Gegner die linke, vom Schild gedeckte Seite zu bieten.
Namen: ➤ Carl, ➤ Charlotte, ➤ Dieter, ➤ Erwin?, ➤ German?, ➤ Gunt(h)er, ➤ Günt(h)er, ➤ Harald, ➤ Harold, ➤ Harro, ➤ Harry, ➤ Herbert, Hergard (w.), ➤ Hermann, ➤ Hermine (w.), Hertraud (w.), ➤ Karl, ➤ Karola (w.), Karolin/-e (w.), ➤ Lothar, ➤ Oliver?, ➤ Rainer/Reiner, ➤ Volker, ➤ Walt(h)er, ➤ Wern(h)er

Herbert (m.) Althochdeutsch *heri*, Kriegsschar, Heer(fahrt), bildet den ersten Teil des Namens (➤ HER); das zweite Element ist althochdeutsch *beraht*, berühmt (➤ BERT). – Der heilige Heribert von Köln (970–1021), ein Sohn des Grafen ➤ Hugo von Worms, erhielt seine Ausbildung an der Domschule zu Worms und im Kloster Gorze in Lothringen. König (und späterer Kaiser) ➤ Otto III. ernannte ihn zum Kanzler für Italien und später für Deutschland. Im Jahr 995 wurde Herbert zum Priester geweiht, vier Jahre später zum Erzbischof von Köln gewählt. Man pries seine tiefe Frömmigkeit und seine große Freigebigkeit; sein Namenstag ist der 30. August. – Von Köln aus breitet sich der Name seit dem 13. Jahrhundert aus. Im 20. Jahrhundert gehört er zu den beliebtesten Namen, etwa zwischen 1910 und 1940 ist er unter den Top 20 zu finden; erst seit den 60er-Jahren wird er kaum noch gegeben.

Hermann (m.) deutsch. Die beiden Namensteile sind althochdeutsch *heri*, Menge, Heerschar (➤ HER), und *mann*, Mann (➤ MAN). – Der Name erfreute sich im Mittelalter großer Beliebtheit, berühmte Namensträger waren etwa Sachsenherzog Hermann Billing (gestorben 973), der badische Herzog Hermann, genannt der Heilige (gestorben 1074), oder Landgraf Hermann von Thüringen (gestorben 1217), der Gatte der heiligen ➤ Elisabeth. Der Name erlebte im 18. und 19. Jahrhundert eine Renaissance – aufgrund eines Irrtums: Man nahm an, Hermann sei derselbe Name wie ➤ Armin. *Hermanns Schlacht* nannte ➤ Friedrich ➤ Gottlieb Klopstock sein Drama, das vom Sieg des Cheruskerfürsten Arminius über die Römer im Jahre 9 n. Chr. erzählt. – Einen Heiligen und mehrere Selige dieses Namens verzeichnet der katholische Kalender. Eine interessante Gestalt ist der selige Hermann der Lahme (1013–54). Der begabte Universalgelehrte beschäftigte sich mit Astronomie ebenso wie mit Musik und Geschichte. Er verfasste mehrere Lehrbücher, hinterließ etliche Kompositionen sowie eine Weltgeschichte von Christi Geburt an. Sein Namenstag ist der 24. September. – Bis etwa 1930 gehört der Name in Deutschland zu den Top 20, verlässt um 1960 die Top 50 und wird heute kaum noch gegeben.

Hermine (w.) weibliche Form von ➤ Hermann („Heer" + „Mann"). Hermine wird manchmal auch aufgefasst als Nebenform zu Ermina oder Irmina (➤ IRM, allumfassend, groß). So ist die heilige Irmina auch als Hermine bekannt. Sie kam aus einem fränkischen Adelsgeschlecht, verschenkte nach dem Tod ihres Mannes ihren ganzen Besitz und wurde Äbtissin des Klosters Öhren in Trier. Sie starb an einem 24. Dezember um das Jahr 705; das ist auch ihr Namenstag. – In der Neuzeit erscheint der Name Mitte des 19. Jahrhunderts und gehört bis in die 1920er-Jahre zu den 100 beliebtesten Mädchennamen. Zu Beginn des neuen Jahrtausends macht sich wieder ein bescheidener Trend bemerkbar, möglicherweise ausgelöst durch die Begeisterung für die *Harry-Potter*-Bücher und -Filme; hier ist Hermine (im Original Hermione) Jean Granger, dargestellt von ➢ Emma Watson, ➢ Harrys beste Freundin.

Herta / Hertha (w.) aus dem Nordischen. Der Name beruht vermutlich auf einem Abschreibfehler: Um 100 n. Chr. schrieb der lateinische Schriftsteller Tacitus in seinem Buch *Germania* (Kap. 40) über die germanische Göttin *Nerthus*. Sie war die Gattin Njörds, des Stammvaters der Wanen, eines alten Göttergeschlechts. Bei einer späteren Abschrift wurde aus Nerthus *Herthus*. Tacitus zufolge war Nerthus eine Fruchtbarkeitsgöttin, deren Heiligtum auf einer Insel lag. Von dort sei sie im Frühjahr auf einem Wagen durchs Land gefahren, Priester führten ihn, Ochsen zogen ihn – eine Zeit des Feierns und des Friedens. Am Ende der Reise wurde der Wagen auf geheimnisvolle Weise von Sklaven gereinigt – die dann im See verschwanden. Der Name Nerthus wird zurückgeführt entweder auf keltisch *nerthos*, Kraft, oder aber auf griechisch *nérthe*, unten. Tacitus bezeichnet sie auch als „Mutter Erde", sodass manche spekulieren, er habe sich verhört, und ihr Name sei *Ertho*, also „Erde" gewesen (➢ ERD). – Der Name Hert(h)a erscheint gegen Ende des 19. Jahrhunderts in Deutschland, gehört bis etwa 1925 zu den 20 beliebtesten Mädchennamen und wird seit den 30er-Jahren immer weniger gegeben. Der Verein Hertha BSC Berlin verdankt seinen Namen einem Schiff namens *Hertha*, dessen Schornstein in den späteren Vereinsfarben weiß und blau gestrichen war.

Hieronymus (m.) griechisch. Hieronymos ist zusammengesetzt aus *hierós*, heilig, und *ónoma*, Name: „Träger des heiligen Namens". Seine Bekanntheit verdankt er dem heiligen Hieronymus, mit vollem Namen Sophronius Eusebius Hieronymus; er war einer der ganz großen Kirchenlehrer. Um das Jahr 347 in Kroatien geboren, kam er ziemlich herum in den über siebzig Jahren seines Lebens: Als junger Mann lernte er in Trier das Mönchsleben kennen, er lebte als Bettelmönch in Syrien, ging als Theologe nach Konstantinopel (das heutige Istanbul), wurde persönlicher Sekretär von Papst Damasus in Rom und ließ sich schließlich in Bethlehem nieder, wo er 420 starb. Sein Namenstag ist der 30. September. Die größte Leistung des Hieronymus war die Übersetzung der Bibel aus dem Hebräischen und Griechischen ins Lateinische. Bis weit ins 20. Jahrhundert war in Deutschland die sogenannte Vulgata im katholischen Gottesdienst in Gebrauch; sie geht zurück auf die Bibelübersetzung des Hieronymus. – Seit dem 14. Jahrhundert ist der Name in Deutschland verbreitet; seit dem 20. Jahrhundert wird er kaum noch gegeben, außer in der Form ➢ Jerome.

HILD – „Kampf, Kämpfer"
Aus dem deutschen Sprachschatz war das Wort schon in mittelhochdeutschen Zeiten (11. Jahrhundert) verschwunden. Althochdeutsch *hiltia* bedeutet „Kampf", aber auch „Kämpfer". Das Wort ist feminin; deswegen sind die zahlreichen Namen auf *-hild* ebenfalls weiblich. Das dahinterstehende germanische **hildi(o)* ist ebenfalls feminin und hat das entsprechende Maskulinum

heldaz mit der Zeit verdrängt. Frauennamen mit dem Element *hild* deuten also nicht auf kämpfende Frauen hin, sondern sind von entsprechenden Männernamen abgeleitet. Unser Wort *Held* ist offenbar nicht verwandt mit *hild*, möglicherweise aber der Stammesname der *Kelten*. Von den Walküren (➤ WAL) in den nordischen Sagen trägt eine häufig genannte den Namen *Hildr*.
Namen: ➤ Brunhilde (w.), ➤ Gunhild (w.), ➤ Gunilla (w.), ➤ Hilda/-e (w.), Hildebrand, ➤ Hildegard (w.), Hildegund (w.), Hildmar, Hildrun (w.), ➤ Hiltrud (w.), ➤ Ida (w.)?, ➤ Ilga (w.)?, ➤ Isolde (w.)?, ➤ Kriemhild/-e (w.), ➤ Mathilde (w.) ➤ Mechthild (w.), Reinhild (w.), ➤ Swanhild (w.)

Hilda / Hilde (w.) deutsch. Hilde oder Hilda ist eine Kurz- oder Koseform verschiedener Namen mit dem Element ➤ *HILD*, Kampf; etwa ➤ Hildegard, ➤ Hildrun, ➤ Krimhilde oder ➤ Mathilde. – Im Gudrunlied aus dem 13. Jahrhundert spielen zwei Frauen namens Hilde eine Rolle, Mutter und Tochter. Die eine ist die Frau des „wilden Hagen von Irland“, die andere heiratet Dänenkönig Hetel; ➤ Gudrun ist ihre Tochter. Herwig von Seeland bekommt sie am Ende einer ereignisreichen Geschichte zur Frau. – Die Kurzform ist seit dem 14. Jahrhundert in Deutschland belegt und erfreut sich bis zur Mitte des 20. Jahrhunderts recht großer Beliebtheit.

Hildegard (w.) deutsch. Der Name setzt sich zusammen aus althochdeutsch *hiltia*, Kampf (➤ HILD), und germanisch **gardaz*, Zaun, Einfriedung (➤ GARD). – Hildegard hieß die dritte Frau ➤ Karls des Großen, die Mutter ➤ Ludwigs des Frommen; sie starb 783 und hat ihr Fest als Selige am 30. April. Hildegard von Bingen war eine begnadete Klosterfrau des 12. Jahrhunderts: Künstlerin, Theologin, Wissenschaftlerin, Dichterin, Seelsorgerin, Ärztin und Mystikerin. Schon als Kind hatte sie Visionen, schrieb später mehrere Bücher im Stil eines Hesekiel oder des ➤ Johannes der Offenbarung. Ihre Gedanken zur Rolle der Frau erscheinen für die Zeit sehr modern; ihre ganzheitliche Sicht des Menschen war Grundlage ihrer Kräuter-Heilkunst. Als Heilige wurde sie von der katholischen Kirche nie kanonisiert; dennoch erhob Papst ➤ Benedikt XVI. sie 2012 zur Kirchenlehrerin. Ihr Namenstag ist der 17. September. – Etwa zwischen 1910 und 1940 gehört Hildegard zu den 20 beliebtesten Mädchennamen in Deutschland.

Hiltrud (w.) deutsch. Den ersten Teil von Hiltrud bildet althochdeutsch *hiltia*, Kampf, Kämpfer (➤ HILD), der zweite Teil ist germanisch **thruthi*, Kraft, Stärke (➤ TRUD). – Eine Tochter ➤ Karl Martells hieß Hiltrud und wurde später Herzogin von Bayern; sie starb 754. – Die heilige Hiltrud von Lissies (rund 90 km nördlich von Reims) lebte im selben Jahrhundert als Einsiedlerin, ihr Fest ist der 27. September. Am 31. Mai hat die heilige Hiltrud (oder Helmtrud) von Neuenheerse (bei Bad Driburg, rund 15 km östlich von Paderborn) ihr Fest. Über das Leben der Ordensfrau ist wenig bekannt; sie starb an ihrem Geburtsort Neuenheerse um das Jahr 950. – Heute ist der Name sehr selten; Hiltrud Schwetje, frühere Ehefrau von Gerhard Schröder, ist Jahrgang 1948.

HIN ➤ HEIN ➤ HEIM („Heim") oder ➤ HAG („Schutz")

Hiob (m.) hebräisch. Im Alten Testament ist Hiob (auch ➤ Job) der leidende Gerechte schlechthin. Aufgrund einer Wette zwischen Satan und Gott wird Hiob außer seinem Leben so ziemlich alles genommen: Durch die sprichwörtlich gewordenen Hiobsbotschaften erfährt er, dass seine Familie umgekommen und sein Besitz zerstört oder geraubt ist, und schließlich verliert er auch seine Gesundheit (Kap. 1–2). Im Hauptteil des biblischen Buches Hiob diskutieren drei Freunde mit ihm über seine Rechtschaffenheit und Gottes Gerechtigkeit. Am Ende tritt Gott selbst auf und mahnt Hiob zur Bescheidenheit; der wird schlussendlich rehabilitiert und entschädigt, er stirbt alt und lebenssatt. Man hat versucht seinen Namen im Zusammenhang dieser Geschichte zu erklären, entweder als „angefeindet" (zu hebräisch *ajáw*, befeinden; Hiobs Name lautet auf Hebräisch Ijów), oder man hat ihn übersetzt als „Wo ist Vater?" und dies auf Gott bezogen. Es kann aber auch der leibliche Vater gemeint sein; dann ist der Name vielleicht als Hinweis auf das Kind zu deuten, in dem ein Ersatz für den verstorbenen Vater gesehen wird (vgl. ➤ Salome).

HOLD ➤ WALT („Herrscher")

Holger (m.) nordisch. Aus Dänemark kommt dieser Name zu uns. Er leitet sich ab von altisländisch *holmr*, Insel (wie in Born*holm*, wörtlich „Insel der Burgunder") und *geirr*, Speer (➤ GER). – Der dänische Nationalheld Holger Danske schläft im finsteren Keller des Schlosses Kronborg. Im Traum sieht er alles, was in Dänemark geschieht, und nur wenn es in Gefahr gerät, wacht Holger auf und rettet sein Land mit Schwert und Schild. – ➤ Hans ➤ Christian Andersen greift in seinem Märchen *Holger Danske* diese Sage auf. Da ist sich der alte Großvater sicher, dass Holger auch in Gestalt von Künstlern erscheint und in Dichtern wie Holberg „dreinschlägt und das Rohe und Beschränkte im Volk geißelt". – Nach einer Volkssage ist Holger der Sohn des dänischen Königs Geoffrey; Holger wird von einem Sohn ➤ Karls des Großen erschlagen. Tatsächlich führte ein dänischer König Godfrid erfolgreich Krieg gegen die nach Norden vorstoßenden Franken. – In den 30er-Jahren des 20. Jahrhunderts wird der Name in Deutschland heimisch, etwa zwischen 1940 und den späten 70er-Jahren ist er unter den Top 50 zu finden.

Horst (m.) deutsch. Der Name Horst taucht zum ersten Mal auf in der *Weltchronik* des Dietrich Engelhus (1424); dort wird der angelsächsische Heerführer Horsa so genannt. Der Name Horsa leitet sich ab von altsächsisch *horsa*, Pferd, auf Englisch *horse*, vgl. unser *Ross*. Die Grundbedeutung des Wortes ist „schnell" oder auch „rau". Im 5. Jahrhundert kamen die Brüder Horsa und Hengist aus Dänemark nach England, wahrscheinlich mit kriegerischen Absichten, möglicherweise aber auch herbeigerufen vom britannischen König Vortigern, um keltische Stämme aus dem Norden abwehren zu helfen. Ob Engelhus den Namen Horsa an den seines Bruders Hengist angleicht oder aber an althochdeutsch *hurst*, ist unklar. *Hurst* entspricht unserem Wort *Horst* und bezeichnet ein Gestrüpp oder Gehölz; der Name Horst könnte dann jemanden meinen, der bei einem solchen Gehölz wohnt. – Bekannt wurde der Name erst durch den Horst in Klopstocks Drama *Hermanns Schlacht* (1769). Etwa zwischen Mitte der 1920er- und Mitte der 1950er-Jahre gehört Horst zu den 20 beliebtesten Jungennamen; der Höhepunkt liegt Anfang der 30er.

Hosea (m.) hebräisch. Hosea ist ein biblischer Prophet. Er wirkt im 8. vorchristlichen Jahrhundert im Nordreich Israel, zur selben Zeit, als ➤ Micha und Jesaja im Südreich Juda predigen. Wir kennen den Namen seines Vaters Beeri und seiner Frau Gomer, einer Prostituierten, die er auf Gottes Geheiß heiratet. Ihre drei Kinder tragen symbolische Namen, die ebenso ein Sinnbild sind für die Untreue des Volkes gegenüber Gott wie die Ehe ihrer Eltern. So prangert Hosea Götzendienst und Ausschweifungen der Israeliten an (Kap. 4), aber auch Unrecht sowie die ängstliche Bündnispolitik mal mit Ägypten gegen Assyrien, mal mit den Assyrern – doch in jedem Fall ohne Gott (Kap. 7). – Hosea ist eine Kurzform des Namens Hoschajá, „Der Herr hat gerettet". Das bezieht sich wahrscheinlich auf die Geburt, die die Familie vor Schande und wirtschaftlicher Not rettet. Hosea ist auch der ursprüngliche Name ➤ Josuas, ➤ Moses Nachfolger. Schließlich heißt auch der letzte König des Nordreichs Hosea. Das Ende des Reichs durch die Assyrer sieht der Prophet Hosea voraus. Doch am Schluss seiner Prophezeiungen steht Gottes Heilszusage (Kap. 14). – Der Studentenführer ➤ Rudi Dutschke nannte 1969 seinen Sohn Che Hosea; der Name Hosea ist extrem selten in Deutschland.

Hubert (m.) deutsch. Hubert ist zusammengesetzt aus althochdeutsch *hugu*, Gedanke, Verstand (➤ HUG), und *beraht*, glänzend, berühmt (➤ BERT). – Der heilige Hubertus ist der Patron der Jäger (und der Drechsler, Mathematiker und Optiker). Er lebte im 6./7. Jahrhundert, heiratete zunächst, zog sich nach dem Tod seiner Frau jedoch als Einsiedler zurück und lebte von der Jagd. Der Legende nach erschien ihm dabei ein mächtiger Hirsch mit einem Kruzifix zwischen den Hörnern; diese Vision führte zu seiner Bekehrung. Er wurde Priester und im Jahre 705 sogar Bischof von Tongern-Maastricht (im Osten des heutigen Belgien). Umsicht und Milde wurden ihm nachgesagt; sein Namenstag ist der 3. November. – In Deutschland seit dem 14. Jahrhundert belegt, erfreut sich der Name bis weit in die erste Hälfte des 20. Jahrhunderts einiger Beliebtheit.

HUG – „Gesinnung"
Das Namenglied kommt in unserem Wortschatz nicht mehr vor. Althochdeutsch und schon germanisch **hugu* bedeutet Sinn, Geist, Gesinnung, Mut, Verstand – wün-

schenswerte Eigenschaften sowohl bei der Beratung im Thing als auch auf dem Schlachtfeld. Zwei weise Raben, Hugin („verständig, kühn") und Munin („eingedenk, sehnsüchtig"), begleiten den germanischen Gott Odin, so erzählen nordische Sagen. Vor Sonnenaufgang machen sich die Vögel auf den Weg, um das Weltgeschehen zu erkunden, und zum Frühstück berichten sie Odin alles, was sie erfahren haben. Dies hat sicher zur Verbreitung der HUG-Namen beigetragen.
Namen: ➤ Hauke (m./w.), Howard, ➤ Hubert, Hugbald, Hugisinda (w.), ➤ Hugo

Hugo (m.) deutsch. Hugo ist eine Kurzform von Namen, die mit ➤ *HUG*, Gesinnung, beginnen, etwa Hugbert (mit dem zweiten Namenselement *berath*, strahlend, berühmt, ➤ BERT), besser bekannt als ➤ Hubert. – Der bekannteste Heilige dieses Namens ist Hugo von Cluny (rund 80 km nördlich von Lyon), genannt „der Große", im 11./12. Jahrhundert Abt des dortigen Reform-Klosters. Er wird geschildert als demütiger Mensch mit weitem geistlichem wie geistigem Horizont. Er wandte sich gegen das verwilderte Mönchtum seiner Zeit und die Käuflichkeit kirchlicher Ämter; sein Namenstag ist der 28. April. – Im Mittelalter noch weit verbreitet, kommt der Name bald außer Mode und wird erst im 19. Jahrhundert wiederbelebt; der österreichische Schriftsteller Hugo von Hofmannsthal wird 1874 geboren. Um 1890 gehört Hugo zu den beliebtesten Namen, danach zeigt die Kurve stetig nach unten. Ist Hugo Ende des 19. Jahrhunderts noch unter den 20 beliebtesten Jungennamen zu finden, so verlässt der Name vor 1920 die Top 50, sinkt weiter ab und erlebt erst im neuen Jahrtausend eine kleine Renaissance. Eine englische Form des Namens lautet Hugh, bei uns bekannt durch den englischen Schauspieler Hugh Grant. Den Namen *Hugo* für einen schwach alkoholischen Cocktail auf Prosecco-Basis soll der österreichische Barkeeper Roland Gruber 2005 eher zufällig gewählt haben.

I

Ida (w.) deutsch. Der vollständige Name mag Idaberga oder Idaburg gelautet haben, bei uns ist nur noch die Kurzform gebräuchlich. Ida geht vermutlich zurück auf althochdeutsch *idis* oder *itis*, Frau, oder aber altnordisch *idh*, Tätigkeit, möglicherweise auch auf althochdeutsch *ital*, eitel; auch das Namenglied ➤ *HILD*, Kampf, wird hier erwogen. Mit dem Berg Ida auf Kreta hat der Name wohl nichts zu tun. Einer Sage zufolge war der griechische Gott Zeus in einer Höhle auf dieser höchsten Erhebung der Insel aufgewachsen;

über die Bedeutung des Namens wissen wir nichts. – Die heilige Ida von Herzfeld (in der Nähe von Soest in Westfalen) lebte im 8./9. Jahrhundert als Frau des Sachsenkönigs Egbert. Im Jahre 790, so die Legende, führte sie den Auftrag aus, den sie im Traum erhalten hatte, und stiftete in Herzfeld eine Kirche. Nach dem Tod ihres Mannes widmete sie sich ganz der Mildtätigkeit; das Volk nannte sie „Mutter der Armen". Ihr Namenstag ist der 4. September. – Als Ita ist der Name dann im 13. Jahrhundert in Deutschland belegt, verschwindet aber im ausgehenden Mittelalter und wird erst durch die Ritterdichtung des 19. Jahrhunderts wiederbelebt. Nach der Wende zum 20. Jahrhundert nimmt er ständig ab – hundert Jahre später zeichnet sich ein deutlicher Aufwärtstrend ab; in Dänemark ist der Name 2011 unter den Top 10 zu finden, in Deutschland seit 2007 immerhin unter den Top 50.

Ignaz (m.) aus dem Etruskischen? Als Iñigo López Oñas de Recalde y Loyola sich 1529 an der Universität von Paris einschrieb, wählte er die ursprüngliche lateinische Form seines spanischen Vornamens Iñigo: Ignatius. Uns ist er bekannt als Ignatius von Loyola (in der Nähe von Bilbao in Nordspanien), er gründete im 16. Jahrhundert den Jesuiten-Orden, auch „Gesellschaft Jesu" genannt; das war eine Art Parteikader im Kampf gegen die Reformation. Sein großes Vorbild war der heilige Ignatius von Antiochien (heute Antakya an der Südküste der Türkei), Bischof und Märtyrer im 1. oder 2. Jahrhundert und Verfasser von sieben theologisch bedeutsamen Briefen. Sein Namenstag ist der 17. Oktober, der seines späteren Namensvetters der 31. Juli. Der Name selbst ist ursprünglich als *Egnatius* überliefert; durch Angleichung an lateinisch *ignis*, Feuer, kam das I in den Namen. *Egnatius* ist ein alter römischer Geschlechtername, vielleicht etruskischen Ursprungs, dann kennen wir seine Bedeutung nicht. Andere verweisen auf die antike Stadt *Egnatia* in Süditalien; die heißt heute Torre („Turm") d'Agnazzo und liegt von Bari aus gesehen rund 50 km in Richtung Stiefelabsatz. Die Griechen nannten sie *Gnathía*, und das hängt möglicherweise zusammen mit ihrem Wort *gnáthos*. Das kann „Wange" bedeuten; vielleicht gab es dort eine Bucht, die so ähnlich aussah – oder aber einen „Schlund" oder „Engpass". – Der Name erscheint in Deutschland Anfang des 16. Jahrhunderts und erfreut sich zunächst recht großer Beliebtheit – bis zur Auflösung des Jesuitenordens 1773; seit dem 20. Jahrhundert bleibt er selten.

Ilana (w.) hebräisch. Zwei unterschiedliche Namen stehen hinter Ilana, beide sind ihrem Ursprung nach hebräisch und gehören zu einer männlichen Form Ilan. Das ist zum einen eine Kurzform von Ilija, einer serbokroatischen Variante von ➤ Elias (hebräisch: „Mein Gott ist Jahwe") oder seltener von Ilarion; das geht zurück auf lateinisch *hilarius*, heiter. Zum andern ist *ilán* das neuhebräische Wort für „Baum"; es stammt aus dem Aramäischen und findet sich in der Bibel etwa in Daniel 4,7, wo König Beltschazar Daniel einen seiner Träume erzählt. In Israel werden die Namen Ilan und Ilana gerne Kindern gegeben, die an Tu biSchwat geboren werden, dem Neujahrsfest der Bäume („Tu" steht für die Zahl 15, und „Schwat" ist der 11. Monat des jüdischen Kalenders); dieses Fest hat seine heutige Bedeutung erst im 20. Jahrhundert erlangt und wird meist verbunden mit dem Pflanzen junger Bäume und dem Genuss frischen Obstes. – Der Name erscheint im deutschsprachigen Raum Ende der 1970er-Jahre und bleibt extrem selten.

Ilga (w.) Herkunft ungeklärt. Der Name wurde wahrscheinlich im 19. Jahrhundert gebildet, zu lettisch *ilgas*, Sehnsucht. Ilga kann aber auch eine Ableitung des historischen männlichen Namens Ilg sein, einer Form von ➤ Ägidius (griechisch: „Schild" oder „Harnisch"). – Die selige Ilga, eine Grafentochter, führte zusammen mit ihren Brüdern Merboth und Diedo ein Leben als Einsiedlerin in Vorarlberg im Westen Österreichs. Sie starb am 8. Juni 1115 (?); das ist auch ihr Namenstag. Manchmal wird ihr Name (fälschlicherweise) mit ➤ Helga („heil") gleichgesetzt; Ilga wird aber auch Hielta genannt, das geht wahrscheinlich zurück auf althochdeutsch *hiltia*, Kampf (➤ HILD). – Der Name erscheint erst im 20. Jahrhundert in Deutschland und bleibt selten.

Ilja (m.) russische Koseform von ➤ Elias (hebräisch: „Mein Gott ist Jahwe"). In ➤ Iwan Gontscharows Roman *Oblomow* (1859) scheitert der Titelheld Ilja Iljitsch Oblomow, ein lethargischer russischer Adeliger, an seiner tiefen Antriebslosigkeit. Der deutsche Schauspieler, Sänger und Moderator Ilja Richter wird 1952 geboren. – Der Name erscheint erstmals in den 1930er-Jahren in Deutschland und wird insgesamt selten gegeben.

Ilka (w.) ungarische Koseform von ➤ Ilona ➤ Helena (griechisch: „strahlend"?). Ilka kann auch eine russische Koseform von Ilarija sein; das geht zurück auf den lateinischen Namen Hilarius, zu *hilaris*, heiter. Ilka ist aber auch als weibliche Form von Ilko in Gebrauch, einer bulgarischen Koseform von ➤ Elias (hebräisch: „Gott ist Jahwe"). Schließlich gibt es Ilka auch als friesische Namensform, seine genaue Herkunft ist unbekannt. – Der Name taucht in Deutschland im 19. Jahrhundert auf und erreicht in den 1960er- und -70er-Jahren Plätze unter den Top 100.

Ilona (w.) ungarische Form von ➤ Helena (griechisch: „strahlend"?). – Seit dem 19. Jahrhundert in Deutschland bekannt, erreicht der Name bis zur Mitte des 20. Jahrhunderts einige Beliebtheit und wird bei uns meist auf der zweiten Silbe betont. Ungarische Aussprache *[ilono]*.

Ilse (w.) Kurzform von ➤ Elisabeth (hebräisch: „Gott ist Fülle"). – Die Legende von Prinzessin Ilse soll erklären, wie der Fluss Ilse im Harz zu seinem Namen kam: Die schöne Prinzessin, Tochter von König Ilsing auf Schloss Ilsenburg, verirrt sich in den wilden Bergen und wird von der Feenkönigin freundlich aufgenommen und in ihr unterirdisches Reich eingeladen. Nach einem Jahr entlässt die Königin Ilse wieder in ihre Welt – unter der Bedingung, keiner

Menschenseele von ihrem Aufenthalt zu berichten. Ilses Geliebter, Ritter ➤ Ralf, bringt sie dennoch dazu, vom Reich der Feen zu erzählen – und muss mitansehen, wie sie sich in eine kristallklare Quelle verwandelt. Nur wenn der Neumond aufgeht, wartet Ilse am moosbewachsenen Ufer auf ihn, lehnt sich liebevoll an seine Brust und erfreut ihn mit ihrem süßen Geplapper, bis die ersten Sonnenstrahlen die Feenjungfer in Luft auflösen … – Der Name ist seit dem 13. Jahrhundert in Deutschland belegt. Zum Modenamen wird Ilse aber erst um die Wende zum 20. Jahrhundert und nimmt bis etwa 1950 Plätze unter den Top 50 ein, in den 20ern sogar unter den Top 10. Nach dem 2. Weltkrieg nimmt die Beliebtheit des Namens stetig ab, seit den 60ern wird er kaum noch gegeben.

Imke (w.) Imke ist eine niederdeutsche Koseform von Namen, die mit ➤ *IRM* beginnen, vor allem ➤ Irmgard und ➤ Irmtraud, also etwa „Irmchen". Zugrunde liegt das germanische Wort *ermana*, groß, allumfassend. Mit dem *Imker* hat der Name nichts zu tun; der geht zurück auf das Wort *Imme* für „Biene". – Eine erste Imke ist im 16. Jahrhundert in Ostfriesland belegt. In den 1960er- und -70er-Jahren belegt der Name Plätze unter den Top 100, wird heute nur noch selten gegeben.

Immanuel (m.) Hebräisch *immánu el* bedeutet: „Gott ist mit uns." Im Alten Testament wird ein Retterkönig mit diesem Namen versprochen: „Eine Jungfrau wird schwanger werden und einen Sohn bekommen. Immanuel wird sie ihn nennen" (Jesaja 7,14; mit hebräisch *almá* ist eigentlich eine „junge Frau" gemeint, die griechische Übersetzung des Alten Testaments benutzt das Wort *parthénos*, Jungfrau, auch: junge Frau); Gott selbst wird dies als ein Zeichen geben. Wer mit diesem Kind gemeint war, das für König Ahas gegen Ende des 8. vorchristlichen Jahrhunderts ein Zeichen sein sollte, ist völlig unklar; auch wer die Mutter ist, bleibt offen. Wie dem auch sei, Ahas beachtet das Zeichen nicht und führt sein Volk in den Untergang. Im Neuen Testament jedoch wird diese Verheißung auf Jesus bezogen (Matthäus 1,23), er ist das Zeichen für die Welt. Ein Engel erscheint ➤ Josef im Traum, fordert ihn auf, ➤ Maria nicht zu verstoßen, denn nicht ein anderer Mann, sondern der Heilige Geist sei für die Empfängnis verantwortlich. Das Kind soll Josef Jesus nennen, „denn er wird sein Volk retten von ihren Sünden". – Als Personenname erscheint Immanuel bzw. seine Kurzform ➤ Manuel erstmals im 12. Jahrhundert: Manuel I. war ein byzantinischer Kaiser. Seit dem 16. Jahrhundert findet sich der Name Immanuel in Deutschland; ein bekannter Namensträger ist der Königsberger Philosoph Immanuel Kant (1724–1804). Seit dem 20. Jahrhundert bleibt der Name selten.

Ina (w.) Ina kann eine Kurzform von allerlei Namen sein, die auf *-ina* enden. Das Duden-Namenbuch von 2014 zählt derer 242 auf. Selbst wenn man Doppelungen und Exoten wie Egberdina, Delphina oder Hendrina weglässt, bleiben etliche übrig. Hier die vielleicht beliebtesten: ➤ Christi-

J

na (griechisch: „Christin"), ➤ Katharina (später in Verbindung gebracht mit griechisch *katharós,* rein), ➤ Martina ➤ Martin (zum Namen des römischen Kriegsgottes *Mars),* ➤ Bettina, eine Kurzform von Elisabettina, einer Erweiterung zu ➤ Elisabeth (hebräisch: „Gott ist Fülle"), ➤ Angelina (zu „Engel"), ➤ Carolina („Heer"). – Im Mittelalter ist Ina zunächst Männername; im 7./8. Jahrhundert heißt ein angelsächsischer König Ina oder Ine, und in Deutschland ist für das 15. Jahrhundert ein Yna belegt. Als Frauenname wird Ina im 19. Jahrhundert bekannt; in der zweiten Hälfte des 20. Jahrhunderts wird er zum Modenamen.

Ines (w.) spanische Form (dort als [inḙs]) von ➤ Agnes (griechisch: „heilig, rein"). – ➤ Theodor Storm nennt die Protagonistin seiner Novelle *Viola Tricolor* („Stiefmütterchen", 1874) Ines. Sie ist die zweite Frau ➤ Rudolfs und muss erkennen, dass dessen Tochter Agnes ein Recht darauf hat, das Andenken an die verstorbene Mutter zu wahren. Der Name Ines verbreitet sich jedoch erst ab etwa 1950 in Deutschland, vielleicht in Zusammenhang mit ➤ Thomas Manns Roman *Doktor Faustus;* dort ist Ines die Tochter der verwitweten Senatorin Rodde. Etwa in den 70er-Jahren gehört Ines zu den beliebten Vornamen.

ING – „Ingwi" (mythologische Gestalt)
Das Namenwort geht zurück auf *Ingwi* oder *Ingwio,* den Namen eines germanischen Helden oder Stammesgottes, Sohn des Mannus und Vater der Nerthus (➤ Hertha). Auf ihn geht wahrscheinlich der Name der *Ingaevonen* zurück. Der römische Schriftsteller Tacitus (1./2. Jahrhundert) erwähnt diesen Stammesverband im Norden von *Germania,* so der Name seines Buches; was *Ing* bedeutet, weiß man nicht. Manchmal wird der Name in Verbindung gebracht mit *Ingwaz;* so heißt die 22. Rune im sogenannten Futhark-Alphabet, sie soll für „Feuer" stehen. Oft wird Ingwio mit dem Gott Freyr gleichgesetzt, die isländische *Ynglinga Saga* erwähnt Yngvi-Freyr.
Namen: ➤ Inga/-e (w.), Ingbert, ➤ Ingeborg (w.), ➤ Ingeburg (w.), ➤ Ingetraud (w.), ➤ Ingmar, ➤ Ingo, ➤ Ingrid (w.), ➤ Inka (w.)

Inga (w.) Kurzform von Namen, die mit ➤ *ING-* beginnen, etwa ➤ Ingrid (Name des Gottes „Ingwi" + „schön") oder ➤ Ingeborg („Ingwi" + „Schützerin"). – Die Namensform taucht in Deutschland um 1900 auf; in den 70er- und 80er-Jahren gehört Inga meist zu den 100 beliebtesten Mädchennamen, Ende der 70er kratzt der Name kurz an den Top 50; im neuen Jahrtausend wird er kaum noch gegeben.

Inge (w.) Kurzform von Namen mit dem Element ➤ *ING* (zu dem Gott „Ingwi"), vor allem ➤ Ingeborg (ING + „Burg, Schutz"). – Der Name erscheint in Deutschland im 15. Jahrhundert; in der ersten Hälfte des 20. Jahrhunderts wird er zum Modenamen und ist etwa zwischen 1925 und 1945 unter den 20 beliebtesten

Mädchennamen zu finden; nach dem 2. Weltkrieg wird er immer weniger gegeben.

Ingeborg (w.) nordisch. Die beiden Teile des Namens sind *Ingwi* (➤ ING), die Bezeichnung eines germanischen Stammesgottes, und *borg* oder ➤ *BURG*, bergend. – Die heilige Ingeborg von Frankreich, eine dänische Prinzessin, wurde Ende des 12. Jahrhunderts im zarten Alter von siebzehn Jahren mit dem französischen König ➤ Philipp ➤ August verheiratet. Der verstieß sie jedoch und heiratete eine andere. Erst durch das massive Eingreifen des Papstes sah er sich gezwungen, sie wieder aufzunehmen, demütigte sie aber weiterhin. Sie jedoch bat Gott um die Vergebung seiner Sünden. Ihr Namenstag ist der 30. Juli. – In verschiedenen Formen taucht der Name in Deutschland schon im 15. Jahrhundert auf; seine große Zeit hat er in der ersten Hälfte des 20. Jahrhunderts, etwa zwischen 1920 und 1940 gehört Ingeborg zu den 20 beliebtesten Mädchennamen; seit den 50er-Jahren wird er immer seltener gegeben.

Ingeburg (w.) deutsche Form von ➤ Ingeborg (der Gott „Ingwi" + „bergend"). Ingeburg kann auch auf den alten Namen Engelburg („Speer"? + „bergend") zurückgehen. – Der Name erscheint in Deutschland im 18. Jahrhundert und bleibt in dieser Form selten.

Ingelore (w.) Der erste Teil des Namens ist ➤ *ING*, die Bezeichnung eines germanischen Stammesgottes. – Lore kann eine Kurzform von ➤ Laura sein (lateinisch: „lorbeerbekränzt") oder von ➤ Eleonore („fremd"? + ?). – Ingelore ist eine Neubildung, der Name erscheint erstmals in den 1930er-Jahren und bleibt selten.

Ingetraud / Ingetraut (w.) deutsch. Die beiden Teile des Namens sind *Ingwi*, ein Stammesgott (➤ ING), und *traud*, Kraft (➤ TRUD). – Der Name taucht kaum vor dem 20. Jahrhundert auf und ist bis heute sehr selten.

Ingmar (m.) deutsch. Der erste Teil des Namens ist ➤ *ING* oder *Ingwio*, die Bezeichnung eines germanischen Stammesgottes; althochdeutsch *mari* (➤ MARI) heißt „berühmt, hervorragend". – Der schwedische Autor und Regisseur Ingmar Bergman, 1918–2007, wurde 1997 als „Bester Filmregisseur aller Zeiten" geehrt. Er wurde bekannt durch Filme wie *Das Schweigen, Passion, Szenen einer Ehe* oder *Fanny und Alexander*. – Die Formen Ingmar und Ingomar erscheinen in Deutschland nicht vor dem 20. Jahrhundert, doch schon Tacitus berichtet um 100 n. Chr. von einem gewissen Inguiomeres.

Ingo (m.) Ingo ist eine Kurzform von Namen, die mit *Ing-* oder *Ingo-* beginnen, die aber heute kaum noch gebräuchlich sind, etwa Ingobert (➤ BERT, berühmt) oder Ingolf (➤ WOLF). Der erste Teil des Namens ist ➤ *ING* oder *Ingwio*, die Bezeichnung eines germanischen Stammesgottes. – Einen heiligen Ingo gab es nicht, wohl aber den heiligen Ingbert (auch Ingebert oder Ingobert), dem die saarländische Stadt Sankt Ingbert ihren Namen verdankt. Ingbert lebte im 6./7. Jahrhundert als Mönch und Einsiedler in einer kleinen Zelle in der Nähe einer alten Kultstätte, die heute „Stiefel" heißt. Sein Namenstag ist der 22. Oktober. – Der Name Ingo erscheint zunächst in ➤ Gustav Freytags Roman *Ingo und Ingraban* (1872), dem ersten Teil seines Zyklus *Die Ahnen*. Im 20. Jahrhundert wird der Name bekannter und gehört etwa zwischen 1940 und 1980 zu den beliebtesten 50 Jungennamen, ohne jemals an die Top 20 heranzukommen.

Ingrid (w.) aus dem Nordischen. *Ingwi* ist der Name einer germanischen Gottheit (➤ ING), und *fridhr* bedeutet „schön" (vgl. ➤ FRIED). „Schön" ist wohl das Kind, und unter den Schutz des Gottes soll es gestellt werden. – Die selige Ingrid Elovsdotter (um 1235–1282) heiratete jung; nach dem Tod ihres Mannes unternahm sie eine Pilgerreise nach Rom und Jerusalem. Dann trat sie ein in das von ihr mitbegründete erste schwedische Dominikanerinnen-Kloster in Skenninge (nördlich von Stockholm). Ihr Namenstag ist der 2. September; ihre Heiligsprechung wird betrieben. – Ende des 19., Anfang des 20. Jahrhunderts wird der Name in Deutschland heimisch, verbreitet sich rasch und steht etwa zwischen 1930 und 1950 in den Top 10; seit den 80er-Jahren wird er kaum noch gegeben.

Inka (w.) friesisch. Der Name kommt auch als Inke, Inken oder Ineke vor und ist wohl eine Koseform von Namen, die mit *Ing(e)-* beginnen. Dabei ist in erster Linie an ➤ Ingrid zu denken (der Gott „Ingwi" + „schön"). – Manche deuten Inka auch als Koseform von Namen, die auf *-ina* enden, etwa ➤ Christina (griechisch: „Christin") oder Katharina (später zu einem Wort für „rein" gestellt). In Ungarn schließlich ist Inka eine Nebenform von ➤ Ilona oder Ilonka, beides Koseformen von ➤ Helena (griechisch: „strahlend"?). – Der Name Inka erscheint Mitte des 18. Jahrhunderts und bleibt relativ selten.

Ira (w.) Kurzform von ➤ Irina ➤ Irene (griechisch: „Frieden"). Ira ist in anderen Ländern auch als Männername in Gebrauch; Art Garfunkel etwa, früher Teil des Folkduos *Simon and Garfunkel*, heißt mit zweitem Vornamen Ira. – In Deutschland taucht der Name in den 1920er-Jahren auf und bleibt selten. Die deutsche Schauspielerin Ira von Fürstenberg, 1940 geboren als Virginia Carolina Theresa Pancrazia Galdina Prinzessin zu Fürstenberg, wurde bekannt durch Filme wie *Ich tötete Rasputin* oder *Sein Schlachtfeld war das Bett*, vor allem jedoch durch ihre Auftritte in der Regenbogenpresse.

Irene (w.) griechisch. *Eiréne* ist das griechische Wort für „Frieden" und gleichzeitig der Name der Friedensgöttin. Ursprünglich hieß sie Karpo und bildete zusammen mit Thallo und Auxo das Trio der „Horen". Das waren zunächst Fruchtbarkeitsgöttinnen, sie verkörperten die Jahreszeiten; später wurden sie umgedeutet zu Hüterinnen der öffentlichen Ordnung und bekamen neue Namen (Irenes Kolleginnen hießen nun Eunomia, „gutes Gesetz", und Dike, „Gerechtigkeit"). Die frühen Christen deuteten den Namen Irene um, im Sinne ihrer Lehre: Friede kommt von Gott, und wer mit Gott Frieden hat, der kann auch mit anderen im Frieden leben. – Die heilige Irene von Thessalonike (heute Saloniki) wurde wegen ihres Glaubens im Jahr 304 auf dem Scheiterhaufen verbrannt; ihr Namenstag ist der 1. April. – In Deutschland bekannt wird der Name Ende des 12. Jahrhunderts durch Irene ➤ Angelina, eine byzantinische Prinzessin und Gemahlin des deutschen Königs ➤ Philipp von Schwaben; doch erst im 19. Jahrhundert wird Irene heimisch und gehört von Beginn des 20. Jahrhunderts bis etwa 1960 zu den 100 beliebtesten Mädchennamen.

Irina (w.) russische Form von ➤ Irene (griechisch: „Frieden"). – In Deutschland erscheint die Namensform in der ersten Hälfte des 20. Jahrhunderts und bleibt recht selten.

Iris (w.) griechisch. Abgeleitet von einer Wurzel, die „streben" oder „Weg, Bahn" bedeuten soll (oder einem Wort für „verkünden"), ist *íris* im Griechischen der „Regenbogen". Auch die Götterbotin in der Mythologie heißt dort so – wohl weil der Regenbogen als Brücke zwischen Göttern und Menschen gedacht wurde. Iris ist hier die Tochter des Thaumas und der Elektra und meistens im Auftrag von Hera unterwegs, um Streit zu schlichten (Hera ist die Gattin und Schwester des Zeus). Dargestellt wird Iris als Jungfrau mit goldenen Flügeln, der Regenbogen ist ihr Gewand, in der einen Hand trägt sie den Heroldsstab, in der anderen eine goldene Kanne, mit der sie den Wolken Wasser zuträgt. – *Iris* nennen wir auch die Regenbogenhaut, die die Pupille des menschlichen Auges umgibt. Und dies aus demselben Grund, warum auch Schwertlilie und Regenbogenquarz so heißen: wegen ihrer Farbenpracht. – Auch eine heilige Iris soll es gegeben haben, der Legende nach war sie die Tochter des Apostels Philippus; ihr Namenstag ist der 4. September. – In Deutschland kommt der Name um 1900 an und erfreut sich bis etwa in die 70er-Jahre einiger Beliebtheit.

IRM – „allumfassend, groß"
Das Namenglied *irm-* geht zurück auf germanisch **irmina* oder **ermana*, allumfassend, groß. Später, etwa zur Zeit ➤ Karls des Großen, hatte es allerdings nur noch verstärkende Bedeutung, also im Grunde gar keine. Der Eintrag *irmingot* im althochdeutschen Wörterbuch etwa wird einfach mit „Gott" übersetzt.
Die *Irminsul* könnte weitere Hinweise geben auf die Bedeutung des Namenglieds. Im Jahr 772 zerstörte Karl der Große zu Beginn seiner Sachsenkriege dieses Heiligtum der Sachsen. Er eroberte die Eresburg, die heute zu Marsberg gehört, einem Ort im Sauerland, rund 25 km südlich von Paderborn. Von dort zog er weiter zur Irminsul, zerstörte sie und marschierte in Richtung Weser. Wo genau diese Irminsul lag, was sie war und wozu sie diente, ist nicht klar. In den verschiedenen Chroniken wird sie als „Ort" (lateinisch *locus)* bezeichnet, als „Götzenbild" *(idolum)* oder „Heiligtum" *(fanum*, mit einem *lucus*,

„Hain"). Vermutlich ist sie zu deuten als Teil der vorchristlichen Kosmologie: Ähnlich wie die Weltesche Yggdrasil in der nordischen Mythologie könnte diese Säule oder dieser Baum die bzw. eine Stütze des Himmelsgewölbes repräsentiert haben.
Man hat auch versucht, *irmin* als Namen einer Gottheit zu deuten: entweder als Mars (dabei spielte wohl Ares, die griechische Bezeichnung des Gottes, eine Rolle, die dem Ortsnamen Eresburg zugrunde liegt) oder aber Hermes (sicher wegen der klanglichen Ähnlichkeit). Vielleicht ist auch ein anderer germanischer Gott damit gemeint, möglicherweise Odin oder Ziu/Tyr. Ausgangspunkt für solche Überlegungen war ein Bericht, den der Mönch Widukind rund zweihundert Jahre nach dem Ereignis schrieb; darin erwähnt er auch Hermes und Mars.
Schon rund einhundert Jahre nach der Zerstörung der Irminsul übersetzt der Mönch ➤ Rudolf von Fulda ihren Namen mit *columna universalis*, „welche gewissermaßen das All (omnia) trägt", also als „All-Säule". Diese Deutung von *irmin* als „allumfassend" oder einfach „groß, gewaltig" wird heute für die wahrscheinlichste gehalten.
In Tacitus' *Germania* findet sich (Kap. 2) ein Hinweis auf den Stammesverband der *Erminonen* (Herminones), die er „in der Mitte des Landes" ansiedelt. Sie seien benannt nach einem (nicht mit Namen genannten) Sohn des Mannus (der erste Mensch?). Auch hier hat man auf *(H)Irmin* geschlossen und ihn für eine Gottheit gehalten. Sehr viel wahrscheinlicher jedoch ist die Erklärung des Stammesnamens als „Großvolk", d.h. als Zusammenschluss mehrerer kleinerer Stämme.
Namen: ➤ Armgard (w.), ➤ Armin, ➤ Emma (w.), Ermenegilda (w.), Ermenegildo, Ermin, ➤ German?, ➤ Imke (w.), ➤ Irma (w.), ➤ Irmfriede (w.), ➤ Irmgard (w.), Irmin, ➤ Irmtraud (w.)

Irma (w.) deutsch. Irma ist eine Kurzform für Namen, die mit *Erm-* oder ➤ *IRM-* beginnen, etwa Ermengard oder Irmhild. Zugrunde liegt das germanische Wort **ermana*, groß, allumfassend. – Seit dem 15. Jahrhundert in Deutschland belegt, gehört der Name etwa zwischen Anfang des 20. Jahrhunderts und 1940 zu den 50 beliebtesten Mädchennamen.

Irmfriede (w.) deutsch. Der Name ist zusammengesetzt aus germanisch **irmina*, allumfassend, groß (➤ IRM), und althochdeutsch *fridu*, Friede, Schutz vor Waffengewalt (➤ FRIED). – Der Name Irmfriede ist sehr selten, etwas häufiger findet sich die männliche Entsprechung Irmfried.

Irmgard (w.) deutsch. Der Name setzt sich zusammen aus germanisch **irmina*, allumfassend, groß (➤ IRM), und germanisch **gardaz*, Zaun, Einfriedung (➤ GARD). – Die heilige Irmgard von Erstein (südlich von Straßburg) war im 9. Jahrhundert die Gemahlin des deutschen Kaisers ➤ Lothar I.; ihr Fest ist am 20. März. Zweihundert Jahre später lebte die heilige Irmgard von Köln. Sie war Gräfin von Aspel (bei Bocholt in Westfalen), pilgerte mehrmals nach

Rom und setzte sich ein für die Armen der Stadt Köln. Dass sie die Reliquien von Papst Silvester nach Köln gebracht hat, ist wohl Legende; dasselbe wird auch von ihrer Tochter Irmtrud ➤ Irmtraud berichtet. Man weiß auch nicht sicher, ob sie im Alter tatsächlich als Einsiedlerin in Süchteln (bei Mönchengladbach) gelebt hat. Ihr Namenstag ist der 4. September. – Etwa zwischen 1910 und 1940 gehört Irmgard zu den 20 beliebtesten Mädchennamen; seit Mitte des Jahrhunderts wird der Name kaum noch gegeben.

Irmtraud (w.) deutsch. Der Name ist zusammengesetzt aus germanisch **irmina*, allumfassend, groß (➤ IRM), und germanisch **thruthi*, Kraft, Stärke (➤ TRUD). – Es gab mehrere Heilige dieses Namens: Die heilige Irmtraud von Millendonk war im 13. Jahrhundert Äbtissin im Stift in Dietkirchen bei Bonn; ihr Fest ist am 29. Mai. Etwa zur selben Zeit lebte die heilige Irmtrud von Köln. Die Überlieferung überschneidet sich an vielen Stellen mit der ihrer Mutter ➤ Irmgard von Köln. Irmtrud stand in Verbindung mit ➤ Klara von Assisi; ihr Namenstag ist der 4. Februar. Irmtrud von Hasnon (rund 40 km südöstlich von Lille) war im 9. Jahrhundert Äbtissin des dortigen Klosters; ihr Fest ist am 29. April. – Als Ermandrud ist der Name schon für das 6. Jahrhundert belegt und im Mittelalter recht beliebt. Seit den 1960er-Jahren wird er kaum noch gegeben.

IS / ISAN – „Eisen"

Früher hat man IS als eigenständiges Namenglied betrachtet und mit „Eis" übersetzt. Heute jedoch geht man davon aus, dass IS eine Verkürzung von ISAN ist. Unser Wort *Eisen* findet sich im Althochdeutschen als *isa(r)n*, im Germanischen als **isarna.* Die Germanen teilten das Wort mit den Kelten; möglicherweise ist es aus einer anderen Sprache entlehnt, welcher, ist nicht klar. Manche denken an Illyrisch, andere sehen eine Verbindung zu lateinisch *aes*, Erz. Warum im englischen *iron* das S verschwunden ist, weiß man nicht genau; vermutlich war dies schon bei keltischen Formen der Fall. Das Wort *is(an)* steckt auch in *Isegrim*; der Name des Wolfes in der Fabel wird meist als „eiserne Kampfmaske" gedeutet.

Die Germanen beherrschten die Eisenverhüttung wahrscheinlich seit dem 4. vorchristlichen Jahrhundert. Tacitus bemerkt im 6. Kapitel seiner *Germania* (um 100 n. Chr.), die Germanen besäßen nicht einmal Eisen im Überfluss (geschweige denn Gold oder Silber). Schwerter (➤ BRAND) hätten nur wenige, ihre Waffe sei der Speer (➤ GER). Auch Helme (➤ HELM) und Panzer (➤ BRUNNI) aus Metall seien selten. – Das scheint zumindest im Hinblick auf Panzer ein fragwürdiges Urteil zu sein; die Archäologie hat zahlreiche Kettenhemden zutage gefördert, bei denen aber im Einzelfall nicht klar ist, ob sie aus germanischer Produktion stammen oder aber von den Römern.

Namen: Isegrim, Isenbert (vgl. Doktor Eisenbarth), Isgard (w.), ➤ Isolde (w.)?

Isaak (m.) hebräisch. In der Bibel ist Isaak, auf Hebräisch Jizchák, der langersehnte Sohn und Erbe von ➤ Abraham und seiner Frau ➤ Sara. Es heißt, Sara ist 90 Jahre alt und Abraham 100, als Isaak geboren wird. Als Gott Abraham die Geburt des Sohnes ankündigt, fällt Abraham auf sein Angesicht „und lacht" (1. Mose 17,17), auf Hebräisch *wa-jizchák*. Hier wird auf den Namen angespielt, ohne dass er erklärt wird; ebenso in 18,12, wo es Sara ist, die lacht, dies aber nicht zugeben will. In beiden Fällen handelt es sich um ein ungläubiges, fast spöttisches Lachen. Doch als Isaak geboren wird, sagt die Mutter: „Ein Lachen hat mir Gott bereitet; wer es hört, wird mir zulachen." Das „Lachen", das in dem Namen Isaak steckt, kann sich auf die Eltern beziehen, vielleicht aber auch auf das Kind selbst. Wahrscheinlich jedoch ist Gott gemeint, der das Kind freundlich anlächelt. Auf Gottes Geheiß ist Abraham bereit, seinen Sohn zu opfern, doch ein Engel schreitet ein (Kap. 22). Isaak heiratet Rebekka ➤ Rebecca; von ihrem Sohn ➤ Jakob und dessen zwölf Söhnen stammen nach biblischem Bericht die zwölf Stämme des Volkes Israel ab. – Der Name Isaak ist in Deutschland ab dem 9. Jahrhundert zu finden; in jüdischen Familien wird er gerne als Ersatz für ➤ Isidor gegeben.

Isabel / Isabell (w.) Spanische Form von ➤ Elisabeth (hebräisch: „Gott ist Fülle"). – Eine erste Isabel in Deutschland ist im frühen 18. Jahrhundert belegt. In den 1960er-Jahren erreicht der Name (zusammen mit ➤ Isabelle) erstmals die Top 100, Mitte der 80er-Jahre die Top 50, seitdem hält er sich.

Isabella (w.) italienische Form von ➤ Isabel ➤ Elisabeth (hebräisch: „Gott ist Fülle"), wohl auch unter dem Einfluss von italienisch *bella*, schön. – Im Jahr 1225 heiratet Kaiser ➤ Friedrich II. in dritter Ehe Isabella, Königin von Jerusalem; als Fürstinnenname verbreitet sich Isabella in der Folge in Deutschland. Seit etwa 1970 belegt Isabella einen Platz zwischen 100 und 200 in den Hitlisten – in den USA [isbel] landet der Name 2009 auf Platz 1. Die Borgward Isabella, ein deutscher Mittelklassewagen, wurde von 1954 bis 1961 produziert.

Isabelle (w.) französische Form [isabell] von ➤ Isabel ➤ Elisabeth (hebräisch: „Gott ist Fülle")

Isidor (w.) aus dem Griechischen. Isidor bedeutet „Geschenk der Isis", so wie ➤ Theodor das „Gottesgeschenk" ist. Die alten Ägypter verehrten Isis als Muttergöttin und Gottesmutter, meist dargestellt, wie sie ihren Sohn Horus stillt, ähnlich wie später Maria Jesus. Ihr Name bedeutet „Thron", denn die Pharaonen identifizierten sich mit Horus. Der spätere Mythos von Isis und Osiris erzählt, wie Isis' Bruder Seth ihren Gemahl Osiris ermordet, seine Leiche zerstückelt und die Teile versteckt. Isis aber findet dank ihrer Zauberkünste die Leichenteile, setzt Osiris wieder zusammen und erweckt ihn zu neuem Leben. So wird Isis zur Herrin der Unterwelt, zur Beschützerin aller Wesen und zur Himmelskönigin, auch darin Maria ähnlich. Ihr Kult entwickelte sich zum Exportschlager in der hellenistischen Welt, die Griechen setzten sie mit Demeter gleich, nur die Römer zögerten anfänglich, weil sie darin Unsittliches vermuteten; erst Kaiser Caligula hatte nichts dagegen. Von mehreren Heiligen dieses Namens ist Isidor von Sevilla (560–636) der bekannteste. Er verfasste bedeutende historische, philosophische und theologische Schriften, darunter eine *Geschichte der Goten*, eine Kultur-Enzyklopädie mit dem Titel *Etymologiae* und die dogmatische Abhandlung *Sententiae*, in der Isidor der Theologie Augustins folgt. Sein Namenstag ist der 4. April. – In Deutschland erscheint der Name Anfang des 17. Jahrhunderts; seit dem 20. Jahrhundert wird er nur noch selten gegeben.

Isolde (w.) aus dem Walisischen. Der Name wird manchmal erklärt mit althochdeutsch ➤ *ISAN*, Eisen, manchmal auch mit *is*, Eis, und *hiltia*, Kampf (➤ HILD), oder auch *walt(an)*, herrschen (➤ WALT). Doch das sind wahrscheinlich spätere Deutungen oder Anlehnungen, denn der Name ist offensichtlich keltischen Ursprungs. In diese Richtung weist auch die walisische Legende *Tristan und Isolde*, die zur Verbreitung des Namens wesentlich beigetragen hat. In neuerer Zeit vor allem durch ➤ Richard Wagners gleichnamige Oper: Die schöne Isolde, eine irische Prinzessin, soll mit dem alternden König Marke von Cornwall vermählt werden; sein Neffe, der junge cornische Ritter ➤ Tristan, hält für ihn um Isoldes Hand an ... – Die walisische Form von Isolde lautet Esyllt, das bedeutet wohl „anmutige Erscheinung". – In unterschiedlichen Formen ist der Name in Deutschland seit dem 14. Jahrhundert zu finden; im 20. und 21. Jahrhundert bleibt er selten.

Israel (m.) In der Bibel trägt nur ein Mensch diesen Namen: ➤ Jakob, der Sohn Isaaks. Wie Jakob zu seinem neuen Namen kommt, erzählt eine rätselhafte Geschichte (1. Mose 32): Am Jabbokfluss greift ihn nachts ein Unbekannter an; als in dem stundenlangen Kampf keiner die Oberhand gewinnen kann, gibt ihm der Fremde seinen neuen Namen *Israel* („Gottesstreiter", auf Hebräisch *Jisraél)*, denn, so sagt er, Jakob hat mit Gott und Mensch „gerungen" *(saráh* auf Hebräisch; *el* bedeutet „Gott", und das Anfangs-*J* kennzeichnet die grammatische Verbform). Wahrscheinlicher jedoch leitet sich der Name ab von dem Verb *sarár*, herrschen (vgl. ➤ Sara), und kann übersetzt werden als „Gott hat sich als Herrscher erwiesen" (indem er dieses Kind schenkt). *Israel* wird der Name des Volkes, als dessen Stammvater Jakob gilt. Nach der Teilung des Reiches unter König Jerobeam im 10. vorchristlichen Jahrhundert wird *Israel* zur Bezeichnung des Nordreichs, während der Süden Juda genannt wird. Zweihundert Jahre später löschen die Assyrer das Nordreich Israel aus; Anfang des 6. Jahrhunderts v.Chr. erobern dann die Babylonier Juda. – Der Name Israel erscheint in Deutschland im 10. Jahrhundert und bleibt bis Ende des 19. Jahrhunderts keineswegs auf jüdische Familien beschränkt; heute ist er sehr selten.

IV – „Eibe, Eibenbogen"
Hinter dem Namenwort steht unser Wort *Eibe*, mittelhochdeutsch *iwe*, althochdeutsch *iwo* oder *iwa*, germanisch **iv*. Der Nadelbaum hat seinen Namen wahrscheinlich aufgrund der rötlichen Farbe seiner beerenähnlichen Früchte oder seines Kernholzes. Ebenso wie lateinisch *uva*, Traube, geht *Eibe* zurück auf eine indoeuropäische Wurzel **ei*, rötlich. Aus Eibenholz wurden schon in der Steinzeit Bogen für die Jagd und den Kampf gefertigt; so fand das Wort Eingang in die Namengebung. Auch die *Eber*esche hat rote Beeren, daher ihr Name; mit dem *Eber* hat sie nichts zu tun.
Namen: ➤ Ivo, ➤ Ivonne (w.), ➤ Yves, ➤ Yvonne (w.)

Ivo (m.) deutsch. Der Name geht zurück auf althochdeutsch *iwa*, unser Wort *Eibe* (➤ IV). Ivo kann aber auch eine Kurzform sein von ➤ Ivan ➤ Johannes (hebräisch: „Der Herr ist gnädig"). – Der heilige Ivo Hélory, Priester und Rechtsanwalt in der Bretagne des 13./14. Jahrhunderts, trat vor Gericht als Verteidiger der Armen und Unterdrückten auf; deswegen gilt er als Patron der Rechtsanwälte und der Armen. Bis heute gibt es in vielen Ländern die Ivo-Bruderschaften, die sich stark machen für den Rechtsschutz der Armen. Ivo starb am 19. Mai 1303, das ist auch sein Namenstag. – Der Name findet sich seit dem 15. Jahrhundert in Deutschland; im 20. Jahrhundert bleibt er selten.

Ivonne (w.) weibliche Form von ➤ Ivo. Der Name kommt als ➤ Yvonne aus dem Französischen zu uns [iwonn], ist aber deutscher Herkunft: Dahinter steht der männliche Name Ivo; der geht zurück auf althochdeutsch *iwa*, unser Wort *Eibe* (➤ IV). – Ivonne erscheint zusammen mit der Form Yvonne nicht vor dem 20. Jahrhundert in Deutschland; etwa zwischen 1970 und 1990 gehört der Name zu den 50 beliebtesten Mädchennamen, wird aber seitdem nur noch selten gegeben.

Iwan (m.) (auch: Ivan) russische Form [iwan] von ➤ Johannes (hebräisch: „Der Herr ist gnädig"). In früheren Jahrhunderten war Iwan auch eine Form des keltischen Namens Ewein oder Ywain, der in der Artussage als Yvain erscheint; dessen Herleitung ist ungeklärt. Auch mit dem Namen ➤ Ivo („Bogen aus Eibenholz") wird Iwan manchmal in Verbindung gebracht. Bekannter als der heilige Iwan, ein wohl legendärer böhmischer Einsiedler des 9. Jahrhunderts (Fest am 24. Juni), ist Zar Iwan IV. Wassiljewitsch, genannt „der Schreckliche" (1530–1584). Der deutsche Sänger ➤ Hans ➤ Rolf Rippert (1931–2008) wurde als Iwan Rebroff bekannt, unter anderem durch seine Rolle als Milchmann Tevje (➤ Tobias) im Musical *Anatevka*. – In Deutschland findet sich der Name seit dem 12. Jahrhundert; seit dem 20. Jahrhundert ist er selten.

J

Jack (m.) über das Englische [dschäk; vorne wie in *Dsch*ungel]. Schon im Mittelalter entstand in England die Koseform Jankin (kleiner Jan oder John). Später wurde dies zu Jackin zusammengezogen, weil das N durch die altfranzösische Aussprache stumm blieb; schließlich wurde dies zu Jack verkürzt. Dahinter steht unser Name ➤ Johannes (hebräisch: „Der Herr ist gnädig"). Manchmal wird Jack auch als Form von ➤ Jakob (hebräisch: „Gott beschützt") aufgefasst; das liegt sicher am Einfluss der französischen Form ➤ Jacques. In England ist der Ausdruck *Jack and Jill* für „ein Junge und ein Mädchen" seit dem 16. Jahrhundert in Gebrauch. In heutigem Englisch kann *jack* als Vokabel so verschiedene Dinge bezeichnen wie einen Wagenheber, eine Spielkarte (Bube) oder einen Stecker oder eine Buchse am Computer. – Der Name Jack taucht in Deutschland nicht vor dem 20. Jahrhundert auf und bleibt sehr selten.

Jacqueline (w.) [schaklihn; vorne wie in *Jour*nal] weibliche Entsprechung zu ➤ Jacques, der französischen Form von ➤ Jakob (hebräisch: „Gott beschützt"). – Der Name taucht in Deutschland Mitte des 20. Jahrhunderts auf, verbreitet sich rasch, möglicherweise begünstigt durch die Bekanntheit der amerikanischen First Lady Jacqueline Kennedy [dschäklinn; vorne wie in *Dsch*ungel], und gehört in den 80er- und 90er-Jahren zu den Top 100; die höchste Platzierung ist Rang 9 im Jahr 1994.

Jael (w.) *Jaél* ist das hebräische Wort für „Steinbock" oder auch „Bergziege". Im alten Israel und im gesamten alten Orient war es üblich, Tiernamen als Personennamen zu geben; Debora (s. u.) etwa ist die „Biene". Der Vergleichspunkt konnte in der Erscheinung liegen, bei Jael vielleicht in den schönen braunen Augen oder aber in anderen Eigenschaften wie der Gewandtheit oder den eleganten Bewegungen. In der Bibel (Richter 4,17–22) ist Jael die Frau des Keniters Heber. Der israelitische Feldherr Barak und die Richterin und Prophetin ➤ Debora besiegen die Kanaaniter in der Schlacht am Bach Kischon. Sisera, der Heerführer der Kanaaniter, muss fliehen und kommt zu Jaels Zelt. Sie versteckt ihn zum Schein und tötet ihn dann im Schlaf: Sie treibt einen Zeltpflock durch seine Schläfe bis in den Boden. Debora und Barak besingen den großen Sieg (Kap. 5). – Der Name erscheint in Deutschland in den 1970er-Jahren und bleibt sehr selten.

Jakob (m.) hebräisch. Auch wenn die Bibel Hinweise gibt – die Bedeutung des Namens (hebräisch Ja'aków) ist nicht ganz geklärt: Ursprünglich ist der Name wohl mit „Gott beschützt" zu übersetzen; dabei ist an die Familie zu denken, die durch die Geburt des männlichen Nachkommens vor dem Untergang bewahrt wird. Im Einzelfall kann auch der Schutz der Gesundheit des Kindes und/oder der Mutter eine Rolle spielen, im Hinblick auf das Kind vielleicht auch als Wunsch: „Gott möge beschützen".

Im 1. Buch Mose wird der Name dann anders gedeutet: Jakob hält bei der Geburt seinen Zwillingsbruder Esau an der Ferse (hebräisch *akéw*; Kap. 25,24ff.; das *Ja* von Ja'akow ist grammatische Vorsilbe). Später betrügt (*akáw*) Jakob ihn zunächst um das Erstgeburtsrecht (er kauft es ihm ab für ein Linsengericht, V. 29–34) und dann um den Segen ihres blinden Vaters ➤ Isaak (er verkleidet sich und gibt sich als Esau aus, Kap. 27). Er muss fliehen und kommt als Hirte zu Laban. Sieben Jahre dient ihm Jakob, um dessen Tochter ➤ Rahel zu bekommen (Kap. 29) – findet dann aber die ältere ➤ Lea in seinem Zelt. Das sei so Brauch, erklärt ihm sein Schwiegervater. Rahel wird auch seine Frau, doch er muss noch einmal sieben Jahre lang dienen. Nach vielen Jahren versöhnt er sich schließlich mit seinem Bruder Esau (Kap. 33). Jakob wird der Stammvater des Volkes Israel. – Entscheidend für die Verbreitung des Namens in Europa war jedoch nicht der Patriarch, sondern zwei Jünger Jesu sowie einer seiner Brüder. Alle drei werden in der Bibel Jakobus (griechisch Jákobos) genannt: Der „Herrenbruder", auch „der Gerechte" genannt, ist später einer der leitenden Männer in der Jerusalemer Urgemeinde, sein Fest am 3. Mai. Jakobus „der Jüngere" wird traditionell mit ihm gleichgesetzt und hat deswegen sein Fest mit ihm; er ist der Sohn des Alphäus und gehört zum Zwölferkreis der Jünger. Einer der Zwölf ist auch Jakobus „der Ältere", Sohn des Zebedäus und der ➤ Salome und älterer Bruder des Jüngers ➤ Johannes; Jesus nennt die beiden Brüder wegen ihres Temperaments „Donnersöhne". Der Gedenktag dieses Jakobus ist der 25. Juli, und auf ihn bezieht sich die Redensart, dies oder jenes sei „nicht der wahre Jakob". Der Apostel wurde 44 n. Chr. von König Herodes in Jerusalem hingerichtet, berichtet die Apostelgeschichte. Nachbiblischer Überlieferung zufolge wurde sein Leichnam zunächst auf den Sinai gebracht und später nach Spanien überführt (eine andere Tradition weiß davon, dass er schon zu Lebzeiten dort missioniert habe). Über seinem angeblichen Grab im heutigen Santiago de Compostela errichtete man eine Kirche, die Ziel zahlloser Pilger wurde. Nun war Santiago nicht der einzige Ort, der das Grab des Apostels für sich beanspruchte, doch dort war man sicher, dies sei „der wahre Jakob"; das wurde später übertragen auf die Pilger selbst. – Jakob gehört schon im ausgehenden Mittelalter zu den beliebten Namen. Im 20. Jahrhundert zeigt seine Beliebtheitskurve zunächst genauso steil nach unten wie seit den 70er-Jahren wieder nach oben; im neuen Jahrtausend gehört Jakob zu den beliebtesten Namen und pendelt sich momentan bei Positionen um 20 ein.

Jakobina / Jakobine (w.) (auch: Jacobina/-e) weibliche Form von ➤ Jakob (hebräisch: „Gott beschützt"). – Der Name erscheint in Deutschland im 17. Jahrhundert und bleibt mäßig verbreitet.

James (m.) englische Form [dschejms; vorne wie in *Dsch*ungel, hinten mit stimmhaftem S] von ➤ Jakob (hebräisch: „Gott beschützt"). Aus griechisch *Jákobos* wird lateinisch *Jacobus;* eine späte Variante davon lautet *Jacomus*, und daraus entsteht in England *James* (und in Italien *Giacomo* sowie *Jaime* in Spanien). In Großbritannien gilt James als königlicher Name, besonders in Schottland, woher seit dem 15. Jahrhundert mehrere englische Könige dieses Namens aus dem Hause Stuart stammten. Später machten sich der Entdecker Captain James Cook (1728–1779), der Erfinder James Watt (1736–1819) sowie der Schriftsteller James Joyce (1882–1941) jeder auf seinem Gebiet einen Namen; heute denken die meisten eher an den britischen Geheimagenten James Bond, der seit 1962 in den Kinos zu sehen ist. – In Deutschland taucht der Name gegen Ende des 18. Jahrhunderts auf und bleibt recht selten; das mag auch mit daran liegen, dass James häufig mit einem Butler assoziiert wird.

Jan (m.) Kurzform von ➤ Johannes (hebräisch: „Der Herr ist gnädig"). – Die Form Jan ist in Holland, Schweden, Polen und der Tschechei zu Hause und hat sich in Deutschland vor allem von Norden nach Süden verbreitet. Etwa zwischen 1973 und 2003 gehört Jan zu den Top 10.

Jana (w.) weibliche Form von ➤ Jan ➤ Johannes (hebräisch: „Der Herr ist gnädig") oder Koseform von ➤ Johanna (mit derselben Bedeutung). – Der Name erscheint im deutschen Sprachgebiet im 15. Jahrhundert, doch erst in der zweiten Hälfte des 20. Jahrhunderts wird Jana zum Modenamen: Anfang der 70er-Jahre erklimmt der Name die Top 50, Ende der 80er sogar die Top 20. In den 90ern kratzt er mehrfach an den Top 10, im neuen Jahrtausend lässt die Begeisterung etwas nach.

Janik (m.) Schreibvariante von ➤ Jannik ➤ Johannes (hebräisch: „Der Herr ist gnädig"). – Die Namensform erscheint in der zweiten Hälfte des 20. Jahrhunderts und bleibt wie die weibliche Form ➤ Janika selten.

Janika (w.) weibliche Form von ➤ Janik ➤ Johannes (hebräisch: „Der Herr ist gnädig")

Janina (w.) Koseform von ➤ Johanna (hebräisch: „Der Herr ist gnädig"). – Der Name taucht in Deutschland Anfang des 20. Jahrhunderts auf und erfreut sich von den 80er-Jahren bis zum Ende des Jahrhunderts recht großer Beliebtheit mit Platzierungen unter den Top 50 und einem Höhepunkt um 1990.

Janine (w.) deutsche Schreibung von ➤ Jeannine [schanihn; vorne wie in *Jour*nal] ➤ Johanna (hebräisch: „Der Herr ist gnädig"). – Etwa seit Mitte des 20. Jahrhunderts zu finden, entwickelt sich Janine in den 80ern zum Modenamen und hält sich bis Mitte der 90er in den Top 50; heute wird er nur noch selten gegeben.

Jannick (m.) Variante von ➤ Jannik ➤ Johann ➤ Johannes (hebräisch: „Der Herr ist gnädig")

Jannik (m.) niederdeutsche Form von ➤ Johann ➤ Johannes (hebräisch: „Der Herr ist gnädig"). – Durch die vielen verschiedenen Schreibweisen mit J und Y, einem oder zwei N ist der genaue Ursprung des Namens kaum mehr feststellbar. Alle Varianten zusammen machen den Namen seit den späten 1980er-Jahren zum Modenamen.

Jannis (m.) friesische und niederländische Variante von ➤ Johannes (hebräisch: „Der Herr ist gnädig"). – Seit den 1980er-Jahren steigt die Bekanntheit des Namens; 2007 gehört er zu den Top 50.

János (m.) ungarische Form [janosch] von ➤ Johannes (hebräisch: „Der Herr ist gnädig"). – Der Name erscheint, zusammen mit seiner Eindeutschung ➤ Janosch, in den 1960er-Jahren und bleibt relativ selten.

Janosch (m.) Eindeutschung von ➤ János ➤ Johannes (hebräisch: „Der Herr ist gnädig"). – Der Grafiker und Buchautor ➤ Horst Eckert, Jahrgang 1931, nennt sich seit etwa 1960 Janosch; damals kommt der Name in Deutschland auf.

Janus (m.) latinisierte Form von ➤ Jan ➤ Johannes (hebräisch: „Der Herr ist gnädig"). Bei Janus kann es sich auch um eine niederländische Kurzform von Adrianus ➤ Adrian handeln (lateinisch: „aus der Stadt Hadria"). Schließlich kann *Janus* auch den doppelgesichtigen römischen Gott des Anfangs und des Endes meinen, von dem der Monat *Januar* seinen Namen hat. – Ein erster Janus in Deutschland wird 1500 in Zwickau geboren. Der Name bleibt bis heute selten.

Jara (w.) tschechisch. Hinter Jara steht Jarmila oder ein anderer Name, der mit *Jar-* beginnt. Jarmila kommt aus Tschechien zu uns, abgeleitet von dem Jungennamen Jaromil. Der ist relativ jung; erst im 18. Jahrhundert wurden die beiden altslawischen Elemente *jary*, stark, frisch, und *mil*, lieb, miteinander verbunden. Ob diese Kombination als solche etwas bedeutet, ist unklar. Die weibliche Form Jarmila wurde nachträglich auch in Verbindung gebracht mit tschechisch *jaro*, Frühling, und dann mit „Liebhaberin des Frühlings" übersetzt. Die männliche Kurzform Jaro wird meist abgeleitet von Jaromir mit dem zweiten Element slawisch *mir*, Frieden. Als Grundform für Jara kommt auch Jaroslawa infrage. *Slava* bedeutet „Ruhm"; mit dem Namen der Volksgruppe der Slawen hat das Wort nichts zu tun. – In der Bibel taucht der Männername Jara auf, ein Nachfahre von König ➤ Saul heißt so; jedoch beruht diese Form wohl auf einem Schreibfehler. Es gibt auch eine Sprache in Nigeria, die Jara heißt. – Der Name erscheint erstmals Mitte des 20. Jahrhunderts in Deutschland und bleibt selten.

Jascha (m./w.) russische Koseform von ➤ Jakob (hebräisch: „Gott beschützt") oder von Jadwiga, der russischen Form von ➤ Hedwig („Kampf" + „Kämpferin"). Jascha (eigentlich Jossif) Heifetz (1901–1987), Sohn jüdischer Eltern aus dem heutigen Litauen, war einer der berühmtesten Violinisten des 20. Jahrhunderts. – Sowohl der männliche als auch der weibliche Name erscheinen in Deutschland in der zweiten Hälfte des 20. Jahrhunderts und bleiben sehr selten.

Jasmin (w.) persisch. Der persische Name dieser wohlriechenden, bis zu fünf Meter hohen Pflanze lautet *jasaman*. Sie gehört zur Familie der Ölbaumgewächse, manche Arten sind immergrün, andere werfen ihre Blätter ab. Ihre duftenden Blüten werden zu Parfüm, Pomade oder Tee verarbeitet. Im Orient war und ist es üblich, Mädchen nach Blumen, Sträuchern oder Bäumen zu benennen, die besonders hübsch aussehen oder fein duften. In der Türkei etwa bedeutet der Name *Aygül* so viel wie „Rose", und *Nilofer* ist ein iranischer Name mit der Bedeutung „Lilie". – In dem Märchen *Aladin und die Wunderlampe* aus *Tausendundeiner Nacht* ist Jasmin die schöne Tochter des Kalifen, in die Aladin sich verliebt. Mithilfe seiner Lampe besteht Aladin manche Abenteuer, und die Liebenden kommen schließlich zusammen. Den Namen Jasmin trägt das Mädchen allerdings nur in der Version von Walt Disney sowie in manchen Jugendausgaben des Buchs. Im Original heißt sie Badrulbudur oder auch Bedrulbudur, das erklärt die Namensänderung. – Der Name taucht in Deutschland Anfang der 1960er-Jahre auf und ist seit den 80ern unter den Top 50 zu finden; 1991 erreicht Jasmin Platz 8.

Jason (m.) griechisch. In der griechischen Sagenwelt ist Jason ein Held, der auszieht, das Goldene Vlies zu gewinnen, das Fell eines geflügelten Widders – ein schier unerfüllbarer Auftrag, den ihm sein böser Onkel Pelias gegeben hat. Die Zauberin Medea hilft Jason beim Lösen dreier Aufgaben; zusammen finden sie das Vlies und bringen Pelias um. Jason heiratet Medea, verlässt sie jedoch später wegen Kreusa. Daraufhin tötet Medea die gemeinsamen Kinder, Jason aber kann fliehen und stirbt schließlich einsam und unglücklich: Ein herabfallendes Holzstück seines verrottenden Schiffs Argo erschlägt ihn. Sein Name, auf Griechisch Iason, leitet sich wahrscheinlich ab von dem Verb *íasthai* und bedeutet dann „Heiler". – Im Neuen Testament beherbergt ein Christ namens Jason (vermutlich sein „bürgerlicher" Name statt des jüdischen Josua) die Missionare ➤ Paulus und ➤ Silas in der Stadt Thessalonich in Griechenland. Die aufgebrachte Menge stürmt sein Haus und lässt ihn und andere Christen nur gegen Kaution frei (Apostelgeschichte 17). Später soll Jason auf der Insel Korfu missioniert haben, nach anderer Überlieferung wirkte er als Bischof in Tarsus, Kleinasien (Türkei); sein Namenstag als katholischer Heiliger ist der 12. Juli. – Seit dem 16. Jahrhundert wird der Name in Deutschland vereinzelt gegeben, wohl im Zuge des Humanismus. Erst in den 1990er-Jahren kommt Jason [dschejssn; vorne wie in *Dsch*ungel] aus dem englischsprachigen Bereich zu uns und erreichte innerhalb kurzer Zeit große Popularität mit Platzierungen unter den Top 20 etwa zwischen 2005 und 2010. In England kommt Jason im 17. Jahrhundert als biblischer Name in Mode und gelangt mit den Puritanern in die USA.

Javier – ursprüngliche spanische [chawi-er oder chawir] Form von ➤ Xaver (baskisch: „neues Haus")

Jeanette (w.) [schangtt; vorne wie in *Jour*nal] Koseform (französische Schreibweise: Jeannette) des französischen Namens Jeanne [schann; vorne wie in *Jour*nal] ➤ Johanna (hebräisch: „Der Herr ist gnädig"), manchmal auch eingedeutscht: Jeanett. – Der Name findet sich in Deutschland seit dem 17. Jahrhundert und erfreut sich recht großer Beliebtheit. Etwa zwischen 1960 und 1990 gehört Jeanette immer wieder zu den Top 100, ohne jemals ganz oben anzuklopfen; der Höhepunkt liegt um 1966. Die deutsche Sängerin und Schauspielerin Jeanette Biedermann wird 1980 als Jean Biedermann geboren.

Jelena (w.) russische Form [jiljena] von ➤ Helena (griechisch: „strahlend"?). – In Deutschland taucht der Name in der zweiten Hälfte des 20. Jahrhunderts auf und bleibt selten.

Jenni (w.) Variante von ➤ Jenny ➤ Jean ➤ Johanna (hebräisch: „Der Herr ist gnädig"), meist deutsch ausgesprochen, aber auch im englischsprachigen Raum verbreitet [dschenni; vorne wie in *Dsch*ungel]; in neuerer Zeit wird Jenny wie bei uns meist als Kurzform von ➤ Jennifer (walisisch: „weiß" + „weich"?) aufgefasst. – Die Form Jenni erscheint in Deutschland gegen Ende des 19. Jahrhunderts und bleibt selten.

Jennifer (w.) aus dem Englischen [dschennife; vorne wie in *Dsch*ungel]. Für diesen Namen gibt es mehrere Erklärungsversuche. Die einen sagen, er sei identisch mit Genovefa, französisch Geneviève. Sie leiten ihn entweder aus dem Germanischen ab und übersetzen „die weithin sich Bewegende", oder sie sehen darin keltische Elemente mit der Bedeutung „Volk" und „Frau". Am wahrscheinlichsten jedoch ist Guinevere eine altfranzösische Variante des walisischen Namens Gwenhwyfar. Walisisch *gwen* bedeutet „weiß", aber auch „gesegnet, heilig", und *hwyfar* „glatt, weich". Guinivere hieß die treulose Gemahlin des sagenhaften Königs Artus oder ➤ Artur. Ritter Lancelot hat den Auftrag, die schöne Braut zu Artur zu führen – und verliebt sich prompt in sie. Auch nach der Hochzeit bleiben Lancelot und Guinivere ein heimliches Liebespaar. Als Artur stirbt, treffen die beiden sich ein letztes Mal; Guinivere geht ins Kloster, und Lancelot lebt einsam als Eremit. – Der Name Jennifer erscheint in Deutschland nicht vor Mitte des 20. Jahrhunderts. In den 70er-Jahren wird er zum Modenamen und ist in den 80ern mehrmals unter den Top 10 zu finden; seit der Jahrtausendwende nimmt die Vergabe wieder deutlich ab.

Jenny (w.) ursprünglich englische Koseform von ➤ Jean ➤ Johanna (hebräisch: „Der Herr ist gnädig"), aber auch deutsch [jenni]. Die altfranzösische Namensform Je(h)anna ist das Bindeglied zwischen Johanna und Jean [dschihn; vorne wie in *Dsch*ungel], Jenny eine mittelalterliche Koseform davon. Deutsch ausgesprochen ist Jenny eine Nebenform von ➤ Jenni mit derselben Bedeutung. In neuerer Zeit wird Jenny auch als Kurzform von ➤ Jennifer (walisisch: „weiß" + „weich"?) aufgefasst und meist englisch ausgesprochen [dschenni; vorne wie in *Dsch*ungel]. – Die ältere Schwester der Dichterin ➤ Annette von Droste-Hülshoff, Jahrgang 1797, heißt ➤ Maria, wird aber Jenny genannt. Bekannt wird der Name durch die Sängerin Jenny Lind (eigentlich Johanna, 1820–1887), genannt die „schwedische Nachtigall". Mehrere Romane tragen im 19./20. Jahrhundert zur weiteren Verbreitung des Namens bei: *Jenny* von Fanny Lewald (1843), *Frau Jenny Treibel* von ➤ Theodor Fontane (1892) sowie *Jenny* von ➤ Sigrid Undset (deutsch 1921). Etwa zwischen 1980 und 2000 gehört Jenny zu den 100 beliebtesten Mädchennamen in Deutschland, der Höhepunkt liegt um 1994.

Jens (m.) niederdeutsche und dänische Form von ➤ Johannes (hebräisch: „Der Herr ist gnädig"). – Der Name kommt im 16. Jahrhundert in Deutschland auf; etwa zwischen Mitte der 1950er-Jahre bis Ende der 70er gehört Jens fast durchgängig zu den Top 20.

Jeremias (m.) aus dem Hebräischen. In der hebräischen Bibel heißt er Jirmejáhu, die griechische Form des Namens ist Ieremias. In der lateinischen Bibel lautet der Name Hieremias, und auf Deutsch wird er meist Jeremia genannt. „Der Herr erhebt" kann man den Namen übersetzen; das bezieht sich dann auf die Mutter, die zunächst dem öffentlichen Spott ausgeliefert war und bildlich gesprochen im Staub lag – bis Gott sie durch die Geburt des Sohnes wieder aufrichtete. Vielleicht handelt es sich aber auch um einen Wunschnamen: Gott möge dem Kind in Notlagen beistehen. Nach anderer Deutung ist der Name mit „Der Herr hat sich überlegen gezeigt" zu übersetzen; dann wäre er ein Bekenntnis zu dem Gott, der alleine helfen kann. – In der Bibel ist Jeremia einer der drei großen Propheten. Er stammt aus Anatot (heute Anata, rund 5 km nordöstlich von Jerusalem) und wirkt von 627 bis 585 v.Chr. im untergehenden Südreich (Juda). Er kündigt die drohende Katastrophe an, die dann tatsächlich eintrifft: die Zerstörung Jerusalems durch die Babylonier. Später wird er nach Ägypten verschleppt, dort verliert sich seine Spur. Jeremia ruft das Volk und seine Herrscher zur Umkehr auf und leidet gleichzeitig unter der Last seines Prophetenamts. Sein Namenstag ist der 1. Mai. – In Deutschland ist der Name seit dem 12. Jahrhundert zu finden; seit den 1980er-Jahren wird er wieder häufiger gegeben, oft in der englischen Form ➤ Jeremy.

Jeremy (m.) englische [dschẹremi; vorne wie in *Dsch*ungel] Form von ➤ Jeremias (hebräisch: „Der Herr erhebt"). – Der Name erscheint in Deutschland Ende der 1970er-Jahre, vielleicht angeregt durch ➤ David ➤ Henry Wilsons Jeremy-James-Bücher, die seit dieser Zeit erscheinen, etwa *Jeremy James oder Elefanten sitzen nicht auf Autos*. Seit der Jahrtausendwende findet er sich immer wieder unter den Top 100.

Jerome (m.) französische Form [scherọmm; vorne wie in *Jour*nal] von ➤ Hieronymus (griechisch: „Träger des heiligen Namens"). In Frankreich schreibt sich der Name Jérôme, die englische Aussprache ist [dscherroum; vorne wie in *Dsch*ungel] oder auch [dschẹrrm]. – Der Name taucht in Deutschland Anfang des 20. Jahrhunderts auf und erreicht in den 80er-Jahren einige Beliebtheit.

Jessica (w.) über das Englische [dschessika; vorne wie in *Dsch*ungel]. Shakespeare hat diesen Namen erfunden, und zwar für sein Schauspiel *Der Kaufmann von Venedig*. Hier ist Jessica die Tochter des alten Juden Shylock und hat am Ende eine Romanze mit einem gewissen ➤ Lorenzo. Ansonsten geht es um Geld und Bürgschaften – und um Fleisch und Blut. Um das des Antonio nämlich (er ist der Kaufmann von Venedig), Shylocks Konkurrent; die Geschichte findet aber ein versöhnliches Ende. – Vermutlich hatte Shakespeare ein biblisches Vorbild für den Namen: ➤ Jiska (hebräisch: Gott „sieht an"). – Anfang der 1960er-Jahre taucht der Name in Deutschland auf und wird in den 70ern zum Modenamen, wobei die Aussprache zwischen deutsch und englisch variiert. Seine Glanzzeit sind die 80er- und frühen 90er mit Platzierungen durchgängig unter den Top 20, 1990 sogar Platz 7; seit der Jahrtausendwende flaut der Trend merklich ab.

Jesus (m.) griechisch-lateinische Form des alttestamentlichen Namens Joschua ➤ Josua (hebräisch: „Jahwe hat gerettet / rettet"), der auch als Jeschua vorkommt. Die griechische Übersetzung des Alten Testaments gibt den Namen Josua als Iesoús wieder, dieselbe Form, die das griechische Neue Testament für Jesus Christus verwendet. Die lateinische Bibel schreibt Iosue im Alten und Iesus im Neuen Testament. – Es ist nicht verwunderlich, dass der Name jahrhundertelang gemieden wurde und sehr vereinzelt erst im 16./17. Jahrhundert in Deutschland auftaucht. Seit 1998 ist es bei uns offiziell erlaubt, sein Kind Jesus zu nennen, doch offenbar macht kaum jemand hier von diesem Recht Gebrauch. Im spanischsprachigen Raum hingegen bürgert sich Jesus, spanisch Jesús [chessuss; vorne wie in Ba*ch*], schon seit dem 18. Jahrhundert ein, vermutlich über den Beinamen „de Jesús" („von Jesus"). Das kann, zusammen mit einem anderen Namen, ein Ordensname gewesen sein oder aber ein Devotionalname, der Maria beigelegt wurde (vgl. ➤ Carmen); die heilige ➤ Teresa von Ávila wird auch Teresa de Jesús genannt. Von da aus breitet sich der Name Jesus als eigenständiger männlicher Vorname aus und gehört im 20. Jahrhundert zu den beliebten Jungennamen in der spanischsprachigen Welt.

Jiska (w.) hebräisch. Jiska ist nach 1. Mose 11,29 die Tochter von Haran und die Schwester von Milka und Lot, außerdem die Nichte ➤ Abrahams, des Stammvaters des Volkes ➤ Israel. Ihr Name ist schwer zu deuten. Wahrscheinlich leitet er sich ab von einem Wort für „sehen" und ist mit „Augenweide" zu übersetzen, oder er bedeutet „Er sieht". Gemeint ist dann wohl Gott, der die Not der Mutter sieht: Sie wünscht sich ein Kind, bekommt jedoch zunächst keines. Der Name lässt sich auch als Bitte deuten: Gott möge das Kind (freundlich) ansehen, das heißt segnen. Manche legen auch ein anderes Verb zugrunde und übersetzen

„bedecken, beschützen". Unabhängig davon existiert der Name Jiska oder Jiske in Nordfriesland. In jedem Fall ist Jiska extrem selten.

Joachim (m.) aus dem Hebräischen. Auf Hebräisch lautet der Name Jojakím oder auch Jehojakím: „Der Herr richtet auf" – wohl dadurch, dass er der Mutter diesen Sohn geschenkt hat und sie nicht mehr niedergeschlagen sein muss, weil sie keine Kinder bekommen kann. Vielleicht ist Joachim aber auch ein Wunschname: „Der Herr möge aufrichten" (und der Familie in irgendeiner Weise helfen). Manche deuten den Namen spezieller: Im „Aufrichten" sehen sie einen Ersatz für ein verstorbenes Kind durch das neugeborene. Das Alte Testament berichtet von Jojakim, einem der Könige Israels (2. Könige 23,36–37); er regiert von 609 bis 598 v.Chr. und ist im Wesentlichen eine Marionette des ägyptischen Pharaos Necho. Der gibt ihm auch seinen Namen; vorher hieß er Eljakim (hebräisch: „Gott richtet auf"). – Für die Namengebung entscheidend war jedoch ein anderer Joachim: Dem Jakobus-Evangelium zufolge (um 150, andere außerbiblische Schriften schlossen sich daran an) war Joachim der Vater von ➤ Maria, der Mutter Jesu; seine Frau soll ➤ Anna geheißen haben. Die beiden waren zunächst kinderlos, doch ein Engel verhieß ihnen ein Kind, und in hohem Alter gebar Anna schließlich Maria. Der Namenstag des heiligen Joachim ist der 26. Juli. Die Bibel weiß nichts von den Großeltern Jesu. – Der Name Joachim erscheint in Deutschland durchgängig seit dem 14. Jahrhundert und wird im 20. Jahrhundert zusammen mit ➤ Jochen und ➤ Achim zum Modenamen; etwa zwischen 1940 und 1960 gehört Joachim zu den 20 beliebtesten Jungennamen, mit einer Spitze Mitte der 50er. Seit den 70ern wird der Name nur noch wenig gegeben.

Joana / Joanna (w.) Nebenform zu ➤ Johanna (hebräisch: „Der Herr ist gnädig"). – In den 1960er-Jahren wird dieser Name in Deutschland eingeführt, oft englisch ausgesprochen [dscho-änne; vorne wie in *Dsch*ungel].

Job (m.) aus dem Hebräischen; „katholische" Form von ➤ Hiob (hebräisch: „Wo ist Vater?"). In der griechischen wie der lateinischen Übersetzung erscheint das hebräische Ijów als Iob; in Deutschland und anderen Ländern wurde Job draus. – In dieser Form findet sich der Name vom frühen 15. bis ins späte 20. Jahrhundert, auch als Jobst, bei dem sich der Name Jost, zu Jodocus (keltisch: „erfahren im Kampf"?), eingemischt hat; der Name Hiob erscheint um 1500 und hält sich bis ins 19. Jahrhundert.

Jobst (m.) Nebenform von ➤ Jost (zu bretonisch: „Herr"?). Durch Vermischung von Jost mit Job ➤ Hiob (hebräisch: „Wo ist Vater?") kam es in Deutschland zu der Form Jobst. Sie erscheint erstmals im 14. Jahrhundert und ist heute sehr selten.

Jochen (m.) Kurzform von ➤ Joachim (hebräisch: „Der Herr richtet auf"). – Die Namensform wird in Deutschland im 20. Jahrhundert heimisch. Seit den 30er-Jahren unter den Top 100, nimmt der Name in den 60ern zeitweise Plätze unter den Top 50 ein; seit den 80ern wird er kaum noch gegeben.

Joel (m.) hebräisch. Der Name ist ein Bekenntnis: „Jo ist El". *Jo* steht dabei für den Gottesnamen Jahwe (in deutschen Bibeln meist „der Herr"), und *el* ist das hebräische Wort für Gott allgemein. Es kann sich auch auf andere Götter beziehen und steckt auch in *Allah*. Der Sinn des Namens ist vermutlich: Jahwe ist der wahre Gott, und nur er konnte der Mutter dieses Kind schenken. – Im Alten Testament finden wir das Prophetenbuch Joel. Über den Autor des Buchs erfahren wir nichts außer dem Namen seines Vaters Petuel. Wann Joel gewirkt hat, geht nicht aus dem Text hervor, die Schätzungen reichen vom 9. bis zum 3. vorchristlichen Jahrhundert. Joels großes Thema ist der „Tag des Herrn", der Tag des Gerichts: Wie eine Heuschreckenplage wird ein großes Heer über Juda herfallen. Für das Ende der Zeiten jedoch verheißt Gott seinem Volk Heil: Seinen Geist will er ausgießen über ganz Israel (Kap. 3). – Außer dem Propheten tragen im Alten Testament zehn weitere, jedoch unbedeutende Personen den Namen Joel. – Seit dem 14. Jahrhundert ist der Name in Deutschland zu finden; seit den 1980er-Jahren kommt er in Mode, ohne den Top 10 je nahezukommen.

Johann (m.) Kurzform von ➤ Johannes (hebräisch: „Der Herr ist gnädig"). – Die Form ist seit dem 13. Jahrhundert in Deutschland zu finden. Im 17./18. Jahrhundert ist es Mode, Johann vor den eigentlichen Rufnamen zu setzen; Beispiele hierfür sind Johann ➤ Sebastian Bach (1685–1750) oder Johann ➤ Wolfgang von Goethe (1749–1832). Zu Beginn des 20. Jahrhunderts kommt der Name Johann aus der Mode, wird aber seit den 80ern wieder etwas öfter gegeben, Tendenz steigend, mit Platzierungen um 100.

Johanna (w.) aus dem Hebräischen. Johanna (im Hebräischen Jochaná) ist die weibliche Entsprechung zu ➤ Johannes und bedeutet wie dieser: „Der Herr hat sich erbarmt" (und der Mutter dieses Kind geschenkt). – Im Neuen Testament begegnet uns eine Johanna, die Frau des Chusa, eines Verwalters des Herodes (Lukas 8,3). Jesus hat sie geheilt, und nun gehört sie zu seinen Jüngerinnen und hilft mit, ihn zu versorgen. Nach Lukas 24,10 geht sie zusammen mit ➤ Maria von Magdala und Maria, der Mutter des Jakobus, am Ostermorgen zum Grab. – Die heilige Johanna von Orléans (Jeanne d'Arc) gilt als Nationalheldin Frankreichs. Sie griff im 15. Jahrhundert in den Hundertjährigen Krieg gegen die Engländer ein und leitete die Wende ein. Stimmen hatten ihr befohlen, Orléans zu befreien und Kronprinz ➤ Karl VII. von Frankreich zur Krönung zu führen. Später wurde sie gefangen genommen und an die Engländer ausgeliefert, die sie als Ketzerin verbrannten. Ihr Namenstag ist der 30. Mai. – Der Name wird in Deutschland erst im 18. Jahrhundert heimisch, verbreitet sich dann aber rasch. Anfang des 20. Jahrhunderts ist er sehr beliebt, nimmt dann aber bis in die 60er-Jahre stetig ab – um gegen Ende des Jahrhunderts wieder steil emporzusteigen; 2017 nimmt er Rang 18 ein.

Johannes (m.) aus dem Hebräischen. Johannes ist die lateinisch-griechische Form des hebräischen Namens Jochanán: „Der Herr hat sich erbarmt" oder „Der Herr ist gnädig", er hat dieses Kind geschenkt. Ein vergleichbarer Name ist Hannibal: „Baal (ein ursprünglich syrischer Fruchtbarkeitsgott) ist gnädig." Im Prophetenbuch Jeremia (Kap. 40,13 u. a.) wird ein Johanan erwähnt, Sohn des Kareach. Für die Namengebung wegweisend jedoch waren zwei Männer aus dem Neuen Testament: Johannes der Täufer (auf Französisch Jean Baptiste) und Johannes der Evangelist (auf Italienisch Giovanni Evangelista). Die Erzählung von der Geburt Johannes des Täufers enthält bereits die Erklärung seines Namens: „Als sie hörten, dass der Herr große Barmherzigkeit an Elisabeth getan hatte, freuten sie sich mit ihr" (Lukas 1,58). Johannes sah sich selbst als Wegbereiter Jesu und seiner Botschaft (Matthäus 3,3); widerwillig tauft Johannes auch ihn (V. 13–17). Johannes nimmt kein Blatt vor den Mund, auch nicht, als König Herodes seine Frau verstößt, weil er sich in seine Schwägerin und Nichte Herodias verliebt hat. Herodes lässt Johannes verhaften und enthaupten – auf besonderen Wunsch seiner Stieftochter ➤ Salome, die Herodes mit ihrem Tanz betört hat (Matthäus 14,1–12). Sein Fest ist am 24. Juni. – Der andere Johannes, Sohn des Zebedäus und der Salome (einer anderen Salome), wird „Lieblingsjünger Jesu" genannt (Johannes 13,23). Der Legende nach wirkte er zunächst in Kleinasien, später wurde er auf die Insel Patmos verbannt (südwestlich von Ephesus in der Ägäis), wo er die Offenbarung des Johannes geschrieben haben soll. In Ephesus schließlich verfasste er der Überlieferung nach auch das Johannes-Evangelium. Sein Namenstag ist der 27. Dezember. – Der Name ist schon im 9. Jahrhundert in Deutschland zu finden und wird zusammen mit seinen vielgestaltigen Kurz- und Koseformen gegen Ende des Mittelalters zum beliebtesten Männernamen. Unzählige Kirchen und vor allem Taufkapellen sind damals Johannes dem Täufer geweiht; zusammen mit dem Brauch, Täuflingen den Namen des Patrons der Taufkirche zu geben, fördert dies die Verbreitung von Johannes ungemein. So kommt es, dass um 1500 in Nürnberg jeder dritte Mann Johannes heißt, eine Entwicklung, die schon lange vorher mit zur Einführung von Nachnamen führt. Auch im Zuge der Reformation bleibt der Name weil biblisch in der Gunst der Taufeltern. Zahlreiche weitere Heilige und etliche Päpste dieses Namens mögen die Verbreitung zusätzlich gefördert haben. Noch Anfang des 20. Jahrhunderts gehört Johannes zu den beliebten Namen, bis etwa 1920 häufig unter den Top 20. Solche Platzierungen werden dann erst wieder in den 80er-Jahren erreicht, und seitdem pendelt sich der Name irgendwo um Rang 50 ein, meist überholt von seinen Varianten ➤ Johann, ➤ Hannes und ➤ Yannick (in verschiedenen Schreibweisen).

Jolantha / Jolanthe (w.) deutsch? Der Ursprung des Namens ist nicht

J

geklärt. Meistens wird er abgeleitet von dem (spät-)griechischen Wort *iolánthe*, Veilchen (aus *ion*, Veilchen, und *ánthos*, Blume, Blüte), oder auch vom verwandten lateinischen *viola* mit derselben Bedeutung (hinter beidem steht vermutlich ein Farbwort). Als Argument dafür wird angeführt, dass in mittelalterlichen Dokumenten der französisch-provenzalische Name Yolande auch als Violante erscheint. Wahrscheinlich handelt es sich hier jedoch um eine gelehrte Umdeutung eines ursprünglich germanischen Namens, vielleicht Odelinde. Das setzt sich zusammen aus dem Namenglied ➤ *OD*, Besitz, und ➤ *LIND*, sanft, mild. Andere bringen für das erste Glied auch nordisch *jodh*, Mädchen, ins Gespräch; das ist verwandt mit althochdeutsch *idis*, Frau, Jungfrau, das wir von Namen wie ➤ Ida kennen. Gelegentlich findet sich auch der Hinweis auf den griechischen Namen Jole. In der griechischen Sagenwelt raubt der Held Herkules Jole, sie wird seine Geliebte, nach seinem Tod die Frau seinen Sohnes Hyllos. Ihr Name ist wohl eine Kurzform des Männernamens Iolaos mit den beiden Elementen *ion* (?), Veilchen, und *laós*, Volk. Manchmal wird der Name Jolanthe auch in Verbindung gebracht mit ➤ Helene (griechisch: „die Strahlende"); die selige Jolenta von Gnesen (auch: von Ungarn oder von Polen) wurde auch Helene genannt. Die Tochter des ungarischen Königs ➤ Béla IV. (1235–1289) war die Frau des Herzogs Boleslaw IV. Nach seinem Tod wurde sie Nonne und später Äbtissin im Klarissenkloster Gnesen, rund 300 km westlich von Warschau; ihr Namenstag ist der 11. Juni. – Die heilige Jolanda von Marienthal (im heutigen Luxemburg), die Tochter des Grafen Heinrich von Vianden, trat 1248 in das Dominikanerkloster Marienthal ein. Sie wurde schließlich Priorin und führte das Kloster zu einer Blüte; unter anderem richtete sie eine umfangreiche Bibliothek ein. Ihr Namenstag ist der 17. Dezember. – In Deutschland ist der Name selten; er wird gemieden, seit 1930 ➤ August Hinrichs' Komödie *Krach um Jolanthe* herauskam; dort ist Jolanthe ein Schwein.

Jona / Jonah / Jonas (m.) aus dem Hebräischen. Jonas ist die griechische Form des hebräischen *Joná*, das bedeutet „Taube" und wird hier als Kosewort gebraucht. Man hat auch vermutet, der Name sei ein Hinweis auf die Flatterhaftigkeit des biblischen Jona – und ben Amittai, so sein Beiname, deute im Gegensatz dazu Gottes Treue an (hebräisch *émet)*, doch das bleibt Spekulation. – Jona(s) heißt der Titelheld des gleichnamigen alttestamentlichen Buches. Gott fordert Jona auf, nach Ninive zu gehen und Gottes Gericht zu predigen – da flieht der widerspenstige Prophet. Doch Gott holt ihn ein auf hoher See, ein großer Fisch verschluckt ihn und spuckt ihn am Ufer wieder aus. Jonas Mission in Ninive ist wider Erwarten erfolgreich, die Niniviten tun Buße, und das wurmt Jona – schließlich sollte er Gericht predigen. Doch Gott macht ihm klar, dass seine Barmherzigkeit allen Menschen gilt: Er lässt einen Rizinusstrauch wachsen, der spendet Jona Schatten; dann schickt Gott einen Wurm, der die Staude verdorren lässt. Jonas Ärger lässt Gott nicht gelten: „Wenn du den Strauch am Leben lassen möchtest – habe ich nicht dasselbe Recht?" Wenn dieser Jona identisch ist mit dem Jona ben Amittai, der in 2. Könige 14,25 erwähnt wird, dann soll die Geschichte in der Regierungszeit König Jerobeams II. angesiedelt sein (782–742 v.Chr.). – Die Taube gilt in der Bibel als Sinnbild für den Frieden (1. Mose 8,8–12, Noah und die Arche) und für den heiligen Geist (Matthäus 3,16f., Jesu Taufe). – Seit dem 12. Jahrhundert ist der Name in Deutschland zu finden, bleibt jedoch relativ selten. Ende des 20. Jahrhunderts nimmt die Vergabe zu, und zusammen mit der hebräischen Form Jona(h) gehört Jonas seitdem fast durchgängig zu den Top 10.

Jonathan (m.) hebräisch. „Der Herr hat gegeben", so lautet die wörtliche Übersetzung des Namens, der in der Bibel auch als Jehonathán erscheint. So spricht die Mutter, die Gott dankt für die Gabe dieses Kindes. Allgemeiner kann man auch übersetzen: „Gott schenkt." Jonat(h)an ist ein geläufiger Name in der Bibel, auch ein Enkel des ➤ Mose heißt so; Eingang in unsere Namengebung hat er gefunden durch den Jonathan aus der Davidsgeschichte (1. Samuel 18–31): Er war der älteste von drei Söhnen ➤ Sauls, des ersten Königs von Israel. Als der junge ➤ David an den Königshof kommt, um Sauls Launen durch seine Musik zu vertreiben, entwickelt sich eine tiefe Freundschaft zwischen ihm und Jonathan. Gegen den Vater und gegen seine eigenen Interessen als Thronfolger steht Jonathan zu dem Freundschaftspakt und warnt David vor Sauls Anschlägen. In Sauls letzter Schlacht gegen die Philister fällt Jonathan zusammen mit seinen Brüdern. Davids Totenklage um den Freund ist ein bewegendes Zeugnis seiner Treue und seines Schmerzes (2. Samuel 1,17–27). – In Deutschland erscheint der Name schon im 9. Jahrhundert, bleibt aber relativ selten; seit den 1980er-Jahren wird er wieder gerne gegeben und belegt im neuen Jahrtausend Plätze um 50.

Jordis (w.) aus dem Nordischen. Jordis wird häufig als Nebenform von ➤ Jördis gesehen, einem alten nordischen Namen, ursprünglich Hjördis (altnordisch: „Schwert" + „Frau"). Manchmal wird der Name aber auch als Neuschöpfung aufgefasst, zusammengesetzt aus *jor*, ➤ EBER, und *dis*, Frau (vgl. althochdeutsch *idis* ➤ Ida). *Jor* ist dabei eine Kurzform von altnordisch *jöfurr*, verwandt mit unserem *Eber* und lateinisch *caper*, Bock. Im übertragenen Sinn bedeutet das Wort auch „Fürst". – In Skandinavien erscheint die Namensform gegen Ende des 19. Jahrhunderts; in Deutschland ist sie nicht vor Ende des 20. zu finden und bleibt sehr selten.

Jördis (w.) aus dem Nordischen. Jördis ist ein alter nordischer Name, seine ursprüngliche Form lautet Hjördis, zusammengesetzt aus altnordisch *hjörr*, Schwert, und *dis*, weise Frau, Seherin, Göttin; meist wird er entsprechend mit „Schwert-Frau" übersetzt. In der nordischen Fassung des Nibelungenlieds tritt Hjördis auf, die Mutter des Helden Sigurd, den wir als ➤ Siegfried kennen. Sie ist die Tochter von König Eilimi und die Schwester des weisen Gripir, sie heiratet zunächst ➤ Sigmund, den Vater Sigurds. Doch auch der Hundingssohn Lyngwi hält um ihre Hand an und will sich als Freier nicht geschlagen geben durch Hjördis' Entscheidung. Es kommt zur Schlacht, Lyngwi verwundet Sigmund schwer, findet dann jedoch Hjördis nicht und hält sie für tot; dabei hat Sigmund sie im Wald versteckt. Bei Nacht geht sie zum sterbenden Sigmund und nimmt Abschied. Lyngwi muss ohne sie fliehen, als Alf naht, der Sohn von König Hjalprek von Dänemark; der nimmt Hjördis mit und wird ihr zweiter Mann. – Der Name taucht in Deutschland Mitte des 20. Jahrhunderts auf und bleibt selten, ebenso die Form Hjördis.

Jörg (m.) Kurzform von Jörgen ➤ Georg (griechisch: „Bauer"). – Seit dem 14. Jahrhundert in Deutschland belegt, erlebt der Name vor allem in den 1960er-Jahren eine Blüte; seit den späten 80ern wird er kaum noch gegeben.

Jorina (w.) zu ➤ Georg (griechisch: „Bauer") oder ➤ Gregor (griechisch: „der Wachsame"). – Als Jorine taucht der Name erstmals im 19. Jahrhundert auf und bleibt insgesamt selten, ebenso die Variante ➤ Jurina.

Jörn (m.) Kurzform des schwedischen Namens Jörgen ➤ Jürgen ➤ Georg (griechisch: „Bauer"). – Der Name kommt in Deutschland gegen Ende des 19. Jahrhunderts auf und verbreitet sich zunächst im Norden. In den 1960er- und -70er-Jahren gehört Jörn immer wieder zu den beliebtesten 50 Jungennamen.

Joscha (m.) Es gibt mehrere Erklärungen für diesen Namen: Joscha oder Josha kann eine ungarische Koseform von József sein ➤ Josef (hebräisch: Gott „hat hinzugefügt / möge hinzufügen"). Im Russischen ist Joscha entweder eine Kurzform von ➤ Aljoscha ➤ Alexander (griechisch: „Männer abwehrend") oder von Iow ➤ Hiob (hebräisch: „Wo ist Vater?"). In 1. Chronik 4,34 wird ein gewisser „Joscha, Sohn des Amazja" erwähnt; mehr erfahren wir nicht über ihn. Der Name findet sich in einer Liste der Nachkommen ➤ Simeons, einer der zwölf Söhne ➤ Jakobs. Joscha ist schwer zu deuten, möglicherweise ist der Text an dieser Stelle nicht zuverlässig überliefert, und der Name lautete ursprünglich anders. Vielleicht steht hinter dem Namen ein Verb, von dem das hebräische Wort *jesch*, es ist vorhanden, abgeleitet ist. Dann könnte man übersetzen „Er (Gott) existiert". Andere deuten den Namen auch als „aufrecht, selbstständig". Schließlich wird Joscha auch als Kurzform von Joschua ➤ Joshua (hebräisch: „Der Herr ist Rettung") gebraucht. – Der Name Joscha erscheint in Deutschland Mitte des 20. Jahrhunderts und bleibt selten, auch in der Form Josha.

Joschka (m.) deutsche Schreibung von Jóska, einer ungarischen Koseform von ➤ Josef (hebräisch: Gott „hat hinzugefügt / möge hinzufügen"). – Joschka kann auch eine russische Koseform von ➤ Hiob sein (hebräisch: „Wo ist Vater?").

Josef (m.) hebräisch. „Rahel gebar einen Sohn und sprach: ‚Gott hat meine Schmach von mir genommen', und sie nannte ihn Josef und sprach: ,Der Herr wolle mir noch einen Sohn dazugeben'", so wird der Name in 1. Mose 30,23f. gedeutet. Die Erklärung bleibt allerdings doppeldeutig: Einerseits ist das hebräische *joséf* oder *josíf* zu übersetzen als „er wird/möge hinzugeben", von dem Verb *jasáf*, hinzufügen. Gleichzeitig aber wird der Name Josef hier in einem Wortspiel abgeleitet von einem Verb *asáf*, hinwegnehmen. Man geht davon aus, dass Josef eine Kurzform ist von Namen wie Jehosef (so in Psalm 81,6) oder Josifja, „der Herr hat (einen Sohn) hinzugefügt". Dies ist auch als Grundbedeutung anzunehmen, es sei denn, es handelt sich um den Erstgeborenen; dann wäre Josef ein Wunschname (s. o.). In der Bibel ist Josef der elfte Sohn ➤ Jakobs, aber der erste von ➤ Rahel. Bei seinen Brüdern ist er als Vaters Liebling unbeliebt, sie täuschen seinen Tod vor und verkaufen ihn als Sklaven nach Ägypten. Dort macht er aufgrund seiner Traumdeuter-Künste Karriere als Berater des Pharaos. Als in Israel eine Hungersnot ausbricht, kommen seine Brüder, um Getreide zu holen. Josef gibt sich schließlich zu erkennen und holt die ganze Familie zu sich. – Weit wichtiger für die Namengebung dürfte der Mann der ➤ Maria gewesen sein. Er war Zimmermann (heute würden wir Baumeister sagen oder vielleicht Architekt) und hat seine Braut trotz offensichtlicher Untreue nicht verstoßen – viel mehr erfahren wir nicht über ihn im Neuen Testament. Nach katholischer Überlieferung ist er bereits in fortgeschrittenem Alter, als er Maria heiratet; angeblich hat er sie nie berührt. Sein Namenstag ist der 19. März. – Vereinzelt findet sich der Vorname in Deutschland schon ab dem 13. Jahrhundert; volkstümlich wird er jedoch erst zu Beginn des 18. Jahrhunderts, bis heute vorwiegend in katholischen Familien. Bis zur Mitte des 20. Jahrhunderts gehört Josef/Joseph zu den beliebtesten Vornamen, meist mit Platzierungen unter den Top 50; heute wird er nur noch selten gegeben.

Josefa (w.) (auch: Josepha). Weibliche Form von ➤ Josef (hebräisch: Gott „hat hinzugefügt / möge hinzufügen"). – Der Name erscheint in Deutschland gegen Mitte des 18. Jahrhunderts, als Josepha schon zu Beginn des Jahrhunderts.

Joseph (m.) ältere Form von ➤ Josef (hebräisch: Gott „hat hinzugefügt / möge hinzufügen")

Josephina / Josephine (w.) weibliche Form von ➤ Joseph (hebräisch: Gott „hat hinzugefügt / möge hinzufügen"). In Frankreich ist Joséphine [schosefihn; vorne wie in *Jour*nal] das weibliche Pendant zu Joséphin, einer Koseform von Joseph. Bekannt wurde der Name in Deutschland durch Joséphine de Beauharnais, 1763–1814, die erste Ehefrau von Napoleon Bonaparte; sie wurde als Marie-Josèphe geboren. Eine erste Josephina ist bei uns allerdings schon für das Jahr 1712 belegt. Um die Wende zum 20. Jahrhundert gehört Josephine noch zu den 100 beliebtesten Mädchennamen; Ende der 20er-Jahre aber verschwindet der Name fast vollständig aus der Namengebung. Seit Ende der 80er jedoch ist Josephine wieder da und seit Mitte der 90er unter den Top 50 zu finden. Welche Rolle dabei die amerikanische Tänzerin Josephine [dschosefinn; vorne wie in *Dsch*ungel] Baker (1906–1975) spielt, ist schwer zu sagen.

Joshua (m.) englische Form [dschosche; vorne wie in *Dsch*ungel] von Josua, meist deutsch gesprochen [joschua]. In der Bibel ist Josua der „Lehrling" von Mose und später sein Nachfolger. Als charismatischer General führt er das Volk Israel ins gelobte Land Kanaan. Bei der Eroberung der Stadt Jericho wird nur die Hure Rahab verschont, sie hat zwei von Josuas Spionen beherbergt. Nach jüdischer Tradition heiratet Rahab Josua, den Sohn des Nun aus dem Stamm ➤ Benjamin. – Sein ursprünglicher Name lautet ➤ Hosea, „Er (Gott) hat gerettet"; erst Mose verleiht ihm seinen vollständigen Namen Jehóschua, „Der Herr ist Rettung, Hilfe" (4. Mose 13,16). Das sagt sehr wahrscheinlich die Mutter; sie dankt Gott damit für das Kind und dafür, dass Gott sie errettet hat von Unfruchtbarkeit und Spott. – Der Hebräerbrief (4,8) vergleicht den militärischen Einzug ins Gelobte Land durch Josua mit dem Einzug in Gottes Reich, der durch den Kreuzestod Jesu möglich wurde. Der Name Jesus ist die griechische Form von Jeshua, einer Variante von Josua. Auch die griechische Übersetzung des Alten Testaments, die Septuaginta, verwendet Iesoús für Josua; in der lateinischen Bibel findet sich Iosue im Alten und Iesus im Neuen Testament (wo diese Form auch für Jesus benutzt wird). – In den 1970er-Jahren taucht der Name in Deutschland auf, meist in der englischen Fassung, und behauptet sich seit den 90ern unter den Top 100. Die deutsche Form Josua ist schon im 15. Jahrhundert belegt.

Josia (m.) Der Name, auf Hebräisch Joschiáhu, bedeutet „Der Herr hat geheilt", wohl die Mutter von ihrer Unfruchtbarkeit. Gegen Ende des 7. vorchristlichen Jahrhunderts ordnet der judäische König Josia Renovierungsarbeiten im Tempel an; dabei wird ein altes Gesetzbuch entdeckt, vermutlich eine Urfassung des 5. Mosebuchs. Josia ist so getroffen von dem offensichtlichen Widerspruch zwischen den Aussagen dieses Buchs und der religiösen Praxis seiner Zeit, dass er das Buch öffentlich verlesen lässt und tief greifende religiöse Reformen anordnet: Alle heidnischen Altäre im Jerusalemer Tempel, an denen Baal und Astarte, aber auch allen möglichen Naturgottheiten geopfert wurde, werden entweiht, dazu alle entsprechenden Kultstätten auf den Höhen im Umland. Gleichzeitig darf der wahre Gott Jahwe nur noch im Tempel in Jerusalem verehrt werden. Nach einunddreißig Jahren Regierungszeit fällt Josia im Jahr 609 v.Chr. in Meggido in einer Schlacht gegen Pharao Necho. Zusammen mit ➤ David und ➤ Salomo hat Josia in der Bibel mit Abstand die beste Presse als König: „Der Name Josia ist wie ein edles Parfüm, wie süßer Honig, wie ein wohlklingendes Lied in fröhlicher Runde", urteilt das Weisheitsbuch Jesus Sirach (49,1), das sich meist nur in katholischen Bibelausgaben findet. Im Neuen Testament wird Josia als Vorfahr Jesu erwähnt (Matthäus 1,10f.). – Ein erster Josia in Deutschland findet sich gegen Ende des 17. Jahrhunderts. Der Name bleibt sehr selten, und erst Ende des 20. Jahrhunderts macht sich ein leichter Aufwärtstrend bemerkbar.

Jost (m.) aus dem Bretonischen. Grundlage des Namens ist offenbar das bretonische *jud,* Herr. Auch „Kampf" oder „Kämpfer" wird als Übersetzung angegeben, wobei nicht klar ist, ob auf dasselbe Wort Bezug genommen wird. Angeblich gab es dieses Wort nicht nur im Keltischen, sondern auch im Germanischen; so soll „Zeter und Mordio" zurückgehen auf *zi-jud-hera,* „Zum Kampf herbei!" Sicher ist das nicht. Die Namensform Judoc oder Jodoc, „zum Kampf geeignet/bereit", wurde latinisiert zu Judocus, wobei offenbar das griechische *iodókos,* „Pfeile aufnehmend" mit hineinspielte. Über die altfranzösische Form Josse kam es zu Jost, was dann auch als Kurzform von ➤ Justus (lateinisch; „gerecht") verstanden wurde. Im Niederländischen schreibt sich der Name Joost; ein prominenter Namensträger dort ist der Dichter Joost van der Vondel (1587–1679). In Deutschland verbreitete sich der Name Jost seit dem 16. Jahrhundert durch die Verehrung des heiligen Jodocus, die bereits im 9. Jahrhundert von Prüm und Trier ausging. Jodocus (etwa 600–670) war ein bretonischer Königssohn, wurde jedoch Priester und zog sich als Eremit zurück. Er gründete mehrere Einsiedeleien, darunter das später nach ihm benannte St-Josse-sur-Mere, rund 50 km südlich von Calais, im Spätmittelalter ein beliebtes Wallfahrtsziel. Sein Namenstag ist der 13. Dezember. Heute ist der Name Jost sehr selten.

Judith (w.) aus dem Hebräischen. In der Bibel ist Judith eine der beiden Frauen des Esau, ➤ Jakobs Bruder (1. Mose 26,34). Auf Hebräisch lautet ihr Name Jehudíth, und das bedeutet einfach „Jüdin", genauer: „Judäerin, Frau aus Juda". Wahrscheinlich war dies ursprünglich ein Beiname, der Judäerinnen im Ausland beigelegt wurde. – *Juda* (hebräisch *jehudá)* ist zunächst eine Stammesbezeichnung, später der Name des Südreichs (der Norden heißt ➤ Israel). Nach dem Babylonischen Exil kehren Mitte des 6. Jahrhunderts v.Chr. vor allem Judäer zurück ins Land; seitdem spricht man vom Volk der Juden. Der Stamm Juda ist benannt nach Juda, einem der zwölf Söhne Jakobs. Sein Name, hebräisch Jehuda, wird in der Bibel abgeleitet von einem Wort für „loben, danken". Als er geboren wird, spricht seine Mutter ➤ Lea: „Nun will ich dem Herrn danken" (1. Mose 29,35). Manche tun dies als Volksetymologie ab und bringen den Namen in Verbindung mit einer arabischen Wortwurzel, die in Richtung „niedriges Land" weist; vielleicht weil das ursprüngliche Siedlungsgebiet des Stammes Juda nahe der Küstenebene lag, vielleicht wegen des ursprünglich niedrigen sozialen Status des Stammes. – In dem biblischen Buch Judith (in der Regel nur in katholischen Ausgaben) besiegt die gleichnamige Heldin, eine „Witwe aus Juda", den assyrischen Feldherrn Holofernes mit Charme und List: Sie betört ihn, macht ihn betrunken und schlägt ihm den Kopf ab – der Auftakt zum Sieg der Juden. – In der Form Judith oder ➤ Jutta ist der Name seit Ende des 11. Jahrhunderts in Deutschland belegt. Mitte des

20. Jahrhunderts kommt er in Mode, der Höhepunkt ist um 1980 erreicht, seit Beginn des neuen Jahrtausends wird er immer weniger gegeben.

Jule (w.) Kurzform von ➤ Julia ➤ Julius (lateinisch: zu „Jupiter"?). – Die Namensform erscheint in Deutschland erstmals in den 1970er-Jahren. Seit den 90ern nimmt der Name Fahrt auf und ist im ersten Jahrzehnt des neuen Jahrtausends meist unter den Top 50 zu finden.

Julia (w.) weibliche Form von ➤ Julius (lateinisch: zu „Jupiter"?). – Am Ende seines Briefs an die Römer (16,15) grüßt Paulus eine gewisse Julia, über die wir aber sonst nichts erfahren. Die heilige Julia von Korsika war eine Sklavin, die gefoltert und gekreuzigt wurde, weil sie sich weigerte, an einer heidnischen Orgie teilzunehmen. Ihre Seele jedoch – so die Legende – entwich in Gestalt einer Taube; Julias Namenstag ist der 22. Mai. – In Deutschland ist der Name schon für das 8. Jahrhundert belegt, unsterblich wird er durch Shakespeares Stück *Romeo und Julia*; im Original heißt sie Juliet. Seit den 1970er-Jahren ist Julia ein absoluter Modename, der sich etwa bis zur Jahrtausendwende in den Top 10 halten kann.

Julian (m.) Erweiterung von ➤ Julius (lateinisch: zu „Jupiter"?). – Die Belege für Julian in Deutschland reichen bis ins späte 15. Jahrhundert; Ende der 1970er-Jahre kommt der Name in Mode und hält sich seitdem unter den 50 beliebtesten Jungennamen. Im neuen Jahrtausend gehört Julian zu den Top 20 mit einem 10. Platz im Jahr 2007 als höchste Platzierung.

Juliana / Juliane (w.) weibliche Form von ➤ Julian ➤ Julius (lateinisch: zu „Jupiter"?). – Die heilige Juliane von Nikomedia (heute Izmit im Nordwesten der Türkei) starb Anfang des 4. Jahrhunderts den Märtyrertod. Angeblich überlebte sie ein Bad in flüssigem Blei und andere Qualen auf wundersame Weise, bevor sie enthauptet wurde. Ihr Gedenktag ist der 16. Februar, in der Orthodoxen Kirche der 21. Dezember. – In Deutschland ist der Name seit dem 12. Jahrhundert zu finden; in den 1970er- und -80er-Jahren wird er zum Modenamen.

Julius (m.) lateinisch? Julius bedeutet einfach: „aus dem Geschlecht der Julier". Zurückgeführt hat sich dieses Geschlecht gerne auf den legendären Julus, Sohn des Aeneas und der Kreusa [kre-u-sa]. Zusammen mit seinem Vater flieht Julus (der auch Askanios heißt) aus dem besiegten Troja, legt nach etlichen Abenteuern an der Tibermündung an und gründet die Stadt Alba Longa, aus der später Rom wird. Die Herkunft seines Namens ist unsicher: Wahrscheinlich leitet er sich ab vom „göttlichen Vater" Jupiter, vielleicht aber auch von griechisch *ioúlos*, Bartflaum. Dem Geschlecht der Julier entstammte auch der römische Imperator Julius Cäsar (100–44 v.Chr.); der Monat *Juli* ist nach ihm benannt. – Julius I. war Papst von 337 bis 352. Güte, Milde und Charakterfestigkeit werden ihm nachgesagt. Er tat sich hervor in der Bekämpfung der arianischen

Lehre (die stritt die volle Gottheit Jesu ab), in seiner Amtszeit wurde die Kirche „Zu den zwölf Aposteln" gebaut. Sein Namenstag ist der 12. April. – Der Name taucht in Deutschland im 16. Jahrhundert auf; Anfang des 20. gehört Julius zu den beliebten Namen, sinkt aber bis zur Mitte des Jahrhunderts in die Bedeutungslosigkeit – um etwa seit den 70er-Jahren wieder zum Modenamen aufzusteigen; der Höhepunkt liegt um die Jahrtausendwende mit Platzierungen um 30.

Junia (w.) lateinisch. Junia gehört zum Juni wie ➤ Julia zum Juli: Julius Caesar, aus dem Geschlecht der Julier, ließ einen Monat zu seinen Ehren umbenennen; der Monat *Juni* heißt so nach der Göttin *Juno*, der Schwester und Gemahlin des Jupiter (auf griechisch Hera und Zeus). Junia ist wie ihr männliches Pendant Junius entweder in diesem Monat geboren oder aber der Juno geweiht; vielleicht entstammen beide aber auch nur dem alten römischen Geschlecht der *Junier*. Hinter dem Namen Juno steht lateinisch *juvenis*, jung. – Eine gewisse Junia, die Frau des Andronikus, wird im Römerbrief (16,7) erwähnt, offenbar Jüdin und wie ➤ Paulus zeitweise im Gefängnis. Sie sei „berühmt unter den Aposteln", lobt Paulus sie. Seit dem 13. Jahrhundert hat die wissenschaftliche Bibelauslegung aus der Junia allerdings einen Junias gemacht: Das griechische *Iounián*, ein Akkusativ, ist doppeldeutig: Es kann den Akzent auf dem A tragen, dann ist es eine Form von Junias, was eine Kurzform von Junianus sein soll; die Form Junias ist allerdings so sonst nirgends belegt. Mit dem Akzent auf dem hinteren I handelt es sich dagegen um den häufigen Frauennamen Junia. Die frühen Handschriften trugen überhaupt keine Akzente, doch bis ins hohe Mittelalter gehen die Ausleger selbstverständlich von einer Frau aus. Aber auch Luther hat Junia zu einem Mann gemacht, und erst in letzter Zeit setzt sich die Vorstellung durch, dass auch Frauen zu den Aposteln zählten. Die Revision der Lutherbibel von 2017 trägt dem ebenso Rechnung wie die katholische Einheitsübersetzung in der Fassung von 2016. – In Deutschland erscheint der Name im 20. Jahrhundert und bleibt extrem selten.

Jürgen (m.) niederdeutsch für ➤ Georg (griechisch: „Bauer"). – Jürgen gehört schon im Deutschland des ausgehenden Mittelalters zu den gängigen Namen; seine große Zeit ist das 20. Jahrhundert: Etwa zwischen 1940 und 1960 findet sich Jürgen unter den 10 beliebtesten Jungennamen.

Jurina (w.) Variante von ➤ Jorina ➤ Georg (griechisch: „Bauer") oder ➤ Gregor (griechisch: „wachsam")

Justin (m.) aus dem Lateinischen [justihn]. Über das Englische [dschastinn; vorne wie in *Dsch*ungel] kommt der Name aus dem Lateinischen zu uns. Justinus ist eine Weiterbildung zu Justus, „der Gerechte, Rechtschaffene, Redliche". – Der heilige Justin, genannt „der Märtyrer" oder auch „der Philosoph", wurde in Flavia Neapolis, dem heutigen Nablus in Palästina, um das Jahr 110 n. Chr. geboren. Er war Berufsphilosoph, fand aber die letzte Wahrheit erst im christlichen Glauben und zählt zu den frühchristlichen Apologeten. Er verfasste mehrere Schriften zur Verteidigung des Christentums gegen Philosophien seiner Zeit. Zentraler Punkt seiner Lehre ist der Logos, das ewige geistige Weltprinzip. Der Logos nimmt Gestalt in der gesamten Schöpfung, aber erst in Jesus Christus ist er in seiner Fülle erschienen. So entdeckt Justin „Samenkörner der Wahrheit" auch bei den Philosophen; die volle Wahrheit ist jedoch nur im christlichen Glauben zu finden. Berühmt ist sein Dialog mit Tryphon, einem gelehrten Juden. Justin starb etwa 165 als Märtyrer in Rom; sein Namenstag ist der 1. Juni. – Bereits für das 16. Jahrhundert in Deutschland belegt, wird der Name seit den 1990ern zum Modenamen und nimmt um die Jahrtausendwende Ränge unter den Top 20 ein; danach nimmt er wieder ab.

Justina / Justine (w.) weibliche Form von Justinus. In Frankreich klingt der Name Justine wie [schüstihn; vorne wie in *Jour*nal], in Deutschland wird er in der Regel deutsch ausgesprochen und entsprechend auf der vorletzten Silbe betont. Er kommt aus dem Lateinischen, dort ist Justina die weibliche Form von Justinus, einer Weiterbildung zu ➤ Justus, „der Gerechte, Rechtschaffene, Redliche". Das war schon in vorchristlichen Zeiten ein Beiname; die frühen Christen nahmen ihn gerne auf und verstanden ihn im Sinne der Glaubensgerechtigkeit. – Es gab drei Heilige dieses Namens: Eine Justina (Namenstag 26. September) starb den Märtyrertod um 304 in Nikomedien (heute Izmit, rund 100 km östlich von Istanbul), eine andere (7. Oktober) etwa zur selben Zeit in Padua. Eine dritte kam bei einem Einfall der Germanen rund hundert Jahre später in Mainz ums Leben. Letztere war die Schwester des heiligen Aureus, des Bischofs von Mainz; es heißt, sie sei während der Messe von den einfallenden Horden niedergemetzelt worden. Ihr Fest wird am 16. Juni begangen. – Der Name findet sich in Deutschland bereits im 12. Jahrhundert, teilweise als Justina, wird aber erst im 18. Jahrhundert breiteren Schichten bekannt; seit dem 20. Jahrhundert wird er selten gegeben.

Justus (m.) lateinisch. Das lateinische Adjektiv *iustus* bedeutet „gerecht, rechtschaffen, redlich" (zu *ius*, Recht); als Beiname (Cognomen) war es im Römischen Reich ab dem 2. Jahrhundert in Gebrauch. Die frühen Christen deuteten „gerecht" im Sinne des Neuen Testaments: Gerecht ist, wer im Glauben an Jesus Christus darauf vertraut, dass Gott selbst ihn gerechtspricht, das heißt: freispricht. – Der heilige Justus von Lyon war Mitte des 4. Jahrhunderts ebendort Bischof. Er soll nach dreißig Jahren sein Amt niedergelegt haben, weil er die Selbstjustiz eines Mobs an einem Gewalttäter nicht verhindern konnte. Als Einsiedler zog sich Justus in die ägyptische Wüste zurück, wo er um 390 starb; sein Namenstag ist der 14. Oktober. – Ein weiterer Heiliger dieses Namens erlitt im Jahre 287 in Amiens in Nordfrankreich das Martyrium; sein Fest ist am 18. Oktober. – Der Humanist und Reformator Justus ➤ Jonas wirkte in Kursachsen und Bayern, er war ein Freund ➤ Martin Luthers. Auf dessen Beerdigung hielt er die Grabrede, sein

Gedenktag (evangelisch) ist der 9. Oktober. Getauft war er auf den Namen Jobst Koch; ➤ Jobst oder ➤ Jost (bretonisch: „Herr"?) wurde damals häufig zu Justus latinisiert. Seit dem 20. Jahrhundert wird der Name Justus nur noch selten gegeben.

Jutta (w.) Koseform von ➤ Judith (hebräisch: „Frau aus Juda"). Jutta als deutscher Name kann auch abgeleitet werden von germanisch **eutha,* Mensch, Kind, Nachkömmling (➤ EUTHA). – Die Belege aus dem Mittelalter sind diesen beiden Namensursprüngen oft nicht eindeutig zuzuordnen, und selbst heute ist selten klar, woran die Eltern gedacht haben. Etwa zwischen 1930 und 1970 gehört Jutta zu den beliebten Mädchennamen, in den 40er- und 50er-Jahren zu den Top 20 mit einem Höhepunkt 1952.

K

Kai (m./w.) friesische Kurzform von Gerhard? Zahlreich sind die Erklärungsversuche für Kai, sicher ist gar nichts. Eine friesische Kurzform von ➤ Klaus ➤ Nikolaus (griechisch: „Sieg" + „Volk") oder aber ➤ Gerhard („Speer" + „hart") wird angeführt, andere vermuten altnordisch *katha,* Huhn, hinter dem Namen. In der Artus-Sage ist Kay einer der Ritter der Tafelrunde, mutig im Kampf, doch nicht unbedingt charakterstark. Wenn man einen keltischen Ursprung seines Namens annimmt, könnte gallisch *caio,* Gehege, dahinterstehen (verwandt mit unserem Wort *Kai* und auch der *Hecke* ➤ HAG). Kay könnte aber auch aus dem Lateinischen stammen, nämlich von Caius, derselbe Name wie Gaius. Der ist uralt und kommt vermutlich aus dem Etruskischen; seine Bedeutung ist unbekannt. Caius kann aber auch eine Kurzform von Caietanus sein, wörtlich „Mann aus Caieta", einer Stadt rund 70 km nordwestlich von Neapel. Die Stadt, die heute Gaeta heißt, wurde angeblich benannt nach der Amme des sagenhaften Aeneas … Kai kann auch ein Mädchenname sein, wohl eine Kurzform von ➤ Katharina (später in Verbindung gebracht mit griechisch *katharós,* rein). – Seit dem 14. Jahrhundert als Männername in Deutschland belegt, gehört Kai etwa zwischen 1960 und 1970 zu den angesagten Jungennamen mit Platzierungen um 20.

Kaleb (m.) hebräisch. In der Bibel ist Kaleb, Sohn des Jefunne, einer der zwölf Kundschafter, die in ➤ Moses Auftrag das gelobte Land Kanaan ausspionieren (4. Mose 13). Die anderen zehn berichten Schreckliches und nehmen dem Volk allen Mut – sie müssen sterben. Kaleb und sein Gefährte Josua aber sprechen den Leuten Mut zu – und dürfen das gelobte Land betreten. Kaleb vertritt später bei der Aufteilung der Stammesgebiete den Stamm Juda. Hinter seinem Namen steht sehr wahrscheinlich das hebräische Wort *kélew*, Hund (W und B sind im Hebräischen ein Buchstabe). Man hat dies auf die Aggressivität des Tiers gedeutet; wahrscheinlicher jedoch spielt der Name auf die Unterwürfigkeit und Treue des Hundes an. In 2. Könige 8,13 etwa nennt Hasael, ein Diener des syrischen Königs Ben-Hadad, den Propheten Elisa „mein Herr" und sich selbst „dein Knecht, der Hund". So wird man Kaleb wohl am besten als Kurzform des sonst nicht bezeugten Kalewja auffassen mit der Bedeutung „Diener Jahwes". – In Deutschland erscheint der Name gegen Ende des 20. Jahrhunderts und bleibt extrem selten; in den USA hingegen erlebt er als ➤ Caleb im neuen Jahrtausend ein Revival und ist unter den Top 50 zu finden.

Karin (w.) schwedische Kurzform von ➤ Katharina (später in Verbindung gebracht mit griechisch *katharós*, rein). – Im 16. Jahrhundert taucht der Name erstmals in Deutschland auf; die Mitte des 20. Jahrhunderts ist seine große Zeit, etwa zwischen 1930 und 1960 gehört Karin zu den Top 10; seit 1980 wird der Name kaum noch gegeben.

Karina (w.) schwedische Kurzform von ➤ Katharina (später in Verbindung gebracht mit griechisch *katharós*, rein). – Karina kann auch eine Form des italienischen Namens ➤ Carina sein (zu lateinisch *carus*, lieb, teuer. Das davon abgeleitete italienische Wort *carino/-a* bedeutet auch „hübsch", und so wird der Name zuweilen verstanden). – Der Name kommt Mitte des 20. Jahrhunderts nach Deutschland und erlebt in den 70er-Jahren einen kleinen Boom, ohne je ganz nach vorne durchzustoßen.

Karl (m.) deutsch. Früher hat man den Namen erklärt mit dem Hinweis auf das althochdeutsche Wort *karl*, Mann, Ehemann, freier Mann nichtritterlichen Standes; unser Wort *Kerl* hängt damit zusammen. Seit einigen Jahren aber hat sich – zumindest in Deutschland – eine andere Deutung durchgesetzt: Ausgangspunkt ist ein Name mit dem ersten Glied *heri* oder *hari*, Heer (➤ HER), vielleicht Haribert (➤ Herbert) oder ➤ Herwald. Das zweite Glied wurde weggelassen und stattdessen die Koseendung *-olus* angehängt (vgl. das *-ula* bei ➤ Ursula); die Namensform Hariolus ist historisch belegt. Haribert und Hariolus wurden im Fränkischen damals wie Charibert und Chariolus gesprochen, und diesen Reibelaut am Anfang des Namens kannten die Spätlateinisch bzw. Vorfranzösisch sprechenden Franken westlich des Rheins nicht. Sie machten aus dem Ch- ein K-; die Sprachwissenschaftler sprechen von „Romanisierung". Geschrieben wurde dann ein C, weil es im lateinischen Alphabet kein K gibt. Carolus wurde später zu Carl verkürzt und im fränkischsprachigen Gebiet mit K geschrieben. – Den Namen Karl trugen mehrere fränkische Könige; der Großvater von Kaiser Karl dem Großen (748–814) war Karl Martell, Karlemann hießen einer seiner Brüder sowie ein Onkel, und unter seinen Enkeln sind Karl der Kahle und Karl der Dicke. Erstaunlicherweise bleibt der Name Karl weitgehend auf das Haus der Karolinger beschränkt und verschwindet im ausgehenden Mittelalter fast vollständig aus der Namengebung. Als ➤ Charles macht der Name später in England und Frankreich königliche Karriere. Seine Beliebtheit verdankt er jedoch vor allem dem heiligen Carlo Borromeo (1538–1584), der 1610 heiliggesprochen wurde. Er war Erzbischof in Mailand und galt als bescheidener Wohltäter mit einer großen Liebe zur Kunst. Er setzte sich ein für Reformen seiner Kirche und förderte die Ausbildung der Priester; sein Namenstag ist der 4. November. – Anfang des 20. Jahrhunderts ist Karl zusammen mit Carl der beliebteste Jungenname und bleibt bis in die 50er-Jahre weit oben auf den Hitlisten mit Platzierungen meist unter den Top 10. In der ersten Hälfte des 20. Jahrhunderts sind auch Doppelnamen wie ➤ Karlheinz oder Karlwilhelm beliebt. Etwa zwischen 1960 und 1990 geht es ständig bergab mit Karl, doch im neuen Jahrtausend erreicht der Name schon wieder Platzierungen unter den Top 50.

Karla (w.) weibliche Form von ➤ Karl (zu einem Namen mit dem Element „Heer"). – Der Name taucht im deutschen Sprachgebiet bereits im 16. Jahrhundert auf, wird jedoch erst gegen Ende des 19. Jahrhunderts heimisch bei uns, häufig auch in der Form ➤ Carla. Nach dem 1. Weltkrieg nimmt die Vergabe des Namens stark ab, erst seit etwa 1990 wird er wieder häufiger gegeben, meist als Carla oder in erweiterten Formen wie ➤ Karola / ➤ Carola oder ➤ Charlotte.

Karlheinz (m.) (auch: Karl-Heinz) aus ➤ Karl (zu einem Namen mit dem Element „Heer") und ➤ Heinz ➤ Heinrich („Heim" + „Herrscher"). Der Name taucht in Deutschland Anfang des 20. Jahrhunderts auf, wohl angeregt durch die Figur des Karlheinz (eigentlich Karl-Heinrich) in Wilhelm Meyer-Försters Operette *Alt-Heidelberg* (1901). Seit den 30er-Jahren erfreut er sich einiger Beliebtheit und wird bis in die 60er gerne gegeben, ohne jemals in die Nähe der Spitzenpositionen zu geraten.

Karola (w.) deutsche Schreibweise von ➤ Carola ➤ Karl (zu einem Namen mit dem Element „Heer"). Seit Mitte des 19. Jahrhunderts ist der Name in Deutschland verbreitet, zusammen mit Carola gehört er vor allem in den 60er-Jahren des 20. Jahrhunderts zu den beliebten Mädchennamen mit Platzierungen um 50.

Karolin (w.) deutsche Schreibweise von ➤ Carolin ➤ Karl (zu einem Namen mit dem Element „Heer")

Karolina / Karoline (w.) deutsche Schreibweise von ➤ Carolina/-e ➤ Carola ➤ Karl (zu einem Namen mit dem Element „Heer"). – Der Name erscheint in Deutschland zu Beginn des 18. Jahrhunderts; hundert Jahre später erfährt er vor allem im Süden einen großen Popularitätsschub durch ➤ Friederike Karoline ➤ Wilhelmine von Baden, die Gattin des Kurfürsten ➤ Max ➤ Joseph, seit 1806 König des neu gegründeten Königreichs Bayern. Gegen Ende des 20. Jahrhunderts erfreut sich der Name wieder einiger Beliebtheit, häufig als Karolin gesprochen oder auch gleich so geschrieben.

Karsten (m.) niederdeutsche Form von ➤ Christian (griechisch: „Christ"). – Erstmals im 15. Jahrhundert in Deutschland belegt, wird Karsten mit Carsten im 20. Jahrhundert zum Modenamen; zwischen Mitte der 60er- und Mitte der 70er-Jahre gehört er zu den Top 20, wird aber seit den 90ern kaum noch gegeben.

Kaspar / Kasper (m.) aus dem Persischen. Der Name ist relativ selten, und wahrscheinlich ist die lustige Figur des Kaspers (seit Ende des 18. Jahrhunderts) dafür mitverantwortlich. Denn auch der geht zurück auf den Mohren Kaspar, einen der legendären „Heiligen Drei Könige" (neben ➤ Balthasar und Melchior). – Die Bibel weiß nichts von der Dreizahl der morgenländischen Besucher des Jesuskindes und nennt auch keine Namen (Matthäus 2). Doch schon im 3. Jahrhundert hat man aus der Dreizahl der Geschenke (Gold, Weihrauch und Myrrhe) auf drei Personen geschlossen, im 6. Jahrhundert werden sie mit Namen genannt, zunächst Thaddaia, Melchior und Balytora, und im 8. Jahrhundert schließlich erhalten sie die Namen, die wir kennen. Der Namenstag der drei ist der 6. Januar. Wie die Weisen selbst – die Bibel nennt sie *mágoi*, also Magier, Gelehrte –, so kommt auch der Name Kaspar wahrscheinlich aus Persien: Dahinter steht altpersisch *kandschwar*, Schatzmeister, zu *gandsch*, Schatz. – Nach der Überführung dessen, was man für die Gebeine der drei Heiligen hielt, nach Köln im Jahr 1164 wird der Name zusehends beliebter; im 20. Jahrhundert bleibt er selten. Welchen Anteil daran der Suppenkasper in Heinrich Hoffmanns *Struwwelpeter* hat, ist ungewiss.

Kassandra (w.) griechisch. Kassandra ist eine tragische Figur der griechischen Sagenwelt: Der Gott Apollon (➤ Apollonia) verliebt sich in die schöne Tochter des trojanischen Königs Priamos und seiner Frau Hekabe und schenkt ihr die Gabe der Weissagung. Als Kassandra ihn abweist, kann er sein Geschenk nicht rückgängig machen; er belegt die Gabe aber mit einem Fluch: Keiner wird ihren Prophezeiungen Glauben schenken. Vergeblich warnt Kassandra die Trojaner vor der List des Odysseus – die Griechen erobern die Stadt mithilfe seines hölzernen Pferdes. Der griechische Held Ajax schändet Kassandra, König Agamemnon nimmt sie als Sklavin heim nach Mykene, wo seine Frau Klystaimnestra die beiden erdolcht. – Den zweiten Teil des Namens Kassandra bildet das griechische *anér*, Mann (Genitiv: *andrós),* die Bedeutung des ersten Teils ist unklar: Manche nehmen „scheinen" an, andere „übertreffen", wieder andere „fangen". Gegen die „Männerfängerin" spricht der Männername Kassandros (vgl. aber ➤ Alexandra). – In ➤ Waldemar Bonsels' *Die Biene Maja* heißt die Lehrerin von ➤ Maja und ➤ Willi Kassandra. 1983 veröffentlicht ➤ Christa Wolf ihre Erzählung *Kassandra;* etwa seit der Zeit wird der Name in Deutschland gelegentlich gegeben, manchmal auch in der Form ➤ Cassandra.

Katarina (w.) Nebenform von ➤ Katharina (später in Verbindung gebracht mit griechisch *katharós*, rein)

Katharina / Katharine (w.) vorgriechisch. Der Name ist vorgriechischen Ursprungs und lautete zunächst Aikaterine, was noch im russischen Jekaterinenburg nachklingt. Was er bedeutet, weiß man nicht. Man hat versucht den Namen in Zusammenhang zu bringen mit griechisch *hékatos*, beide, oder auch mit *aikía*, Folter, doch das bleibt alles Spekulation. Später wurde Katherina verbunden mit griechisch *katharós*, rein, deswegen wurde meist das E zu A; doch mit dem ursprünglichen Namen hat auch das wohl nichts zu tun. – Von den sieben Heiligen dieses Namens ist Katharina von Alexandrien die älteste und bekannteste, wahrscheinlich hat sie jedoch nie gelebt. Der Legende nach war sie eine schöne und tugendsame zypriotische Prinzessin. Anfang des 4. Jahrhunderts soll sie ins ägyptische Alexandria gereist sein, dort stellt sie den heidnischen Kaiser Maxentius zur Rede, weil er Christen verfolgt. Der Kaiser ruft fünfzig seiner weisen Männer zusammen und fordert Katharina zu einem Streitgespräch heraus. Als sie die Disputation gewinnt, will der Kaiser sie heiraten, alle sollen sie anbeten. Doch Katharina weigert sich, und so lässt Maxentius sie durch das Schwert töten. Aus ihren Wunden fließt Milch – seitdem gilt sie als Patronin der Ammen. Ihr Leichnam sei von Engeln auf den Berg Sinai getragen worden, an die Stelle, wo Kaiser Justitian I. im 6. Jahrhundert das berühmte Katharinenkloster baute; Katharinas Namenstag ist der 25. November. – Diese Legenden sind der Grund, warum sich der Name im Spätmittelalter weit verbreitet und bis zur Mitte des 20. Jahrhunderts zu den beliebtesten Mädchennamen gehört. Nach dem 2. Weltkrieg sinkt Katharina in der Gunst der Eltern, während andere Formen des Namens an Beliebtheit gewinnen, zunächst ➤ Karin, später auch ➤ Katja. Ab Mitte der 70er-Jahre steigt Katharina wieder kometenhaft nach oben, ist in den 80ern und 90ern meist unter den Top 10, 1988 und 1989 sogar auf Platz 1. Seit dem neuen Jahrtausend gleitet der Name wieder sanft ab.

Käthe (w.) Koseform von ➤ Katharina (später in Verbindung gebracht mit griechisch *katharós*, rein). – Schon ➤ Martin Luther nennt seine Frau, Katharina von Bora, Käthe, doch als eingetragener Name findet sich Käthe erst seit Mitte des 19. Jahrhunderts in Deutschland. Um die Wende zum 20. Jahrhundert übertrifft diese Form Katharina deutlich; später wird der Name nur noch selten gegeben.

Katherina (w.) andere Form von ➤ Katharina (später in Verbindung gebracht mit griechisch *katharós*, rein)

Kathrin (w.) Koseform von ➤ Katharina (später in Verbindung gebracht mit griechisch *katharós*, rein). – Der Name erscheint in Deutschland im 17. Jahrhundert; seit den 1960er-Jahren bis Mitte der 80er gehört er zusammen mit ➤ Katrin zu den Top 10; danach wird er immer weniger gegeben.

Katinka (w.) ungarische [kotinko] oder russische Koseform von ➤ Katharina (später in Verbindung gebracht mit griechisch *katharós*, rein); die polnische Form lautet Katynka. – Die 1939 in Breslau geborene Schauspielerin Katinka Hoffmann scheint der früheste Beleg des Namens bei uns zu sein; insgesamt bleibt er selten.

Katja (w.) russische Kurzform von ➤ Katharina (später in Verbindung gebracht mit griechisch *katharós*, rein). – Der Name wird in Deutschland Mitte des 20. Jahrhunderts übernommen und gehört in den 1970er-Jahren zu den beliebtesten Mädchennamen; seit den 90ern wird er kaum noch gegeben.

Katrin (w.) Kurzform von ➤ Katharina (später in Verbindung gebracht mit griechisch *katharós*, rein)

Ken (m.) Kurzform von ➤ Kenneth (gälisch: „aus dem Feuer geboren"?)

Kenneth (m.) schottisch-gälisch. Der Name kommt ursprünglich aus Schottland, verbreitet sich im 20. Jahrhundert jedoch in der gesamten englischsprachigen Welt. Es handelt sich um die englische Form [kennith; mit stimmlosem Ti-eitsch am Ende] zweier gälischer Namen: Cinaed bedeutet so viel wie „aus dem Feuer geboren"; welche Vorstellungen genau damit verbunden waren, ist nicht mehr klar. Cainnech, ursprünglich ein Beiname, kann man mit „gut aussehend, stattlich" übersetzen. Cinead war der gälische Name des ersten schottischen Königs Kenneth Mac Alpin (810–859). Er nutzte Mitte des 9. Jahrhunderts ein Machtvakuum und einte vier bislang unabhängige Königreiche, darunter das der Pikten und das der Skoten, zum Königreich Alba. So konnte er den einfallenden Wikingern entgegentreten und legte den Grundstein für das spätere Schottland. Im 6. Jahrhundert soll ein walisischer Heiliger namens Keneth (Kyned) gelebt haben. Seine wohl legendäre Geschichte ist gekennzeichnet von Wundern und Engelserscheinungen; er hat sein Fest am 27. Juni. – Der Name taucht in Deutschland in den 1970er-Jahren auf, häufig als ➤ Ken oder Kenny, und bleibt selten. Welche Rolle dabei die Puppe Ken spielt, der Freund von Barbie, ist unklar.

Kerstin (w.) skandinavische und niederdeutsche Form von ➤ Christina (griechisch: „Christin"). – Der Name Kerstin taucht in Deutschland gegen Ende des 19. Jahrhunderts auf; Mitte des 20. Jahrhunderts nimmt er Fahrt auf und gehört etwa zwischen 1960 und 1980 zusammen mit der Variante Kirsten meist zu den 20 beliebtesten Mädchennamen.

Kevin (m.) irisch-gälisch. Über das Englische kommt der Name aus Irland zu uns. Das gälische Caoimhin, so die ursprüngliche Form, ist eine Verkleinerung von *caomh*. Das kann „schön" heißen, aber auch „geliebt". Andere sehen in der zweiten Hälfte des Namens ein Wort für „Geburt" und übersetzen „schön von Geburt" oder „geliebtes Kind". – In Irland lebte der heilige Kevin. Er stammte aus königlichem Geschlecht, doch konnte seine Familie ihren Anspruch auf den Thron nicht durchsetzen. So wuchs Kevin bei Mönchen auf und zog sich später als Eremit zurück in die grünen Hügel seiner Heimat. Als sich immer mehr Mönche um ihn scharten, gründete er die Abtei Glendalough, rund 40 km südlich von Dublin. Er wird als strenger Mann geschildert, doch mit einem Herzen für die Schwachen. Eine Zeit lang soll er seine Klostergemeinschaft mit Lachsen ernährt haben, die ihm täglich ein Otter brachte. Eine Amsel legte einmal ein Ei in seine zum Beten ausgestreckte Hand; er verharrte im Gebet, bis das Junge geschlüpft war. Angeblich 120-jährig starb Kevin im Jahr 619; sein Namenstag ist der 3. Juni. – In den 1970er-Jahren taucht der Name in Deutschland auf und bekommt durch den englischen Fußballspieler Kevin Keegan Ende des Jahrzehnts offenbar einen Schub. Als 1990 der Film *Kevin allein zu Haus* in die Kinos kommt, springt Kevin an die Spitze der Hitliste und hält sich noch weit ins erste Jahrzehnt des 21. Jahrhunderts unter den Top 50.

Kilian (m.) aus dem Gälischen. Der heilige Kilian wirkte im 7. Jahrhundert als Missionar und Wanderbischof in der Gegend von Würzburg. Der Überlieferung nach brachte er Herzog Gozbert dazu, seine Frau Gailana fortzuschicken, weil sie die Witwe seines Bruders war; die Schwägerinnenehe war nach damaligem Kirchenrecht verboten. Gailana ließ daraufhin Kilian und seine Gefährten Kolonat und Totnan aus Rache umbringen. Das Martyrium soll um das Jahr 698 stattgefunden haben; Kilians Namenstag ist der 8. Juli. Kilian soll aus Irland stammen, die Deutung seines Namens ist umstritten. Es könnte sich um eine Verkleinerungsform von altirisch *ceallach,* Kampf, handeln. Wahrscheinlicher ist Kilian oder Cillian jedoch ein Beiname für einen Klosterbruder oder allgemein einen Kirchenmann. Gälisch *ceall* bezeichnet ein Kloster oder eine Kirche und hängt offenbar mit unserer *Zelle* zusammen. Lateinisch *cella* ist ursprünglich die Vorratskammer, aber auch der Tempel, später dann die Mönchszelle, das Kloster oder die Kirche (vgl. ➤ HELM). – Der Name findet sich schon im 10. Jahrhundert in Deutschland und erfreut sich in der Folgezeit vor allem in Franken großer Beliebtheit. Seit den 1980er-Jahren wird der Name wieder häufiger gegeben.

Kim (w.) englisch. Kim ist eine Kurzform von Kimberley. Das war ursprünglich ein Familienname, der wiederum auf einen Ortsnamen zurückgeht. Den Ort gibt es in England mehrfach, er bedeutet einfach „Cyneburgs bzw. Cynemaers Rodung" – je nachdem, ob man ihn in Norfolk oder in Nottinghamshire sucht. Altenglisch *cyne* entspricht dabei ➤ *KUNI,* Geschlecht (wie in Kunibald), zum zweiten Teil vgl. ➤ BURG und ➤ MAR. Seine Popularität als Vorname verdankt Kimberley jedoch der südafrikanischen Stadt Kimberley (benannt nach Lord Kimberley) und der Schlacht bei Kimberley im Krieg der Briten gegen die Buren im Jahre 1900. Die Stadt wurde zudem durch große Diamantenfunde bekannt. Nach dem Sieg der Briten nannten viele Eltern in der Heimat ihre (männlichen) Sprösslinge Kimberley – erst seit Mitte des 20. Jahrhunderts wird der Name überwiegend an Mädchen vergeben. – Der

Titelheld von Rudyard Kiplings Roman *Kim* (1901) hieß eigentlich Kimball O'Hara. Sein Name wird in Verbindung gebracht mit „Sippe" (vielleicht auch zu *cyne,* s. o.) und „kühn" (englisch *bold* ➤ BALD). – Der Name Kim kommt in Deutschland Mitte des 20. Jahrhunderts auf und schafft es Anfang der 90er-Jahre kurzfristig in die Top 20, fällt danach aber wieder ab.

Kim (m.) skandinavische und slawische Kurzform von ➤ Joachim (hebräisch: „Der Herr richtet auf"). – Ende der 1960er-Jahre erscheint der Name in Deutschland, bleibt aber sehr selten.

Kira (w.) russische Form von ➤ Kyra (persisch, Bedeutung unklar). – Der Name taucht in Deutschland zusammen mit Kyra Mitte des 20. Jahrhunderts auf und bleibt selten.

Kirsten (w.) nordische Kurzform von ➤ Christina (griechisch: „Christin"). – Seit den 1920er-Jahren ist der Name in Deutschland zu finden, in den 40ern nimmt er Fahrt auf, ist Mitte der 60er weit oben auf den Hitlisten mit Platzierungen unter den Top 20 und wird seit den 80ern kaum noch gegeben.

Kirsten (m.) niederdeutsche Kurzform von ➤ Christian (griechisch: „Christ"). – Im 15. Jahrhundert erstmals belegt, gewinnt der Name im Norden in den 1960er-Jahren einige Beliebtheit.

Kirstin (w.) Kurzform von ➤ Christina (griechisch: „Christin")

Klara (w.) deutsche Schreibung von ➤ Clara (lateinisch: „hell, strahlend")

Klaus (m.) Kurzform von ➤ Nikolaus (griechisch: „Sieg" + „Volk"). – Seit dem 13. Jahrhundert in Deutschland belegt, wird Klaus seit der Wende zum 20. Jahrhundert zum Modenamen, in den 30er- bis 50er-Jahren mit Platzierungen meist unter den Top 10; seit etwa 1970 zeigt die Kurve steil nach unten. Parallel dazu sind auch Doppelnamen wie Klausdieter und Klauspeter beliebt.

Klemens (m.) deutsche Schreibweise von ➤ Clemens (griechisch: „sanftmütig")

Knut (m.) aus dem Nordischen? Die Deutung des Namens ist umstritten: Althochdeutsch *chnutz,* mutig, keck, wird als Ursprung ebenso vorgeschlagen wie *chnod,* adelig, frei, und altnordisch *kundr,* Sohn, Verwandter. Letzteres hängt sprachlich zusammen mit dem englischen *kind,* Art, mit unserem *König* (➤ KUNI) und auch mit dem *Genie* und dem *Gendarm;* es ist verwandt mit lateinisch *gigno,* hervorbringen, gebären. Am wahrscheinlichsten ist jedoch eine andere Erklärung des Namens: Altnordisch *knutr* entspricht unserem Wort *Knoten* und bezeichnete auch einen knorrigen Menschen. Entweder weil der untersetzt und knubbelig war oder aber charakterlich grobklotzig daherkam. Auch *Knauf* und *Knüppel* sowie *Knolle* und *Knopf* bezeichnen etwas Verdicktes. – Der Name Knut ist im Mittelalter selten in Deutschland, erst im 19. Jahrhundert kommt er als Modename aus Dänemark zu uns, ohne je an die

Top 50 heranzureichen. Für seine Beliebtheit im Norden sorgten mehrere skandinavische Könige, etwa Knut der Große im 11. Jahrhundert und sein Großneffe Knut IV., der sogar heiliggesprochen wurde (Namenstag: 10. Juli).

Kolja (m.) russische Koseform von ➤ Nikolaus (griechisch: „Sieg" + „Volk"). Seit den 1960er-Jahren findet sich der Name in Deutschland vereinzelt.

KON – „kühn"
Das Namenglied KON entspricht unserem Wort *kühn* und bedeutet „tapfer, mutig, stark, kampfeslustig, scharf". Das germanische **konja*, das hier zugrunde liegt, hängt zusammen mit *können* und *kennen*. Der *kühne* Kämpfer war also ursprünglich „(im Kampf) erfahren, kundig, tüchtig". Verwandt sind englisch *keen* (begeistert, erpicht, scharf) und *cunning* (clever, gerissen). KON ist im Einzelfall schwer zu trennen von ➤ KUNI, (edles) Geschlecht.
Namen: Coniza (w.), ➤ Conrad, ➤ Curd, ➤ Konrad, ➤ Kuno, Kunz, ➤ Kurt

Konrad (m.) deutsch. Der Name setzt sich zusammen aus althochdeutsch *kuoni*, kühn, tapfer (➤ KUNI), und *rat*, Rat, Ratgeber (➤ RAT), also vielleicht „kühner Ratgeber". – Der deutsche König Konrad I. bestieg 1027 als Konrad II. als erster Salier den Kaiserthron des Heiligen Römischen Reiches (später: Deutscher Nation). Konrad war verheiratet mit ➤ Gisela von Schwaben, angeblich ließ er seine Braut entführen. Er betrieb eine erfolgreiche Außenpolitik, sein größtes Verdienst war der Erwerb Burgunds. – Der heilige Konrad von Konstanz war ebendort im 10. Jahrhundert Bischof und wurde wegen seiner Großzügigkeit und seiner Selbstbeherrschung gelobt. Als eine Spinne in den Abendmahlskelch gefallen war, trank er, ohne mit der Wimper zu zucken – das Tier wurde schließlich gerettet, heißt es. Sein Namenstag ist der 26. November. Konrad von Parzham hieß eigentlich Birndorfer und war einundvierzig Jahre lang Pförtner im Kloster zu Altötting (Oberbayern); ihm wurden Geduld und Bescheidenheit nachgesagt. Er starb am 21. April 1894, das ist auch sein Namenstag. – Seit dem ausgehenden Mittelalter gehört Konrad zu den beliebten Männernamen; daran erinnert bis heute die Rede von *Hinz und Kunz* (➤ Heinrich und Konrad) für „jedermann". Ist Konrad zu Beginn des 20. Jahrhunderts noch unter den 50 häufigsten Jungennamen zu finden, fällt er Anfang der 40er-Jahre aus den Top 100 und erholt sich bislang nicht mehr.

Konstantin (m.) Lateinisch *constans* bedeutet „standhaft, beständig", der Name Konstantin ist davon abgeleitet. Seine Verbreitung bis heute verdankt er Konstantin dem Großen, römischer Kaiser im 4. Jahrhundert. Ihm gelang die erneute Einigung des Römischen Reiches, das Kaiser Diokletian 284 in vier Teile getrennt hatte. Hatte Diokletian die Christen in seinem Reich brutal verfolgt, so gewährte Konstantin ihnen im Toleranzedikt von 313 die Religionsfreiheit. Erst auf dem Totenbett ließ er sich taufen, damals nichts Ungewöhnliches. Im Jahr 325 berief Konstantin das Erste Konzil von Nicäa ein; im Nicänischen Bekenntnis verurteilte das Konzil den Arianismus, eine Lehre, die die volle Gottheit Jesu leugnete. Konstantin verlegte den Regierungssitz nach Byzanz, das er in Konstantinopel umbenannte. Damit war sowohl die Teilung des Römischen Reiches vorgezeichnet als auch die Trennung der Ostkirche von Rom. In der Orthodoxen Kirche wird Konstantin als Heiliger verehrt, sein Namenstag ist der 21. Mai. – Der Name findet sich in Deutschland seit dem 14. Jahrhundert; seit den 1980er-Jahren gehört er zu den 100 beliebtesten Namen.

Konstanze (w.) Schreibvariante von ➤ Constanze (lateinisch: „Beständigkeit")

Korbin (m.) Kurzform von ➤ Korbinian (lateinisch: „Rabe"?)

Korbinian (m.) [korbinian] oder [korbinian]. Die Herkunft des Namens liegt im Dunkeln. Manche halten ihn für keltisch und nehmen „Streitwagenfahrer" als Bedeutung an; andere verweisen auf lateinisch *corvus*, Rabe, als Ursprung. Möglicherweise ist Korbinian eine Übersetzung des germanischen Namens (H)raban, erweitert um die lateinische Endung *-inianus*. *Rabe* und *corvus* sind sprachgeschichtlich miteinander verwandt: Der Vogel ist nach seinem Ruf *kra* benannt. – Der heilige Korbinian (um 680–729), der erste Bischof von Freising (nördlich von München), stammte aus der Nähe von Chartres und wurde auf einer Pilgerreise nach Rom von Papst ➤ Konstantin I. zum Bischof geweiht und als Missionar nach Bayern geschickt. Die Legende erzählt, Korbinian wurde auf dem Weg nach Rom von einem Bären überfallen. Das Raubtier riss sein Maultier – und musste Korbinians Gepäck bis nach Rom tragen. Als Namenstag des Heiligen wird der 8. September begangen. – Der Name ist kaum vor dem 19. Jahrhundert in Deutschland zu finden; meist bleibt er auf den katholischen Süden beschränkt, erst gegen Ende des 20. Jahrhunderts findet er weitere Verbreitung.

Korinna (w.) griechisch. Korinna ist eine Koseform des griechischen Namens Kóre; der bedeutet „Mädchen, Puppe", aber auch „Pupille, Augapfel": Im Auge meines Gegenübers sehe ich mich selbst als „Puppe". Dieselbe Übertragung können wir sehen bei lateinisch *pupa*, Mädchen, Puppe (daher unser Wort), dessen Verkleinerungsform *pupilla*, Waise, Mündel, später auch die Bedeutung „Pupille" annahm. Bei der Namengebung war wohl auch die übertragene Bedeutung von „Augapfel" als etwas besonders Wertvolles mitgedacht. – Korinna war der Name einer griechischen Dichterin aus Tanagra, einem kleinen Ort in der Nähe des klassischen Theben, rund 60 km nordwestlich von Athen. Korinna soll ihren Schüler (oder Lehrer?) Pindar (um 500 v. Chr.) im Dichterwettstreit besiegt haben. – Kore war ein Beiname der Persephone, der griechischen Göttin der Unterwelt – und aus diesem Grund selten in der Antike. Hier könnte der Name auch „Tochter" bedeuten, des Zeus nämlich (und der Demeter). Als spätere Erweiterung von Cora mag Korinna (Corinna) auch zurückgehen auf Namen wie ➤ Cordula (lateinisch: „spätgeboren") oder ➤ Cornelia (zu lateinisch *cornu*, Horn?), die zu Cora verkürzt werden konnten. – Korinna bzw. Corinna ist in Deutschland seit dem 19. Jahrhundert bekannt; etwa zwischen 1960 und 1990 ist der Name unter den Top 100 zu finden.

Kornelius (m.) deutsche Form von ➤ Cornelius (zu lateinisch *cornu*, Horn?)

Korvin (m.) Kurzform von ➤ Korbinian (lateinisch: „Rabe"?)

Kreszentia (w.) deutsche Schreibweise von ➤ Creszentia (lateinisch: „die Wachsende")

Kriemhild / Kriemhilde / Krimhild / Krimhilde (w.) Der zweite Teil des Namens ist eindeutig: Germanisch **hiltja* bedeutet „Kampf" oder auch „Kämpfer" (➤ HILD). Beim ersten Teil jedoch scheinen sich drei Wörter vermischt zu haben: Angelsächsisch *grima* ist die „Gesichtsmaske" oder ein Helm mit einer solchen Maske, wahrscheinlich eine Tiermaske, etwa ein Wolf oder Bär (➤ GRIM); später wurde dieses Wort nicht mehr verstanden und als *Grimm* gedeutet. Westfränkisch *grin* schließlich bedeutet „Pfeilschaft"; hier steht die Waffe für den Krieger. – Aus dem Nibelungenlied ist Kriemhild oder Kriemhilde bekannt, die Schwester der Burgunderkönige ➤ Gunther, ➤ Gernot und ➤ Giselher, schön und von edlem Wesen. Als der Ritter ➤ Hagen von Tronje auf ➤ Brünhildes Geheiß Kriemhildes Mann ➤ Siegfried hinterrücks ermordet, schwört sie Rache. Sie heiratet den Hunnenkönig Etzel, und an seinem Hof kommen viele Jahre später alle in einem blutigen Gemetzel ums Leben. – Mit der Wiederentdeckung des Nibelungenlieds kommt der Name an der Wende zum 19. Jahrhundert auf und erfreut sich in Zeiten deutschnationaler Begeisterung einiger Beliebtheit. Seit Mitte des 20. Jahrhunderts spielt der Name kaum noch eine Rolle.

Kristina / Kristine (w.) Variante von ➤ Christina (griechisch: „Christin")

KUNI – „(edles) Geschlecht"?
Das Namenwort KUNI findet sich heute noch im *König*, der „aus edlem Geschlecht" stammt. (Andere stellen den *König* zu *können* und *kennen* und erklären, er habe in grauer Vorzeit über geheimes „Wissen" verfügt.) Althochdeutsch *kunni* bedeutet: Geschlecht, Art, Verwandtschaft; dahinter steht germanisch **kunja(m)*, Geschlecht. Es ist verwandt mit *Kind*, englisch *kind*, Art, Gattung, lateinisch *genus*, Geschlecht, und griechisch *gennáo*, erzeugen, gebären. Vor allem in Namens-Kurzformen ist KUNI häufig von ➤ KON (kühn) nicht sauber zu trennen.
Namen: ➤ Kim (m./w.), ➤ Knut?, Kunibald, Kunibert, ➤ Kunigunde (w.)

Kunigunda / Kunigunde (w.) Dieser alte deutsche Name ist zusammengesetzt aus althochdeutsch ➤ *KUNI*, Geschlecht, Art, Verwandtschaft, und ➤ *GUND*, Kampf, Kämpfer. Der Name erfreut sich im gesamten Mittelalter großer Beliebtheit, vor allem wegen der heiligen Kunigunde von Luxemburg (um 980–1033), der Gemahlin des ebenfalls früh heiliggesprochenen Kaisers ➤ Heinrich II. Rund 500 Jahre zuvor soll eine andere Heilige dieses Namens unter den 10 000 Jungfrauen gewesen sein, die zusammen mit der heiligen ➤ Ursula bei Köln den Märtyrertod fanden. Dass wir bei dem Namen gerne an ein Burgfräulein denken, liegt an literarischen Gestalten wie der Kunigunde in Schillers Ballade *Der Handschuh* oder Kunigunde von Thurneck in Kleists Schauspiel *Das Käthchen von Heilbronn*. Solchen und anderen literarischen Bearbeitungen alter Stoffe ist die Wiederbelebung des Namens im 19. Jahrhundert geschuldet; im 20. findet er sich nur noch selten.

Kurt (m.) Koseform von ➤ Konrad („kühn" + „Rat")

Kyra (w.) aus dem Persischen. Über das Russische kommt der Name aus Griechenland zu uns, ist aber ursprünglich persisch. Der persische König Kyros II., der Große, ließ im 6. vorchristlichen Jahrhundert das Volk Israel aus der Babylonischen Gefangenschaft in seine Heimat ziehen. Deswegen ist Cyrus bei Juden und Christen vor allem in den USA bis heute ein beliebter Rufname. Seine Bedeutung ist unklar, hier wird unter anderem vorgeschlagen: „weitblickend", „Hirte", „Sonne", „Thron", „blind". Später wurde der Name in Verbindung gebracht mit griechisch *kýrios*, Herr (auch als Gottesname ➤ Elias). – Wenig Verlässliches wissen wir auch über den heiligen Cyrus von Alexandria, genannt „der Arme". Er starb wohl um das Jahr 312 als Märtyrer und gilt als Patron der Ärzte, sein Namenstag ist der 31. Januar. – Kira/Kyra kann aber auch ein irischer Name sein, eine Nebenform von Ciarán. Das geht zurück auf gälisch *ciar*, schwarz, und war ursprünglich ein Beiname für einen Menschen mit schwarzem Haar oder dunklem Teint. – Der Name Kyra taucht in Deutschland zusammen mit ➤ Kira Mitte des 20. Jahrhunderts auf und bleibt selten.

L

Laila (w.) arabisch oder saamisch. Zunächst einmal kommen hier zwei unterschiedliche arabische Namen zusammen: ➤ *Leila* (oder *laila)* ist das arabische Wort für „Nacht, Dunkelheit" und kann sich entweder auf die schwarzen Haare eines Mädchens beziehen oder aber auf ihren dunklen Teint. Der Name wurde in England bekannt durch Lord Byrons Gedicht

The Giaour, eine tragische Liebesgeschichte (1813), und Lord Lyttons Roman *Leila* (1838). – Laila kann auch eine Nebenform von Layla sein, das bedeutet „Wein" als Symbol für die berauschende Schönheit einer Frau. Der arabische Dichter Qays ibn-al-Mu-lawwah (gestorben 688) widmete viele seiner Gedichte seiner Cousine Layla. Die Geschichte ihrer tragischen Liebe – die Eltern verboten die Verbindung – wurde später in Persien als *Leila und Madschnun* erzählt. – Völlig unabhängig von all dem ist Laila auch ein saamischer Name mit der Bedeutung „die Weise" (Saamisch ist eine dem Finnischen verwandte Sprache, genau genommen sind es mehrere Sprachen). – Der Name erscheint in Deutschland in den 1960er-Jahren und bleibt sehr selten.

Lara (w.) russische Form von ➤ Laura (lateinisch: „lorbeerbekränzt") oder ➤ Larissa (griechisch: „Burg"?). Allerdings erwähnt schon der römische Dichter Ovid um die Zeitenwende in seinen *Fasti* eine Nymphe namens Lara. Sie soll ihrer Geschwätzigkeit wegen ursprünglich Lala genannt worden sein (zu griechisch *lalein,* reden) und wird von Jupiter für ebendieses Laster bestraft: Als dieser der Nymphe Juturna nachstellt, verrät Lara Juturna seine Absichten (und auch seiner eifersüchtigen Gattin Juno), und Jupiter schneidet Lara die Zunge heraus. Dann verbannt er sie in die Unterwelt, weil dort Schweigen herrscht, Merkur soll sie dahin begleiten. Der aber vergewaltigt die „stumme Göttin", wie sie auch genannt wird; die gebiert daraufhin Zwillinge, die *Laren,* die dann laut Ovid Rom und seine Straßen bewachen. – Bekannt wird der Name Lara in Deutschland durch ➤ Boris Pasternaks Roman *Doktor Schiwago* (1958), der 1965 mit Julie Christie in der weiblichen Hauptrolle verfilmt wird; Lara Guichard ist hier die Geliebte von Dr. Jurij Andrejewitsch Schiwago. Bald nachdem der Film in die Kinos kommt, werden die ersten Laras hierzulande geboren; um 1990 erreicht der Name die Gruppe der 50 beliebtesten Mädchennamen, seit der Jahrtausendwende gehört er immer wieder den Top 10 an.

Larisa / Larissa (w.) aus dem Griechischen. Über Russland kommt der Name aus Griechenland zu uns. Zwei griechische Wörter werden zu seiner Erklärung genannt: *láros* (Betonung auf der ersten Silbe) bedeutet „Möwe", *larós* (hinten betont) heißt „lieblich". In der griechischen Sagenwelt ist Larissa eine Nymphe aus einer Stadt gleichen Namens in Thessalia, einer Gegend in Mittelgriechenland. Offenbar eine andere Larissa (oder auch Larisa) ist die Tochter eines gewissen Pelasgos; der nennt die Burg in Argos (auf der Halbinsel Peloponnes) nach Larissa. Tatsächlich bedeutet der geografische Name, der noch öfters vorkommt in Griechenland, einfach „Burg"; das Wort ist offenbar vorgriechischen Ursprungs. – Die heilige Larissa gehörte im 4. Jahrhundert zu einer Gruppe von Christen auf der Krim. Ein Gotenfürst, so die Überlieferung, zündete der Gemeinde während eines Gottesdienstes das Dach über dem Kopf an, alle verbrannten jämmerlich. Schon bald wurde Larissa als Märtyrerin verehrt; ihr Fest ist der 26. März. – Der Name erscheint in Deutschland Mitte des 20. Jahrhunderts; Ende der 60er-Jahre stößt er erstmals zu den Top 100 vor, erst seit den 90ern setzt er sich in dieser Gruppe fest.

Lars (m.) skandinavische Kurzform von ➤ Laurentius (lateinisch: „aus Laurentum“). – Der Name ist in Deutschland erstmals Ende des 19. Jahrhunderts zu finden; etwa zwischen 1965 und 2005 gehört er meist zu den 50 beliebtesten Jungennamen.

Lasse (m.) skandinavische Kurzform von ➤ Lars ➤ Laurentius (lateinisch: „aus Laurentum“). – Schon im 15. Jahrhundert findet sich der Name in Norddeutschland; im 20. Jahrhundert gewinnt er seit den 70er-Jahren immer mehr Anhänger und erreicht 2003 Platz 22 in den Hitlisten. Seitdem ist er wieder seltener geworden.

Laura (w.) Lateinisch. Als eigenständiger Vorname kommt Laura von lateinisch *laurea*, Lorbeer, und kann mit „die Bekränzte“ übersetzt werden. Der Lorbeer galt in der Antike als Zeichen der Unsterblichkeit. Wegen seiner reinigenden Kraft trugen aus blutiger Schlacht heimkehrende Feldherren später Kränze aus Lorbeer – so wurde der Siegeskranz daraus, den man dann auch bei sportlichen Veranstaltungen erringen konnte. Dass das Kind später einmal auf der Siegerstraße geht, kann ebenso ein Namengebungsmotiv gewesen sein wie die Schönheit des Lorbeers. Frühe Christen wählten Laura und ähnliche Namen, weil das Neue Testament von einem „unvergänglichen Siegeskranz“ spricht, den der bekommt, der Jesus auch in Verfolgung treu bleibt: das ewige Leben (vgl. Jakobus 1,12). Zu diesen Namen gehört auch ➤ Laurentius (lateinisch: „aus Laurentum“), von der weiblichen Form Laurentia kann Laura eine Kurzform sein. – Im 14. Jahrhundert besingt der italienische Dichter Francesco Petrarca in seinem Gedichtband *Canzoniere* Laura, seine unerreichbare, weil verheiratete Geliebte, möglicherweise Laura de Noves, die zum Zeitpunkt ihrer ersten Begegnung erst siebzehn Jahre alt ist. Er deutet ihren Namen als „Lorbeer“, italienisch *lauro*, und spielt an auf die mythologische Gestalt der ➤ Daphne (griechisch: „Lorbeer“), die vor den Nachstellungen des Apollo flieht und von ihrem Vater in einen Lorbeerbaum verwandelt und so ebenfalls unerreichbar wird. Apollo schmückt sich daraufhin mit einem Kranz aus Lorbeer – den der Dichter Petrarca als Zeichen des Ruhmes anstrebt. Der junge Schiller schreibt 1782, offenbar angeregt durch diese Geschichte, seine *Lauralieder*, fünf Gedichte an eine Frau, die man nicht eindeutig hat identifizieren können, sowie ein weiteres, in dem auch eine Laura erwähnt wird. Bald darauf werden erste Lauras getauft, doch der Name bleibt relativ selten. Erst seit den 1980er-Jahren steigt Laura dramatisch in der Gunst junger Eltern, und etwa seit 1990 gehört der Name regelmäßig zu den Top 10.

Laurent (m.) französische Form [loroh; hinten wie in Para*vant]* von ➤ Laurentius (lateinisch: „aus Laurentum“). – Der Name erscheint gegen Ende des 19. Jahrhunderts in Deutschland und bleibt sehr selten.

Laurentius (m.) lateinisch. Laurentius [laurentsius] bedeutet zunächst einmal „aus Laurentum", damals ein Badeort für Reiche südlich von Rom, sozusagen das antike Santa Barbara. Ein anderer Name für diesen Ort lautet Lavinium, nach ➤ Lavinia, der Tochter des Laurenterkönigs Latinus. Hier, so die Sage, legte einst Aeneas, von Troja kommend, an und gründete die Stadt Lavinium. Dass Laurentum seinen Namen von lateinisch *laurea*, Lorbeer, hat, ist unwahrscheinlich; Laurentius jedoch wurde schon früh gedeutet als „der Lorbeerbekränzte" (➤ Laura). – Der heilige Laurentius, Diakon in Rom unter Papst Sixtus II., starb im Jahr 258 wenige Tage nach dem Papst ebenfalls den Märtyrertod; angeblich wurde er auf einem Grill zu Tode gemartert. Die Legende erzählt, zuvor habe Laurentius Kaiser Valerian die Armen, Blinden und Lahmen präsentiert, als dieser die „Schätze der Kirche" forderte; das Geld hatte er zuvor verteilt. Am Namenstag des heiligen Laurentius, dem 10. August des Jahres 955, besiegte Kaiser ➤ Otto I. ein ungarisches Heer in der Schlacht auf dem Lechfeld bei Augsburg; dass man diesen Sieg dem Heiligen zuschrieb, förderte dessen Verehrung ebenso wie die Verbreitung seines Namens. Der taucht dann im 12. Jahrhundert in Deutschland auf und bürgert sich rasch ein; bekannte Nachnamen wie Laborenz, Lauritz, Lawrentz, Lortzing, Lenz, Löns oder Rensing legen davon Zeugnis ab, und auch der polnische Nachname Wawrinka gehört hierher. In vielerlei Form ist der Vorname über die Jahrhunderte präsent, darunter ➤ Laurenz und ➤ Lorenz; im 20. Jahrhundert übernehmen dann Re-Importe aus dem Norden: ➤ Lars und ➤ Lasse.

Laurenz (m.) Kurzform von ➤ Laurentius (lateinisch: „aus Laurentum")

Laurin (m.) Herkunft unbekannt. Laurin heißt ein Zwergenkönig im Sagenkranz um ➤ Dietrich von Bern (ab dem 9. Jahrhundert). Als er nicht eingeladen wird, um mit anderen Recken um die Hand der schönen Similde anzuhalten, reist Laurin mit seiner Tarnkappe an den Hof des Königs an der Etsch. Er raubt Similde und bringt sie in seinen Rosengarten, sein Reich hoch in den Bergen. Dietrich und seine Mannen folgen ihm, besiegen ihn schließlich trotz Tarnkappe und Zwölfmännergürtel und führen ihn gefangen. Im Gehen verflucht er seinen Garten, dass keiner ihn sieht, weder bei Tag noch bei Nacht – vergisst jedoch die Dämmerung. So kann man den Rosengarten bei Sonnenauf- und -untergang bis heute sehen. Die Herkunft des Namens ist unbekannt; möglicherweise gibt es jedoch einen Zusammenhang mit ➤ Laurentius (lateinisch: „aus Laurentum"). – Laurin erscheint als Vorname in Deutschland im 14. Jahrhundert und bleibt selten.

Lavinia (w.) vorlateinisch. Es gibt viele Sagen darüber, wie die Stadt Rom einst gegründet wurde. Am Anfang steht Aeneas, der nach dem Untergang Trojas nach Italien geflohen ist. Als er an der Tibermündung landet, schließt Latinus, König der Aborigines, ein Bündnis mit ihm und schenkt ihm einen Landstrich an der Küste zum Siedeln. Am liebsten würden er und seine Gemahlin Amata ihm auch ihre Tochter Lavinia geben, doch die ist bereits dem Rutulerkönig Turnus aus Ardea versprochen. Es kommt zum unvermeidlichen Kampf um Tochter und Herrschaft, Turnus fällt, Aeneas gewinnt, stirbt jedoch in einer späteren Schlacht. Bis der trojanische Sohn des Aeneas, Ascanios (auch Iulus genannt), alt genug ist, übernimmt Lavinia die Regierungsgeschäfte. Ihr Name wird manchmal mit lateinisch *lavi*, waschen, in Verbindung gebracht, ist aber sicher vorlateinischen Ursprungs. Die Stadt Lavinium ist angeblich nach ihr benannt – tatsächlich soll die Sage den Namen der Stadt nahe der Tibermündung erklären. – Lavinia mit zweitem Vornamen hieß die Schwester ➤ Arthur Schopenhauers, geboren 1797; danach erscheint der Name erst wieder im 20. Jahrhundert, bleibt jedoch sehr selten.

Lazar (m.) Kurzform von Eleasár. Wir kennen ihn als Lazarus, im griechischen Neuen Testament heißt er Lázaros, die hebräische Form des Namens ist Elasár. Das bedeutet entweder „Gott hat geholfen" oder „Gott hilft". Die Hilfe Gottes besteht darin, dass er der Mutter dieses Kind schenkt. Vielleicht war sie längere Zeit kinderlos und musste sich so manchen Spott anhören. – Johannes 11 berichtet, wie Jesus Lazarus, den Bruder von ➤ Maria und ➤ Martha, nach vier Tagen von den Toten auferweckt. In Lukas 16 erzählt Jesus das Gleichnis vom armen Lazarus, der vor der Tür eines Reichen liegt. Nach dem Tod wird er in den Himmel aufgenommen; der Reiche hingegen, der hier namenlos bleibt, endet in der Hölle – eine Mahnung, mit Reichtum verantwortlich umzugehen. Im Mittelalter setzte man diesen Lazarus in eins mit dem aus Johannes 11; der wurde dann zum Patron der Schwerkranken und Aussätzigen. Sein Namenstag ist der 17. Dezember. Auch unser Wort *Lazarett* leitet sich letztlich von Lazarus ab. – In jüdischen Familien ist der Name als Lezer oder Lezar schon seit dem 14. Jahrhundert in Deutschland zu finden; seit dem 20. Jahrhundert ist er äußerst selten.

Lea / Leah (w.) hebräisch [lea]. Die Herkunft des Namens ist nicht geklärt. Manche übersetzen „Steinbock", „Wildkuh" oder „Gazelle" und weisen darauf hin, dass Leas Söhne Rinderzüchter waren (vgl. ➤ Rachel); andere leiten den Namen ab von einem Verb für „stark sein" und deuten Lea als „(Gott) ist stark"; wieder andere vermuten hinter dem Namen ein Verb, das „ermüden" bedeutet oder „den Mut verlieren". – Letzteres würde passen zur biblischen Lea: Die hat sanfte Augen, ist aber nicht so attraktiv wie ihre jüngere Schwester ➤ Rahel. ➤ Jakob, der Sohn ➤ Isaaks, verliebt sich in Rahel, als er auf seiner Flucht vor seinem Bruder Esau in Haran vorbeikommt. Sieben Jahre dient Jakob bei seinem Schwiegervater Laban um Rahel – findet dann aber in der Hochzeitsnacht Lea in seinem Zelt. Er muss weitere sieben Jahre um Rahel dienen, erhält sie jedoch nach sieben Tagen ebenfalls zur Frau (1. Mose 29–30). Lea schenkt Jakob sechs Söhne und eine Tochter, während Rahel zunächst kinderlos bleibt. Die beiden Schwestern haben „das

Haus Israel gebaut", heißt es später im Buch ➤ Ruth (4,11). Am Ende seines Lebens bestimmt Jakob, dass er im Grab von Lea bestattet werden soll und nicht bei Rahel (1. Mose 49,29–31). – Wohl nur bescheidenen Einfluss auf die Namengebung hatte die heilige Lea von Rom. Sie leitete im 4. Jahrhundert ein Jungfrauenkloster; der heilige ➤ Hieronymus pries Leas Tugenden und nannte sie „Mutter der Jungfrauen". Leas Namenstag ist der 22. März; die biblische Lea hat ihr Fest am 5. Februar. Manchmal wird Lea auch aufgefasst als weibliche Entsprechung zu ➤ Leo (lateinisch:„Löwe"). – Im Zuge der Reformation kommt der Name in Deutschland auf, ohne wirklich heimisch zu werden. Seit den 1980er-Jahren jedoch steigt Lea in der Gunst junger Eltern und gehört seit Ende der 90er immer wieder zu den Top 10.

Leander (m.) griechisch. Leander ist zusammengesetzt aus *léon*, Löwe (oder *laós*, Volk), und *anér*, Mann (Genetiv *andrós*, daher das D). – Die griechische Mythologie erzählt die tragische Geschichte von Hero und Leander: Die beiden lieben sich, doch nach dem Willen ihrer Eltern soll Hero ehelos bleiben. Jede Nacht schwimmt nun Leander, ein Jüngling aus Abydos (bei Çanakkale im Nordwesten der heutigen Türkei), durch den Hellespont zu seiner geliebten Hero, einer Priesterin der Aphrodite in Sestos (heute Kilitbanir) – immerhin eine Strecke von gut einem Kilometer, und das bei heftiger Seitenströmung. Einmal löscht ein Sturm das Licht, das sie im Fenster eines Turms für ihn aufgestellt hat, und er ertrinkt. Als sein Leichnam angespült wird, stürzt sie sich voller Verzweiflung vom Turm. Bekannter ist die Geschichte als Volkslied: *Es waren zwei Königskinder* taucht erstmals im 15. Jahrhundert auf. – Der heilige Leander war gegen Ende des 6. Jahrhunderts Erzbischof von Sevilla; er verhalf dem katholischen Glauben in Spanien zum Sieg über den Arianismus, der die volle Gottheit Jesu leugnete. Leanders Namenstag ist der 13. März. – Wichtiger als dieser Heilige jedoch für die Namensverbreitung in Deutschland ab dem frühen 17. Jahrhundert ist das Interesse der Humanisten an klassischer Bildung. Ende des 20. Jahrhunderts erfreut sich der Name, auch als Leandre oder Leandro, einiger Beliebtheit, ohne jedoch an den Top 100 zu kratzen.

Leandro (m.) italienische und spanische Form von ➤ Leander (griechisch: „Löwe" oder „Volk" + „Mann")

LEIB – „Erbe"
LEIB oder LAIB ist zunächst der, der übrig *bleibt*, oder das, was übrig *bleibt*. Unser Wort *bleiben* findet sich im Althochdeutschen als *(bi)liban*, bleiben, aber auch als *leiben* im Sinne von „übrig lassen" (vgl. englisch *leave*). Es kann also *das* Erbe gemeint sein; dann bezieht sich das Namenwort in erster Linie auf den ererbten Besitz, vor allem den Grundbesitz, und drückt vielleicht den Stolz darauf aus. Bei LEIB als hinterem Namenglied ist in der Regel *der* Erbe gemeint, also der Sohn, der bleibt und lebt, wenn der Vater gestorben ist. Unser Wort *leben* in diesem

Sinn kommt daher. Auch der *Leib* hat hier seinen Ursprung: Althochdeutsch *lib* bedeutet ursprünglich „Leben, Lebensweise" und nimmt erst später die Bedeutung „Körper" an; die *Leib*rente, die man bis an sein Lebensende bezieht, erinnert noch daran. Möglicherweise ist mit LEIB auch der Wunsch nach langem Leben verbunden, denn das hieß auch immer wieder: überleben. In späterer Zeit konnte *leib*, ähnlich wie ➤ MANN, auch als Kose-Suffix ohne eigentliche Bedeutung auftreten. Im germanischen Erbrecht gab es kein Testament; bewegliches wie unbewegliches Gut ging direkt vom verstorbenen Vater auf die Söhne über. Dass dabei der Erstgeborene bevorzugt wurde, darauf weist der *Hagestolz* hin, ursprünglich die Bezeichnung für einen nachgeborenen Sohn, der sich von seinem kleinen Nebengut nicht ernähren konnte (➤ HAG). Der Name Arbo, zu *Erbe*, könnte im Gegensatz dazu den Erstgeborenen meinen. LEIB ist oft nicht zu trennen von ➤ LIEB.
Namen: ➤ Detlef/-v, Frieduleib, ➤ Gerlinde (w.), ➤ Gislind(e) (w.), ➤ Gottlieb, Irminleib, Laipwin, ➤ Leif, ➤ Olaf, Reginlaiba (w.), Wiglef

Leif (m.) nordische Kurzform von Namen mit dem Element *leifr* ➤ LEIB, Erbe. Der Name erscheint Mitte des 20. Jahrhunderts in Deutschland; manch einer denkt dabei an Leif Erikson, der tausend Jahre zuvor bis nach Neufundland segelt.

Lena / Lene / Leni (w.) kurz für ➤ Magdalena/-e (hebräisch: „aus Magdala") oder ➤ Helena/-e (griechisch: „strahlend"?). – Eine erste Lene findet sich im Deutschland des 14. Jahrhunderts, der Name verbreitet sich jedoch zunächst nur recht zögerlich. Erst gegen Ende des 20. Jahrhunderts startet er richtig durch und gehört seit Mitte der 90er-Jahre in der Form Lena zu den Top 10.

Lennard / Lennart (m.) schwedische Form von ➤ Leonhard („Löwe" + „hart"). – Die Namensform findet sich so in Deutschland nicht vor dem 20. Jahrhundert; seit den 80er-Jahren gehört er zu den 100 beliebtesten Jungennamen, seit den 90ern zu den Top 50, Ende der 90er zeitweise sogar zu den Top 20.

Lennert (m.) niederdeutsche und friesische Form von ➤ Leonhard („Löwe" + „hart")

LEO – „Löwe"
Das griechische Wort *léon*, auf Lateinisch *leo*, bedeutet „Löwe"; unser *Löwe* ist schon früh daher entlehnt. Woher das Wort ursprünglich stammt, ist nicht sicher; vielleicht geht es zurück auf assyrisch *labbu*. In der hebräischen Bibel findet sich *lewí*, Löwin (nicht zu verwechseln mit dem Personennamen Levi, der sich anders schreibt). In antiken Religionen wird der Löwe mit der Sonne in Verbindung gebracht; das Sternbild des Löwen bezieht sich auf die Zeit der größten Sonnenhitze. In der gesamten Antike gilt der Löwe als Sinnbild für Kraft und Mut, so auch

in der Bibel: Als ➤ Jakob auf dem Sterbebett seine zwölf Söhne segnet, vergleicht er Juda mit einem jungen Löwen (1. Mose 49,9). Deshalb war Leo auch unter Juden stets ein beliebter Name. In der Bibel steht der Löwe auch für Gottes Macht und seinen Herrschaftsanspruch (Jesaja 31,4). In Jesajas Friedensvision (11,7) aber frisst der Löwe Stroh. In der christlichen Bildersprache ist der Löwe dann das Symbol des Evangelisten ➤ Markus; beginnt sein Evangelium doch mit der Predigt ➤ Johannes des Täufers. Über ihn wird gesagt: „Es ist eine Stimme eines Predigers in der Wüste" (Markus 1,3). Man hat angenommen, diese Symbolik sei der Grund für die Übernahme des Wortes in Namen wie ➤ Leonhard, doch sicher ist das nicht. Da der Löwe angeblich mit offenen Augen schläft, wird er auch zum Sinnbild der Auferstehung Jesu (so im *Physiologus*, einer spätantiken Schrift über Tiersymbolik). Diese Vorstellung wurde dadurch begünstigt, dass Jesus aus dem Stamm Juda kam.

Wann die Germanen zuerst von Löwen hörten, ist schwer zu sagen; vermutlich übernahmen sie den Begriff und das Wort von den Römern. Die Kreuzfahrer waren vermutlich die ersten Germanen, die einen Löwen zu Gesicht bekamen; sie waren es auch, die den Löwen im Heiligen Land ausrotteten.

Namen: ➤ Leo, Leomere, ➤ Leon, Leona/-i (w.), ➤ Lennard/-t, ➤ Lennert, ➤ Leonard, ➤ Leonhard, Lewolf, Liomburg (w.)

Leo (m.) griechisch-lateinisch. Griechisch *léon*, lateinisch *leo*, bedeutet „Löwe" ➤ LEO. Manche halten Leo auch für eine Kurzform von Namen mit dem ersten Element *Leon-*, etwa ➤ Leonhard, und nehmen einen germanischen Ursprung des Wortes an. – Eine Reihe von inzwischen heiliggesprochenen Päpsten hieß so, am bekanntesten dürfte Leo I. „der Große" sein. Der bedeutende Kirchenlehrer setzte sich im 5. Jahrhundert gegen verschiedene ketzerische Strömungen ein für die Zweinaturenlehre (Christus war ganz Gott und ganz Mensch). Leos Gedenktag ist der 10. November. – Seit dem 12. Jahrhundert in Deutschland zu finden, gehört Leo seit der Jahrtausendwende zu den 100 beliebtesten Jungennamen.

Leon (m.) griechische Variante von ➤ Leo ➤ LEO (lateinisch: „Löwe") oder Kurzform von ➤ Leonhard („Löwe" + „hart"). – Der Name findet sich in Deutschland seit dem 18. Jahrhundert; seit Mitte der 1980er-Jahre wird er zusehends beliebter und gehört seit der Jahrtausendwende immer wieder zu den Top 10; 2017 landet der Name auf Platz 3.

Leonard (m.) englische Form [lenned] von ➤ Leonhard („Löwe" + „hart"). – Die Namensform ist in Deutschland seit dem 19. Jahrhundert belegt; gegen Ende des 20. Jahrhunderts nimmt seine Beliebtheit zu, und Leonard gehört seit etwa 2004 zu den 100 häufigsten männlichen Babynamen. Mit dem Erfolg des kanadischen Singer-Songwriters Leonard Cohen, Jahrgang 1934, hat dies vermutlich wenig zu tun.

Leonhard (m.) griechisch-lateinisch und deutsch. Der Name setzt sich zusammen aus griechisch *léon*, Löwe (➤ LEO), und althochdeutsch *harti*, hart, stark (➤ HART). Allerdings wird manchmal bezweifelt, dass hier tatsächlich der Löwe gemeint ist; es könnte sich um ein älteres Namenwort handeln, dessen Bedeutung aber unklar ist. Dass der Name zumindest von Lateinkundigen später so verstanden wurde, steht außer Frage. – Die Lebensgeschichte des heiligen Leonhard von Noblat oder Limoges (rund 200 km nordöstlich von Bordeaux) ist weitgehend legendär: Angeblich stammte er aus vornehmem Geschlecht und hatte gute Beziehungen zum Frankenkönig Chlodwig I. Bei ihm setzte er sich für Gefangene ein, das Gebet zu Leonhard sprengte Ketten, heißt es. Sein Patronat der Gefangenen wurde gefördert durch ein Missverständnis seines ersten Namensteils: Französisch *lien* bedeutet „Bande, Fessel". Der Königin half Leonhard bei der Niederkunft im Wald und wird daher auch als Patron der Wöchnerinnen angerufen. Er soll das Kloster Saint-Léonard-de-Noblat gegründet haben – auf dem Gelände, das der König ihm zum Dank für seine Hilfe geschenkt hatte. Er starb angeblich am 6. November 559; das ist auch sein Namenstag. Seine Verehrung sorgt für eine weite Verbreitung des Namens im 12. Jahrhundert; im 21. Jahrhundert spielt er kaum mehr eine Rolle.

Leoni / Leonie (w.) weibliche Form von ➤ Leo(n) (griechisch-lateinisch: „Löwe"). – Gegen Ende des 19. Jahrhunderts erstmals in Deutschland belegt, dringt der Name Ende der 1980er-Jahre in die Top 100 vor und belegt im ersten Jahrzehnt des neuen Jahrtausends meist Plätze unter den Top 10.

Leopold (m.) deutsch. Der „Löwe" kam erst später in den Namen: Der erste Teil von Leopold, althochdeutsch ➤ *LIUT*, „Volk, Menschen, Menge", wurde an lateinisch ➤ *LEO*, Löwe, angeglichen. *Pold* geht zurück auf ➤ BALD, mutig, tapfer. Ältere Formen des Namens lauten Liutbald oder Luitpold. – Der heilige Leopold III., genannt „der Fromme" (1075–1136), Markgraf von Österreich, heiratete ➤ Agnes, eine Schwester von Kaiser ➤ Heinrich V.; sie schenkte ihm achtzehn Kinder. Leopold machte sich einen Namen als Gründer der Zisterzienserabtei Heiligenkreuz bei Wien und anderer Klöster. Seinen politischen Einfluss setzte er zur Stärkung der Machtposition Österreichs ein. Deswegen erklärte sein Namensvetter Kaiser Luitpold I. ihn 1663 zum Landespatron; vielen gilt der Heilige als Begründer der Größe Österreichs. Sein Fest ist der 15. November. Ein weiterer deutscher Kaiser Ende des 18. Jahrhunderts hieß Leopold, und auch in Preußen, Baden, England und Belgien war Leopold als Herrschername beliebt. Leopold von Ranke, geboren 1795, war ein bedeutender preußischer Historiker; in James Joyce' Roman *Ulysses* heißt der Protagonist Leopold Bloom. In Deutschland wird der Name in der zweiten Hälfte des 20. Jahrhunderts immer weniger gegeben; zu Beginn des neuen Jahrtausends ist jedoch ein schwacher Trend festzustellen mit Platzierungen zuletzt unter den Top 200.

Levin / Lewin (m.) deutsch. Liebwin, eine ältere Form des Namens, lässt auf seine beiden Teile schließen: Althochdeutsch *liob* entspricht unserem Wort ➤ LIEB, auch „geliebt, angenehm, erfreulich"; althochdeutsch *wini*, Freund (➤ WIN), ist verwandt mit *gewinnen*. – Als Leobin oder Lubin von Chartres ist der Name eines Heiligen überliefert, der vor allem in Frankreich verehrt wird. Er lebte viele Jahre als Einsiedler in einem Kloster nahe seiner Heimatstadt Poitiers, wurde Priester und schließlich Bischof von Chartres. Dort starb er am 14. März 557; das ist auch sein Namenstag. Der heilige Levin oder Lebuin von Deventer kam aus England, er trat in das Kloster Ripon ein (zwischen Leeds und Middlesbrough), doch seine Berufung fand er auf dem Kontinent. Die meisten Völkerschaften waren schon zum katholischen Glauben übergetreten – bis auf die Sachsen, die Friesen und Teile der Franken. Dorthin ging Levin, in das Gebiet der heutigen Niederlande. In Deventer (zwischen Utrecht und Enschede) baute er eine Kirche, die er zum Zentrum seiner (nur mäßig erfolgreichen) Mission machte; dort liegt er auch begraben. Levin starb um 780; sein Namenstag ist der 12. November. – Als Libwin ist der Name dann im 8. Jahrhundert belegt und über die Jahrhunderte in vielen Formen vertreten. Als Levin oder Lewin taucht er um 1990 in den Namensstatistiken auf und hat sich im neuen Jahrtausend in den Top 100 eingenistet.

Lia (f.) italienische Form von ➤ Lea (hebräisch: „Steinbock"?) oder Kurzform verschiedener Namen, die auf *-lia* enden. Hier kommt in erster Linie ➤ Julia (lateinisch: zum Götternamen Jupiter?) infrage, aber auch Amelia („tapfer"), ➤ Cäcilia (lateinisch: „blind"?) oder ➤ Emilia (lateinisch: „fleißig"). – Der Name Lia findet sich in Deutschland seit Ende des 19. Jahrhunderts; zu Beginn des neuen Jahrtausends steigt er auf in die Top 100 und belegt seit ein paar Jahren Plätze unter den Top 50.

Liam (m.) irische Kurzform des gälischen Namens Uilliam ➤ William ➤ Wilhelm („Wille" + „Helm"). – Seit den 1990er-Jahren ist der Name auch in Deutschland zu finden; 2012 gehört er schon zu den 50 beliebtesten Jungennamen.

LIEB – „lieb"
Unser Adjektiv *lieb* findet sich im Mittelhochdeutschen als *liep* und im Althochdeutschen in unterschiedlichen Formen, etwa *liob* oder *liup*, lieb, geliebt, teuer, angenehm, wohlgefällig, erfreulich, gewogen. Germanisches **leuba* führt zu der indoeuropäischen Wurzel **leubh*, begehren, verlangen, verwandt mit lateinisch *libido*, Lust, Begehren. Auch unser *loben* und *glauben* gehört hierher.
Wie passt „lieb" zum sonst üblichen Haudrauf und Schau-mal-wer-ich-bin! der germanischen Namenwelt? – Man nimmt an, das Namenwort gehört dem Bereich der Gefolgschaft an, und deutet Namen wie Mannelub oder Herrliup als „den Mannen lieb" bzw. „dem Heer lieb". Beliebt oder geliebt ist dann der Fürst, dem

die Mannen seines Heeres bereitwillig und ergeben folgen. In diese Richtung weisen auch Namen wie Sigtryggr mit dem zweiten Element *treu*. Auch das Namenwort ➤ WIN, Freund, wird meist in diesen Zusammenhang gestellt.
Namen: Adaliub, Friduliuba (w.), Leobger, Liafburg (w.), Liebdrud (w.), Liebwin, ➤ Levin, ➤ Lioba (w.), Liobgid, Ortlieb, Trutliba (w.)

Lieselotte (w.) aus Liese ➤ Elisabeth (hebräisch: „Gott ist Fülle") und ➤ Charlotte ➤ Karl (zu einem Namen mit dem Element „Heer"). – Liselotte von der Pfalz, eigentlich Elisabeth Charlotte, war Herzogin von Orléans und die Schwägerin von König ➤ Ludwig XIV. von Frankreich. Der Name Lieselotte erscheint in Deutschland Ende des 19. Jahrhunderts. Etwa zwischen 1910 und 1940 gehört er zu den 50 beliebtesten Mädchennamen und wird danach immer seltener gegeben; erst im neuen Jahrtausend macht sich ein zaghafter Aufwärtstrend bemerkbar.

Lili (w.) Variante von ➤ Lilly ➤ Elisabeth (hebräisch: „Gott ist Fülle")

Lilia (w.) lateinisch. Die meisten Eltern, die diesen Namen geben, haben wohl die *Lilie* im Sinn, lateinisch *lilium*, im Plural *lilia*. Die Römer hatten das Wort wohl – wie die Pflanze – aus dem Nahen Osten eingeführt. Die weiße Lilie hat die Menschen schon immer betört mit ihrer Schönheit und ihrem Duft. Sie kann als Fruchtbarkeitssymbol die vollkommene Liebe verkörpern, auch in der Bibel (Hoheslied 2,1 und 5,13), aber auch Reinheit und Keuschheit. Seit dem 11. Jahrhundert schmückt sie in der Verkündigungsszene in der christlichen Kunst den Erzengel ➤ Gabriel in dieser doppelten Bedeutung. Auf ➤ Maria bezieht sich seit dem Mittelalter häufig die Lilie als Symbol in der Heraldik, von historischen französischen Wappen (als *Fleur-de-Lys* vom 13. bis ins 19. Jahrhundert) über die Pfadfinder bis zum AC Florenz. Als Jesus von den „Lilien auf dem Feld" sprach, die von Gott versorgt werden, hatte er wohl rote Anemonen vor Augen (vgl. ➤ Susanne). – Zuweilen wird Lilia auch als Erweiterung von ➤ Lili aufgefasst, einer Kurzform von ➤ Elisabeth (hebräisch: „Gott ist Fülle"). – Der Name Lilia erscheint vereinzelt im 14. Jahrhundert, dann aber erst wieder Mitte des 20.; er bleibt sehr selten.

Lilian (w.) über das Englische [lili'en]. Koseform von ➤ Elisabeth (hebräisch: „Gott ist Fülle"). – Der Name geht wahrscheinlich zurück auf eine kindliche Lallform von Elisabeth; der Anklang an englisch *lily*, Lilie, ist dabei wohl beabsichtigt. – In England ist Lil(l)ian seit dem 16. Jahrhundert belegt. In Deutschland findet sich der Name erst im 20. Jahrhundert und bleibt selten.

Lilli (w.) Variante von ➤ Lilly ➤ Elisabeth (hebräisch: „Gott ist Fülle")

Lilly (w.) (auch: Lili, Lilli) Kurzform von ➤ Elisabeth (hebräisch: „Gott ist Fülle"). – 1775 verlobt sich Goethe mit der siebzehnjährigen Frankfurter Bankierstochter ➤ Anna ➤ Elisabeth Schönemann, genannt

Lili; die Verbindung hält nur kurz. Allgemein bekannt wird der Name durch das Soldatenlied *Lili Marleen* in der Interpretation von Lale Andersen im Jahr 1939. Der Text stammt von ➤ Hans Leip und entstand großenteils schon 1915. Zwischen dem 1. Weltkrieg und den 70er-Jahren verschwindet der Name, anfangs noch unter den Top 100, weitgehend aus der Namengebung, setzt jedoch Ende der 80er zu einem unerwarteten Höhenflug an, der ihm im neuen Jahrtausend teilweise Platzierungen unter den Top 10 beschert.

Lina (w.) Lina als Kurzform von Namen, die auf *-lina* enden, kommt erst im 19. Jahrhundert auf. Neben ➤ Paulina ➤ Paul (griechisch: „klein") ist seinerzeit vor allem ➤ Karolina ➤ Karl (zu einem Namen mit dem Element „Heer") als Frauenname beliebt. In den ersten beiden Jahrzehnten des 20. Jahrhunderts gehört Lina noch zu den 100 beliebtesten Mädchennamen, kommt dann jedoch aus der Mode. Seit den 80er-Jahren steigt der Name in der Gunst junger Eltern und findet sich seit Ende der 90er meist in der Gruppe der Top 20.

LIND – „mild", „Linde, Schild aus Lindenholz"

Zweigliedrige Vornamen, die mit *Lind-* beginnen, sind selten: Weibliche Namen wie Lindgard und Lindtraud wurden im 20. Jahrhundert neu gebildet, männliche wie Lindbald, Lindhart oder Lindolf sind zwar alt, aus unserer Namengebung jedoch fast ganz verschwunden. Zahlreich hingegen sind die weiblichen Namen auf *-lind(e)*: ➤ Gerlinde, ➤ Roselinde und ➤ Sieglinde etwa wurden auch im 20. Jahrhundert häufig gegeben (männliche Namen auf *-lind* gibt es nicht).

Den weiblichen Namen auf *-lind* liegt in den meisten Fällen das alte Adjektiv *lind*, sanft, weich, mild, zugrunde. Das kennen wir noch von *gelinde* oder aber von der *Lindigkeit* in der alten Lutherübersetzung (Philipper 4,5). Das Wort geht zurück auf althochdeutsch *lind(i)* und hat seine Entsprechung im englischen *lithe*, gelenkig, geschmeidig, und im lateinischen *lentus*, biegsam (zu *lenis*, weich). Die spanische Vokabel *lindo*, hübsch, hingegen leitet sich ab von lateinisch *legitimus*, recht, schicklich (vgl. ➤ Linda).

Vom Adjektiv *lind* hat auch die *Linde* ihren Namen. Der Baum wurde wohl so genannt wegen seines weichen Bastes, aus dem man Gürtel und dergleichen flocht (oder wegen seines biegsamen Holzes).

Die Linde war den Germanen heilig, es gab „Gerichtslinden", bei denen das Dorfgericht abgehalten wurde, wohl in der Tradition des „Things". Auch mythische Wesen wie Elfen oder Hexen sollen sich hier versammelt, Drachen unter einem Lindenbaum ihre Schätze bewacht haben. Das Wort *Lindwurm* für solche Drachen und Schlangen aber ist ihrer Beweglichkeit geschuldet (s. o.), das Namenselement *lind* hat mit dem Lindwurm wohl direkt nichts zu tun.

Aus dem leichten Holz der Linde fertigten die Germanen Schilde, das althochdeutsche Wort für den Baum, *linta*, konnte so auch die Be-

deutung „Schild" annehmen. Das ist wahrscheinlich auch die Grundbedeutung von *lind* als erstem Glied in Namen wie Lindolf oder Lindgard.
Namen: ➤ Belinda (w.), ➤ Dietlind/-e (w.), ➤ Gerlinde (w.), ➤ Jolanthe (w.)?, ➤ Linda/-e (w.), ➤ Linnea, ➤ Rosalinde (w.), ➤ Si(e)glinde (w.)

Linda / Linde (w.) Kurzform verschiedener Namen. In England wird Linda meist aufgefasst als Kurzform von ➤ Melinda (zu ➤ Melanie, griechisch „die Schwarze", oder ➤ Melissa, griechisch „Biene") oder ➤ Belinda (zu italienisch *bella*, schön?). Letzteres kann aber auch zusammenhängen mit dem häufigen germanischen Namensteil ➤ *LIND* („mild, sanft" oder auch „Schild aus Lindenholz"). – In Deutschland taucht der Name Linda erstmals auf in Jean Pauls Roman *Titan* (1803): Linda ist hier die zeitweilige Geliebte der Hauptfigur Albano. Einige Jahrzehnte nach Erscheinen des Romans beginnt sich der Name zaghaft auszubreiten. Die steigende Beliebtheit gegen Ende des 20. Jahrhunderts geht wahrscheinlich zurück auf englischsprachige Einflüsse. Hier ist vielleicht an die US-amerikanische Schauspielerin Linda Evans zu denken (Denver-Clan), Jahrgang 1942, oder an die Sängerin Linda Ronstadt, geboren 1946. Viele, die den Namen Linde hören, denken direkt an den Baum oder aber an das Adjektiv *lind* im Sinne einer Charaktereigenschaft.

Linn (w.) Kurzform verschiedener Namen. Für den Namen Linn gibt es mehrere Erklärungen, die sich nicht ausschließen müssen. Linn kann eine Kurzform von Namen sein, die auf *-lin* enden, etwa ➤ Karolin ➤ Karl (zu einem Namen mit dem Element „Heer") oder ➤ Evelin (wohl zu *aval*, Kraft). Doch auch ➤ Linnea und ➤ Linda können so abgekürzt werden; beide Namen gehen letztendlich zurück auf das althochdeutsche Element *linta*, Linde, Schild aus Lindenholz. Im englischsprachigen Raum wird Linn häufig als Nebenform von ➤ Lynn (ursprünglich ein Ortsname) betrachtet. – Der Name taucht, auch als Lynn, in den 1970er-Jahren in Deutschland auf und ist nach 1990 immer wieder unter den Top 100 zu finden.

Linnea (w.) schwedisch. Aus Schweden kommt dieser Name zu uns. *Linnea* ist der Name einer Pflanze (linnea borealis), die auch Moosglöckchen oder Erdglöckchen genannt wird. Sie war die Lieblingsblume des schwedischen Botanikers ➤ Carl von Linné (1707–78), der sie nach sich selbst benannte. (Auf ihn geht die zweigliedrige Namengebung in der Botanik zurück.) Bevor er in den Adelsstand erhoben wurde, hieß er Carl Nilsson; den Nachnamen Linnaeus (den hatte schon sein Vater benutzt) musste er bei der Einschreibung an der Universität Lund angeben, eigentliche Nachnamen gab es zu der Zeit in Schweden noch nicht. *Linnaeus* ist dabei die lateinische, sprich: gelehrte Fassung von Linné. Der Name geht zurück auf *linn*, eine alte Form des schwedischen *lind*, unser Wort *Linde* (➤ LIND). *Linnagård* hieß das Landgut der Familie, dessen Schutzbaum war eine alte Linde. Die Elfen, die angeblich darin wohnten, sollten Familie und Besitz beschützen; den Baum zu beschädigen galt als Frevel. – Der Name Linnea taucht in den 1980er-Jahren in Deutschland auf und wird seitdem regelmäßig gegeben, ohne je an die Top 100 heranzureichen.

Linus (m.) griechisch. Der Name Linos wird manchmal in Verbindung gebracht mit griechisch *línon*, „Flachs", doch sicher ist das nicht. Homer erwähnt in seiner *Ilias* (XVIII, 570) einen *linós*, einen traditionellen Gesang zur Leier, den hier ein Junge beim Winzerfest vorträgt. Möglicherweise war *linós* zunächst eine bestimmte Liedform, vielleicht später als „Klagelied" verstanden in Anlehnung an griechisch *aílinos*, Klage (wohl zu hebräisch *oi lanu*, Wehe uns!). Der Name könnte dann nachträglich übertragen worden sein auf ihren angeblichen Erfinder. Mehrere Gestalten der griechischen Sagenwelt heißen Linos, und es ist unklar, inwieweit sie als ein und dieselbe Person gedacht sind; alle jedoch werden mit Musik in Verbindung gebracht. Einer wird im musikalischen Wettstreit mit seinem Vater Apollon getötet, einer ist der Musiklehrer des Herkules und wird von diesem mit der Leier erschlagen, weil er dessen schlechtes Spiel rügt. – Linus heißt auch ein Christ, der in 2. Timotheus 4,21 grüßen lässt. Der wird zuweilen gleichgesetzt mit dem zweiten Bischof von Rom (Fest am 23. September). Bei Linus [lainess] denken heute viele an die Comicfigur mit der Schmusedecke bei den *Peanuts*, die ➤ Charles Schulz gezeichnet hat. Manchmal wird Linus auch als Kurzform von Namen wie Paulinus ➤ Paul aufgefasst. – Gegen Ende des 18. Jahrhunderts ist erstmals ein Linus in Deutschland belegt; Mitte der 1990er-Jahre steigt Linus auf in die Gruppe der 100 beliebtesten Jungennamen, um die Jahrtausendwende in die Top 50, wo sich der Name seitdem hält.

Lioba (w.) deutsch. Lioba ist eine eigenständige Kurzform von Namen, die mit *Liob-* beginnen, etwa Liobgid. Althochdeutsch *liob* bedeutet „lieb, teuer, angenehm, erfreulich" (➤ LIEB), und *-gid* geht zurück auf altsächsisch *gyth*, Kampf (➤ GUND). Liobgid ist der ursprüngliche Name der heiligen Lioba von Tauberbischofsheim, er ist auch als Leobgith oder Truthgeb überliefert, wobei *Truth-* hier ebenfalls „lieb, vertraut" bedeutet (➤ TRUD; ➤ GEB hängt mit *Gabe* zusammen). Sie wurde Anfang des 8. Jahrhunderts in England geboren und im Benediktinerinnen-Kloster in Wimborne (bei Bournemouth) erzogen. Sie war verwandt mit dem großen Deutschland-Missionar Bonifatius; er berief sie nach Deutschland und machte sie zur Äbtissin des Frauenklosters Tauberbischofsheim. Ihr Chronist berichtet: „Fürsten liebten sie, Bischöfe nahmen sie freudig auf und beredeten sich mit ihr über das Wort des Lebens." Sie starb wahrscheinlich am 28. September 782, das ist auch ihr Namenstag. Ihre Gebeine ruhen auf dem Petersberg bei Fulda. – Der Name ist selten geblieben.

Lisa / Lise (w.) Koseform von ➤ Elisabeth (hebräisch: „Gott ist Fülle"). – Als Lise ist der Name in Deutschland schon im 14. Jahrhundert belegt; die Form Lisa erscheint dann im 19. Jahrhundert. Etwa zwischen 1910 und 1940 gehört der Name zu den 100 beliebtesten Mädchennamen, danach nimmt er deutlich ab. Mitte der 70er-Jahre beginnt ein kometenhafter Aufstieg des Namens, zwischen 1991 und 1994 belegt Lisa Rang 1 der Hitliste und hält sich seitdem unter den Top 50.

LIUT – „Leute, Menge"
Liut entspricht unserem Wort *Leute*; das althochdeutsche Wort, das männlich, weiblich oder sächlich sein kann, bedeutet „Volk, Leute, Menschen, Menge". Es geht zurück auf germanisch **leudi*, Mitglied des Volksverbandes, das zugelassen war zum „Thing", der Volksversammlung. Als indoeuropäische Wurzel nimmt man **(e)leud* an, wachsen, hochkommen (daher auch *lodern*). Auch das griechische *eleútheros* und lateinisch *liber*, beides „frei", gehören hierher und meinen „zum eigenen Volk gehörig". Auf einen Personennamen mit dem Element LIUT geht auch der Name der belgischen Stadt *Lüttich* (heute Liège/Luik) zurück. Der *Leutnant* hingegen setzt sich zusammen aus französisch *lieu*, Platz, und *tenant*, haltend, und bedeutet „Stellvertreter"; die heute übliche Schreibweise geht zurück auf die volksetymologische Anlehnung an *Leute*. Das Namenglied LIUT ist nicht immer sauber zu trennen von ➤ LUD, laut, berühmt.
Namen: Luitpold ➤ Leopold, ➤ Ludger?, ➤ Ludmil(l)a (w.), ➤ Ludolf, ➤ Luitgard (w.)

Lora / Lore (w.) Lora wird aufgefasst als Kurzform ganz unterschiedlicher Namen, oft von ➤ Laura, eine italienische Kurzform von ➤ Laurentia ➤ Laurentius (lateinisch: „aus Laurentum"). Laura kann man auch ableiten von lateinisch *laurea*, Lorbeer, und dann als „die Bekränzte" übersetzen. Denkbar ist auch eine Kurzform von ➤ Eleonore („fremd"? + ?). – ➤ Johann Bojes Lied von *Lore am Tore* erscheint 1798, der Name selbst Ende des 19. Jahrhunderts. Er bleibt selten, zumindest als eingetragener Name.

Lorena (w.) Der Name kommt entweder als [lorihne] aus England zu uns oder als [lorehna] aus Italien oder Spanien. In England ist Lorena eine Variante von Laurena, einer Koseform von ➤ Laura (lateinisch: „lorbeerbekränzt"). Auch für den italienischen Namen ist diese Ableitung möglich; meistens jedoch handelt es sich dort (und in Spanien) um eine Form von Lorraine (französisch: „aus Lothringen") ➤ Lothar („laut" + „Heer"). – Lorena erscheint in Deutschland Anfang des 20. Jahrhunderts, bleibt aber selten; seit der Jahrtausendwende wird der Name etwas häufiger gegeben.

Lorenz (m.) deutsche Form von ➤ Laurentius (lateinisch: „aus Laurentum"). – Diese Form des Namens taucht in Deutschland im 14. Jahrhundert auf und verbreitet sich eher zögerlich. Seit den 1970er-Jahren werden immer weniger Kinder Lorenz genannt, doch seit den 90ern ist ein schwacher Aufwärtstrend zu beobachten.

Lorenzo (m.) italienische Form von ➤ Laurentius (lateinisch: „aus Laurentum"). – Diese Form des Namens erscheint im deutschsprachigen Raum in den 1960er-Jahren und bleibt sehr selten.

Loris (m./w.) Koseform von Lorenzo. – In Deutschland findet sich der Name erst Mitte der 1980er-Jahre. Offenbar kommt er aus Italien, wo er mit ➤ Laura und ➤ Lorenzo ➤ Laurentius (lateinisch: „aus Laurentum") in Verbindung gebracht wird. Der italienische Motorradrennfahrer Loris Capirossi ist Jahrgang 1973. Als weiblicher Name ist Loris eine Variante von Laurice ➤ Laurence ➤ Lorenz und kommt in den 1940ern auf.

Lothar (m.) deutsch. Althochdeutsch *(h)lut*, laut schallend, bekannt (➤ LUD), und ➤ *HER*, Menge, Heerschar, sind die beiden Elemente des Namens. – Der heilige Lothar von Séez war im 8. Jahrhundert Bischof dieses Ortes in der Normandie; Einfluss auf die Namengebung hatte er jedoch kaum. Mehr schon Kaiser Lothar I. (795–855); nach ihm (oder seinem Sohn Lothar II.) ist die Landschaft *Lothringen* benannt. Lothar I. war ein Enkel ➤ Karls des Großen, er und seine Brüder ➤ Ludwig der Deutsche und ➤ Karl der Kahle hatten früh den Vater, Ludwig den Frommen, entmachtet und das Fränkische Reich unter sich aufgeteilt: Karl erhielt den westlichen, Ludwig den östlichen Teil, Lothar fiel der mittlere Teil mit Lothringen zu. Den teilte er vor seinem Tod wiederum unter seine drei Söhne auf; Lothar (II.) erhielt Lothringen, das sich allerdings von der Nordsee bis südlich von Nancy erstreckte. Der Namenstag Lothars I. ist der 29. Dezember, das Fest Lothars von Séez am 15. Juni. – Bis in die 1960er-Jahre gehört Lothar zu den 50 beliebtesten Jungennamen; danach wird der Name immer weniger gegeben.

Lotta / Lotte (w.) Kurzform von ➤ Charlotte ➤ Karl (zu einem Namen mit dem Element „Heer")

Louis (m.) französische Form [lui] (in Deutschland auch [lui] oder [luis]) von ➤ Ludwig („berühmt" + „Kämpfer"). – Der Name taucht in Deutschland im 18. Jahrhundert auf; seit den 1990er-Jahren steigt er in der Gunst junger Eltern und nimmt seit 2005, zusammen mit ➤ Luis, meist einen Platz unter den Top 10 ein.

Louisa / Louise (w.) über das Französische. Als Re-Import aus Frankreich kommt der Name zu uns; dort ist er das weibliche Pendant zu ➤ Louis, der Entsprechung zu unserem Namen ➤ Ludwig („berühmt" + „Kämpfer"). – Die heilige Louise von Marillac lebte im 16./17. Jahrhundert in Paris. Nach zwölfjähriger Ehe – sie war dreiunddreißig Jahre alt – starb ihr Mann. Da lernte sie den Pfarrer ➤ Vinzenz de Paul kennen und gründete mit ihm 1633 den Orden der „Filles de la Charité", „Schwestern der Liebe". Sie werden auch Vinzentinerinnen genannt und sind bis heute der weltweit größte Frauenorden im Dienst an Armen und Kranken. Louise opferte sich auf im Dienst am Nächsten – trotzt eigener schwerer körperlicher Leiden. Ihr Namenstag ist der 15. März. –

Während sich die Form Louise (und Luise) kaum erholt hat von ihrem Abstieg seit Beginn des 20. Jahrhunderts, hat Louisa (mit Luisa) seit Anfang der 90er-Jahre einen festen Platz unter den 50 beliebtesten Mädchennamen in Deutschland.

Lovis (m./w.) niederdeutsche Form von ➤ Louis ➤ Ludwig („berühmt" + „Kämpfer") oder als weiblicher Name schwedische Variante von ➤ Louise. – Der deutsche Maler Lovis Corinth (1858–1925) hieß eigentlich ➤ Franz ➤ Heinrich Louis. Lovis als Männername ist selten, als Frauenname extrem selten.

Luca (m.) italienische Form von ➤ Lucas ➤ Lukas (lateinisch: „aus Lukania"). – Seit den 1970er-Jahren in Deutschland zu finden, gehört Luca (auch als Luka) seit Ende des 20. Jahrhunderts zu den beliebtesten Jungennamen mit Positionen durchgängig unter den Top 10.

Luca (w.) weibliche Form von ➤ Lukas (lateinisch: „aus Lukania"). So wie von ➤ Andreas später ➤ Andrea abgeleitet wurde (erstmals in England Anfang des 17. Jahrhunderts), so wurde offenbar im 20. Jahrhundert Luca aus Lucas gebildet. Zusammen mit ➤ Luka belegt der Name für beide Geschlechter zusammen seit der Jahrtausendwende Plätze unter den Top 10. Welche Rolle dabei Suzanne Vegas Song *Luka* (1987) spielt, ist schwer zu sagen.

Lucas (m.) andere Schreibweise von ➤ Lukas (lateinisch: „aus Lukania")

Lucca (m.) italienische Form von ➤ Lukas (lateinisch: „aus Lukania")

Lucca (w.) weibliche Form von ➤ Lukas (lateinisch: „aus Lukania")

Lucia (w.) italienisch. Der lateinische Name Lucia ist die weibliche Form zu Lucius. In Italien wird er [lutschia] ausgesprochen, bei uns meist [lutsia]. Für gewöhnlich wird er abgeleitet von lateinisch *lux*, Licht; dann wäre Lucia „die am Tag oder bei Tagesanbruch Geborene" oder aber „die Leuchtende, Berühmte". – Die heilige Lucia von Syrakus lebte im 3./4. Jahrhundert auf Sizilien. Ihre Mutter wollte sie verheiraten, Lucia aber hatte ewige Jungfräulichkeit gelobt. Als ihr Verlobter herausfand, dass sie das gesamte Erbe an die Armen verschenkt hatte, zeigte er sie beim Statthalter an. Zur Strafe sollte sie auf einem Fuhrwerk ins Bordell gefahren werden, doch die Ochsen bewegten sich nicht vom Fleck, erzählt die Legende. Schließlich ließ der Statthalter sie durchs Schwert umbringen. In Schweden wird der Lucia-Tag (13. Dezember) seit über zweihundert Jahren gefeiert: Die älteste Tochter trägt als Lucia einen grünen Kranz mit brennenden Kerzen und weckt so morgens die Familie mit den ersten Weihnachtsplätzchen. – Seit dem 9. Jahrhundert ist der Name in Deutschland zu finden und erfreut sich insgesamt recht großer Beliebtheit, teilweise in der Form Lucy, ➤ Lucie oder Luzie. Lucy und Lucie erreichen Anfang des 20. Jahrhunderts teilweise Plätze unter den Top 50, was ihnen erst im neuen Jahrtausend wieder gelingt.

Lucian (m.) lateinisch, [lukian] oder [lutsian]. Lucianus ist eine Erweiterung des alten römischen Vor-, Geschlechter- und Beinamens Lucius ➤ Lucia (zu lateinisch *lux,* Licht). Manchmal wird der Name auch in Verbindung gebracht mit etruskisch *lucumo,* König. – Der Griechisch schreibende Schriftsteller Lucian (etwa 120 bis 180 n. Chr.) stammte aus Samosata in Syrien. Seine philosophischen Schriften gelten als oberflächlich, doch seine bissigen Satiren gehören zu den unterhaltsamsten Schriften der Spätantike; Erasmus, Melanchthon und Goethe ließen sich von ihm inspirieren. Ihm verdanken wir auch eines der seltenen heidnischen Zeugnisse über die Christen seiner Zeit: Lucian hielt sie für eine harmlose, abergläubische Sekte. – Von mehreren Heiligen des Namens dürfte Lucian von Beauvais (zwischen Paris und Amiens) der bekannteste sein. Er war ebendort der erste Bischof und starb um 290 als Märtyrer; sein Fest ist am 8. November. – Der Name erscheint in Deutschland im frühen 19. Jahrhundert, findet sich auch als ➤ Lukian oder Luzian und bleibt sehr selten.

Lucie (w.) Variante [luhtsi] oder französische Form [lüssih] von ➤ Lucia (zu lateinisch *lux,* Licht), auch englisch [luhssi]. – Eine erste Lucie in Deutschland wird um 1600 geboren; im neuen Jahrtausend ist der Name wieder im Kommen: Platz 40 im Jahr 2010 ist die bisher beste Platzierung.

LUD – „laut, berühmt"
Das Namenglied entspricht unserem Wort *laut,* mittelhochdeutsch *lut,* althochdeutsch *(h)lut* oder *chlud,* lautschallend, bekannt, berühmt. Das Wort geht zurück auf germanisch **hluda,* laut, wohl ein Partizip zu indoeuropäisch **kleu,* hören, also: gehört, hörbar. Der, von dem man „gehört" hat, ist dann auch „berühmt". „Gehört" wird aber auch der Krieger mit seinem Kampfgeschrei. LUD ist manchmal von ➤ LIUT, Menge, nicht sauber zu trennen. Namen: ➤ Alois, Chlotildis (w.), ➤ Lothar, Lotto, ➤ Louis, ➤ Ludger?, Ludila (w.), Ludibert, ➤ Ludmil(l)a (w.), ➤ Ludolf, ➤ Ludwig, ➤ Luis, Lutgard (w.)

Ludger (m.) deutsch. Der erste Teil des Namens ist althochdeutsch *hlut,* laut, berühmt (➤ LUD) oder aber ➤ *LIUT,* Volk, Menge, Menschen, der zweite ➤ *GER,* Speer. – Als Luidger oder Luitger ist der Name des heiligen Ludger von Münster überliefert. Er wurde um 742 bei Utrecht in Westfriesland geboren, lernte als Kind den „Apostel der Deutschen" Bonifatius kennen und beschloss, selbst Missionar zu werden. Bis zu seinem Tod im Jahr 809 predigte und lehrte er in ganz Friesland, mit wechselndem Erfolg. Er gründete ein „monasterium", das spätere Münster, wo er Bischof wurde. Sein Namenstag ist der 26. März. – Vom Münsterland aus breitet sich der Name langsam über ganz Deutschland aus; der Sachsenfürst Liudeger aus dem Nibelungenlied hat wenig Einfluss auf die Namengebung. Bis in die 1960er-Jahre erfreut sich der Name einiger Beliebtheit, heute wird er kaum noch gegeben.

Ludmila / Ludmilla (w.) russisch oder tschechisch. Ludmilla oder Ludmila ist ein alter slawischer Personenname. Sein zweites Element bildet urslawisch **mil*, lieb, teuer, anmutig. Das erste ist ein Lehnwort aus dem Germanischen: *Lud*, Volk, Stamm, hat denselben Ursprung wie unser Wort *Leute*, althochdeutsch ➤ *LIUT*, Volk, Leute. – Die heilige Ludmila (860–921) ist Patronin von Böhmen. Sie war die Frau Boriwojs, des ersten christlichen Herzogs von Böhmen, und Erzieherin ihres Enkels und Thronanwärters ➤ Wenzeslaus. Aus Eifersucht auf ihren großen Einfluss auf den Jungen ließ dessen Mutter, Ludmilas heidnische Schwiegertochter Drahomira, Ludmila auf der Burg Tetin (bei Pilzen) ermorden. Ludmilas Grab befindet sich in der Kirche St. Georg in Prag; ihr Namenstag ist der 15. (oder 16.) September. – In Deutschland taucht der Name im 16. Jahrhundert auf, bleibt aber sehr selten und erfährt erst mit dem Zuzug von Russlanddeutschen in den 1990er-Jahren ein wenig Aufschwung.

Ludolf (m.) deutsch. Für das erste Namenglied gibt es zwei Deutungen: Althochdeutsch ➤ *LIUT* entspricht unserem Wort *Leute* und kann auch „Volk, Menge" bedeuten; ➤ *LUD* oder *hlud* ist unser Adjektiv *laut* und bedeutet „berühmt". Eine alte Form des Namens lautet Hludwulf; hier erkennt man das zweite Glied ➤ *WOLF*. – Der Name ist spätestens seit dem 8. Jahrhundert in Deutschland belegt und erfreut sich im Mittelalter und darüber hinaus großer Beliebtheit. Der sächsische Graf Liudulf, 805–866, gilt als Stammvater des Herrschergeschlechts der Liudolfinger, dem auch Kaiser ➤ Heinrich I. und ➤ Otto der Große angehörten. Von sächsischer Herkunft war auch der heilige Ludolf von Corvey (heute Teil von Höxter an der Weser); er brachte im 10. Jahrhundert das dortige Benediktinerkloster zu neuer Blüte. Zeitgenossen loben seine tiefe Frömmigkeit, sein enthaltsames Wesen und seine visionäre Kraft. Sein Namenstag ist der 13. August, sein Einfluss auf die Namengebung eher gering. Im 20. Jahrhundert wird der Name immer weniger gegeben, heute ist er äußerst selten.

Ludwig (m.) deutsch. Ludwig ist ein alter deutscher Name, zusammengesetzt aus althochdeutsch *hlut*, laut, berühmt (➤ LUD), und ➤ *WIG*, Kampf, Kämpfer. Manchmal wird auch ➤ *LIUT*, Leute, als erstes Element angenommen. – Chlodwig I., der erste fränkische König, trat im 5. Jahrhundert zum Katholizismus über und prägte so früh die mittelalterliche Geschichte. Etliche weitere Könige trugen diesen Namen, darunter Ludwig der Fromme (778–840), Sohn ➤ Karls des Großen und deutscher Kaiser, sowie Ludwigs Sohn Ludwig der Deutsche, ostfränkischer König. Der französische König Ludwig IX. wird in der katholischen Kirche als Heiliger verehrt. Er lebte im 13. Jahrhundert und zeichnete sich aus durch staatsmännische Umsicht und große Mildtätigkeit. Seine Zeitgenossen schildern ihn als ein Vorbild ritterlicher Demut und Frömmigkeit. Er nahm an zwei Kreuzzügen teil und starb am 25. August 1270 nach der Eroberung der Burg von Karthago; das ist auch sein Namenstag. – Ludwig XIV.

von Frankreich (1638–1715) war das Staatsoberhaupt mit der längsten Amtszeit in der europäischen Geschichte (72 Jahre). Die Hofkultur drehte sich um ihn und seinen Prunk; Künste und Wissenschaften blühten auf. „L'état c'est moi" – das hat er nicht gesagt, aber gedacht. Ludwig XIV. gilt als klassischer Vertreter des Absolutismus. – Bis zur Mitte des 20. Jahrhunderts gehört Ludwig zu den beliebten Jungennamen, fällt in den 60ern aus der Gunst junger Eltern – und wird im neuen Jahrtausend wieder etwas häufiger gegeben mit Platzierungen unter den Top 200.

Luis (m.) spanische Form von ➢ Ludwig („berühmt" + „Kämpfer") oder eindeutschende Schreibweise von ➢ Louis. – Der Name ist in Deutschland seit dem 18. Jahrhundert vertreten; seit den 1990er-Jahren steigt er in der Gunst junger Eltern und nimmt seit 2005, zusammen mit ➢ Louis, meist einen Platz unter den Top 10 ein.

Luisa / Luise (w.) deutsche Schreibweise für ➢ Louisa/-e ➢ Ludwig („berühmt" + „Kämpfer"), gelegentlich auch für Aloisia ➢ Alois (selbe Bedeutung)

Luitgard (w.) deutsch. Der erste Teil des Namens entspricht unserem Wort *Leute* (➢ LIUT), der zweite findet sich im *Garten* (➢ GARD, umzäunter Besitz). – Im Mittelalter war der Name weit verbreitet, eine der fünf Gattinnen ➢ Karls des Großen hieß so, und die deutschen Kaiser ➢ Otto I. und ➢ Friedrich I. hatten beide eine Tochter dieses Namens. Daneben haben mehrere Heilige zur Verbreitung des Namens beigetragen, die bedeutendste war Luitgard von Tongern (heute Tongeren, rund 50 km östlich von Brüssel). Dort wurde sie 1182 geboren; nach mehreren Erscheinungen des leidenden Jesus ging sie im Alter von zwölf Jahren ins Kloster. Sie lebte streng asketisch und soll die Gabe der Krankenheilung und der befreienden Seelsorge gehabt haben. Sie starb am 16. Juni 1246; das ist auch ihr Namenstag. – Im 20. Jahrhundert ist der Name selten und wird heute kaum noch gegeben.

Lukas (m.) griechisch. Lukas ist eine griechische Kurzform von lateinisch Luc(i)anus, und das heißt schlicht: „aus der Landschaft Lukania". Die liegt an der Westseite von Unteritalien, etwa am „Spann" des Stiefels. Das kleine Völkchen der Lukaner drang im 5. vorchristlichen Jahrhundert in dieses Gebiet ein; was ihr Name bedeutet, wissen wir nicht. Die Deutung von Lukas als „bei Tage geboren" oder „leuchtend" (zu lateinisch *lux*, Licht) ist jünger. – Im Neuen Testament ist der Arzt Lukas ein Freund und Begleiter des Apostels ➢ Paulus auf dessen Reisen (Kolosser 4,14 und 2. Timotheus 4,11). Von ihm stammen wohl das Lukasevangelium (siehe Lukas 1,1–4) und die Apostelgeschichte (Kap. 1,1–2). Die kirchliche Tradition erzählt, er sei 84-jährig in der Nähe des griechischen Theben gestorben. Wohl legendär ist die Angabe, Lukas sei Maler gewesen, der Erste, der Ikonen anfertigte. Er gilt als Patron der Maler, sein Zeichen als Evangelist ist der Stier, sein Namenstag der 18. Oktober. – Der Name taucht in Deutschland im 12. Jahrhundert auf, wird aber – im Gegensatz zu denen der anderen Evangelisten – nur zögerlich volkstümlich. In den 1980er-Jahren schießt Lukas zusammen mit Lucas (im Verhältnis 3/4 zu 1/4) bis zu den Top 20 nach oben und ist seit Mitte der 90er-Jahre unter den Top 10 zu finden, 1998 auf Platz 1.

Lukian (m.) Variante von ➤ Lucian ➤ Lucia (zu lateinisch *lux*, Licht)

Luna (w.) lateinisch, italienisch oder spanisch. *Luna* bedeutet im Lateinischen „Mond" oder „Mondschein". *Luna* ist auch der Name der römischen Mondgöttin, wörtlich „die (bei Nacht) Leuchtende" (zu *lux*, Licht, ➤ Lucia), genau wie Selene (➤ Selina), die griechische Entsprechung zu Luna. Beide standen immer im Schatten ihres Bruders, Helios bei den Griechen, Sol bei den Römern: Während der Sonnengott auf einem Wagen mit weißen Rössern seine Bahn zieht, muss sich die Mondgöttin mit einem Maultiergespann begnügen. – Der Name erscheint im deutschsprachigen Raum Ende der 1960er-Jahre, breitet sich aber erst im neuen Jahrtausend aus und belegt 2017 Rang 51.

Lutz (m.) Kurzform von ➤ Ludwig („berühmt" + „Kämpfer"), gelegentlich auch von ➤ Lukas (lateinisch: „aus Lukania") oder ➤ Lukian ➤ Lucia (zu lateinisch *lux*, Licht). – Der Name erscheint in Deutschland im 13. Jahrhundert und erfreut sich einiger Beliebtheit. Mitte des 20. Jahrhunderts wird er gerne gegeben, nach den 60er-Jahren ist er kaum noch zu finden.

Lydia (w.) griechisch. Lydia bedeutet einfach „Frau aus Lydien", einer Landschaft im westlichen Kleinasien (heutige Türkei, östlich von Izmir). Die Lydier gelten als Erfinder des Münzgeldes. König Kroisos, uns bekannt als Krösus, soll es eingeführt haben, sein Reichtum ist bis heute sprichwörtlich. Die sprachlichen Wurzeln des Namens seines Landes liegen im Dunkeln; möglicherweise hat er etwas zu tun mit griechisch *lýein*, lösen. – Im Neuen Testament (Apostelgeschichte 16) ist Lydia eine Purpurhändlerin aus Thyatira in Lydien, die in Philippi lebt. Lydia ist wahrscheinlich gar nicht ihr richtiger Name, sondern bezeichnet ihre Herkunft. ➤ Paulus redet mit einigen Frauen aus der jüdischen Gemeinde, die sich am Fluss zum Gebet treffen. Unter ihnen ist Lydia, eine „gottesfürchtige Frau", das heißt, sie ist keine Jüdin, hält sich aber zur jüdischen Gemeinde. Sie wird die erste Christin Europas und nimmt Paulus in ihr Haus auf, das zur Keimzelle der christlichen Gemeinde wird. Der 3. August ist Lydias Namenstag. – Der Name erscheint in Deutschland erstmals im 18. Jahrhundert und ist im 19. Jahrhundert vor allem in evangelischen Pfarrhäusern beliebt. Im 20. Jahrhundert ist der Name relativ selten. 1986 kam die christliche Frauenzeitschrift *Lydia* in den Handel.

Lynn (m./w.) Im englischsprachigen Raum wird Lynn [linn] häufig als Nebenform von ➤ Linn betrachtet, mit ganz unterschiedlichen Erklärungsmöglichkeiten. Lynn ist daneben aber auch ein ursprünglich keltischer Name; er geht zurück auf den gleichlautenden Nachnamen, dem wiederum ein Ortsname zugrunde liegt, etwa King's Lynn in Norfolk, rund 200 km nördlich von London. Dahinter soll das gälische Wort *linn* stehen; als Bedeutung wird meist „Tümpel, See" oder auch „Bach" angegeben, manchmal auch „reißender Gebirgsbach". – Der Name erscheint in Deutschland Mitte des 20. Jahrhunderts und bleibt relativ selten. 1975 nennt ➢ Max Frisch die weibliche Figur in seiner autobiografischen Erzählung *Montauk* Lynn. Bekannt wird der Name aber erst, als die US-amerikanische Schauspielerin Andrea Elson seit Anfang der 1990er-Jahre in der Fernsehserie *Alf* Lynn Tanner spielt. Etwa zwischen 1995 und 2005 belegt der Name immer wieder Ränge unter den Top 100.

M

MACHT – „Macht, Kraft"
Das althochdeutsche *maht*, das dem Namenwort zugrunde liegt, bedeutet „Macht, Körperkraft, Gewalt, Menge". Es steht aber auch für „männliche Genitalien", was noch im *Gemächt* nachklingt. Das dahinterstehende germanische **mahti* geht zurück auf eine indoeuropäische Sprachwurzel **magh,* können, vermögen (vgl. englisch *might*; und auch ➢ MEIN). Als Namenwort bezieht sich *Macht* zunächst auf die Stärke des Kämpfers, aber auch auf Macht und Einfluss allgemein. Es kommt nur als Erstglied vor.
Namen: Mahtfrid, Mahtarat, Mahtswind (w.), ➢ Mat(h)ilda/-e (w.), ➢ Mechthild (w.)

Madelaine / Madeleine (w.) französische Form [madlähn] von ➢ Magdalena (hebräisch: „aus Magdala"). – Der Name erscheint in Deutschland gegen Ende des 19. Jahrhunderts und erfreut sich seit den 1970er-Jahren, vor allem in der Form Madeleine, wachsender Beliebtheit, ohne bisher ganz nach oben zu stoßen.

Madita (w.) Koseform von ➢ Margareta (griechisch: „Perle"). – 1961 kommt der Roman *Madita* von Astrid Lindgren auf den deutschen Markt; 1976 folgt *Madita und Pims.* Die Titelheldin ➢ Margareta Engström wird im schwedischen Original Madicken genannt; die Übersetzerin Anna-Liese Konetzky machte Madita daraus. 1977 taucht die erste Madita auf den deutschen Standesämtern auf, ab 1990 wird der Name zusehends populärer, erreicht 2004 die Top 100 – und nimmt danach wieder deutlich ab.

Madlen (w.) Kurzform von ➤ Magdalena (hebräisch: „aus Magdala"). – Seit den 1970er-Jahren ist der Name in Deutschland gehäuft zu finden.

Magdalena / Magdalene (w.) aus dem Hebräischen. Magdalena bedeutet sehr wahrscheinlich „aus Magdala stammend". Magdala ist ein kleiner Ort am Westufer des Sees Genezareth; sein Name leitet sich ab von hebräisch *migdál*, Turm, Burg (zu *gadól*, groß). – Bekannt wurde der Name als Beiname der ➤ Maria Magdalena. Sie ist eine der Jüngerinnen Jesu und sorgt zusammen mit anderen für seinen Unterhalt und den seiner Jünger (Lukas 8,1–3). Sie steht Jesus besonders nahe; er hat sie von sieben Dämonen befreit, heißt es. Maria Magdalena folgt ihm nach Jerusalem, sie steht unter dem Kreuz Jesu (Matthäus 27,55f.) und ist bei den Frauen, die am Ostermorgen als Erste das leere Grab entdecken (Matthäus 28,1ff.). Über ihren weiteren Lebensweg wissen wir nichts. – Die spätere Tradition setzt Maria von Magdala mit Maria von Bethanien gleich, der Schwester des Lazarus, sowie mit der namenlosen „Sünderin" aus Lukas 7,36ff. Der Legende nach lebte sie dreißig Jahre als Büßerin bei Aix-en-Provence; ihr Namenstag ist der 22. Juli. Sie spielt eine Schlüsselrolle in Dan Browns Roman *Sakrileg*, der diese späteren Traditionen „fantasievoll" weiterspinnt. – Der Name erscheint in Bayern im 14. Jahrhundert und erfreut sich über die Jahrhunderte recht großer Beliebtheit. Im 20. Jahrhundert ist er bis etwa 1930 unter den 100 beliebtesten Mädchennamen, dann erst wieder – mit Schwankungen – ab den 70ern.

Magnus (m.) lateinisch. Spätestens seit dem 2. Jahrhundert v.Chr. war Magnus als Beiname in Rom gebräuchlich; „der Große" konnte ein Ehrentitel sein, der manchmal auf ➤ Alexander den Großen anspielte (etwa bei dem Feldherrn Gnaeus Pompeius Magnus, 106–48 v.Chr), konnte aber auch das Altersverhältnis bezeichnen. In Norddeutschland wurde der Name bekannt zum einen durch den heiligen Magnus von Trani (bei Bari an der „Ferse" des italienischen Stiefels), Bischof und Märtyrer im 3. (?) Jahrhundert, der auch bei den Friesen verehrt wurde; sein Fest ist am 19. August. Zum anderen hatte dort der norwegische König Magnus I. Einfluss auf die Namengebung. Es heißt, sein Vater ➤ Olaf der Heilige habe ihm aus Verehrung für ➤ Karl den Großen diesen Namen gegeben. Im Süden war der heilige Magnus von Füssen, Missionar im Allgäu und Gefährte des heiligen Gallus, wichtig für die Verbreitung des Namens; sein Namenstag ist der 6. September. Eigentlich hieß er Maginold, aus *magin*, stark (➤ MEIN, nicht verwandt mit *magnus*), und ➤ *WALT*, Herrscher. Sein Name wurde erst zu Mang verkürzt und dann (irrtümlich) zu Magnus latinisiert. Das lateinische Adjektiv *magnus* ist verwandt mit griechisch *mégas*, groß, und englisch *much*, viel, sehr. Als jüdischer Name steht Magnus häufig für Menasse oder Mordechai. – Der Name erscheint im Rheinland im 10. Jahrhundert und bleibt vor allem im Süden bis ins 20. Jahrhundert lebendig. Im neuen Jahrtausend zeichnet sich ein leichter Trend ab, ohne dass der Name bisher in die Nähe der Top 100 gekommen wäre.

Maik (m.) deutsche Schreibweise von ➤ Mike ➤ Michael (hebräisch: „Wer ist wie Gott?")

Maika / Maike (w.) niederdeutsche Koseform von ➤ Maria ➤ Miriam (ägyptisch: „geliebt"?). – Der Name ist schon für das 16. Jahrhundert in Norddeutschland belegt; etwa zwischen 1965 und 1990 gehört Maike (mit ➤ Meike) zu den 50 beliebtesten Mädchennamen in Deutschland.

Maja (w.) Der Name Maja (auch: Maya) hat mehrere mögliche Ursprünge: Die Inder nennen eine alte Göttin so; ihr Name kann „Wunderkraft" bedeuten, aber auch „Trugbild". Häufig ist Maja einfach eine Kurzform von ➤ Maria ➤ Miriam (ägyptisch: „geliebt"?), so in Bonsels' Kinderbuch von der *Biene Maja*, das 1912 erscheint. Schließlich kann Maja auch griechisch oder lateinisch sein: Der Name der griechischen Göttin Maia wird häufig in Verbindung gebracht mit einem Wort für „Mütterchen, Amme". Sie gilt als Tochter des Atlas und Mutter des Götterboten Hermes. Außerdem war sie die schönste der sieben Plejaden, die nach altgriechischer Vorstellung das Siebengestirn im Sternbild Stier bilden; Göttervater Zeus hatte sie angeblich dahin gesetzt. Die Römer identifizierten diese griechische Maia mit ihrer Naturgöttin Maia. Ihr Name (und der Monat *Mai*) leitet sich vermutlich ab von lateinisch *maior*, größer. – Der Name ist in Deutschland nicht vor dem 19. Jahrhundert belegt. Seit Mitte des 20. Jahrhunderts gehört Maja zu den 200 beliebtesten Mädchennamen; die Verfilmung von Bonsels' *Biene Maja* ab 1975 führt zu einem zwischenzeitlichen Hoch, und seit der Jahrtausendwende liegt der Name immer mehr im Trend, zuletzt mit Platzierungen um Rang 20.

Malena (w.) Koseform von ➤ Magdalena (hebräisch: „aus Magdala"). – Die Namensform erscheint in Deutschland gegen Ende des 19. Jahrhunderts und bleibt sehr selten.

Malina (w.) russische Koseform von ➤ Magdalena (hebräisch: „aus Magdala"), wohl in Anlehnung an das gleichlautende Wort für „Himbeere" in mehreren slawischen Sprachen. In ➤ Ingeborg Bachmanns Roman *Malina* (1971) ist Malina der Nachname des Geliebten der (namenlosen) Ich-Erzählerin. In Schottland wird Malina als weibliche Form von Malcolm gebraucht (schottisch-gälisch: „Schüler des heiligen Columba"; dessen Name bedeutet „Taube"). Wenig später erscheinen erste Malinas bei den deutschen Standesämtern; der Name bleibt sehr selten.

Malte (m.) Kurzform von Helmold („Helm" + „Herrscher"). In dieser

M

Form kommt der Name aus Dänemark zu uns. Schon Ende des 18. Jahrhunderts taucht er in Deutschland auf; bekannt wird er jedoch erst Anfang des 20. Jahrhunderts durch ➤ Rainer ➤ Maria Rilkes Roman *Die Aufzeichnungen des Malte Laurids Brigge* (1910): Malte ist ein junger Däne aus adeliger Familie, der in Paris unter bedrückenden Verhältnissen die Anonymität der modernen Großstadt erlebt. In seinen Beobachtungen mischen sich Kindheitserinnerungen mit Gedanken über das Dasein als Künstler. Insgesamt bleibt der Name Malte bei uns selten.

MAN – „Mann, Krieger"
Unser Wort *Mann* findet sich als mittel- und althochdeutsch *man,* Mensch, Krieger, Ehemann, Diener. Germanisch **manon* geht zurück auf die indoeuropäische Sprachwurzel **mene,* denken (dann wäre der Mensch ein denkendes Wesen), oder aber **men,* emporragen (das würde auf den aufrechten Gang weisen). An die allgemeine Bedeutung „Mensch" erinnern das Pronomen *man* sowie *jemand* und *niemand;* auch das Wort *Mensch* ist von *Mann* abgeleitet. Der „Krieger" ist in dem alten Plural *Mannen* erhalten; dies dürfte der ursprüngliche Sinn des Namenwortes *Mann* sein. „Mann" und „Krieger" waren bei den Germanen wohl austauschbar. Tacitus (*Germania,* Kap. 2) nennt einen gewissen *Mannus,* Sohn des Gottes Tuisto, als Stammvater der Germanen; dies dürfte der früheste Beleg für Namen mit diesem Element sein. Etwa im 8. Jahrhundert fing man an, -man als reines Kose-Suffix zu verwenden: So konnte ein Heribrecht (➤ Herbert) auch mit dem Kosenamen Heriman (➤ Hermann) gerufen oder gleich so genannt werden. Der Name Hermann ist als solcher sicher älter, wurde nun aber anders verstanden (ebenso ➤ Hartwig zu Hartmann). Unser *Blödmann* ist ebenfalls ein Ergebnis dieser Bedeutungsentleerung.
Bei MANN kommt es zu Vermischungen mit ➤ MEIN, Stärke, und *manag,* viele (vgl. *manche* und *mannigfaltig* sowie englisch *many),* was im Familiennamen Mangold *(manag* + ➤ WALT, herrschen) erhalten ist.
Namen: Angilman, Burgman, ➤ Friedemann, ➤ German, Hartmann (auch Nachname), ➤ Hermann, ➤ Hermine (w.), Manehildis (w.), ➤ Manfred?, Manolf, ➤ Norman, Radman, Trutman (vgl. den Familiennamen Trautmann), Wigman

Manfred (m.) deutsch. Manfred ist wahrscheinlich zusammengesetzt aus althochdeutsch ➤ *MAN,* Mann, Krieger, und *fridu,* Friede, Einfriedung (➤ FRIED). Doch auch *manag,* viel(e), oder *magin,* Kraft, (englisch *main,* Haupt-, ➤ MEIN) wird als Ursprung des ersten Elements erwogen. Die Normannen brachten den Namen in der Form Mainfred oder Maginfred nach England. – In Deutschland wurde er bekannt durch König Manfred von Sizilien, Sohn Kaiser ➤ Friedrichs II. Im 13. Jahrhundert bestieg er den Königsthron durch pure Frechheit, seinen Machtbereich erweiterte er bis Norditalien, seinen

Vater soll er ermordet haben, und angeblich griff er nach der Kaiserkrone – bis ➤ Karl von Anjou, der Bruder des französischen Königs, in Italien einmarschierte und den Ambitionen Manfreds ein blutiges Ende setzte. – Der selige Manfred lebte als Einsiedler in Riva San Vitale am Luganer See nur von Kräutern und Erbetteltem. Sein Namenstag ist der 28. Januar, der Tag, an dem er um das Jahr 1221 starb. – Zwischen Mitte der 1930er- und Mitte der 50er-Jahre belegt der Name Ränge unter den Top 10; seit den 60ern spielt Manfred kaum noch eine Rolle bei der Namengebung.

Manon (w.) französische Koseform [manoh; hinten wie in Feuille*ton*] von ➤ Maria ➤ Miriam (ägyptisch: „geliebt"?). – Der Name wird in Deutschland bekannt durch Jules Massenets Oper *Manon* (1884): Die Titelheldin soll von ihrem Cousin ins Kloster gebracht werden, verliebt sich jedoch in den jungen Chevalier Des Grieux. Nach etlichen Verwirrungen stirbt sie schließlich in den Armen des Geliebten. Auch Giacomo Puccini hat den Stoff vertont, unter dem Titel *Manon Lescaut* (1893). Als Vorlage diente beiden der Roman *Histoire du chevalier des Grieux et de Manon Lescaut* von L'abbé Prévost (1731). – Um die Wende zum 20. Jahrhundert erscheint der Name in Deutschland und bleibt recht selten, während er in Frankreich seit den 1980er-Jahren zu den angesagten Vornamen gehört (2011: Platz 6). Die Schweizer Performance-Künstlerin ➤ Rosemarie Küng, Jahrgang 1946, nennt sich Manon.

Manuel (m.) aus dem Hebräischen. Manuel ist eine spanische Kurzform des hebräischen Namens ➤ Immanuel (hebräisch: „Gott ist mit uns"). – Der früheste Beleg für Manuel als Personenname ist der byzantinische Kaiser Manuel I. im 12. Jahrhundert. In den 1970er-Jahren wird Manuel zum Modenamen und erreicht in den 80ern Plätze unter den Top 50; danach flaut der Trend ab.

Manuela (w.) weibliche Form von ➤ Manuel (hebräisch: „Gott ist mit uns"). – Mitte des 20. Jahrhunderts taucht der Name in Deutschland auf und gehört etwa zwischen 1960 und 1980 zu den 50 beliebtesten Mädchennamen.

MAR – „berühmt"
Das Namenwort kennen wir vom *Märchen* und der guten *Mär* aus Luthers Weihnachtslied *Vom Himmel hoch*. Im Althochdeutschen (um 800) heißt *mari* „Nachricht, Kunde", dann „Berühmtheit, Gerücht". Das gleichlautende Adjektiv bedeutet „bekannt, berühmt", ursprünglich „glänzend". Wir haben dabei wohl an den Ruhm des Kriegers zu denken.
Namen: Bodomar, ➤ Dagmar (w.), ➤ Dietmar, ➤ Elmar, Fried(e)mar, Gismar, ➤ Ing(o)mar, Marbold, ➤ Marwin, ➤ Ottmar, ➤ Raimar/Reimar, ➤ Si(e)gmar, ➤ Vladimir, ➤ Volkmar, ➤ Waldemar, ➤ Wladimir

Mara (w.) aus dem Hebräischen? In Ungarn, Serbien, Kroatien und Makedonien ist Mara als Kurzform von ➤ Maria ➤ Miriam (ägyptisch: „geliebt"?) verbreitet. Doch schon im Alten Testament findet sich der Name Mara: Im Buch ➤ Ruth (1,20) sagt ➤ Noomi, die Schwiegermutter Ruths, zu den Leuten in ihrer Heimatstadt Bethlehem: „Nennt mich nicht Noomi, sondern Mara, denn der Allmächtige hat mir viel Bitteres angetan." Mit dem „Bitteren" (hebräisch *mar)* meint sie den Verlust nicht nur ihres Mannes, sondern auch ihrer beiden Söhne. – Mara ist in der Bibel auch ein Ortsname: Nach dem Zug durchs Schilfmeer kommen die Israeliten an einen Ort mit „bitterem" Wasser (2. Mose 15,23). Mose wirft ein Stück Holz hinein – da wird das Wasser süß. Daneben ist Mara als Koseform von ➤ Tamara ➤ Tamar (hebräisch: „Dattelpalme") in Gebrauch. – Seit dem 16. Jahrhundert ist der Name in Deutschland vereinzelt zu finden; im 20. Jahrhundert bleibt Mara insgesamt selten, ist aber seit der Jahrtausendwende immer wieder unter den Top 100.

Marc (m.) Kurzform von ➤ Marcus (lateinisch: „dem Mars geweiht"?). – Ein Marc Anton ist in Deutschland für das frühe 19. Jahrhundert belegt; Mitte der 1960er-Jahre bis Ende des Jahrhunderts gehört Marc zusammen mit Mark zu den 50 beliebtesten Jungennamen, der Höhepunkt liegt Anfang der 70er.

Marcel (m.) französische Form von Marcellus, einer Weiterbildung zu ➤ Marcus (lateinisch: „dem Mars geweiht"?). – Der Name erscheint in Deutschland um die Wende zum 20. Jahrhundert; in den 70er-Jahren stößt er zu den Top 50 vor, belegt Anfang der 90er Ränge unter den Top 10 und nimmt seit etwa 2000 wieder deutlich ab.

Marco (m.) italienische Form von ➤ Marcus (lateinisch: „dem Mars geweiht"?). – Die Form taucht in Deutschland in der ersten Hälfte des 20. Jahrhunderts auf und wird in den 60er-Jahren zum Modenamen; in den 70ern gehört er zusammen mit Marko regelmäßig zu den 20 beliebtesten Jungennamen.

Marcus (m.) lateinisch. Marcus bedeutet zunächst einmal „aus dem Geschlecht des Marcius". Dessen Name hängt wahrscheinlich mit *Mars* zusammen, dem römischen Kriegsgott. Dann wäre Marcus „der dem Mars Geweihte" oder aber „der im März Geborene". Mars, ein Sohn des Jupiter und der Juno, bedeutet „der Zuteiler", ursprünglich war er ein Naturgott, daher ist der Monat *März* ihm geweiht. Nach anderer Deutung leitet sich Marcus ab von lateinisch *mas*, männlich, und auch die Übersetzung „Hammer" ist zu finden. – Im Neuen Testament ist das zweite Evangelium nach einem Markus benannt. Wer er war, ist allerdings sehr unsicher. Manche setzen ihn gleich mit dem ersten biblischen „Flitzer" (Markus 14,51f.); andere vermuten, er könnte der ➤ Johannes mit Beinamen Markus sein, der in Apostelgeschichte 12,12 und 25 als Mitarbeiter des ➤ Paulus erwähnt wird. Teilweise begleitete Markus auch dessen Missionarskollegen Barnabas und war wohl auch ein enger Vertrauter von ➤ Petrus, der ihn „mein (geistlicher) Sohn" nennt. Der Legende nach war Markus später der erste Bischof von Alexandria in Ägypten und starb dort als Märtyrer. Sein Namenstag ist der 25. April, sein Zeichen als Evangelist der Löwe – beginnt sein Evangelium doch mit Johannes dem Täufer, dem „Rufer in der Wüste". Angeblich liegt Markus in Venedig begraben, deswegen trägt auch die Stadt den Löwen im Wappen. Die Tradition erzählt von zwei venezianischen Kaufleuten, die im Jahr 828 durch Zufall die Gebeine des Markus in Alexandria entdeckten, sie stahlen und in einem Korb voll Schweinefleisch in ihre Heimat schmuggelten (das machte Markus zum Patron der Korbmacher). An der Stelle, wo heute der Markusdom steht, wurde eine Kirche errichtet zu Ehren des Heiligen. Ein Bauarbeiter, so die Legende, der vom Gerüst fiel, betete zu San Marco und blieb unverletzt; so wurde Markus der Schutzheilige auch der Maurer. Marco Polo, ein Venezianer, segelte im 13. Jahrhundert bis nach China. – Im 11. Jahrhundert taucht der Name Markus zum ersten Mal in Deutschland auf und breitet sich bis ins 16. Jahrhundert aus; Nachnamen wie Marx, Merx oder Markuse belegen die frühe Beliebtheit des Namens. In der Folgezeit jedoch verschwindet Marcus weitgehend aus der Namengebung. Der Grund dafür ist seine Beliebtheit in jüdischen Familien, wo er häufig für Mordechai gebraucht wird. Seit den 1950er-Jahren nimmt der Name Fahrt auf und ist etwa zwischen 1970 und 1980 immer wieder unter den Top 10 zu finden; seit den 90er-Jahren wird er weniger gegeben.

Mareike (w.) niederdeutsche Koseform von ➤ Maria ➤ Miriam (ägyptisch: „geliebt"?). – Der Name wird erstmals gegen Ende des 19. Jahrhunderts in einem Buch über friesische Namen erwähnt und bleibt insgesamt selten.

Maren (w.) Form von ➤ Marina (zum Namen des römischen Kriegsgottes *Mars*?). – Um 1700 erscheint der Name erstmals in Deutschland. Seit den 1940er-Jahren gehört er zunächst zu den 100 beliebtesten Mädchennamen, etwa zwischen 1960 und 1980 zu den Top 50; seitdem wird er seltener gegeben.

Margareta / Margarete (w.) Schreibvariante von ➤ Margaretha/-e (griechisch: „Perle")

Margaretha / Margarethe (w.) aus dem Griechischen. *Margarítes* sagten die Griechen zur Perle, *margarita* entsprechend die Römer. Die *Margerite* heißt so wegen ihres perlenförmigen Blütenköpfchens (andere sagen, sie sei nach dem Frauennamen benannt). Auch die *Fata Morgana*, wörtlich die „Fee Morgan", ist die „Perlenfee", nach dem arabischen Wort *margan*, das auch „Koralle" bedeutet. Der Name bringt die hohe Wertschätzung des Kindes durch die Eltern zum Ausdruck oder aber seine Schönheit; Perlen wurden in der Antike dreimal so teuer gehandelt wie Gold. – Die Beliebtheit des Namens bis heute verdankt sich vor allem der heiligen Margareta von Antiochien (heute Antakya in der Türkei). Margareta – so erzählt die Legende – kam als Tochter eines heidnischen Priesters zur Welt, wurde aber von ihrer Amme heimlich im christlichen Glauben erzogen. Eines Tages fiel ihre Schönheit dem römischen Konsul Olibrius ins Auge. Als sie ihn wegen ihres Glaubens (oder seines Unglaubens) zurückwies, ließ er sie foltern, ins Gefängnis werfen und schließlich enthaupten. Auf dem Weg zur Hinrichtungsstätte habe sie für ihre Peiniger gebetet, wird erzählt. Es heißt, in ihrer letzten Nacht im Kerker sei ihr der Leibhaftige in Gestalt eines Drachens erschienen; sie jedoch habe ihn mit dem Kreuzeszeichen mutig abgewehrt. Der Überlieferung nach geschah ihr Martyrium am 20. Juli 307; das ist auch ihr Namenstag. Margaretha gehört zu den Vierzehn Nothelfern und wird unter anderem bei Geburten angerufen. – Der Name erscheint in verschiedenen Formen im 11. Jahrhundert in Deutschland und gehört bald zu den beliebtesten Mädchennamen; das spiegelt sich etwa im Titel des Märchens *Hänsel und Gretel* wider. Im 18. Jahrhundert lässt die Begeisterung nach, doch zu Beginn des 20. ist der Name bis in die 20er-Jahre unter den Top 10 zu finden; seit etwa 1940 nimmt er immer weiter ab und spielt heute keine Rolle mehr bei der Namengebung – außer in der Form Greta: die findet sich im 2. Jahrzehnt des neuen Jahrtausends regelmäßig unter den Top 50.

Margit (w.) schwedische und ungarische Kurzform von ➤ Margarete (griechisch: „Perle"). – Der Name taucht in Deutschland um die Wende zum 20. Jahrhundert auf und bleibt relativ selten.

Margot (w.) französische [margoh] Koseform von ➤ Margaretha/-e (griechisch: „Perle"), meist in deutscher Aussprache [margott]. – Seit Mitte des 19. Jahrhunderts erscheint der Name in Deutschland; etwa zwischen 1920 und 1940 gehört er zu den 20 beliebtesten Mädchennamen.

Margret (w.) Kurzform von ➤ Margarete (griechisch: „Perle"). – Der Name erscheint in Deutschland im 14. Jahrhundert (soweit die Formen von Margarete zu trennen sind). Etwa zwischen 1935 und 1950 gehört Margret zu den 50 beliebtesten Mädchennamen, wird aber seit den 60er-Jahren kaum noch gegeben. Der Name ist auch in England und Skandinavien verbreitet.

Margrit (w.) Kurzform von ➤ Margarita ➤ Margarete (griechisch: „Perle"). – Der Name erscheint in Deutschland im 19. Jahrhundert. Genau wie Margret ist Margrit Mitte des 20. Jahrhunderts Modename mit Platzierungen unter den Top 50 etwa zwischen 1935 und 1950; danach verschwindet er weitestgehend aus der Namengebung.

Maria (w.) Maria ist die griechische Form (genauer: eine Form; im Neuen Testament wird sie meist Mariam genannt) des hebräischen Namens ➤ Miriam (ägyptisch: „geliebt"?). In der lateinischen Bibel wird sowohl Miriam (die griechische Form Mariam in der Septuaginta als Akkusativ missdeutend?) als auch Maria durchgängig als Maria wiedergegeben. Das hängt wohl auch damit zusammen, dass Maria schon früh aufgefasst wurde als weibliche Form des Namens ➤ Marius (zum Namen des römischen Kriegsgottes *Mars*?). – Entscheidend für die Namengebung bis heute ist Maria, die Mutter Jesu. Durch einen Engel erfährt Maria, dass sie die Mutter des verheißenen Retters werden soll (Lukas 1). Die Geschichte der Geburt im Stall ist vielen vertraut; weniger bekannt ist die Erzählung, die Marias Unverständnis für die Sendung Jesu erkennen lässt (Markus 3,31–35). Doch am Ende ist Maria bei den Frauen unterm Kreuz (Johannes 19,25–27); Jesus weist sie an Johannes: „Siehe, dein Sohn", er wird sich um dich kümmern. Hier entsteht Kirche. Und so ist Maria dann in der ersten christlichen Gemeinde in Jerusalem zu finden (Apostelgeschichte 1,14). Ihr Namenstag ist der 1. Januar, aber auch alle Marienfeste, etwa Mariä Lichtmess oder Mariä Himmelfahrt. Maria war damals ein gängiger Name; im Neuen Testament werden sechs weitere Personen dieses Namens erwähnt: die Maria des Klopas (Johannes 19,25), Maria ➤ Magdalena, eine Maria auf der Grußliste am Ende des Römerbriefs (16,6), die Mutter (?) von Jakobus und Joses (Markus 15,40f.), die Mutter des ➤ Johannes ➤ Markus (Apostelgeschichte 12,12) und die Schwester der ➤ Martha und des Lazarus; sie alle werden im Griechischen fast durchgängig Maria genannt. – Die Schar der weiteren heiligen Marias ist ebenso unübersehbar wie unbedeutend für die Namengebung. – In Deutschland ist der Name zwar schon seit dem 12. Jahrhundert belegt, findet aber kaum Verbreitung; ähnlich wie bei Jesus scheut man aus Ehrfurcht auch den Namen der Gottesmutter. Doch seit dem 16./17. Jahrhundert gehört Maria zu den beliebtesten Mädchennamen, in katholischen Gebieten ist sie lange Zeit unangefochtene Nummer eins, die Marienfrömmigkeit der Gegenreformation kommt hier zum Tragen; evangelischerseits ist Marie beliebt. Maria und Marie zusammen sind seit den 1990er-Jahren weit oben in den Hitlisten zu finden, Marie unter den Top 20, zuletzt sogar unter den Top 10. Seit dem späten 17. Jahrhundert ist Maria auch als Jungen(zweit)name beliebt; ihrem Schutz will man das Kind anbefehlen.

Marianna / Marianne (w.) aus ➤ Maria ➤ Miriam (ägyptisch: „geliebt"?) und Anna/-e (hebräisch: „Gott ist gnädig"). Im Einzelfall kann Marianna/-e auch entstanden sein aus Mariamma/-e, beides eine griechische Form von Miriam. Josephus schreibt den Namen der Frau Herodes des Großen Mariame oder Mariamme; in späteren Handschriften wurde dies teilweise zu Mariamne verschrieben. – In Frankreich gilt die „Marianne" als nationales Symbol, als Verkörperung der Republik und ihrer Tugenden Freiheit, Gleichheit, Brüderlichkeit. Eine gewisse Marie-Anne soll während der Französischen Revolution auf den Pariser Barrikaden gestanden haben; daraufhin löste sie die Francia (➤ Frank) als Nationalfigur ab. Ihre Büste fehlt in keinem Rathaus, der neuesten Ausgabe lieh die Schauspielerin Laetitia Casta ihr Gesicht. – Der Name ist in Deutschland seit dem 16. Jahrhundert zu finden und erfreut sich großer Beliebtheit. Etwa zwischen 1910 und 1950 gehört er durchgängig zu den 50 beliebtesten Mädchennamen; seit den 60er-Jahren wird er immer seltener gegeben.

Marie (w.) Nebenform von ➤ Maria ➤ Miriam (ägyptisch: „geliebt"?)

Marieluise (w.) aus ➤ Marie ➤ Maria ➤ Miriam (ägyptisch: „geliebt"?) und ➤ Luise ➤ Ludwig („berühmt" + „Kämpfer"). – Der Name erscheint Mitte des 19. Jahrhunderts in Deutschland und bleibt selten.

Marina (w.) weibliche Form von Marinus. Im Lateinischen bedeutet *marinus* „zum Meer gehörig", und Marina ist auch ein Beiname der ➤ Venus, die einst dem Meer entstieg. Die Verbindung zum Meer scheint allerdings erst nachträglich (wenn auch früh) hergestellt worden zu sein, denn Marinus ist offenbar eine Erweiterung zum altrömischen Geschlechternamen ➤ Marius (zum Namen des römischen Kriegsgottes *Mars*?). – Während der heilige Marinus (4. Jahrhundert) dem Zwergstaat *San Marino* bei Rimini den Namen gab, ist Marina der in der Ostkirche gebräuchliche Name für die heilige ➤ Margaretha (griechisch: „Perle") von Antiochien (3. Jahrhundert). Der Namenstag des Marinus ist der 3. September, Marina hat ihr Fest am 20. Juli. – Die Beliebtheit des Namens Marina geht aber auch zurück auf die Ähnlichkeit zu ➤ Maria ➤ Miriam (ägyptisch: „geliebt"?), und die Gottesmutter steht sicher im Hintergrund bei den mittelalterlichen Belegen. Etwa zwischen 1950 und 1995 gehört Marina zu den 100 beliebtesten Mädchennamen in Deutschland, der Höhepunkt liegt um 1960. Welchen Einfluss darauf Rocco Granatas Erfolgsschlager *Marina* damals hat, ist schwer zu sagen.

Mario (m.) italienische und spanische Form von ➤ Marius (lateinisch: zum Namen des römischen Kriegsgottes *Mars*?). 1930 erscheint ➤ Thomas Manns Novelle *Mario und der Zauberer* mit dem Titelhelden Mario Cipolla. Im selben Jahr wird der Schauspieler Mario Adorf in Zürich geboren, sein Vater ist Italiener. Anfang der 40er-Jahre erscheint der Name bei den deutschen Standesämtern, erreicht Mitte der 50er die Top 100, die er kurz vor Ende des Jahrtausends wieder verlässt; in den 70er-Jahren erreicht Mario Platzierungen unter den Top 50. Welchen Einfluss die Figur des Videospiel-Helden Super-Mario auf die Namengebung hatte, ist schwer einzuschätzen; er hüpft seit 1981 über die Bildschirme.

Marion (w.) französische [mariǫh; hinten wie in Feuille*ton*] Koseform von ➤ Maria ➤ Miriam (ägyptisch: „geliebt"?), meist deutsch [mahrionn] gesprochen. – Der Name erscheint in Deutschland gegen Ende des 19. Jahrhunderts. Zwischen 1930 und 1970 belegt er Plätze unter den Top 50 mit einem Höhepunkt um 1950.

Marisa (w.) (auch: Marissa). In den Niederlanden ist Marisa als Koseform von ➤ Maria (ägyptisch: „geliebt"?) in Gebrauch. Es kann sich auch um einen zusammengesetzten Namen handeln, etwa aus Maria und Luisa ➤ Ludwig („berühmt" + „Kämpfer"); als zweiter Teil kommt aber auch Lisa ➤ Elisabeth (hebräisch: „Gott ist Fülle") infrage oder Isa als Kurzform von ➤ Isabella ➤ Elisabeth. – Der Name, der auch in Spanien und Italien verbreitet ist, taucht in den 1930er-Jahren in Deutschland auf und bleibt selten.

Marit (w.) Aus Skandinavien kommt diese Koseform von ➤ Margarete (griechisch: „Perle"). – Der Name erscheint nach Ende des 19. Jahrhunderts in Deutschland und bleibt selten; Anfang des 21. Jahrhunderts kommt es zu einem leichten Aufschwung.

Marita (w.) norwegische Variante von ➤ Marit ➤ Margarete (griechisch: „Perle"). Manchmal wird Marita auch aufgefasst als Koseform von ➤ Maria ➤ Miriam (ägyptisch: „geliebt"?). – Schon im 16. Jahrhundert in Deutschland belegt, bleibt der Name seit dem 20. Jahrhundert selten.

Marius (m.) lateinisch. Dieser altrömische Geschlechtername wird häufig übersetzt als „zum Meer gehörig" (zu lateinisch *mare*, Meer). Wahrscheinlicher jedoch ist er entweder etruskischen Ursprungs (dann kennen wir seine Bedeutung nicht), oder aber er leitet sich ab vom Namen des römischen Kriegsgottes *Mars* (➤ Marcus). Nach noch anderer Deutung gehört Marius zu lateinisch *mas*, männlich. – Der römische Feldherr Gaius Marius besiegte 102 v.Chr. den Germanenstamm der Teutonen nahe dem heutigen Aix-en-Provence und sorgte für eine gewisse Berühmtheit des Vornamens. In Südeuropa machte dieser Karriere als ➤ Mario, weil er für die männliche Form von ➤ Maria ➤ Miriam (ägyptisch: „geliebt"?) gehalten wurde. Auch eine legendäre Heiligengestalt (Marius und Martha; Fest am 19. Januar) hat zur Beliebtheit des Namens beigetragen, ebenso der heilige Marius von Avenche-Lausanne, Bischof im 6. Jahrhundert (Fest am 31. Dezember). – Seit dem 17. Jahrhundert ist der Name in Deutschland zu finden; Mitte des 20. Jahrhunderts steigt er in der Gunst der Eltern, bis er Anfang der 90er-Jahre die Top 50 erreicht; danach nimmt er wieder ab.

Mark (m.) andere Form von ➤ Marc ➤ Marcus (lateinisch: „dem Mars geweiht"?)

Marko (m.) andere Form von ➤ Marco ➤ Marcus (lateinisch: „dem Mars geweiht"?)

Markus (m.) andere Form von ➤ Marcus (lateinisch: „dem Mars geweiht"?)

Marlena / Marlene (w.) aus ➤ Maria ➤ Miriam (ägyptisch: „geliebt"?) und Magdalene (hebräisch: „aus Magdala") oder Helene (griechisch: „strahlend"?). – Der Name ist im 17. Jahrhundert in Deutschland belegt; in den 1930er- und -40er-Jahren erfreut sich Marlene einiger Beliebtheit, sicher mitbedingt durch die deutsche Schauspielerin Marlene Dietrich (1901–1992). Etwa seit Mitte der 90er gehört der Name zu den 100 beliebtesten Mädchennamen.

Marlies (w.) aus ➤ Maria ➤ Miriam (ägyptisch: „geliebt"?) und ➤ Elisabeth (hebräisch: „Gott ist Fülle") oder ➤ Luise ➤ Ludwig („berühmt" + „Kämpfer"). – Der Name erscheint um 1920 in Deutschland und gehört etwa zwischen 1940 und 1960 zu den 50 beliebtesten Mädchennamen; der Höhepunkt liegt in den 40ern.

Marlon (m.) Der Name wurde bekannt durch den amerikanischen Schauspieler Marlon Brando. Schon sein Vater hieß offenbar so, die Vorfahren sollen französischstämmig gewesen sein. Deswegen ist folgende Deutung des Namens nicht ganz unwahrscheinlich: Eine altfranzösische Koseform von ➤ Marc(us) (zum Namen des römischen Kriegsgottes *Mars)* soll ihm zugrunde liegen, mit der verkleinernden Nachsilbe *-lon*. – Marlon Brando wurde 1924 in Omaha, Nebraska, geboren. Sein Durchbruch als Schauspieler gelang ihm 1947 als Stanley Kowalski in Tennessee Williams' *Endstation Sehnsucht* an der Seite von Jessica Landy; in der Filmversion 1951 spielte dann Vivien Leigh die Blanche. Brando starb im Jahr 2004. – In Deutschland taucht der Name 1960 auf und bleibt zunächst selten; seit den 90er-Jahren nimmt er jedoch Fahrt auf und erreicht 2005 die Top 50.

Marta / Martha (w.) aramäisch. *Martha* bedeutet „Herrin"; in der Bibel ist Martha die Schwester des Lazarus und der ➤ Maria. Als Jesus einmal in ihr Haus einkehrt (Lukas 10,38–42), setzt sich Maria zu seinen Füßen hin und hört ihm aufmerksam zu. Martha aber kümmert sich um die Bewirtung und beklagt sich bei Jesus, dass ihre Schwester ihr nicht hilft. Jesus tadelt Martha und weist sie hin auf das „Eine", das Maria verstanden hat und wovon er sie nicht abbringen möchte: die Begegnung mit ihm und seinem Wort. Als Lazarus stirbt, läuft Martha Jesus entgegen – und wird Zeugin der Auferweckung ihres Bruders (Johannes 11,1–45). – Späte Legenden machen aus Martha eine Königstochter, die zusammen mit ihren Geschwistern um ihres Glaubens willen verfolgt wird. Ungläubige setzen alle drei auf einem Boot im Meer aus – und durch ein Wunder kommen sie nach Südfrankreich. Dort befreit Martha ein Dorf von einem schrecklichen Ungeheuer – indem sie es zähmt. Ihr Namenstag ist der 29. Juli. – Der Name kommt in Deutschland in der Reformationszeit in Gebrauch, erreicht jedoch erst Mitte des 19. Jahrhunderts einige Beliebtheit, literarisch begünstigt durch die Martha in Goethes *Faust* und in Kleists *Zerbrochenem Krug* sowie ➤ Friedrich von Flotows komischer Oper *Martha* (1847). Im 20. Jahrhundert zählt Martha bis zum Ausbruch des 1. Weltkriegs zu den Top 10, zu Beginn des 2. Weltkriegs fällt der Name schon aus den Top 100, die er etwa 2010 wieder erreicht.

Martin (m.) aus dem Lateinischen. Der Name Martin, lateinisch Martinus, leitet sich (wie ➤ Marcus und ➤ Marius) ab von *Mars*, dem Namen des römischen Kriegsgottes (Genitiv *Martis*, daher das T). – Der heilige Martin von Tours, Berufssoldat bei der kaiserlichen Garde im 4. Jahrhundert, legte später seinen Beruf ab, nicht jedoch seinen martialischen Namen. Die Legende erzählt, Martin habe am Stadttor von Amiens seinen Mantel mit einem frierenden Bettler geteilt. In dieser Nacht, heißt es, sei ihm Christus erschienen, bekleidet mit dem Mantelstück – er war der Bettler gewesen. Der halbe Mantel des Martin – die andere Hälfte gehörte dem römischen Staat und durfte nicht verschenkt werden – oder was man dafür hielt, wurde als Reliquie aufbewahrt, die fränkischen Könige errichteten darüber einen Betraum. Den nannte man bald darauf *Kapelle* nach lateinisch *capella* für „Kapuzenmantel", was wir noch vom *Cape* kennen. Später nahm das Wort ganz allgemein die Bedeutung „Gottesdienstraum im königlichen Palast" an und dann „kleine Kirche". Martin gründete die ersten abendländischen Klöster, tat viel für die Mission unter den Franken und wurde schließlich zum Bischof von Tours (rund 200 km südwestlich von Paris) gewählt. Der Namenstag des französischen Nationalheiligen ist der 11. November. An diesem Tag wurde 1483 Martin Luther getauft und erhielt daher seinen Taufnamen. – Beide Martins wirken als Namensvorbilder, der Name erfreut sich über die Jahrhunderte großer Beliebtheit. Im 20. Jahrhundert ist er fast durchgängig unter den 100 beliebtesten Jungennamen, etwa zwischen 1960 und 1990 sogar unter den Top 20; heute wird er nur noch relativ selten gegeben.

Martina (w.) weibliche Form von ➤ Martin (zum Namen des römischen Kriegsgottes *Mars*). – Die heilige Martina, angeblich die Tochter eines römischen Konsuls, starb um 230 in Rom den Märtyrertod. Sie sollte ihrem christlichen Glauben abschwören und vor einem Apollo-Standbild opfern; sie aber schlug ein Kreuz, und das Götterbild zerbarst. Nach Folterqualen wurde Martina schließlich enthauptet. Ihr Fest ist der 30. Januar. – In Deutschland ist der Name seit dem 16. Jahrhundert heimisch; etwa Mitte der 1950er-Jahre bis Mitte der 70er gehört Martina zu den 20 beliebtesten Mädchennamen, heute ist er eher selten.

Marvin / Marwin (m.) walisisch (?). Der Name Marvin kommt aus England zu uns, seine genaue Herkunft ist jedoch umstritten. Möglicherweise geht er zurück auf das altenglische Mearwine, zusammengesetzt aus *maer*, geachtet, berühmt (➤ MAR), und *wine*, Freund (➤ WIN). Wahrscheinlicher jedoch ist eine andere Herleitung: Der walisische Name Merfyin wurde anglisiert zu Mervyn; Marvin ist eine Variante davon. Merfyin setzt sich zusammen aus den beiden altwalisischen Elementen *mer*, (Knochen-)Mark, Lebenskraft (oder aber *mawr*, groß), und *myn*, hoch zu ehren. Auf die Eigenheiten der walisischen Sprache geht die merkwürdige Änderung von M zu V zurück; ausgesprochen wird es als F. Der Wechsel von *mer* zu *mar* hingegen ist nichts Ungewöhnliches im Mittelenglischen. – Mervyn Frich (um 780–844) war ein walisischer Herrscher, König von Gwynedd (im Nordwesten von Wales) und später auch von Powys (Mittelwales), nachdem er Prinzessin Nest geheiratet hatte, die Schwester von König Cyngen von Powys. Der US-amerikanische Sänger Marvin Lee Aday, geboren 1947 in Dallas, Texas, ist besser bekannt unter dem Namen *Meat Loaf*. – In Deutschland taucht der Name Marvin Mitte des 20. Jahrhunderts auf; in den 1990er-Jahren gehört Marvin mit Marwin häufig zu den 20 beliebtesten Jungennamen, der Höhepunkt liegt um 1998.

Mary (w.) englische Form [märi] von ➤ Maria ➤ Miriam (ägyptisch: „geliebt“?). – Der Name taucht in Deutschland Mitte des 19. Jahrhunderts auf. Die Schlagersängerin Mary Roos wird 1949 als ➤ Marianne ➤ Rosemarie Schwab geboren; 1964 kommt der Film *Mary Poppins* in die Kinos, mit Julie Andrews in der Hauptrolle.

Mascha (w.) russische Koseform von ➤ Maria ➤ Miriam (ägyptisch: „geliebt“?). – Der Name ist in Deutschland seit Ende des 19. Jahrhunderts belegt. Die jüdische Dichterin Mascha Kaléko wird 1907 als Golda Malka Aufen geboren.

Mathias (m.) Variante von ➤ Matthias (hebräisch: „Gottesgeschenk“)

Mathilda / Mathilde / Matilda / Matilde (w.) jüngere Formen von ➤ Mechthild („Macht“ + „Kampf“). In England ist auch die Form Maud verbreitet, in Portugal Mafalda.

Mats (m.) schwedische Kurzform von ➤ Matthias (hebräisch: „Gottesgeschenk“). – Der Name taucht in Deutschland um die Wende zum 20. Jahrhundert auf und bleibt selten. Seit 2012 nimmt Mats zusammen mit Mads Ränge unter den Top 50 ein; welche Rolle dabei der Fußball-Nationalspieler Mats Hummels spielt, ist schwer zu sagen.

Matthias (m.) aus dem Hebräischen. Mattatjá(hu) wird er genannt im Alten Testament, manchmal auch Mattánja oder Mattenái, das alles bedeutet „Geschenk des Herrn“; die griechische Form ist Mattaíos. Als Matthäus kennen wir einen der zwölf Jünger Jesu. Er heißt auch Levi und ist von Beruf Zöllner; Jesus beruft ihn geradewegs vom Zollhäuschen weg (Lukas 5,27ff.). Das anschließende Festmahl erregt den Zorn der Pharisäer. Ob dieser Matthäus gleichzusetzen ist mit dem Verfasser des ersten Evangeliums, ist ungewiss. Über das weitere Schicksal des Zöllners Matthäus gibt es keine verlässlichen Nachrichten, manche berichten, er habe später in Persien gepredigt und den Märtyrertod erlitten. Sein Namenstag ist der 21. September. Das Symbol des Evangelisten Matthäus ist der Mensch oder auch Engel. In der Bibel begegnet uns auch ein Matthias, er wird in den Kreis der Apostel gewählt, nachdem Judas Ischariot sich das Leben genommen hat (Apostelgeschichte 1,15ff.). Er soll später in Äthiopien gewirkt haben, sein Fest ist am 24. Februar. Angeblich ließ Kaiserin Helena im 4. Jahrhundert seine Gebeine nach Trier bringen, wo sie (oder was man dafür hält) bis heute verehrt werden. Das erklärt die rasche Verbreitung des Namens im Rheinland schon im 12. Jahrhundert sowie die dortige Häufigkeit von Nachnamen, die von Matthias abgeleitet sind: Heise, Mattheis, Matz, Metz, Theis, Thieß. Der Name erfreut sich über die Jahrhunderte in ganz Deutschland großer Beliebtheit und wird im 20. Jahrhundert zum Modenamen: Etwa zwischen 1960 und 1985 gehört er meist zu den Top 10, und erst in den

90ern fällt er aus den Top 50. Seitdem gewinnen andere Formen wie Matti oder Matthis zunehmend Land. Die Gewöhnlichkeit des Namens Matthias führte schon seit dem 16. Jahrhundert zu Ausdrücken wie *Hosenmatz, Piepmatz* oder *Mätzchen*. In englischsprachigen Ländern ist Matthew beliebt, in Frankreich heißt er Matthieu.

Matthis / Mattis (m.) Kurzform von ➤ Matthias (hebräisch: „Gottesgeschenk"). – Der Name erscheint in Deutschland in den 1960er-Jahren und bleibt zunächst recht selten. Doch seit der Jahrtausendwende nimmt Matthis zusammen mit Mattis Plätze unter den Top 100 ein.

Maurice (m.) französische [morihss] Form von ➤ Moritz (griechisch: „aus Mauretanien"). – Diese Namensform erscheint im 17. Jahrhundert in Deutschland und bleibt selten.

Max (m.) Kurzform von ➤ Maximilian (lateinisch: „der Größte"). Im 19. Jahrhundert erfreut sich der Name großer Beliebtheit, vor allem in Österreich und Süddeutschland. Wilhelm Buschs Geschichten von *Max und Moritz* spiegeln diese Beliebtheit wider und fördern sie gleichzeitig. Ab dem beginnenden 20. Jahrhundert zeigt die Beliebtheitskurve von Max immer steiler nach unten; bis zur Jahrhundertmitte verschwindet der Name fast völlig aus der Namengebung – um seit den 70ern wie Phönix aus der Asche zu erstehen; heute ist Max wieder unter den Top 20.

Maximilian (m.) aus dem Lateinischen. Maximilian heißt zunächst einmal „aus dem Geschlecht des Maxim(ian)us"; dieser römische Beiname wurde gebildet zu lateinisch *maximus*, der Größte. Ein solch unbescheidener Name wurde einem von anderen gegeben – oder aber schon vorsorglich in die Wiege gelegt. – Der heilige Maximilian von Pongau war im 3. Jahrhundert erster Bischof von Lorch (bei Linz in Österreich); sein Namenstag ist der 12. Oktober. Selbiger Heiliger erschien im Jahre 1459 Kaiser ➤ Friedrich III. im Traum. Als diesem kurz darauf ein Sohn geboren wurde, nannte er ihn Maximilian. Angeblich hatte er den Namen zusammengesetzt aus MAXImus und AeMILIANus (➤ Emil), in der Hoffnung, sein Sohn möge einmal so viel leisten wie Fabius Maximus Verrucosus und Scipio Aemilianus Africanus der Jüngere zusammen; die beiden besiegten im 3. vorchristlichen Jahrhundert in zwei Kriegen (den Punischen) die Karthager endgültig. Der Name Maximilian war bis zum 15. Jahrhundert in Deutschland äußerst ungewöhnlich. Kaiser Maximilian I. versuchte vergeblich, mit militärischen Mitteln den habsburgischen Einfluss in Europa zu vergrößern. Mehr Erfolg hatte seine Heiratspolitik: Die Verbindung seines Sohnes ➤ Philipp mit der spanischen Prinzessin ➤ Johanna war in jeder Hinsicht fruchtbar; zwei Söhne folgten Philipp auf den Kaiserthron, vier Töchter wurden Königinnen in Europa. – Der Name Maximilian breitet sich über Adel und Bürgertum rasch aus und gehört im 19. und frühen 20. Jahrhundert zu den beliebtesten Jungennamen. Mitte der 1980er-Jahre stößt der Name wieder zu den Top 50 vor, erreicht 1993 Platz 3 und hält sich seitdem weit oben auf den Hitlisten. Von den anderen Heiligen dieses Namens ist vor allem der Franziskanerpater Maximilian Kolbe zu nennen. Er wurde von den Nazis im KZ Auschwitz umgebracht; sein Namenstag ist der 14. August.

Maya (w.) Variante von ➤ Maja (vielfältige Erklärungsmöglichkeiten)

Maybritt / May-Britt (w.) Aus Skandinavien kommt dieser recht junge Name zu uns, zusammengesetzt aus May und Britt, Koseformen von ➤ Maria ➤ Miriam (ägyptisch: „geliebt"?) und ➤ Brigitte (keltisch: „die Erhabene"). – In Deutschland erscheint er im 20. Jahrhundert und bleibt selten.

Mechthild (w.) deutsch. Der Name setzt sich zusammen aus ➤ *MACHT,* Macht, Gewalt, Vermögen, und ➤ *HILD,* Kampf, Kämpfer. – Die heilige Mechthild, die Mutter des deutschen Kaisers ➤ Otto I., genannt der Große, lebte im 10. Jahrhundert. Klugheit, Wohltätigkeit und Weltoffenheit werden ihr nachgesagt, sie stiftete zahlreiche Klöster und liegt in einem dieser begraben: in Quedlinburg in Sachsen-Anhalt. Ihr Namenstag ist der 14. März. Rund zweihundert Jahre später lebte Mechthild (Mathilda) von Plantagenet, sie war die Gattin ➤ Heinrichs des Löwen. So galt Mechthild im Hochmittelalter als besonders vornehmer Name; in Urkunden erscheint er meist als ➤ Mathilda. Der Name ist über die Jahrhunderte beliebt; im 20. Jahrhundert kommt er nicht mehr unter die Top 100 und wird nach den 60er-Jahren kaum noch gegeben. Die Form Mathilda (auch als Matilda) hingegen befindet sich Anfang des 21. Jahrhunderts deutlich im Aufschwung und hat 2010 die Top 50 erreicht.

Meggi / Meggie / Meggy (w.) Koseformen von ➤ Margarete (griechisch: „Perle"), sehr selten in Deutschland

Meike (w.) Meike mit ei ist meistens eine friesische Kurzform von Namen, die mit *Mein-* beginnen, etwa Meinhild oder Meingard (➤ MEIN, Kraft). Meike kann aber auch eine Nebenform von ➤ Maike sein ➤ Maria ➤ Miriam (ägyptisch: „geliebt"?). – Als Meyeke ist der Name schon im 13. Jahrhundert bezeugt. In den 1960er- bis 80er-Jahren gehört Meike (mit Maike) lange zu den 50 beliebtesten Mädchennamen.

MEIN – „Kraft, Macht"

Das Namenwort, althochdeutsch *magan* oder auch *megin,* Macht, Kraft, findet sich heute noch in unserem Wort ➤ *MACHT,* aber auch in *vermögen,* im englischen *main,* Haupt-, und der griechischstämmigen *Maschine.* Dahinter steht eine indoeuropäische Sprachwurzel **magh,* können, vermögen. *Magan-* konnte zu *Mag-* verkürzt werden, häufiger jedoch wurde es zu *Main-* verschliffen, *Megin-* entsprechend zu *Mein-* (vgl. ➤ RAIN/REIN). Namen mit *-magan/-main* usw. als Zweitglied gibt es nicht.

In der nordischen Dichtung des Mittelalters ist Magni („der Starke") der Sohn des Gottes Thor und der Riesin Jarnsaxa. Seine schiere Kraft veranschaulicht die Geschichte, wo

Thor einen Riesen erschlägt, der dann aber auf einen von Thors Füßen zu liegen kommt. Nicht einmal die Asen (Götter oder Halbgötter ➤ AS) können Thor aus der misslichen Lage befreien – da kommt der dreijährige Magni und wirft des Riesen Bein zur Seite. Zum Dank schenkt Thor ihm Gullfaxi („Goldmähne"), das Pferd des Riesen. Man nimmt an, die Gestalt des Magni ist aus einer Personifikation von Thors Kraft hervorgegangen (vgl. TRUD). Magnis Bruder heißt Modi (➤ MUT); beide sind als Erben von Thors Hammer eingesetzt.
Namen: Magan, Maghild (w.), Magina (w.), Magindrud (w.), ➤ Magnus, Magulf, Mainolf, ➤ Malte, ➤ Manfred?, ➤ Meike (w.), Meinbert, ➤ Meinhard, Meinhold, ➤ Men(n)o

Meinhard (m.) deutsch. Der Name setzt sich zusammen aus ➤ *MEIN*, Macht, Kraft, und *HARD*, stark, tapfer, kühn. – Der heilige Meinhard von Segeberg gilt als Apostel Livlands (heute vor allem Lettland) und erster Bischof von Üxküll (bei Riga). Mit etwa fünfzig Jahren verließ Meinhard im Jahr 1184 das Augustinerkloster in Segeberg und zog nach Livland, um dort friedlich zu missionieren. Er baute bald eine Holzkirche in Üxküll sowie zwei Schutzburgen; zwei Jahre später wurde er zum Bischof der Livländer geweiht. Er starb am 14. August 1196; das ist auch sein Namenstag. 1993 wurde Meinhard von Papst Johannes Paul II. heiliggesprochen. – Der Name ist über die Jahrhunderte recht weit verbreitet, verliert sich aber in der zweiten Hälfte des 20. Jahrhunderts.

Melanie / Melany (w.) aus dem Griechischen. *Mélas* (Genitiv *mélanos*, daher das N in Melanie) ist das griechische Wort für „schwarz, dunkel". So konnte ein Mädchen mit dunklem Teint oder dunklen Haaren den Namen Melania tragen. Das Wort ist übrigens verwandt mit unserem *Mal* (dunkler Fleck) und mit *malen* (mit dunkler Tinte). – Über die Haarfarbe der beiden heiligen Melanias ist nichts bekannt: Sie waren Großmutter und Enkelin, lebten im 4./5. Jahrhundert und stammten aus einer reichen Adelsfamilie Roms. Melania die Ältere ging nach dem Tod ihres Mannes und zweier ihrer Kinder zunächst nach Ägypten, wo sie verfolgte Christen unterstützte. Später gründete sie auf dem Ölberg bei Jerusalem ein Kloster. Bei einem Besuch zu Hause kurz vor ihrem Tod konnte sie ihre Enkelin dazu bewegen, ebenfalls nach Ägypten und ins Heilige Land zu gehen; ihren Besitz gaben sie den Armen. Ihr Namenstag ist der 8. Juni, der ihrer Enkelin der 31. Dezember. – In Deutschland ist der Name vor dem 19. Jahrhundert nicht gebräuchlich. 1804 veröffentlicht ➤ Friederike Unger ihren Roman *Melanie, das Findelkind*, doch der Name bleibt selten. In den 1960er-Jahren aber schießt Melanie nach oben und ist in den 70er- und 80er-Jahren unter den 20 beliebtesten Mädchennamen zu finden; seitdem nimmt der Name ab.

Melina (w.) Kurzform von Amelina. Der Name wurde international bekannt durch die griechische Schauspielerin, Sängerin und Politikerin Melina Mercouri (1920–1994). Vielleicht ist das der Grund, warum man ihren Namen aus dem Griechischen ableiten wollte: als Erweiterung der Silbe *Mel-* aus Namen wie ➤ Melissa („Honigbiene") oder ➤ Melanie („schwarz"), von griechisch *mélia,* Esche(nholz), oder mit der Bedeutung „von der Insel Melos". Dabei hat Frau Mercouri ihren eigentlichen Vornamen ➤ Amalia lediglich dem Französischen angepasst, denn Melina ist eine altfranzösische Kurzform von Ameline. Als Amelina ist dieser Name schon im Mittelalter belegt, er geht zurück auf Namen, die mit ➤ AMAL- beginnen (zum Stammesnamen der Amaler, „tapfer"). – Seit den 1960er-Jahren ist der Name Melina in Deutschland vereinzelt zu finden.

Melinda (w.) Im Deutschen kann Melinda eine Kurzform des alten Namens Ermelinda sein; der setzt sich zusammen aus germanisch **ermana,* allumfassend, groß (➤ IRM), und ➤ *LIND,* mild, Schild aus Lindenholz. – Die heilige Ermelinde von Meldert (rund 50 km nordöstlich von Brüssel) lebte im 7. Jahrhundert ebendort als Einsiedlerin, nachdem sie vor einer drohenden Verheiratung geflohen war. Ihr Namenstag ist der 29. Oktober. – In England erscheint der Name im 18. Jahrhundert; wahrscheinlich kombinierte man den ersten Teil von Namen wie ➤ Melanie (griechisch: „die Schwarze") oder ➤ Melissa (griechisch: „Biene") mit der damals populären Endung *-inda,* wie wir sie von Namen wie ➤ Belinda oder Lucinda kennen. 1748 erscheint ➤ Tobias Smollets Roman *Roderick Random;* hier ist Melinda Goosetrap eine der wohlhabenden Damen, um die der Titelheld wirbt (am Ende heiratet er eine andere). Detective Melinda Pink ermittelt in einigen Kriminalromanen von ➤ Gwen Moffat (zwischen 1973 und 1998), etwa *Lady with a Cool Eye.* Melinda Gates, die Ehefrau des US-amerikanischen Unternehmers Bill Gates, ist 1964 geboren. In Deutschland erscheint der Name um die Wende zum 20. Jahrhundert; im neuen Jahrtausend nähert er sich den Top 200.

Melissa / Melitta (w.) griechisch. *Melíssa* oder *melítta* (der Wechsel von S und T geht zurück auf unterschiedliche Dialekte) ist im Griechischen das Wort für „Biene", wörtlich übersetzt heißt es „Honigleckerin" (zu *méli,* Honig). Man umschrieb ihren Namen durch eine solche Tabubezeichnung, weil man sie als „Seelentier" für eine Gefahr hielt. Hintergrund dieser Vorstellung der alten Griechen war wohl die Beobachtung, dass aus Leichen zuweilen eine größere Anzahl von Bienen schwärmte; weil sie so leicht ist und fliegen kann, ordnete man die Biene der Seele zu. Damit hängt wohl zusammen, dass man auch Priesterinnen mit seherischen Fähigkeiten als *Melissen* bezeichnete. Das war auch der Name für bestimmte Nymphen in der griechischen Mythologie. – Abgesehen davon galt die Biene seit jeher als Symbol für Fleiß und Organisation. Bei den Kirchenvätern wird sie als Sinnbild einer frommen und einigen Gemeinde genannt: Ambrosius (4. Jahrhundert) vergleicht den Bienenstock mit der Kirche und den einzelnen Christen mit einer Biene, die treu für den Stock arbeitet, den bösen Rauch der Hoffart meidet und alles (die Blumen der Wiese) prüft und nur das Gute (den Honig) behält (vgl. 1. Thessalonicher 5,21). Melissos und Melissa sind schon im 5. bzw. 3. vorchristlichen Jahrhundert in Griechenland als Namen belegt. Die heilige Melitta starb im 2. Jahrhundert als Märtyrerin in der römischen Provinz Thrakien im heutigen Bulgarien. Auf Bildern sieht man sie neben einem Schwert (sie wurde enthauptet) und einem umgestürzten Götzenbild. Der Legende nach wurde sie unter Folter gezwungen, den Götzen zu opfern; sie aber betete zu Gott, und ein Erdbeben ließ die heidnischen Figuren zu Boden krachen; ihr Namenstag ist der 15. September. – 1861 veröffentlicht ➤ Friedrich Spielhagen seinen Roman *Problematische Naturen* mit der weiblichen Hauptfigur Melitta; wenige Jahre später ist der Name in Deutschland zu finden. 1908 meldet Melitta Bentz den von ihr erfundenen Kaffeefilter zum Patent an; seitdem bleibt der Name vornehmlich auf Kaffee- und Kaffeefilterpackungen beschränkt und wird in der zweiten Hälfte des Jahrhunderts kaum noch gegeben. In dieser Zeit taucht Melissa überhaupt erst auf in Deutschland, steigt in den frühen 90ern auf in die Top 100, wo sich der Name seitdem hält.

Meno (m.) Meno (auch Menno oder Meino) ist eine niederdeutsche Kurzform von Namen mit dem Element ➤ *MEIN*, Macht, Kraft, etwa ➤ Meinhard (mit dem zweiten Namensteil ➤ *HART*, stark). – Die Freikirche der Mennoniten geht zurück auf den Theologen Menno Simons. Simons stammte aus Friesland, er wurde Priester, doch kamen ihm Zweifel an der katholischen Lehre, als er sich mit den Schriften der Reformatoren seiner Zeit beschäftigte. Er schloss sich der Täuferbewegung an, die die Großtaufe (und im Zweifelsfall die Wiedertaufe) forderte. Dabei berief er sich streng auf das Neue Testament. Er starb mit etwa fünfundsechzig Jahren am 23. Januar 1561, das ist auch sein (evangelischer) Gedenktag. – Der Name erscheint in verschiedenen Formen Mitte des 15. Jahrhunderts in Norddeutschland und bleibt insgesamt selten.

Meret (w.) Kurzform von ➤ Margarete (griechisch: „Perle"). In der Schweiz wird Meret auch als Kurzform von Emerentia (lateinisch: etwa „die Verdienstvolle") gebraucht. In der ägyptischen Mythologie gilt Meret („geliebt", wohl dasselbe Wort, das auch dem Namen ➤ Miriam zugrunde liegt) als Göttin der Tempelmusik (siehe auch ➤ Merit). – In Deutschland taucht der Name gegen Ende des 19. Jahrhunderts auf und bleibt selten. Die avantgardistische Künstlerin Meret Oppenheim wird 1913 in Berlin geboren und lebt später in Bern. Ihre Eltern geben ihr den Namen nach dem „Meretlein" in Gottfried Kellers Künstlerroman *Der Grüne Heinrich*; hier ist Meret (eigentlich Emerentia) ein Mädchen, das früh in eine Pfarrfamilie gegeben wird und auf mysteriöse Weise ums Leben kommt. Meret Becker, Schauspielerin und Sängerin, Jahrgang 1969, hat diese Geschichte vertont.

Merit (w.) skandinavische Kurzform von ➤ Margarete (griechisch: „Perle"). Merit-Aton („Geliebte des Gottes

Aton", offenbar dasselbe ägyptische Wort wie in ➤ Miriam) war eine Tochter des Pharaos Echnaton und seiner Frau Nofretete (14. Jahrhundert v. Chr.). Ob Letzteres die Namengebung in irgendeiner Weise beeinflusst hat, ist unklar. – Der Name Merit erscheint in Deutschland in den 1960er-Jahren und wird vereinzelt gegeben.

Merle (m./w.) [merle], aus dem Gälischen? Die Herkunft des Namens ist nicht ganz geklärt. Anfang der 1930er-Jahre fand er Beachtung wegen der Schauspielerin Merle Oberon (1911–1979), eigentlich Estelle Merle O'Brien Thompson, die in London ihre Karriere als Filmschauspielerin begann. Zu der Zeit waren Namen wie Meryl, ➤ Muriel und Meriel modern (irisch-gälisch *muir*, Meer + *geal*, hell, leuchtend). Merle kann nun eine Kurzform von Meriel sein, vielleicht beeinflusst durch das französische Wort *merle* für „Amsel" (aus lateinisch *merula*). In Frankreich ist der Name Merle [merl] heute sehr selten, doch war er schon um die Wende zum 20. Jahrhundert in Gebrauch; der Höhepunkt lag Anfang der 20er-Jahre. Als jüdischer Name kann Merle schließlich eine Form von ➤ Miriam sein (ägyptisch: „geliebt"?). In den USA wird Merle meist als Männername gebraucht, während der Name in Großbritannien allgemein als weiblich gilt. – In Deutschland erscheint er vereinzelt ab dem späten 17. Jahrhundert, doch seit den späten 1980er-Jahren kommt Merle in Mode, erreicht Mitte der 90er die Top 50 und 2002 einen Platz unter den 20 beliebtesten Mädchennamen und hält sich seitdem unter den Top 100.

Merlin (m.) aus dem Walisischen. Merlin heißt ein Prophet und Zauberer in den Legenden um König Artus oder ➤ Arthur. Die Geschichten drehen sich um die Taten des Königs und seiner Ritter der Tafelrunde, meist im Zusammenhang mit der Suche nach dem heiligen Gral. Das war angeblich der Abendmahlskelch Jesu; ➤ Josef von Arimathia soll ihn nach Britannien gebracht haben. Für König Artus gibt es historische Vorbilder im 5. Jahrhundert, doch der Rest ist im Wesentlichen eine Schöpfung Geoffreys von Monmouth, Bischof und Chronist im 12. Jahrhundert. Monmouth, so vermuten manche, hatte für die Figur des Merlin literarische Vorbilder, etwa die Überlieferung von Myrddin, einem erleuchteten Irren, der durch die Wälder streift; sein Name soll „Seher" bedeuten. Andere bringen den Namen in Verbindung mit dem Heimatort Merlins: Carmarthan. Dessen Name bedeutet einfach „Myrddin-Stadt", eine andere Form lautet Moridunon, das sei die „See-Feste", ist zu lesen. Als Berater von König Artus fertigt Merlin die berühmte Tafel an, um die sich die Ritter der Tafelrunde versammeln. Auch verhilft ihm Merlin zu seinem Zauberschwert Excalibur, das er aus der Hand der geheimnisvollen „Dame vom See" empfängt (➤ Vivian); sie reißt ihn schließlich in den Untergang. – In den 1970er-Jahren taucht der Name Merlin in Deutschland auf und bleibt selten.

Meta (w.) Kurzform von ➤ Margareta (griechisch: „Perle"), gelegentlich auch von ➤ Matilda ➤ Mechthild („Macht" + „Kampf"). – Meta Klopstock, Ehefrau des Dichters Friedrich Gottlieb Klopstock und selbst schriftstellerisch tätig, wird 1728 als Margareta Moller geboren. Als Metha wird der Name dann Ende des 18. Jahrhunderts in den Kirchenbüchern von Bökingharde (Herzogtum Schleswig) registriert, erfreut sich im 19. Jahrhundert einiger Beliebtheit und gilt seit Mitte des 20. Jahrhunderts als altmodisch.

Mia (m.) Kurzform von ➤ Maria ➤ Miriam (ägyptisch: „geliebt"?). – 2007 erklimmt der Name die Top 10, zwei Jahre später hat er die Spitze erreicht, wo er sich seitdem fast durchgängig hält; 2015 nimmt Mia Platz 1 ein.

Micha (m.) Kurzform von ➤ Michael (hebräisch: „Wer ist wie Gott?") oder aber von Michajá(hu) („Wer ist wie Jahwe?"). – Von neun biblischen Personen dieses Namens ist der Prophet Micha aus dem 8. vorchristlichen Jahrhundert die bekannteste. Er stammte aus Moreschet, rund 35 km südwestlich von Jerusalem, und sagte unter anderem die Zerstörung der Hauptstadt voraus. Micha war ein Zeitgenosse des Propheten Jesaja. – Der Name erscheint in Deutschland Mitte des 20. Jahrhunderts und bleibt selten.

Michael (m.) hebräisch. Auf Deutsch bedeutet Michael: „Wer ist wie Gott?" – Antwort: keiner! Denn nur Gott konnte dieses Kind schenken. Aus Dankbarkeit haben Eltern ihrem Kind diesen Namen gegeben, denn Kinderlosigkeit galt zu biblischen Zeiten als Schande. Der Satz ist der Bibel entnommen; in Psalm 113 heißt es: „Wer ist wie der Herr, unser Gott, im Himmel und auf Erden? Der aus dem Staub aufrichtet den Unbedeutenden und aus dem Schmutz den Armen erhebt, der der Unfruchtbaren im Hause Wohnrecht gibt als einer fröhlichen Mutter. Halleluja!" – In der Bibel gibt es neun relativ unbedeutende Gestalten dieses Namens; wichtiger ist der Erzengel Michael (italienisch Michelangelo). Neben ➤ Gabriel (und in katholischen Bibelausgaben ➤ Raffael) ist er der einzige Engel, der mit Namen genannt wird. Michael spielt eine Rolle in den Visionen des ➤ Daniel (Daniel 10 und 12): Dort kämpft er stellvertretend für Israel gegen die Engelfürsten von Persien und Griechenland. Im Neuen Testament heißt es, Michael habe mit dem Teufel um die Leiche des ➤ Mose gestritten (Judasbrief 9), und nach Offenbarung 12,7–9 wird er am Ende der Zeiten gegen den Großen Drachen kämpfen. In der späteren christlichen Theologie und Kunst wird Michael in die Nähe Christi gerückt und teilweise mit ihm identifiziert (so auch Luther). Zusammen mit Gabriel und Raffael hat Michael seinen Namenstag am 29. September. – Die jüdische Tradition identifiziert Michael mit einer Reihe von in der Bibel namenlosen Engeln, die in der Heilsgeschichte eine bedeutende Rolle spielen: Als einer der drei Besucher eröffnet Michael ➤ Abraham, dass der übers Jahr Vater eines Sohnes werden soll; er befiehlt Abraham später, doch nicht seinen Sohn ➤ Isaak zu opfern, sondern einen Widder; mit ihm ringt Jakob und wird fortan ➤ Israel genannt … – Als siegreicher Streiter gegen den Satan wird Michael zum Beschützer der Kirche und des christlichen Deutschlands und schließlich zum „deutschen Michel" (➢ Michel) als Sinnbild des Vaterländisch-Gutmütigen. Das spiegelt die weite Verbreitung des Namens wider, der schon im 12. Jahrhundert nachweisbar ist. In der zweiten Hälfte des 20. Jahrhunderts wird Michael zum absoluten Modenamen: Etwa zwischen 1950 und 1980 ist er fast durchgängig unter den Top 10 zu finden.

Michaela (w.) weibliche Form von ➢ Michael (hebräisch: „Wer ist wie Gott?"). – Der Name Michaela kommt so in der Bibel nicht vor. Allerdings kennen wir Michal, eine der Frauen ➢ Davids und Tochter von König ➢ Saul (1. Samuel 18,20). Davids ekstatischen Tanz vor der Bundeslade kommentiert sie mit Spott – und bleibt kinderlos (2. Samuel 6). – Der Name findet sich erstmals Anfang des 20. Jahrhunderts in Deutschland; etwa zwischen 1960 und 1980 ist er regelmäßig unter den 50 beliebtesten Mädchennamen zu finden, der Höhepunkt liegt Anfang der 70er-Jahre.

Michel (m.) Kurzform von ➢ Michael (hebräisch: „Wer ist wie Gott?"), auch französisch [mischäll]. – Die Bezeichnung „Deutscher Michel" als Verkörperung des gutmütigen, schwerfälligen und etwas tumben Deutschen findet sich schon im 16. Jahrhundert; seine Deutung ist nicht geklärt. Manche bringen den Ausdruck in Verbindung mit Wallfahrtsliedern, die von deutschen Pilgern auf dem Weg nach Mont-St-Michel sur mer gesungen und von Franzosen mangelhaft verstanden wurden; andere vermuten, der unter Bauern häufige Name Michael habe zu dieser Abwertung geführt; wieder andere leugnen den Zusammenhang mit dem Namen Michael und nehmen an, hinter dem „Deutschen Michel" stehe das mittelhochdeutsche Adjektiv *michel*, groß, das dann auch im Sinne von klobig, unbeholfen verstanden wurde. – Als Rufname ist Michel schon Anfang des 15. Jahrhunderts belegt; gegen Ende des 20. Jahrhunderts kommt der Name ein wenig in Mode und nimmt zwischen 1985 und 2005 meist Plätze unter den 100 beliebtesten Jungennamen ein.

Michelle (w.) französische Form [mischäll] von ➢ Michaela ➢ Michael (hebräisch: „Wer ist wie Gott?"). – Der Name taucht Mitte der 1960er-Jahre in Deutschland auf; ob das Beatleslied *Michelle* (1965) dabei eine Rolle spielt, ist kaum zu ermitteln. In den 90er-Jahren gehört Michelle zu den beliebtesten Mädchennamen, zeitweise sogar zu den Top 10. Die italienisch-schweizerische Moderatorin und Sängerin Michelle Hunziker ist Jahrgang 1977.

Mika (m./w.) skandinavische Kurzform von Mikael ➢ Michael (hebräisch: „Wer ist wie Gott?") bzw. Mikaela ➢ Michaela. – Als Jungenname erscheint Mika in Deutschland Ende der 1970er-Jahre, als Mädchenname schon zu Beginn des 19. Jahrhunderts. Seit Anfang des neuen Jahrtausends liegt Mika im Trend und belegt seit 2007 Ränge unter den Top 50. In dem Jahr erlangt der libanesisch-britische Sänger Mika, eigentlich Michael Holbrook Penniman, mit seinem ersten Album *Life in Cartoon Motion* weltweit Aufmerksamkeit.

Mike (m.) englische Kurzform von ➤ Michael (hebräisch: „Wer ist wie Gott?"). – Der Name erscheint in Deutschland Mitte des 20. Jahrhunderts; in den 70er- und 80er-Jahren erfreut er sich einiger Beliebtheit.

Mila (w.) Koseform von ➤ Ludmila (tschechisch: „Volk" + „lieb") und anderer Namen mit dem Element *mil,* lieb, oder aber von ➤ Emilie ➤ Emil (lateinisch: „eifrig"?). – Mitte des 19. Jahrhunderts taucht der Name in Deutschland auf und bleibt zunächst selten. Um die Jahrtausendwende aber schießt Mila unerwartet in die Höhe, erreicht 2012 die Top 50 und drei Jahre später die Top 10.

Milan (m.) Offensichtlich handelt es sich um eine Kurzform verschiedener slawischer Namen. Da ist zum einen Miloslav oder Miloslaw, zusammengesetzt aus urslawisch **milo,* lieb, und **slav,* Ruhm, Ehre. Milan kann aber auch für ➤ Miroslaw („Friede" oder „berühmt" + „berühmt") stehen. – Der Vogel *Milan* hat mit dem Namen nichts zu tun; sein Name leitet sich ab von spätlateinisch *milvus,* klassisch *miluus.* – Um die Wende zum 20. Jahrhundert taucht der Name in Berlin auf und bleibt zunächst sehr selten. Im neuen Jahrtausend jedoch nimmt Milan Fahrt auf und erreicht 2014 die Top 50.

Milana (w.) weibliche Form von ➤ Milan (zu urslawisch **milo,* lieb). – Der Name erscheint in Deutschland nicht vor den 1980er-Jahren und bleibt sehr selten.

Milena (w.) tschechische [mịlena] Koseform von Namen mit dem Element *mil,* lieb, etwa ➤ Ludmila („Volk" + „lieb") oder Miloslava („lieb" + „berühmt"). In Italien und Frankreich (Milèna) wird der Name manchmal aufgefasst als Zusammenziehung von Maria (➤ Miriam, wohl ägyptisch: „geliebt") und Helena (griechisch: „strahlend"?). – Der Name wird hierzulande bekannt durch Milena Jesenská (1896–1944), eine Freundin Franz Kafkas; seine *Briefe an Milena* werden nach dem 2. Weltkrieg veröffentlicht. Eine erste Milena in Deutschland ist um 1930 belegt, doch bleibt der Name selten. Mitte der 90er-Jahre erreicht er die Top 100, wo er sich seitdem hält.

Minna (w.) Kurzform von ➤ Wilhelmina ➤ Wilhelm („Wille" + „Helm") oder auch ➤ Hermine ➤ Hermann („Heer" + „Mann"). – Der Name Minna taucht erstmals auf in Lessings Lustspiel *Minna von Barnhelm* (1767; offenbar war der Anklang an *Minne* dabei beabsichtigt) und breitet sich bald darauf aus. Mitte des 19. Jahrhunderts gilt Minna in Berlin als typischer Name für ein Hausmädchen; vermutlich ist dies mit ein Grund, warum 1866 die ersten Kutschen für Gefangenentransporte in Berlin *Grüne Minna* genannt werden (sie sind grün gestrichen). Anfang des 20. Jahrhunderts gehört Minna noch zu den beliebtesten Mädchennamen, doch schon in den 20ern werden immer weniger Kinder so genannt.

Mira (w.) lateinisch? Es gibt eine Reihe von Erklärungen für diesen Namen. Ein antiker indischer Dichter hieß Mira, von einem Sanskritwort mit der Bedeutung „Meer“; ein gleichlautendes Wort soll „erfolgreich, wohlhabend“ bedeuten. In Italien ist Mira offenbar das weibliche Pendant zu Miro, einer Form des griechischen Namens Mýron, „Balsam“. In slawischen Ländern wird Miro als Kurzform von ➤ Miroslaw gebraucht, zusammengesetzt aus urslawisch **mir*, Frieden (oder aber „berühmt“) und *slava*, Ruhm. Das lateinische Eigenschaftswort *mirus* bedeutet „wunderbar, erstaunlich“. Es kommt von *mirari*, staunen, mit der Grundbedeutung „lächeln“, und findet sich auch in Namen wie Miranda (die Bewundernswerte) oder Mirabella (mit dem zweiten Namensteil „schön“, oder aber zu lateinisch *mirabilis*, bewundernswert). Auch diese Namen können zu Mira verkürzt werden, genau wie Dragomira (mit dem ersten Element slawisch *dragu*, kostbar) ➤ Dagmar. Schließlich wird Mira in neuerer Zeit auch aufgefasst als Kurzform von ➤ Miriam (ägyptisch: „geliebt“?). – Der Name erscheint in Deutschland zu Beginn des 20. Jahrhunderts und bleibt zunächst selten; um die Jahrtausendwende schließt er auf zu den Top 100.

Miriam / Mirjam (w.) aus dem Hebräischen? Die Herkunft des Namens ist nicht geklärt. Manche übersetzen „die Beleibte“, andere leiten ihn ab von einem Wort für „bitter“ (oder aber für „Herrin“) und einem anderen für „Meer“. Wieder andere schlagen „Wunschkind“ als Übersetzung vor (zu aramäisch *maram*, Wunsch), „Seherin“ oder auch „mein Verwandter (= Beschützer) ist der Hohe (= Gott)“. Möglicherweise ist der Name aber auch (wie Mose) ägyptischen Ursprungs und bedeutet dann wohl „geliebt“ bzw. enthält ein Namensteil mit dieser Bedeutung. – Im Alten Testament ist Miriam die große Schwester des ➤ Mose. Sie bringt die Tochter des Pharaos schließlich dazu, das „Findelkind“ Mose wieder seiner Mutter zu geben (2. Mose 2). Nachdem die Israeliten trockenen Fußes durchs Rote Meer gezogen sind, die Ägypter aber jämmerlich ertrinken, schlägt Miriam die Pauke und leitet die Frauen an zum Siegestanz und -lied (2. Mose 15,20f.). Nach Micha 6,4 hatte Gott auch ihr Anteil an der Führung des Volkes Israel aus Ägypten gegeben. Als sie selbst eine entsprechende Stellung fordert, straft Gott sie mit Lepra, doch Mose heilt sie wieder (4. Mose 12). Möglicherweise rührt eine weitere Deutung ihres Namens daher: „die Widerspenstige“. Die lateinische Form des Namens lautet ➤ Maria. – Der Name Miriam findet sich in Deutschland erstmals Anfang des 20. Jahrhunderts. Seit den 70er-Jahren erfreut er sich wachsender Beliebtheit und gehört bis Anfang der 90er immer wieder den Top 50 an.

Mirko (m.) Koseform von ➤ Miroslaw (slawisch: „berühmt“ oder „Friede“ + „Ehre“) und anderer Namen mit dem Element *mir*. Angeblich ist Mirko auch eine Kurzform von Emmerich („groß“ oder „Heim“ oder „tüchtig“ + „Herrscher“). – Mitte der 1940er-Jahre taucht der Name in Deutschland auf; nach Öffnung des Eisernen Vorhangs bekommt er einen leichten Schub.

Miroslav / Miroslaw (m.) slawisch. Der Name ist in Russland, Serbien, Kroatien und anderen slawischen Ländern verbreitet. Dort wird sein erster Teil *mir* meist als „Friede" gedeutet; zumindest bei älteren Formen ist hier eher an ein Wort zu denken, das „Ruhm" bedeutet und das mit unserem Namenglied ➤ *MAR*, berühmt, hervorragend, zu vergleichen ist. *Slav*, der zweite Teil des Namens, bedeutet ebenfalls „Ruhm, Ehre"; er geht zurück auf urslawisch **slava*. Mit dem Namen der Volkgruppe der *Slawen* hat er nichts zu tun. Miroslav war der Name eines Königs, der von 945 bis 949 im Königreich Kroatien herrschte. Das sogenannte Miroslav-Evangelium ist ein liturgisches Buch in kyrillischer Schrift, das Fürst Miroslav von Zahumlje (heute im Süden von Bosnien und Herzegowina) im 11. Jahrhundert in Auftrag gab. – In Deutschland erscheint der Name in den 1980er-Jahren und bleibt selten, auch in seiner Koseform ➤ Mirko.

MOD ➤ MUT („Mut, Seele, Herz, Gemüt")

Mona (w.) aus dem Gälischen. Dort lautet der Name Muadhnait, die Engländer haben Mona daraus gemacht. *Muadh* bedeutet „edel" oder „gut", *-nait* ist eine weibliche Koseendung. Vereinzelt wurde der Name auch in Verbindung gebracht mit griechisch *mónos*, allein; doch dafür gibt es keinen Grund. Den Namen Mona gibt es auch im Arabischen, als Nebenform von Muna mit der Bedeutung „Wünsche", vielleicht im Sinne von „begehrenswert" oder aber „Wunschkind". Schließlich gilt Mona auch als Kurzform verschiedener Namen: ➤ Monika (Bedeutung unbekannt), ➤ Simona ➤ Simon (hebräisch: Gott hat „erhört") und ➤ Ramona ➤ Raimund („Rat" + „Schutz"). Mancher mag auch an Leonardo da Vincis berühmtes Gemälde *Mona Lisa* denken; doch hier ist Mona nicht Eigenname, sondern Anrede: Im Italienischen seiner Zeit konnte *ma donna* zusammengezogen werden zu *monna*. „Mona Lisa" bedeutet also „Frau Lisa". Wo bei der deutschen (und englischen) Bezeichnung das zweite N geblieben ist, bleibt ein Rätsel; der ursprüngliche italienische Name des Bildes lautet *Monna Lisa*. Es heißt aber auch *La Gioconda* (die Liebenswürdige, Heitere), auf Französisch *La Joconde*. – Seit der ersten Hälfte des 20. Jahrhunderts in Deutschland verbreitet, erfreut sich der Name vor allem in den 80er- und 90er-Jahren einiger Beliebtheit, kommt jedoch nie über Platzierungen unter den Top 100 hinaus.

Monika (w.) aus dem Phönizischen? Über die ursprüngliche Bedeutung dieses Namens wissen wir nichts. Man nimmt an, dass er aus dem Phönizischen kommt; eine mögliche Deutung wäre dann „Nährerin" (vgl. ➤ Alma). – Monika hieß die Mutter des Theologen und Kirchenvaters Augustinus; sie wurde um 332 in Tagaste in Nordafrika (in der phönizischen Provinz Karthago) geboren und lebte bis 387. Jahrelang war sie in großer Sorge um das Seelenheil ihres Sohnes, der ein ausschweifendes Leben führte. Als er nach Rom floh, folgte sie ihm. Er wandte sich der Philosophie zu und wurde Professor für Rhetorik in Mailand. Auch hierhin reiste sie ihm nach, gemeinsam hörten sie die Predigten von Bischof Ambrosius – von ihm ließ Augustinus sich schließlich taufen. – Ihr Name wurde später als „Mahnerin" gedeutet (zu lateinisch *monere*, ermahnen); Monika gilt als Patronin der um das Seelenheil ihrer Kinder besorgten Mütter. Ihr Namenstag ist der 27. August. Manchmal wurde ihr Name auch fälschlicherweise verstanden als „einzeln lebend" (zu griechisch *monachós*, von *mónos*, allein, daher unser Wort *Mönch*). – Der Name findet sich in Deutschland Ende des 16. Jahrhunderts; im 20. Jahrhundert wird Monika zum Modenamen: Etwa zwischen 1940 und 1960 gehört der Name zu den Top 10. 1969 singt Peter Orloff den Schlager *(Ein klasse Girl ist) Monika.*

Monique (w.) französische [monihk] Form von ➤ Monika (Bedeutung unbekannt)

Moritz (m.) aus dem Griechischen. Moritz ist die deutsche Form von lateinisch Mauritius, einer Weiterbildung zu dem Beinamen Maurus. Der stammt aus dem Griechischen, dort ist *amaurós* das Wort für „dunkel". *Mauri* nannten die Römer die Bewohner ihrer nordafrikanischen Provinz Mauretanien, heute Marokko, dazu Teile Algeriens. Von *maurus* leitet sich auch unser Wort *Mohr* ab, und das ist wahrscheinlich der Grund, warum der heilige Moritz in der Kunst häufig als Schwarzer dargestellt wird. Moritz war ein römischer Soldat der „Thebäischen Legion", die aus Ägypten stammte. In der Christenverfolgung unter Kaiser Diokletian wurden er und seine Kameraden gezwungen, andere Christen zu töten. Als sie sich weigerten, wurde jeder Zehnte umgebracht – immer wieder, bis keiner übrig blieb. Dies geschah im Jahr 302 in Agaunum in der Schweiz; achtzig Jahre später fand man Moritz' Gebeine, errichtete eine Wallfahrtskapelle und benannte schließlich den Ort in St. Moritz oder St-Maurice um. Der Namenstag des heiligen Moritz ist der 22. September. Die Insel Mauritius ist allerdings nicht nach ihm benannt, sondern nach Prinz Moritz von Oranien; die Holländer hatten die Insel um 1600 besetzt. – In Deutschland erscheint der Name zuerst im 16. Jahrhundert; später wird Moritz in jüdischen Familien häufig anstelle von ➤ Moses gegeben. ➤ Wilhelm Buschs Geschichten von *Max und Moritz* spiegeln die Beliebtheit des Namens im 19. Jahrhundert wider. Etwa 1979 stößt Moritz zu den Top 50 vor, und seit der Jahrtausendwende gehört der Name regelmäßig zu den Top 20.

Mose / Moses (m.) ägyptisch? „Sie nannte ihn Mosché, denn sie sagte: Ich habe ihn aus dem Wasser gezogen." Das wird erzählt von der ägyptischen Prinzessin, die den kleinen Mose(s) findet; seine Mutter hat ihn am Nilufer in einem Körbchen ausgesetzt (vgl. ➤ Miriam). „Gezogen" wäre dann die Übersetzung des hebräischen Verbs *mascháh*. Leider passt das grammatisch nicht ganz, und so wurde dann auch „Retter" als Übersetzung vorgeschlagen, wohl auch, weil Mose später das Volk Israel aus der Sklaverei Ägyptens befreit. Es ist jedoch fraglich, ob die Prinzessin Hebräisch konnte, und so hat man versucht, den Namen aus dem Ägyptischen abzuleiten. Schon Josephus, ein jüdischer Schriftsteller des 1. Jahrhunderts, setzt Mose zusammen aus den ägyptischen Wörtern für „Wasser" und „retten". Heute nimmt man jedoch an, dass es sich um einen verkürzten Namen handelt, vielleicht aus Ra-Mses oder Thut-Mose, „Sohn des Ra", „Sohn des Thut" oder einer anderen Gottheit. – Seit dem 14. Jahrhundert findet sich Mose(s) als meist jüdischer Name, manchmal auch in christlichen Familien. Im 20./21. Jahrhundert ist er sehr selten. Die Schreibweise mit S geht auf katholische Bibelausgaben zurück, die sich an der griechischen Fassung des Alten Testaments orientieren, während Luther, dem Hebräischen folgend, den Namen als Mose wiedergibt.

MUND – „Schutz, Schützer"
Das Wort *Mund* oder *Munt* im Sinne von „Schutz" kennen wir nur noch vom *Vormund* und vom *Mündel.* Althochdeutsch *munt* bedeutet „Schutz", ursprünglich „Hand"; das Wort geht zurück auf germanisch **mundo,* Schützer. Das Wort ist verwandt mit lateinisch *manus,* Hand, und *mandare,* anvertrauen, in jemandes Hand geben (daher unser *Mandat).*
Bei den Germanen beinhaltete die Vormundschaft den Schutz im Sinne von Interessenwahrnehmung, aber auch die Verfügungsgewalt. Sie konnte sich auf Minderjährige beziehen, auf unverheiratete Frauen, Ehefrauen sowie auf „Wahnsinnige und Altersschwache". Sie betraf die Vermögensverwaltung, aber auch die Entscheidungsvollmacht in anderen rechtlichen Dingen, etwa die Verheiratung. In der sogenannten *Muntehe* etwa übernahm der Ehemann durch einen Vertrag zwischen den beiden Sippen die Herrschaftsgewalt über die Frau von deren Vater oder Vormund. Bei den Römern gab es die vergleichbare *Manus*-Ehe.
Manche erwägen auch, das Namenwort MUND von germanisch **munduz,* Gedenken, abzuleiten (vgl. die beiden Odinsraben Hugin und Munin ➤ HUG).
Namen: Angelmund, ➤ Edmund, Fridamund, Gisalmund, Mundtfrid, Radmund, ➤ Raimund/Reimund, ➤ Si(e)gmund

Muriel (w.) aus dem Keltischen. Die ursprüngliche irisch-gälische Form des Namens ist Muirghal, er kommt auch vor als Murieall, Muiriol oder Meriel. Der Name setzt sich zusammen aus den beiden gälischen Elementen *muir,* Meer, und *geal,* hell, leuchtend, also etwa „helle See" oder „hell wie die See". Die Namen Merrill und Meryl leiten sich ebenfalls davon ab. In der Begegnung mit der englischen Sprache wurde Muirghal in Muriel abgewandelt (anglisiert). – Schon im Mittelalter war der Name in Irland, Schottland und England sehr beliebt; im 19. Jahrhundert erlebte er eine kleine Renaissance. Zumindest in England trug ein Roman zur Beliebtheit von Muriel bei: 1856 kam *John Halifax, Gentleman* von Dinah Craik (1826–1887) heraus. In dem Buch ist die blind geborene Muriel das älteste Kind des Titelhelden und seiner geliebten Frau ➤ Ursula Halifax. Trotz ihrer Behinderung strahlt Muriel große Lebensfreude aus und spielt eine wesentliche Rolle in der Familie. – In Deutschland ist der Name nicht vor der zweiten Hälfte des 20. Jahrhunderts zu finden und bleibt selten.

MUT – „Mut, Seele, Herz, Gemüt"
Das Bedeutungsspektrum des althochdeutschen Wortes *muot* ist breit: Es kann „Mut" bedeuten (die Einengung des Begriffs auf „Kühnheit" erfolgte erst im 16. Jahrhundert), aber auch „Gemüt" (in dem der allgemeinere Begriff noch zu finden ist). Es steht auch für Herz, Seele und Sinn, für Geist, Verstand und Gesinnung, aber auch Erregung, Leidenschaft und Zorn. Als Kraft des Denkens, Wollens und Empfindens lässt sich *muot* am ehesten mit „Herz" übersetzen; das schließt den Verstand nicht aus, ist ihm aber gleichzeitig auch gegenübergestellt. Bei sportlichen Wettkämpfen reden wir heute von „mentaler Kraft".
Germanisch **modha* geht zurück auf eine indoeuropäische Sprachwurzel **me* oder **mo*, etwas heftig wollen. Davon stammt auch griechisch *móstai*, streben, verlangen, und wohl auch lateinisch *mos*, Sitte, (O tempora, o mores!) als zur Regel gewordener Wille. Unser *Mut* findet sich wieder im englischen *mood*, Stimmung, Laune.
Mit *-mut* als Endglied werden sowohl männliche als auch weibliche Namen gebildet. Das liegt daran, dass *muot* zunächst maskulin war, später auch feminin (und daneben neutrum); bis heute heißt es „der Großmut", aber „die Sanftmut".
Dieser Mut, dieses Sich-ein-Herz-Fassen war wohl in vielen Lebenslagen gefordert, in erster Linie jedoch auf dem Schlachtfeld. Demut gehörte eher nicht zu den Tugenden der Germanen.
In der nordischen Dichtung des Mittelalters ist Modi ein Sohn des Gottes Thor (➤ THOR) und Bruder des Magni (➤ MAIN); ihre (Halb-) Schwester heißt Trud (➤ TRUD). In allen dreien sind Eigenschaften des Gottes verkörpert.
Namen: ➤ Almut(h) (w.), Ansmod, ➤ Erdmut(h)e (w.), Freimut, Frohmut, ➤ Hartmut, ➤ Helmut, Ratmoda (w.), Willmut

Myrta / Myrtha (w.) aus dem Griechischen? Die Myrte ist ein immergrüner Strauch oder Baum, der bis zu fünf Meter hoch wird. Ihre eiförmigen Blätter sind ledrig, ihre Blüten weiß und wohlriechend. Die Myrte stammt aus dem Nahen Osten und ist über den gesamten Mittelmeerraum verbreitet; bei uns gibt es sie nur als Topfpflanze. In der Antike gilt die Myrte als Baum der Aphrodite (➤ Venus), ein Symbol der Liebe, der ehelichen Treue und der Fruchtbarkeit. Myrtenkränze waren im Altertum als Brautschmuck beliebt (in Palästina trugen bis ins 1. Jahrhundert Braut und Bräutigam einen solchen Kranz), in Deutschland ist dieser Brauch seit dem 16. Jahrhundert belegt. In der Antike diente Myrtenöl als Heilmittel, der Myrtentrank galt als beruhigend und friedenstiftend. Teile der Pflanze wurden als Gewürz verwendet oder auch bei der Weinherstellung. Das Wort *Myrte* kommt über das Griechische *(mýrtos)* und Lateinische *(myrtus)* zu uns, ist aber wohl semitischen Ursprungs (vgl. hebräisch *mar*, bitter, ➤ Mara); im Hebräischen heißt die Pflanze jedoch Hadassah (vgl. ➤ Esther). – Der Name findet sich in Deutschland seit Mitte des 19. Jahrhunderts und bleibt sehr selten.

N

Nadine (w.) französische [nadihn] Form von ➤ Nadja ➤ Nadjeschda (russisch: „Hoffnung"). – Anfang des 20. Jahrhunderts erscheint der Name in Deutschland; in den 70er-Jahren steigt Nadine kometenhaft auf in der Gunst der Eltern und nimmt etwa zwischen 1975 und 1985 meist Plätze unter den Top 10 ein. Seit der Jahrtausendwende wird der Name kaum noch gegeben.

Nadja (w.) Kurzform von ➤ Nadjeschda (russisch: „Hoffnung"). – Nadja Tiller wurde 1929 in Wien geboren; in Deutschland bleibt der Name selten.

Nadjeschda (w.) Der Name kommt aus Russland, dort bedeutet *nadjeschda* „Hoffnung". Es ist die Wiedergabe des griechischen Namens Elpís mit derselben Bedeutung. Pistis, Elpis und Agape hießen der Legende nach die drei Töchter der heiligen ➤ Sophia. Anfang des 2. Jahrhunderts ging Sophia mit ihren Töchtern nach Rom, um den Märtyrertod zu sterben; sie wurden unter Kaiser Hadrian (➤ Adrian) hingerichtet. Die Geschichte soll veranschaulichen, was Paulus in 1. Korinther 13,12–13 schreibt: Weisheit *(sophía)* und vollkommene Erkenntnis gibt es erst in der Ewigkeit; bis dahin bleiben Glaube *(pístis*, auf Lateinisch *fides*; siehe auch ➤ Vera), Hoffnung *(elpís, spes)*, Liebe *(agápe, caritas)*. Wahre Weisheit, eben nicht die Weisheit dieser Welt (1. Korinther 1,18–30), ist nur über diese drei christlichen Kardinaltugenden zu erlangen. – Mit der Mission gelangte die Verehrung der drei Schwestern nach Russland, und ihre Namen wurden in die Landessprache übersetzt (der Name Vera steht für „Glaube"). Der Namenstag der Schwestern ist der 1. August. – Der Name taucht seit den 1970er-Jahren vereinzelt auf in Deutschland. Durch den Zuzug von Russlanddeutschen seit den 90er-Jahren ist er etwas häufiger zu finden.

Naemi (w.) Variante von ➤ Noomi (hebräisch: „freundlich"). – Die erste Naemi in Deutschland ist für das frühe 18. Jahrhundert belegt; der Name bleibt sehr selten. Siehe auch ➤ Naomi und ➤ Noomi.

Nancy (w.) englische [nänssi] Koseform von ➤ Ann ➤ Anna ➤ Hanna (hebräisch: zu einem Wort für „Gnade“). Seit dem 18. Jahrhundert ist Nancy in England als Koseform von Ann in Gebrauch. Das N am Anfang entstand aus Formulierungen wie *mine Ann*, die später falsch getrennt wurden. Nancy kann aber auch eine Koseform des mittelalterlichen Namens Annis sein, einer Form von ➤ Agnes (griechisch: „heilig, rein“). – Der Name erscheint in Deutschland erstmals gegen Ende des 19. Jahrhunderts und bleibt selten; nur um 1980 gibt es einen bescheidenen Trend.

NAND – „kühn, verwegen“
Das Namenwort ist aus unserem Sprachschatz verschwunden und nur noch in Namen zu finden. Es handelt sich offenbar um ein Partizip Präsens zu einem Verb, das sich im Althochdeutschen als *nenden* oder *(gi)nindan* findet mit der Bedeutung „wagen, sich erkühnen, sich gegen jemanden erheben“. So kann man *nand* als „kühn“ oder „wagemutig“ übersetzen, und das bezog sich in erster Linie auf den Kampf. Feigheit galt als Schande, und wer aus einer Schlacht heimkehrte, in der sein Gefolgsherr gefallen war, war für den Rest seines Lebens gebrandmarkt (vgl. ➤ ERA, Ehre).
Namen: Eburnand, ➤ Ferdinand, Liutnand (der hat nichts zu tun mit dem Leutnant), Nandulf, Nanthildis (w.), ➤ Roland?, ➤ Wieland?, Wolfnand

Naomi (w.) Variante von ➤ Noomi (hebräisch: „freundlich“). In englischen Bibeln erscheint in der Regel Naomi [nejemi], wo im Deutschen Noomi steht. Unabhängig davon ist Naomi auch ein japanischer Name („Ehrlichkeit“ + „Schönheit“). – Die Namensform Naomi erscheint erstmals Anfang des 20. Jahrhunderts in Deutschland und bleibt selten.

Natalia (w.) Variante von ➤ Natalja (lateinisch: „an Weihnachten geboren“)

Natalie (w.) französische [natalih] Form von ➤ Natalja (lateinisch: „an Weihnachten geboren“), auch [natalje / natalih]

Natalija / Natalja (w.) aus dem Lateinischen. Der russische Name Natalia oder Natalja geht zurück auf lateinisch *natalis* für „zur Geburt gehörig, Geburts-“. Mit *dies natalis* (so der vollständige Ausdruck) ist der Geburtstag Jesu gemeint: Weihnachten. Natalie war bei den frühen Christen ein zu Weihnachten geborenes oder – wahrscheinlicher – getauftes Mädchen. Wir feiern Weihnachten am 25. bzw. 24. Dezember; wann Jesus wirklich geboren ist, wissen wir nicht – nicht einmal, in welchem Jahr. Die ersten Christen feierten Weihnachten überhaupt nicht; Ostern ist das Urfest der Christenheit. Die Orthodoxen Christen begehen das Weihnachtsfest bis heute am 6. Januar, unserem Epiphaniasfest (Erscheinungsfest). Im 4. Jahrhundert führte die römische Kirche den Dezembertermin offiziell ein – nicht zuletzt weil im Römischen Reich am 25.12. das Hauptfest des Mithraskultes als Tag der Wintersonnenwende gefeiert wurde: Gottes Licht scheint in die Dunkelheit. Auf dieses heidnische Fest der (Wieder-) Geburt des „unbesiegbaren Sonnengottes" bezog sich *dies natalis* ursprünglich. – Die heilige Natalia von Nikomedien (heute in der Türkei) starb Anfang des 4. Jahrhunderts; ihr Namenstag ist der 1. Dezember, nach orthodoxem Kalender der 26. August. – Der Name erscheint in Deutschland Ende des 18. Jahrhunderts, verbreitet sich im 19. Jahrhundert, ist dann aber in der ersten Hälfte des 20. kaum noch zu finden; um 1970 erwacht das Interesse an dem Namen wieder, und etwa zwischen 1980 und 2000 gehört er (meist als Nathalie) zu den Top 50.

Natascha (w.) russische Koseform von ➤ Natalja (lateinisch: „an Weihnachten geboren/getauft"). – Mitte des 20. Jahrhunderts taucht der Name in Deutschland auf und bleibt relativ selten.

Nathalie (w.) französische Form von ➤ Natalja (lateinisch: „an Weihnachten geboren/getauft"), deutsche Aussprache [natalih]

Nathan (m.) hebräisch. *Natán* bedeutet „Er (Gott) hat gegeben", nämlich der Mutter dieses Kind. Es handelt sich um eine Kurzform entweder von ➤ Jonathan, „der Herr hat gegeben", oder von ➤ Nathanael, „Gott hat gegeben". Prominentester Namensträger in der Bibel ist der Prophet Nathan. Mutig hält er König ➤ David dessen Unrecht vor (2. Samuel 11 und 12): David hatte Uria in den Tod geschickt, um dessen Frau Bathseba zu bekommen. Nathan erzählt David eine Geschichte von einem armen Mann, der nur ein Schaf hat. Ein Reicher nimmt ihm dieses eine Schaf und schlachtet es. „Der Mann ist ein Kind des Todes", urteilt David – sich selbst. „Du bist der Mann", entgegnet Nathan. David bereut seine Tat, und Nathan spricht ihm die Vergebung Gottes zu. Der erste Sohn des Paares stirbt zur Strafe, doch von dem zweitgeborenen ➤ Salomo („Ersatz"?) heißt es: „Und der Herr liebte ihn" (2. Samuel 12,24). – Nathan hat offenbar auch ein Geschichtswerk verfasst über die Regierungszeit Davids und seines Sohnes Salomo (2. Chronik 9,29). – Der Name ist in Deutschland schon für das 13. Jahrhundert belegt und häufig in jüdischen Familien zu finden. Lessing veröffentlicht sein Drama *Nathan der Weise* im Jahr 1779; mit der darin enthaltenen *Ringparabel* haben sich seitdem unzählige Schüler beschäftigt. Im 20. Jahrhundert ist der Name sehr selten, und erst seit der Jahrtausendwende gibt es einen bescheidenen Trend hin zu Nathan.

Nathanael (m.) hebräisch. Im Alten Testament (etwa 1. Chronik 2,14) ist Netanel der Name einiger recht unbedeutender Personen; hebräisch *natán el* bedeutet „gegeben hat Gott". Im Neuen Testament erscheint der Name dann als Nathanael (in neueren Bibelausgaben auch Natanaël), und zwar an zwei Stellen im Johannesevangelium: Johannes 1,45–51 schildert die Berufung der beiden Jünger Philippus und Nathanael. Jesus nennt Nathanael einen „wahren Israeliten, einen ganz und gar aufrichtigen Mann". Nathanael bekennt darauf: „Rabbi, du bist Gottes Sohn, der König von Israel!" Zu Beginn des 21. Kapitels erscheint der auferstandene Jesus sieben seiner Jünger, darunter ➤ Petrus,

➤ Thomas, die Brüder Jakobus und ➤ Johannes und auch „Nathanael aus Kana". Kana ist die Stadt, in der Jesus am Anfang seines Wirkens das Weinwunder vollbringt. In den ersten drei Evangelien erscheint Nathanael nicht in den Apostellisten, wohl ein Grund, warum er seit dem Mittelalter mit ➤ Bartholomäus identifiziert wurde; der wird auch im Zusammenhang mit Philippus erwähnt. Seinen Namenstag hat Nathanael zusammen mit Bartholomäus am 24. August. Gelegentlich hat man Nathanael auch mit Simon Kananäus gleichgesetzt. – Der Name erscheint in Deutschland erstmals im 16. Jahrhundert; im 20./21. Jahrhundert bleibt er selten.

Neele (w.) andere Form von Nele ➤ Cornelia (zu lateinisch *cornu*, Horn?). – Diese Namensform ist offenbar schon im 16. Jahrhundert belegt, bleibt aber deutlich seltener als Nele.

NEID – „Hass, Kampfeswut"
Das althochdeutsche *nid* kann außer *Neid* auch Feindschaft bedeuten, Hass, Zorn oder Bosheit. Die dahinter angenommene indoeuropäische Sprachwurzel **neit* bedeutet „Leidenschaft". Als Namenwort bezog es sich wohl auf die Kampfeswut des Kriegers. Den Ausdruck *Furor Teutonicus*, „Kampfeswut der Teutonen", prägte im 1. Jahrhundert der römische Dichter Lucanus, noch unter dem Eindruck des Germaneneinfalls im 2. vorchristlichen Jahrhundert. Der Ausdruck wurde bald sprichwörtlich und gilt seit dem Mittelalter als Synonym für deutsche Angriffslust. „Kämpfen wie ein Berserker" weist in dieselbe Richtung (➤ BERN).
Namen: Arnid, Nithbald, Nidpert, Nithildis (w.), ➤ Neidhart, Nitolf

Neidhart (m.) deutsch. Das althochdeutsche (8. Jahrhundert) *nid* ➤ NEID bedeutet Feindschaft, Hass, Zorn oder Bosheit; als Namenwort bezog es sich wohl auf die Kampfeswut des Kriegers. Althochdeutsch ➤ *HART* bedeutet im Zusammenhang mit Rufnamen meist stark, tapfer, kühn. – Wir wissen von einem fränkischen Geschichtsschreiber des 9. Jahrhunderts namens Nithard; er war ein Enkel ➤ Karls des Großen. Als „Her Nithard" ist uns der Name eines mittelalterlichen Minnesängers und Volksdichters überliefert. Neidhard von Reuenthal, wie er auch genannt wird, lebte in der ersten Hälfte des 13. Jahrhunderts am Hofe von Herzog ➤ Friedrich II. von Österreich. 132 seiner Lieder sind überliefert, 55 mit Melodie; bis ins 16. Jahrhundert waren sie sehr beliebt und weit verbreitet. Die neuhochdeutsche Bedeutung des Namenglieds *Neid* hat dazu geführt, dass der Name heute sehr selten ist.

Nela / Nele (w.) Kurzform von ➤ Cornelia (zu lateinisch *cornu*, Horn?). – Der Name erscheint erstmals im 18. Jahrhundert als Jungenname und dann im 19. als Mädchenname. Seit Mitte der 1970er-Jahre kommt Nele (manchmal auch als Neele) in Mode; um 2000 erreicht der Name die Top 20 und hält sich seitdem in dieser Region.

Nelli / Nelly (w.) Kurzform von ➢ Cornelia (zu lateinisch *cornu*, Horn?) oder Petronella (Bedeutung unbekannt), manchmal auch von Helen ➢ Helena (griechisch: „strahlend"?) oder ➢ Eleonora („fremd"? + ?). – Der Name taucht in Deutschland im 19. Jahrhundert auf und bleibt selten. Erst seit der Jahrtausendwende wird er populärer und erreicht etwa 2006 die Top 100.

Nena (w.) Lallform verschiedener Namen. In Deutschland wird der Name in den 1980er-Jahren bekannt durch die Sängerin Nena, Jahrgang 1960; davor tritt er nur ganz vereinzelt auf. Während eines Spanienurlaubs wurde sie von Einheimischen „niña" gerufen, das spanische Wort für „Mädchen"; daraus wurde innerhalb der Familie der Spitzname Nena. Im Spanischen gibt es auch das Wort *nena* für „kleines Mädchen", das wird dort jedoch nicht als Vorname gebraucht. Nena ist im Normalfall eine Lallform aus der Kindersprache, und zwar zu ganz verschiedenen Namen wie ➢ Helena (griechisch: „strahlend"?), ➢ Magdalena (hebräisch: „aus Magdala"), ➢ Anna ➢ Hanna (hebräisch: zu einem Wort für „Gnade"), ➢ Katharina (später in Verbindung gebracht mit griechisch *katharós*, rein) usw. In England gibt es Nena auch als Variante zu ➢ Nina (verschiedene Herleitungsmöglichkeiten). Insgesamt bleibt der Name selten.

Nevio (m.) italienisch. Der Name geht zurück auf den römischen Personennamen Naevius. Der wurde in späteren Zeiten von *naevus*, Muttermal, abgeleitet und als Spitzname gedeutet: „der mit dem Muttermal". Tatsächlich jedoch steht der altitalische, also vorrömische Vorname Gnae(vi)us hinter dem Namen Naevius. Dessen Herkunft ist unsicher, vermutlich stammt er aus dem Etruskischen, seine Bedeutung ist verloren gegangen. – Ein bekannter Namensträger im alten Rom ist ausgerechnet ein gewisser Gneaus Naevius (270–204 v.Chr.). Der Dichter und Dramatiker kämpfte im 1. Punischen Krieg und verarbeitete diesen Stoff in einem seiner Dramen. Seine Werke sind nur in Fragmenten erhalten. – Der Name Nevio ist in Deutschland bekannt geworden durch den deutsch-italienischen Singer-Songwriter Nevio Passaro (Jahrgang 1980). Seine Karriere bekam 2006 einen deutlichen Schub durch seinen 4. Platz bei *Deutschland sucht den Superstar*.

Nick (m.) englische Kurzform von Nicholas ➢ Nikolaus (griechisch: „Sieg" + „Volk"). – Seit den 1960er-Jahren in Deutschland bekannt, kommt der Name in den 90ern in Mode und hält sich etwa seit der Jahrtausendwende unter den Top 50.

Niclas (m.) Variante von ➢ Niklas ➢ Nikolaus (griechisch: „Sieg" + „Volk")

Nico (m.) (auch: Niko) Kurzform von ➢ Nikolaus (griechisch: „Sieg" + „Volk"). – Der Name erscheint in Deutschland gegen Ende des 19. Jahrhunderts. Um 1970 steigt er in der Gunst junger Eltern, erreicht Ende der 80er die Top 50 und nimmt zwischen 1994 und 2009 immer wieder Plätze unter den Top 20 ein.

Nicola (m./w.) Variante von ➤ Nikolaus (griechisch: „Sieg" + „Volk") oder ➤ Nicole. In Italien ist Nicòla [nikola] die gängige Form unseres Namens Nikolaus; in Deutschland taucht diese Form Anfang des 17. Jahrhunderts auf, bleibt als Männername jedoch recht selten. Als Frauenname findet sich Nicòla in Italien bei Weitem nicht so häufig wie sein männliches Pendant; deswegen ist in Deutschland bei Nicola eine Entlehnung aus dem Italienischen zwar denkbar; wahrscheinlicher aber handelt es sich hier um eine Latinisierung des französischen Namens ➤ Nicole. Das weibliche Nicola taucht bei uns zu Beginn der 1960er-Jahre auf und bleibt selten.

Nicolas (m.) französische [nikola] Form von ➤ Nikolaus (griechisch: „Sieg" + „Volk"), meist deutsch ausgesprochen [nikkolass]. – Seit Mitte des 20. Jahrhunderts ist der Name in Deutschland verbreitet; Mitte der 70er-Jahre erklimmt er die Top 100 und erreicht um die Jahrtausendwende sogar Platzierungen unter den Top 50.

Nicole (w.) französische [nikoll] weibliche Form von ➤ Nicolas ➤ Nikolaus (griechisch: „Sieg" + „Volk"). – Eine erste Nicole in Deutschland ist für das 17. Jahrhundert dokumentiert; in den 1970er-Jahren gehört Nicole zu den 10 beliebtesten Mädchennamen. Die deutsche Sängerin Nicole, 1964 geboren als Nicole Holoch, gewinnt 1982 den Eurovision Song Contest mit *Ein bisschen Frieden*.

Niels (m.) dänische Kurzform von ➤ Nikolaus (griechisch: „Sieg" + „Volk") oder ➤ Cornelius (zu lateinisch *cornu*, Horn?). – Der Name ist in Deutschland seit Mitte des 16. Jahrhunderts nachzuweisen und erlebt seit den 1970er-Jahren im Kielwasser von ➤ Nils eine bescheidene Blüte.

Nikita (m.) aus dem Griechischen. Gelegentlich wird Nikita als Koseform des russischen Namens ➤ Nikolai aufgefasst ➤ Nikolaus (griechisch: „Sieg" + „Volk"). Dabei ist Nikita in Russland ein eigenständiger Name griechischen Ursprungs. Auf Griechisch lautet er Nikétas und geht wahrscheinlich zurück auf *aníketos*, unbesiegt, unbesiegbar. Dahinter steht in jedem Fall *níke*, Sieg; so heißt auch die griechische Siegesgöttin. Der Name ist sicher vorchristlich und wurde dann von den frühen Christen umgedeutet in ihrem Sinn: Das ewige Leben als Lohn des Sieges ist gerade den Märtyrern gewiss im Moment ihrer scheinbaren Niederlage. – Als „großer Märtyrer" gilt der heilige Niketas *Megalomartyr*. Er wurde zur Zeit ➤ Konstantins des Großen als Kind gotischer Eltern geboren, bekehrte sich in seiner Jugend zu Christus und erlitt der Überlieferung nach um das Jahr 372 den Märtyrertod durch Verbrennen in der Christenverfolgung unter dem Westgotenfürsten Athanerich. Nikitas Namenstag ist der 15. September. – Der Name taucht Mitte des 20. Jahrhunderts in Deutschland auf und bleibt sehr selten.

Niklas (m.) Kurzform von ➤ Nikolaus (griechisch: „Sieg" + „Volk"). – Der Name erscheint schon Anfang des 15. Jahrhunderts im deutschsprachigen Raum; seit den 1980er-Jahren gehört Niklas zusammen mit ➤ Niclas zu den beliebtesten Jungennamen, Mitte bis Ende der 90er ist er unter den Top 10 zu finden.

Nikolaus (m.) griechisch. Der Name ist zusammengesetzt aus den beiden griechischen Wörtern *níke* (das kennen wir von den Turnschuhen, deren Name zumindest im englischsprachigen Raum [naiki] gesprochen wird), Sieg, und *laós*, Volk. Wie die beiden Elemente zusammenhängen, ist unklar. – Einer der sieben Diakone oder Armenpfleger in der Jerusalemer Urgemeinde trug nach Apostelgeschichte 6 den Namen Nikolaus; es heißt, er war ein Nichtjude aus der Stadt Antiochia (heute Antakya in der Türkei). Von den Heiligen dieses Namens ist Nikolaus von Myra (an der westlichen Südküste der heutigen Türkei) der bekannteste. Er lebte wahrscheinlich in der ersten Hälfte des 4. Jahrhunderts; sonst wissen wir nichts Historisches über ihn. Der Legende nach half er vielen Menschen: Drei zu Unrecht des Hochverrats bezichtigten Offizieren verhalf er zur Freiheit, indem er dem Kaiser im Traum erschien; seitdem ist Nikolaus der Patron der unschuldig Angeklagten wie der Richter und Rechtsanwälte. Drei Schüler erweckte er wieder zum Leben, ein Wirt hatte sie geschlachtet und eingepökelt; so wurde Nikolaus zum Schutzheiligen der Schüler und Kinder, aber auch der Wirte und Metzger. Einer verarmten Familie ließ er Geldgeschenke durch den Kamin zukommen, indem er die Münzen in die dort aufgehängten Socken warf, und bewahrte die drei Töchter vor der Prostitution; Mädchen auf der Suche nach einem Bräutigam wenden sich seither an den heiligen Nikolaus. Bis heute stopft in England und Amerika Santa Claus die Geschenke in die Socken am Kamin. Allerdings erst an Weihnachten, denn dort ist etwas durcheinandergeraten mit Nikolaus und Weihnachtsmann. Der Namenstag des Nikolaus ist der 6. Dezember; er ist der Nationalheilige Griechenlands und Russlands. – Der Name findet sich in Deutschland seit dem 12. Jahrhundert und gehört über die Jahrhunderte zu den beliebtesten Taufnamen. Eine Fülle von abgeleiteten Nachnamen spiegelt seine frühe Popularität wider: Glaser, Klose, Kohlhaas, Leis, Nickel, Nietzsche usw. Seit dem 18. Jahrhundert nimmt Nikolaus ab, ist aber durch Klaus spätestens seit dem 20. Jahrhundert gut vertreten.

Nikolai / Nikolaj (m.) russische Form [nikolai] von ➤ Nikolaus (griechisch: „Sieg" + „Volk"). – Der Name ist seit dem 19. Jahrhundert in Deutschland nachweisbar. Er bleibt selten und bekommt leichten Aufwind durch den Zuzug von Russlanddeutschen in den 1990er-Jahren.

Nilas (m.) norwegische Form von ➤ Nikolaus (griechisch: „Sieg" + „Volk")

Nils (m.) skandinavische Kurzform von ➤ Nikolaus (griechisch: „Sieg" + „Volk"). – Um die Wende zum 20. Jahrhundert kommt die Namensform in Deutschland auf, begünstigt durch ➤ Selma Lagerlöfs Erzählung *Die wundersame Reise des kleinen Nils Holgersson mit den Wildgänsen*, 1906. Seit Mitte der 60er-Jahre hält sich Nils in der Gruppe der 50 beliebtesten Jungennamen.

Nina (w.) Kurzform verschiedener Namen. Über das Russische kommt Nina zu uns, herkömmlich gedeutet als Kurzform von Namen wie Antonina ➤ Anton (Bedeutung unbekannt), ➤ Annina oder Giovannina ➤ Johanna (hebräisch: „Der Herr ist gnädig"). Eine ganz andere Herleitung des Namens führt ins Zweistromland zum sagenhaften Gründer der antiken Stadt Ninive: Ninos. Dessen Name wird zurückgeführt auf *Nin*, so wurde die Göttin Ishtar auf Akkadisch genannt; *nin* bedeutet wörtlich „Göttin, Herrin". – Nina (oder auch Nino) hieß die heilige ➤ Christiana von Georgien, und es ist unklar, ob Nina hier eine Koseform von Christiana ist oder ob umgekehrt Nina den Beinamen „Christin" führte. Im 4. Jahrhundert bekehrte sie, so wird erzählt, als Kriegsgefangene zunächst das georgische Königshaus und in der Folge auch das Volk zum christlichen Glauben – durch ihre Lehre und ihr tugendhaftes Vorbild. Ihr Namenstag ist der 15. Dezember oder der 14. Januar. – Der Name lässt sich in Deutschland seit Anfang des 19. Jahrhunderts nachweisen; etwa zwischen 1975 und 2000 gehört Nina häufig zu den 20 beliebtesten Mädchennamen. Die deutsche Sängerin Nina Hagen, Jahrgang 1955, heißt eigentlich Catharina. Die deutsche Moderatorin Nina Ruge ist Jahrgang 1956, die Schauspielerin Nina Hoss wird 1975 in Stuttgart geboren.

Nino (m.) Nino wird als Kurz- oder Koseform verschiedener Namen gebraucht, meist von Giannino, zusammengezogen aus Giovannino. Das wiederum ist eine Erweiterung von ➤ Giovanni, der italienischen Version von ➤ Johannes (hebräisch: „Der Herr ist gnädig"). – Nino kann auch eine Kurzform von Antonino ➤ Anton (Bedeutung unbekannt) sein, Stefanino ➤ Stephan (griechisch: „bekränzt") oder Lucianino ➤ Lukian ➤ Lucia (zu lateinisch *lux*, Licht). – Der deutsche Schauspieler Nino Korda wird 1927 als Nino Nannizzi geboren und wirkt mit in der 1966 ausgestrahlten Fernsehserie *Raumschiff Orion*. Der Name bleibt selten in Deutschland.

Noah (m.) Nóach heißt er auf Hebräisch, zu Deutsch etwa „Ruhe". Wahrscheinlich wurde der Name ursprünglich einem sanften und friedlichen Menschen gegeben. Die biblische Namenserklärung (1. Mose 5,29), nämlich „Trost", passt sprachlich kaum. Die griechische Übersetzung des Alten Testaments allerdings benutzt hier das Wort *dianapaúein*, Ruhe verschaffen. Die hier gemeinte „Erholung" (und vielleicht auch der „Trost") könnte im Wein liegen, den nach biblischem Bericht Noah als Erster anbaut (vgl. den „Trostbecher" in Jeremia 16,7). Andere denken an den Pflug, den Noah nach jüdischer Überlieferung erfunden haben soll. Noah ist ein Gerechter, den Gott auserwählt, die Menschheit und das Leben überhaupt zu retten. Die berühmte Arche soll er bauen und seine Familie an Bord nehmen: seine Frau und die Söhne Sem, Ham und Jafet mit ihren Frauen, dazu von jedem Tier ein Paar. Die Sintflut verschlingt alles Leben, nur die Arche schwimmt obenauf –

bis das Wasser wieder sinkt. Die ausgeschickte Taube kehrt mit einem Ölzweig im Schnabel zurück – Zeichen des Friedens ebenso wie der Regenbogen, der erscheint, als Noah Gott dankt (1. Mose 9,16f.). – Der Name ist in Deutschland seit dem 17. Jahrhundert zu finden; auf der Schwelle zum 21. Jahrhundert kommt Noah in Mode und hält sich seit etwa 2006 unter den Top 20, seit 2014 unter den Top 10.

Noel (m.) aus dem Lateinischen. *Noël* [no-ell] ist das französische Wort für Weihnachten; der Name wurde gerne einem an Weihnachten geborenen Jungen gegeben. Ebenso wie der Mädchenname ➤ Natalie geht Noel zurück auf lateinisch *natalis*, „Geburts-, zur Geburt gehörig". Der Name ist auch in England geläufig. – Seit dem 17. Jahrhundert in Deutschland belegt, bleibt der Name sehr selten. Erst nach der Wende zum 21. Jahrhundert erreicht Noel Plätze unter den Top 100, oft auch mit englischer Aussprache [neoul].

Noemi (w.) Variante von ➤ Noomi (hebräisch: „freundlich")

Noomi (w.) hebräisch. Der Name geht zurück auf das hebräische Wort *nóam*, Freundlichkeit, Lieblichkeit. Das kann man auf das Kind selbst beziehen oder aber auf Gott, der in seiner großen Freundlichkeit dieses Kind geschenkt hat. Wahrscheinlich handelt es sich um eine Kurzform eines Namens mit dem Element „Gott" (etwa Naamja), das dann weggefallen ist; das *-i* am Schluss ist eine Koseendung. – Als ausnehmend schöne Frau wird in der jüdischen Tradition die biblische Noomi geschildert. Im alttestamentlichen Buch Ruth ist sie die Schwiegermutter von ➤ Ruth. Mit ihrem Mann und ihren beiden Söhnen zieht sie ins Land Moab, wo die Söhne Töchter des Landes heiraten. Als die drei Männer sterben, kehren Ruth und Noomi zurück nach Bethlehem. „Nennt mich nicht Noomi, sondern ➤ Mara, denn der Allmächtige hat mir viel Bitteres angetan", sagt sie den Leuten dort (das hebräische *mar* bedeutet bitter). Doch dann ermutigt sie Ruth, sich Boas zu nähern, einem reichen Verwandten von Noomis verstorbenem Mann. Die beiden heiraten schließlich, und Ruth wird die Urgroßmutter von König ➤ David und damit eine Vorfahrin von Jesus. In der Bibel ist diese Geschichte zur Zeit der Richter angesiedelt. Im Judentum wird der Name (ebenso wie Ruth) häufig an Mädchen vergeben, die zu Schawuot geboren sind (Wochenfest, das zeitlich mit Pfingsten zusammenfällt); bei diesem Fest wird das Buch Ruth in der Synagoge vorgelesen. – Der Name taucht vereinzelt schon im 18. Jahrhundert in Deutschland auf und erreicht zur Jahrtausendwende zusammen mit ➤ Naomi, ➤ Naemi und ➤ Noemi einige Beliebtheit.

NOR / NORD – „Norden"
Alle vier Himmelsrichtungen kommen in den altdeutschen Personennamen vor, am häufigsten der Norden und der Osten. Doch nur NORD-Namen sind heute noch bekannt, allen voran ➤ Norbert. Unser Wort *Nord(en)* findet sich im Althochdeutschen als *nord* oder *nordan*.

Den Ursprung des Wortes vermutet man in einem Richtungsadverb, das entweder „weiter unten" oder aber „weiter links" bedeutet. Im ersten Fall bezieht es sich auf die Gegend, wo die Sonne unten ist, im zweiten Fall ist vielleicht der Norden links, wenn der Beter sich der aufgehenden Sonne zuwendet (vgl. dazu auch ➤ Benjamin). Offenbar waren diese Bezeichnungen ursprünglich Beinamen für Menschen, die aus der jeweiligen Himmelsrichtung kamen. Aus dem Norden kamen, etwa aus fränkischer Sicht, die Sachsen, in jedem Fall aber die Völker Skandinaviens. So spiegelt sich in den Richtungs-Namenwörtern die wechselvolle Geschichte zahlreicher Wanderungen wider, bis hin zu dem, was wir die Völkerwanderung nennen.
Namen: ➤ Norbert, Nordemann, Nordolf, ➤ Norman, Nortger, Northaidis (w.)

Nora (w.) Kurzform von ➤ Eleonora („edel" + ?). – Der Name ist seit dem 19. Jahrhundert in Deutschland zu finden, befördert durch ➤ Henrik Ibsens emanzipatorisches Drama *Nora oder Ein Puppenheim*. Seit den 1980er-Jahren erfreut sich der Name einiger Beliebtheit; 1988 erreicht er Platz 44.

Norbert (m.) deutsch. Der Name setzt sich zusammen aus althochdeutsch ➤ *NORD*, Norden (nach anderer Theorie *northa*, Kraft), und *beraht*, glänzend, berühmt (➤ BERT). – Ein fränkischer Hausmeier (hoher Verwaltungsbeamter und De-facto-Herrscher) im frühen 8. Jahrhundert hieß Norbert. Seine Popularität verdankt der Name jedoch vor allem dem heiligen Norbert von Xanten, einem Ort rund 30 km rheinabwärts von Duisburg. Der lebte von etwa 1080 bis 1134, er war Priester und später Bischof von Magdeburg. Man schätzte ihn als charismatisch begabten Prediger und Missionar, in Prémontré (bei Laon, gut 100 km nordöstlich von Paris) gründete er den Orden der Prämonstratenser. Er versuchte darin ein christliches Lebensideal zu verwirklichen, das er im frühen Christentum und beim Kirchenvater Augustinus fand. Norberts Namenstag ist der 6. Juni. – Etwa zwischen 1935 und 1970 gehört Norbert zu den 50 beliebtesten Jungennamen, der Höhepunkt liegt Mitte der 50er-Jahre.

Norman (m.) deutsch. Ergänzt man ein D nach der ersten Silbe, wird der Ursprung des Namens deutlicher: Nordmann (➤ *NORD*, Norden + ➤ *MANN)*. Das konnte einen Dänen, Norweger oder Schweden bezeichnen, einen Wikinger also, und ist aus der Perspektive von Kontinentaleuropäern gesprochen. Etwa von Franken, die seit dem 9. Jahrhundert immer wieder von den Mannen aus dem Norden heimgesucht wurden. Hatten diese anfangs blitzartige Raubüberfälle auf Klöster und Handelszentren in England oder Irland verübt, so ließen sie sich nun im Frankenreich nieder und belagerten etwa Paris so lange, bis ein hohes Lösegeld bezahlt wurde. Später ließen sie ihre Familien nachkommen und siedelten im Land, aus Seeräubern wurden Bauern; die *Normandie* zeugt bis heute davon. Erst im 10. Jahrhundert bereitete ausgerechnet der Normannenfürst Rollo dem erpresserischen Treiben ein Ende – im Auftrag des Frankenkönigs ➤ Karl der Einfältige. Die Normannen wurden nun Christen und gaben auch ihre nordische Sprache auf. – Der Name erscheint in Deutschland im 20. Jahrhundert, häufig in englischer Aussprache [nohmn] und bleibt relativ selten.

NOT – „Kampf, Bedrängnis", „schwingen, schütteln"
Bei diesem Namenglied haben sich offenbar zwei Namenwörter vermischt. Da ist zum einen unser Wort *Not*, althochdeutsch *not*, mit einem breiten Bedeutungsspektrum: von „Zwang, Gewalt" über „Bedürftigkeit, Notwendigkeit" bis zu „Notlage, Bedrängnis, Gefahr, Kampf". Bei NOT als hinterem Namenglied kann man auch an „Kämpfer" denken. Das Wort lässt sich zurückführen auf eine indoeuropäische Wurzel **neu* oder **nu*, „Qual, Tod", auch: „bis zur Erschöpfung abquälen".
Auf der anderen Seite bedeutet das althochdeutsche Verb *noton* oder *nutten* „schütteln, erschüttern, schwingen" (vgl. altnordisch *hniodha*, „stoßen, schlagen"); dahinter steht indoeuropäisch **ken*, „kratzen, reiben, schaben". Bei Namen ist wohl an das Schwingen der Waffe, das Schütteln des Speers zu denken (vgl. ➤ Gernot, vielleicht auch englisch Shakespeare, „Schüttelspeer"). Das Wort ist verwandt mit der *Niete*, die auch „geschlagen" wird.
Namen: ➤ Gernot, Hartnod, Nodalhildis (w.), Notburg(a) (w.), Notger, ➤ Notker, Nodobert

Notker (m.) deutsch. Der Name ist zusammengesetzt aus ➤ *NOT*, Gefahr, Bedrängnis, Kampf oder auch Schwingen, Stoßen (einer Waffe), und ➤ *GER*, Speer. Der Name ist die Umkehrung von ➤ Gernot. – Drei Selige dieses Namens nennt der Heiligenkalender: Notker der Stammler (9./10. Jahrhundert, Fest am 6. April) war ebenso Benediktinermönch im Kloster St. Gallen in der Schweiz wie der Universalgelehrte Notker Labeo („mit der großen Lippe", 10./11. Jahrhundert, Fest am 29. Juni). Notker von Lüttich wurde 972 ebendort Bischof; sein Namenstag ist der 10. April. – In der Neuzeit ist der Name sehr selten und wird heute kaum noch gegeben.

O

OD / ODAL – „(Grund)besitz, Stammgut"
Wegen ihrer engen sprachlichen Verwandtschaft werden die beiden Namenwörter hier zusammen behandelt. OD ist dabei außer dem Grundbesitz auch allgemein jede Art von Gut oder Besitz, während sich ODAL speziell auf das (väterliche) Erbgut, den Stammsitz bezieht. Da ODAL häufig zu OD verkürzt wird (und entsprechend UDAL zu UD), ist eine Trennung in Namen oft schwierig.
Möglicherweise hängt OD zusammen mit unserem *Kleinod;* dann wäre OD hier zur bloßen Abstraktionssilbe verblasst, ähnlich wie in *Armut, Zierrat* oder *Heimat.* Bei Letzterem würde sich auch ODAL anbieten; außerdem ist hier eine Verwandtschaft zu ➤ ADAL, Adel, denkbar. In jedem Fall ist das Wort OD bewahrt in dem weitgehend untergegangenen Wort *Allod* für lehensfreien Grundbesitz. OD erscheint auch in der Form AUD; es geht zurück auf althochdeutsch *ot* und das wiederum auf germanisch **auda,* Gut, Glück, Habe. Hinter ODAL steht althochdeutsch *uodil,* Habe, Gut, Besitztum, Heimat, und germanisch **odhila,* Erbgut, Landgut. In englischen Namen entspricht ED dem deutschen OD.
Schon für die altgermanische Zeit ist anzunehmen, dass im Moment der Sesshaftwerdung der Gedanke des Grundbesitzes aufkam, in Verbindung mit der Erblichkeit des Grundes. Der Stolz auf diesen Grundbesitz und die damit verbundene Freiheit kommt in beiden Namenwörtern zum Ausdruck. Tacitus nennt zwar in seiner *Germania* möglichst große Viehherden „der Germanen einzigen und liebsten Reichtum" (Kap. 5), doch schließt das Grundbesitz keineswegs aus.
Namen: Audobald, Autger, ➤ Edda (w.)?, ➤ Edgar, ➤ Edith (w.), ➤ Edmund, ➤ Eduard, ➤ Edward, ➤ Edwin, ➤ Jolanthe (w.)?, ➤ Odo, Odoakar, Odilberga (w.), Odulf, ➤ Otfried, ➤ Ot(h)mar, ➤ Ottilie (w.), ➤ Otto, ➤ Udo, Udolph, ➤ Uli (m./w.), ➤ Ulrich, ➤ Ulrike (w.), ➤ Uta/Ute (w.), ➤ Uwe?

Odo (m.) niederdeutsche Variante von ➤ Otto (zu ➤ *OD*, Besitz) oder Kurzform von Namen mit dem Erstglied Od- (etwa Odolf oder Odwin). – Mehrere Heilige förderten die Verbreitung des Namens: Odo von Cluny (rund 50 km nördlich von Lyon) wurde 924 mit gut fünfzig Jahren Abt des dortigen Klosters und in der Folge Initiator der Reformbewegung, die von Cluny ausging; sein Namenstag ist der 18. November. Ungefähr zur selben Zeit wirkte in England Odo von Canterbury (bei Dover), genannt „der Gute". 942 wurde er dort Erzbischof und machte sich ebenfalls durch eine Klosterreform einen Namen; sein Fest ist am 2. Juni. Odo von Cambrai (rund 150 km nördlich von Paris) schließlich wurde Anfang des 12. Jahrhunderts ebendort zum Bischof ernannt; sein Namenstag ist der 19. Juni. – In Deutschland findet sich der Name seit dem 14. Jahrhundert und wird in der zweiten Hälfte des 20. Jahrhunderts gelegentlich gegeben.

Olaf (m.) nordisch. Olaf ist ein alter Name, ursprünglich lautete er wohl Anuleifar. Sein erstes Element ist altnordisch *anu*, Vorfahr; unser Wort *Ahn* hängt damit zusammen. Verwandt damit ist *Enkel*, das den „kleinen Ahnen / Großvater" bezeichnet, ein Hinweis auf die enge Beziehung über eine Generation hinweg bei den Germanen. Altnordisch *leifr* ist der „Erbe, Nachkomme" (➤ LEIBA). Wenn die beiden Elemente inhaltlich aufeinander bezogen sind, kann man den Namen mit „Nachkomme des Ahns" übersetzen; dahinter stehen dann möglicherweise Vorstellungen, nach denen der Großvater im Enkel weiterlebt. Der Gedanke der Seelenwanderung ist allerdings bei den Germanen nicht nachweisbar. Andere deuten den ersten Namensteil als „göttlichen Ahnen"; solche Vorstellungen sind in der germanischen Mythologie nicht selten. Verbreitung fand der Name Olaf durch zwei norwegische Könige: Olaf I. ließ sich 944 in England taufen und leitete die Missionierung seines Landes ein. Rund siebzig Jahre später lernte der spätere Olaf II. auf einer seiner Wikingerfahrten den christlichen Glauben kennen. In blutigem Kampf einte er sein Reich und zwang seine Untertanen zur Taufe. Beim Versuch, das Reich von den Dänen zurückzuerobern, starb er 1030 im Kampf. Später wurde er zum gewaltlosen Märtyrer stilisiert und schon im 12. Jahrhundert heiliggesprochen. Olaf gilt als Patron Norwegens, sein Namenstag ist der 29. Juli. – Der Name findet sich in Deutschland schon im 14. Jahrhundert, bleibt aber selten. In den 1960er-Jahren gehört Olaf (mit Olav) zu den 50 beliebtesten Jungennamen, zeitweise sogar zu den Top 20, vor allem im Norden; heute wird er kaum noch gegeben.

Oleg (m.) russische Form von ➤ Helge (schwedisch: „heil, unversehrt"). Mit den Wikingern kam der Name Helge nach Russland; dort wurde er zu Oleg. König Oleg von Nowgorod verlegte die Hauptstadt des neuen Reiches der *Rus* (Ruderer) von Weliki-Nowgorod nach Kiew (vgl. ➤ Olga). – Seit den 1960er-Jahren findet sich der Name vereinzelt in Deutschland.

Olga (w.) russische Form von ➤ Helga (schwedisch: „heil, unversehrt"). Als skandinavische Siedler im 9. Jahrhundert in Russland den ersten Staat gründeten, brachten sie den Namen Helga mit. (Man nimmt an, Russland hat seinen Namen von einem Stamm *Rus*, was mit „Ruderer" zu übersetzen ist.) Die heilige Olga von Kiew (um 920–969) war die Frau des Großfürsten Igor I. und setzte sich ein für die Missionierung Russlands; ihr Namenstag ist der 11. Juli. – In Deutschland ist der Name erstmals in der ersten Hälfte des 19. Jahrhunderts nachweisbar und gehört um die Wende zum 20. Jahrhundert zu den 50 beliebtesten Mädchennamen. Danach geht die Vergabe stark zurück, und erst in den 1980er-Jahren werden wieder mehr Kinder so genannt.

Oliver (m.) germanisch? Die Herleitung des Namens ist umstritten. Häufig liest man, Oliver leite sich ab von lateinisch *oliva*, Ölbaum, und bedeute „Ölbaumpflanzer“. Nun kommt aber im Rolandslied (um 1200) ein Oliver (französisch Olivier) vor, ein Waffengefährte ➤ Rolands. Die beiden kämpfen mit ➤ Karl dem Großen auf dessen Feldzug gegen das muselmanische Spanien. Auf dem Rückweg geraten sie und ihre Mitstreiter in einen Hinterhalt und kommen heldenhaft um. Im Gegensatz zum ungestümen Roland zeichnet sich Oliver durch seine Besonnenheit aus. Etliche weitere Charaktere in diesem Heldenepos tragen germanische Namen, sodass für Oliver von vielen auch ein solcher Ursprung angenommen wird. Erwogen wird Alfheri („Elfe“ + „Heer“) oder auch Wolfheri („Wolf“ + „Heer“). Manche bringen den Namen auch in Verbindung mit ➤ Olaf (altnordisch: „Nachkomme des Urahns“). Schließlich wird auch auf *Oliba* als möglichen Ursprung hingewiesen, eine Küstenstadt auf halbem Weg von Valencia nach Alicante im Südosten Spaniens. Manche führen die Beliebtheit des Namens Oliver im Italien des ausgehenden Mittelalters auf seinen religiösen Nebensinn zurück: Das aus Oliven gewonnene heilige Öl habe vor allem bei der Taufe eine wichtige Rolle gespielt. – In Deutschland findet sich der Name im 12. Jahrhundert, wird aber erst in der zweiten Hälfte des 20. Jahrhunderts zum Modenamen. Etwa zwischen 1960 und 1990 gehört Oliver zu den 50 beliebtesten Jungennamen, der Höhepunkt liegt dabei Anfang der 70er-Jahre.

ORT – „Spitze (des Schwerts oder Speers)“
Althochdeutsch *ort* bedeutet „Eckpunkt, Spitze“, vor allem des Schwerts oder des Speers. Daran erinnern heute noch der *Ortgang* (das „Ende der Begehbarkeit“ am Dachrand bzw. an der Giebelkante), Ortsbezeichnungen wie *Darßer Ort* (äußerstes Ende des Darß) oder das *vor Ort* aus der Bergmannssprache für die Spitze eines Grubengangs. Schon im Mittelhochdeutschen erweitert sich die Bedeutung auf „Anfang, Ende“ (auch zeitlich), „Ecke, Platz, Stelle“. Als Ursprung nimmt man germanisch **uzda* an.
Namen: Ortlieb, ➤ Ortrud (w.), Ortrun (w.), Ortwin

Ortrud (w.) deutsch. Althochdeutsch ➤ *ORT* bedeutet „Eckpunkt, Spitze“, vor allem des Schwerts oder des Speers. Das zweite Element ist germanisch **thruthi*, Kraft, Stärke (➤ TRUD). Beide Wörter sind als Namensteile uralt – der Name Ortrud jedoch taucht nicht vor der Wende zum 20. Jahrhundert auf. Wahrscheinlich hat ➤ Richard Wagner ihn erfunden für seine Oper *Lohengrin*, die 1850 uraufgeführt wurde. Hier ist Ortrud die Gemahlin des Grafen Telramund. Mit ihm intrigiert sie gegen ➤ Elsa, die sich ihres Bruders entledigt haben soll. Sie überredet Elsa, den geheimnisvollen Ritter, der für sie gekämpft hat, nach Namen und Herkunft zu fragen – doch genau das darf Elsa nicht, das war die Bedingung gewesen dafür, dass der Ritter in einer Art Gottesurteil für sie gekämpft hat. Lohengrin ist ein Sohn des Gralsritters Parzifal und muss von Berufsethos' wegen seine nun angetraute Elsa verlassen; die meisten anderen sterben am Ende. – Der Name Ortrud erscheint dann um die Jahrhundertwende auf den deutschen Standesämtern, bleibt aber selten.

OS ➢ ANS („Gott")

Oscar / Oskar (m.) aus dem Gälischen? Bekannt wurde der Name erst durch den irischen Dichter ➢ James MacPherson (1736–96) und seine Ossian-Dichtung, die sich an alte gälische Lieder anlehnte (MacPherson behauptete, es handle sich um Übersetzungen uralter Gedichte). Darin kommt ein Held namens Oscar vor, seine junge Witwe Malvina besingt zusammen mit Ossian seine vergangenen Heldentaten. Ob der Name gälischen Ursprungs ist (etwa aus *os*, Reh, und *cara*, Freund), weiß man nicht; er könnte auch erst von einfallenden Dänen nach Irland gebracht worden sein (aus altisländisch *as*, Gott, und *geirr*, Speer, es wäre dann derselbe Name wie ➢ Ansgar). Populär wurde der Name durch den schwedischen König Oscar I.; sein Pate Napoleon war ein Verehrer MacPhersons und schreibt in seinen Memoiren, er, Napoleon, sei der Namensgeber gewesen. – Die Redensart, jemand sei „frech wie Oskar", führen manche zurück auf Oskar Blumenthal (gestorben 1917), einen gefürchteten Berliner Kritiker; andere erklären sie mit jiddisch *ossik*, frech. Die begehrte Film-Trophäe der Academy of Motion Pictures Arts and Sciences wurde zum ersten Mal im Jahre 1939 offiziell *Oscar* genannt – wieso, ist nicht mehr festzustellen. Angeblich bemerkte die Bibliothekarin der Akademie, ➢ Margaret Herrick, bereits im Jahr 1931, die Figur sehe aus wie ihr „Onkel Oscar", so nannte sie ihren Cousin Oscar Pierce. – In Deutschland findet sich der Name seit Anfang des 19. Jahrhunderts, häufig als ➢ Oskar. Anfang des 20. Jahrhunderts gehört Oskar zu den beliebtesten 50 Jungennamen, doch das Interesse an dem Namen nimmt bald ab. Erst nach der Jahrtausendwende liegt Oscar/Oskar wieder im Trend und erreicht mittlerweile wieder Platzierungen wie vor hundert Jahren.

Oswald / Oswalt (m.) Nebenform von Answald. Unser Wort *walten* im Sinne von herrschen (➢ WALT) bildet das zweite Element des Namens. ➢ *ANS* ist der gotische Name der germanischen Asen (Götter). – Der Name Oswald erscheint in Deutschland im 14. Jahrhundert, im Zusammenhang mit der Verehrung des heiligen Oswald, eines angelsächsischen Königs des 7. Jahrhunderts. Er regierte in Northumbrien, einem Gebiet ungefähr zwischen Leeds und Edinburgh, und führte dort den christlichen Glauben ein. Von dem Kloster Lindisfarne, das er stiftete, ging eine starke Missionstätigkeit aus, nicht nur in seinem eigenen Land, sondern auch in Mitteleuropa. Er fiel 642 im Kampf gegen Penda, den heidnischen König von Mercien, einem Königreich etwa zwischen Liverpool, Bristol, London und Hull. Sein Tod wurde als Märtyrertum gedeutet und Oswald daraufhin heiliggesprochen; sein Haupt ruht in Schaffhausen, sein Namenstag ist der 5. August. Iro-schottische Mönche brachten seine Verehrung auf den Kontinent, besonders im Alpenraum verbreitete sich sein Kult; dort finden sich auch die frühesten Belege für den Namen auf deutschsprachigem Gebiet. Seit Mitte des 20. Jahrhunderts wird Oswald kaum noch gegeben. Der niederländische Journalist und Filmemacher Oswalt Kolle, bekannt durch seine Rolle als Aufklärer der Nation, ist Jahrgang 1928.

OT ➤ **OD** („Besitz, Reichtum“)

Otfried (m.) deutsch. Der Name ist zusammengesetzt aus *ot* ➤ OD, Besitz, Reichtum, und ➤ *FRIED,* Friede, Schutz, eingefriedeter Grundbesitz. – Otfried oder Otfrid von Weißenburg (um 790–875) ist der erste althochdeutsche Dichter, den wir mit Namen kennen. Der Mönch, Theologe und Gelehrte stammte wohl aus der Südpfalz und wirkte später im nordelsässischen Weißenburg. Er verfasste eine Evangelienharmonie, eine Lebensgeschichte Jesu, in Reimen und führte den Endreim in die deutsche Literatur ein. Erst als sein Werk im Zuge der Romantik wiederentdeckt wird, verbreitet sich der Name Otfried in Deutschland, bleibt aber insgesamt selten. Der Kinderbuchautor Otfried Preußler, Jahrgang 1923, wurde bekannt durch Bücher wie *Der kleine Wassermann, Die kleine Hexe* oder *Der Räuber Hotzenplotz.*

Othmar / Otmar (m.) deutsch. Zwei althochdeutsche Wörter bilden die Elemente dieses Namens: Althochdeutsch *ot* bedeutet „Besitz, Reichtum“ (➤ OD), *mari* heißt „berühmt, hervorragend“ (➤ MAR). – Für die Beliebtheit des Namens ist in erster Linie der heilige Ot(h)mar von St. Gallen verantwortlich. Um 690 in der Schweiz geboren, wurde Otmar zum Vorsteher einer Einsiedelei im heutigen St. Gallen ernannt. Diese baute er mit anderen Mönchen zum Kloster aus, wurde dessen Abt und gab ihm später die Benediktinerregel. Otmar kümmerte sich aufopfernd um Kranke und Arme, die er in einem neu errichteten Gebäude des Klosters unterbrachte; das brachte ihm den Namen „Armenvater“ ein. Er starb am 16. November 759; das ist auch sein Namenstag. – Der Name erscheint erstmals im 14. Jahrhundert und bleibt vor allem im Süden, auch in der Schweiz, bis zur Mitte des 20. Jahrhunderts gebräuchlich.

Ottilia / Ottilie (w.) deutsch. Ottilie entspricht männlicherseits etwa „Ottolein“. Auch hier wurde ein Name, der mit *Ot-* oder ➤ *OD-* („Besitz, Reichtum, Glück“) beginnt, verkürzt, in diesem Fall zu Oda (➤ Uta). Dabei kommt Othild (mit dem zweiten Teil „Kampf“) infrage, aber auch Otburg oder Otgard (hier steht einmal der „Schutz“ hinten, einmal der „Garten“). Aus Oda wurde die Koseform Odila gebildet und das wiederum zu Odilia erweitert, was lateinisch klingen sollte. Schließlich wurde Ottilie draus. – Odilia vom Elsass (etwa 660–720) wurde blind geboren und durch das Gebet des heiligen Erhard sehend, erzählt die Überlieferung. Sie gründete das später nach ihr benannte Kloster Odilienberg (rund 15 km südwestlich von Straßburg), deren erste Äbtissin sie wurde; ihr Namenstag ist der 13. Dezember. – Seit dem 13. Jahrhundert ist der Name in Deutschland nachzuweisen. In Goethes Roman *Die Wahlverwandtschaften* stirbt Ottilie, die junge Geliebte ➢ Eduards, am Ende tragisch. Ottilie hieß auch Goethes Schwiegertochter, die Frau seines Sohnes ➢ August. Seit Mitte des 20. Jahrhunderts gilt der Name als altmodisch und wird kaum noch gegeben.

Otto (m.) deutsch. Otto ist eine verselbstständigte Kurzform verschiedener Namen, die mit der Silbe *Ot-*, Besitz (➢ OD), beginnen: etwa ➢ Otmar, Otwald oder Otwin. – Neben etlichen Fürsten hießen vier deutsche Kaiser so, darunter Otto I. (912–73), genannt der Große. Er einte das Deutsche Reich und vergrößerte es bis nach Italien. 955 wehrte er die einfallenden Ungarn am Lechfeld bei Augsburg ab – ein historischer Sieg. – Für die Verbreitung des Namens sorgte jedoch vor allem der heilige Otto von Bamberg (in Franken) im 11./12. Jahrhundert; seine Milde und sein ausgleichendes Wesen machten ihn beliebt. In den sogenannten Investiturstreit zwischen Kaiser und Papst griff er vermittelnd ein. Er wurde von Kaiser ➢ Heinrich IV. zum Bischof von Bamberg ernannt. Dort starb er 1139; sein Namenstag ist der 30. Juni. – Der Name verbreitet sich rasch im deutschsprachigen Raum, vor allem in Pommern, wo Otto von Bamberg gegen Ende seines Lebens als Missionar wirkte. Bis in die 1950er-Jahre gehört Otto zu den beliebtesten Jungennamen; 1948 spielte ➢ Gert Fröbe in dem Film *Berliner Ballade* den „Otto Normalverbraucher", einen Durchschnittsdeutschen. Der Komiker Otto Waalkes ist 1948 geboren. Seit den 60ern wird der Name Otto nur noch selten gegeben.

Oxana (w.) ukrainische Form von ➢ Xenia (griechisch: „gastfreundlich"). – Seit den 1960er-Jahren ist der Name in Deutschland gelegentlich zu finden, häufig bei Aussiedlern aus der ehemaligen Sowjetunion.

P

Pablo (m.) spanische Form von ➢ Paul (lateinisch: „klein"). – In Deutschland erscheint der Name nicht vor den 1970er-Jahren, vielleicht angeregt durch den spanischen Maler Pablo Picasso (1881–1973) und die Figur des Musikers Pablo in ➢ Hermann Hesses Roman *Der Steppenwolf* (1927); insgesamt bleibt er sehr selten.

Pamela (w.) aus dem Griechischen. Der Name kommt aus England zu uns und wird hier meist englisch ausgesprochen [pämele; das E jeweils wie in *Be*ginn], mit der Betonung auf der ersten Silbe; in neuerer Zeit gibt es jedoch auch immer mehr Pamelas mit deutscher Aussprache und entsprechender Betonung auf der zweiten Silbe [pamehla]. Der englische Dichter Sir ➤ Philip Sidney erfand Ende des 16. Jahrhunderts den Namen für seinen in Versen gedichteten Roman *The Countess of Pembroke's Arcadia*, und dort liegt die Betonung ebenfalls auf der zweiten Silbe [pemihle]. Was Sidney sich bei dem Namen gedacht hat, ist nicht klar. Wahrscheinlich hat er ihn zusammengesetzt aus griechisch *pan*, alles, ganz, und *méli*, Honig, oder *mélas*, schwarz; Pamela wäre dann entweder „die ganz Süße" oder „die ganz Schwarze". Für die Verbreitung des Namens sorgte der 1740 erschienene Roman *Pamela oder die belohnte Tugend* des ebenfalls englischen Dichters ➤ Samuel Richardson. Die Titelheldin, eine fünfzehnjährige Hausangestellte, weist alle Annäherungsversuche des Hausherrn zurück – und der bietet ihr am Ende eine standesgemäße Heirat an. – Anfang des 20. Jahrhunderts erscheint der Name erstmals in Deutschland und bleibt insgesamt selten.

Paola (w.) italienische Form von ➤ Paula ➤ Paul (lateinisch: „klein"). – Der Name taucht in Deutschland Anfang der 1930er-Jahre auf und erfreut sich gegen Ende des Jahrhunderts einer gewissen Beliebtheit. Die Sängerin Paola Felix wird 1950 als Paola ➤ Maria Augusta Del Medico geboren.

Paolo (m.) italienische Form von ➤ Paul (lateinisch: „klein"). – Der Name erscheint in Deutschland Anfang der 1960er-Jahre und bleibt selten.

Pascal (m.) aus dem Hebräischen. Pascal ist wörtlich „der Österliche", der Name wurde ursprünglich einem an Ostern geborenen oder – wahrscheinlicher – getauften Jungen gegeben. Lateinisch *paschalis* geht zurück auf hebräisch *pessach*, unser Wort *Passa*. Das Passafest der Juden erinnert bis heute an den Auszug des Volkes Israel aus Ägypten (2. Mose 12). Damals sollten die Israeliten das Blut des Passalammes an ihre Türpfosten streichen, damit der Todesengel an ihren Häusern „vorübergeht" (auf Hebräisch *passach*). – Im Neuen Testament wird Jesus als das Passalamm bezeichnet, dessen Blut diejenigen vor dem Tod rettet, die an ihn glauben (Johannes 1,29 und 1. Petrus 1,19). – Unter den Heiligen dieses Namens finden sich Paschalis I., ein Papst des 9. Jahrhunderts (Namenstag 11. Februar), und Paschalis Baylon, ein Laienbruder bei den Franziskanern im Spanien des 16. Jahrhunderts (Fest am 17. Mai). Größeren Einfluss auf die Namengebung jedoch hatte der französische Mathematiker, Physiker und Philosoph Blaise Pascal (1623–62). Seine *Pensées* („Gedanken") sind eine Verteidigung des christlichen Glaubens auf dem Grund der Vernunft. – In Deutschland erscheint der Vorname Pascal in den 1960er-Jahren und gehört in den 80er- und 90er-Jahren zu den beliebten Jungennamen, etwa zwischen 1990 und 2002 sogar zu den Top 50.

Patric (m.) Variante von ➤ Patrick (lateinisch: „adelig"), englische Aussprache [pätrik]

Patricia (w.) [patritsia], auch: Patrizia. Weibliche Form von ➤ Patrick (lateinisch: „adelig"), englische

Aussprache [petrische; das E jeweils wie in *Be*ginn]. – Die heilige Patricia stammte der Legende nach aus fürstlichem Geschlecht und war mit Kaiser Konstans II. verwandt. Um einer Heirat zu entgehen, floh sie nach Rom und kehrte heim als gottgeweihte Jungfrau. Sie verteilte ihren Besitz an die Armen und pilgerte ins Heilige Land. So gilt sie als Schutzheilige der Pilger, gleichzeitig ist sie Patronin von Neapel; dort starb sie am 25. August 660 (?), ihrem späteren Namenstag. – In Deutschland taucht der Name in den 1950er-Jahren auf; etwa zwischen 1960 und 1995 ist er meist unter den Top 100 zu finden.

Patrick (m.) englische Aussprache [pätrik]. Der Name kommt vom lateinischen *patricius*, Patrizier, aus edlem Geschlecht; das wiederum leitet sich ab von *pater*, Vater. Ursprünglich ein Adelstitel, verkam *patricius* später zum bloßen Beinamen. – Patrick ist der Nationalheilige der Iren. Um 385 in Britannien als Maewyn Succat geboren, wurde Patrick 401 von Piraten nach Irland verschleppt. Er musste Schafe hüten, konnte aber Jahre später fliehen. In seiner Autobiografie bezeichnet er diese Jahre als eine Zeit der Reifung. Er lernte nicht nur die Sprache der Insel, sondern befasste sich auch mit dem Druidentum, von dem er die Menschen dort befreien wollte. 432 kehrte er als Missionar zurück nach Irland und bekehrte bis zu seinem Tod Stammeskönige und Adelige. So ist es sein Verdienst, die Insel christianisiert und die Kirche dort organisiert zu haben. Patrick nennt er sich erst, als er Priester wird; möglicherweise deutet er dabei den Namen christlich um als „zum Vater (Gott) gehörig". Patrick stirbt um das Jahr 461 (oder aber um 491); sein Namenstag ist der 17. März, der irische Nationalfeiertag. – Mitte des 20. Jahrhunderts erscheint der Name in Deutschland und erlebt seit Mitte der 60er-Jahre einen kometenhaften Aufstieg: Etwa zwischen 1980 und 1993 ist Patrick unter den 20 beliebtesten Jungennamen; seit der Jahrtausendwende geht es wieder abwärts.

Paul (m.) Das lateinische Wort *paulus* (und entsprechend griechisch *paurós)* bedeutet „klein, niedrig, gering" und wurde ursprünglich einem kleinen Menschen als Beiname gegeben; erst später wurde es zum Vornamen. Im Neuen Testament ist Paulus (im griechischen Neuen Testament Paulos) aus Tarsus (in Kleinasien) einer der Apostel; in 1. Korinther 15,9 bezeichnet er sich selbst als den „geringsten aller Apostel" (griechisch *eláchistos*; ob er damit auf seinen Namen anspielt, ist nicht sicher). In den sogenannten Paulusakten aus dem 2. Jahrhundert wird er als „Mann von kleiner Statur" bezeichnet. Jesus begegnet ihm als der Auferstandene (Apostelgeschichte 9), und diese Begegnung macht aus dem Christenverfolger einen engagierten Missionar. In mehreren Reisen gründet und besucht er zahlreiche Gemeinden in Kleinasien und Griechenland, mit denen er brieflich in Kontakt bleibt. Sein jüdischer Name lautet Saul („der Erbetene", vgl. ➤ Silas), und vermutlich hat er den Namen Paul wegen des ähnlichen Klangs als „bürgerlichen" Namen bekommen oder selbst gewählt. Man hat vermutet, Paulus habe ihn von Paulus Sergius angenommen, dem römischen Statthalter auf Zypern. In Apostelgeschichte 13,6ff. wird von der Begegnung der beiden erzählt, bei der Paulus Sergius zum Glauben führt; danach wird der Apostel nur noch Paulus genannt. Wahrscheinlich stirbt er als Märtyrer in Rom zur Zeit Neros (64–68); sein Namenstag ist der 29. Juni. – In Deutschland erscheint der Name seit dem 14. Jahrhundert als Paulus, vor allem im Osten. Erst zur Zeit der Reformation findet er weite Verbreitung, ohne jedoch an ➤ Petrus/Peter heranzureichen. Als berühmter evangelischer Namensträger sei hier der Liederdichter Paul Gerhardt genannt (1607–1676). Bis zum 1. Weltkrieg gehört Paul zu den Top 10, nimmt danach bis in die 60er-Jahre stetig ab, um bald wieder nach oben zu schießen; Anfang des 21. Jahrhunderts ist der Name wieder unter den Top 10 zu finden. Nachnamen wie Pagel, Pallmann oder Pesch sind meist von Paul abgeleitet und belegen die frühe Beliebtheit des Vornamens.

Paula (w.) weibliche Form von ➤ Paul (lateinisch: „klein"). – Die heilige Paula von Rom lebte im 4./5. Jahrhundert. Sie setzte ihr Vermögen für die Pflege Armer und Kranker ein und folgte nach dem Tod ihres Mannes dem ➤ Hieronymus nach Palästina; dort gründete sie mehrere Spitäler sowie ein Kloster, in dem sie um 404 starb. Paulas Namenstag ist der 26. Januar. – Die Belege für den Namen in Deutschland reichen zurück bis ins 15. Jahrhundert, in der zweiten Hälfte des 19. Jahrhunderts ist er sehr beliebt, erst nach dem 1. Weltkrieg fällt er aus den Top 50 und verschwindet nach Ende des 2. Weltkriegs fast ganz aus der Namengebung. Doch seit den 80ern befindet sich Paula im steilen Aufstieg und gehört seit Ende der 90er wieder zu den 50 beliebtesten Mädchennamen.

Paulina / Pauline (w.) Koseform von ➤ Paula ➤ Paul (lateinisch: „klein"). Zwei Heilige namens Paulina starben im 1. Jahrhundert in Rom als Märtyrerinnen; viel mehr als ihre Namen kennen wir nicht. Sie haben ihren Namenstag am 6. Juni und am 31. Dezember. – Schon im 13. Jahrhundert findet sich der Name in Deutschland. Im 19. Jahrhundert ist er weit verbreitet, als Beleg dafür mag *Die gar traurige Geschichte mit dem Feuerzeug* in Heinrich Hoffmanns *Struwwelpeter* (1844) dienen, die mit den Worten beginnt: „Paulinchen war allein zu Haus ..." Der Name kommt im 20. Jahrhundert bald aus der Mode, klettert aber gegen Ende des Jahrhunderts (in beiden Formen) wieder auf Plätze unter den beliebtesten 50 Mädchennamen.

Paulus (m.) lateinische Form von ➤ Paul (lateinisch: „klein")

Pavol (m.) slowakische Form von ➤ Paul (lateinisch: „klein")

Pedro (m.) spanische und portugiesische Form von ➤ Peter (griechisch: „Fels"). – Der Name findet sich in Deutschland seit dem späten 19. Jahrhundert, bleibt aber sehr selten.

Peer (m.) nordische, niederländische und niederdeutsche Form von ➤ Peter (griechisch: „Fels"). – Der Name erscheint in Deutschland im 19. Jahrhundert und wird bekannt durch ➤ Henrik Ibsens lyrisches Gedicht *Peer Gynt* (1867; vgl. ➤ Solveig), vor allem in der Vertonung durch Edvard Grieg (1876); gegen Ende des 20. Jahrhunderts bekommt der Name ein wenig Rückenwind.

Penelope (w.) griechisch? In der griechischen Sagenwelt ist Penelope eine spartanische Prinzessin, Tochter des Ikarios, treue Ehegattin des griechischen Helden Odysseus und Mutter des Telemachos. Als ihr Gatte in den Trojanischen Krieg zieht und lange Jahre nicht heimkehrt, sieht sie sich umgeben von einem Heer von Freiern. Sie entzieht sich ihrem Drängen, indem sie vorgibt, erst noch das Leichentuch für ihren hinfälligen Schwiegervater fertig weben zu müssen; nachts aber trennt sie das bei Tage Gewebte wieder auf. Deswegen wurde ihr Name schon in der Antike gedeutet als „die das Gewebe Auflösende" (zu *péne*, Gewebe, und *lépein*, abziehen). Als Odysseus nach zwanzig Jahren schließlich heimkehrt, erschlägt er die Schar der Freier; wie die Beziehung weitergeht, darüber wurde schon in der Antike spekuliert. In der *Odyssee* bringt Homer den Namen Penelope in Verbindung mit einem ähnlichen Wort für eine Ente mit buntem Hals. Wahrscheinlich ist der Name jedoch vorgriechisch und seine Bedeutung verloren gegangen. – Anfang des 20. Jahrhunderts taucht der Name erstmals in Deutschland auf, und zwar in der Form Penelopeia. Er bleibt sehr selten; daran hat auch die amerikanische Schauspielerin Penélope Cruz (Jahrgang 1974) nichts geändert.

Per (m.) nordische Form von ➤ Peter (griechisch: „Fels"). – Der Name ist erstmals im 16. Jahrhundert in Süddänemark (damals deutsch) belegt.

Petar (m.) serbische usw. Form von ➤ Peter (griechisch: „Fels")

Peter (m.) Der griechische Name Petros wurde offenbar zuerst von den frühen Christen verwendet. Er bedeutet „Stein" (vergleiche auch griechisch *pétra*, Fels, s. u.) und ist die Übersetzung des aramäischen *Kepha*, (runder) Stein (in der griechischen Bibel als *Képhas* wiedergegeben), des Beinamens von ➤ Simon Petrus (zur Unterscheidung von Simon dem Zeloten). Weil ein runder Stein als Fundament wenig taugt, hat man bei diesem Wortspiel auch an „Edelstein" gedacht oder an die Härte und Standfestigkeit des Steins allgemein. Auf diesen Beinamen des Simon spielt nach Matthäus 16,18 Jesus an: „Du bist Petros, und auf diesen Felsen *(pétra)* will ich meine Kirche bauen." Wahrscheinlich hatte Simon den Beinamen schon vorher, und Jesus deutet ihn hier nur um. Petrus ist in der Bibel einer der Jünger Jesu, eine widersprüchliche Gestalt. Er will zu Jesus auf dem Wasser gehen – aber ihn verlässt der Mut (Matthäus 14,28–32). Er schlägt dem Diener des Hohenpriesters bei der Gefangennahme Jesu mutig das Ohr ab (Johannes 18,10) – doch später verleugnet er feige seinen Herrn dreimal, bevor der Hahn morgens kräht (Markus 14,66–72). Dennoch vergibt Jesus ihm und gibt ihm einen neuen Auftrag: „Hüte meine Schafe" (Johannes 21,15–17). Petrus war verheiratet, seine Frau begleitete ihn auf seinen Missionsreisen. Genau wie Paulus starb er wahrscheinlich um 65 n. Chr. in Rom als Märtyrer – angeblich ließ er sich kopfüber kreuzigen, weil er sich unwürdig fühlte, wie Jesus zu sterben. Das Fest von Peter und Paul ist am 29. Juni. – In der Antike gab es ähnliche Namen, die sich offenbar ebenfalls von *pétra* ableiten, etwa Petraios, ein Beiname des Poseidon, oder Petronius; Petros/Petrus aber ist in dieser Form eine christliche Neuschöpfung. – Die Belege für Petrus/Peter in Deutschland reichen zurück bis ins 10. Jahrhundert. Bis ins 13. Jahrhundert ist dies der häufigste Taufname, dann wird er von ➤ Johannes abgelöst, bleibt aber durch die Jahrhunderte beliebt, was sich etwa im *Struwwelpeter* zeigt. Im 20. Jahrhundert gehört Peter bis in die 80er-Jahre fast durchgängig zu den 50 beliebtesten Jungennamen, Mitte der 30er bis Mitte der 60er sogar zu den Top 10. Im neuen Jahrtausend wird er kaum noch gegeben.

Petra (w.) weibliche Form von ➤ Peter (griechisch: „Fels"). – Der Name erscheint in Deutschland Anfang des 20. Jahrhunderts, bis Ende der 40er-Jahre gehört er zu den Top 20, zwischen 1953 und 1970 sogar durchgehend zu den Top 10; seit den 80ern wird er kaum noch gegeben.

Petrus (m.) lateinische Form von ➤ Peter (griechisch: „Fels")

Phil (m.) englische Kurzform von ➤ Philipp (griechisch: „Pferdefreund"). – Der Name taucht in Deutschland Ende der 1970er auf und bleibt selten; erst seit der Wende zum 21. Jahrhundert ist ein leichter Aufwärtstrend festzustellen, und Phil hält sich unter den Top 100.

Philipp (m.) aus dem Griechischen. Philipp heißt auf Deutsch „Pferdefreund". In der Antike sorgte zunächst der Vater ➤ Alexanders des Großen, der mazedonische König Philippos II., für die Verbreitung des Namens. Zum Durchbruch verhalfen ihm jedoch zwei Gestalten aus dem Neuen Testament: Philippus heißt einer der zwölf Apostel, er stammt aus Bethsaida am See Genezareth. Nach Johannes 6,5f. stellt Jesus ihn bei der Speisung der 5000 auf die Probe. Philippus stirbt – so die Legende – als Märtyrer in der heutigen Ukraine; der 3. Mai ist sein Namenstag. Schon früh wird er verwechselt mit Philippus, dem „Evangelisten". Der wird so genannt, weil er einem Beamten aus Äthiopien die Bibel erklärt, ihn zum Glauben führt und schließlich tauft (Apostelgeschichte 8,27 ff.). In der ersten christlichen Gemeinde in Jerusalem wird er zuvor zu einem der sieben Diakone gewählt (Kap. 6). Angeblich stirbt auch er als Märtyrer; sein Fest ist der 11. Oktober. ➤ Paulus schreibt einen seiner Briefe im Neuen Testament an die Gemeinde in Philippi, einer früheren Kolonie Philippos' II. an der Westküste der heutigen Türkei. – Im 12. Jahrhundert erscheint der Name als Philippus in Deutschland; eine Reihe von abgeleiteten Nachnamen belegen seine Beliebtheit: Philipps, Lipp(s), Phipps (vgl. Fips der Affe bei Wilhelm Busch), Liebig, Lippmann usw. Als Heiligenname ist Philipp seit dem 15. Jahrhundert noch weiter verbreitet, aber auch evangelischerseits als biblischer Name beliebt; als Beispiel mögen dienen: Philipp Melanchthon (Reformator im 15./16 Jahrhundert), Philipp Jacob Spener (Theologe im 17./18. Jahrhundert), Philipp Emanuel Bach (Komponist im 18. Jahrhundert). Mitte des 20. Jahrhunderts nimmt der Name wieder Fahrt auf, gehört seit den 70er-Jahren zu den Top 50 und steigt Mitte der 80er zu den Top 20 auf; Ende der 80er bis Ende der 90er gehört Philipp regelmäßig zu den Top 10 und hält sich seitdem unter den Top 20.

Phöbe (w.) Der Name leitet sich ab von griechisch *phoíbos*, leuchtend, rein (zu *phos*, Licht, das wir u. a. aus der *Photographie* kennen, aber auch vom *Phosphor).* In der griechischen Mythologie ist Phöbe die Tochter des Uranos und der Gaia aus dem Göttergeschlecht der Titanen. Mit Koios hat sie die Kinder Asteria und Leto; damit ist sie die Großmutter des Phöbos Apollo (vgl. ➤ Apollonia). Möglicherweise stellt sie als Mondgöttin das weibliche Gegenstück dar zum Sonnengott Phöbos Apollo, war sie doch vor ihm Orakelgöttin in Delphi. Bei den lateinischen Dichtern ist Phöbe der Beiname der ➤ Diana (griechisch Artemis), der Göttin der Jagd und ursprünglich die Mondgöttin. – Im Römerbrief (16,1) wird eine Christin namens Phöbe erwähnt, eine „Dienerin" (Diakonin) der Gemeinde in Kenchrea, einem Ort bei Korinth. Als solche sorgte sie für Arme, Durchreisende und Freigelassene in der Hafenstadt. Im Auftrag des Paulus (➤ Paul) reist sie nach Rom – vermutlich mit dem Brief des Apostels im Gepäck. Er nennt Phöbe seine „Schwester im Glauben", die auch ihm schon oft geholfen habe, und bittet die Gemeinde in Rom, sie freundlich aufzunehmen. Ob Phöbe in ihrer Gemeinde in Kenchrea ein Amt innehatte und wenn ja, welches, ist umstritten. Als katholische Heilige hat Phöbe (Phoebe) ihren Namenstag am 3. September. – Im frühen 19. Jahrhundert zum ersten Mal in Deutschland belegt, bleibt der Name sehr selten und ist am ehesten in christlichen Kreisen anzutreffen.

Phoebe (w.) Schreibvariante von ➤ Phöbe (griechisch: „leuchtend"); englische Aussprache [fihbi]. – Die US-amerikanische Singer-Songwriterin Phoebe Snow, 1950–2011, trat unter anderem mit ➤ Paul Simon auf.

Pia (w.) weibliche Form von Pius. Pius ist ein alter römischer Beiname (Cognomen); auch ein römischer Kaiser trug ihn: Titus Aelius Hadrianus Antoninus Augustus Pius regierte von 138 bis zu seinem Tod im Jahr 161. Wenn die Römer jemanden *pius* nannten, dann erfüllte der seine religiösen und sozialen Pflichten gegenüber den Göttern und den Menschen, besonders den Verwandten, den lebenden wie den verstorbenen, vor allem den Eltern. Da dies alles die staatstragende Ordnung unterstützte, konnte *pius* auch die Bedeutung „patriotisch" annehmen. So war Pius zunächst ein Beiname, später dann ein Vorname. Die frühen Christen nahmen den Namen gerne auf und deuteten ihn in ihrem Sinn: Der „Fromme" verehrt den wahren Gott und verhält sich dementsprechend. Eine Reihe von Päpsten nannten sich so: Pius I. war in der ersten Hälfte des 2. Jahrhunderts Bischof von Rom (Festtag 11. Juli); unter dem Pontifikat Pius' IX. wurden im 19. Jahrhundert die Dogmen von der Unbefleckten Empfängnis Marias und der Unfehlbarkeit des Papstes verkündet; Letzteres führte zur Abspaltung der Altkatholiken. Sein Fest ist am 7. Februar. Die heilige Pia von Karthago starb um das Jahr 300 als Märtyrerin, ihr Gedenktag ist der 19. Februar. – Als Beiname ist Pia schon im 14. Jahrhundert in Bamberg belegt, und eine österreichische Kaiserin im 18. Jahrhundert heißt ➤ Maria ➤ Anna ➤ Karolina Pia. Im 20. Jahrhundert kommt der Name in den frühen 90ern in Mode und hält sich seitdem in den Top 50.

Piero (m.) italienische Form von ➤ Peter (griechisch: „Fels")

Pierre (m.) französische Form [pjär] von ➤ Peter (griechisch: „Fels"). Das französische Wort für „Stein" ist identisch mit dem Namen und leitet sich ebenfalls von dem griechischen Wort *pétra* ab. – Der Name kommt Anfang des 20. Jahrhunderts in Deutschland an und bleibt relativ selten.

Piet (m.) niederländisch-niederdeutsche Kurzform [piht] von ➤ Pieter ➤ Peter (griechisch: „Fels"). – Der Name ist seit den 1960er-Jahren vereinzelt in Deutschland zu finden, überwiegend im Norden.

Pirmin (m.) Herkunft unbekannt. Die Herkunft des Namens ist ebenso wenig geklärt wie die des Heiligen. Manche nehmen an, der Name sei keltischen Ursprungs, und übersetzen mit „Bärenmensch" oder aber „ruhmreich". Andere erkennen darin ein Wort für „hoher Herr" oder halten den Namen für eine abgewandelte Form des lateinischen *firmus*, fest. Der heilige Pirminius kam wahrscheinlich aus Irland, möglicherweise aber auch aus Südwestgallien oder der Gegend um Paris. Um das Jahr 720 nahm er seine Missionstätigkeit in Nordwestfrankreich auf, später gründete er als Wandermönch am Oberrhein mehrere Klöster, darunter das Kloster Mittelsee auf der Bodenseeinsel Reichenau. Danach missionierte er im Elsass und der Südpfalz; die Stadt Pirmasens ist nach ihm benannt. Auch das Kloster Hornbach ist eine Gründung Pirmins, dort ist er wahrscheinlich auch um das Jahr 753 gestorben, ein Teil seiner Reliquien befindet sich bis heute dort. Sein Namenstag ist der 3. November. – Der Name findet sich vor allem in der Pfalz, häufig auch als Nachname in der Form Pirrmann oder Pfirrmann. Als Vorname ist er sehr selten.

POLD ➤ BALD („mutig")

Prisca (w.) lateinisch. Prisca ist ein biblischer Name. Prisca und ihr Mann Aquila („Adler") sind römische Judenchristen, die im Jahr 50 n. Chr. aus ihrer Heimat vertrieben werden. Kaiser ➤ Claudius verbannt alle Juden aus der Hauptstadt wegen eines Aufruhrs „unter Anführung eines gewissen Chrestus" – gemeint ist wohl Jesus Christus. Prisca und Aquila gehen nach Korinth (Apostelgeschichte 18,1–3; hier wird sie Priszilla genannt), dort treffen sie den Apostel ➤ Paulus, und weil alle drei Zeltmacher von Beruf sind, zieht Paulus bei dem Paar ein. Die beiden unterstützen Paulus bei seiner Mission und leiten eine kleine Hausgemeinde. Sie begleiten ihn auf seiner Missionsreise nach Syrien, bleiben aber in Ephesus zurück; später sind sie wieder in Rom zu finden. Der evangelische Theologe Adolf von Harnack (1851–1930) hielt Prisca und Aquila für die Verfasser des neutestamentlichen Hebräerbriefs, blieb mit dieser Einschätzung jedoch weitgehend allein. Das lateinische *priscus*, alt, ehrwürdig, war ursprünglich ein ehrender Beiname; Prisca ist die weibliche Form davon und ➢ Priscilla, wie sie in der Apostelgeschichte genannt wird, eine Koseform, etwa „Priscalein". Die heilige Prisca (Priscilla) von Rom ist nicht identisch mit der aus dem Neuen Testament. Legendarischen Berichten zufolge starb sie im Alter von dreizehn Jahren den Märtyrertod; ihr Gedenktag ist der 18. Januar. – In Deutschland taucht der Name im 16. Jahrhundert auf und bleibt selten; in den USA erfreut er sich seit dem 17. Jahrhundert einiger Beliebtheit mit Platzierungen um 300 Anfang des neuen Jahrtausends.

Priscilla (w.) [priskilla], Verkleinerungsform von ➢ Prisca (lateinisch: „alt, ehrwürdig"). – Eine erste Priscilla erscheint in Deutschland im 17. Jahrhundert. Der Name bleibt selten – trotz Priscilla Presley, Jahrgang 1945; sie war von 1967 bis 1973 verheiratet mit Elvis Presley.

Priska (w.) andere Schreibweise von ➢ Prisca (lateinisch: „alt, ehrwürdig")

Q

Quentin (m.) aus dem Lateinischen. Quentin ist die ursprünglich französische [kohtäh, vorne wie in Para*vent*, hinten wie in Gra*tin*] und infolge des Normanneneinfalls auch englische [kuentin] Form des lateinischen Namens Quintinus, einer Ableitung von Quintus. Das bedeutet „der Fünfte" und konnte im alten Rom den fünften Sohn (oder das fünfte Kind) bezeichnen oder aber einen Jungen, der im fünften Monat *Quintilis* geboren wurde; später nannte ➢ Julius Caesar diesen Monat zu seinen Ehren um in Iulius (Juli). – Die nordfranzösische Stadt Saint-Quentin, rund 120 km nordöstlich von Paris gelegen, erinnert an den heiligen Quentin (Quintinius). Der Überlieferung nach stammte er aus einer römischen Senatorenfamilie und ging im 3. Jahrhundert nach Gallien, in die Gegend von Amiens, um dort zu missionieren. Angeblich wurde er dabei von dem grausamen Präfekten Rictiovarus verhaftet, schwer gefoltert und schließlich enthauptet; den Leichnam warf man in die Somme. Eine vornehme Römerin fischte, einer Vision folgend, seine Überreste um das Jahr 340 aus dem Fluss und baute an der Stelle eine Kapelle; heute steht hier die Basilika Saint-Quentin. Quentins Namenstag als katholischer Heiliger ist der 31. Oktober. – In Deutschland seit den 1980er-Jahren belegt, bleibt der Name sehr selten.

Q

Quirin / Quirinus (m.) aus dem Lateinischen. Quirinus ist der Name eines alten römischen Gottes, der zusammen mit Jupiter und Mars in einer archaischen Trias verehrt wurde. Ähnlich bildete später Jupiter mit Juno und Minerva ein solches Dreigespann. Quirinus wurde auf dem Quirinal verehrt, sein Tempel wurde, nachdem er mehrfach zerstört worden war, von Augustus wiederaufgebaut und bestand bis zum Ende des Altertums. Der Quirinal wurde der Überlieferung zufolge von den sabinischen Quiriten (➤ Sabine) besiedelt, Quirinius soll ihr kriegerischer Stammesgott gewesen sein. Offenbar hängen die beiden Bezeichnungen sprachlich zusammen; häufig wird dahinter ein sabinisches Wort *quiris* oder *curis* für „Speer" angenommen. Nach dem Zusammenschluss von Römern und Sabinern, von Palatium und Quirinal, trat Quirinus in Konkurrenz zu Mars, mit dem er nach und nach verschmolz. Die Legende berichtet auch davon, dass Romulus, ein Sohn des Mars, identisch sei mit Quirinius; dadurch wurde er vergöttlicht. – Die Weihnachtsgeschichte nach Lukas (2,2) bringt die Volkszählung, die ➤ Josef und ➤ Maria veranlasst, nach Bethlehem zu gehen, in Verbindung mit der „Zeit, da Quirinius (griechisch: Kyrénios) Statthalter in Syrien war". Publius Sulpicius Quirinius war ab 6 n. Chr. römischer Legat in Syrien und auch für die hochexplosive Provinz Judäa zuständig. Mehrere Heilige sorgten für die Verbreitung des Namens, vor allem Quirinus von Neuss, Anfang des 2. Jahrhunderts Märtyrer in Rom; sein Fest ist am 30. April (teilweise auch der 30. März). Am 25. März hat Quirinus vom Tegernsee sein Fest, der Ende des 3. Jahrhunderts ebenfalls in Rom den Märtyrertod erlitten haben soll. – Der Name erscheint in Deutschland im 14. Jahrhundert und verbreitet sich rasch, vor allem um die genannten Zentren der Verehrung der beiden Heiligen, deren Reliquien angeblich dort zu finden sind. Heute ist der Name in beiden Formen sehr selten. Die englische Form lautet Corin.

R

RAB / RABAN – „Rabe"
Der Rabe heißt so wegen seines Rufs *kra*. Indoeuropäisch **krapno* ist der „Krächzer"; das findet sich im griechischen Wort *kórax* wie im lateinischen *corvus*, von dem die Bezeichnungen für das Tier in den romanischen Sprachen abgeleitet sind, etwa italienisch *corvo*. Der deutsche *Rabe* geht zurück auf mittelhochdeutsch *rabe/rappe*, althochdeutsch *(h)raban* und germanisch **hrabna*. Im Deutschen haben unter anderem auch *schreien*, *Rachen* und *Reiher* dieselbe Sprachwurzel. Auch der *Rappe* ist einfach ein „rabenschwarzes" Pferd, und der Schweizer *Rappen* wurde so genannt, weil man den darauf geprägten Adler

abfällig als *Raben* bezeichnete.
Der Rabe gilt zwar als weise und klug, doch das allein erklärt kaum seinen Eingang in die germanische Namengebung. In unsere Namen fand der Vogel wahrscheinlich durch die Verehrung Odins: Zwei Raben begleiten den obersten Gott Odin (oder Wodan): Hugin („Gedanke" ➤ HUG) und Munin („Erinnerung") sitzen auf seiner Schulter und berichten ihm beim Morgenmahl alles, was sie gesehen und gehört haben. Außerdem folgen sie dem Kriegsgott in die Schlacht und stürzen sich auf die Leichen der gefallenen Krieger. Das tun auch die beiden Wölfe Geri und Freki, die ebenfalls zu Odin gehören; daher nimmt man an, der Rabe sei dem ➤ WOLF sozusagen in die Namengebung gefolgt, wo der offenbar seit früher Zeit seinen Platz hatte. Möglicherweise geht das Namenglied RAB aber auch auf eine Kriegerbezeichnung zurück; dabei ist wohl weniger an Kraft oder Schnelligkeit des Vogels gedacht als vielmehr an seine Klugheit und seine seherischen Fähigkeiten.
In der christlichen Tradition ist der Rabe eine zwiespältige Gestalt: Der Bibel gilt er als unreines Tier, weil er Aas frisst; doch versorgen Raben den erschöpften Propheten Elia (1. Könige 17). Noah schickt nach der Sintflut einen Raben als ersten Kundschafter los, der im Gegensatz zu der später ausgesandten Taube jedoch nicht zurückkehrt (1. Mose 8). Die antiken Ausleger tadeln den Raben dafür als vergnügungssüchtigen Sünder, der seine Bekehrung stets auf morgen vertagt, ruft er doch die ganze Zeit „Cras, cras!" (lateinisch: „Morgen, morgen!"). In der Feldrede im Lukasevangelium schließlich weist Jesus auf die Raben hin, die weder säen noch ernten, die Gott aber dennoch versorgt (Lukas 12,24). Der Rabe ist Attribut mehrerer Heiliger, darunter ➤ Benedikt von Nursia, Bonifatius sowie ➤ Oswald von Northumbrien.
In Namen erscheint RAB (meist in der Form RAM) sowohl als Erstglied wie auch als Zweitglied; Frauennamen sind selten, Berührungen mit RAGAN (➤ RAIN) und ➤ RAND möglich.
Namen: Alram, ➤ Bertram, Rambert, Ramnulf, Rhaban, Wilram, ➤ Wolfram

Rachel (w.) hebräisch. Der Name bedeutet „(Mutter-)Schaf"; man hat vermutet, dies bezöge sich darauf, dass Rahels Nachfahren Schafzüchter gewesen seien, im Gegensatz zu den rinderzüchtenden Nachkommen ihrer Schwester ➤ Lea. Im Alten Testament ist Rachel oder (in deutschen Bibeln meist) Rahel eine der beiden Frauen ➤ Jakobs. Auf der Flucht vor seinem Bruder Esau, den er um sein Erstgeburtsrecht betrogen hat, kommt Jakob nach Haran zu seinem Onkel Laban, er verliebt sich in seine schöne Cousine Rachel und dient Laban als Viehhirte sieben Jahre um sie. In der Hochzeitsnacht findet er allerdings ihre ältere Schwester ➤ Lea in seinem Zelt; dies sei so Brauch, erklärt ihm der Schwiegervater. Um Rachel muss er weitere sieben Jahre dienen, darf aber auch sie kurz darauf heiraten (1. Mose 29); sie wird seine Lieblingsfrau. Rachel bleibt zunächst kinderlos, gebiert dann aber ➤ Josef und ➤ Benjamin, bei dessen Geburt sie stirbt. Jakob begräbt sie an der Straße nach Bethlehem und richtet einen großen Gedenkstein für sie auf (Kap. 35,16–21). – Nach einer jüdischen Legende warnt Rachel Jakob vor den Plänen ihres Vaters, und die beiden verabreden ein geheimes Erkennungszeichen für die Hochzeitsnacht; doch dann verrät Rachel es an Lea, um sie nicht zu beschämen. – Erste Belege für den Namen in Deutschland stammen aus dem 16. Jahrhundert, er bleibt insgesamt selten und ist eher noch in der Form ➤ Rahel zu finden. In englischsprachigen Ländern [rejtschel] ist der Name wesentlich häufiger, auf Französisch wird er [raschell] gesprochen, auf Hebräisch [rachell].

Radolf (m.) Der Name ist zusammengesetzt aus althochdeutsch ➤ *RAT,* Rat(geber), Beratung, und ➤ *WOLF.* – Der heilige Radolf oder Radulf, um das Jahr 800 in Cahors (rund 100 km nördlich von Toulouse) als Sohn eines Grafen geboren, wurde Benediktinermönch und war ab 840 Erzbischof von Bourges (rund 200 km südlich von Paris). Er unterstützte Kaiser ➤ Karl den Kahlen und krönte dessen Sohn Karl 855 zum König von Aquitanien. Er gründete mehrere Klöster und starb am 21. Juni 866; das ist auch sein Namenstag. – Die Stadt Radolfszell am Bodensee hingegen ist benannt nach dem alemannischen Bischof Radolf oder Ratolf von Verona (9. Jahrhundert, Fest am 13. September). Sie entwickelte sich zunächst als Fischerdorf in der Nähe einer Mönchszelle, die Radolf sich als Altersruhesitz erbaut hatte. – Heute ist der Name extrem selten.

Rafael (m.) Schreibvariante von ➤ Raphael (hebräisch: „Gott hat geheilt")

Rafaela (m.) weibliche Form von ➤ Rafael ➤ Raphael (hebräisch: „Gott hat geheilt")

Raffael (m.) Schreibvariante von ➤ Rafael ➤ Raphael (hebräisch: „Gott hat geheilt"). Die Schreibung mit Doppel-F wurde vermutlich durch die italienische Form Raffaele/Raffaelo beeinflusst. Sie taucht in Deutschland erstmals Mitte des 17. Jahrhunderts auf und bleibt selten.

Raffaela (m.) weibliche Form von ➤ Raffael ➤ Raphael (hebräisch: „Gott hat geheilt")

Rahel (w.) andere Schreibweise für ➤ Rachel (hebräisch: „Mutterschaf")

RAI ➤ RAIN („Rat")

Raimar (m.) andere Form von ➤ Reimar („Rat" + „berühmt")

Raimund (m.) deutsch. Der erste Teil des Namens ist altsächsisch *ragin,* weiser Ratschluss (oft: der Götter), verschliffen zu ➤ RAIN. Althochdeutsch *munt* oder ➤ MUND bedeutet Schutz. – Es gab mehrere Heilige dieses Namens. Der Dominikanermönch und Priester Raimund von Peñafort, ein Ort rund 30 km westlich von Barcelona, war ein bedeutender Kirchenrechtler und persönlicher Rechtsberater von Papst ➤ Gregor IX.; er starb bald hundertjährig im Jahr 1275 in Barcelona. Sein Fest ist am 7. Januar. Raimund Nonnatus lebte von 1204 bis 1240 in Barcelona und setzte sich ein für den Loskauf von Gefangenen. Er bot sich sogar selbst als Lösegeld an; damit wollte er es seinem Herrn Jesus gleichtun (vgl. Markus 10,45). Nonnatus bedeutet wörtlich der „Ungeborene": Angeblich wurde er aus dem Leib seiner toten Mutter herausgeschnitten. Sein Namenstag ist der 31. August. Der heilige Raymundus Lullus starb Anfang des 14. Jahrhunderts in Tunesien als Märtyrer; sein Namenstag ist der 29. Juni. – Der Name ist in Deutschland zwar schon in Urkunden des 12. Jahrhunderts zu finden, wandert in der Folgezeit aber nach Südfrankreich als Raymond [rämoh; hinten wie in Feuille*ton*] und nach Spanien als Ramón; in Deutschland wird er erst zu Beginn des 16. Jahrhunderts heimisch. In der zweiten Hälfte des 20. Jahrhunderts bleibt er selten, auch in der Form ➤ Reimund.

RAIN – „Rat, weiser Ratschluss (v. a. der Götter), Schicksal"
Aus unserem Sprachschatz ist das Namenwort schon in althochdeutschen Zeiten verschwunden und nur noch in Namen zu finden. RAIN ist eine zusammengezogene Form von RAGIN (so wie *zum* eine zusammengezogene Form von *zu dem* ist); entsprechend wurde auch REGIN sehr früh zu REIN. *Ragin* und *regin* bedeuten im Gotischen „Rat" oder „Ratschluss". Dabei kann an den Rat des freien Mannes gedacht sein, in der Schlacht oder beim Thing (➤ RAT). Es schwingt aber auch der „weise Ratschluss der Götter" mit; in der Edda sind die *regin* oder *rögn* die ratschlagenden und die Welt beherrschenden Götter. *Ragnarök* („Götterschicksal"; meist mit „Götterdämmerung" wiedergegeben) ist der finale Showdown der Götter in der germanischen Apokalypse. *Ragin/regin* kann dann auch „Schicksal" bedeuten. Welche Vorstellungen dabei im Hinblick auf das Namenwort im Einzelnen im Hintergrund stehen, ist schwer zu sagen; vielleicht wollte man sich des guten Einflusses der Götter versichern und wünschte dem Kind ein freundliches Schicksal. In späterer Zeit wurde REIN auch als „rein" missverstanden.
Wie die alten Germanen diesen Ratschluss der Götter einholten, darüber berichtet sehr anschaulich der römische Schriftsteller Tacitus in seinem Werk *Germania* (Kap. 10) um das Jahr 100 n. Chr.: „Das übliche Verfahren beim Losen ist einfach: Sie zerschneiden einen dünnen Obstzweig in kleine Stücke, versehen diese mit bestimmten Zeichen und streuen sie dann über ein weißes Gewand hin, ganz aufs Geratewohl und wie der Zufall es will." Je nachdem, ob es sich um eine private Angelegenheit handelt oder eine öffentliche, betet der Hausvater oder aber der Priester zu den Göttern, nimmt drei beliebige Holzstückchen und deutet dann die Zeichen. Fällt das Orakel ungünstig aus, wartet man einen Tag bis zur nächsten Befragung; ein positiver Bescheid muss noch durch weitere Vorzeichen bestätigt werden. Dazu kann man den Flug der Vögel beob-

achten oder ihre Stimmen deuten. Namen: Raganfrid, Raganhildis (w.), Raginbald, ➤ Raimar/Reimar, ➤ Raimund/Reimund, ➤ Rainer/Reiner, ➤ Rainhard/Reinhard, ➤ Ramon, Reinbald ➤ Reinhold, Rainberga (w.), Regenbert, ➤ Regina/-e (w.), Reginhold ➤ Reinhold, ➤ Reiner, ➤ Reinhard, ➤ Reinhild (w.), Rembrandt, ➤ Ronald

Rainer (m.) deutsch. Althochdeutsch *heri*, Heer(schar), Menge (➤ HER), bildet den zweiten Teil des Namens; Der erste Teil ist germanisch **regina* oder auch **ragina*, Rat, weiser Ratschluss (oft: der Götter), zusammengezogen zu ➤ *RAIN* oder *rein*; das Nebeneinander von Rainer und Reiner lässt sich bis ins Mittelalter zurückverfolgen, wobei Rainer die oberdeutsche, sprich: süddeutsche Variante ist. – Der heilige Rainer von Pisa lebte von 1100 bis etwa 1160. Nach einer sehr weltzugewandten Jugend begann er in Buße und Kasteiungen Gott und den Menschen zu dienen. Er wurde Einsiedler, unternahm zwei Pilgerfahrten nach Jerusalem und lebte dort von Erbetteltem; sein Namenstag ist der 17. Juni. – Rund 70 Jahre später begegnet uns der selige Reiner (auch: Rainer) von Osnabrück. Bis an sein Lebensende lebte er als sogenannter Rekluse, das heißt eingemauert in eine kleine Kammer am dortigen Dom; sein karges Essen bekam er durch eine schmale Luke gereicht. Sein Fest ist am 11. April. – Der Name Rainer taucht schon in Urkunden des 12. Jahrhunderts auf und verbreitet sich zunächst vorwiegend im Süden. Im 20. Jahrhundert wird Rainer/Reiner zum Modenamen: In den 40er- und 50er-Jahren ist der Name unter den Top 20 zu finden; seitdem wird er immer seltener gegeben.

Ralf (m.) Kurzform von ➤ Radolf („Rat“ + „Wolf“). – Zwar ist schon im 16. Jahrhundert in Niedersachsen ein Raleff beurkundet, doch der Name Ralf kommt erst im 19. Jahrhundert aus England zu uns, zunächst in der Form ➤ Ralph. Im 20. Jahrhundert wird Ralf zum Modenamen, erreicht Ende der 20er-Jahre die Top 100 und nach dem 2. Weltkrieg die Top 50. Zwischen Mitte der 50er und Ende der 60er gehört Ralf mit ➤ Ralph zu den 20 beliebtesten Jungennamen; heute wird er kaum noch gegeben.

Ralph (m.) Schreibvariante von ➤ Ralf ➤ Radolf („Rat“ + „Wolf“). Ralph ist die englische Variante von Ralf; das ph ist das Ergebnis gelehrter Bemühungen im 18. Jahrhundert, den Namen griechisch aussehen zu lassen.

RAM ➤ RAB (Rabe)

Ramon (m.) spanische Form von ➤ Raimund („Rat“ + „Schutz“). Im 5. Jahrhundert kam der germanische Stamm der Westgoten auf seiner Wanderung von der Ostsee schließlich in Spanien an. Von ihrer Sprache ist dort nichts übrig geblieben – außer etlichen Namen, die bis heute gebräuchlich sind, etwa Fernando oder Alfonso. Auch Ramon gehört dazu, in Spanien trägt er einen Akzent auf dem O. – Mitte des 20. Jahrhunderts in Deutschland eingeführt, bleibt der Name selten.

Ramona (w.) weibliche Form von ➤ Ramon ➤ Raimund („Rat" + „Schutz"). – Der Name erscheint erstmals im 19. Jahrhundert in Deutschland und erreicht etwa zwischen 1960 und 1990 mehrmals Platzierungen unter den Top 100. Welche Rolle dabei der Hit *Ramona* des holländischen Gesangsduos *Blue Diamonds* aus dem Jahr 1960 spielt, ist schwer zu sagen.

RAND – „Schildrand, Schildbuckel, Schild"
Viele germanische Namenglieder sind Bezeichnungen von Waffen oder Teilen davon; sie repräsentieren den Krieger, der damit kämpft. Magische Vorstellungen von beseelten Waffen mögen hier mit hineinspielen. Dazu gehören nicht nur Angriffs-, sondern auch Schutzwaffen wie ➤ HELM oder Brünne (➤ BRUNNI). Häufig vertritt das Teil das Ganze, etwa die „Spitze" (➤ EGI) des Schwertes das Schwert oder ORT (ebenfalls die „Spitze") Speer oder Schwert. Hierher gehört auch RAND, althochdeutsch *rant*, eigentlich der Rand des Schildes oder aber der Schildbuckel, der meist metallene Teil, der die schildführende Hand schützt.
Genau wie HELM ist RAND ein Wort aus der Dichtersprache; die technischen Ausdrücke lauteten im Mittelalter *hu(o)t* und *scild*. Das Wort *Rand* geht zurück auf germanisch **randa(z)*, letztlich wahrscheinlich auf eine indoeuropäische Sprachwurzel **rem(e)*, ruhen, stützen (vgl. *Rahmen* und englisch *rim*, Rand). *Rand* wäre dann ursprünglich ein „stützendes Gestell".
Tacitus berichtet in seiner *Germania* (um 100) von den leichten Schilden der Germanen, die auch von Reitern getragen werden. Sie seien in grellen Farben bemalt; dies wurde durch archäologische Funde bestätigt. (Bis heute „schildern" wir etwas, wir beschreiben es in bunten Bildern.) Es waren wohl handliche Rundschilde aus dem Holz der Pappel oder Linde (➤ LIND), oft in mehreren Lagen sperrholzartig gefertigt und teilweise mit Leder oder Darm überzogen. Eiserne Schildbuckel waren zu der Zeit eher die Ausnahme; später jedoch wurde auch der Rand des Schildes mit Eisen verstärkt. So konnte der Schild auch als Angriffswaffe dienen. Neben runden gab es auch ovale und rechteckige Schilde, wie sie die Kelten und Römer kannten. Prachtschilde von Adeligen waren teilweise mit reichlich Silber beschlagen und dienten vorwiegend als Rangzeichen.
Vermischungen des Namenglieds RAND sind möglich mit ➤ RAB und RAGAN (➤ RAIN).
Namen: Baldrand, ➤ Bertrand, Rantbert, Rantgildis (w.), ➤ Randolf, Rantrud (w.), Wulfrand

Randolf (m.) deutsch. Der Name setzt sich zusammen aus althochdeutsch ➤ *RAND*, Rand des Schildes, Schildbuckel, aber auch der Schild selbst, und ➤ *WOLF*. – Randolf ist ein alter deutscher Name, als Randulf schon für das 8. Jahrhundert belegt. Nach dem Mittelalter verschwindet er und wird erst in den 30er-Jahren des 20. Jahrhunderts in Deutschland wieder gegeben, bleibt aber selten. Mit englischem Einfluss (Randolph) ist dabei zu rechnen.

Raoul (m.) [ra-ul], französische und italienische Form von ➤ Radolf („Rat" + „Wolf"). – Der Name erscheint in Deutschland Mitte des 18. Jahrhunderts.

Raphael (m.) hebräisch. „Gott hat (mich) geheilt", so kann man diesen Namen übersetzen. Das sagt die Mutter und meint wahrscheinlich ihre Kinderlosigkeit, von der Gott sie geheilt hat, indem er ihr diesen Jungen schenkt; Kinderlosigkeit galt im alten Israel als Schande. In unserem Alten Testament wird eine Person dieses Namens erwähnt: Refael, Sohn des Schemaja, einer der Torwächter im Tempel (1. Chronik 26,7). Ausschlaggebend für die Namengebung aber war ein Raphael, der nur in der griechischen Übersetzung des Alten Testaments vorkommt: Im biblischen Buch Tobit stellt sich Raphael vor als „einer von den sieben heiligen Engeln, die das Gebet der Heiligen emportragen und mit ihm vor die Majestät des heiligen Gottes treten" (Tobit 12,15; das Buch gehört zu den Spätschriften zum Alten Testament). Hier begleitet Raphael ➤ Tobias, den Sohn Tobits, bei einer schwierigen Mission ins Land Medien. Er verhilft ihm zu seiner Braut ➤ Sara, nachdem er sie von einem Dämon befreit hat, und heilt schließlich – der Name Raphael ist hier Programm – den erblindeten Tobit mit der Galle eines Fisches. – Nach jüdischer Tradition ist Raphael einer der drei Engel, die ➤ Abraham besuchen und ihm und ➤ Sarah übers Jahr einen Sohn verheißen (1. Mose 18). In der christlichen Tradition wird Raphael als einer der Erzengel verehrt; zusammen mit ➤ Michael und ➤ Gabriel hat er seinen Namenstag am 29. September. Daneben gilt er als Schutzheiliger der Ärzte und Apotheker sowie der Wanderer; so wird er zum Prototyp des Schutzengels. – Ein erster Raphael ist in Deutschland Ende des 14. Jahrhunderts dokumentiert. In den 1970er- und -80er-Jahren ist der Name in Mode, auch als ➤ Rafael oder ➤ Raffael, und auch im neuen Jahrtausend ist er unter den Top 100 zu finden.

Raphaela (w.) weibliche Form von ➤ Raphael (hebräisch: „Gott hat geheilt")

Rasmus (m.) Kurzform von ➤ Erasmus (griechisch: „geliebt, ersehnt"). – Schon für das 16. Jahrhundert ist ein Rasimus in Ravensburg belegt. Der Name bleibt selten; daran hat auch Astrid Lindgrens liebenswertes Buch *Rasmus und der Landstreicher* aus dem Jahr 1956 (deutsch 1957) nichts geändert.

RAT – „Rat, Ratgeber"
Das althochdeutsche Wort *rat* hat ein breites Bedeutungsspektrum: Vorsorge, Vorrat oder Mittel, Reichtum (das hat sich erhalten im *Hausrat*, der *Heirat*, im *Gerät* oder eben auch im *Vorrat)*, aber auch Rat, Ratschluss, Überlegung (so benutzen wir das Wort heute meistens); es konnte auch die Beratung oder die beratende Versammlung meinen (so wie wir heute vom *Gemeinderat* sprechen oder vom *Land-*

rat) oder aber Rettung, Hilfe (wir sagen: *Kommt Zeit, kommt Rat*). Im Zusammenhang mit Namen ist in erster Linie an den guten, den hilfreichen Rat gedacht. Steht das Wort als zweites Glied, ist der Ratgeber gemeint. Raten lässt sich auch nicht trennen vom Herrschen. Kluger Rat war bei strategischer Planung auf dem Schlachtfeld ebenso gefragt wie beim Thing oder Ding, der Stammesversammlung der freien Männer. Hier wurden politische wie militärische Fragen entschieden, es wurde aber auch Gericht gehalten bei schwereren Vergehen.
Auf die Bedeutung des Verstandes auch in kriegerischen Dingen weist auch das Namenwort ➤ HUG, Verstand, hin. RAGIN ➤ RAIN bedeutet auch „Rat", häufig der Götter.
Namen: ➤ Alfred, ➤ Elfriede (w.), ➤ Konrad, Giselrat (m./w.), Helmerada (w.), ➤ Konrad, ➤ Kurt, Landrada (w.), Radagundis (w.), ➤ Radolf, ➤ Ralf, Ratburg (w.), Ratfrid, Reginrat, Unrat, Vulfrad (m./w.), Winirad (m./w.)

Raul (m.) [ra-ul], italienische und portugiesische Form von ➤ Radolf („Rat" + „Wolf") oder eindeutschende Schreibung von ➤ Raoul (mit derselben Bedeutung)

Raúl (m.) [ra-ul], spanische und italienische Form (italienisch auch: Rául) von ➤ Radolf („Rat" + „Wolf")

Rebecca (w.) andere Schreibweise für ➤ Rebekka (hebräisch: „die Bestrickende"?), wie sie in der lateinischen Bibel zu finden (das Lateinische kennt kein K) und im englischsprachigen Raum üblich ist

Rebekka (w.) hebräisch. Unklar ist die Bedeutung dieses Namens, der in der hebräischen Bibel Riwka lautet. Über eine arabische Parallele *(rabkatun*, Schlinge) wird er in Verbindung gebracht mit „binden" und „Strick" und dann als „die Bestrickende, die Fesselnde" gedeutet. Andere übersetzen mit „Kuh", zu arabisch *bakarat*. Schließlich wird auch die Übersetzung „von großer Geduld" vorgeschlagen, zu hebräisch *raw (rab) kawá*. – In der Bibel wird Rebekka, die Tochter des Bethuel, ➤ Isaaks Frau, nachdem ➤ Abraham seinen Knecht Elieser in seine Heimatstadt Haran auf Brautschau für seinen Sohn schickt (1. Mose 24). Elieser bittet Rebekka, seine zehn Kamele zu tränken, rund eine Tonne Wasser schleppt das Mädchen heran – ausreichender Beweis für ihre große Freundlichkeit. Auch ist sie von außergewöhnlicher Schönheit. Nach zwanzigjähriger Unfruchtbarkeit gebiert Rebekka schließlich die Zwillinge ➤ Jakob und Esau. Jakob ist ihr Liebling, sie hilft ihm, den Segen des Erstgeborenen zu ergaunern und dann zu fliehen (1. Mose 27). Nach ihrem Tod wird sie in der Höhle von Machpela begraben, neben Isaak, Sara und Lea (1. Mose 49,31). – Der Name erscheint in Deutschland im 16. Jahrhundert im Zuge der reformatorischen Hinwendung zu alttestamentlichen Namen. Der evangelische Journalist und Liederdichter ➤ Matthias Claudius heiratet 1772 ➤ Anna Rebekka Behn. In den 1970er- und -80er-Jahren wird Rebekka/Rebecca zum Modenamen, ohne je unter die Top 50 zu kommen; das gelingt dem Namen jedoch 2006.

Regina / Regine (w.) lateinisch oder deutsch. Als lateinischer Name ist Regina die weibliche Entsprechung zu *rex*, König, kann also übersetzt werden als „Königin, Prinzessin". Im alten Rom trugen auch die Göttinnen Juno und ➤ Venus den Titel *Regina*. Namensvorbild war ab dem 8. Jahrhundert jedoch ➤ Maria, die Mutter Jesu, als sie zur „Himmelskönigin" aufstieg, zur *regina coeli*. Die leibliche Aufnahme Marias in den Himmel wurde in der katholischen Kirche 1950 zum Dogma erhoben. – Die heilige Regina von Alesia wurde wahrscheinlich um das Jahr 300 enthauptet, im heutigen Alise-Ste-Reine (im Departement Côte-d'Or, nordwestlich von Dijon); ihr Namenstag ist der 7. September. – Rex ist in England auch eine Koseform von Namen wie Reginald oder ➤ Ronald, Regina oder Regine entsprechend eine Kurzform von Ragenfredis oder Ragnhild usw. (➤ RAIN, weiser Ratschluss, Schicksal). – Der Name erfreut sich in Deutschland seit dem 16. Jahrhundert recht großer Beliebtheit. Seit den 1930er-Jahren steigt Regina weiter in der Gunst der Eltern, in den 50ern erreicht der Name Platzierungen unter den Top 20, wird aber seit den 70ern kaum noch gegeben.

REI ➤ RAIN („Rat")

Reimar (m.) deutsch. Ältere Formen des Namens lauten Reginmar oder Raginmar. Daran lässt sich der erste Teil des Namens noch erkennen: altsächsisch *ragin*, Rat, weiser Ratschluss (oft: der Götter), später verschliffen zu ➤ *RAIN* oder *rein*. Den zweiten Teil des Namens bildet *mari*, bekannt, berühmt (➤ MAR). – Der Name erscheint in Deutschland erstmals im frühen 15. Jahrhundert und erfreut sich bald großer Beliebtheit. Reimar Kock ist ein Theologe der Reformationszeit, ein bedeutender Chronist seiner Heimatstadt Lübeck. Seit dem 20. Jahrhundert wird der Name Raimar/Reimar nur noch recht selten gegeben.

Reimund (m.) andere Schreibweise für ➤ Raimund („Rat" + „Schutz")

REIN ➤ RAIN („Rat")

Reiner (m.) andere Schreibweise für ➤ Rainer („Rat" + „Heer"). Im süddeutschen Raum kann Reiner auch eine Kurzform von ➤ Reinhard sein.

Reinhard (m.) deutsch. Reinhard ist ein alter deutscher Name. Sein erster Teil ist germanisch **regina*, weiser Ratschluss (oft: der Götter), zusammengezogen zu *rein* (➤ RAIN). Sein zweites Glied, althochdeutsch *harti*, entspricht unserem Wort ➤ HART; ursprünglich bedeutet es „stark, tapfer, kühn". – So ist der Name des heiligen Reinhard von Lüttich (Belgien) auch als Reginhard überliefert. Er wirkte im 11. Jahrhundert als Bischof in Lüttich; wohltätig gegen Arme und mild gegenüber Irrlehrern sei er gewesen, heißt es. Sein Namenstag ist der 5. Dezember. – Reineke, der poetische Name für den Fuchs, geht ebenfalls zurück auf Reinhard. Der Held französischer Fabeln aus dem 12. Jahrhundert ist der verschlagene Fuchs Reynard – bis heute heißt der Fuchs auf Französisch *renard;* wir reden von „Reineke Fuchs". – Der Name erscheint in Deutschland im 14. Jahrhundert, wird aber lange nicht volkstümlich. Im 20. Jahrhundert wird der Name bis in die 50er-Jahre immer beliebter, nimmt danach aber bald wieder ab und wird seit etwa 1970 kaum noch gegeben.

Reinhild (m.) deutsch. Der Name setzt sich zusammen aus *REIN* ➤ *RAIN*, Rat(schluss), und ➤ *HILD*, Kampf, Kämpfer(in); die skandinavische Form des Namens, Ragnhild, ist vor allem in Norwegen beliebt. – Die heilige Reineldis von Saintes (rund 20 km südwestlich von Brüssel) kam um das Jahr 700 als Märtyrerin ums Leben; ihr Namenstag ist der 16. Juli. Rund hundert Jahre später lebte die heilige Relindis von Alden-Eyck (zwischen Maastrich und Venlo), Äbtissin im dortigen Kloster; sie hat ihr Fest am 6. Februar. Am 30. Mai hat die selige Reinhild von Westerkappeln (bei Osnabrück) ihren Gedenktag. Sie wurde im 13. Jahrhundert wegen Erbstreitigkeiten ermordet. Der Name bleibt selten und wird seit den 1960er-Jahren kaum noch gegeben.

Reinhold (m.) deutsch. Ragnvald, eine alte skandinavische Form des Namens, erinnert noch an seine Elemente: Das erste Namenglied ist germanisch **regin,* Rat, Ratschluss (oft: der Götter), zusammengezogen zu *rein* (➤ RAIN); hinter dem zweiten steckt althochdeutsch *waltan,* herrschen, walten (➤ WALT). Die deutsche Form Reinhold entstand in Anlehnung an das Adjektiv *hold,* geneigt, gnädig, anmutig. – Der heilige Reinhold von Köln lebte im 10. Jahrhundert; er sei Ritter gewesen, doch habe er später dem Waffendienst entsagt und sei Mönch geworden, heißt es. Im Kloster St. Pantaleon in Köln war er für die Bauarbeiten zum Aufseher über die Steinmetzen bestellt worden; aus Wut über seine Frömmigkeit, seinen Fleiß und seine Strenge erschlugen diese ihn mit dem Hammer – so die Legende. Es sei den Geistlichen in Köln jedoch nicht gelungen, den Leichnam hier zu bestatten, der Karren sei von alleine nach Dortmund gefahren; seitdem gilt Reinhold als Patron dieser Stadt. Sein Namenstag ist der 7. Januar. – Dass der Name wohl noch älter ist, zeigen italienische Formen wie Rinaldo oder französische wie Reynaud oder Renaut (auch der Name der Automarke Renault gehört hierher). Er wird in Deutschland volkstümlich, spielt aber seit den 60er-Jahren des 20. Jahrhunderts kaum mehr eine Rolle.

Renata / Renate (w.) weibliche Form von ➤ Renatus (lateinisch: „wiedergeboren"). Renata von Bayern (1544–1602) gründete das Münchner Elisabethen-Hospital, tätige Nächstenliebe zeichnete sie aus. Sie wurde vom Volk wie eine Heilige verehrt, jedoch nie heiliggesprochen; ihr Fest ist am 22. Mai. Die heilige Renata von Ferrara im 16. Jahrhundert hatte nur begrenzten Einfluss auf die Namengebung. Ihr Namenstag ist der 11. Juli. – In Deutschland wird der Name zu Beginn des 20. Jahrhunderts volkstümlich; Mitte der 30er- bis Mitte der 50er-Jahre gehört er zu den 10 beliebtesten Mädchennamen.

Renatus (m.) lateinisch. *Renatus* bedeutet „der Wiedergeborene". Der Name ist sehr wahrscheinlich eine christliche Prägung, er beschreibt einen ganz wesentlichen Inhalt des Neuen Testaments: Wer Christ wird, erfährt von Gott eine geistliche Wiedergeburt, durch die er im eigentlichen Sinn erst lebendig und Gottes Kind wird. Er empfängt den Heiligen Geist und bekommt Anteil am Reich Gottes und am ewigen Leben. Das Wort *renatus* kommt in der lateinischen Bibel genau einmal vor: Christen sind „wiedergeboren aus unvergänglichem Samen, nämlich aus dem lebendigen Wort Gottes" (1. Petrus 1,23). Einen Hinweis auf die Taufe gibt Titus 3,5, der in diesem Zusammenhang vom „Bad der Wiedergeburt" *(regeneratio)* spricht. Als Beiname für einen Getauften taucht Renatus im 4. Jahrhundert in Italien auf. Der heilige Renatus von Sorrent (bei Neapel) lebte etwas später und war ebenda Bischof; sein Namenstag ist der 6. Oktober. In Deutschland findet sich der Name seit dem späten 17. Jahrhundert; heute ist er sehr selten – im Gegensatz zur weiblichen Form ➤ Renate und der französischen Form ➤ René. Ebenfalls selten ist die Form Renat, sie ist vor allem in der Schweiz zu finden.

René (m.) französische Form [röngh] von ➤ Renatus (lateinisch: „wiedergeboren"). – In Deutschland kommt der Name gegen Ende des 19. Jahrhunderts an; in den 70er- und 80er-Jahren des 20. Jahrhunderts gehört er durchgängig zu den 50 beliebtesten Jungennamen, wird aber im neuen Jahrtausend kaum noch gegeben.

Renée (w.) französische Form [röngh] von ➤ Renate ➤ Renatus (lateinisch: „wiedergeboren"). – In Deutschland ist der Name schon im 16. Jahrhundert nachweisbar, bleibt aber selten.

Ricarda (w.) weibliche Form von ➤ Richard („Herrschaft" + „hart"). Der Name taucht erstmals um 1400 in Deutschland auf und bleibt bis heute selten.

RICH – „Herrscher, mächtig"
Wir kennen das Namenwort noch als *Reich* mit seinen vielen Verwandten. In der Form *rich* oder *rik* ist es offenbar aus dem Keltischen entlehnt oder zumindest keltisch beeinflusst. Asterix kennen wir aus dem Comic; der Gallier Vercingetorix kämpfte im ersten vorchristlichen Jahrhundert tatsächlich gegen Caesar. Die Grundbedeutung von RICH, althochdeutsch *rihhi*, als Namenwort ist „Herrscher"; später hat sich germanisch **rikaz*, mächtig, in den Vordergrund gedrängt. Das indoeuropäische **reg* entspricht dem lateinischen *rex*, König (und findet sich auch im *Maharadscha*, dem „mächtigen Herrscher"). Davon stammt das *Reich*, der Herrschaftsbe*reich* des Königs, und auch unser Adjektiv *reich*, das zunächst „königlich, fürstlich" bedeutet, dann „vornehm, mächtig" und schließlich „wohlhabend". Auch für das Verb *reichen* (englisch *reach*) wird derselbe Ursprung angenommen: indoeuropäisch **reg*, „lenken, richten", wie lateinisch *regere*, regieren. Der *Rechen, gerade, sich recken, Recht, recht* und *richtig* gehören zur selben

Familie, und die *rechte* Hand heißt so, weil sie die *richtige* ist (schon immer waren die meisten Menschen Rechtshänder).
Als Namenwort ist RICH später zur bedeutungslosen, nur das männliche Geschlecht anzeigende Nachsilbe verblasst, so wie auch ➤ MAN (Blöd*mann)* oder ➤ BALD (Trunken*bold)*. Das wirkte sich dann auch hier auf den allgemeinen Wortschatz aus: Ausgehend vom *Enterich*, dessen Herkunft ungeklärt ist, wurden Formen wie *Gänserich* oder *Täuberich* gebildet, um das männliche Tier zu bezeichnen. In der Pflanzenwelt entstanden Namen wie *Knöterich* oder *Spitzwegerich*, die nur dem grammatischen Geschlecht nach männlich sind, und auch der menschliche (und männliche) *Wüterich* hat hier seinen Ursprung.
Namen: Asterix (Comicfigur), ➤ Aubray (w.), Austoric (vgl. Österreich), ➤ Dietrich, Eburicus, Emmerich (auch Nachname), ➤ Eric, ➤ Erich, ➤ Erik, ➤ Erika (w.)?, ➤ Frederic, Frithuric ➤ Friedrich, ➤ Friederike (w.), ➤ Fritz, Gisalrich, Haganrih und Haimirich ➤ Heinrich, ➤ Harry, ➤ Heike (w.), Helfrich (als Nachname geläufig), ➤ Hendrik, ➤ Henning, ➤ Henri/-y, ➤ Henrik, ➤ Henrike (w.), ➤ Richard, Richarda (w.), ➤ Ricarda (w.), Richelm, Richlind (w.), Rico, Theoderich, ➤ Ulrich, ➤ Ulrike (w.)

Richard (m.) deutsch. Althochdeutsch *rihhi*, Herrschaft, Macht (➤ RICH), und *harti*, hart, stark (➤ HART), sind die beiden Elemente des Namens. – Starke Herrscher waren in jedem Fall die drei englischen Könige dieses Namens. Doch so hart und grausam, wie Shakespeare *Richard III.* in seinem gleichnamigen Drama darstellt, war dieser kaum. Diese literarische Verarbeitung (zusammen mit Richard II.) hat gerade in Deutschland zu einer Renaissance des Namens geführt. Zu seiner Beliebtheit dürfte jedoch vor allem Richard I. „Löwenherz" (1157–1199) beigetragen haben, besonders durch seine Rolle in Sir ➤ Walter Scotts Roman *Ivanhoe* (1820). Seinem Ruf als Volksheld wurde der historische Richard Löwenherz jedoch nie gerecht: Ganze sechs Monate seiner zehnjährigen Regierungszeit weilte er im eigenen Land – es war ihm zu kalt und zu nass, und ob er überhaupt Englisch sprach, ist umstritten –; ansonsten ging er am liebsten auf Kreuzzüge. Seinen Beinamen gaben ihm die Zyprer, weil er so unbarmherzig war bei der zwischenzeitlichen Eroberung ihres Landes. Richard starb einundvierzigjährig an den Folgen einer Schussverletzung, die er sich bei Kämpfen gegen den aufständischen Adel seiner aquitanischen Heimat zuzog. Sein Leib fand seine letzte Ruhestätte im Kloster Fauntevraud in der Nähe von Tours; sein Herz ist in der Kathedrale von Rouen bestattet. – Die Form Richard ist diesem englischen Einfluss geschuldet, seit dem 19. Jahrhundert wird sie hier volkstümlich; als Rychard oder Reichard ist der Name schon seit dem 14. Jahrhundert gebräuchlich, bleibt aber selten. Im 20. Jahrhundert gehört Richard bis in die 30er-Jahre zu den 50 beliebtesten Jungennamen, wird danach aber immer seltener gegeben und ist heute nicht mehr unter den Top 100.

Rieke (w.) andere Schreibweise von ➤ Rike (verschiedene mögliche Ursprünge)

Rike (w.) Kurzform verschiedener Namen, die auf *-rike* enden: ➤ Friederike ➤ Friedrich („Schutz" + „Herrscher"), ➤ Ulrike ➤ Ulrich („Erbgut" + „Herrscher"), ➤ Henrike ➤ Heinrich („Heim" + „Herrscher"), Marike ➤ Maria ➤ Miriam (ägyptisch: „geliebt"?). – Der Name ist seit dem 17. Jahrhundert belegt, in der Form ➤ Rieke schon im 16. Jahrhundert. Um die Jahrtausendwende schafft es Rieke kurzfristig unter die Top 100.

Rita (w.) Kurzform von Namen auf *-rita,* vor allem ➤ Margarita ➤ Margarete (griechisch: „Perle"), aber auch ➤ Marita ➤ Maria ➤ Miriam (ägyptisch: „geliebt"?). – Der Name erscheint in Deutschland Ende des 19. Jahrhunderts, bis Ende der 1920er-Jahre hat er die Top 50 erreicht, die er erst wieder Ende der 50er verlässt; seit den 70ern wird der Name kaum noch gegeben.

Robert (m.) deutsch. Ältere Formen des Namens lauten Rupert und Rodebert. Letzterem hört man seine sprachlichen Wurzeln noch an: althochdeutsch *(h)ruod,* Ruhm (➤ RUD), und *beraht,* berühmt (➤ BERT). Die Form Robert kam in Deutschland erst wieder um 1800 in Mode – von Frankreich her, wie vieles andere damals. Von dort hatten die Normannen den Namen im 11. Jahrhundert auch nach England gebracht, wo er sich seitdem großer Beliebtheit erfreut. Französische (10. bis 11. Jahrhundert) und schottische (14. Jahrhundert) Könige hießen so, der berühmteste war Robert I., genannt „the Bruce". In langem Kampf befreite er Schottland schließlich von der englischen Vorherrschaft. Nach einer schweren Niederlage – so erzählt die Legende – wurde Robert mit seiner Familie ins Gefängnis geworfen. Dort beobachtete er, wie eine Spinne ihr Netz wob. Wieder und wieder misslang es, doch die Spinne fing immer wieder von vorne an. Da beschloss Robert, seinen Kampf nicht aufzugeben. – Bis in die 20er-Jahre des 20. Jahrhunderts hält sich der Name in Deutschland unter den Top 50, sinkt ab und erlebt in den 60ern bis 80ern eine kleine Renaissance mit Höhepunkt um 1985; im neuen Jahrtausend wird er kaum noch gegeben.

Roberta (w.) weibliche Form von ➤ Robert („Ruhm" + „berühmt"). – Der Name erscheint in Deutschland um die Wende zum 20. Jahrhundert und bleibt sehr selten. Die US-amerikanische Sängerin Roberta Flack, Jahrgang 1937, wird Anfang der 70er-Jahre berühmt durch Titel wie *The First Time Ever I Saw Your Face* oder *Killing Me Softly with His Song.*

Roberto (m.) italienische und spanische Form von ➤ Robert („Ruhm" + „berühmt"). – Seit den 1960er-Jahren ist der Name vereinzelt in Deutschland zu finden.

Robin (m./w.) englische Koseform von ➤ Robert/Roberta („Ruhm" + „berühmt"). – Die männliche Form ist im englischsprachigen Raum seit dem Mittelalter in Gebrauch; die Sagen um Robin Hood haben dies verstärkt. In Deutschland tauchen erste männliche Robins gegen Ende des 19. Jahrhunderts auf, und seit etwa 1990 gehört der Name immer wieder zu den Top 50. Als Mädchenname erscheint Robin in den USA in den 1930er-Jahren und ist in den 50ern und 60ern angesagt; in Deutschland sind seit den 1960ern vereinzelt weibliche Robins zu finden. Auch das englische Wort für „Rotkehlchen" kommt von dem Namen; der Vogel hieß ursprünglich Redbreast; Robin Redbreast wurde im 15. Jahrhundert daraus, wohl aus Freude an der Alliteration.

Rocco (m.) italienische Form von ➤ Rochus (tranzösisch: „Fels"?). – Seit den 1930er-Jahren ist der Name vereinzelt in Deutschland anzutreffen, häufig im Osten.

Rochus (m.) aus dem Französischen? Die Bedeutung des Namens ist nicht geklärt. Meist wird er abgeleitet von französisch *roche,* Felsen (aus spätlateinisch *rocca;* vergleiche englisch *rock).* Andere vermuten darin eine (latinisierte) Kurzform eines germanischen Namens wie Rochwald oder Rochbert mit dem ersten Glied althochdeutsch *rohon,* (im Kampf) brüllen, oder aber *hrouk,* Krähe. Auch ein ähnliches Namenglied mit der Bedeutung „bedächtig" oder „ruhen" wird genannt. Schließlich wird verwiesen auf ein persisches Wort *ruch,* das für einen „mit Bogenschützen besetzten Elefanten" stehen soll. – Der heilige Rochus von Montpellier soll im 14. Jahrhundert in Rom viele Pestkranke allein durch das Kreuzeszeichen geheilt haben. Der Franziskanermönch sei auf der Rückreise selbst an der Seuche erkrankt, aber durch ein Wunder genesen. Als vermeintlicher Spion verhaftet, so die Überlieferung, starb er im Kerker, weil er sich aus Demut nicht zu erkennen gab; sein Fest ist am 16. August. – Seit dem 16. Jahrhundert ist der Name in Deutschland zu finden, bleibt aber relativ selten sowie vorwiegend auf den süddeutschen Raum beschränkt.

Roger (m.) niederdeutsche, englische [rodscher; in der Mitte wie in *Dsch*ungel] und französische [rosheh; in der Mitte wie in *Jour*nal] Form von ➤ Rüdiger („Ruhm" + „Speer")

Roland (m.) deutsch. Hroudnand, eine frühe Form des Namens, weist hin auf seinen Ursprung: althochdeutsch *(h)roud,* Ruhm (➤ RUD), und ➤ *NAND,* mutig. Die Umformung zu Roland geschah wahrscheinlich in Anlehnung an *Land,* möglicherweise ist dies aber auch die ursprüngliche Bedeutung. Seine Beliebtheit bis weit ins 20. Jahrhundert hinein verdankt der Name dem Rollant (so im französischen Original) des Rolandlieds, dessen Urfassung um 1200 erschien. Tatsächlich war nach zeitgenössischen Quellen ein gewisser Hroudnand im Gefolge Kaiser ➤ Karls des Großen auf dessen Feldzug gegen die Araber im Jahre 777/778. Alles Weitere gehört wohl in die Welt der Sagen: Auf dem Rückmarsch über die Pyrenäen sollte Roland mit seinem Waffengefährten ➤ Oliver die Nachhut verteidigen. Gegen den Rat des besonnenen Roland verzichtet der ungestüme Oliver darauf, Hilfe zu holen – und alle sterben in einem blutigen Gemetzel. Die Dichtung stilisierte Roland zum Prototyp des christlichen Ritters. Weil Roland als Volksheld galt, wurden im Mittelalter sogenannte Rolandstatuen aufgestellt als Sinnbild bürgerlicher Freiheit, etwa in Bremen oder Brandenburg an der Havel. – In Deutschland erscheint der Name erstmals Ende des 15. Jahrhunderts. Seit den 1920er-Jahren gehört Roland zu den 100 beliebtesten Jungennamen mit dem Höhepunkt um 1960; seit den 80ern wird er nur noch selten gegeben.

Rolf (m.) Kurzform von ➤ Rudolf („Ruhm" + „Wolf"). – Der älteste Beleg für Rolf(f) in Deutschland stammt aus dem späten 15. Jahrhundert. Im 20. Jahrhundert kommt der Name in Mode und belegt etwa zwischen 1925 und 1950 stets Plätze unter den beliebtesten 20 Jungennamen. Seit den 70er-Jahren wird er kaum noch gegeben.

ROM ➤ RUM („Ruhm" oder „Rom")

Roman (m.) aus dem Etruskischen? Dass der Name schlicht „Römer" bedeutet, darauf kann man kommen. Woher die Stadt *Rom* ihren Namen hat, weiß allerdings keiner genau. Die einen sagen, sie sei benannt nach dem etruskischen Herrschergeschlecht der *Rumina*. Andere leiten ihren Namen ab vom alten Namen des Flusses Tiber: *Rumo*; das leitet sich ab von einer Sprachwurzel **sru*, fließen (daher kommt unser *Strom* ebenso wie das ursprünglich griechische *Rheuma*, bei dem nach antiker Vorstellung Krankheitserreger in den Körper fließen). Nach einer dritten Theorie hat Aeneas, der sagenhafte Gründer Roms, die Stadt benannt nach einer trojanischen Frau namens *Rome*. – Der *Roman*, hinten betont, war ursprünglich eine Prosadichtung in der Volkssprache, häufig in Französisch oder Spanisch, also romanischen Sprachen. *Romantisch* hieß dann zunächst einmal „wie im Roman"; erst im 18. Jahrhundert nahm das Wort die Bedeutung „gefühlsbetont, schwärmerisch" an. – Der Name findet sich in Deutschland erstmals Anfang des 17. Jahrhunderts. Etwa zwischen 1970 und 1990 belegt er regelmäßig Plätze unter den Top 100, ohne je die Top 50 zu erreichen.

Romuald (m.) Der Name setzt sich zusammen aus ➤ *RUM*, Ruhm, und *waltan*, herrschen (➤ WALT). – Der Name ist in Italien schon im 7. Jahrhundert belegt, in Deutschland erst tausend Jahre später. Er bleibt selten, auch in den Formen Romwald und Rumold.

Romy (w.) (auch: Romi) Kurzform von ➤ Rosemarie („Rose" oder „Ruhm" + ägyptisch: „geliebt"?). – Die deutsch-französische Filmschauspielerin Romy Schneider wurde 1938 in Wien als Rosemarie Magdalena Albach geboren; sie starb 1982 in Paris. Der bescheidene Boom in den 1960er- und 70er-Jahren geht sicher auf ihre Beliebtheit zurück.

Ronald (m.) englische Form [ronnld] von ➤ Reinhold („Rat" + „Herrschaft"), bei uns meist deutsch ausgesprochen. Der heilige Ronald, Herzog von Orkney (eine Inselgruppe nördlich von Schottland), Sohn eines norwegischen Stammesfürsten, wurde um 1159 ermordet, als er von einer Pilgerfahrt ins Heilige Land zurückkehrte; sein Namenstag ist der 20. August. – In Deutschland taucht der Name Ronald erst Mitte des 19. Jahrhunderts auf, wohl beeinflusst durch die Figur des Ronald, eines jungen schwedischen Adeligen in ➤ Adalbert Stifters Erzählung *Der Hochwald*. Etwa zwischen 1940 und 1970 gehört Ronald zu den beliebten Jungennamen; der Höhepunkt liegt Mitte der 50er-Jahre, wo Platzierungen unter den Top 50 erreicht werden. Heute spielt er bei der Namengebung kaum mehr eine Rolle.

Ronja (w.) Astrid Lindgren hat diesen Namen für ihr Buch *Ronja Räubertochter* erfunden, das 1982 in Deutschland erschien. Sie hat ihn von einer Karte Lapplands genommen, er ist Teil des Bergnamens An*ronja*kåtan. Was Frau Lindgren möglicherweise nicht wusste: In Russland kennt man Ronja schon seit Langem als Kurzform von Weronika ➤ Veronika ➤ Berenike (griechisch: „Siegbringerin") oder ➤ Roxana (persisch: „die Strahlende, Morgenröte"). – Seit Ende der 80er-Jahre belegt Ronja meist Plätze zwischen 50 und 100 in den Hitlisten.

Ronny (m.) Kurzform von ➤ Ronald ➤ Reinhold („Rat" + „Herrschaft"). – In Deutschland kommt der Name Mitte des 20. Jahrhunderts auf und belegt Ende der 70er-, Anfang der 80er-Jahre Plätze unter den 100 beliebtesten Jungennamen.

Rosa / Rose (w.) deutsch oder lateinisch. Rosa ist eine Kurzform von Namen, die mit *Rosa-* bzw. mit *Ros-* beginnen, etwa ➤ Roswitha („Ruhm" + „stark"), ➤ Rosamunde („Ruhm" + „Schutz") oder ➤ Rosalinde („Ruhm" oder „Ross" + „weich"). Oder es entspricht lateinisch *rosa*, Rose, was auch die deutschen Namen sicherlich beeinflusst hat. Die Römer hatten den Namen der Blume von den Griechen geliehen *(rhódon)*, vermutlich leitet er sich ab von altiranisch *urda*. – Die heilige Rosa von Viterbo (rund 50 km nordwestlich von Rom) wurde im Alter von siebzehn Jahren Nonne in einem Franziskanerkloster, nachdem sie von einer schweren Krankheit wundersam genesen war. Sie machte sich als Predigerin einen Namen und starb schließlich am 6. März 1252 (?) im Alter von nur neunzehn Jahren aus Kummer, weil sie wegen ihrer Armut nicht in den Klarissenorden aufgenommen worden war. Ihr Namenstag ist entweder ihr Todestag oder der 4. September, an dem ihre Gebeine in die Klarissenkirche zu Viterbo übertragen wurden. Am 23. August hat die heilige Rosa von Lima ihr Fest. Sie wurde 1586 geboren als ➤ Isabella Flores. Ihre Mutter gab ihr den Rufnamen Rosa, weil sie angeblich bei der Taufe eine Rose über dem Kopf des Kindes schweben sah. Rosa lebte ein entsagungsreiches Leben mit wenig Speise und Schlaf; mystische Erlebnisse und Visionen waren die Folge. Selbst schwer erkrankt, pflegte sie andere Kranke und suchte die Bekehrung ihres Volkes. „Herr, vermehre mein Leiden, aber auch meine Liebe", war ihr Gebet. Rosa starb einunddreißigjährig im Haus ihrer Eltern. – Der Name erscheint in Deutschland im 15. Jahrhundert und erfreut sich im 19. Jahrhundert einiger Beliebtheit.

Rosa Luxemburg wurde 1871 als Rozalia Luksemburg in Polen geboren. Bis in die 1930er-Jahre gehört Rosa zu den 100 beliebtesten Mädchennamen, wird aber seit Mitte des Jahrhunderts nur noch selten gegeben. Anfang des neuen Jahrtausends erlebt der Name eine kleine Renaissance, kommt jedoch nicht an die Top 50 heran.

Rosalia / Rosalie (w.) über das Italienische [rosalia]. Die Herkunft des Namens ist letztlich nicht geklärt. Rosalia wird gerne in Verbindung gebracht mit italienisch oder lateinisch *rosa,* Rose; vermutlich handelt es sich dabei jedoch um Volksetymologie. Die heilige Rosalia von Palermo lebte als Einsiedlerin in einer Höhle bei Bivona im Westen Siziliens und später am Monte Pellegrino bei Palermo. Sie starb ungefähr sechzigjährig am 4. September 1160; das ist auch ihr Namenstag (oder aber der 15. Juli, der Tag, an dem ihre Gebeine gefunden wurden). Ihre Verehrung reicht offenbar zurück bis ins 12. oder 13. Jahrhundert. Aus dieser Zeit ist der Name Rusulina bezeugt, wahrscheinlich eine sizilianische Form des altfranzösischen Namens Roscelin, den die Normannen dort eingeführt haben. Vermutlich ist der Name germanischen Ursprungs, vielleicht mit dem ersten Glied ➤ *RUD,* Ruhm, oder aber *hros,* Pferd. Durch Angleichung an den biblischen Namen Lia (➤ Lea) wurde Rusulia daraus, und der volksetymologische Einfluss des Namens Rosa bzw. der Rose *(rosa)* selbst brachte schließlich die heutige Form Rosalia hervor. Formen wie Rosolina scheinen die Ableitung von Rusulina zu belegen. – In Deutschland erscheint der Name Rosalia im 17. Jahrhundert. Im neuen Jahrtausend macht sich ein zaghafter Trend bemerkbar.

Rosalinde (w.) deutsch. Die Herkunft des Namens ist nicht sicher. In Deutschland taucht er erst im 20. Jahrhundert auf und könnte eine Neuprägung sein, zusammengesetzt aus ➤ *Rosa* und ➤ *Linde.* Allerdings gab es schon im hochmittelalterlichen England den Namen Rosalind, die Normannen hatten ihn vom Festland mitgebracht. Populär wurde der Name durch die Rosalind in einem Gedicht von ➤ Edmund Spenser (16. Jahrhundert) und durch die Heldin in Shakespeares *Wie es euch gefällt.* Er geht zurück auf althochdeutsch *hros,* Ross, und *lind,* schmiegsam, sanft, mild, ruhig. Wahrscheinlich ist der Name aber auch beeinflusst von althochdeutsch *linta,* Schild oder Speer (aus Lindenholz) ➤ LIND. Die Schreibweise Rosalind geht sicher auch zurück auf die (Fehl-)Deutung des Namens als *rosa linda* (lateinisch oder spanisch für „schöne Rose"). Im Italienischen, wo es ebenfalls den Namen Rosalinda gibt, wurde er als „reine Rose" interpretiert. Rosalinde heißt auch eine Figur in der *Fledermaus* von ➤ Johann Strauss (Sohn). – Der Name taucht hierzulande Anfang des 20. Jahrhunderts auf und bleibt sehr selten.

Rosamunde (w.) deutsch. „Das ist Rosener Mund ... und hats mit den kein Zweiffel", ist in dem ➤ Martin Luther zugeschriebenen *Namen-Büchlein* nachzulesen. Mit *rosa* oder *Mund* hat der Name jedoch nichts zu tun: Sein zweites Element ist althochdeutsch *munt*, Schutz (➤ MUND). Für den ersten Teil des Namens kommt entweder althochdeutsch *hroud*, Ruhm (➤ RUD), infrage oder aber unser *Ross*; vereinzelt liest man auch von einem germanischen Wort **rausa*, daherstürmen. Im Mittelalter wurde der Name missverstanden als *rosa munda*, im Lateinischen die „reine Rose", oder aber als *rosa mundis*, die „Rose der Welt"; beides wurde auf ➤ Maria gedeutet. Im 6. Jahrhundert ließ die Langobardenkönigin Rosamunde ihren Mann Alboin ermorden. Eine heilige Rosamunde lebte im 11. Jahrhundert als Einsiedlerin in Vernon unweit Paris. Ihr Namenstag ist der 30. April; die „fromme Frau" wurde jedoch nie offiziell selig- oder gar heiliggesprochen. – Im 20./21. Jahrhundert bleibt der Name selten; daran haben weder die erfolgreich verfilmten Romane von Rosamunde Pilcher, Jahrgang 1924, noch das Stimmungslied *Rosamunde* etwas geändert, das auf eine Polka aus dem Jahr 1927 zurückgeht.

Rose (w.) ➤ Rosa (lateinisch : „Rose"?)

Rosemarie (w.) aus ➤ Rose und ➤ Marie ➤ Miriam (ägyptisch: „geliebt"?). – Der Name kommt Ende des 19. Jahrhunderts in Mode, nimmt stetig zu, bis er etwa 1940 zu den 20 beliebtesten Mädchennamen zählt. Seit den 60er-Jahren wird er kaum noch gegeben.

Rosi (w.) auch: Rosie, Rosy. Kurzform von ➤ Rosa (lateinisch: „Rose"?; oder Kurzform von ➤ Roswitha: „Ruhm" + „stark", oder anderer Namen, die mit *Ros-* beginnen). – Der Name erscheint in Deutschland um 1925 und bleibt recht selten. 1981 bekommt er Aufmerksamkeit durch den Titel *Skandal im Sperrbezirk* der Spyder Murphy Gang; hier ist Rosi eine (fiktive) Münchener Prostituierte.

Roswitha (w.) deutsch. Althochdeutsch *hroud*, Ruhm (➤ RUD), und altsächsisch *swith*, stark, klug, listig (➤ SWIND), sind die beiden Elemente des Namens. – Als Hrotsvitha ist der Name der heiligen Roswitha von Gandersheim überliefert. Sie stammte aus einer alten sächsischen Adelsfamilie und trat früh in das Kloster Gandersheim ein (zwischen Göttingen und Hannover). Roswitha gilt als die erste deutsche Schriftstellerin, sie schrieb auf Latein. Zu ihren Werken gehören acht Heiligenlegenden in Versform (etwa über Pelagius), sechs Dramen über Glaubensvorbilder (etwa ➤ Abraham) in Prosa sowie einige historische Gedichte, Loblieder auf Kaiser ➤ Otto I., den Onkel der Äbtissin des Klosters. Rund vierzigjährig starb Roswitha um 975 in Gandersheim; ihr literarisches Werk geriet in Vergessenheit und wurde erst 1501 in Buchform veröffentlicht, zusammen mit Illustrationen von ➤ Albrecht Dürer. Ihr Namenstag ist der 5. September. – Der Name erscheint erst wieder Anfang des 19. Jahrhunderts; um die Mitte des 20. Jahrhunderts ist er recht beliebt, wird aber seit den 70ern kaum noch gegeben.

Rotraud / Rotraut (w.) deutsch. Die Farbe *Rot* spielt keine Rolle in dem Namen, und auch *traut* im Sinne von vertraut hat damit ursprünglich nichts zu tun. Vielmehr stehen zwei

R

Wörter hinter dem Namen, die längst aus unserem Wortschatz verschwunden sind: Altsächsisch *(h)roth* bedeutet „Ruhm" (➢ RUD), und der wurde in erster Linie auf dem Schlachtfeld erworben; germanisch **thruti* ist die „Kraft, Stärke" (➢ TRUD). – Der Name ist schon für das 8. Jahrhundert belegt. Mitte des 9. Jahrhunderts soll die heilige Rotrudis als wundertätige Jungfrau bei Calais gewirkt haben; ihr Namenstag ist der 22. Juni. Mehr Einfluss auf die Namengebung hatte wahrscheinlich ➢ Eduard Mörikes romantisches Gedicht *Schön Rohtraut* (1838). Im 20./21. Jahrhundert ist der Name selten. Die deutsche Schauspielerin Rotraud Schindler, Jahrgang 1940, wird bekannt unter anderem durch die Comedy-Serie *Nonstop-Nonsens* (1975–80).

Rouven (m.) französische Form von ➢ Ruben (hebräisch: „Seht, ein Sohn"?). – Die Namensform taucht in den 1970er-Jahren in Deutschland auf und bleibt sehr selten.

Roxana (w.) Der Name kommt aus dem Awestischen, einer altiranischen Sprache, die schon im 2. vorchristlichen Jahrtausend im Ost-Iran, nördlich des Hindukusch gesprochen wurde. *Roschana(k)* bedeutet dort „die Strahlende" oder „Morgenröte". Das Morgenlicht hat die Menschen schon immer fasziniert: Es gilt als Symbol des Neuanfangs, der Jugend und der Hoffnung. Die griechische Göttin der Morgenröte hieß Éos, die Römer setzten sie mit Aurora gleich. In der christlichen Tradition ist das Licht des Morgens verbunden mit der Auferstehung Jesu Christi. – 327 v.Chr. heiratete ➢ Alexander der Große die iranische Prinzessin Roxane, die ihn bis zu seinem Tod 323 begleitete. Dreizehn Jahre später wurde sie Opfer der Diadochenkriege um die rechtmäßige Nachfolge Alexanders. Mehrere literarische Gestalten förderten die Verbreitung des Namens: die Geliebte des Sultans in Racines *Bajazet* (1672), die Titelfigur in ➢ Daniel Defoes Roman (1724) und die Cousine des Grafen *Cyrano de Bergerac*, ein Schauspiel von Edmond Rostand (1897). – In Deutschland sind seit den 1970er-Jahren vereinzelt Roxanas zu finden.

Ruben (m.) aus dem Hebräischen. „Seht, ein Sohn!" – so könnte man den Namen Ruben übersetzen, der im Hebräischen [re-u-wen] lautet. Das sagt Rubens Mutter ➢ Lea aber nicht, sondern: „Gott hat mein Elend angesehen; nun wird mich mein Mann liebhaben" (1. Mose 29,32). Mit „sehen" hat Ruben also offensichtlich etwas zu tun. Das Elend der Lea besteht darin, dass ➢ Jakob ihre jüngere Schwester ➢ Rahel lieber hat als sie. Lea jedoch bekommt vier Söhne, den ersten nennt sie Ruben. In der Josefsgeschichte nimmt er mehrmals eine vermittelnde Rolle ein: Er verhindert, dass ➢ Josef von seinen Brüdern ermordet wird; später bietet er seine beiden Söhne als Geiseln an im Austausch gegen seinen jüngsten Bruder ➢ Benjamin. Einmal vergeht sich Ruben jedoch an Bilha, der Nebenfrau seines Vaters (Kap. 35,22), und verliert dadurch sein Erstgeburtsrecht (49,4). Dennoch segnet Jakob ihn zusammen mit seinen Brüdern (Vers 28). Die jüdische Tradition sieht Ruben als Gegenfigur zu dem rücksichtslosen Esau, der ja auch sein Erstgeburtsrecht verlor, und deutet seinen Namen als „(den Unterschied) bezeichnen zwischen (den beiden)" (*re'u wén*); das habe Lea durch die Namengebung getan (vgl. Maleachi 3,18). In der armenischen Kirche gilt der 26. Dezember als Rubens Namenstag. – Der Name erscheint erstmals in Deutschland im 17. Jahrhundert, bleibt zunächst aber selten. Seit den 1970er-Jahren wird der Name häufiger gegeben, erreicht jedoch nie die Top 100.

RUD – „Ruhm"
Das altsächsische Wort *(h)roth*, Ruhm, ist längst aus unserem Wortschatz verschwunden. Auch in althochdeutschen Wörterbüchern ist es nicht zu finden; schon damals, also etwa zur Zeit Karls des Großen, war es veraltet und wurde wie viele andere Namenglieder wohl gar nicht mehr verstanden. Diesen „Ruhm" erwarb sehr wahrscheinlich der Krieger auf dem Schlachtfeld, möglicherweise auch durch seinen Besitz und seine gesellschaftliche Stellung.
Namen: ➤ Robert, ➤ Robin, ➤ Roger, ➤ Roland, ➤ Rolf, ➤ Rosa (w.)?, ➤ Rosamunde (w.)?, ➤ Roswitha (w.), ➤ Rotraud/-t (w.), ➤ Rüdiger, ➤ Rudolf, ➤ Rupert

Rudi (m.) Kurzform von ➤ Rudolf („Ruhm" + „Wolf"). – Die Namensform erscheint in Deutschland gegen Ende des 19. Jahrhunderts und bleibt bis in die zweite Hälfte des 20. Jahrhunderts recht beliebt. Der ehemalige Fußballspieler und heutige Sportdirektor Rudi Völler ist Jahrgang 1960.

Rüdiger (m.) deutsch. Althochdeutsch *(h)ruod*, Ruhm (➤ RUD), und ➤ *GER*, Speer, bilden die beiden Elemente dieses Namens, der vor allem in England und Frankreich als ➤ Roger bekannt ist. – Der heilige Rüdiger (Roger) von Élan war in England geboren und wurde 1148 der erste Abt des Zisterzienserklosters in Ellant (dem heutigen Élan, rund 100 km nordöstlich von Reims). Dort starb er am 4. Januar um das Jahr 1162; dies ist auch sein Namenstag. Der Name Rüdiger wurde nach dem Mittelalter erst wieder um 1800 beliebt, als man das Nibelungenlied wiederentdeckte. Darin spielt der Markgraf Rüdiger von Bechelaren eine ruhmreiche und am Ende tragische Rolle: Für den Hunnenkönig Etzel holt er ➤ Kriemhild an den Hof, die Witwe ➤ Siegfrieds, den ➤ Hagen ermordet hat. Rüdiger verspricht Kriemhild, den Mord zu rächen, gerät aber in Konflikt mit seiner eigenen Güte und Gastfreundschaft. Als er schließlich doch in den großen Kampf am Hof eingreift, kommt er durch das Schwert ➤ Gernots um. – Etwa zwischen 1940 und 1960 gehört Rüdiger zu den 50 beliebtesten Jungennamen; seit den 70ern wird er kaum noch gegeben.

Rudolf (m.) deutsch. Rudolf gehört zu den ganz alten deutschen Namen; schon im 5./6. Jahrhundert begegnet uns ein germanischer Stammesfürst namens Hrodulf; eine andere Form lautet Hrodwulf. Hier erkennt man das zweite Namenglied ➤ *WOLF*; das erste, althochdeutsch *hroud*, bedeutet

„Ruhm" (➤ RUD). Zwei deutsche Kaiser sorgten für die Beliebtheit des Namens vor allem in Süddeutschland und in der Schweiz: Kaiser Rudolf I. von Habsburg (13. Jahrhundert) war einer der beliebtesten deutschen Herrscher des Mittelalters – weitaus populärer als Rudolf II. rund vierhundert Jahre später. – Rudolf von Büren (rund 50 km südlich von Bielefeld) lebte als Mönch in Stablo (im Südosten des heutigen Belgien), wurde zunächst Abt in Hersfeld und schließlich Bischof von Paderborn. Dort starb er am 6. November 1052; das ist auch sein Namenstag. – Der Name erfreut sich durch die Jahrhunderte großer Beliebtheit; in jüdischen Familien steht er für ➤ Ruben. Im 20. Jahrhundert gehört er bis Mitte der 30er-Jahre die meiste Zeit zu den 20 beliebtesten Jungennamen; um 1950 fällt er aus den Top 50, zehn Jahre später verlässt er die Top 100 und spielt heute keine Rolle mehr bei der Namengebung.

Rufus (m.) lateinisch. Dass man einen Menschen mit rotem Haar oder roter Haut „den Roten" nennt, das gibt es wahrscheinlich genauso lange wie das entsprechende Farbwort. Lateinisch *ruber* (davon ist *rufus*, rot, rothaarig, abgeleitet), deutsch *rot* (und auch *Rost*), französisch *rouge* und viele andere europäischen Wörter für diese auffällige Farbe sind verwandt und gehen zurück auf eine indoeuropäische Sprachwurzel **rudh* oder **reudh*, rot. Für das alte Rom ist Rufus als Beiname für das 5. Jahrhundert v. Chr. belegt; später wurde es zum Vornamen. Bei Rufus kann es sich aber auch um den Namen ➤ Rudolf („Ruhm" + „Wolf") handeln, der erst zu Ruf verkürzt und dann zu Rufus latinisiert wurde. – Die Verbreitung des Namens bis heute hat der Name zwei biblischen Gestalten zu verdanken, die möglicherweise identisch sind: Nach Markus 15,21 waren Rufus und ➤ Alexander die beiden Söhne des ➤ Simon von Kyrene, der für Jesus den Kreuzesbalken trug auf dem Weg zur Hinrichtung. Am Ende des Römerbriefs (16,13) grüßt ➤ Paulus unter anderem einen Rufus und nennt ihn „Auserwählten des Herrn". Der soll auch einer der zweiundsiebzig Jünger gewesen sein, die Jesus aussandte, um das Reich Gottes zu verkündigen (Lukas 10). Angeblich war Rufus später Bischof in Theben (rund 50 km nordwestlich von Athen); sein Namenstag ist der 21. November. – Bereits im 15. Jahrhundert in Deutschland belegt, bleibt der Name sehr selten. Der deutsche Schauspieler und Hörbuchsprecher Rufus Beck ist Jahrgang 1957.

RUM – „Ruhm, Ehre"
Unser Wort *Ruhm* findet sich im Althochdeutschen als *hruom* oder *ruom*, Ruhm, Ehre, Prahlerei, guter Ruf, Geschrei. Dahinter steht das Verb *rufen*; das stammt wie ➤ RUD von einer indoeuropäischen Sprachwurzel **kar*, laut preisen, rühmen, vermutlich ein lautmalerisches Wort. Das Schreien des Kriegers könnte beim *Ruhm* am Anfang gestanden haben, sei es als Freudengeschrei, sei es als furchteinflößender Schlachtruf. Von da kann sich der Sinn entwickelt haben zu anerkennendem Lob einerseits und zur kriegerischen Prahlerei andererseits.

Ehre und Ruhm gehören zu den höchsten Werten der germanischen Männergesellschaft, beim Gefolgsherren und Fürsten ebenso wie bei den Gefolgsleuten. Tacitus berichtet in seinem Bändchen *Germania*, oft werde ein Kampf allein durch den Ruf des Gefolgsherrn entschieden (Kap. 13). In Friedenszeiten ziehen junge Adelige zu Nachbarstämmen, die gerade Krieg führen, „denn Ruhe gefällt diesem Volk nicht, und Ruhm verdient sich leichter in Gefahr" (Kap. 14).

Das Namenglied RUM oder ROM erscheint nur am Anfang von Namen. Da in einer Vielzahl der Namen das anlautende H von *hroum* fehlt und weil darunter etliche aus dem langobardischen Bereich stammen, hat man in RUM/ROM häufig auch den Namen der Stadt Rom vermutet.

Namen: Roma (w.), Rumbert, ➤ Romuald, Romulf, Rumold, Ruomhilt (w.)

RUN – „Raunerin, Geheimniskünderin"

Althochdeutsch *runa* (w.) bedeutet „Geheimnis, geheime Unterredung, Raunen, Geflüster". Wir kennen es noch in unserem Wort *raunen* und in den *Runen*, den altgermanischen Schriftzeichen. Germanisch **runo*, Gerücht, Geheimnis, wird meist zurückgeführt auf eine indoeuropäische Sprachwurzel, die **reu* oder **ru* gelautet haben mag und die wahrscheinlich lautmalerisch ist. Für das Germanische kann man dann von der Grundbedeutung „brummen, murren, dumpfe Laute von sich geben" ausgehen. Als Namenwort am Namensende ist RUN am ehesten als „Raunerin" oder „Geheimnisverkünderin" zu verstehen. Frauen im Allgemeinen, besonders aber Priesterinnen und Seherinnen werden als Verwalterinnen geheimen Wissens gesehen. Davon berichtet auch Tacitus in seiner *Germania*: „Die Germanen glauben, Frauen seien in gewisser Weise heilige und prophetisch begabte Wesen, deswegen verschmähen sie ihren Rat nicht und schätzen ihre Orakelsprüche nicht gering" (Kap. 8). Tacitus verweist auf eine Seherin namens Veleda (wohl ein Beiname), die rund fünfundzwanzig Jahre vor seiner Zeit von den Germanen als göttliches Wesen verehrt wurde; außerdem nennt er eine gewisse Albruna, die schon „in grauer Vorzeit" verehrt wurde. Tacitus berichtet auch von Runen (oder runenartigen Zeichen), die beim Losorakel zum Einsatz kommen (vgl. ➤ RAIN) und wohl in Buchenstäbe (daher wahrscheinlich unsere „Buchstaben") geritzt wurden. Allerdings nennt er dabei keine Frauen, vielmehr sind es Priester und Hausväter, die diese Orakel vornehmen (Kap. 10). Doch auch wenn es nicht direkt belegt ist, könnten weissagende Frauen auch mit Runen umgegangen sein; es gab mancherlei Runenzauber, vor allem in Sachen Liebe oder Krieg.

Namen: Alaruna (w.), Albruna (w.), ➤ Friederun (w.), ➤ Gudrun (w.), ➤ Heidrun (w.), Runhilt (w.), Runuald, ➤ Si(e)grun (w.), Waldrun (w.), Wolfrun (w.)

Rupert (m.) süddeutsche Form von ➤ Robert („Ruhm" + „berühmt"). – Aus Rheinhessen kam der heilige Rupert von Salzburg im Jahr 696 als Missionar nach Bayern und machte Salzburg zum Stützpunkt seiner Mission. Er gründete das Kloster St. Peter und errichtete eine stattliche Kirche an der Stelle, wo heute der nach ihm (und seinem Mitmissionar Virgil) benannte Dom steht. Am 27. März 718 (?) starb Rupert in seiner Heimatstadt Worms; dieser Tag wird als sein Namenstag begangen, meist jedoch der 24. September, der Tag, an dem seine Gebeine im Jahr 774 nach Salzburg übertragen wurden. Zur weiteren Verbreitung des Namens trug Ruprecht III. von der Pfalz, deutscher König zu Beginn des 15. Jahrhunderts, ebenso bei wie die Gestalt des *Knecht Ruprecht*, Begleiter des Nikolaus. Ihm verdanken wir das Wort *Rüpel* für einen Grobian, einen ungeschliffenen Kerl.

Ruth (w.) hebräisch. Der Name verdankt seine Beliebtheit der Geschichte von Ruth, in der Bibel unmittelbar hinter dem Buch der Richter angesiedelt, und in dieser Zeit spielt sie auch: zwischen der Landnahme durch ➤ Josua und der Zeit der ersten Könige Israels, also vor gut 3000 Jahren. Durch eine Reihe von gottgelenkten Zufällen wird Ruth die Urgroßmutter von König ➤ David. Dies zu zeigen ist offensichtlich die Absicht dieses biblischen Buches: Die Jüdin ➤ Naomi kehrt nach einer Hungersnot als Witwe aus dem Land Moab, östlich des Toten Meers, zurück in ihre Heimat. Ihre moabitische Schwiegertochter Ruth, ebenfalls Witwe, folgt ihr mit den Worten: „Wo du hingehst, da gehe ich auch hin. Dein Volk ist mein Volk, und dein Gott ist mein Gott" (Ruth 1,16). Schließlich heiratet Ruth den reichen Boas und wird so eine Vorfahrin von Jesus (Matthäus 1,5). – Die Bedeutung des Namens ist letztlich nicht geklärt. Es ist wohl eine verkürzte Form, sodass man einen Buchstaben ergänzen muss. Als Übersetzung wird gerne „Freundschaft" vorgeschlagen, weil dies gut zur biblischen Geschichte passen würde. Möglicherweise jedoch hängt der Name zusammen mit dem hebräischen Wort für „sehen" und bedeutet dann „ansehnlich" oder „Gott sieht (freundlich) an" (nämlich die Mutter oder aber das Kind). Am wahrscheinlichsten ist die Bedeutung „Erquickung, Labsal", zu hebräisch *rawáh,* sättigen, tränken. Mit dieser selben hebräischen Wortwurzel spielt eine Deutung aus der jüdischen Tradition: In Ruths Namen werde vorausschauend die Tatsache abgebildet, dass ihr Nachfahr König David „Gott mit seinen Lobliedern tränkt". An anderer Stelle heißt es im Talmud, Ruth habe die Worte ihrer Schwiegermutter „wohl bedacht" (hebräisch: *ra'atáh).* Ruths Fest als alttestamentliche Heilige ist der 1. September oder der 2. Oktober. – Der Name tritt in Deutschland Ende des 19. Jahrhunderts auf und erfreut sich bald großer Beliebtheit: Etwa zwischen 1920 und 1935 gehört Ruth zu den 20 beliebtesten Mädchennamen; seit den 60er-Jahren wird er nur noch relativ selten gegeben. Die deutsche Schauspielerin Ruth Leuwerik (1924–2016) wird 1952 an der Seite von Dieter Borsche bekannt in der Komödie *Vater braucht eine Frau.*

S

Sabina / Sabine (w.) über das Lateinische. Sabine bedeutet „Frau aus dem Volk der Sabiner". Die Sabiner waren eines der italischen Völker, die die Halbinsel besiedelten und bald von den aufstrebenden Römern geschluckt wurden. Wie, das erzählt eine alte Legende, die einen historischen Kern haben dürfte: Romulus öffnet seine junge Stadt für Zuwanderer von überall; doch bald stellt er Frauenmangel fest. So lädt er alle Nachbarvölker zu einem Fest ein. Auf Kommando schnappen sich junge Römer je ein Weib – meist Sabinerinnen. Daraufhin rüsten die Sabiner zum Rachefeldzug gegen die frechen Räuber. Doch mitten in der Schlacht werfen sich die Frauen selbst zwischen die Reihen – und erzwingen auf diese Weise einen Frieden (der allerdings nicht lange hält). – Die Sabiner hießen angeblich so nach ihrem sagenhaften Stammvater *Sabus*. Ebenfalls schon in der Antike wurde der Name alternativ abgeleitet von griechisch *sébesthai*, verehren (vgl. ➤ Sebastian). Sehr wahrscheinlich aber nannte sich das Volk nach der Landschaft nordöstlich von Rom, wo sie lebten. – Die heilige Sabina von Rom starb angeblich Anfang des 2. Jahrhunderts als Märtyrerin. Sie gilt als Patronin der Ewigen Stadt, ihr Namenstag ist der 29. August. Bis heute erinnert die Sabina-Basilika aus dem 5. Jahrhundert auf dem Aventin-Hügel in Rom an die Heilige; möglicherweise bezieht sich der Name der Kirche aber auch auf eine Stifterin aus der Zeit des Kirchenbaus. – Der Name erscheint in Deutschland Ende des 12. Jahrhunderts und erfreut sich bis Anfang des 19. Jahrhunderts recht großer Beliebtheit. Nach dem 2. Weltkrieg beginnt die Glanzzeit von Sabine: Etwa zwischen 1954 und 1972 belegt der Name Plätze unter den Top 10 und spielt erst seit den 90er-Jahren kaum noch eine Rolle in der Namengebung.

Sabrina (w.) aus dem Keltischen. Der Name kommt aus England zu uns. Der Fluss *Severn* im Süden des Landes, so heißt es, ist benannt nach der Flussnymphe *Sabrina;* V und B sind in vielen Sprachen austauschbar. – Sabrina ist die uneheliche Tochter des sagenhaften walisischen Königs Locrine. Die Mutter heißt Estrildis, eine bezaubernde Germanenprinzessin, die Locrine bei einem seiner Raubzüge erbeutet hat. Er muss jedoch ➤ Gwendolin heiraten und trifft sich heimlich mit Estrildis – mit unübersehbaren Folgen. Als Gwendolin das Kind entdeckt, ertränkt sie es im Fluss Severn. Seitdem lebt Sabrina dort als Nymphe; Gwendolin ordnet an, dass der Fluss den Namen des Kindes trägt zur Erinnerung an die Untreue ihres Mannes. Dieser Name soll auf walisisch ursprünglich *Havren* oder *Habren* gelautet haben; das bedeutet angeblich „Prinzessin" oder „von der Grenze". Die Römer machten dann Sabrina daraus. – Bei uns wird der Name bekannt durch den amerikanischen Film *Sabrina* (1954) mit Audrey Hepburn in der Titelrolle; bald darauf werden die ersten Kinder hier so genannt. Einen kometenhaften Aufstieg nimmt Sabrina dann Ende der 70er-Jahre: Bis 1990 erreicht der Name Positionen unter den Top 20, teilweise sogar unter den Top 10. Im neuen Jahrtausend ist das Interesse deutlich abgeflaut.

Salome (w.) aus dem Hebräischen. Im Neuen Testament ist Salome eine der galiläischen Frauen, die Jesus nachfolgen und für seinen Lebensunterhalt sorgen (Markus 15,41). Später beobachtet sie mit anderen Frauen „aus der Ferne" die Kreuzigung Jesu (Vers 40) und entdeckt am Ostermorgen das leere Grab (Markus 16,1ff.). Weitaus bekannter aber ist eine andere Salome, die in der Bibel jedoch nur als „Tochter der Herodias" vorgestellt wird; der jüdische Schriftsteller Josephus erst nennt in seinen *Altertümern* ihren Namen. Ihr erotischer Tanz verleitet Herodes dazu, ihr jeden Wunsch zu erfüllen; sie folgt der Einflüsterung ihrer Mutter und verlangt das Haupt Johannes des Täufers (Matthäus 14,1–12). Ihr Name, eine griechische Form des aramäischen Schelamzah, enthält das hebräische Wort *schalóm*, das „(Körper)Fülle" bedeuten kann, aber auch „Unversehrtheit, Heil, Friede" oder „Ersatz, Vervollständigung". Es kann also ein Schönheitsideal ebenso beschreiben wie einen Wunsch für das Kind oder die Tatsache, dass ein gestorbenes Kind „ersetzt" wurde, die Familie wieder „vervollständigt" (➤ Salomo). – In Deutschland erscheint der Name schon im 12. Jahrhundert und erfreut sich trotz der biblischen Assoziation recht großer Beliebtheit; seit dem 20. Jahrhundert ist er eher selten.

Salomo / Salomon (m.) aus dem Hebräischen. In der Bibel ist Salomo der dritte König Israels nach ➤ Saul und ➤ David; seine vierzigjährige Regierungszeit fällt ins 10. vorchristliche Jahrhundert. In 1. Könige 3–11 wird seine Herrschaft als Zeit des Friedens geschildert, der politischen und wirtschaftlichen Blüte, in der Israel zu seiner größten Ausdehnung kommt. Dem entspricht die Erklärung des Namens Salomo, die in 1. Chronik 22,9 gegeben wird: „Er soll Salomo heißen, denn ich will Israel Frieden geben, solange er lebt" (die lateinische Bibel ersetzt seinen Namen an dieser Stelle sogar durch *pacificus*, Friedensstifter, vgl. Matthäus 5,9, wo Jesus die *pacifici* seligspricht). Hebräisch *schalóm* bedeutet „Frieden, Wohlergehen" – aber auch „Ersatz, Vervollständigung". Tatsächlich stirbt Salomos älterer Bruder bei der Geburt, und Batseba gebiert Salomo als Ersatz, obwohl das nicht ausdrücklich so gesagt wird (2. Samuel 12,24). Als König tut Salomo, was seinem Vater David verwehrt blieb: Er baut den Tempel in Jerusalem, dazu einen Königspalast. Sprichwörtlich geworden ist Salomos große und international anerkannte Weisheit, die er sich von Gott erbittet, als der ihm einen Wunsch gewährt (1. Könige 3,11ff.): In seinem „salomonischen Urteil" spricht er der richtigen Mutter das Kind zu. Sosehr die Bibel seine Weisheit und Bescheidenheit lobt, so tadelt sie ihn auch für seine Vielweiberei und seine Abgötterei (1. Könige 11,1–13). Sein Name lautet in der hebräischen Bibel Schlómo, in der griechischen Übersetzung Salomón; im Neuen Testament wird er meist mit Solomón wiedergegeben. – Als Saleman ist der Name in Deutschland schon im 9. Jahrhundert belegt; seit dem 20. Jahrhundert wird er außerhalb jüdischer Familien kaum noch gegeben.

Samantha (w.) aus dem Hebräischen. Der Name taucht zum ersten Mal auf in einer Liste besonderer Namen in den amerikanischen Südstaaten des 17. und 18. Jahrhunderts, zusammen mit Samella, Samuela und Samarie. Offensichtlich handelt es sich um Erweiterungen des männlichen Vornamens Sam, eine Kurzform von ➤ Samuel (hebräisch: „erhört von Gott") [ssemänthe; hinten mit Ti-ejtsch], in diesem Fall um das Suffix *-antha*. Letzteres mag inspiriert sein von dem Vornamen Anthea, der wiederum zurückgeht auf griechisch *ánthe*, Blume (eine poetische Form von *ánthos* mit derselben Bedeutung). In der klassischen Mythologie ist dies ein Beiname der Hera. – In den 1990er-Jahren findet sich Samantha in den Top 10 der Vereinigten Staaten – zum Teil wohl wegen der Samantha in der Fernsehserie *Bewitched*. In Deutschland taucht der Name Mitte der 1980er-Jahre auf und kratzt gerade mal an den Top 100.

Samir (w.) arabisch oder altindisch. Im Arabischen bedeutet Samir so viel wie „abendliche Unterhaltung, angenehmer Gesprächspartner in der Nacht". Der Name leitet sich ab von arabisch *samar*, sich in der Nacht unterhalten. Dabei geht es um die Kunst des Geschichtenerzählens, wie wir sie aus den Märchen aus *Tausendundeiner Nacht* kennen, aber auch allgemein um heitere und anregende Gespräche zu vorgerückter Stunde. – Im Sanskrit, einer altindischen Sprache, bedeutet Samira „Windstoß" oder „kühle Brise an einem heißen Sommertag". Samira soll ein Beiname der indischen Göttin Durga sein, der Göttin der Vollkommenheit, die Kraft und Weisheit verkörpert. Es ist aber auch ein Name des Hanuman, des bzw. eines indischen Gottes der Gelehrsamkeit, der über verschiedene magische Fähigkeiten verfügt; sein Vater soll der Windgott Pavana gewesen sein. – In Deutschland erscheint der Name Samir in den 1930er-Jahren und bleibt sehr selten.

Samira (w.) weibliche Form von ➤ Samir (arabisch: „nächtlicher Unterhalter"; oder altindisch: „kühle Brise"). – In Deutschland tritt der Name Samira erst Ende der 1960er-Jahre auf, er erreicht im neuen Jahrtausend Platzierungen unter den Top 100.

Samuel (m.) aus dem Hebräischen. In der Bibel ist Samuel Prophet und Richter. Seine Mutter ➤ Hanna bleibt zunächst kinderlos und muss den Spott ihrer Nebenfrau Peninna ertragen. Flehentlich bittet sie um einen Sohn – und wird „erhört von Gott". Das ist eine mögliche Übersetzung des Namens Samuel, auf Hebräisch Schmu'él (1. Samuel 1); andere Deutungen sind: „Schem ist Gott", „Der Name ist Gott", „Nachkomme Els" („Name", hebräisch *schem*, kann auch „Nachkomme" meinen, durch den man sich einen Namen macht und nicht vergessen wird). Aus Dankbarkeit weiht Hanna Samuel Gott und bringt ihn zum Priester Eli (V. 28). Gott beruft Samuel zum Propheten, als der noch ein Kind ist (Kap. 3). Als erwachsener Mann

S

wird Samuel der letzte Richter (charismatischer Führer) des Volkes Israel (Kap. 7) und salbt zunächst ➤ Saul (Kap. 10) und, als dieser von Gott verworfen wird, ➤ David zum König von Israel (Kap. 16). Samuel war sein Leben lang ein machtbewusster und doch gottesfürchtiger Mann. Die biblischen Samuelbücher hat er nicht verfasst, er ist aber die Schlüsselfigur darin. Als er stirbt, trauert ganz Israel um ihn (Kap. 25,1). Samuels Namenstag als alttestamentlicher Heiliger ist der 20. August. – Der Name erscheint in Deutschland seit dem 15. Jahrhundert und verbreitet sich schnell. Im 21. Jahrhundert knackt Samuel die Top-100-Marke und kommt sogar unter die Top 50.

Sandra (w.) Kurzform von ➤ Alessandra ➤ Alexander (griechisch: „Männer abwehrend"). – Der Name erscheint in Deutschland erstmals in den 1930er-Jahren. Seit den 60ern wird er zum Modenamen und stürmt Anfang der 70er die Hitlisten. Erst Ende der 80er verlässt Sandra die Top 10; seit der Jahrtausendwende wird der Name nicht mehr so oft gegeben, ist aber schon wieder gestiegen in der Gunst der Eltern.

Saphira (w.) aus dem Aramäischen. Wer heute den Namen gibt, denkt wahrscheinlich an den Edelstein Saphir; im Altertum war damit meist der blaue Lasurstein (Lapislazuli) gemeint. Das Wort *Saphir* kommt über das lateinische *sappirus* und das griechische *sáppheiros* aus dem Aramäischen: *schappir* bedeutet „schön". In der Bibel erscheint dieses Wort nur an einer Stelle: Im Danielbuch (Kap. 4,9) wird das Laub eines Baumes „schön" genannt. In der Bibel findet sich aber auch der Name Saphira, der hat mit dem Edelstein nur den sprachlichen Ursprung gemein und bedeutet „die Schöne". In der Apostelgeschichte lesen wir von Hananias und Saphira; die beiden verkaufen einen Acker und spenden das Geld der Gemeinde – einen Teil aber halten sie heimlich zurück und müssen deswegen sterben. Auch der Name Schifra ist mit Saphira verwandt, er bedeutet dasselbe. So heißt eine der beiden Hebammen in der Mosegeschichte (2. Mose 1,15), die den Pharao hintergehen und die neugeborenen hebräischen Jungen am Leben lassen; der Name der anderen ist Pua („Glanz"). – Der Name Saphira erscheint seit den 1980er-Jahren vereinzelt in Deutschland.

Sara / Sarah (w.) hebräisch. Sara(h) bedeutet „Herrin" oder „Fürstin". Man kann aber auch übersetzen: „(Gott) hat sich als Herrscher erwiesen", indem er nämlich dieses Kind schenkt. Die Sara in der Bibel heißt zunächst Sarai, erst später ändert Gott ihren Namen in Sara (1. Mose 17,15f.). Sarai kann dasselbe bedeuten wie Sara. Manche Forscher vermuten jedoch, dass der Name mit arabisch *schara* zu tun hat; das kann man übersetzen als „mit funkelnden Augen". – Im 1. Buch Mose ist Sara die Frau ➤ Abrahams und die Stamm-Mutter des Volkes Israel. Wegen ihrer Schönheit gibt Abraham sie in Ägypten als seine Schwester aus (Kap. 12,10–20). Gott verspricht Abraham und Sara Nachkommen wie Sterne am Himmel (Kap. 13,14–18). Trotz seines und Saras hohen Alters glaubt Abraham Gott. Sara ist schon 90 Jahre alt, als sie den von Gott versprochenen Sohn bekommt: Isaak (Kap. 21,1–7). Die jüdische Überlieferung betont die Schönheit Saras und erklärt den Namenswechsel von Sarai (Königin ihres Volkes) zu Sara (Königin aller Menschen) in Entsprechung zum Wechsel von Abram (erhabener Vater) zu Abraham (Vater der Vielen). – In Deutschland findet sich der Name seit dem 14. Jahrhundert, verbreitet sich allerdings erst im 16. Jahrhundert im Zuge der Reformation, ohne wirklich volkstümlich zu werden. Er erscheint wohl zu „jüdisch" – was die Nationalsozialisten dazu veranlasst, jeder jüdischen Frau, die nicht ohnehin so heißt, Sara als Zweitnamen einzutragen. In den 1970er-Jahren stürmt der Name nach oben und belegt seit 1983 fast durchgängig Plätze unter den Top 10, häufig in der englischen Schreibweise Sarah.

Sascha (m./w.) russische Koseform von ➤ Alexandra und ➤ Alexander (griechisch: „Männer abwehrend"). – Als Jungenname findet sich Sascha erstmals Mitte des 20. Jahrhunderts und kommt in den 70er-Jahren in Mode mit Platzierungen unter den Top 20; seit den 90ern wird der Name immer seltener gegeben. Als Mädchenname taucht Sascha in Deutschland Ende des 19. Jahrhunderts auf, bleibt aber zunächst selten.

Saskia (w.) niederländisch. Die Frau des holländischen Malers Rembrandt van Rijn hieß Saskia van Uylenburgh, und in ihrem Heimatland ist der Name auch entstanden: als weibliche Form von Namen, die mit *Sas-* oder *Saks-* gebildet sind, etwa Sakso, Saxa oder Sahsinna. Dahinter steht der Name des Volksstamms der *Sachsen*. Die kamen ursprünglich wohl aus Skandinavien, ein Teil von ihnen eroberte Britannien, der Rest bewohnte im Mittelalter die norddeutsche Tiefebene (vgl. Niedersachsen); im Osten Deutschlands wohnen heute die „Obersachsen". Ihren Namen haben die Sachsen wahrscheinlich von dem für sie typischen Kurzschwert, das sie *sahs* nannten. Das lässt sich weiter zurückführen auf indoeuropäisch **sek*, schneiden, wovon auch unser Wort *Säge* kommt sowie der zweite Teil von *Messer* (den ersten: althochdeutsch *maz*, Speise, kennen wir noch von der *Mettwurst*). Bei Namen mit *sahs* kann auch an den Stammesgott Tiwaz gedacht sein, der auch *Sahsnot* (Schwertgenosse) hieß. – Der Name erscheint erstmals Anfang der 1960er-Jahre in Deutschland; Mitte der 80er- bis Mitte der 90er-Jahre gehört er zu den 50 beliebtesten Mädchennamen.

Saul (m.) hebräisch. Scha'úl, so die ursprüngliche Form des Namens, bedeutet „erbeten", nämlich von Gott. Der Name drückt die Dankbarkeit der Eltern aus. Im Alten Testament ist Saul der erste König der Israeliten; der Prophet ➤ Samuel salbt sowohl ihn als auch seinen Nachfolger ➤ David zum König (1. Samuel 10,1). Der kommt an Sauls Hof, um dessen üble Launen durch seine Musik zu vertreiben, und freundet sich mit dem Prinzen Jonathan an. Immer wieder versucht Saul, David zu töten; als David Gelegenheit hat, Saul das Leben zu nehmen, verzichtet er darauf aus Ehrfurcht vor der Tatsache, dass

Saul der Gesalbte des Herrn ist (etwa 1. Samuel 24,7). Im Neuen Testament wird der Apostel Paulus auch Saulus genannt. Entweder trug er beide Namen von Geburt an, oder er legte sich den Zweitnamen Paulus später selbst zu. Eine Verwandlung „vom Saulus zum Paulus", wie wir eine radikale Umkehr auch nennen, ist so aus der Apostelgeschichte nicht herauszulesen. In 13,9 wird eher beiläufig erwähnt, dass Saulus „auch Paulus hieß", und von da ab wird er nur noch so genannt. Seine Bekehrung wird schon in Kapitel 9 geschildert. – In Deutschland ist der Name im 18. Jahrhundert zu finden und bleibt wohl auf jüdische Familien beschränkt.

Scarlet / Scarlett (w.) über das Englische [skahlitt]. Der Name wurde auch bei uns bekannt durch Scarlett O'Hara, die weibliche Hauptfigur in ➤ Margaret Mitchells Roman *Vom Winde verweht* (1936), verfilmt 1939 mit ➤ Vivian Leigh als Scarlett und Clark Gable als Rhett Butler. In dem Roman hat Scarlett ihren Namen vom Mädchennamen ihrer Großmutter. Als Nachname ist Scarlett schon im 12. Jahrhundert zu finden und bezeichnet ursprünglich einen Tuchhändler, der mit *scharlach*roten Stoffen Geschäfte macht; *scarlet* ist die englische Bezeichnung für dieses helle Rot (und als *scarlet fever* für die davon abgeleitete Krankheit) und hat eine weite Reise hinter sich: Das Wort kommt als *escarlate* aus dem Altfranzösischen, geht aber zurück auf persisch *saqirlat*, prunkvoller Stoff. Das wiederum ist abgeleitet von einem arabischen Wort für einen Stoff „mit siegelförmigen Verzierungen"; dahinter steht letztlich lateinisch *sigillatus*, mit kleinen Figuren verziert, zu *signum*, Zeichen. Auch unser Wort *Siegel* stammt daher. – Als Scarlet taucht der Name in Deutschland in den 1950er-Jahren auf und bleibt in beiden Formen selten. Im neuen Jahrtausend erfreut sich der Name in englischsprachigen Ländern großer Beliebtheit, nicht zuletzt wegen der US-amerikanisch-dänischen Schauspielerin Scarlett Johansson, Jahrgang 1984; welchen Einfluss dies auf Deutschland hat, ist schwer abzusehen.

Sebastian (m.) aus dem Griechischen. Hinter dem Namen steht das griechische Wort *sebastós*, ehrwürdig, erhaben; es kann aber auch einfach „Mann aus Sebaste" bedeuten. In der Antike gab es mehrere Städte dieses Namens. Herodes der Große benannte die Stadt Samaria im Norden Palästinas in Sebaste um – zu Ehren von Augustus, der ihm die Stadt geschenkt hatte; *Augustus* ist die lateinische Übersetzung von Sebastian. – Seine Beliebtheit bis heute verdankt der Name dem heiligen Sebastian; der starb im 4. Jahrhundert als Märtyrer in der Verfolgung unter Kaiser Diokletian. Es heißt, Sebastian sei Offizier der kaiserlichen Leibgarde gewesen, er habe im Verborgenen viel Gutes getan für seine Glaubensbrüder im Gefängnis, bis er als Christ entdeckt wurde. Daraufhin sollte er durch Bogenschützen getötet werden, tausend Pfeile verwundeten ihn jedoch nur. Diokletian ließ ihn schließlich im Circus von Rom zu Tode peitschen. Sebastian gilt als Patron der Bogenschützen; seinen Namenstag hat er – zusammen mit ➤ Fabian – am 20. Januar. – Der Name erscheint im 14. Jahrhundert in Deutschland und breitet sich vor allem im Süden und in der Schweiz aus; das zeigt sich in zahlreichen abgeleiteten Nachnamen wie Seebaß, Baasch oder Wastler. Seit den 1960er-Jahren kommt Sebastian in Schwung und erreicht 1979 die Top 10, die der Name erst 1992 wieder verlässt, ohne ganz aus der Mode zu kommen.

Selina (w.) aus dem Lateinischen? Der Name geht möglicherweise zurück auf das lateinische Marcellina, eine weibliche Verkleinerungsform von ➤ Marcel. Das wiederum ist eine Koseform von ➤ Marcus (zum Namen des römischen Kriegsgottes *Mars*?). Möglich ist auch die Zurückführung von Selina auf Celia; diesem Namen liegt der alte römische Geschlechtername *Celius* zugrunde, dahinter steht wohl lateinisch *caelum,* Himmel. Wieder andere bringen den Namen Selina in Verbindung mit der griechischen Mondgöttin *Selene* (zu griechisch *sélas,* Glanz). Wenn ihr Bruder Helios (Sonne) seinen Lauf über die Himmelskuppel vollendet hat, nimmt Selene ein kurzes Bad im Meer, besteigt ihren silbernen Wagen und jagt mit zwei Pferden über den nächtlichen Himmel. Auf Lateinisch heißt sie ➤ Luna. – Noch in der ersten Hälfte des 20. Jahrhunderts taucht Selina in Deutschland auf. Mitte der 90er erreicht der Name die Top 100 und hält sich dort weitgehend; 2017 liegt der Name auf Rang 112.

Selma (w.) aus dem Gälischen? Der Name stammt offenbar aus der Ossian-Dichtung des Schotten ➤ James MacPherson (1736–96), dort heißt ein Land so und auch ein Schloss. Eines dieser Gedichte trägt den Titel *Songs of Selma,* und das hat den deutschen Dichter ➤ Friedrich ➤ Gottlieb Klopstock (1724–1803) offenbar dazu veranlasst, aus Selma einen Frauennamen zu machen. Seine Ode *Selma und Selmar* wurde von ➤ Franz Schubert (1797–1828) im Stil der Romantik vertont, und das trug zur Verbreitung des Namens bei – wenn auch sicher weniger als die schwedische Schriftstellerin Selma Lagerlöf (1858–1940), weltberühmt durch *Die wunderbare Reise des Nils Holgersson mit den Wildgänsen.* – Der Ursprung des Namens ist umstritten: Er mag aus dem Gälischen kommen und „hell, blond" bedeuten. Nach anderer Auffassung ist Selma zusammengezogen aus Selima (zu arabisch *selim,* Friede, Wohlergehen). Denkbar ist auch eine Kurzform von Anselma ➤ Anselm („Gott" + „Helm"). – Der Name erscheint in Deutschland in der ersten Hälfte des 19. Jahrhunderts und erfreut sich einiger Beliebtheit; heute ist er selten.

Senta (w.) Kurzform von ➤ Creszentia (lateinisch: „die Wachsende"). – Senta ist die Hauptfigur in ➤ Richard Wagners Oper *Der fliegende Holländer* (1843); am Ende erlöst sie den verwunschenen Seemann durch ihre Liebe. Mitte des 19. Jahrhunderts erscheint der Name in Deutschland und bleibt selten. Die österreichisch-deutsche Schauspielerin Senta Berger wurde 1941 geboren.

Sephora (w.) griechisch-lateinische Form von ➤ Zippora (hebräisch:

„Vögelchen"). – Der Name kommt in jüdischen Familien des 18. Jahrhunderts vor und bleibt selten; vereinzelt trifft man ihn heute auch in christlichen Kreisen an.

Sergeij (m.) aus dem Lateinischen? Serge heißt er in Frankreich und Sergio in Italien; die verbreitetste Form des Namens aber ist das russische Sergei oder Sergej. Er geht zurück auf den alten römischen Geschlechternamen Sergius. Dieses Geschlecht lässt sich zurückverfolgen bis ins 5. vorchristliche Jahrhundert; ein bekannter Vertreter ist Lucius Sergius Catilina, ein römischer Politiker, dessen Putschversuch, die „Catalinarische Verschwörung", im Jahre 63 v.Chr. scheitert. ➤ Marcus Tullius Cicero klagt Sergius des Verrats an und erreicht, dass er die Stadt verlässt. Manche übersetzen den Namen mit „Wächter, Diener, Verwalter"; sehr wahrscheinlich ist er jedoch etruskischen Ursprungs, seine Bedeutung unbekannt. – Zwischen dem 7. und dem 11. Jahrhundert trugen mehrere Päpste diesen Namen. Wichtiger für die Namengebung dürfte der heilige Sergius von Radonesch (bei Moskau) sein: Im 14. Jahrhundert reformierte der Geistliche und Mönch zahlreiche Klöster im Norden Russlands; sein Namenstag ist der 25. September. – Der Name (und die beiden genannten Varianten) erscheint nicht vor dem 20. Jahrhundert in Deutschland und bleibt selten.

Severin (m.) Das lateinische *severus* bedeutet: streng, ernst, scharf, hart. Ursprünglich ein Beiname, wurde Severus zusammen mit der Ableitung Severinus zum Familiennamen im Rom der Kaiserzeit. Mehrere römische Kaiser trugen diesen Namen, teils als Vor-, teils als Familien- oder auch Beinamen, etwa Lucius Septimius Severus Pertinax (gestorben 211) oder Severus ➤ Alexander (gestorben 235). Den Weg in die Moderne jedoch bahnten dem Namen eine Reihe von Heiligen: Im 4. und 5. Jahrhundert hießen Bischöfe in Ravenna, Neapel und Bordeaux Severus oder Severinus. Severin von Köln war im 4. Jahrhundert dort Bischof; sein Namenstag ist der 23. Oktober. Severin von Norikum (5. Jahrhundert; Norikum war ursprünglich ein keltisches Königreich, später eine römische Provinz) gilt als Glaubensbote Österreichs und Bayerns; sein Fest ist am 8. Januar. In Dänemark wurde der Name zu Søren verkürzt, die deutsche Schreibweise ist ➤ Sören. In Frankreich findet sich neben Séverin auch Seurin. – Im 15. Jahrhundert taucht der Name in Deutschland auf und findet wegen der genannten Heiligen weite Verbreitung; Familiennamen wie S(i)evering, Frings oder Ziehfreund zeugen davon. Seit dem 20. Jahrhundert ist der Name selten, auch in der dänischen Form ➤ Sören.

Sharon (m./w.) hebräisch [scharonn]. Über das Englische kommt der Name zu uns, daher die Schreibweise und Aussprache [schärren]; vereinzelt trifft man auch Scharon an, was man konsequenterweise deutsch oder aber hebräisch aussprechen müsste. In der Bibel ist *Scharón* der Name der Küstenebene Israels, etwa zwischen Tel Aviv und Haifa. Bis zur römischen Zeit diente die sumpfige Ebene vor allem als Weideland; durch Entwässerung wurde ab dem 1. vorchristlichen Jahrhundert fruchtbares Ackerland gewonnen. Die Herleitung des Namens ist umstritten: Manche führen ihn zurück auf griechisch *sarónis*, Eiche, weil in alttestamentlicher Zeit große Eichenwälder die Ebene bedeckten. Andere denken an arabisch *scharáh*, feucht sein. Am wahrscheinlichsten jedoch steht das hebräische Verb *jaschár*, gerade sein, hinter dem Namen, der dann aus Jescharon verkürzt wäre. Scharon bedeutet dann einfach „Ebene". Dass Sharon zum Personennamen wurde, hängt sicher mit einer Stelle aus dem biblischen Hohelied zusammen: In 2,1 spricht die Frau zu ihrem Geliebten: „Ich bin eine Wildblume in Scharon, eine Lilie aus dem Tal." Als „Rose of Sharon" übernimmt John Steinbeck dies als Frauennamen in seinem Roman *Früchte des Zorns* (1939). Hier ist Rose of Sharon eine launische und selbstbezogene junge Ehefrau. Erst als sie ihr Kind bei der Geburt verliert, lernt sie, dass Geben zum Leben gehört: Einem Fremden, der zu verhungern droht, schenkt sie ihre Muttermilch. Im Volksmund werden verschiedene Pflanzen als „Rose von Scharon" bezeichnet; welche Pflanze in der Bibel gemeint war, ist unklar. – Sharon wurde von den Puritanern nach Amerika mitgenommen – als männlicher Name. Als Mädchenname kam Sharon dort in den 1920er-Jahren in Mode und in den 40ern sogar in die Top 10. In Deutschland erscheint er seit den 70ern und bleibt sehr selten; noch seltener ist Sharon als Jungenname.

Sibylla / Sibylle (w.) über das Griechische. Die Herkunft des Namens ist ungeklärt. Schon in der Antike wurde versucht, ihn aus griechisch *sioú boulé* zu deuten, wobei *siós* dem griechischen *theós* (lateinisch *deus*, Gott) entspricht und *boulé* der „Rat" ist, also etwa: Gottesraterin. Vermutlich aber wurde der Name aus dem Osten importiert, zusammen mit dem Kult der Sibylle. Dies war der Name einer charismatischen Seherin im alten Griechenland, die in göttlicher Ekstase weissagte; später gab es mehrere davon, vier, vielleicht zehn: *Sibylle* ist da schon zum Titel geworden. Eine der Sibyllen soll einen Sohn des biblischen Lot geheiratet haben, des Neffen ➤ Abrahams – die Grenzen zum Mythos verschwimmen. – Historisch greifbar sind die sogenannten Sibyllinischen Bücher, eine Sammlung von prophetischen Sprüchen; die Sibylle von Cumae (bei Neapel) soll sie dem römischen König Tarquinius Priscus (7./6. Jahrhundert v.Chr.) zum Kauf angeboten haben. Als der ablehnte, verbrannte sie drei der neun Bücher und bot die restlichen nochmals an. Das wiederholte sich, bis er die verbleibenden drei kaufte. Augustus ließ die Sammlung überarbeiten, erst im 5. Jahrhundert wurden die Bücher vernichtet. Im Mittelalter beliebt war die Erzählung von *Königin Sibille*, ein Teil der Karlssage: ➤ Karl der Große verstößt seine Gattin Sibille wegen eines angeblichen Ehebruchs; am Ende versöhnen sich die beiden wieder. Diese Sage, deren älteste Fassung aus der Mitte des 14. Jahrhunderts stammt, hat die Verbreitung des Namens sicher gefördert; der tritt vereinzelt schon im 12. Jahrhundert auf.

Im 20. Jahrhundert ist Sibylle von den 40er- bis 60er-Jahren durchgehend in den Top 100, ohne jemals zu den ganz beliebten Mädchennamen zu gehören. In der Form ➤ Sybilla/Sybille bleibt der Name extrem selten.

Sidney (m./w.) *Sidney* ist der Name einer Stadt in Australien. Er geht zurück auf einen englischen Familiennamen, der wiederum von einem Personennamen abgeleitet ist, der mit den Normannen über den Kanal kam und ursprünglich Saint-Denis hieß. Denis (➤ Dennis) ist eine moderne Form des griechischen Namens Dionysios, „dem Dionysos geweiht". Einer anderen Deutung zufolge ist Sidney, „weite Wiese", ursprünglich ein angelsächsischer Flurname aus der südenglischen Grafschaft Surrey. Als Mädchenname kann Sidney schließlich eine Kurzform von Sidony sein, auch Sidonie oder Sidonia, ursprünglich jemand aus Sidon, einer Stadt im südlichen Phönizien (heute Libanon). – Der Name erscheint in Deutschland Mitte des 20. Jahrhunderts und bleibt sehr selten. Die US-amerikanische Schauspielerin und Aerobic-Vorturnerin Sidney Rome ist Jahrgang 1951.

SIEG – „Sieg"
Das Namenwort gehört zu den vielen germanischen Namenselementen, die den Kampf zum Thema haben. Es geht zurück auf althochdeutsch *sigu*, verwandt mit gotisch *sigis* (daher kommen Namen wie Sigismund); dahinter steht germanisch **seg*, letztlich eine indoeuropäische Wurzel **segh*, festhalten, (im Kampf) überwältigen. Verwandt sind *geschwind* und das griechische Verb *écho*, halten, haben (aus **sécho*).
Namen: ➤ Si(e)gbert, Sieger, ➤ Siegfried, Sieghild (w.), ➤ Si(e)glinde (w.), ➤ Si(e)gmar, ➤ Si(e)gmund, ➤ Si(e)grid (w.), ➤ Si(e)grun (w.), Siegwin

Siegbert (m.) deutsch. Der Name setzt sich zusammen aus ➤ *SIEG* und *beraht*, glänzend, berühmt (➤ BERT). – Um das Jahr 500 herrschte König Sigibert, genannt der Lahme, über Köln und Teile des Rheinlandes. Im 6. und 7. Jahrhundert gab es mehrere Frankenkönige dieses Namens; einer von ihnen, Sigisbert III., auch Sigbert von Austrasien (das entspricht in etwa Nordfrankreich) genannt, wird als Heiliger verehrt. Er zeigte sich großzügig gegenüber der Kirche und unterstützte die Gründung mehrerer Klöster; sein Fest ist am 1. Februar. Etwa zur selben Zeit lebte der heilige Sigebert von Ostanglien. Im Jahr 630 wurde er Herrscher dieses nordöstlich von London gelegenen Königreichs; er tat viel für die Missionierung des Landes und starb um 637 im Kampf gegen den heidnischen König Penda und gilt deshalb als Märtyrer. Sein Namenstag ist der 27. September. – Seit Mitte des 20. Jahrhunderts ist der Name selten geworden.

Siegfried (m.) deutsch. Die beiden Teile des Namens sind althochdeutsch *sigu*, Sieg (➤ SIEG), und *fridu*, Friede (➤ FRIED). Siegfried erfreut sich seit dem Mittelalter großer Beliebtheit, der Name ist bekannt aus mehreren Heldenepen, etwa der Gudrunsage. Vor allem der Siegfried des Nibelungenliedes ließ den Namen zum Inbegriff deutschen Heldentums werden und verhalf ihm ab dem 19. Jahrhundert zu großer Beliebtheit: Siegfried, der Sohn von König ➤ Siegmund und ➤ Sieglinde in Niederlanden, besiegt den Drachen und nimmt in dessen Blut ein Bad, das ihn unverletzlich macht – bis auf eine Stelle zwischen den Schulterblättern, wohin ein Lindenblatt fällt. Genau dorthin stößt ihm ➤ Hagen den Speer im Auftrag von Brünhilde (➤ Brunhilde), der Frau König ➤ Gunthers. Dessen Schwester ➤ Kriemhild, Siegfrieds Frau, ist es, die am Ende blutige Rache für ihn nimmt … – Der heilige Sigfried von Växjö kam Anfang des 11. Jahrhunderts aus England zunächst nach Norwegen und später nach Schweden, um dort zu missionieren. Der Namenstag des „Apostels der Schweden" ist der 15. Februar. – Der ursprünglich fränkische Name ist sehr alt und schon im 7. Jahrhundert nachweisbar. Seine Beliebtheit im Mittelalter lässt sich an zahlreichen abgeleiteten Familiennamen ablesen, etwa Seifert, Sievers oder Seitz. In Deutschland kommt er mit dem Vordringen der Heiligennamen im 14. Jahrhundert aus der Mode und wird erst im 19. Jahrhundert durch die Wiederentdeckung des Nibelungenlieds wiederbelebt. In den 20er- bis 40er-Jahren des 20. Jahrhunderts erreicht Siegfried meist Platzierungen unter den 50 beliebtesten Jungennamen, wird heute aber kaum noch gegeben.

Sieglind / Sieglinde (w.) deutsch. Der Name ist zusammengesetzt aus ➤ *SIEG* und ➤ *LIND*, sanft, mild. – Die heilige Siglind (Sigolène) von Troclar stammte vermutlich aus einer adeligen Familie in Aquitanien (eine der vier Provinzen des alten Gallien, später der Süden Frankreichs bis zur Loire). Nach dem Tod ihres Mannes Gislef – sie gilt als Patronin der Witwen – wurde sie Äbtissin des von ihrem Vater gegründeten Benediktinerklosters Troclar beim heutigen Lagrave im Bistum Albi (rund 70 km nordöstlich von Toulouse) und widmete sich der Krankenpflege. Sie starb an einem 24. Juli irgendwann im 7. Jahrhundert; das ist auch ihr Namenstag. – Der Name findet sich in Deutschland als Sigilind zwar schon im 8. Jahrhundert; heimisch jedoch wird er erst sehr viel später: In ➤ Richard Wagners *Ring der Nibelungen (Die Walküre)* ist Sieglinde die verloren geglaubte Zwillingsschwester ➤ Siegmunds, die seine Geliebte wird. Wagner vollendet sein Mammutwerk 1872, und Anfang des 20. Jahrhunderts kommen die ersten Sieglindes zur Welt. Der Name bleibt selten, besonders in der Form Sieglind.

Siegmar (m.) deutsch. Si(e)gmar ist ein alter deutscher Name. Sein erster Teil ist ➤ *SIEG*, der zweite althochdeutsch *mari*, berühmt (➤ MAR). – Der griechische Geschichtsschreiber und Geograf Strabon (auch Strabo) erwähnt Anfang des 1. Jahrhunderts in seiner *Geographika* einen Cheruskerfürsten namens Sigimer; der römische Schriftsteller Tacitus nennt rund hundert Jahre später in seinen *Annalen* einen gewissen Segimerus, im Zusammenhang mit den Germanienfeldzügen des römischen Feldherrn Nero ➤ Claudius Germanicus (15 v.Chr. bis

19 n. Chr.); den Namen des Vaters von Arminius (➤ Armin) überliefert er als Sigimar. Dennoch bleibt der Name Siegmar bis ins 19. Jahrhundert äußerst selten und ist auch heute nicht oft zu finden. Der deutsche SPD-Politiker Sigmar Gabriel ist Jahrgang 1959.

Siegmund (m.) deutsch. Der erste Teil des Namens ist althochdeutsch *sigu* (➤ SIEG). Der zweite Teil, althochdeutsch ➤ *MUND*, bedeutet Schutz. – Siegmund ist ein alter deutscher Name. Der griechische Geschichtsschreiber und Geograf Strabon (auch: Strabo) berichtet Anfang des 1. Jahrhunderts in seiner *Geographika* von Siegmund, dem Schwager des Cheruskerfürsten Arminius (➤ Armin). König Sigismund von Burgund (5./6. Jahrhundert) soll ein vorbildliches Leben als Christ geführt haben – abgesehen von dem Mord an seinem Sohn Sigrich, den er auf Drängen seiner zweiten Frau anzettelte. Sigismund tat jedoch Buße, ging eine Zeit lang ins Kloster St. Moritz und beschenkte es reich. Als die Franken sein Reich besiegten, ließ König Chlodimir ihn und seine Familie am 1. Mai 524 bei Orléans in einem Brunnen ertränken; das ist auch Siegmunds Namenstag als Heiliger. Im Nibelungenlied heißt der Vater ➤ Siegfrieds, des Drachentöters, Siegmund; seine Mutter ist ➤ Sieglinde.

Siegrid (w.) deutsche Form von ➤ Sigrid („Sieg“ + „schön“)

Siegrun (w.) deutsche Form von ➤ Sigrun („Sieg“ + „Geheimnis“)

SIG ➤ SIEG („Sieg“)

Sigbert (m.) andere Form von ➤ Siegbert („Sieg“ + „berühmt“)

Siglinde (w.) andere Form von ➤ Sieglinde („Sieg“ + „sanft“)

Sigmund (m.) andere Form von ➤ Siegmund („Sieg“ + „Schutz“)

Sigrid (w.) Nordisch. Aus Skandinavien kommt der Name zu uns, er setzt sich zusammen aus zwei altnordischen Wörtern: *Sigr* bedeutet ➤ SIEG und gehört zu den vielen germanischen Namenselementen, die den Kampf zum Thema haben. *Fridr* (mit weichem Ti-ejtsch) ist das Wort für „schön, klar“, und bezieht sich wohl auf das Kind (vgl. ➤ FRIED). – Die norwegische Schriftstellerin Sigrid Undset (1882–1949) erhielt 1928 den Nobelpreis für Literatur, „vor allem für ihre kraftvollen Schilderungen des nordischen Lebens im Mittelalter“, so die Begründung des Nobelpreiskomitees. Im katholischen Heiligenkalender finden sich zwei Sigrids: Die Frau des Wendenfürsten Gottschalk wurde im 11. Jahrhundert von heidnischen Wenden vertrieben; ihr Namenstag ist der 5. Mai. Am 7. Januar hat Sigrid von Tonars (zwischen Angers und Poitiers) ihr Fest; sie lebte im 5. Jahrhundert als Schafhirtin. – Der Name taucht im Deutschland des späten 19. Jahrhunderts auf und erfreut sich Mitte des 20. Jahrhunderts einiger Beliebtheit.

Sigrun (w.) germanisch. Aus Skandinavien kommt der Name zu uns, ist aber gesamtgermanisch. Althochdeutsch *sigu* bedeutet ➤ SIEG, *runa* heißt Geheimnis, Zauber, Geflüster

(➢ RUN). – In der nordischen Sagenwelt ist Sigrun der Name einer Walküre, die sich durch besondere Schönheit auszeichnet. Walküren sind eine Art Totendämonen, deren Aufgabe es ist, die gefallenen Krieger ins Totenreich zu führen, das Walhall. In einem Heldenlied aus der Sammlung der *Lieder-Edda* heiratet König Högnis Tochter Sigrun den Helden Helgi, sie hat mehrere Kinder mit ihm und bleibt ihm auch nach seinem Tod in Liebe verbunden. Siegrune nennt schließlich ➢ Richard Wagner eine der neun Walküren in der Oper *Die Walküre*, dem zweiten Teil seiner Tetralogie *Der Ring der Nibelungen*. – Als Zigerune ist der Name im 14. Jahrhundert in Riga belegt; wahrscheinlich ist er aber sehr viel älter.

Silas (m.) aus dem Hebräischen. In der Apostelgeschichte wird er Silas genannt, in den Briefen (etwa am Anfang der beiden Briefe an die Thessalonicher) heißt er Silvanus (lateinisch: „der vom Walde"). Wahrscheinlich ist Silas jedoch keine Kurzform von Silvanus, sondern geht zurück auf den hebräischen Namen Scha'úl ➢ Saul (hebräisch: „erbeten"). Eine aramäische Form davon lautet Sche'ila, die Griechen machten Silas daraus. Im Neuen Testament ist Silas einer der zuverlässigsten Mitarbeiter des Apostels ➢ Paulus. Er gehört zur Jerusalemer Gemeinde und wirkt als Lehrer und Prophet (wir würden sagen: Seelsorger). Später begleitet er Paulus auf seinen Missionsreisen. In Philippi kommen die beiden durch ein nächtliches Erdbeben aus dem Kerker frei (Apostelgeschichte 16,23ff.); der Aufseher und seine Familie lassen sich daraufhin taufen. Als katholischer Heiliger hat Silas seinen Namenstag am 13. Juli. – Während der Name im englischsprachigen Raum seit der Reformation lebendig ist, kommt er erst in den 1980er-Jahren nach Deutschland und bleibt selten. Erst Mitte des ersten Jahrzehnts im 21. Jahrhundert erreicht Silas Platzierungen unter den Top 100.

Silke (w.) friesische Kurzform von ➢ Cäcilie (später in Verbindung gebracht mit lateinisch *caecus*, blind). – Schon im Jahr 1300 ist eine Sileke in Kiel belegt, doch der Name wird erst im 18. Jahrhundert heimisch bei uns. Etwa zwischen 1963 und 1975 nimmt er Plätze unter den 20 beliebtesten Mädchennamen ein, wird aber seit den 80er-Jahren kaum noch gegeben.

Silvia (w.) lateinisch. Silvia ist die weibliche Form von Silvius, zu lateinisch *silva*, Wald. Silvius war bei den Römern ursprünglich ein Beiname („der vom Walde") für jemanden, der im oder am Wald wohnte. Silvius hieß in der griechischen Mythologie ein Sohn des Äneas, eines der Helden Trojas. Seine Tochter Rhea Silvia wurde später die Mutter von Romulus und Remus, den beiden sagenhaften Gründern der Stadt Rom, die von einer Wölfin aufgezogen wurden; ihr Vater ist der Kriegsgott Mars. – Die heilige Silvia lebte etwa von 520 bis 592, sie war die Mutter von Papst ➢ Gregor dem Großen. Über sie ist wenig überliefert; aus einer Biografie ihres Sohnes wissen wir jedoch von einem Mosaik seiner Eltern, das Gregor in seinem Hause hatte: Silvia sei trotz ihres Alters immer noch schön, heißt es da, mit großen blauen Augen und anmutigem und lebendigem Ausdruck. Ihr Namenstag ist der 3. November. – In England wurde der Name bekannt durch die Figur der Silvia in Shakespeares Stück *Die beiden Veroneser* (1591 ?). In Deutschland erscheint er erst im 18. Jahrhundert, angeregt durch die Schäferpoesie, die offenbar auf die Bedeutung „Wald" abhebt. In den 1950er- und 60er-Jahren gehört Silvia zusammen mit der (sprachlich unbegründeten) Form Sylvia die meiste Zeit zu den 20 beliebtesten Vornamen.

Simeon (m.) ursprüngliche hebräische Form von ➤ Simon (hebräisch: Gott „hat erhört")

Simon (m.) aus dem Hebräischen. „Der Herr hat gehört, dass ich nicht geliebt werde; darum hat er mir noch einen Sohn geschenkt!, rief Lea und gab ihm den Namen Simeon." So wird in 1. Mose 29,33 der Name (hebräisch: Schim'ón, wohl eine Kurzform von Schmajáhu) erklärt: „(der Herr) hat erhört". – Simon ist eine griechische Form des Namens, in Anlehnung an *simós*, plattnasig (über lateinisch *simus* verwandt mit *Sims*). Auch im Neuen Testament gibt es einige Träger dieses Namens, etwa den blinden Propheten, der im Tempel das Jesuskind als den Messias begrüßt; in Lukas 2,25ff. wird er ➤ Simeon genannt. Auch ein Bruder Jesu heißt Simon (Namenstag 27. April). Prominentester Namensträger ist jedoch der Apostel Simon, besser bekannt unter dem Namen ➤ Petrus ➤ Peter (griechisch: „Fels"); sein Fest ist der 29. Juni. Ein gewisser Simon von Kyrene trägt das Kreuz für Jesus auf dem Weg nach Golgatha. Den Begriff *Simonie* für die Käuflichkeit kirchlicher Ämter verdanken wir Simon dem Zauberer (Apostelgeschichte 8). Er möchte auch über den Heiligen Geist verfügen und ist bereit, dafür zu bezahlen. – Der Name ist in Deutschland schon für das 10. Jahrhundert belegt; seine frühe Verbreitung zeigt sich auch an abgeleiteten Nachnamen wie Siemens oder Schimanski. Die Reformation mit ihrer Vorliebe für biblische Namen fördert die Verbreitung zusätzlich. Seit Ende der 1970er-Jahre gehört Simon zu den 50 beliebtesten Jungennamen.

Simone (w.) weibliche Form von ➤ Simon (hebräisch: Gott „hat erhört"), auch französisch [simonn]. – Seit Mitte des 19. Jahrhunderts ist der Name in Deutschland zu finden, weite Verbreitung findet er aber erst hundert Jahre später: In den 1960er- und 70er-Jahren gehört Simone meist zu den 50 beliebtesten Mädchennamen.

Sina / Sinah (w.) In den meisten Fällen ist Sina(h) eine Kurzform von Namen, die so enden: ➤ Rosina ➤ Rosa (lateinisch: „Rose"?), Teresina ➤ Theresa (griechisch: „Jägerin"?), Alfonsina ➤ Alfons („Kampf" + „tapfer"?). In den 80er-Jahren des 20. Jahrhunderts kam Sina aber auch aus England zu uns als Variante von Sheena. Dieser gälische Name geht zurück auf altfranzösisch Jeanne, unser Name ➤ Johanna (hebräisch: „Der Herr ist gnädig"). – Um 1850 erscheint der Name erstmals in Deutschland; Ende der 1970er-Jahre kommt er unter die

Top 100 und hält sich seitdem; der Höhepunkt liegt Anfang der 90er.

Sissi / Sissy (w.) Koseform von Cäcilie (später verbunden mit lateinisch *caecus*, blind) oder Elisabeth (hebräisch: „Gott ist Fülle"). Die meisten denken bei dem Namen an die österreichische Kaiserin und ungarische Königin Elisabeth Amalie Eugenie. Die wurde Sisi genannt, in den Filmen (1955–57) von ➤ Ernst Marischka wurde Sissi daraus. Die Schauspielerin Sissy Löwinger wird 1941 in Graz als Cäcilia geboren. Die deutsche Schriftstellerin Sissi Flegel ist Jahrgang 1944. Sissi Perlinger, Entertainerin und Schauspielerin, wird 1962 in Furth am Walde geboren als Elisabeth Judith Michaela. Etwa um diese Zeit gewinnt der Name etwas Popularität, bleibt aber selten.

Sofia / Sofie (w.) Nebenform von ➤ Sophia/Sophie (griechisch: „Weisheit")

Solveig / Solveigh (w.) [solwejg], [solwaig], [solwej], nordisch. Seine Beliebtheit verdankt der Name der Oper *Peer Gynt* von Edvard Grieg, die 1876 uraufgeführt wurde; das romantische Drama lieferte ➤ Henrik Ibsen. ➤ Peer Gynt ist ein junger begabter Mann, der vieles anfängt, aber nichts zu Ende bringt, weil er mit der Seele nicht dabei ist. Er verlässt Solveig und zieht in die Welt, um sich selbst zu finden. Nach Jahrzehnten erst kehrt er zurück zu seiner Geliebten, die treu auf ihn gewartet hat, um ihn mit ihrer Liebe zu erlösen. – Das erste Element ihres Namens ist altnordisch *salr*, Saal, ursprünglich ein Wort für das germanische Einraumhaus. Unklar ist die Herkunft des zweiten Namenteils: Vorgeschlagen werden das germanische ➤ *WIG*, Kampf (wie in ➤ Hedwig oder ➤ Ludwig), isländisch *veig*, Kraft (wohl verwandt mit *wach* und dem *Vegetarier)*, aber auch das ebenfalls isländische Verb *vijka*, unser *weichen*. Letzteres soll für „Bucht" stehen (vgl. Reykjavik), und Solveig könnte dann ursprünglich der Name eines Hofes bei einer Bucht gewesen sein. – Anfang des 20. Jahrhunderts kommt der Name in Deutschland an und bleibt insgesamt selten.

Sonja (w.) russische Koseform von ➤ Sophia (griechisch: „Weisheit"). – Der Name taucht Anfang des 20. Jahrhunderts in Deutschland auf und verbreitet sich in den 20er-Jahren. Mitte der 60er- bis in die 80er-Jahre gehört Sonja zu den 50 beliebtesten Mädchennamen; im neuen Jahrtausend wird er kaum noch gegeben.

Sophia / Sophie (w.) griechisch. *Sophía* ist im Griechischen die „Weisheit". Die stand bei den Griechen hoch im Kurs als Lebensklugheit und Urteilskraft, später auch als theoretisches und erlernbares Wissen. Sokrates' Weisheit besteht darin, dass er weiß, dass er nichts weiß, und bei Plato ist ihr Inhalt, das eigentliche Sein oder die Idee, an Gott gebunden. Die Aufgabe des Menschen sei es, sich strebend darum zu bemühen; das nannte man dann „Philo-Sophia" (zu *phileín*, lieben). – Die frühen Christen nahmen den Namen auf und deuteten ihn von der Bibel her: Auch hier ist „der Weisheit Anfang die Furcht Gottes" (Sprüche 9,10). Sprichwörtlich wurde die Weisheit des Königs Salomo, die ihm auf seine Bitte hin von Gott geschenkt wird (1. Könige 3,1–15). Im Neuen Testament bezeichnet Paulus die von Gott losgelöste Weisheit als „Torheit" und stellt ihr die rettende Botschaft vom Kreuz gegenüber (1. Korinther 1,18–31): Christus selbst ist Gottes Weisheit (V. 24). – Die heilige Sophia von Mailand soll um das Jahr 130 in Rom das Martyrium erlitten haben. Die legendären Berichte erzählen von ihr und ihren drei Töchtern Pistis, Agape und Elpis mit theologischer Absicht: Wahre Weisheit ist nicht durch Philosophie zu erlangen, sondern nur, indem man die drei lebt: „Glaube, Liebe und Hoffnung" (➤ Vera, ➤ Nadjeschda). Sophias Namenstag ist der 30. September. Am 15. Mai hat eine Heilige ihr Fest, die wir als die „kalte Sophie" kennen; sie folgt den „Eisheiligen" Pankratius, Servatius und Bonifatius. Um 303 soll sie als Märtyrerin in Rom gestorben sein. – Sophia als Vorname wird offenbar innerhalb der Gnosis eingeführt, einer ans Christentum angelehnten Geistesbewegung des 2. und 3. Jahrhunderts, in der Weisheit und Erkenntnis eine herausragende Rolle spielen; Verbreitung findet Sophia dann aber als christlicher Name. In Deutschland taucht er im 11. Jahrhundert auf, teilweise als Sophie oder Sofie. Populärer wird der Name dann ab dem 17. Jahrhundert, und im 20./21. Jahrhundert wird er zum Modenamen: Seit Anfang der 90er-Jahre belegt Sophia zusammen mit Sophie meist Spitzenplätze.

Soraya (w.) über das Persische. Soraya ist die persische Form des arabischen Namens Thurayya (auch Surayya). Damit wird der Sternhaufen der Plejaden bezeichnet, in der Antike die sieben mit bloßem Auge erkennbaren Sterne im „Nacken" des Sternbilds Stier. Das Wort geht zurück auf arabisch *thariya,* reichlich vorhanden sein, denn die Plejaden sitzen eng aufeinander. Von Juli bis April sind sie am nördlichen Sternhimmel zu sehen, sie sind Teil unserer Milchstraße. In der griechischen Sagenwelt gelten die sieben Plejaden als Nymphen, Töchter des Atlas und der Pleione. Ihre Namen sind: Alkyone, Asterope, Elektra, Kelaino, Maia, Merope und Taygete. Einer Sage zufolge wurden sie von Orion verfolgt und von Zeus zunächst in Tauben (griechisch *peleiádes)* verwandelt und schließlich an den Himmel entrückt. – In Deutschland wird der Name seit den 50er-Jahren vereinzelt gegeben, sicher zu Ehren von Königin Soraya Esfandiay-Bakhtiari, von 1951 bis 1958 Ehefrau des persischen Schahs Mohammad Reza Pahlevi.

Sören (m.) deutsche Form von Søren ➤ Severin (lateinisch: „der Ernsthafte"). Der Däne Søren Kierkegaard (1813–1855) war Theologe, Philosoph und Schriftsteller. Er vertrat ein radikales, existenzielles Christentum gegen die Sattheit der Kirche seiner Zeit. – Der Name Sören ist in Deutschland in dieser Form schon im späten 18. Jahrhundert zu finden, bleibt aber insgesamt selten.

Stefan (m.) moderne Form von ➤ Stephan (griechisch: „bekränzt")

Stefanie (w.) weibliche Form von ➤ Stephan (griechisch: „bekränzt"). –

Der Name ist schon im 14. Jahrhundert in Deutschland belegt. Der Siegeszug von Stefanie/Stephanie beginnt Ende der 1950er-Jahre; etwa zwischen 1967 und 1989 nimmt der Name Plätze unter den 10 beliebtesten Mädchennamen ein. Im neuen Jahrtausend wird er nur noch selten gegeben.

Steffen (m.) Koseform von ➤ Stephan (griechisch: „bekränzt"). – In den 1970er- und 80er-Jahren erreicht der Name immer wieder Platzierungen unter den 50 beliebtesten Jungennamen.

Steffi (w.) Koseform von ➤ Stefanie/Stephanie ➤ Stephan (griechisch: „bekränzt"). – Der Name findet sich in Deutschland erst im 20. Jahrhundert und erreicht einen hohen Bekanntheitsgrad durch die Tennisspielerin Steffi Graf, Jahrgang 1969.

Stella (w.) lateinisch. *Stella* bedeutet einfach „Stern", und wahrscheinlich wurde der Name ursprünglich gegeben, weil man seiner Tochter die strahlende Schönheit eines Sternes wünschte. Vielleicht wünschte man dem Kind aber auch, sein Leben möge unter einem guten Stern stehen. So ist der Name der Märtyrerin Estella aus dem 3. Jahrhundert auch als Eustella überliefert; das wurde gedeutet als „guter Stern". Sie soll von Bischof Eutropius getauft und mit ihm hingerichtet worden sein; ihr Namenstag ist der 30. April. Seine Verbreitung verdankt der Name jedoch vor allem ➤ Maria, der Mutter Jesu: Einer ihrer Beinamen lautet *Stella Maris*, „Meeresstern", und wie der Polarstern die Seeleute leitet, so soll sie den Gläubigen Orientierung und Führung gewähren. Kein Wunder, dass Maria Stella Maris auch Patronin der Seeleute wurde. Diesen Beinamen und die damit verbundene Funktion hat sie von Ischtar übernommen, der babylonischen Himmelsgöttin. *Stella* und *Stern* (englisch *star*, französisch *étoile*, spanisch *estrella)* hängen sprachlich miteinander zusammen, nicht aber mit Ischtar. Die Verbindung zwischen Maria und Stella Maris kam durch ein doppeltes Missverständnis zustande: Mariam, so eine Form von Maria (➤ Miriam), wurde aus dem Hebräischen zunächst als „Tropfen des Meeres" gedeutet, auf Lateinisch *stilla maris*. Durch einen Abschreibfehler wurde später *stella maris* daraus. – Im Jahr 1806 wird Goethes Trauerspiel *Stella* in Weimar uraufgeführt. Zwanzig Jahre später erscheint der Name im Rheinland, bleibt jedoch selten. Erst zu Beginn des 21. Jahrhunderts erreicht Stella die Top 100, rund zehn Jahre später die Top 50.

Stephan (m.) aus dem Griechischen. Der Name geht zurück auf das griechische Wort *stéphanos*, Siegeskranz, Krone, Preis, aber auch Zierde; wir können ihn also übersetzen mit „der Bekränzte, der Gekrönte" – wenn der Sprössling nicht einfach der Familie zur „Zierde" dienen soll. Dieser Kranz wurde von den Griechen als Preis bei sportlichen Wettkämpfen vergeben, bei den Römern trug ihn der siegreiche Feldherr, und Kaiser Augustus machte ihn zum Zeichen der Herrschaft (vgl. ➤ Laurentius). Die frühen Christen schließlich deuteten den Kranz als Zeichen des Sieges Christi über den Tod und meißelten ihn in die Grabplatten ihrer Glaubensgeschwister. Paulus vergleicht das Leben eines Christen mit einem sportlichen Wettkampf, an dessen Ende „ein vergänglicher Kranz" winkt; Christen aber ist am Schluss ein „unvergänglicher" Kranz verheißen (1. Korinther 9,25). Dass dieser Wettkampf tatsächlich ein Kampf ist, daran erinnert der *stéphanos ex akanthón,* der „Kranz aus Dornen", den Jesus kurz vor seinem Tod aufgedrückt bekommt; die Tonsur sollte Mönche stets daran erinnern. Doch am Ende der Zeit trägt auch der Menschensohn (Jesus) den „goldenen Kranz" des Königs (Offenbarung 14,14; in 19,12 ist es dann das Diadem, der eigentliche Kopfschmuck des Herrschers). Der Weg zum Sieg führt über die (scheinbare) Niederlage. – Eine solche Theologie passt gut zum Leben und Sterben des Stephanus, des ersten christlichen Märtyrers. Als einer der sieben Diakone der Urgemeinde in Jerusalem wird er wegen seines Glaubens gesteinigt (Apostelgeschichte 7,54–60). Noch im Sterben betet er zu Jesus für seine Peiniger: „Herr, rechne ihnen diese Sünde nicht an" (Vers 60); der spätere Apostel Paulus ist Zeuge dieser Hinrichtung. Als katholischer Heiliger hat Stephanus seinen Namenstag am 26. Dezember. – In Griechenland ist der Name schon früh belegt, er verbreitet sich bald als christlicher Name in der antiken Welt. In Deutschland findet er sich seit dem 13. Jahrhundert und bürgert sich als Heiligenname bald ein. Etwa zwischen 1960 und 1987 nimmt Stefan zusammen mit Stephan regelmäßig Plätze unter den Top 10 ein; im neuen Jahrtausend spielt der Name kaum noch eine Rolle.

Stephanie (w.) weibliche Form von ➤ Stephan (griechisch: „der Bekränzte")

Susan (w.) englische Form [ssuhsn] von ➤ Susanne (hebräisch: „Lilie"). – Der Name kommt in Deutschland Ende der 1950er-Jahre an und erfreut sich in den 70er- und 80er-Jahren einiger Beliebtheit.

Susanna / Susanne (w.) aus dem Hebräischen. *Schoschanná* lautet der Name auf Hebräisch, das bedeutet „Lilie", im modernen Hebräisch auch „Rose". Im Alten Testament kann sich das Wort jedoch auf eine ganze Reihe lilienartiger Pflanzen beziehen, etwa auf die Schwertlilie oder die Tulpe. Und als Jesus von den „Lilien auf dem Feld" spricht, hat er wahrscheinlich rote Anemonen vor Augen. – In den sogenannten „Zusätzen zum Buch Daniel" (Spätschriften des Alten Testaments) ist Susanna die schöne Frau des Jojakim in Babylon. Zwei angesehene Richter überraschen sie beim Bade und wollen ihr Gewalt antun. Die beiden Lustgreise verleumden sie schließlich – die Sache sei gerade umgekehrt gewesen –, und erst der junge ➤ Daniel rettet Susanna vor der Hinrichtung, indem er diese Richter in Widersprüche verwickelt. Daraufhin müssen die beiden an Susannas Stelle sterben. Susannas Gedenktag ist der 19. Dezember. – Lukas 8,3 erwähnt eine Susanna als eine der Frauen, die für den Lebensunterhalt Jesu sorgen. – Der Name taucht in Deutschland vor 1600 auf. 1786 wird in Wien Mozarts Oper *Die Hochzeit des Figaro* uraufgeführt; darin ist Susanna die Braut des Kammerdieners Figaro. Etwa zwischen 1955 und 1971 belegt Susanne durchgängig Plätze unter den 10 beliebtesten Mädchennamen.

Svea (w.) schwedisch. Auf schwedischen Briefmarken ist *Sverige* zu lesen, das hieß ursprünglich Svear-Rike, „Reich der Svear". Dieser Volksstamm saß offenbar mehrere Tausend Jahre in Südschweden und beherrschte im ausgehenden Mittelalter das Land. Der Name bedeutet „die Eigenen, wir selbst". Svea ist für die Schweden dasselbe wie für die Bayern Bavaria: die Personifizierung ihres Landes. Im 17. Jahrhundert malte ➤ David Klöcker Ehrenstahl sie als *Modar Svea*, Mutter Schweden, an die Decke des Rittersaals im Ritterhaus in Stockholm. Wichtiger noch für die Verbreitung des Namens Svea war das gleichnamige Gedicht Esaias Tegnérs aus dem Jahr 1811. Darin wird Svea um Hilfe gerufen gegen die Russen, die das einst schwedische Finnland erobert hatten – vergeblich: Bis nach dem 1. Weltkrieg blieb Finnland unter russischer Herrschaft, 1919 wurde die Republik Finnland gegründet. – Wenige Jahre nach Erscheinen des Gedichts taucht Svea zum ersten Mal als Vorname auf. In Deutschland ist er seit Mitte des 20. Jahrhunderts zu finden, bleibt aber relativ selten. In den 90er-Jahren und Anfang des 21. Jahrhunderts erreicht der Name Platzierungen unter den Top 100.

Sven (m.) aus dem Nordischen. Sven ist in Skandinavien ein sehr beliebter Vorname. Im Altnordischen bedeutet *sveinn* „Junge, junger Mann, junger Krieger, Diener". Möglicherweise geht dieses Wort zurück auf eine indoeuropäische Wurzel, die so viel bedeutet wie „hell" oder auch „heil". Dabei könnte man an ein blondes Kind denken (was auf ein Gutteil der Skandinavier zutrifft) oder aber an den Wunsch der Eltern, ihr Kind möge gesund heranwachsen. – Ein bekannter Namensträger ist der schwedische Forscher, Geograf, Kartograf, Schriftsteller und Fotograf Sven Hedin (1865–1952). Er unternahm mehrere Expeditionen nach Persien und Zentralasien und wurde dafür vom Königshaus (als letzter Schwede überhaupt) geadelt. Sein Interesse galt geografischen und klimatologischen Fragen. – In Deutschland taucht der Name Sven zum ersten Mal Ende des 19. Jahrhunderts auf und gehört in den 1960er- und 70er-Jahren zeitweise zu den 20 beliebtesten Jungennamen; 1977 landet Sven sogar auf Platz 10.

Svenja (w.) deutsch. Dass Svenja zu ➤ Sven (nordisch: „junger Mann", „hell, heil") gehört, ist häufig zu lesen. Interessanterweise ist der Name Svenja in älteren skandinavischen Namensbüchern nicht verzeichnet. In Deutschland taucht er Ende der 1950er-Jahre auf, und wahrscheinlich wurde die Form in Anlehnung an friesische Kosenamen wie ➤ Anja oder ➤ Fenja gebildet. Das Grundelement von Svenja ist dann althochdeutsch ➤ *SWAN*, Schwan. – Seit den 1980er-Jahren erfreut sich der Name zunehmender Beliebtheit, der Höhepunkt liegt Anfang der 90er mit Platzierungen unter den Top 20; seitdem wird Svenja wieder seltener gegeben.

SWAN – „Schwan"
Unser *Schwan*, der große weiße Wasservogel mit dem langen Hals, findet sich im Mittelhochdeutschen als *swan/-e* (maskulin) und im Althochdeutschen als *swan/-e/-o* (maskulin) oder auch *swana* (feminin). Das Wort geht zurück auf germanisch **swana*, letztendlich wohl auf die indoeuropäische Wurzel **swen*, tönen. Dann wäre der Schwan benannt nach seinem Ruf und sprachgeschichtlich verwandt mit lateinisch *sonus*, Laut, Schall, und *sonare*, tönen. Dabei war wohl zunächst der Singschwan im Blick (oder im Ohr), dem wir auch den Ausdruck „Schwanengesang" verdanken für das letzte Werk eines Künstlers vor seinem Tod. Dahinter steht die schon antike Vorstellung, ein sterbender Schwan singe noch einmal besonders schön. Im Mittelalter wurde dies auf den Tod Christi übertragen und seine letzten Worte am Kreuz.
Der Schwan gilt in vielen Kulturen als Symbol des Lichts und der Reinheit, der Anmut und Schönheit und ist daher meist dem Weiblichen zugeordnet. So begegnen wir in der germanischen Sagenwelt Schwanenjungfrauen: Als Schwäne landen sie an einem See, lassen ihr Schwanenkleid am Ufer zurück – und werden beim Baden von lüsternen Männern beobachtet. Die verstecken das Federkleid und gewinnen so Gewalt über die Jungfrauen – bis die ihr Schwanenhemd nach Jahren durch Zufall entdecken und fliehen (vgl. ➤ Wieland). Diese Mythen haben sicher dazu geführt, dass der Schwan Eingang gefunden hat in die germanische Namengebung. Aus diesem Grund nimmt man an, dass die ältesten Namen mit diesem Element Frauennamen waren. Weil der Schwan aber von Haus aus männlich ist, erscheint *swan* in Frauennamen nur als Erstglied.
In der frühen christlichen Symbolik spielt der Schwan keine bedeutende Rolle – möglicherweise wegen der Geschichte von Leda und dem Schwan: Göttervater Zeus nähert sich mit amourösen Absichten der Spartanerkönigin Leda in Schwanengestalt, die gebiert daraufhin ➤ Helena sowie Castor und Pollux (in Wirklichkeit ist die Sache, je nach Überlieferung, etwas komplizierter).
In Namen kommt es bei SWAN zuweilen zu Vermischungen mit SONA, wahr, SUNNA, Sonne, und SVAINA, Schwein.
Namen: Swa(a)ntje (w.), Swanager, ➤ Swanhild/-e (w.), Swanupraht, ➤ Svenja (w.)

Swanhild / Swanhilde (w.) Der Name ist zusammengesetzt aus althochdeutsch ➤ *SWAN*, Schwan, und ➤ *HILD*, Kampf, Kämpfer. Dies wurde zuweilen gedeutet in Richtung schwanengestaltiger Walküren. In der nordischen Sagenwelt ist Swanhild die Tochter des Drachentöters Sigurd (➤ Siegfried) und der ➤ Gudrun. Sie soll den Ostgotenkönig Jormunrekr (Ermanerich) heiraten, der seinen Sohn Randwer zur Brautwerbung schickt. Dessen Begleiter Bikki überredet Randwer, Swanhild für sich selbst zu werben, verrät dies jedoch an Jormunrekr. Der rächt sich blutig an Sohn und Braut. Doch auch diese Tat bleibt nicht ungesühnt. – Der Name erscheint Anfang des 15. Jahrhunderts als Swanhilt in Südtirol und bleibt im deutschsprachigen Raum sehr selten.

Swantje (w.) friesische Koseform von Namen mit dem Element *SWAN*, Schwan, vor allem ➤ Schwanhild. – Der Name taucht als Swaantje gegen Ende des 18. Jahrhunderts in Ostfriesland auf und bleibt selten und im Wesentlichen auf den Norden beschränkt.

Sweta (w.) Kurzform von ➤ Swetlana (russisch: „die Erleuchtete")

Swetlana (w.) russisch. Der Name gehört zu russisch *svetlyj*, hell. Er ist eine Lehnübersetzung des griechischen Photine, auch Photini oder Photina (zu *phos*, Licht; Genitiv *photós*) und kann als „die Erleuchtete" übersetzt werden. In der Russisch-Orthodoxen Kirche wird eine heilige Photine verehrt; zusammen mit ihren fünf Schwestern und drei Söhnen soll sie unter Kaiser Nero den christlichen Glauben verbreitet haben und nach qualvoller Folter hingerichtet worden sein. Dass in dieser Geschichte mehrere dieser Märtyrer geblendet werden und durch ein Wunder ihre Sehkraft wiedererlangen, ist sicher kein Zufall. Photines Sohn Viktor erhält den Namen Photinus, weil er viele „erleuchtet", das heißt zum Glauben geführt habe. Der Überlieferung zufolge war Photine identisch mit der (in der Bibel namenlosen) Frau am Jakobsbrunnen (Johannes 4). In der Stadt Sychar (nahe Nablus im Norden Israels) begegnet ihr Jesus, als sie am Brunnen Wasser holt. Er offenbart sich ihr als der Messias, der versprochene Retter des Volkes Israel. Photines Namenstag ist der 20. März, in der Orthodoxen Kirche der 26. Februar. – Seit dem 2. Weltkrieg ist der Name in Deutschland nachweisbar; er bleibt selten und ist am häufigsten unter Aussiedlern und deren Familien zu finden.

SWIND – „stark, tapfer"
Wir haben das Namenwort noch in unserem *geschwind*. Germanisch **swintha* bedeutet „stark, kräftig"; über „gewandt" hat sich hier die Bedeutung zu „schnell" verschoben (vgl. ➤ BALD). Das Wort ist vielleicht verwandt mit *gesund*, dann ist die Grundbedeutung „stark, rüstig". Andere sehen eine Verbindung zu ➤ *SIEG* und nehmen „können" als Ausgangsbedeutung an. Als Namenwort bedeutet SWIND „stark, tapfer, listig" und fügt sich wie die fast gleichbedeutenden ➤ BALD, ➤ HART und ➤ NAND mühelos in die Welt des Kriegers und seiner Eigenschaften.
Namen: Adalswind (w.), Baldsuind (w.), Eburswind, Gisalsuind (w.), Heilswind (w.), Irminswind (w.), Raginswinda (w.), ➤ Roswitha (w.), Swinbert, Switbot, Swidburg (w.), Swidiger, Swinther, Swendolf, Wolfswind (w.)

Sybilla / Sybille (w.) Nebenform von ➤ Sibylle (Name einer Seherin).

– Diese sprachgeschichtlich wenig sinnvolle Schreibweise taucht noch vor dem 2. Weltkrieg in Deutschland auf, bleibt aber gegenüber Sibylla/-e stets in der Minderheit.

T

Tabea (w.) aus dem Hebräischen. Tabea ist die Form des biblischen Namens ➤ Tabitha („Gazelle"), die sich in der alten Lutherübersetzung findet. Martin Luther hat diese Variante offensichtlich aus einer unbedeutenden altlateinischen Handschrift übernommen (nicht zu verwechseln mit der späteren Vulgata). Diese Namensform findet sich zunächst in Markus 5,41. Dort sagt Jesus zur verstorbenen Tochter des Jairus: „Talítha, kúmi!" Das ist aramäisch und bedeutet: „Mädchen, steh auf!" Manche griechische Handschriften haben dann aber „Thabitha" gelesen statt „Thalitha", was wiederum ein Übersetzer im Lateinischen mit Tabea wiedergab, warum auch immer. Luther muss das so gut gefallen haben, dass er diese Namensform an anderer Stelle in seine Bibelübersetzung einfügte: In Apostelgeschichte 9,36 wird eine Christin namens ➤ Tabitha erwähnt und ihr Name gleich als Dorkas, Gazelle, ins Griechische übersetzt. Sie ist eine Jüngerin in Joppe (heute Jaffa, ein Vorort von Tel Aviv); sie tut viel Gutes, heißt es, und hilft den Armen. Als sie krank wird und stirbt, erweckt Petrus sie wieder zum Leben. Luther ersetzt ihren Namen hier durch Tabea – vermutlich weil die beiden Geschichten sich ähneln. – Der Name Tabea kommt in Deutschland vereinzelt vor seit dem 17. Jahrhundert; seit Ende der 1990er-Jahre wird er etwas öfter gegeben.

Tabitha (w.) aramäisch. Tabitha ist die aramäische Form des hebräischen Namens Zibja; so heißt die Mutter von König Joas (2. Könige 12,2). Zibja wiederum ist gebildet nach hebräisch *zwi*, Gazelle (Luther übersetzt für unsere Breiten mit „Reh"); gleichzeitig bedeutet dieses Wort auch „Herrlichkeit, Zierde". Die Gazelle ist in der Bibel Symbol der Schnelligkeit und Gewandtheit (Hohelied 2,9), aber auch der Anmut und Schönheit (Kap. 4,5). Luther verwendete in seiner Bibelübersetzung die Form ➤ Tabea. – Der Name Tabitha wird in Deutschland vereinzelt seit dem 17. Jahrhundert gegeben.

Tamar (w.) Das hebräische Wort *tamár* bedeutet „Dattelpalme" (auf Griechisch *phoínix*); hier schwingen immer auch Üppigkeit und Fruchtbarkeit mit. Dieser bis zu 50 m hohe Baum war zu biblischen Zeiten von großer wirtschaftlicher Bedeutung: Er lieferte wohlschmeckende Früchte und wertvolles Bauholz. In der Bibel ist er Symbol für fest verwurzeltes, aufrechtes Wachstum (Psalm 92,13). Eleganz und Anmut werden der Dattelpalme zugeschrieben; daneben verkörpert sie Sieg und Freude, daher die Palmwedel an Palmsonntag, als Jesus auf einem Esel in Jerusalem einzieht (Johannes 12,13). – In 1. Mose 38 wird die Geschichte von Tamar und Juda erzählt: Tamar ist die Schwiegertochter Judas, einer der zwölf Söhne ➤ Jakobs. Als ihr Mann Er stirbt, weigert sich sein Bruder Onan, die Schwagerehe zu vollziehen. Daraufhin verkleidet Tamar sich als Prostituierte, verführt Juda und wird schwanger von ihm. Daneben tragen in der Bibel eine Tochter und eine Enkelin König ➤ Davids diesen Namen. – Der Name erscheint in der zweiten Hälfte des 20. Jahrhunderts in Deutschland und bleibt selten.

Tamara (w.) russische Form von ➤ Tamar (hebräisch: „Dattelpalme"). – Mitte des 20. Jahrhunderts findet sich Tamara erstmals in Deutschland und bleibt zunächst selten. Heute dürfte ein nicht unerheblicher Teil der Namensträgerinnen Familien zugehören, die seit den 90ern aus Ländern der ehemaligen Sowjetunion zugewandert sind.

Tanja (w.) russische Kurzform von ➤ Tatjana (Bedeutung ungeklärt). – Mitte des 20. Jahrhunderts taucht der Name in Deutschland auf und steigt raketenartig auf: Etwa zwischen 1970 und 1976 erreicht er durchgehend Platzierungen unter den Top 10, nimmt dann aber bis Mitte der 90er langsam ab; im neuen Jahrtausend spielt Tanja bei der Namengebung kaum noch eine Rolle.

TANK ➤ DANK („Denken")

Tassilo (m.) Koseform von ➤ Tasso („Heldentat"?). – Zur Zeit ➤ Karls des Großen förderte Herzog Tassilo III. von Bayern das Christentum in seinem Einflussbereich und gründete mehrere Klöster. Sein Namenstag als Heiliger ist der 11. Dezember. Danach taucht der Name in Deutschland um 1830 wieder auf und bleibt insgesamt recht selten.

Tasso (m.) deutsch? Die Herkunft des Namens Tasso ist nicht geklärt. Meist hält man ihn für eine Kurzform von Namen mit dem germanischen Element *dadi*, Tat. Dabei wäre „Tat" wohl als „hervorragende Heldentat" zu verstehen; im Mittelalter gab es Namen wie Dedbold oder Datbert. Auch der Name des italienischen Dichters Torquato Tasso (1544–1595) hat möglicherweise hier seinen Ursprung. Er wurde bekannt durch seinen Roman *Gottfried von Bulljon;* sein Vorname bedeutet „Ringeltäubchen". Allerdings wird hier für Tasso auch „Dachs" als Übersetzung vorgeschlagen, vielleicht in der Bedeutung „Dickerchen". Das italienische *tasso* bezeichnet jedoch nicht nur das Tier, sondern ist auch das Wort für die „Eibe", zu lateinisch *taxus*. Hier könnte die Stabilität des Baumes gemeint sein, vielleicht aber auch die Tatsache, dass aus dem Holz der Eibe früher Bogen für Jagd und Kampf hergestellt wurden (vgl. ➤ IV). Schließlich denken manche auch an das lateinische *taxo*, ordnen, und übersetzen Tasso als „Ordner", wohl im Sinne von „Herrscher". – Der Name erscheint in Deutschland in den 1930er-Jahren und bleibt sehr selten.

Tatjana (w.) Der Name Tatjana kommt über das Russische zu uns, weist aber ins Lateinische. Dort lautet er Tatiana, das ist die weibliche Entsprechung zu Tatianus, einer Erweiterung des Namens Tatius. ➤ Titus Tatius hieß der sagenhafte König der Sabiner (vgl. ➤ Sabine); der führte nach dem berühmten Raub der Sabinerinnen Krieg gegen Romulus und regierte schließlich zusammen mit diesem über einen römisch-sabinischen Staat (das ging nicht lange gut). Was der Name selbst bedeutet, weiß man nicht mehr. Vermutlich ist er etruskischen Ursprungs, angeblich ist *tata* dort das Wort für „Vater". Nach einer anderen, ebenfalls vagen Theorie hängt der Name zusammen mit griechisch *táttein*, (zur Schlacht) aufstellen. – Auch über die heilige Tatiana von Rom wissen wir nur wenig Verlässliches. Angeblich wurde sie Anfang des 3. Jahrhunderts als Jugendliche unter Kaiser Septimus Severus wegen ihres christlichen Glaubens ermordet; ihr Namenstag ist der 12. Januar. Über Griechenland kam ihre Verehrung auch nach Russland. – Der Name lässt sich in Deutschland zurückverfolgen bis zum Anfang des 20. Jahrhunderts. Nach dem Krieg kommt Tatjana in Mode und belegt etwa zwischen 1960 und 1990 Plätze unter den Top 100, ohne jemals zur Spitze vorzudringen. Danach nimmt der Name stark an Bedeutung ab.

Teresa / Terese (w.) Nebenformen von ➤ Theresa (griechisch: „Jägerin"?)

Tessa (w.) englische Koseform von ➤ Theresa (griechisch: „Jägerin"?). – Seit dem späten 19. Jahrhundert in Deutschland belegt, bleibt der Name selten.

Thamar (w.) Nebenform von ➤ Tamar (hebräisch: „Dattelpalme")

Thea (w.) Kurzform von ➤ Dorothea (griechisch: „Gottesgeschenk"), ➤ Theodora (mit derselben Bedeutung) oder (seltener) von ➤ Theresa (griechisch: „Jägerin"?). – Der Name findet sich in Deutschland seit dem späten 19. Jahrhundert, bis etwa 1940 erfreut sich Thea einiger Beliebtheit, fällt dann aber ab, und erst im neuen Jahrtausend erwacht das Interesse an dem Namen wieder.

Thekla (w.) griechisch. Thekla ist eine Kurzform des griechischen Namens Theokleia, zusammengesetzt aus *theós*, Gott, und *kléos*, Ruhm, Ehre. Man kann ihn vielleicht übersetzen mit „Gottes Ruhm" in dem Sinn, dass das Kind ein Geschenk Gottes ist und dass dadurch Gott geehrt wird. Die männliche Form Theokles ist schon für das 6. vorchristliche Jahrhundert belegt, Theokleia oder auch Theoklia scheint jünger zu sein. Als Namensvorbild dient vor allem die heilige Thekla von Iconium (heute: Konya, rund 300 km südlich von Ankara). Die *Akten des Paulus und der Thekla* (2. Jahrhundert) erzählen von der Paulusschülerin und Apostelin Thekla, die ➤ Paulus auf seinen Reisen begleitete und auch selbst predigte. Sie wurde mehrfach gefangen genommen und gefoltert, überlebte jedoch Scheiterhaufen und wilde Löwen in der Arena auf wundersame Weise und starb schließlich eines natürlichen Todes. Dennoch gilt sie als erste Märtyrerin.

– Im Friesischen wird Thekla auch als Kurzform von ➤ Theodora (griechisch: „Gottesgeschenk“) gebraucht oder anderer Namen, die mit *Theo-* beginnen (➤ DIET, Volk). – In Deutschland erscheint der Name Thekla im 17. Jahrhundert und erfreut sich vor allem in katholischen Familien bis weit ins 20. Jahrhundert recht großer Beliebtheit.

Theo (m.) Kurzform von ➤ Theodor (griechisch: „Gottesgeschenk“) oder ➤ Theobald, eigentlich Dietbald („Volk“ + „kühn“). – Seit dem frühen 15. Jahrhundert in Deutschland belegt, bleibt der Name als Vollname zunächst recht selten; seit 2008 befindet sich Theo im Aufwärtstrend.

Theodor (m.) aus dem Griechischen. Im Griechischen lautet der Name Theódoros, zusammengesetzt aus *theós*, Gott, und *dóron*, Geschenk. Ob man den Namen mit „Geschenk Gottes“ übersetzen muss oder aber „dem Gott geschenkt“, also geweiht, ist unklar. In Deutschland wurde Theodor teilweise mit Theoderich (aus *thiot*, Volk ➤ DIET, und *rihhi*, Reich ➤ RICH) vermischt zu Theodorich. – Es gab drei Zaren und etliche Heilige namens Theodor. Für die Namengebung am bedeutendsten war zunächst Theodor Tiro (lateinisch *tiro* bedeutet „Rekrut“). Er ist auch bekannt als Theodor von Euchaita (in der heutigen Nordost-Türkei). Der Legende nach steckte er während der Christenverfolgung Anfang des 4. Jahrhunderts einen heidnischen Tempel in Brand und wurde zur Strafe durch Feuer zu Tode gefoltert. Sein Namenstag ist der 17. Februar, in der Orthodoxen Kirche auch der 9. November. Am 16. August hat Theodor von Sitten (in der Nähe von St. Moritz im Schweizer Kanton Wallis) sein Fest. Er war im 4. Jahrhundert ebendort Bischof und soll Ambrosius von Mailand gekannt haben. – Seit dem frühen 15. Jahrhundert in Deutschland belegt, verbreitet sich der Name zunächst nur langsam. Erst im 19. Jahrhundert wird er volkstümlich durch den Dichter und Freiheitskämpfer Theodor Körner (1791–1813); der fällt in den Befreiungskriegen gegen die napoleonische Fremdherrschaft und wird so zum Namensvorbild. Vor dem 1. Weltkrieg ist Theodor noch unter den 50 beliebtesten Jungennamen zu finden; in der zweiten Hälfte des 20. Jahrhunderts wird der Name kaum noch gegeben, nimmt aber im neuen Jahrtausend einen neuen Anlauf und belegt 2017 Rang 77.

Theodora (w.) weibliche Form von ➤ Theodor (griechisch: „Gottesgeschenk“). – Mehrere Heilige trugen zur Verbreitung des Namens bei: Theodora von Tyrus im heutigen Libanon starb Anfang des 4. Jahrhunderts als Märtyrerin in Caesarea im Heiligen Land; sie hat ihren Namenstag am 2. April. Am 28. April ist das Fest der Theodora von Alexandria, die um dieselbe Zeit in Ägypten das Martyrium erlitt; ➤ Georg ➤ Friedrich Händel hat ihre Geschichte und die des christlichen Soldaten Didymos in seinem Oratorium *Theodora* vertont. Theodora II., die Jüngere, verstand es, als Frau des byzantinischen Kaisers Theophilos die Ikonenverehrung in der Orthodoxen Kirche wiedereinzuführen. Ihr Namenstag ist der 11. Februar. Am 11. September schließlich wird der Theodora von Vasta (heute Vastas bei Sparti) gedacht; sie starb im 12. Jahrhundert als Märtyrerin. – Der Name erscheint in Deutschland Mitte des 16. Jahrhunderts und bleibt selten.

Theophil / Theophilus (m.) Im Griechischen lautet der Name Theophilos, zusammengesetzt aus *theós*, Gott, und *phílos*, geliebt, liebend, Freund. Ob man ihn mit „von Gott geliebt" übersetzen muss oder aber „der Gott liebt", ist unklar. – Im Neuen Testament widmet der Evangelist ➤ Lukas sein Evangelium und die Apostelgeschichte einem gewissen Theophilus. Wer der war, weiß man nicht, vermutlich ein angesehener und wohlhabender Mann, möglicherweise in Antiochia in der heutigen Türkei; als Heiliger wurde er zu keiner Zeit verehrt. Mehrere Heilige dieses Namens haben später zu dessen Verbreitung beigetragen: Im 2. Jahrhundert verteidigte Theophilos von Antiochia in mehreren Schriften den christlichen Glauben; sein Namenstag ist der 13. Oktober, in der Orthodoxen Kirche der 6. Dezember. Etwa zur selben Zeit war Theophilos von Caesarea ebendort Bischof; er hat sein Fest am 5. März. Im 17./18. Jahrhundert schließlich wirkte der Franziskanermönch Teofilo dei Signori als Moraltheologe und Volksmissionar in Italien. Sein Namenstag ist der 19. Mai. – In Deutschland erscheint der Name im 15. Jahrhundert, auch in der Form Theophilus. Er verbreitet sich, ohne volkstümlich zu werden, und verabschiedet sich in der zweiten Hälfte des 20. Jahrhunderts fast vollständig aus der Namengebung.

Theresa / Therese (w.) aus dem Griechischen. Angeblich stammte die heilige ➤ Theresia oder Therasia von Nola (4. Jahrhundert) von der griechischen Insel *Théra* und hatte daher ihren Namen. Die Insel wiederum sei nach *Théras* benannt, heißt es, einem spartanischen Kolonistenführer, der dort einst sesshaft wurde. Weil der ein großer Jäger war und weil griechisch *ther* „jagdbares Tier" bedeutet, wird Theresa gerne übersetzt als die „Jägerin". Weil das alles jedoch reichlich ungewiss ist, mag der Name auch abgeleitet sein von *théros*, Sommer, Ernte (verwandt mit unserem *Thermometer).* – Die heilige Theresia oder Teresa von Ávila (rund 70 km nordwestlich von Madrid) war eine bedeutende Mystikerin des 16. Jahrhunderts. Teresas großes Thema war das „innere Gebet", ein Gebet ohne Worte. In Jesus wird der unnahbar majestätische Gott zum Freund; das innere Beten ist für sie ein „Verweilen bei einem Freund, mit dem wir oft allein zusammen sind, weil wir wissen, dass er uns liebt". Die praktisch veranlagte Ordensfrau reformierte viele Klöster in Spanien; ihr Namenstag ist der 15. Oktober. Nach diesem ihrem großen Vorbild nannte sich die heilige Thérèse von Lisieux (1873–97). Sie trat mit fünfzehn ein in das Kloster der Karmeliterinnen in Lisieux in der Normandie. Sie widmete sich ganz einer kindlichen Hingabe an Gott, in den kleinen Dingen des Alltags wollte sie Gott begegnen, ihn erfahren in der Liebe zu den Menschen. Im 20. Jahrhundert schließlich lebte Mutter Teresa. Sie wurde Ordensschwester und ging nach Indien, wo sie zunächst als Lehrerin arbeitete. Doch 1937 entschloss sie sich, in den Slums von Kalkutta unter den Ärmsten der Armen zu dienen. 2003 wurde sie selig- und 2016 heiliggesprochen. – In der Form ➤ Theresia ist der Name in Deutschland schon im 17. Jahrhundert zu finden und breitet sich bald aus; dazu trägt sicher auch die österreichische Kaiserin ➤ Maria Theresia bei (1717–1780). Bis zur Mitte des 20. Jahrhunderts nimmt der Name dann stetig ab, wird aber seit den frühen 80ern wieder häufiger gegeben und belegt momentan Plätze unter den Top 100.

Theresia (w.) wohl ursprüngliche Form von ➤ Theresa (griechisch: „Jägerin"?). – Die Namensform ist in Deutschland seit dem 17. Jahrhundert nachzuweisen; heute ist sie sehr selten.

Thomas (m.) aus dem Hebräischen. Thomas ist die griechische Form des hebräisch-aramäischen Beinamens The'óm, Zwilling. Thomas ist einer der zwölf Jünger Jesu; wir erfahren nur seinen Beinamen, nicht aber seinen richtigen Namen und auch nicht den seines Zwillingsbruders. Seine Glaubenszweifel sind sprichwörtlich geworden: Als Jesus den Aposteln als der Auferstandene begegnet, kann Thomas nicht glauben. Erst als er die Wunden Jesu berühren soll, bekennt er: „Mein Herr und mein Gott" (Johannes 20,24–29; nach dem biblischen Bericht berührt er sie dann doch nicht). So wurde Thomas Patron der Sehbehinderten und der Theologen. – Später ging Thomas wahrscheinlich als Missionar zu den Parthern (im heutigen Iran) und soll sogar bis nach Indien gekommen sein. Auf dem Weg dorthin, so die Legende, sei er den „heiligen drei Königen" begegnet, habe sie getauft und zu Bischöfen geweiht. Bis heute steht in der Nähe von Mailapur bei Madras der „Große Thomasberg" mit der 1547 erbauten Thomaskirche. Eine andere Legende erzählt, Thomas sei der leibliche Zwilling Jesu und wie dieser Zimmermann gewesen. Jesus selbst habe ihn nach Indien geschickt, um einen Palast zu bauen für König Gundaphorus, den er schließlich zum christlichen Glauben bekehrt habe (und den es tatsächlich gegeben hat). Thomas' Namenstag ist der 3. Juli, der Tag, an dem seine Gebeine nach Ortona gebracht worden sein sollen, einem Ort bei Pescara an der Adria. – Thomas wird erst in der christlichen Tradition zum Personennamen. Der Name ist in Deutschland schon im 9. Jahrhundert nachweisbar und verbreitet sich seit dem 12. Jahrhundert beständig. Zahlreiche Nachnamen wie Thomas selbst, aber auch Ableitungen wie Thomann, Thom, Domke oder Maschke belegen dies. Eine Reihe weiterer Heiliger fördern die Verbreitung von Thomas, etwa Thomas Becket, Erzbischof von Canterbury im 12. Jahrhundert (er wurde aus politischen Gründen meuchlings ermordet), oder der große Kirchenlehrer Thomas von Aquin im 14. Jahrhundert. Auch in der Neuzeit fehlt es nicht an Namensvorbildern: Der englische Mathematiker und Philosoph Thomas Hobbes (16./17. Jahrhundert), der Erfinder der Glühbirne Thomas Alva Edison und der deutsche Schriftsteller Thomas Mann, alle drei im 19./20. Jahrhundert, mögen hier genügen. In den 1940er-Jahren wird Thomas zum Modenamen; etwa zwischen 1953 und 1983 nimmt er fast durchgängig Plätze unter den Top 10 ein. Im neuen Jahrtausend wird er nur noch selten gegeben.

Thorben (m.) aus dem Nordischen. Thorben ist eine dänische Nebenform des nordischen Namens Thorbjörn, zusammengesetzt aus *Thor*, dem Namen des Donnergottes (➤ Thorsten), und *björn*, Bär (➤ BERN). – Als ➤ Torben findet sich der Name in den 1940er-Jahren vereinzelt in Deutschland; in den 70er- bis 90er-Jahren erfreut er sich einiger Beliebtheit mit einer kleinen Spitze 1993, erreicht jedoch nie die Top 20.

Thorsten (m.) aus dem Nordischen. Als die Germanen den römischen Kalender übernahmen, setzten sie beim fünften Tag der Woche statt des Jupiter *(Jovis Dies* hieß dieser Tag bei den Römern, französisch: *jeudi)* ihren Donnergott Thor ein. Er hieß auch Donar (eben weil er *donnerte*; das Wort selbst ist lautmalerisch), woraus unser *Donnerstag* wurde; im englischen *Thursday* schimmert er noch als Thor durch. Thor ist in der nordischen Sagenwelt Sohn Odins, des höchsten Gottes, und Fjorgyns, der Erdgöttin. Die zweite Silbe des Namens, *sten*, bedeutet „Stein", und möglicherweise ist hier Thors Blitzhammer Mjöllnir gemeint, denn die Grundbedeutung des Wortes *Hammer* ist „Stein". Einen ganz anderen Zusammenhang zwischen den beiden Namengliedern stellt die nordische Eyrbyggja-Sage aus dem 13. (?) Jahrhundert her: „Rolf war ein Freund Thors. Er hatte auf einer Aue einen Hof dieses Gottes und wurde darum Thorolfr genannt. Seinen Sohn Steinn widmete er ihm und nannte ihn Thorsteinn." Vielleicht aber haben *Thor* und *Stein* hier nichts miteinander zu tun; „Stein" könnte allgemein ein Bild für einen harten Krieger sein, den die Eltern unter den Schutz Thors stellen. Den Donner erzeugt Thor/Donar übrigens, wenn er über das steinerne Himmelgewölbe jagt mit seinem Wagen, gezogen von den beiden Böcken „Zähneknirscher" und „Zähneknisterer". – Der früheste Thorsten oder Torsten in Deutschland findet sich Anfang der 1920er-Jahre. In den 50er-Jahren nimmt der Name einen bemerkenswerten Aufschwung und gehört in den 60ern fast durchgängig zu den Top 10. Erst in den 80er-Jahren lässt die Thorsten-Begeisterung nach; heute wird der Name kaum noch gegeben.

Tiffany (w.) aus dem Griechischen. Tiffany ist die englische Form des griechischen Namens Theophania. Dahinter steht *theós*, Gott, und *phanein*, erscheinen. Theophania bedeutet dann „Gotteserscheinung" und ist der Name eines Frühlingsfestes, das im antiken Delphi gefeiert wurde. Man tat dies zu Ehren des wiedererschienenen Apollo, von dem man glaubte, er sei während der Wintermonate abwesend. Der Name Theophania wurde wahrscheinlich einem Mädchen gegeben, das während dieses Festes geboren wurde. Die frühen Christen deuteten die „Gotteserscheinung" auf Jesus Christus, sein Erscheinungsfest nannten sie *Epiphanias* oder eben *Theophanie* und legten es auf den 6. Januar. Ein Mädchen, das an diesem Tag geboren wurde, tauften sie häufig auf den Namen Theophania. Der Geburtstag von Kaiserin Theophanu ist nicht überliefert. Sie war die Nichte des oströmischen Kaisers ➤ Johannes I. Tzimiskes und die Frau des deutschen Kaisers ➤ Otto II. im 10. Jahrhundert. Durch sie wurde der Name auch in Mittel- und Nordeuropa bekannt; als Tiffany war er in England eine Zeit lang relativ weit verbreitet. In Deutschland erscheint der Name erst in den 1970er-Jahren und bleibt sehr selten.

Till (m.) Koseform von Namen, die mit ➤ *DIET-* („Volk") beginnen, etwa ➤ Dietrich (+ „Herrscher"), ➤ Dietmar (+ „berühmt"), ➤ Diethelm oder Dietbald (+ „mutig"). Bekannt wurde der Name Till vor allem durch die Figur des Till Eulenspiegel. Ob dahinter eine historische Gestalt steht, ist ungewiss; nach dem anonymen Volksbuch *Ein kurtzweilig Lesen von Dyl Ulenspiegel [...] wie er sein leben volbracht hat* wurde Till im Jahre 1300 in Kneitlingen (Kreis Wolfenbüttel) geboren. Die lustigen Streiche dieses Schalks, der sich den Anschein eines Narren gab, beruhen meist darauf, dass er sich als Handwerker ausgibt und seine Aufträge dann allzu wörtlich nimmt. Mölln (30 km südlich von Lübeck) gilt als Eulenspiegelstadt; nach 1350 soll er dort gestorben sein. – Seit den 1970er-Jahren erfreut sich der Name einiger Beliebtheit, ohne je in die Spitzenpositionen vorzudringen.

Tillmann (m.) auch Tilmann oder Tilman. Erweiterung von ➤ Till. *-mann* ist eine Koseendung, ➤ Till eine Kurzform von Namen, die mit dem Element ➤ *DIET-*, Volk, beginnen. – Bekannt wurde der Name durch den Bildschnitzer und Bildhauer Tilman Riemenschneider (1460–1531). Er lernte sein Handwerk vermutlich in Straßburg und Ulm und lebte und arbeitete später in Würzburg. Er gilt als bedeutendster Bildhauer seiner Zeit, auf der Schwelle von der Gothik zur Renaissance; die von ihm gestalteten ausdrucksstarken Gesichter und das Spiel von Licht und Schatten in den detailreichen Gewandungen seiner Figuren machten eine Bemalung überflüssig. Riemenschneiders Verstrickung in die Bauernkriege brachten ihn um Ruf und Vermögen. Auch der Nachname Telemann geht auf Tillmann zurück. – Der Name Tillmann erscheint in Deutschland erstmals im 14. Jahrhundert (Tilmannus, auch: Dylmon), bleibt in allen Formen selten und erlebt gegen Ende des 20. Jahrhunderts einen leichten Aufschwung.

Tim (m.) Kurzform von Namen, die mit ➤ *DIET-*, Volk, beginnen, oder von ➤ Timothy ➤ Timotheus (griechisch: „fürchte Gott"). – Ein früher Tym ist schon für das 15. Jahrhundert in Kiel belegt. Seit den 1970er-Jahren steigt der Name in der Gunst der Eltern, und seit den 90er-Jahren ist er fast durchgängig unter den Top 10 zu finden.

Timo (m.) Kurzform von ➤ Timothy ➤ Timotheus (griechisch: „fürchte Gott"). – Als Thymo ist der Name schon im 16. Jahrhundert in Deutschland belegt, dann aber erst wieder in den 1960er-Jahren zu finden. In den 70ern bis 90ern gehört er die meiste Zeit zu den 50 beliebtesten Jungennamen, nie jedoch zur Spitzengruppe.

Timon (m.) griechisch. Timon ist wahrscheinlich eine Kurzform von Namen wie Timotheus (griechisch: „fürchte Gott") oder Timokratos („Ehrenherrscher"?), zu griechisch *timé*, Ehre. Für sein Schauspiel *Timon von Athen* nahm sich Shakespeare einen Mann zum Vorbild, der angeblich im 5. Jahrhundert lebte. Nachdem Freunde und andere Bürger der Stadt ihn bitter enttäuscht hatten, zog sich Timon von den Menschen zurück und lebte als menschenhassender Einsiedler in einem Turm. – Timon hieß auch einer der sieben Männer, die nach Apostelgeschichte 6 mit dem Dienst an den Armen beauftragt wurden. Sie alle hatten einen guten Ruf und waren „mit Gottes Geist und Weisheit erfüllt", heißt es dort. Obwohl die Bibel nichts weiter über diese Diakone berichtet, wurden sie heiliggesprochen. Der Überlieferung zufolge missionierte Timon in Syrien und auf der Insel Zypern, bevor er im griechischen Korinth von Juden und Heiden gekreuzigt wurde. Sein Namenstag ist der 19. April oder der 28. Juli. – Der Name erscheint im 16. Jahrhundert in Deutschland und bleibt zunächst selten. In den 1990er-Jahren und im ersten Jahrzehnt des neuen Jahrtausends erfreut er sich mäßiger Beliebtheit mit Plätzen teilweise unter den Top 100.

Timotheus (m.) griechisch. Timotheos bedeutet auf Deutsch etwa: „Fürchtegott" oder „der Gott ehrt". – Im Neuen Testament ist Timotheus (so heißt er in der deutschen Bibel), Sohn eines griechischen Vaters und der Jüdin Eunike, einer der treuesten Mitarbeiter des Apostels ➤ Paulus, er begleitet ihn auf seinen Missionsreisen (Apostelgeschichte 16–18). Deswegen besteht Paulus darauf, dass Timotheus nach jüdischem Brauch beschnitten wird. Paulus richtet zwei seiner Briefe an Timotheus, in denen er ihn vor Irrlehren warnt und ihn ermahnt, treu an der christlichen Lehre festzuhalten (etwa 1. Timotheus 6,3-16). Der Hebräerbrief spricht davon, dass Timotheus aus Gefangenschaft freigelassen wurde. Die katholische Überlieferung nennt ihn Bischof von Ephesus und berichtet von seinem Märtyrertod. Seinen Namenstag hat Timotheus am 26. Januar, zusammen mit ➤ Titus. – Seit dem 16. Jahrhundert in Deutschland belegt, bleibt der Name eher selten.

Timothy (m.) englische [timmethih; mit Ti-ejtsch] Form von ➤ Timotheus (griechisch: „fürchte Gott"). – In Deutschland findet sich der Name seit den 1930er-Jahren, bleibt aber selten – trotz Timothy Dalton, der Ende der 80er-Jahre zweimal den James Bond gab.

Tina (w.) Kurzform verschiedener Namen, die auf *-tina* enden, etwa ➤ Bettina ➤ Elisabeth (hebräisch: „Gott ist Fülle"), ➤ Christina (griechisch: „Christin"), ➤ Martina ➤ Martin (zum Namen des römischen Kriegsgottes *Mars)* oder ➤ Valentina (zu lateinisch *valere*, stark sein). Tina kann aber auch eine Kurzform von ➤ Katharina sein (später in Verbindung gebracht mit griechisch *katharós*, rein). – Der Name kommt Mitte des 19. Jahrhunderts in Deutschland auf und ist dann in den 1970er-Jahren unter den 50 beliebtesten Mädchennamen zu finden, jedoch nie in der Spitzengruppe.

Tine (w.) Kurzform von ➤ Christine ➤ Christian (griechisch: „Christ"). – Schon im 14. Jahrhundert als Thine belegt, bleibt der Name sehr selten. Für den Gebrauch als Koseform im Alltag dürfte das nicht gelten. Tine Wittler, unter anderem Schauspielerin und Schriftstellerin, wird 1973 als Christine geboren.

Titus (m.) Titus ist ein alter römischer Geschlechtername, Ursprung und Bedeutung liegen im Dunkeln. Der sagenhafte König der Sabiner Titus Tatius (vgl. ➤ Tatjana) machte nach dem Raub der Sabinerinnen zunächst gegen Romulus mobil; beide herrschten dann gemeinsam über Rom, bis Titus ermordet wurde (vgl. ➤ Sabine). Man hat versucht seinen Namen als „Erzeuger und Vater" zu deuten; Titus wäre dann „der Zeugungskräftige", doch das ist ebenso unsicher wie eine Ableitung aus dem Nordoskisch-Umbrischen. – Im Jahr 69 führte der Feldherr und spätere Kaiser Titus die römischen Truppen in den Jüdischen Krieg und zerstörte im folgenden Jahr Jerusalem und den Tempel. Den Abtransport des Tempelschatzes ließ der Senat zu Titus' Ehren auf dem Titusbogen in Rom in Stein meißeln. Mehr Einfluss auf die Namengebung dürfte der heilige Titus gehabt haben, ein Heidenchrist und Schüler des ➤ Paulus, den Titus auf seinen Reisen, aber auch beim Apostelkonzil in Jerusalem begleitete. Dort ging es um die Frage: Wie jüdisch müssen Heiden werden, wenn sie sich taufen lassen? Dem neutestamentlichen Titusbrief ist zu entnehmen, dass Paulus Titus auf Kreta zurückließ, um dort die Gemeinde zu ordnen. Späterer Überlieferung zufolge war Titus dort später Bischof; sein Namenstag ist der 26. Januar. – Anfang des 17. Jahrhunderts taucht der Name in Deutschland auf, er bleibt sehr selten.

Tobias (m.) aus dem Hebräischen. Tobias (hebräisch Towja, bekannt als Tevje aus dem Musical *Anatevka)* heißt auf Deutsch „Der Herr ist gut". Die Güte Gottes zeigt sich hier darin, dass er dieses Kind geschenkt hat, und sie möge sich weiterhin zeigen im Leben des Kindes. In der Bibel kommen mehrere relativ unbedeutende Personen dieses Namens vor (etwa Esra 2,60; Nehemia 2,10). In der griechischen Fassung des Alten Testaments (und damit auch in katholischen Bibeln) handelt ein ganzes Buch von einem jungen Mann namens Tobias. Begleitet vom Erzengel ➤ Raphael, bricht Tobias auf zu einer abenteuerlichen Reise ins Land Medien. Dort heiratet er die schöne und kluge ➤ Sara, nachdem Raphael sie von einem männermordenden Dämon befreit. Schließlich heilt Raphael Tobias' Vater Tobit (so heißt das biblische Buch, das von diesen Ereignissen berichtet) mit der Galle eines Fisches von seiner Blindheit. Die etwas märchenhaft anmutende Erzählung spielt angeblich im 8. vorchristlichen Jahrhundert zur Zeit der assyrischen Verbannung des jüdischen Volkes. – Diese Geschichte ist zur Zeit der Reformation sehr beliebt und führt zur weiten Verbreitung des Namens in Deutschland, der erstmals im 12. Jahrhundert erscheint. In den 1970er-Jahren wird Tobias immer mehr zum Modenamen und belegt um 1990 mehrmals Plätze unter den Top 10. Im neuen Jahrtausend ist der Name wieder auf dem Rückzug.

Tom (m.) Kurzform von ➤ Thomas (hebräisch-aramäisch: „Zwilling"). – Der Name findet sich in Deutschland zu Beginn des 20. Jahrhunderts und bleibt zunächst selten. Doch seit den 90er-Jahren wird Tom zusehends beliebter und erklimmt um die Jahrtausendwende Ränge unter den Top 10.

Tommy (m.) englische Kurzform von ➤ Thomas (hebräisch-aramäisch: „Zwilling"). Seit etwa 1900 heißen die Engländer bei uns einfach „Tommys". Auf der Insel war der Name damals sehr verbreitet: Als man dort im Jahr 1837 ein Handbuch mit Ausrüstungsgegenständen für englische Soldaten zusammenstellte, die der Soldat selbst bezahlen musste, nannte man den Empfänger der Einfachheit halber „Soldat Thomas Atkins" – kurz: Tommy. Andere sagen, der Name sei schon 1815 in dieser Bedeutung belegt. – In Deutschland kommt er Mitte des 20. Jahrhunderts an und bleibt recht selten. 1969 erscheint das Konzeptalbum *Tommy* der britischen Rockgruppe *The Who.*

Toni (m.) Kurzform von ➤ Anton (Bedeutung unbekannt). – Seit dem 17. Jahrhundert ist der Name in Deutschland belegt, bleibt jedoch zunächst selten. Anfang des 20. Jahrhunderts ist er recht beliebt, fällt dann aber in einen Dornröschenschlaf, aus dem er erst in den 80er-Jahren zaghaft erwacht. Im neuen Jahrtausend ist er nicht unter den Top 100 zu finden.

Toni (w.) Kurzform von ➤ Antonia ➤ Anton (Bedeutung unbekannt). – ➤ Heinrich von Kleist verwendet 1811 den Namen in seiner tragischen Novelle *Die Verlobung von St. Domingo;* bald darauf findet sich der Name in den Standesämtern. Trotz weiterer literarischer Unterstützung (➤ Wilhelm Raabe 1870, ➤ Fritz von Unruh 1930) bleibt der Name recht selten.

Torben (m.) Nebenform von ➤ Thorben („Thor" + „Bär"). In früheren Jahrhunderten gab es Torben (oder Turban) auch als Zusammenziehung von (Sank)*t Urban* ➤ Urban (lateinisch: „Städter" = „Römer").

Torsten (m.) Nebenform von ➤ Thorsten („Thor" + „Stein")

Traugott (m.) deutsch. Der Name ist eine Art Vermächtnis der Eltern an den Sohn, eine lebenslange Ermahnung: Vertraue Gott! Zur Zeit des Pietismus, in der zweiten Hälfte des 17. Jahrhunderts, kommt der Name auf, zusammen mit Fürchtegott, Leberecht und anderen. Der Pietismus ist eine Frömmigkeitsbewegung innerhalb der evangelischen Kirche, die großen Wert legt auf eine persönliche Beziehung des Gläubigen zu Gott, die sich in Bibelstudium, Gebet und sozialem Engagement äußert. Der Name hält sich bis weit ins 20. Jahrhundert und ist vereinzelt auch als Frauenname in Gebrauch. – Der deutsch-estnische Pfarrer und Theologieprofessor Traugott Hahn, 1875–1919, wird als Held der Estnischen Befreiungsbewegung und Märtyrer verehrt. Als am Ende des 1. Weltkriegs die Rote Armee auf Hahns Heimatstadt Dorpat vorrückte, floh er nicht, sondern blieb bei seiner Gemeinde; im sogenannten Mordkeller fand man später seine Leiche. Sein Gedenktag ist der 15. Januar.

Tristan (m.) aus dem Walisischen? Der Ursprung des Namens ist nicht mehr auszumachen. Möglicherweise hängt er zusammen mit dem keltischen Namen Drostan oder Drystan, das bedeutet „(Waffen-)Lärm", oder aber mit ➤ Thorsten („Thor" + „Stein"). Das lateinische *tristis*, traurig, klingt an, weil die keltische Sage von Tristan und ➤ Isolde durch altfranzösische Quellen überliefert wurde. Tristans Schicksal ist in der Tat tragisch: Die schöne ➤ Isolde, eine irische Prinzessin, soll mit dem alternden König Marke von Cornwall vermählt werden; sein Neffe, der junge cornische Ritter Tristan, hält für ihn um Isoldes Hand an. Doch durch eine Verwechslung trinken sie und Tristan auf der Rückfahrt den Liebestrank, der für Marke bestimmt war – mit tragischen Folgen. Auch nach Isoldes Hochzeit mit Marke bleiben Tristan und Isolde ein Liebespaar, doch ihre Liebe wird entdeckt, und Tristan muss fliehen; in der Bretagne heiratet er eine andere Isolde. Jahre später wird Tristan in einer Schlacht schwer verwundet, er erinnert sich an die Heilkünste seiner Geliebten und lässt Isolde kommen – doch seine Frau erzählt ihm, die Segel des nahenden Schiffes seien schwarz: das ausgemachte Zeichen dafür, dass Isolde nicht an Bord ist. Vor Gram stirbt Tristan und seine geliebte Isolde gleich hinterher, als sie ihn tot findet. Erst im Grab sind die beiden vereint. – Bereits Ende des 14. Jahrhunderts ist ein Tristand in Aschaffenburg belegt; der Name bleibt zunächst selten. Erst seit den 1990er-Jahren erwacht ein bescheidenes Interesse, doch erreicht Tristan nie die Top 100.

T

TRUD – „Stärke, Kraft"
Das Namenwort ist schon zu althochdeutscher Zeit (um 800) nur noch in Namen belegt. Es findet sich noch in altsächsisch *thrydh*, Kraft, Stärke, und gehört in die Welt des Kriegers und seiner Eigenschaften (vgl. ➤ HART, ➤ MACHT, ➤ MEIN, ➤ SWIND). In der nordischen Sagenwelt ist *Trud* der Name von zwei Gestalten, die möglicherweise identisch sind: eine von dreizehn Walküren, die die Gefallenen vor der Schlacht auswählen und sie dann nach Walhalla führen, und eine Tochter des Gottes Thor. Das altnordische Wort *thrudhr* bedeutet einerseits „Frau", andererseits „Kraft", sodass man annimmt, die Gestalt sei erwachsen aus der Personifikation einer von Thors Eigenschaften (siehe auch ➤ MUT und ➤ MEIN). Die *Druden*, im Volksglauben Zauberinnen, die etwa mit dem Drudenfuß abgewehrt werden können, haben möglicherweise denselben sprachlichen Ursprung; dann ist eher von der Bedeutung „Frau" auszugehen. Andere deuten die Druden als Verkörperungen von Naturkräften.
Das Namenwort TRUD wurde schon bald nicht mehr verstanden und deswegen gerne mit einem an-

deren Wort vermischt, das wir noch als *traut* kennen: althochdeutsch *trut*. Als Adjektiv bedeutet es „lieb, geliebt", als Nomen „Geliebte(r), Liebling, Gemahl". Begünstigt wurde dieses neue Verständnis sicher auch durch die Tatsache, dass die Namen auf *-trut* allesamt weiblich waren. Nachweisen lässt sich diese Vermischung allerdings nur bei einem relativ geringen Teil der Namen. Man geht davon aus, dass viele Namen zur Zeit ➤ Karls des Großen schon gar nicht mehr verstanden wurden.
Namen: Adaldrud ➤ Edeltraud (w.), Amaldrud (w.), ➤ Audray (w.), Drudlind (w.), ➤ Gertrud (w.), ➤ Hiltrud (w.), ➤ Ingetraud (w.), Irmindruda ➤ Irmtraud (w.), ➤ Rotraud (w.), Trautmann (als Nachname häufig), Trudolf, Trutwin (vgl. den häufigen Nachnamen Trautwein), ➤ Waltraud (w.), ➤ Wiltrud (w.)

Trude (w.) Kurzform von ➤ Gertrud („Speer" + „Stärke") und anderen Namen mit dem Element ➤ TRUD („Stärke")

Tyler (m.) englisch [tailer]. Tyler ist zunächst ein englischer Familienname, dem Ursprung nach ein Berufsname, der unserem *Ziegler* entspricht. Er kann einen Ziegelbrenner bezeichnen oder aber einen Dachdecker oder Fliesenleger. Das Wort geht zurück auf altenglisch *tygeler*, letztlich auf lateinisch *tegula*, Ziegel; dahinter steht das lateinische Verb *tegere*, decken. In den Vereinigten Staaten wurde Tyler als Vorname erst in den 70er-Jahren des letzten Jahrhunderts modern und erreichte Anfang der Neunziger die Top 10. Davor wurde er vereinzelt seit Mitte des 19. Jahrhunderts gegeben – dies geschah in der Regel zu Ehren des zehnten amerikanischen Präsidenten John Tyler, der von 1841 bis 1845 im Amt war. Theodore Roosevelt nannte den Südstaaten-Aristokraten Tyler „einen Politiker von monumentaler Unbedeutsamkeit". Das einzig Bemerkenswerte an ihm ist die Tatsache, dass er der erste Vizekanzler war, der durch den Tod des Präsidenten ins Amt gelangte; dies fand später Eingang in die Verfassung. In Deutschland taucht der Name Anfang der 1970er-Jahre auf und bleibt sehr selten.

U

Udo (m.) deutsch. Udo wird häufig als Nebenform von ➤ Otto angesehen, einer verselbstständigten Kurzform verschiedener Namen, die mit der Silbe *Ot-* beginnen: etwa ➤ Otmar oder ➤ Otwin (➤ *MAR* heißt so viel wie „berühmt" und ➤ *WIN* „Freund"). Das althochdeutsche *ot* (➤ OD) bedeutet „Besitz, Reichtum". Wahrscheinlicher aber ist die Ableitung von dem verwandten *oudal*, „väterliches Erbgut, Erbbesitz", das etwa dem Namen Ulrich zugrunde liegt. Von dessen alter Form Uodalerich ist Udo häufig eine Kurzform. – Der selige Udo von Metten (zwischen Regensburg und Passau) war Benediktinermönch im 8./9. Jahrhundert. Sein Onkel und Pate Gamelbert gründete um das Jahr 766 das Kloster Metten in Niederbayern und setzte Udo als ersten Abt ein; Udo rodete große Waldflächen und baute das Kloster aus. ➤ Karl der Große soll ihm bei einer Begegnung weitere Rodungsgebiete zugewiesen haben; Udo unterstellte das Kloster dem Frankenherrscher, so wurde es Reichskloster. Sein Gedenktag ist der 3. Oktober. – Der Name findet sich schon im 15. Jahrhundert in Köln, verbreitet sich aber nur zögerlich. In der Ritterromantik des frühen 19. Jahrhunderts wird der Name wiederbelebt und nimmt im 20. Jahrhundert Schwung auf: Etwa zwischen 1930 und 1970 gehört Udo zu den 100 beliebtesten Jungennamen, ohne je in die Nähe eines Spitzenplatzes zu kommen; seitdem wird der Name nur noch selten gegeben. Der Chansonsänger Udo Jürgens wurde 1934 geboren, der Rocksänger Udo Lindenberg ist Jahrgang 1946. Udo ist vereinzelt auch als weiblicher Name in Gebrauch.

UL ➤ ODAL – („Besitz, Stammgut")

Ulf (m.) Ulf kann eine Kurzform von Namen sein mit dem Element ➤ *WOLF*, etwa Udolf. Es kann sich aber auch um den nordischen Namen Ulfr handeln, der von dort übernommen und seines R beraubt wurde und der dieselbe Bedeutung hat. – Der Name wird im 15. Jahrhundert in Deutschland erwähnt und bleibt relativ selten. In den 1960er-Jahren erfreut er sich einiger Beliebtheit.

Uli (m./w.) vor allem in der Schweiz verbreitete Nebenform von ➤ Ulli ➤ Ulrich („Erbgut" + „Herrscher") und ➤ Ulrike ➤ Ulrich

Ulla (w.) Kurzform von ➤ Ulrika ➤ Ulrich („Erbgut" + „Herrscher") oder ➤ Ursula (lateinisch: „kleine Bärin")

Ulli (m./w.) Kurzform von ➤ Ulrich („Erbgut" + „Herrscher") und ➤ Ulrike ➤ Ulrich oder anderen Namen, die mit *Ul-* beginnen, etwa Ulfried. – Der männliche Name taucht als Üli gegen Ende des 14. Jahrhunderts auf, die Form mit Doppel-L ebenso wie der weibliche Name erst im 20. Nennenswerte Verbreitung findet der Name vor allem im mündlichen Gebrauch.

Ulrich (m.) deutsch. Ulrich ist ein alter deutscher Name, eine frühe Form davon aus Süddeutschland lautet Uodalrich. Darin sind die beiden althochdeutschen Elemente *uodal*, Besitz, Erbgut, Heimat (➤ OD/ODAL), und *rihhi*, Herrschaft, Herrscher, reich, mächtig (➤ RICH), noch gut zu erkennen. Die weite Verbreitung von Ulrich seit dem Mittelalter geht zum großen Teil zurück auf den heiligen Ulrich von Augsburg (um 890–973). Als Bischof und Reichsfürst verteidigte er 955 seine Stadt gegen die ungarischen Angreifer und schickte dann seine Truppen unter der Führung seines Bruders Dietpold zur Schlacht auf dem Lechfeld; so verhalf er Kaiser ➤ Otto I. zum entscheidenden Sieg über die Ungarn. Mit Otto verband ihn eine lange Freundschaft. In der Folgezeit baute er die Klöster seines Bistums aus und kümmerte sich selbstlos um Kranke und Bedürftige. Ulrich wurde schon zu Lebzeiten verehrt; sein Todestag ist auch sein Namenstag: der 4. Juli. Er gilt als Patron der Stadt Augsburg sowie der Fischer und wird unter anderem bei Augenleiden angerufen. – Der deutsche Renaissance-Humanist und Dichter Ulrich von Hutten (1488–1523) wandte sich immer stärker gegen das Papsttum und schloss sich ➤ Franz von Sickingen an, als man ihm mit dem Kirchenbann drohte. Der Schweizer Reformator Ulrich Zwingli nannte sich auch Huldreich, vermutlich ein gezieltes Missverständnis seines Namens. In der Schweiz ist bis heute die Koseform Uz oder auch Utz gebräuchlich, daher kommt unser Wort *uzen* für „hänseln" (zu ➤ Hans); zeitweise sprach man von *Utz und Butz* (Burkhard) wie heute von „Hinz und Kunz". Auch im 20. Jahrhundert gehört Ulrich bis in die frühen 70er-Jahre zu den beliebten Jungennamen; der Höhepunkt liegt Mitte der 50er. Seit den 80ern wird Ulrich nur noch vereinzelt gegeben.

Ulrika / Ulrike (w.) weibliche Form von ➤ Ulrich („Erbgut" + „Herrscher"). – Der Vorname Ulrike ist in Deutschland erst für das 18. Jahrhundert belegt und kam zunächst beim Adel auf: Prinzessin ➤ Luise Ulrike von Preußen wurde so genannt nach Königin Ulrike von Schweden, mit der ihr Vater 1720 Frieden geschlossen hatte, dem Jahr Luise Ulrikes Geburt. 1987 sprach Papst ➤ Johannes ➤ Paul II. ➤ Franziska Nisch selig. Sie stammte aus Oberndorf, Gemeinde Mittelbiberach in Württemberg, und nahm den Ordensnamen Ulrika an. Ihr Namenstag ist der 8. Mai. Zu Beginn des 2. Weltkriegs beginnt der Siegeszug von Ulrike in Deutschland, Höhepunkt ist 1955, da kratzt der Name an den Top 20. In den 70er-Jahren geht es wieder bergab mit Ulrike, und seit etwa 1990 verschwindet der Name fast völlig aus der Namengebung.

Urban (m.) aus dem Lateinischen. Was halten Leute auf dem Lande von den Städtern? – Auf diese Frage gibt das lateinische Wort *urbanus* mit seinen vielfältigen Bedeutungen Auskunft, zumindest für die Antike: „fein" und „gebildet" kann es heißen, „geschmackvoll" oder auch „witzig", dann aber auch „keck, dreist". Seine Grundbedeutung jedoch ist „städtisch" oder als Nomen „Städter", und in der Regel war eine ganz bestimmte Stadt gemeint: Rom. Der Beiname Urbanus meinte also zunächst einmal dasselbe wie Romanus (➤ Roman): einen Römer. – Aus Rom stammte Papst Urban I., Papst und Bischof von Rom etwa zwischen 222 und 230 (Fest am 31. Oktober). Angeblich schrieb er vor, dass der Abendmahlskelch aus Silber oder Gold gefertigt sein müsse. Auch die Bekehrung des Valerianus, des Bräutigams der heiligen ➤ Cäcilie, wird ihm zugeschrieben. Als Name taucht Urbanus überhaupt erst Anfang des 3. Jahrhunderts auf; daraus muss man aber nicht schließen, dass es ihn vor und neben diesem Papst nicht gegeben habe. – Seit dem 13. Jahrhundert ist der Name in Deutschland regelmäßig zu finden; seit dem 20. Jahrhundert bleibt er selten.

Urd (w.) aus dem Nordischen. Wer bestimmt das Schicksal der Menschen? – Die Germanen stellten sich drei weise Frauen vor, die sie Nornen nannten und die schon bei der Geburt eines Kindes vorherbestimmen oder vielleicht auch nur vorhersagen, wie lange das Kind leben wird und was ihm widerfährt. Urd, die älteste der drei Schwestern, stellt dabei die Vergangenheit dar, das was *(w)urd(e)*. Werdandi ist zuständig für das *Werdende*, die Gegenwart, und Skuld für die Zukunft, das, was noch kommen *soll* (unser Wort *Schuld* ist sprachlich verwandt mit *sollen*). In der Völuspá, einer mittelalterlichen Götterdichtung (in der Liedersammlung der Edda) heißt es, die drei „vielwissenden Frauen" wohnen beim Urdbrunnen, von dem die immergrüne Weltesche Yggdrasil sich speist. „Lose lenkten sie, Leben koren sie Menschenkindern, Männergeschick." Die Dreizahl der Nornen und ihre Funktion scheinen eng verwandt mit der der römischen Parzen und der griechischen Moiren. – Der Name taucht in Deutschland Ende der 1930er-Jahre auf und bleibt extrem selten.

Urs (m.) Lateinisch *ursus* ist der „Bär", wie wir ihn vom Namen ➤ Ursula (lateinisch: „kleine Bärin") kennen. Das Wort geht zurück auf griechisch *árktos*; das klingt nach in der *Arktis*, denn im Norden steht das Sternbild des Großen Bären. Der römische Dichter Ovid erzählt um die Zeitenwende in seinen *Metamorphosen*: Jupiter lässt sich mit der Nymphe Kallisto ein, die bekommt einen Sohn namens Arcas. Juno, die eifersüchtige Gattin des Götterchefs, verwandelt Kallisto zur Strafe in einen Bären; fünfzehn Jahre später will Arcas, ohne es zu wissen, bei der Jagd gerade auf seine Mutter ansetzen – da rettet Jupiter seine einstige Geliebte, indem er beide als Sterne an den Himmel setzt. – Ursus ist zunächst ein römischer Beiname; als Vorname wird er bekannt durch den heiligen Ursus, Patron der Schweizer Stadt Solothurn. Anfang des 4. Jahrhunderts soll er zusammen mit ➤ Victor als Soldat der sogenannten Thebäischen Legion in die Schweiz gekommen und dort als Märtyrer gestorben sein. Sein Namenstag ist der 30. September. – Der Name Urs ist vor allem in der Schweiz verbreitet und taucht in Deutschland kaum vor Mitte des 20. Jahrhunderts auf.

Ursula (w.) aus dem Lateinischen. Ursula ist ein Kosename und bedeutet „kleine Bärin", zu lateinisch *ur-*

sa, Bärin (➤ Urs). – Am 21. Oktober hat die heilige Ursula von Köln ihren Namenstag. Sie ist eine rein legendäre Gestalt; angeblich flieht die britannische Königstochter Anfang des 4. oder aber Mitte des 5. Jahrhunderts vor ihrem Vater, weil der sie mit einem Heiden vermählen wollte. Mit 11 000 Jungfrauen fährt sie auf 11 (!) Schiffen den Rhein hinauf zu einer Pilgerfahrt. Auf der Rückreise fallen bei Köln Hunnenhorden über die Frauen her. Der Anführer will die bildschöne Ursula heiraten, sie aber weiß sich ihrem himmlischen Heiland vermählt. Daraufhin bringen die Hunnen alle Jungfrauen um. Etwas verspätet erscheinen 11 000 Engel und vertreiben die Barbaren. Die fantastisch hohe Zahl der Jungfrauen geht wahrscheinlich zurück auf eine Fehldeutung der Abkürzung „XI. M. V." in einer Handschrift: Statt „undecim martyres virgines" (11 jungfräuliche Märtyrerinnen) las man irrtümlicherweise „undecim millia virginum" (11 000 Jungfrauen). Manche sagen, die hohe Anzahl der Jungfrauen sei nötig geworden, um die ergiebigen Funde aus einem Gräberfeld bei Köln mit hohem Gewinn als Reliquien verkaufen zu können. – Die Verehrung der Heiligen führte sicher zur Verbreitung des Namens, der erstmals im 14. Jahrhundert in Deutschland belegt ist. Klaus-Erich Boerners Novelle *Ursula* (1936) wird nach dem Krieg viel gelesen, doch da geht die Glanzzeit des Namens schon wieder bald zu Ende: Etwa zwischen 1920 und 1955 gehörte Ursula zu den 10 beliebtesten Mädchennamen; seit den 70ern wird er kaum noch gegeben.

Uschi (w.) Koseform von ➤ Ursula (lateinisch: „kleine Bärin"). – Die Schauspielerin Uschi Glas wurde 1944 auf den Namen Ursula getauft, und so bleiben die echten Uschis selten, auch wenn die Koseform im Alltag häufig vorkommt.

Uta / Ute (w.) deutsch. Uta ist die hochdeutsche Form des alten deutschen Namens Oda, einer Kurzform von verschiedenen Namen, die mit *Ot-* beginnen, etwa Othild (➤ HILD, Kampf) oder Otgund (➤ GUND, Kampf). Die Silbe *Ut-* bedeutet „Besitz, Reichtum" (➤ OD). Die direkte männliche Entsprechung zu Uta im Deutschen ist ➤ Otto (vgl. auch ➤ Udo). – Ute heißt im Nibelungenlied die Mutter von ➤ Kriemhild sowie ➤ Gunther, ➤ Gernot und Giselher, den Königen der Burgunder. – Wenig Verlässliches wissen wir über die heilige Oda von Lüttich oder Amay (rund 20 km maasaufwärts von Lüttich), wo sie in der ersten Hälfte des 7. Jahrhunderts Äbtissin des dortigen Klosters war. Sie wird verehrt als Wohltäterin der Armen und Kirchenstifterin; ihr Fest ist der 23. Oktober. – Als Oda ist der Name schon im 14. Jahrhundert vertreten, die Form Uta erscheint in den 1930er-Jahren und bleibt deutlich seltener als Ute. Diese Form gehört etwa zwischen 1940 und 1970 zu den 50 beliebtesten Mädchennamen, in den 50ern sogar zeitweise zu den Top 10.

Uwe (m.) Herkunft ungeklärt. Nur drei Buchstaben – kein Wunder, dass es viele Erklärungen gibt zu diesem Namen. Das althochdeutsche *uodal*, Besitz, Erbgut (➤ ODAL), könnte hinter dem Namen stehen, wie bei ➤ Udo und ➤ Ulrich. Andere halten Uwe für eine friesische Kurzform von Namen, die mit altnordfriesisch *ova*, tätig sein, gebildet sind. Es könnte sich bei Uwe auch um einen skandinavischen Namen handeln, der zurückgeht auf altnordisch *ag*, Schärfe (des Schwertes, vgl. unsere *Ecke* ➤ AGI) oder aber Furcht, Schrecken. Auch Oswin wird als Ausgangsform erwogen, eigentlich Answin, zusammengesetzt aus ➤ *ANS*, Gott, und ➤ *WIN*, Freund. – Um 1500 taucht der Name in Deutschland auf; volkstümlich wird er jedoch erst Ende des 19. Jahrhunderts. 1901 erscheint ➤ Otto Ernsts Gedicht *Nis Randers:* Die Mutter will ihren Sohn Nis davon abhalten, eine Gruppe von Schiffbrüchigen aus hoher See zu retten – hat sie doch schon ihren Mann verloren, und ihr anderer Sohn Uwe gilt als vermisst. Nis geht doch – und rettet: Uwe. „Sag Mutter, 's ist Uwe!" – diese zu Herzen gehende Schlusszeile hat sicher manche Mutter veranlasst, ihren Sohn so zu nennen. Acht Jahre später veröffentlicht ➤ Felicitas Rose ihren Roman *Heideschulmeister Uwe Karsten;* auch der hat die Popularität des Namens noch einmal gesteigert. Die Kurve zeigt steil nach oben, und in den 1930er- und frühen 40er-Jahren gehört Uwe fast durchgängig zu den 10 beliebtesten Jungennamen. Nach einer kleinen Verschnaufpause klettert der Name Anfang der 60er-Jahre noch einmal weit nach oben – vermutlich wegen der Popularität des Fußballspielers Uwe Seeler, Jahrgang 1936; 1960 spielt der Hamburger zum ersten Mal für Deutschland.

V

Valentin (m.) aus dem Lateinischen. Valentinus ist ein relativ junger römischer Name, offenbar taucht er erst nach der Zeitenwende auf. Er geht zurück auf den Beinamen Valens, zu lateinisch *valeo*, stark, gesund sein. – Zur Verbreitung des Namens wesentlich beigetragen hat der heilige Valentin von Terni (rund 100 km nördlich von Rom). Er war der Überlieferung zufolge im 3. Jahrhundert ebendort Bischof und kam an einem 14. Februar um das Jahr 268 unter Kaiser Claudius Gothicus als Märtyrer ums Leben. Bei uns wurde er zum Patron gegen Epilepsie, weil man seinen Namen in Verbindung brachte mit der *Fall*sucht; der Name, in Bayern bis heute [falentin] gesprochen, wurde volksetymologisch so umgedeutet. Mit Liebespaaren hat der heilige Valentin offenbar nichts zu tun – wohl aber sein Namenstag, der 14. Februar: als Tag der Lupercalia, ein ausgelassenes Fruchtbarkeitsfest zu Ehren des Gottes Faunus. Außerdem wurde am 14. Februar der Göttin Juno gedacht, der Hüterin von Ehe und Familie. Schon in früher Zeit wurden ihr Blumen als Opfer dargebracht, und die Frauen bekamen Blumen geschenkt. Manchmal wird angenommen, es handle sich um zwei Heilige gleichen Namens, der eine Bischof, Priester der andere, deren Verehrung zusammengeflossen sei; außerdem gibt es offenbar Verwechslungen oder Vermischungen mit einem anderen Heiligen: Rund 200 Jahre später starb Valentin von Rätien (heute Nordwestschweiz und südliches Baden-Württemberg), der ebenfalls bei Epilepsie angerufen wurde; sein Fest ist am 7. Februar. – In Deutschland taucht der Name im 15. Jahrhundert auf und verbreitet sich rasch. In Goethes *Faust* (1808/1832) heißt Gretchens Bruder Valentin, und das *Hobellied des Tischlers Valentin* in ➤ Ferdinand Raimunds Volksstück *Der Verschwender* (1834) macht den Namen bekannt. Im 20. Jahrhundert fördert der Komiker ➤ Karl Valentin, geboren als Valentin ➤ Ludwig Fey, sicher die Popularität des Namens; er legt zu Lebzeiten großen Wert darauf, dass sein Name mit einem F am Anfang ausgesprochen wird („Man sagt ja auch nicht Water"). Seit den 90er-Jahren zeichnet sich ein vorsichtiger Trend ab, doch weiter als bis in die Top 100 hat es der Name bisher nicht geschafft.

Valentina / Valentine (w.) weibliche Form von ➤ Valentin (lateinisch: „gesund, kräftig"). Die heilige Valentina aus Cäsarea in Palästina starb als Märtyrerin, der Überlieferung zufolge wurde sie im Jahre 317 in Rom enthauptet – ungewöhnlich, vier Jahre nach Inkrafttreten des Mailänder Toleranzedikts. Ihr Namenstag ist der 25. Juli. – Der Name ist in Deutschland seit dem frühen 19. Jahrhundert belegt; Mitte des 20. Jahrhunderts kommt Valentina in Mode, ohne allerdings auch nur an den Top 50 zu kratzen. Nach einer längeren Verschnaufpause nimmt der Name momentan einen neuen Anlauf.

Valeria / Valerie (w.) weibliche Form von Valerius. Valerius ist ein uralter römischer Name, die Valerianer ein traditionsreiches Geschlecht. Zahlreiche römische Politiker hießen so, etwa Publius Valerius Poplicola, ein (möglicherweise sagenhafter) Konsul der Römischen Republik des 6. vorchristlichen Jahrhunderts. Der Name geht offensichtlich zurück auf das lateinische *valeo*, stark, gesund sein, und war ursprünglich wohl ein Wunschname oder aber ein Beiname. Auch die weibliche Form Valeria ist sehr alt, die Schwester des genannten Konsuls hieß so. Um 315 n. Chr. starb Galeria Valeria, Tochter von Kaiser Diokletian und spätere Mitkaiserin unter ihrem Mann Galerius. Es gab auch eine Reihe von Heiligen dieses Namens: Im 1. (?) Jahrhundert soll eine Valeria zusammen mit ihrem Mann Vitalis den Märtyrertod gestorben sein; ihr Fest ist am 28. April. Rund zweihundert Jahre später lebte Valeria von Limoges, die angeblich enthauptet wurde, weil sie die Verlobung mit einem heidnischen Herzog löste; ihr Namenstag ist der 9. Dezember. Am 4. Mai ist der Gedenktag der Valeria von Lorch (an der Enns in Oberösterreich); sie soll im 4. Jahrhundert den Leichnam des heiligen ➤ Florian bestattet haben. – Als Valeria ist der Name im späten 18. Jahrhundert in Deutschland zu finden. Seit den 1980er-Jahren erfreut sich Valerie einiger Beliebtheit, verfehlt aber bisher die Top 100.

Vanessa (w.) englisch. Kunstnamen sind selten, Vanessa ist einer davon. Geschaffen wurde der Name von dem englischen Dichter ➤ Jonathan Swift (1667–1745), der durch *Gullivers Reisen* bekannt wurde. Im Jahr 1713 verfasste er ein Gedicht mit dem Titel *Cadenus* *und Vanessa.* Darin verarbeitet er sehr persönliche Erfahrungen mit einer Dame namens *Es*ther *Van*homrigh. Die Anfangsbuchstaben ihres Namens ergeben „Vanessa", wenn man mit dem Nachnamen beginnt und Essa als Koseform von ➤ Esther (persisch: „Stern") nimmt. Esther war über zwanzig Jahre jünger als Swift und verliebte sich in ihn. Zeitweise war er ihr Privatlehrer, doch als sie ihm überallhin nachreiste, wurde er ihrer überdrüssig. Die Beziehung endete nach siebzehn Jahren, als Swift sich entscheiden musste zwischen Esther und einer anderen Frau dieses Namens, Esther Johnson, die er Stella nannte. Möglicherweise heiratete Swift Stella bereits im Jahr 1716, doch endgültig löste sich der Konflikt erst durch den Tod Esthers im Jahr 1723. Drei Jahre später veröffentlichte er das Gedicht. Auch das englische Wort *vanity*, Eitelkeit, Vergänglichkeit (von lateinisch *vanitas)* mag bei dem Namen Vanessa mit hineinspielen. Mit *Cadenus* meinte Swift sich selbst: Es ist ein Anagramm von *Decanus*, einem kirchlichen Titel; er war über dreißig Jahre lang Dekan der Kathedrale St Patrick's in Dublin. Ein weiteres literarisches Denkmal hat Hugh Walpole dem Namen Vanessa gesetzt: Anfang der 1930er-Jahre veröffentlichte er drei historische Romane, in denen Vanessa Paris die Tochter von ➤ Judith Paris ist: *Judith Paris, The Fortress* und *Vanessa.* Es gibt auch eine Schmetterlingsgattung namens *Vanessa*, genauer: *Vanessa Fabricius, 1807*; in dem Jahr gab der Zoologe ➤ Johann ➤ Christian Fabricius diesen Insekten ihren Namen, zu denen auch der bei uns selten gewordene Admiral gehört. Wahrscheinlich hatte Fabricius dabei den Vornamen Vanessa im Sinn; andere vermuten einen Zusammenhang mit einer griechischen Göttin *Phanéssa* oder mit griechisch *phainein*, leuchten. – In der englischsprachigen Welt verbreitet sich der Name Vanessa schon seit den 1920er-Jahren und wird in mehreren Wellen immer wieder modern; die britische Schauspielerin Vanessa Redgrave, Jahrgang 1937, spielt dabei sicher eine Rolle. In Deutschland wird der Name Ende der 1960er-Jahre aufgenommen, nimmt einen steilen Aufstieg und erreicht um 1990 die Top 10. Im neuen Jahrtausend gibt es wieder etwas weniger Vanessas; 2017 belegt der Name Rang 115.

Veit (m.) aus dem Lateinischen? Veit ist eine eingedeutschte Form des lateinischen Namens Vitus; dessen Herkunft ist nicht sicher geklärt. Wahrscheinlich hängt er zusammen mit lateinisch *vita*, Leben, und ist ein Wunschname: Lange möge das Kind leben. Offenbar hat Vitus auch als Übersetzung oder „bürgerliche" Entsprechung des jüdisch-hebräischen Namens Chaim mit derselben Bedeutung gedient. Schon früh jedoch wurde der Name mit Wido (➤ Guido) vermischt; das leitet sich ab von althochdeutsch *wit*, weit, oder aber von *witu*, Holz. – Der heilige Vitus lebte im 3./4. Jahrhundert in Süditalien. Zahlreiche Legenden berichten davon, wie er als Knabe zusammen mit seiner Amme und seinem Lehrer immer wieder durch Engel vor Folterqualen und Mordversuchen bewahrt wurde und schließlich einen sanften Tod sterben durfte. Er gilt als einer der vierzehn Nothelfer und wird unter anderem bei Epilepsie angerufen (dem nach ihm benannten

„Veitstanz“). Er gilt auch als Patron der Jugendlichen und Bierbrauer; sein Namenstag ist der 15. Juni. – Ein Veyt ist Mitte des 14. Jahrhunderts belegt; der Bildhauer und -schnitzer Veit Stoß (1447–1533) gilt als bedeutender Vertreter der Spätgotik. Der Name bleibt relativ selten und ist heute eher in Süddeutschland zu finden.

Venus (w.) lateinisch. Der Name der römischen Göttin der Liebe und des sexuellen Begehrens ist identisch mit dem lateinischen Wort für Sex, Wollust und Schönheit. *Venus,* Genitiv *veneris,* hängt zusammen mit *venerari,* verehren, und geht zurück auf die Wortwurzel **wen,* streben, dann auch lieben, wünschen. Daher stammen auch unsere Wörter *Wonne, wünschen, wohnen* und *gewinnen.* Die Römer setzten Venus mit der griechischen Aphrodite gleich, die auf dem Olymp thronte und neben den genannten Ressorts auch für Fruchtbarkeit und Wohlstand zuständig war. So verkörpert Venus weibliche Schönheit und Liebreiz, Attribute, die man lange Zeit später dem neugeborenen Kind wünschte. – In England ist der Name seit dem 16. Jahrhundert in Gebrauch, in den USA seit dem späten 19. In den 1970er-Jahren erreicht der Name dort die bisher besten Platzierungen, bei uns taucht er in dieser Zeit auf, bleibt sehr selten und wird wohl meist englisch ausgesprochen [wihness]. In letzter Zeit bekommt er Aufmerksamkeit durch die US-amerikanische Tennisspielerin Venus Williams, Jahrgang 1980.

Vera (w.) russisch. Häufig wird Vera aufgefasst als Kurzform von Namen wie ➤ Verena (lateinisch: „die Scheue“?) oder ➤ Veronika ➤ Berenike (griechisch: „Siegträgerin“). Oder er wird in Verbindung gebracht mit lateinisch *verus,* wahr (➤ WERN). Tatsächlich gab es im 6. Jahrhundert den heiligen Verus von Vienne (südlich von Lyon). Dessen Name wurde gerne übersetzt als „der Wahrhaftige“ oder „der die Wahrheit sagt“; der 13. Januar ist sein Namenstag. Am 24. Januar hat die heilige Vera von Clermont ihr Fest (heute Clermont-Ferrand, rund 150 km westlich von Lyon). Um das Jahr 400 habe sie gelebt, sagt die Tradition, doch außer einem vorbildlichen Lebenswandel ist nichts weiter von ihr überliefert. Auch ihr Name wird als „die Wahrhaftige“ übersetzt, doch mit dem bei uns geläufigen Namen Vera hat er nur indirekt zu tun: Vera kommt aus Russland zu uns, und dort bedeutet *vera* „Glaube, Zuversicht“ (das Wort ist verwandt mit *wahr).* Es ist die Übersetzung des lateinischen *fides,* und die heilige Fides war neben Caritas (Liebe) und Spes (Hoffnung ➤ Nadjeschda) eine der drei Töchter der Sapientia (auf Griechisch: ➤ Sophia, „Weisheit“). Angeblich starben die drei zusammen mit der Mutter um das Jahr 130 in Rom als Märtyrer; ihr Namenstag ist der 1. August. Die heilige Fides lebt fort als Vorname in England *(Faith),* aber auch im Namen der argentinischen Stadt *Santa Fe.* – Zwei Romane „exportieren“ den Namen im 19. Jahrhundert auch nach Deutschland: *Ein Held unserer Zeit* von Michail Jurjewitsch Lermontow und *Der Baron* von ➤ Iwan Alexandrowitsch Goncharow; beide Male heißt die Protagonistin Vera. In den 1930er-Jahren gehört Vera zu den 50 beliebtesten Mädchennamen. Seitdem nimmt er ab und wird seit den 80er-Jahren kaum noch gegeben.

Verena / Verene (w.) aus dem Lateinischen? Verena ist ein typisch schweizerischer Name, doch seine Herkunft ist ungeklärt. Möglicherweise stammt er aus Ägypten, ebenso wie die heilige Verena. Es heißt, sie sei einer Legion aus Theben zunächst nach Mailand gefolgt und dann in die Schweiz, als sie vom Martyrium des heiligen Mauritius (➤ Moritz) hörte. Den habe sie daraufhin bestattet – im heutigen Saint Maurice im Wallis (Südwest-Schweiz). Von da ging sie – so die Legende – nach Solothurn und wohnte in der später nach ihr benannten Verena-Schlucht, wo sie viele Menschen heilte und zum christlichen Glauben bekehrte. Ihren letzten Lebensabschnitt verbrachte sie im heutigen Zurzach, unweit Basel. Dort starb sie um das Jahr 350; ihr Namenstag ist der 1. September. – Manche halten den Namen für eine Variante von ➤ Verona, einer Kurzform von ➤ Veronika ➤ Berenike (griechisch: „Siegbringerin"). Andere leiten ihn ab von lateinisch *vereri* und übersetzen „die Scheue" oder „die (Gott) verehrt", oder aber von *verus*, wahr. – Im 14. Jahrhundert ist der Name in Freiburg belegt und bleibt bis heute vorwiegend auf den Süden beschränkt. Seit den 1940er-Jahren nimmt er langsam Anlauf und erreicht Ende der 70er die Top 50, ohne jemals ganz nach oben zu stoßen. Ende der 80er geht es wieder bergab, und seit der Jahrtausendwende wird der Name kaum noch gegeben.

Verona (w.) Kurzform von ➤ Veronika ➤ Berenike (griechisch: „Siegbringerin"). Verona kann sich aber auch als Beiname auf den gleichlautenden Namen der norditalienischen Stadt beziehen.

Veronika (w.) lateinische Form von ➤ Berenike (griechisch: „Siegbringerin"). Die lateinische Form Veronika kam zustande, als man den Namen in Verbindung brachte mit dem lateinischen Ausdruck *vera icon*, wahres Abbild. Dahinter steht die Legende von der heiligen Veronika, angeblich eine Jüngerin Jesu. Sie soll Jesus auf seinem Weg ans Kreuz ein Handtuch gereicht haben; als sie es zurückbekam, waren darauf seine Gesichtszüge zu sehen. In der katholischen Tradition ist die Szene mit Veronika und dem Schweißtuch die sechste der vierzehn Stationen des Kreuzwegs Jesu. Diese Legenden und mit ihnen der Name Veronika tauchen allerdings erst im 14. Jahrhundert auf; in einer späteren Fassung heiratet Veronika den reuigen Zolleinnehmer Zachäus. Nach einer älteren, byzantinischen Legende lässt Jesus zu Lebzeiten ein solches Abbild Abgar zukommen, dem König von Edessa (in der heutigen Türkei), in einer anderen Fassung dessen Tochter Berenike. Das Fest der heiligen Veronika ist am 4. Februar. – Seit dem 14. Jahrhundert ist der Name in Deutschland belegt, in den 1950er-Jahren gehört Veronika meist zu den Top 100, ohne jemals in die Nähe der Spitze zu kommen. Seit seinem letzten Aufbäumen Anfang der 80er wird der Name nur noch selten gegeben.

Vicki / Vicky (w.) Kurzform von ➤ Victoria (lateinisch: „Sieg"). – Vicki als eingetragener Name erscheint erstmals Ende des 19. Jahrhunderts in Wien; bis heute bleiben beide Formen selten.

Victor (m.) lateinisch. Im Lateinischen bedeutet *victor* „Sieger". *Mars Victor* begegnet uns im 3. vorchristlichen Jahrhundert als Beiname des römischen Kriegsgottes, aber auch Herkules und Göttervater Jupiter werden *Victor* genannt. Gut 200 Jahre später tauchte der Name als Beiname (Cognomen) von Normalsterblichen auf, und im 4. Jahrhundert n. Chr. legte sich der christliche Kaiser Konstantin der Große den Titel *Victor* zu. Er tat dies den Märtyrern zu Ehren, die schon früher *victores* genannt wurden, „Sieger" oder „Überwinder", in Anlehnung an Bibelstellen wie Offenbarung 2,7: „Wer überwindet, dem will ich zu essen geben vom Baum des Lebens." Dieser Sieg der Märtyrer, aber auch der Sieg des Christen über die Sünde und das Böse, sagt das Neue Testament, wird möglich durch den Sieg Jesu über den Tod (1. Korinther 15,44ff.). In diesem Sinne haben die frühen Christen dann den Namen Victor verstanden und vielen ihrer Märtyrer postum als Beinamen oder Titel verliehen. Von den zahlreichen Heiligen und Märtyrern dieses Namens dürfte Victor von Xanten am ehesten die deutsche Namengebung beeinflusst haben. Er soll Anfang des 4. Jahrhunderts der Thebäischen Legion des Mauritius (➤ Moritz) angehört haben; Victor überlebte das Massaker, floh mit seinen Gefährten nach Xanten und wurde dort gefangen genommen und schließlich enthauptet (Xanten liegt rund 30 km rheinabwärts von Duisburg; der Ort heißt nach Victor *ad Sanctos*, „zu den Heiligen"). Victors Namenstag ist der 10. Oktober. Möglicherweise ist er identisch mit Victor von Solothurn (zwischen Bern und Basel), der an anderer Stelle dasselbe Schicksal erlitt; sein Fest ist am 30. September. Da es aber noch einen dritten Victor gab bei der Thebäischen Legion, ist möglicherweise davon auszugehen, dass Victor in allen drei Fällen ein christlicher Ehrentitel ist. – Der Name findet sich danach zuerst im 15. Jahrhundert in Deutschland, bleibt aber auch in der Schreibweise Viktor insgesamt selten. Im 19. Jahrhundert hat sicher auch der französische Dichter Victor Hugo als Namensvorbild gedient, bekannt durch Romane wie *Der Glöckner von Notre Dame* oder *Les Misérables*. In dieser Zeit war es teilweise üblich, Kindern diesen Namen zu geben, die am Tag einer siegreichen Schlacht geboren wurden.

Victoria (w.) lateinisch. *Victoria* ist das lateinische Wort für „Sieg" und der Name der römischen Siegesgöttin, auf Griechisch *Níke*. Die wurde nicht um den Sieg gebeten, sondern war dessen Verkörperung. Der Name Victoria aber ist die weibliche Form von Victorius, einem alten und seltenen Geschlechter- und auch Beinamen. Ein Adjektiv **victorius*, siegreich, ist im Altertum nicht belegt, könnte aber hinter dem Namen stehen; das Verb dazu lautet *vincere*, siegen (➤ Victor, dessen direkte Entsprechung nicht Victoria ist, sondern Victrix). – Die Verbreitung des Namens wurde gefördert durch mehrere Heilige, etwa Victoria von Córdoba. Sie starb mit ihrem Bruder Acisclus um das Jahr 300 während einer Christenverfolgung, angeblich wurde sie durch Pfeile getötet. Ihr Namenstag ist der 17. November. – Seit dem 17. Jahrhundert ist der Name in Deutschland belegt; seine Verbreitung wird auch bald unterstützt durch die Verehrung der *Sancta Maria de Victoria*, der Maria vom Siege. Seit den 1970er-Jahren steigt der Name in der Gunst der Eltern, erreicht Anfang der 80er-Jahre die Top 100 und zwanzig Jahre später die Top 50, kommt aber nie ganz nach oben.

Viktor (m.) eindeutschende Schreibweise von ➤ Victor (lateinisch: „Sieger“)

Viktoria (w.) eindeutschende Schreibweise von ➤ Victoria (lateinisch: „Sieg“)

Vincent (m.) [winnzennt], Nebenform von ➤ Vinzenz (lateinisch: „Sieger“), auch englisch [winssnt] und französisch [wäh-ssäh; vorne und hinten wie in Gra*tin*]. Der niederländische Maler Vincent van Gogh (1853–1890) wurde nicht nach dem heiligen Vinzenz von Saragossa benannt, sondern nach dem heiligen Vincent von Paul, dem Stifter der Barmherzigen Schwestern und der katholischen Vinzenz-Vereine.

Vinzenz (m.) aus dem Lateinischen. Vincentius, so die lateinische Form des Namens, bedeutet dasselbe wie ➤ Victor: Sieger. Ursprünglich ein Beiname für einen siegreich heimgekehrten Feldherrn, wurde Vincentius bald zum Vornamen. Die frühen römischen Christen gaben ihn gerne und deuteten ihn im Sinne des Neuen Testaments: Unter Berufung auf Jesu Sieg über die gottfeindlichen Mächte dieser Welt sollen auch Christen „Sieger“ sein oder „Überwinder“, wie es in deutschen Bibeln oft heißt. In der Verfolgung sollen sie ihren Glauben auch unter Folter nicht verleugnen; das ewige Leben ist ihnen dann sicher. – Auf den heiligen Vinzenz von Saragossa traf dies offensichtlich zu: Der Prediger und Erzdiakon (eine Art Oberbeamter in der Verwaltung des Kirchenguts) starb der Überlieferung zufolge am 22. Januar 304 in der Christenverfolgung unter dem römischen Kaiser Diokletian als Märtyrer; das ist auch sein Namenstag. Am 24. Mai hat ein anderer Heiliger dieses Namens sein Fest: der Kirchenlehrer Vinzenz von Lérins; er verteidigte im 5. Jahrhundert den katholischen Glauben gegen Irrlehren seiner Zeit. Seine Definition, wahr und katholisch sei, „was überall, immer und von allen geglaubt wurde“, hat bis heute Geltung innerhalb der katholischen Kirche. – In der lateinischen Form Vincentius erscheint der Name erstmals im 12. Jahrhundert im Rheinland. Im 20./21. Jahrhundert ist er relativ selten; nur in der Form ➤ Vincent erfreut er sich seit den 1990er-Jahren wachsender Beliebtheit, ist aber über einen Platz unter den Top 50 bisher nicht hinausgekommen.

Viola (w.) lateinisch. *Viola* ist im Lateinischen das Veilchen (daher auch unser Wort), nach dem griechischen *ion*, ursprünglich *fion*. Die Grundbedeutung könnte eine Farbbezeichnung gewesen sein. Die violette Purpurfarbe galt im Altertum als vornehm und symbolisierte die Liebe; in der christlichen Tradition wurde sie im Mittelalter zur Farbe der Buße. Trifft menschliche Sünde (rot) auf göttlichen Himmel (blau), ist Buße (violett) die unausweichliche Folge. – Wenig Verlässliches wissen wir über die heilige Viola, angeblich starb sie im 4. Jahrhundert unter dem persischen König Sapor als jungfräuliche Märtyrerin; ihr Fest ist am 3. Mai. In Shakespeares Verwechslungskomödie *Was ihr wollt* ist Viola, auf Englisch [waiele] gesprochen, die Zwillingsschwester Sebastians, sie gibt sich als Mann aus und nennt sich Cesaro. In Mode kommt der Name aber erst Anfang des 19. Jahrhunderts, zusammen mit anderen Blumennamen wie Dalia oder Jasmine. In den 1960er- und 70er-Jahren erfährt Viola in Deutschland eine zarte Blüte. Das Musikinstrument Viola, auch Bratsche genannt, hat sprachgeschichtlich nichts zu tun mit der Blume; ihr Name wird meist in Verbindung gebracht mit mittellateinisch *vitulari*, lobsingen.

Vivian (m.) Aus dem Lateinischen? Viele führen diesen englischen Namen [wiwiänn] zurück auf Vib(ian)-us, einen römischen Geschlechternamen, und bringen ihn in Verbindung mit lateinisch *vivus*, lebendig, frisch. Die frühen Christen nahmen den Namen auf und bezogen ihn auf das ewige Leben. Der heilige Vivianus war im 5. Jahrhundert Bischof von Saintes (rund 100 km nördlich von Bordeaux). Als die Westgoten von Spanien aus in sein Land eindrangen und viele seiner Gläubigen gefangen nahmen, bekam er durch zähe Verhandlungen etliche von ihnen wieder frei. Sein Namenstag ist der 28. August. Der Name kann aber auch identisch sein mit dem weiblichen Namen ➤ Vivian (keltisch: „weißer Ring"?). – Für das späte 14. Jahrhundert ist ein Müller namens Vivian in Braunschweig belegt. Der Name bleibt sehr selten, doch werden auch noch im ausgehenden 20. Jahrhundert Jungen Vivian genannt.

Vivian (w.) aus dem Keltischen? Die Herkunft des Namens ist ungeklärt. Es kann sich um die weibliche Ausgabe des Männernamens ➤ Vivian (zu lateinisch *vivus*, „lebendig"?) handeln; wahrscheinlicher jedoch ist ein keltischer Ursprung. In der britannischen Artussage heißt so die Wasserfee, die König Artus sein unbezwingbares Schwert Excalibur aus dem Wasser reicht (in anderen Versionen der Sage ist ihr Name Niniana oder Nimue). In sie verliebt sich der Zauberer ➤ Merlin unsterblich. Obwohl er weiß, dass sie sein Untergang ist, versucht er sie zu gewinnen. Sie jedoch entlockt ihm die Geheimnisse seiner Zauberkunst und bannt ihn schließlich in ein ewiges Grab. Ihr Name lautet in den ältesten Versionen der Geschichte Gwendoloena (➤ Gwendolin); daraus sei Coventina geworden und über Covianna schließlich Viviana. „Weißer Ring" sei der ursprüngliche Sinn des Namens. Nach anderer Deutung ist Vivian eine anglisierte Form des irisch-gälischen Namens Béibhinn; das soll „weiße Dame" bedeuten. – Die Namensform Vivian erscheint Mitte des 20. Jahrhunderts in Deutschland, bleibt aber deutlich seltener als die Formen ➤ Vivien und ➤ Vivienne.

Viviana / Viviane (w.) eindeutig weibliche Form von ➤ Vivian (w., keltisch: „weißer Ring"?)

Vivien (m.) original französische Form [wiwiäh, hinten wie Gra*tin*] von ➤ Vivian (m., zu lateinisch *vivus*, „lebendig"?). – Im altfranzösischen Heldenepos *Geste de Guillaume* (12. Jahrhundert) ist Vivien ein edelmütiger Ritter, der Neffe von Guillaume d'Orange (➤ Wilhelm von Aquitanien). – Seit den 1960er-Jahren taucht der Name in Deutschland vereinzelt auf.

Vivien (w.) Variante zu ➤ Vivian (w., keltisch: „weißer Ring"?). – Der Name erscheint zusammen mit der Schreibweise ➤ Vivienne in den 1960er-Jahren in Deutschland und gehört (wieder mit Vivienne) in den 90ern und teilweise auch noch im darauffolgenden Jahrzehnt zu den 50 beliebtesten Mädchennamen.

Vivienne (w.) französische [wi-wi-enn] Nebenform von ➤ Vivian(a) (keltisch: „weißer Ring"?)

VOLK – „(Kriegs)Volk, (Heer)Haufen, Heerführer"
Althochdeutsch *folc* bedeutet auch schon *Volk* im weiteren Sinn, germanisch **fulka* zunächst nur die Heerschar. Meist wird das Wort abgeleitet von einer indoeuropäischen Wurzel **pel*, aufschütten, füllen. Auch *voll* ist damit verwandt, außerdem das lateinische *populus*, Volk, und griechisch *pléroma*, Fülle, sowie *pléthos*, Menge. Das Namenwort deckt sich inhaltlich mit ➤ HER, Heer. Gemeint ist zunächst das Kriegsvolk (daran erinnert noch das *Fußvolk*), als Zweitglied auch der Heerführer. Die Bedeutungserweiterung zu unserem *Volk* hängt wahrscheinlich damit zusammen, dass die Menge der waffenfähigen Männer eines Stammes gleichzeitig den ganzen Stamm repräsentierte.
Namen: Folkerad, Ratfolc, Volcburg (w.), ➤ Volker, ➤ Volkhard, Volkhild (w.), ➤ Volkmar

V

Volker (m.) deutsch. Die beiden Teile des Namens bedeuten im Grunde dasselbe: althochdeutsch *folc* ist das „Kriegsvolk" (➤ VOLK) und *heri* das „Heer" (➤ HER). – Volker von Alzey in Rheinhessen ist einer der Ritter an ➤ Hagens Seite im Nibelungenlied. Diese Heldensage handelt von ➤ Gunthers Werben um Brünhild (➤ Brunhilde), das durch ➤ Siegfrieds Hilfe zum Erfolg führt, von Siegfrieds Werben um Gunthers Schwester ➤ Kriemhild und von der Ermordung Siegfrieds durch Hagen, die nicht ungesühnt bleibt – die Geschichte nimmt ein schlimmes Ende. Volker begleitet Hagen und tut sich nicht nur als tapferer Ritter hervor, sondern auch als ausgezeichneter Spielmann: Er lässt die Saiten seiner Fiedel so süß tönen, dass die sorgenvollen Helden sanft entschlummern ... – Der selige Volker unterstützte im 12. Jahrhundert Bischof Vizelin bei der Missionierung der Wenden. Um das Jahr 1134 kam er bei einem Überfall ums Leben;

sein Namenstag ist der 7. März. – Seit dem 14. Jahrhundert ist der Name in Deutschland bezeugt, seine Beliebtheit damals lässt sich an einer Fülle von abgeleiteten Familiennamen ablesen wie Völker, Völler oder Follenius. Später gerät der Name Volker etwas in Vergessenheit, erlebt aber eine Wiederbelebung durch die nationale Hochstimmung des 19. Jahrhunderts. Seit den 1940er- bis gut in die 70er-Jahre gehört Volker zu den 50 beliebtesten Jungennamen, ohne je in die Nähe der Top 10 zu kommen. Seit den 80er-Jahren wird er kaum noch gegeben.

Volkhard (m.) Volkhard ist ein alter deutscher Name, als Fulchard schon im 8. Jahrhundert belegt. Er setzt sich zusammen aus ➤ *VOLK*, Kriegsvolk, und ➤ *HART*, tapfer, kühn. – Die frühe Verbreitung des Namens wird belegt durch zahlreiche abgeleitete Nachnamen, etwa: Follert, Folz, Völler, oder Völker; die beiden letztgenannten können allerdings auch von ➤ Volker kommen. Die griechische Entsprechung zu Volkhard ist übrigens Demosthenes. Seit Mitte des 20. Jahrhunderts wird der Name immer seltener gegeben.

Volkmar (m.) deutsch. Der Name ist zusammengesetzt aus althochdeutsch *folc*, Volksmenge, Heerhaufen (➤ VOLK), und *mari*, berühmt (➤ MAR). – Der selige Volkmar von Niederaltaich (bei Deggendorf, rund 150 km nordöstlich von München) war im 13. Jahrhundert Benediktinermönch und Abt des dortigen Klosters. Seine strengen Vorstellungen vom sittlichen Leben im Kloster stießen auf wenig Gegenliebe: Von rebellierenden Mönchen wurde er am 9. Mai 1282 hinterrücks mit Pfeilen erschossen; das ist auch sein Namenstag. – Der Name ist in Deutschland seit dem 14. Jahrhundert zu finden; seine Beliebtheit damals zeigt sich an abgeleiteten Nachnamen wie Vollmer oder Foltmar. Mitte des 20. Jahrhunderts ist der Name recht beliebt, wird aber nach den 60er-Jahren nur noch wenig gegeben.

W

Walburga (w.) deutsch. Der Name ist zusammengesetzt aus dem mehrdeutigen Namenglied *wal* („Kelte"?, „tot"?, „Wald"?) oder auch *waltan*, herrschen (➤ WALT), und ➤ *BURG*. Ist die Deutung des ersten Namenglieds als germanisch **wala*, tot, richtig, kann man den Namen Walburga übersetzen als „Bergerin der Gefallenen" (mit dem zweiten Element *bergan*, vielleicht verwandt mit *Burg*). – Die heilige Walburga (um 710–779) war die Tochter von König ➤ Richard von England und die Schwester des Deutschland-Missionars Bonifatius. Dieser holte sie nach Deutschland, und sie wurde Äbtissin des Benediktiner-Klosters in Heidenheim (rund 40 km nördlich von Ulm), damals ein geistiges und diakonisches Zentrum. Ihre Klugheit und Freundlichkeit wurden gerühmt. Ihr Namenstag ist der 25. Februar; in England jedoch und in Eichstätt, wo ihre Gebeine liegen, ist es der 1. Mai – daher der Name *Walpurgisnacht.* Mit den damit verbundenen Bräuchen der „Hexennacht" hat die Heilige nichts zu tun. – Eine frühe Walpurg ist im späten 14. Jahrhundert belegt. Obwohl die Heilige in ganz Deutschland verehrt wird, breitet sich der Name vorwiegend im Süden aus und bleibt weitgehend auf katholische Familien beschränkt. Doch schon Mitte des 20. Jahrhunderts wird der Name immer seltener gegeben und ist heute fast ausgestorben.

Waldemar (m.) deutsch. Der Name setzt sich zusammen aus den beiden althochdeutschen Elementen *waltan,* herrschen (➤ WALT), und *mari,* berühmt, hervorragend (➤ MAR). Bekannt wurde er durch eine Reihe dänischer Könige, der berühmteste unter ihnen war wohl Waldemar II. (1170–1241), genannt „der Sieger" – auch wenn er schließlich den größten Teil seiner Eroberungen an der Ostsee wieder an Deutschland verlor. – Der Name findet sich in Russland als ➤ Wladimir. – Der Name Waldemar erscheint in Deutschland erst um 1800 und erfreut sich bis etwa Mitte des 20. Jahrhunderts recht großer Beliebtheit.

Walli / Wally (w.) Kurzform von ➤ Walburg(a) („Bergerin der Gefallenen"?), ➤ Valerie (lateinisch: „gesund, kräftig"), ➤ Valentina (ebenfalls „die Gesunde") und anderer Namen, die mit *Wal-* oder *Val-* beginnen. – 1835 erscheint ➤ Karl ➤ Ferdinand Gutzkows Roman *Wally, die Zweiflerin* – und wird prompt verboten (und 1852 erneut herausgegeben). Die *Geier-Wally,* ein Roman von ➤ Wilhelmine von Hillern (1875), zieht weitere Kreise, und 1898 kommt ➤ Bertha Cléments *Komteß Wally* in die Buchläden. Eine flotte junge Wienerin namens Wally erscheint in ➤ Johann Strauss' (Sohn) Operette *Tausend und eine Nacht,* uraufgeführt in Wien 1906. Der Name taucht Mitte des 19. Jahrhunderts bei den deutschen Standesämtern auf und erfreut sich noch Anfang des 20. Jahrhunderts recht großer Beliebtheit; danach wird er kaum noch gegeben.

Walpurga (w.) andere Schreibweise von ➤ Walburga („Bergerin der Gefallenen"?)

WALT – „herrschen, Herrscher"
Wir kennen das Wort nur noch in feststehenden Ausdrücken wie „schalten und *walten*", „seines Amtes *walten*" oder „Nachsicht *walten* lassen". Aber auch die *Gewalt* und die *Verwaltung* haben hier ihre Wurzel: Mittelhochdeutsch *walten,* althochdeutsch *waltan,* weist zurück auf germanisch **waldaz,* Herrscher, und schließlich auf eine indoeuropäische Wurzel **wal,* stark sein, herrschen. Auch lateinisch *valere,* stark, gesund sein, kommt daher. Viele Namen, die auf *-hold* enden, gehören hierher; das Namenglied WALT (auch: WALD) wurde später angeglichen an *hold* im Sinne von zugeneigt, treu.

Namen: ➤ Arnold, ➤ Berthold, ➤ Ewald, ➤ Gerald, ➤ Gerold, ➤ Harald, ➤ Harold, ➤ Helmut?, ➤ Isolde (w.)?, ➤ Malte, ➤ Oswald, ➤ Reinhold, ➤ Romuald, ➤ Ronald, ➤ Walburga (w.)?, ➤ Waldemar, ➤ Walli/-y (w.)?, ➤ Walt(h)er, ➤ Waltraud (w.)

Walter / Walther (m.) deutsch. Der Name Walter setzt sich zusammen aus althochdeutsch *waltan*, walten, herrschen (➤ WALT), und *heri*, Heer (➤ HER). – Zur Beliebtheit des Namens hat sicher auch der mittelalterliche Dichter und Minnesänger Walther von der Vogelweide beigetragen. Er stammte aus einer adeligen Familie in Österreich, lernte im Kloster Musik und Latein und zog zunächst von Hof zu Hof – bis ihm Kaiser ➤ Friedrich II. ein Lehen bei Würzburg verlieh. Dort starb er um das Jahr 1230 etwa sechzigjährig; zuvor soll er verfügt haben, dass an seinem Grab täglich die Vögel zu füttern seien. Neben seinen Liebesliedern in mittelhochdeutscher Sprache machten ihn auch seine politischen Lieder berühmt. Darin macht er sich stark für den Kaiser im Machtkampf mit dem Papst und für die deutsche Unabhängigkeit; das ist sicher ein Grund, warum der Name Walter im 19. Jahrhundert eine neue Blüte erlebt. Auch die Sage von Walter und ➤ Kunigunde hat zur Beliebtheit des Namens beigetragen: Der westgotische Prinz Walther von Aquitanien (im Südwesten Frankreichs) muss sich auf der Flucht mit einem Goldschatz gegen ➤ Gunther und ➤ Hagen (aus dem Nibelungenlied) wehren und heiratet schließlich seine geliebte Hildegunde; der Schatz geht für die Hochzeit drauf. Im 10. Jahrhundert aufgezeichnet, gerät diese Sage – und mit ihr der Name Walter – später in Vergessenheit, und man interessiert sich erst im 19. Jahrhundert wieder für die beiden. ➤ Friedrich Schiller nennt in seinem Drama *Wilhelm Tell* (1804) einen Sohn Tells Walther. Der Name Walter kommt schnell in Mode und steht an der Wende zum 20. Jahrhundert schon ein paar Jahre in den Top 10, die er erst in den 30er-Jahren wieder verlässt. Nach den 60ern wird er kaum noch gegeben, doch wer weiß, ob ➤ Mike Krügers Lied *Mein Gott, Walter* (1975) tatsächlich der endgültige Abgesang auf den Namen ist …

Waltraud (w.) deutsch. Der Name setzt sich zusammen aus althochdeutsch *waltan*, walten, herrschen (➤ WALT), und germanisch **thruthi*, Kraft, Stärke (➤ TRUD). Es gibt auch die Variante Waldtraut, in Anlehnung an *Wald*. – Als Waldetrudis ist der Name der heiligen Waltraud von Cambrais (Nordfrankreich) überliefert. Um das Jahr 680 heiratete sie Vinzenz Madelgar, mit dem sie vier Kinder hatte: Adeltrude, Landrich, Dentlin und Madelberta. Als diese erwachsen waren, ermutigte Waltraud sie, jeweils ein eigenes Kloster zu gründen und dort zu leben. Auch ihr Mann Vinzenz Madelgar entschied sich für ein klösterliches Leben, Waltraud selbst gründete ein Kloster in Castrilocus (dem heutigen Mons, rund 50 km südwestlich von Brüssel), das sie bis zu ihrem Tode um das Jahr 688 als Äbtissin leitete. Ihr Namenstag ist der 9. April; auch ihr Mann und ihre vier Kinder wurden später heiliggesprochen. – ➤ Richard Wagner übernimmt den Namen als Waltraute für eine der Walküren in seiner Oper *Die Walküre*, uraufgeführt 1870. Zu Beginn des 20. Jahrhunderts nimmt der Name seinen Aufstieg, erreicht um 1920 die Top 50 und gehört zwischen den späten 20er-Jahren und etwa 1940 zu den 20 beliebtesten Mädchennamen; seit den 60er-Jahren wird Waltraud kaum noch gegeben.

Waltrud / Waltrude (w.) Nebenform von ➤ Waldtraud („Herrscher" + „Kraft")

Wanja (m./w.) familiäre Koseform von Iwan oder Iwana, der russischen Form von ➤ Johannes (hebräisch: „Der Herr ist gnädig") bzw. ➤ Johanna. Unabhängig davon ist Wanja ein biblischer Männername; nach Esra 10,36 gehörte er zu den Rückkehrern aus dem Babylonischen Exil. Der Name wird manchmal aus dem Persischen abgeleitet und als „der Liebenswerte" übersetzt, wahrscheinlich aber ist der Text an dieser Stelle nicht zuverlässig überliefert. – 1968 veröffentlicht Otfried Preußler *Die Abenteuer des starken Wanja*; der Name erscheint dann erstmals in den 1970er-Jahren in Deutschland, bleibt aber sehr selten, vor allem als Frauenname.

WARD / WART – „Wächter, Hüter"
Wir kennen das Wort fast nur noch in Zusammensetzungen wie Blockwart, Kassenwart oder Torwart. Althochdeutsch *wart* bezeichnet den Wächter, Wärter, Bewacher. Das dahinterstehende Verb *warten* benutzen wir bis heute in der Bedeutung instandhalten, pflegen; im Germanischen hieß es **wardon*. Eng verwandt ist unser Wort *wahren*, auch in *bewahren* (vgl. englisch *beware*) und *gewahren*; die Grundbedeutung ist „wahrnehmen, gewahr werden", zu indoeuropäisch **uer*. Im Französischen wurde durch Lautverschiebung (6. Jahrhundert) *garder*, bewachen, daraus; das wird anschaulich im Vergleich der französischen *garderobe* mit dem englischen *wardrobe*, die ursprünglich beide die „Gewänder schützen" sollten (s. auch ➤ WERN und ➤ Guido).
Namen: ➤ Bernward, ➤ Dankward, ➤ Eduard, ➤ Edward, Eward, Grimward, Heriwards (w.), Ingward, Markward, Randward, Tancwart, Wartburg (w.), Wartmund, Wartrun (w.)

Wassili / Wassilij / Wassily (m.) russische Form von Basileus. Basilius ist offenbar ein christlicher Name. Das griechische *basíleios* bedeutet „königlich", zu *basileús*, König, Fürst. Dieser Titel wird im frühen Christentum auf Gott bezogen (vgl. Psalm 47,3), aber auch auf Jesus Christus (Lukas 1,33 und 23,38). Der Name Basileios ist dann wohl zu verstehen als „zu Gott/Christus gehörig", im Sinne von 1. Petrus 2,9: „Ihr seid die königliche Priesterschaft." Er ist zu vergleichen mit Namen wie Kyrill oder Kyriakos (beide: „zum Herrn gehörig"). – Der heilige Basilius der Ältere (270–330; Namenstag 30. Mai) war der Vater von Basilius dem Großen (329–379; Namenstag 2. Januar); der wurde später Erzbischof von Cäsaräa (heute Kayseri in der Zentraltürkei) und nach seinem Tod als „Kirchenlehrer" gewürdigt. Er machte sich verdient um die theologische Lehre von der Wesensgleichheit Christi mit Gott und begründete den Ausgang des Heiligen Geistes nicht nur von Gott, sondern auch von Christus. Seine Ordensregeln wurden für das Mönchsleben der Ostkirche bestimmend. – In Deutschland erscheint der Name um 1900 und bleibt zunächst extrem selten; erst durch die Zuwanderung von Russlanddeutschen seit den 1990er-Jahren findet sich der Name etwas häufiger.

Wendelin (m.) deutsch? Wendelin ist eine Koseform verschiedener Namen, die mit *Wend-* beginnen, etwa Wendelbert (mit althochdeutsch *beraht*, berühmt ➤ BERT). Das Element *wendel* wird zurückgeführt auf eine Wurzel, von der auch die *Wandalen* ihren Namen haben: althochdeutsch *wandon*, wenden, sich wandeln. Das kann sich beziehen auf geschicktes Verhalten im Kampf, wo Wendigkeit gefragt ist. Auch unser Wort *wandern* kommt von dieser Wurzel, und das würde passen zum Volk der Wandalen: Dieser wohl reiselustigste Germanenstamm kam aus Schweden und zog bis Spanien und Nordafrika. Die Wandalen (auch: Vandalen) waren indes besser als ihr Ruf: Als sie im Jahr 455 Rom plünderten, gaben sie keineswegs ein Beispiel blindwütiger Zerstörung, wie es unser Begriff *Vandalismus* glauben machen will; den schuf vor rund 300 Jahren ein französischer Bischof aufgrund zweifelhafter Quellen. – Der heilige Wendelin (etwa 555–617), angeblich ein schottischer Königssohn, wollte eine Wallfahrt nach Rom unternehmen, kam aber nur bis Trier. Dort verdingte er sich zunächst als Hirte, wurde dann Abt des Klosters Tholey (rund 30 km nördlich von Saarbrücken). Als er starb, so die Legende, beerdigten ihn die Mönche – und fanden seinen Leichnam am nächsten Tag neben dem Grab. Ein führerloses Ochsengespann mit dem Sarg fuhr geradewegs zu dem Berg, auf dem er als Hirte so gerne gebetet hatte. Über seinem Grab, heißt es, wurde daraufhin die Stadt St. Wendel gebaut. Wendelins Fest ist am 21. Oktober. – Im 15. Jahrhundert ist der Name dann wieder in Deutschland belegt und findet sich durch die Jahrhunderte in erklecklicher Anzahl, auch als Wendel; seit der zweiten Hälfte des 20. Jahrhunderts wird er jedoch nur noch selten gegeben.

Wenzel (m.) Kurzform von ➤ Wenzeslaus (slawisch: „mehr" + „Ruhm")

Wenzeslaus (m.) Wenzeslaus ist eine alte latinisierte Form eines slawischen Namens, der heute als Wincesłav in Polen gebräuchlich ist oder als Václav in der Tschechei. Dahinter stehen die beiden slawischen Elemente *vetje*, mehr, und *slava*, Ruhm; früher dachte man beim ersten Teil des Namens auch an ein Wort für „Krone". Wenzeslaus, Herzog von Böhmen im 10. Jahrhundert und der erste slawische Heilige, sorgte für die Verbreitung des Namens auch in Deutschland. Nachdem er 924 (?) die Herrschaft angetreten hatte, bemühte er sich um die Christianisierung seines Landes und schaffte unter anderem die Todesstrafe ab. Bald kam Böhmen unter sächsische Vorherrschaft, und Wenzeslaus' Bruder Boleslav, Vertreter der nationalistischen Opposition, ließ ihn während eines Gottesdienstes erschlagen oder legte vielleicht auch selbst Hand an. Wenzeslaus' Gebeine liegen in der St.-Veits-Kirche in Prag, die er selbst hatte bauen lassen als Zeichen der Zuwendung zum katholischen Glauben. Wenzel wurde zum böhmischen Nationalheiligen, sein Namenstag ist der 28. September. Mehrere böhmische Könige hießen Wenzeslaus bzw. ➤ Wenzel; Wenzeslaus IV. war zeitweise auch deutscher König. Der Name wurde ungeheuer populär, sodass ➤ Johann Fischart im 16. Jahrhundert schrieb: „Böhmen heißen Wenzel." Das führte dazu, dass der Name mit dem Erstarken des böhmischen Nationalbewusstseins in Deutschland immer weiter zurückging. Dort hatte er sich seit dem 13. Jahrhundert einiger Beliebtheit erfreut; Nachnamen wie Wenz oder Wenzler zeugen bis heute davon. In Österreich sagt man beim Kartenspiel (mit deutschem Blatt) *Wenzel* zum Buben, der sonst auch Unter heißt. Das hat zwar einen anderen Ursprung, wurde aber an den Namen Wenzel angeglichen – entweder weil dies ein sehr gewöhnlicher Name war oder aber weil die Deutschen mit *Wenzel* einen Knecht oder Untergebenen bezeichneten. Seit dem 20. Jahrhundert ist der Name selten.

WERN – „warnen, Warner", „wahren, Wahrer"
Die Herkunft des Namenwortes, das auch als WAR(N) auftritt, ist nicht geklärt; wahrscheinlich haben sich mehrere Wörter vermischt. Der germanische Volksstamm der *Warnen* kam aus Schweden und setzte sich schon vor der Völkerwanderung im Nordosten Deutschlands fest; seit dem 6. Jahrhundert hat man nichts mehr von ihnen gehört. Meist wird ihr Name auf das altnordische Wort *vari*, Wasser, zurückgeführt und als „Meeranwohner" übersetzt. Andere bringen die *Warnen* in Verbindung mit *wahren* und *warnen*.

Ob der Stammesname tatsächlich mit Personennamen wie Werner zu tun hat, ist unsicher. Die zuletzt genannte Deutung des Stammesnamens offenbar schon: Unser Verb *wahren*, althochdeutsch *bi-waron*, bewahren, geht zurück auf germanisch **varo*, beobachten, beachten, bewahren. Die Grundbedeutung dieser Wortfamilie findet sich noch in unserem Wort *gewahren* sowie in *wahrnehmen*: auf etwas sehen, aufmerksam beobachten. Unser Adjektiv *wahr* gehört hierher, auf Lateinisch *verus*. Auch der Name ➤ Vera stammt letztendlich daher: Russisch *vera* bedeutet „Glaube, Treue", ein Akt des Bewahrens und des Fürwahrhaltens. Auch unser Wort *warnen*, althochdeutsch *warnon*, warnen oder beschützen, leitet sich davon ab: Durch aufmerksame Wahrnehmung des Geschehens sehe ich mich zunächst vor und weise dann auch andere hin auf mögliche Gefahren.

Nicht damit verwandt hingegen ist das Wort *wehren*, althochdeutsch *weren*, das ebenfalls hinter dem Namenwort vermutet wird. Die indoeuropäische Wortwurzel **uer*, die

W

dahintersteht, bedeutet „verschließen, schützen, abwehren". Das lateinische *operire*, verschließen, kommt daher, ebenso das Gegenteil dazu: *aperire*. Das bedeutet dann „öffnen" und findet sich etwa im *Aperitif* wieder, der den Magen öffnen soll.
Schließlich seien zwei weitere Vorschläge genannt: althochdeutsch *war*, Schutz, Wohnung, sowie althochdeutsch *wer*, Mann, das wir noch vom *Werwolf* kennen.
Als Hinterglied bezeichnet WERN jemanden (wohl einen Krieger), der wahrt, warnt bzw. wehrt, also einen „Wahrer", „Warner" oder „Wehrer".
Namen: Adalwar, Sigiwar, Waralind (w.), Warbald, Warnburg (w.), Warnebert, Weribert, Werinbold, Wernfrid, ➤ Wern(h)er, Werngard (w.), Wernhard
Ortsname: Warendorf (Westfalen)

Werner / Wernher (m.) deutsch. Im Mittelalter begegnet uns der Name als Warinheri mit den beiden Elementen ➤ *WERN*, wahrnehmen, sich vorsehen, und ➤ *HER*, Heer; die Namensform Wernher (von Braun) erinnert noch daran. – Der heilige Werner von Ellerbach, im 11./12. Jahrhundert der erste Abt des Benediktiner-Klosters in Wiblingen bei Ulm, wurde wegen seines vorbildlichen Lebenswandels gelobt. Sein Namenstag ist der 4. Juni, die Namengebung hat er nicht maßgeblich beeinflusst. Eher schon Werner von Oberwesel (auch: von Bacharach; beide Orte befinden sich ein Stück rheinabwärts von Bingen): Der sechzehnjährige Junge wurde im Jahr 1287 ermordet aufgefunden. Schnell breiteten sich Gerüchte aus, Werner sei Opfer eines jüdischen Ritualmordes geworden. Antijüdische Ausschreitungen in der weiteren Umgebung von Bacharach waren die Folge. Werner wurde nie heiliggesprochen, doch in dieser Gegend vom Volk wie ein Märtyrer verehrt. Erst 1963 schaffte die Diözese Trier sein Fest ab, zuvor wurde es am 18. und 19. April begangen. Im 13. Jahrhundert ist Werner ein sehr beliebter Rufname, das zeigen zahlreiche Familiennamen aus dieser Zeit wie Warnack, Wehner, Werneke, Wessels, Wetzel oder Wörtz. Um 1400 kommt der Name allerdings außer Gebrauch und wird erst Anfang des 19. Jahrhunderts wiederbelebt: In seinem *Wilhelm Tell* lässt Schiller einen Werner Freiherr von Attinghausen auftreten, daneben Werner Stauffacher sowie Werni, den Jäger. Im 20. Jahrhundert wird Werner zum Modenamen: Etwa zwischen 1910 und 1950 gehört er zu den 20 beliebtesten Jungennamen, bis Mitte der 30er-Jahre sogar zu den Top 10. Seit etwa 1970 wird er nur noch selten gegeben.

Wiebke (w.) deutsch. Manchmal wird Wiebke als kosende Verkleinerungsform zu *Weib* aufgefasst und als „Weibchen, junge Frau, Fräulein" gedeutet, vielleicht in Anlehnung an ➤ Frauke, was tatsächlich mit *Frau* zusammenhängen mag. Wiebke ist jedoch eine Koseform von Wiebe; das niederdeutsch-friesische *-ke* entspricht dabei dem hochdeutschen *-chen*. Bei Wiebe handelt es sich um eine Kurzform von Namen mit dem ersten Element althochdeutsch ➤ *WIG*, Kampf, Streit, Krieg. Das zweite Namenglied hat sehr wahrscheinlich mit b angefangen, daher der Wechsel von G zu B. Infrage kommen Namen wie Wigberta (mit dem zweiten Glied althochdeutsch *beraht*, glänzend, berühmt ➤ BERT) oder Wigburg(a) (zu ➤ *BURG* oder *bergen*). Der Name Wi(e)bke ist in Deutschland als Wybeke zuerst für das ausgehende 15. Jahrhundert belegt, bleibt in der Folgezeit aber selten. In den 70er-Jahren des 20. Jahrhunderts kommt Wiebke etwas in Mode und erreicht einmal Platz 30.

Wiegand (m.) Nebenform von ➤ Wigand („Kämpfer"?)

Wieland (m.) deutsch. Manchmal wird der Name mit ➤ Wigand gleichgesetzt („Kämpfer"). Wahrscheinlicher aber ist er zusammengesetzt aus althochdeutsch *wella*, Welle, Gewoge (des Kampfes), und ➤ *NAND*, kühn, oder möglicherweise *land*, Land. Denkbar ist auch die Ableitung von dem altnordischen Wort *wel*, Kunstwerk, List – das alles würde gut passen zur Sage von Wieland dem Schmied. Das Ganze ist eine ziemlich krause Geschichte mit manchen Anklängen an antike Sagen. Bei den Zwergen lernt Wieland sein Handwerk, für Nidung, den König von Jütland, fertigt er das berühmte Schwert Mimung. Er nimmt sich die Schwanenjungfrau Alwitt zur Frau, heiratet später aber auch Badhild, die Tochter des Königs. Dessen Söhne bringt er aus Rachsucht um und fertigt aus den Schädeln Trinkgefäße. Mehrmals muss er fliehen, zunächst mit einem selbst gebauten U-Boot vor den Zwergen und am Ende wie einst Ikarus mit Flügeln vor Nidung. Wielands Bruder Eigil hat sie gefertigt, und der schießt kunstfertig auf die mit Schweinsblut gefüllte Blase unter Wielands Gewand … So erzählt es die Thidrekssaga, eine norwegische Sagensammlung aus dem 13. Jahrhundert. – Seit dem 15. Jahrhundert ist der Name auch in Deutschland zu finden, bleibt aber bis heute selten.

W

WIG – „Kampf, Krieger"
Wir kennen das Namenwort nur noch von dem Verb *sich weigern*. Althochdeutsch *wigan* bedeutet „kämpfen", *wig* ist der „Kampf". Dahinter nimmt man eine indoeuropäische Wurzel an: **weik*, kämpfen, bezwingen. Auch das lateinische *vincere*, (be)siegen, kommt daher. WIG als Zweitglied wird meist mit „Kämpfer/-in" übersetzt.
Namen: ➤ Alois, Gerwig, ➤ Hartwig, ➤ Hedwig (w.), Heilwig, ➤ L(o)uis ➤ Ludwig, Notwig, ➤ Solveig (w.)?, ➤ Wiebke (w.), ➤ Wieland?, ➤ Wigand, Wigbert, Wigburg (w.), Wigdrud (w.), Wighard, Wigolf, Wigswinth (w.), Wolfwig

Wigand (m.) deutsch. Es gibt zwei mögliche Erklärungen des Namens, beide hängen zusammen mit dem Namenwort ➤ *WIG*, Kampf. Wi(e)gand kann nun das Partizip Präsens des Verbs *wigan*, kämpfen, sein; dann wäre der Name mit „Kämpfender, Kämpfer" zu übersetzen. Oder aber Wigand hat sich entwickelt aus der älteren Form Wignand mit dem zweiten Glied ➤ *NAND*, kühn, verwegen. – Der selige Wigand von Waldsassen, Zisterziensermönch im 12. Jahrhundert, wurde zusammen mit anderen im Jahr 1133 von Thüringen nach Waldsassen (rund 50 km östlich von Bayreuth) geschickt, um in dem dort neu gegründeten Kloster die Brüder in das Ordensleben einzuführen. Er selber habe dabei ein vorbildliches Leben als Mönch geführt, heißt es. Sein Fest ist am 26. Oktober. – Seit dem 20. Jahrhundert wird der Name nur noch selten gegeben.

WIL ➤ WILL („Wille")

Wilfried (m.) deutsch. Der Name setzt sich zusammen aus althochdeutsch *willo*, Wille, Eifer (➤ WILL), und *fridu*, Friede, Schutz (vor Waffengewalt), Sicherheit oder Einfriedung (➤ FRIED). – Zwei angelsächsische Bischöfe dieses Namens haben zu seiner Verbreitung beigetragen: Der heilige Wilfried (Wilfrith) von York, von adeliger Herkunft, wurde mit vierzehn Jahren Mönch in dem iroschottischen Kloster Lindisfarne im Nordosten Englands. Eine Reise nach Rom machte ihn zum glühenden Eiferer für die römische Liturgie und die Ordensregel der Benediktiner. Beides führte er mit großer Härte in seiner Heimat ein und zog sich dadurch die Feindschaft derer zu, die an keltischen Traditionen festhielten. Später wurde er Bischof von York, geriet jedoch in politische Machtkämpfe und wurde zeitweise des Landes verwiesen und sogar exkommuniziert, dann aber wieder in sein Amt eingesetzt. Später missionierte er unter den holländischen Friesen. Er starb um 710, sein Namenstag ist der 24. April, in England der 12. Oktober. Sein Nachfolger auf dem Bischofsstuhl war Wilfried der Jüngere; dessen Fest ist am 29. April. – Obwohl sehr alt, ist der Name im Mittelalter kaum in Gebrauch und gerät bald ganz in Vergessenheit. Erst im 19. Jahrhundert wird er wiederbelebt, zunächst in England, unter anderem durch ➤ Walter Scotts Gedicht *Rokeby*, wo ein gewisser Wilfrid Wycliff vorkommt. In Deutschland sorgt ➤ Karl Edlers Liebesroman *Wilfried* (1884) für die Verbreitung des Namens. Im 20. Jahrhundert steigt seine Beliebtheitskurve zunächst an, der Name gehört in den 30er- und 40er-Jahren zu den Top 50, danach nimmt er wieder ab und kommt in den 60ern zusammen mit vielen anderen deutschen Namen ganz aus der Mode.

Wilhelm (m.) deutsch. Die beiden Teile des Namens sind althochdeutsch *willo*, Wille, Wunsch, Entschluss (➤ WILL), und ➤ *HELM* als Symbol der Stärke und Unverwundbarkeit. Auch der Wunsch der Eltern nach Bewahrung für ihr Kind mag dabei eine Rolle spielen. – Seit dem Mittelalter gehört Wilhelm zu den beliebtesten Vornamen in Deutschland; zahlreiche abgeleitete Familiennamen wie Willmer, Willmann, Wilkens, Wilking, Helmes, Helmer oder Wilkowski belegen dies. Doch ist der Name nicht nur in Deutschland äußerst populär: Preußische und englische Könige hießen so, Dichter (Shakespeare, Raabe, Hauff, Busch) und ihre Figuren (Tell, Meister), Gelehrte (von Humboldt, Röntgen) und Musiker (Kempff). – Für die Verbreitung des Namens haben vor allem vier Männer gesorgt: Der heilige Wilhelm von Aquitanien begleitete im 8. Jahrhundert ➤ Karl den Großen auf dessen Feldzügen gegen das muslimische Spanien. Später zog er sich als Laienbruder zurück in das von ihm gegründete Kloster Gellone bei Montpellier in Südfrankreich; sein Namenstag ist der 28. Mai. Auf ihn geht die Sagenfigur Wilhelm von Orange zurück, der Held des altfranzösischen Wilhelmliedes; ➤ Wolfram von Eschersbach dichtete im Anschluss daran um 1200 sein Vers-Epos *Willehalm*. 1066 eroberte der Normannenfürst ➤ William „the Conqueror" England und trat damit das an, was er für sein rechtmäßiges Erbe hielt. Sein Sieg über König ➤ Harold in der Schlacht von Hastings führte auch zu tief greifenden Veränderungen der englischen Sprache, die heute zur Hälfte französisch ist. In Deutschland trugen Kaiser Wilhelm I. (1797–1888) und bald nach seinem Tod sein Enkel Wilhelm II. (1859–1941) zur Beliebtheit des Namens bei. – Begünstigt durch diese beiden sowie die Wiederentdeckung der alten Rittersagen erlebt der Name Wilhelm gegen Ende des 19. Jahrhunderts einen regelrechten Boom: Es heißt, jeder dritte Junge werde Wilhelm oder Willi genannt, und erst nach Ende des 1. Weltkriegs lässt die Beliebtheit des Namens langsam nach. Ende der 70er-Jahre verabschiedet sich Wilhelm weitgehend aus der Namengebung, kommt aber im neuen Jahrtausend als ➤ Liam wieder in Mode.

Wilhelma (w.) weibliche Form von ➤ Wilhelm („Wille" + „Helm"). – Der Name findet sich in Deutschland schon im 15. Jahrhundert, bleibt aber bis heute selten. Die Stuttgarter *Wilhelma* ist benannt nach dem Ideengeber, König Wilhelm I. von Württemberg; die botanisch-zoologische Anlage stammt aus dem Jahr 1846.

Wilhelmina / Wilhelmine (w.) Erweiterung von ➤ Wilhelma ➤ Wilhelm („Wille" + „Helm"). – Der Name entsteht im 18. Jahrhundert durch Erweiterung des Namens Wilhelm um die französische Endung *-ine*, wie wir sie auch von ➤ Josephine oder ➤ Karoline kennen. Eine ➤ Christiane Wilhelmine, Herzogin von Sachsen-Weißenfels, wird 1666 geboren; Wilhelmine ➤ Amalie von Braunschweig-Lüneburg, Jahrgang 1673, wird durch Heirat mit ➤ Joseph I. deutsche Kaiserin; die Lieblingsschwester ➤ Friedrichs des Großen, geboren 1709, heißt Wilhelmine, Markgräfin von Bayreuth; der Dichter ➤ Heinrich von Kleist ist drei Jahre lang verlobt mit Wilhelmine von Zenge; Wilhelmine von Hillern wird bekannt durch ihren Roman *Die Geier-Wally* (1875). In den Niederlanden ist Wilhelmina ein königlicher Name: Königin Wilhelmina (1880–1962) regiert dort von 1890 bis 1948. Um 1900 gehört Wilhelmine zu den beliebtesten Mädchennamen, doch bis zur Mitte des Jahrhunderts schleicht sich der Name aus der Namengebung und ist heute sehr selten. Wilhelmine Lübke (1885–1981) war die Ehefrau des damaligen Bundespräsidenten Heinrich Lübke.

WILL – „Wille, Entschlossenheit"
Unser Wort *Wille* findet sich im Althochdeutschen als *willo* und geht auf *wollen* zurück. Auch *wählen* ist davon abgeleitet (➤ WAL, unter anderem vielleicht „wählen"). In Namen ist wie bei ➤ ERNST am ehes-

ten an den Kampfeswillen zu denken. Das Namenwort erscheint nur als Erstglied.
Namen: ➤ Liam, ➤ Wilfried, ➤ Wilhelm, ➤ Wilhelma (w.), ➤ Wilhelmine (w.), ➤ Willi/Willy, ➤ William, Willibald, Willibert, Willigard (w.), Willihard, Willirat, Williswind (w.), ➤ Wilm, ➤ Wilma (w.), ➤ Wiltraud (w.), ➤ Wiltrud(e) (w.)

Willi / Willy (m.) Koseform von ➤ Wilhelm („Wille" + „Helm"); Willy ist vorwiegend in England üblich. – Die Namensform erscheint in Deutschland Mitte des 19. Jahrhunderts und hat Teil an der wachsenden Beliebtheit der Vollform Wilhelm. Der Abstieg beginnt in den 1930er-Jahren, seit den 60ern werden kaum noch Kinder so genannt.

William (m.) englische Form [uilljem] von ➤ Wilhelm („Wille" + „Helm"). – Der Name taucht in Deutschland gegen Ende des 18. Jahrhunderts auf und bleibt insgesamt selten.

Wilm (m.) Kurzform von ➤ Wilhelm („Wille" + „Helm"). – Die Namensform ist für das 14. Jahrhundert in Pommern belegt, bleibt aber bis heute sehr selten.

Wilma (w.) weibliche Form von ➤ Wilm oder Kurzform von ➤ Wilhelma oder ➤ Wilhelmina ➤ Wilhelm („Wille" + „Helm"). – Mitte des 19. Jahrhunderts erscheint der Name in Deutschland und bleibt recht selten.

Wiltraud (w.) deutsch. Der Name setzt sich zusammen aus althochdeutsch *willo*, Wille, Entscheidung (➤ WILL), und germanisch **thruthi*, Kraft, Stärke (➤ TRUD). – Vor allem drei Frauen haben dafür gesorgt, dass der Name nicht in Vergessenheit geraten ist: Wiltrud von Bergen (ihrer Frömmigkeit wegen auch ➤ Pia genannt, „die Fromme") war mit Herzog ➤ Berthold von Bayern vermählt. Nach dessen Tod im Jahre 947 gründete sie das Frauenkloster Bergen bei Neuburg (20 km westlich von Ingolstadt). Sie starb dort an einem 6. Januar um das Jahr 995; das ist auch ihr Namenstag. – Rund hundert Jahre später war Wiltrud von Hohenwarth (Namenstag am 2. Juli) die erste Äbtissin des von ihr gegründeten Benediktiner-Klosters Hohenwarth (etwa zwischen Straubing und Pilsen, kurz vor der tschechischen Grenze). – Wiltrud von Ardei schließlich gründete um 1130 die Prämonstratenser-Probstei in Scheda, Westfalen; dazu gehörte auch ein Frauenkloster, in das sie eintrat. Ihr Fest ist am 21. Mai. – Eine Tochter des bayerischen Königs Ludwig III. heißt Wiltrud und wird 1884 geboren. Der Name bleibt in allen seinen Formen selten.

Wiltrud / Wiltrude (w.) Nebenform von ➤ Wiltraud („Wille" + „Kraft")

WIN – „(Gefolgs)Freund"
Das Namenwort kennen wir nur noch von *gewinnen* und der *Wonne*. Althochdeutsch *wini* bedeutet „Freund, Geliebter" und leitet sich ab von althochdeutsch *winnan*, sich mühen, kämpfen, gewinnen, verwandt mit *wohnen, Wunsch* und *Wahn*. Auch die römische ➤ *Venus* gehört hierher, sie leitet sich eben-

falls ab von der indoeuropäischen Wurzel **wen*, streben, dann auch begehren, wünschen, lieben.
Wenn das Namenwort *win* schon nicht direkt mit Kampf in Verbindung zu bringen ist, muss man nach der Bedeutung von „Freund" in diesem Zusammenhang fragen. Hier ist wohl weniger an die Freundschaft zwischen zwei Einzelpersonen zu denken als vielmehr an die Gefolgs-Freundschaft. Freiwillig schlossen sich junge Krieger einem Gefolgsherrn an, schworen ihm die Treue und waren bereit, für seinen Ruhm zu kämpfen und auch zu sterben. Der Gefolgsherr verpflichtete sich seinerseits, seine Leute mit Pferd und Speer auszurüsten, sie zu verpflegen und ihnen Anteil an der Beute zu geben. Längerfristiger Friede war dabei nicht vorgesehen. Vermutlich ist mit der Freundschaft hier eher an die Beziehung des Gefolgsmanns zum Gefolgsherren gedacht als an das Verhältnis der Gefolgsleute untereinander, doch auch Letzteres ist möglich. Tacitus berichtet in seiner *Germania* (Kap. 13): „Auch innerhalb der Gefolgschaft gibt es eine gewisse Rangordnung, die der Gefolgsherr bestimmt. Und es herrscht starker Wettbewerb sowohl bei den Gefolgsleuten als auch beim Gefolgsherrn: Diese wollen die Nummer eins bei ihrem Gefolgsherrn sein, jener will möglichst viele und möglichst kühne Gefolgsleute um sich scharen."
Man hat – zumindest bei bestimmten Namen – auch einen religiösen Hintergrund des Namenworts WIN vermutet. Oswin etwa, mit dem Vorderglied ➤ ANS, Gott, wird dann als „Götterfreund" gedeutet. Als Vergleich wird ➤ Olaf herangezogen, der „Nachkomme des (göttlichen) Vorfahren"; göttliche Abkunft für sich zu beanspruchen war in der Antike nichts Ungewöhnliches.
Namen: ➤ Alwin, ➤ Edwin, Elwine (w.), ➤ Erwin, Gerwine (w.), ➤ Levin/Lewin, Ludwin, ➤ Marvin?, Ortwin, Oswin, ➤ Winfried, Winhilde (w.)

W

Winfried (m.) deutsch. Das althochdeutsche *wini* bedeutet Freund (➤ WIN), der zweite Teil des Namens ist *fridu*, Schutz, Friede (➤ FRIED). – Winfried (in seiner englischen Heimat Wynfreth) war der Taufname des heiligen Bonifatius (um 672–754). Der Priester und Gelehrte war einer der größten Missionare in Deutschland, sodass er manchmal der „Apostel der Deutschen" genannt wurde. Er stammte aus der südenglischen Grafschaft Devonshire, wurde mit dreißig Jahren zum Priester geweiht und sechzehn Jahre später vom Papst zum Missionar berufen. In Hessen soll Bonifatius eine heidnische Donars-Eiche gefällt und aus dem Holz eine Kirche errichtet haben, aus der später das Kloster Fritzlar wurde. Seine größte Leistung bestand jedoch in der Organisation der deutschen Kirche. Sein Namenstag ist der 5. Juni. – Für die Zeit des Bonifatius und die folgenden Jahrhunderte sind einige Personen mit Namen wie Winfrith, Winifred, Wynfrid oder Guinifrid belegt. Volkstümlich wird der Name jedoch erst im 20. Jahrhundert; seit den

60er-Jahren kommt er immer seltener vor.

Winona (w.) auch englisch ausgesprochen [uineone], indianisch. Der Name Winona kommt aus dem Indianischen, genauer gesagt: aus der Lakota- (auch Dakota-)Sprache der Sioux-Indianer und bedeutet dort „erstgeborene Tochter". Bekannt gemacht hat ihn die amerikanische Schauspielerin Winona Ryder (geboren 1971 als Winona Laura Horowitz). Sie erhielt ihren Namen nach ihrem Geburtsort Winona in Minnesota (rund 150 km südöstlich von Minneapolis/St.Paul im äußersten Südosten des Bundesstaates). Dieser Ort wurde angeblich nach der Häuptlingstochter We-Noh-Nah genannt, vielleicht eine mythische Gestalt. Ihr Vater sei Wapasha III. gewesen, heißt es. Den Ortsnamen Winona gibt es in den USA noch rund zehnmal, unter anderem in Missouri (150 km östlich von Springfield) und in Mississippi (150 km südlich von Memphis). – Manchmal wird Winona (fälschlicherweise) auch in Verbindung gebracht mit altenglisch *win*, Freude, Wonne. – Der Name erscheint in Deutschland in den 1990er-Jahren und bleibt sehr selten.

Wladimir (m.) russische Form von ➤ Waldemar („Herrscher" + „berühmt"). In Russland wird der zweite Teil von Wladimir häufig mit russisch *mir*, Frieden, in Verbindung gebracht. Der Namensteil *wlad* findet sich auch im Namen der Stadt Wladiwostok („Herrscherin des Ostens"). – Wladimir I. „der Große" (um 956–1015) setzte seinen Anspruch auf die Herrschaft über Gesamtrussland mit Gewalt durch. Er war zunächst kein Christ und hatte sieben Frauen. Erst nach seiner (politisch motivierten) Heirat mit ➤ Anna, der Schwester des byzantinischen Kaisers Basilius II., ließ er sich taufen. Damit wurde das orthodoxe Christentum zur Staatsreligion; deswegen nannte man ihn auch den „Konstantin des Ostens". Seit dem 13. Jahrhundert wird Wladimir als „Apostelgleicher" verehrt; sein Namenstag ist der 15. Juli. – In Deutschland findet sich der Name seit dem frühen 19. Jahrhundert; häufig sind es Ausländer, die so heißen. Mit dem Zuzug von Russlanddeutschen seit Beginn der 1990er-Jahre ist der Name häufiger geworden – oft aber wird er auch in Waldemar umgewandelt.

WOLF – „Wolf"

WOLF ist nicht nur das häufigste Namenwort in germanischen Namen, sondern auch eines der ältesten. Auch die antiken Griechen kannten Wolfsnamen, etwa Lykophron, mit dem zweiten Namenglied „Denken, Gesinnung". Schon im Mittel- und Althochdeutschen lautet das Wort *wolf*; es geht zurück auf germanisch **wulfa*, letztlich auf indoeuropäisch **ulkwos*. Durch Umstellung konnte dieses Wort auch **lukwos* lauten, was den urverwandten griechischen *lýkos* und den lateinischen *lupus* erklärt. Ob eine solche Umstellung in die eine oder andere Richtung dazu diente, den wahren Namen des Tieres unkenntlich zu machen, um ihn ja nicht ungebeten zu rufen (vgl. ➤ BERN), ist nicht eindeutig geklärt. Man hat auch versucht, *Wolf* auf die

Grundbedeutung „Reißer" zurückzuführen, doch das ist letztlich nicht nachweisbar.
Seit Urzeiten ist der Wolf dem Menschen als Jäger Konkurrent, als Raubtier seinen Herden und ihm selbst gefährlich. Der Mensch fürchtet den Wolf, bewundert jedoch gleichzeitig seine Kraft und Schnelligkeit. Der Wunsch des Menschen, es dem Wolf als Jäger und Krieger gleichzutun, führt zu Kriegern oder Kriegerverbänden, die im Wolfspelz kämpfen. Hier spielen sicher magische Vorstellungen eine Rolle; die Grenze zwischen Mensch und Tier (und der Natur überhaupt) wurde nicht wie heute als völlig undurchlässig gedacht. Ekstatische Tänze, vielleicht in Verbindung mit Rauschmitteln, halfen bei der Verwandlung (➤ Wolfgang); wahrscheinlich kamen später auch Tiermasken (➤ GRIM) oder -helme (➤ HELM) dabei zum Einsatz. Ob auch die Vorstellung von Werwölfen (aus *verr*, Mann, und *ulfr*, Wolf) hier mit hineinspielt, ist nicht sicher.
In der viel jüngeren nordischen Mythologie kommt zum einen der Fenriswolf vor als böses und unberechenbares Tier der Endzeit, dann aber auch die beiden Wölfe Geri und Freki (beides die „Gierigen"), die den obersten Gott Odin/Wotan begleiten; Letzteres hat sicher zur Verbreitung der Wolfs-Namen beigetragen.
Die Bewertung des Wolfes in der abendländischen Kulturgeschichte schwankt: Eine positive Gestalt ist die legendäre Wölfin, die Romulus und Remus säugte. Sie wird dann zum Wahrzeichen Roms: Die ausgesetzten Zwillinge sollen die Stadt gegründet haben. Im Märchen hingegen spielt der Wolf keine rühmliche Rolle, er gilt als verschlagen und hinterlistig. Auch in der Bibel ist fast immer vom „bösen Wolf" die Rede, der Schafe aus der Herde reißt. Besonders gefährlich ist er, wenn er „im Schafspelz" auftritt (Matthäus 7,15); Jesus warnt hier vor falschen Propheten. Doch der alttestamentliche Prophet Jesaja sieht eine Zukunft, wo „Wolf und Schaf beieinander weiden" (Kap. 65,25).
Namen: ➤ Adolf, Amalolf, ➤ Arnulf, Ebarolf, ➤ Gundolf, Landulf, ➤ Ludolf, ➤ Oliver?, ➤ Radolf, ➤ Randolf, Randulf ➤ Ralf, ➤ Rolf, ➤ Rudolf, Sigiwolf, ➤ Ulf, Wendulf, ➤ Wolf, Wolfa (w.), Wolfbert, Wolfdrud (w.), ➤ Wolfgang, Wolfgard (w.), Wolflinde (w.), ➤ Wolfram, ➤ Wulf, ➤ Ylfi

W

Wolf (m.) Wolf kann eine Kurzform sein von Namen wie Wolfhard, ➤ Wolfram oder (häufig) ➤ Wolfgang mit den zweiten Elementen *HART, Rabe* (➤ RAM) und ➤ *GANG*. Doch auch als selbstständiger Name ist Wolf (➤ WOLF) oder Wulf schon im 14. Jahrhundert belegt, wird aber erst im 16. Jahrhundert volkstümlich. In jüdischen Familien wird Wolf gerne als Ersatzname für ➤ Benjamin gegeben, wird der doch im Jakobssegen als „reißender Wolf" bezeichnet (1. Mose 49,27). Seit den 1960er-Jahren wird der Name nur noch selten gegeben.

Wolfgang (m.) deutsch. Die Elemente des Namens Wolfgang braucht man nicht zu übersetzen (➤ *WOLF*, ➤ *GANG*), doch seine Bedeutung ist umstritten: Möglicherweise hatte der Träger eine dem Wolf eigentümliche Art des Gehens oder Schleichens. Vorgeschlagen wird als Bedeutung auch der „Wolfsjäger“ (der nach dem Wolf geht) oder ein Krieger, ein Jäger, der in dem Pelz eines erlegten Wolfs auf die Pirsch geht oder wahrscheinlicher: in den Kampf zieht; vermutlich sollte dadurch die Kraft und Gefährlichkeit des Tieres auf den Träger übergehen. Der „Gang“ wäre dann der „Waffengang“. – Der heilige Wolfgang, im 10. Jahrhundert Bischof von Regensburg, kümmerte sich um die Ausbildung der Priester und tat viel für die Armen und Kranken. Dabei lebte er bescheiden wie ein Mönch, das machte ihn beliebt beim Volk. Die Legende erzählt von vielen Wunderheilungen und davon, dass er später als Einsiedler am (heute nach ihm benannten) Wolfgangsee in Österreich lebte. Sein Namenstag ist der 31. Oktober. Wolfgang zählt zu den vierzehn Nothelfern, das fördert seit dem 15. Jahrhundert die Verbreitung seiner Verehrung und dann auch seines Namens, der als Vulfgang oder Wolfganc seit dem 8. Jahrhundert belegt ist. Die Beliebtheit des Namens hält seit Jahrhunderten an; nach dem 1. Weltkrieg kommt der Name in Mode und belegt in den 1940er- und 50er-Jahren immer wieder Plätze unter den Top 10. Seit den späten 70ern wird er kaum noch gegeben.

Wolfram (m.) deutsch. Zwei Tiere bilden die Elemente dieses alten deutschen Namens: der ➤ *WOLF* und der Rabe, althochdeutsch *(h)raban* (➤ RAM). Möglicherweise wünschten frühe Namengeber dem Kind die Stärke des Wolfs und die Klugheit des Raben, vielleicht aber auch den Schutz Odins, als dessen Begleiter diese Tiere galten. – Es gab mehrere Heilige dieses Namens, am bekanntesten ist Wolfram, Erzbischof von Sens im 8. Jahrhundert. Wolfram von Eschenbach (wohl Obereschenbach bei Ansbach) lebte etwa von 1170 bis 1220, sein auf Mittelhochdeutsch verfasstes Parzival-Lied ist das bekannteste Werk dieses bedeutendsten aller Ritterdichter. – Einen anderen sprachlichen Ursprung hat das Mineral Wolfram: Es „zerfrisst“ wie ein Wolf den Zinnanteil des Zinnerzes durch Verschlackung; mittelhochdeutsch *ram* bedeutet „Ruß, Dreck“. – Seit dem ausgehenden 19. Jahrhundert ist der Name häufiger zu finden, wird aber in der zweiten Hälfte des 20. Jahrhunderts nur noch wenig gegeben.

Wulf (m.) Nebenform von ➤ Wolf

X

Xaver (m.) aus dem Baskischen. Sehr häufig wird der Name in Verbindung mit ➤ Franz gegeben, und das hängt zusammen mit dem großen Namensvorbild Francisco Xavier. Francisco ist die spanische Form von ➤ Franz; im Norden Spaniens, unweit Pamplona, stand einst das Schloss seiner Familie, das *Xavier* genannt wurde. Der baskische Name des Schlosses lautet *Etxeberri* [etschebe̲rri], das bedeutet „neues Haus"; heute heißt der Ort Javier [chabi'e̲rr], dies ist auch die in Spanien geläufige Form des Vornamens. Francisco Xavier, heißt es, war ein arroganter Student in Paris, bis er Ignatius von Loyola (➤ Ignaz) traf und sein Leben eine radikale Kehrtwende erfuhr: Zusammen mit anderen gründeten die beiden den Jesuitenorden, und Xaver entdeckte seine Liebe zu fremden Sprachen und Menschen. Darstellungen zeigen ihn mit brennendem Herzen. Xaver wurde ein großer Asien-Missionar, 1541 schiffte er sich mit Gefährten im Auftrag des portugiesischen Königs nach Indien ein, wo er äußerst erfolgreich missionierte: Von 20 000 bis 30 000 Neubekehrten ist die Rede, und auch die indische Königin Neachile ließ sich von ihm taufen. Francisco verwendete viel Zeit darauf, die Sprachen der Länder zu studieren, die er bereiste, er wollte Land und Leute kennenlernen. Er kam bis nach Japan, doch sein großes Ziel China erreichte er nicht mehr: Am 3. Dezember 1552 starb er auf einer Insel vor dem Festland; das ist auch sein Fest. – Der Name erscheint in Deutschland im 17. Jahrhundert, meist in der Verbindung Franz Xaver, selten auch als Xavier (auch die weibliche Form Xaviera findet sich). Insgesamt bleibt der Name selten. Der deutsche Schauspieler und Regisseur Franz Xaver Kroetz ist Jahrgang 1946.

Xenia (w.) griechisch. Das griechische Wort *xénos* bedeutet „Fremder" und sogar „Feind". Doch *xenía* ist im Griechischen die „Gastfreundschaft". (Ähnlich ist im Englischen *host* der „Gastfreund", während *hostile* „feindselig" bedeutet; beides kommt von lateinisch *hostis*, was wiederum verwandt ist mit dem griechischen *xénos*.) – Xenia kann aber auch eine Kurzform sein von Namen wie Polyxen(i)a (mit dem ersten Namensteil griechisch *polýs*, viel). – Als Xenia oder auch Xena ist der Name einer Heiligen des 5. Jahrhunderts überliefert. Ursprünglich hieß sie Eusebia („die Fromme"), gab sich dann aber selbst, als sie Christin wurde, den Namen Xena, „die Fremde"; damit wollte sie hinweisen auf ihre himmlische Heimat. Kurz vor ihrer Hochzeit war sie mit zwei ihrer Sklavinnen aus Rom geflohen. In Mylassa (heute Milas an der südlichen Westküste der Türkei) baute sie eine Kirche und lebte mit einigen Jungfrauen in strenger Enthaltsamkeit. Ihr Namenstag in der Orthodoxen Kirche ist der 24. Januar. – In Deutschland findet sich der Name seit dem 19. Jahrhundert und bleibt selten. Daran hat auch die Zuwanderung vieler Russlanddeutscher seit den 1990er-Jahren nicht viel geändert.

Y

Yael (w.) moderne (englische) Schreibweise von ➤ Jael (hebräisch: „Gazelle")

Yannik (m.) französische Koseform von ➤ Johannes (hebräisch: „Der Herr ist gnädig"). Die Namensform stammt aus der Bretagne und lautete ursprünglich Yannig. Andere Schreibweisen sind Yanic, Yannic und Yanneck; die weibliche Entsprechung schreibt sich meist Yanna oder Yana (➤ Hanna). – Der Name kommt in Deutschland in den 1970er-Jahren auf und erlebt in den 90ern eine bescheidene Blüte, an der der französische Tennisspieler Yannick Noah einen gewissen Anteil haben dürfte.

Yasmin / Yasmina (w.) Schreibvariante von ➤ Jasmin (Name einer Pflanze). – Die Namensformen finden sich in Deutschland vereinzelt seit den 1960er-Jahren.

Yessika (w.) Schreibvariante von ➤ Jessica (hebräisch: „[Gott] sieht freundlich an"), die eine deutsche Aussprache sicherstellt. – Seit den 1980er-Jahren findet sich der Name sehr vereinzelt in Deutschland.

Ylva / Ylvi / Ylvie (w.) In Schweden ist Ylva die weibliche Form von Ulv, Ylvi(e) eine Koseform davon. Der Name entspricht unserem ➤ Ulf oder ➤ Wulf oder ➤ Wolf. Das kann eine Kurzform sein von Namen wie Wolfhard, ➤ Wolfram oder (wohl am häufigsten) ➤ Wolfgang (mit den zweiten Elementen *hart, Rabe* und *Gang*). – Seit den 1960er-Jahren sind bei uns einige wenige Trägerinnen dieses Namens zu finden.

Yola (w.) Kurzform von Yolanda ➤ Jolantha („Besitz" + „sanft"?)

Yves (m.) französische Form [iw] von ➤ Ivo (zu dem Holz der „Eibe" ➤ IV). – Der Name findet sich seit Mitte des 20. Jahrhunderts in Deutschland, bleibt aber selten.

Yvonne (w.) weibliche Form von Ivon [iwoh; hinten wie in Feuille*ton*] ➤ Ivo (zu dem Holz der „Eibe" ➤ IV). – Der Name kommt Anfang des 20. Jahrhunderts aus dem Französischen zu uns [iwonn], ist aber germanischen Ursprungs. In den 70er- bis 90er-Jahren gehört Yvonne zu den beliebten Mädchennamen, vor allem in der DDR.

Z

Zacharias (m.) aus dem Hebräischen. Zacharias ist die griechische Form des hebräischen Namens Secharja, den wir als Prophetennamen Sacharja aus dem Alten Testament kennen. *Sachár* bedeutet „er hat sich erinnert", und *ja* ist die Kurzform des Gottesnamens *Jahwe*: „Der Herr hat sich erinnert", hat unsere Gebete nicht vergessen, sondern erhört und uns dieses Kind geschenkt. – Im Neuen Testament begegnet uns Zacharias, der Vater von ➤ Johannes dem Täufer. Er und seine Frau ➤ Elisabeth sind hochbetagt, als der Engel ➤ Gabriel Zacharias erscheint und einen Sohn verheißt; den soll dieser ➤ Johannes nennen. Die Szene erinnert an ➤ Abraham und ➤ Sara. Zum Zeichen soll Zacharias stumm bleiben bis zum achten Tag, dem Tag der Namengebung, und dann seine Sprache wiederfinden. Als Vater hat Zacharias das Vorschlagsrecht, er schreibt an besagtem Tag „Johannes" auf ein Täfelchen – und kann augenblicklich wieder sprechen. Er nutzt seine wiedergefundene Sprache, um sogleich in einen Lobpreis Gottes auszubrechen, das sogenannte Benediktus (Lukas 1,68–79). – Der Name ist in Deutschland schon im 15. Jahrhundert verbreitet, wird dann von den Protestanten aufgenommen und ist auch im Pietismus beliebt; seit dem 20. Jahrhundert wird er nur noch vereinzelt gegeben, während er in den USA als Zachary zu den gefragten Jungennamen gehört.

Zilla / Zilli / Zilly Kurzformen von Cäzilie (Bedeutung unbekannt; später in Verbindung gebracht mit lateinisch *caecus*, blind)

Zippora (w.) *Zippór* ist das hebräische Wort für „Vogel", gebildet zu einem Verb, das „zwitschern" bedeutet und wohl lautmalerisch ist. Zippor heißt in der Bibel der Vater Balaks, des Königs von Moab (4. Mose 22,2); Zippora ist eine Koseform dazu, etwa „Vögelchen". Im Alten Testament begegnet uns Zippora, eine von sieben Töchtern des midianitischen Priesters Reguel (er wird auch Jethro genannt) und die Frau des ➤ Mose. Die Midianiter stammten ebenfalls von ➤ Abraham ab und lebten südlich und südöstlich des späteren Staates Israel. Mose lernt Zippora kennen, als er aus Ägypten flieht, weil er einen Aufseher erschlagen hat (2. Mose 2). Sie schenkt ihm zwei Söhne: ➤ Gerschom und Elieser. Später kehrt Mose mit seiner Frau zurück nach Ägypten und befreit sein Volk aus der Sklaverei (Kap. 4–12). Rätselhaft ist die Stelle 2. Mose 4,24–26: Geistesgegenwärtig holt Zippora die bisher versäumte Beschneidung eines ihrer Söhne nach und rettet ihrem Mann damit das Leben, den sie daraufhin ihren „Blutbräutigam" nennt. In der griechischen Bibel lautet ihr Name Sepfora, in der lateinischen Übersetzung Seffora (➤ Sephora). – Der Name erscheint in Deutschland im 17. Jahrhundert als Zipora und bleibt extrem selten.

Zoe / Zoë / Zoé (w.) griechisch. Das griechische Wort *zoé* wird auf der zweiten Silbe betont und bedeutet

„Leben"; ihm verdanken wir den *Zoo* und die *Zoologie*. Als Name war Zoe ursprünglich zärtlich gemeint und bezog sich auf das Kind, das blühende Leben. Im hellenistischen Judentum wurde der Name als Übersetzung von ➤ Eva (hebräisch: „Mutter des Lebens") gewählt. Im Neuen Testament gewinnt das Wort neben dem physischen Leben auch die Bedeutung „ewiges Leben": Wie Gott Vater es dem Sohn Jesus gegeben hat (Johannes 5,26), so haben alle, die an Jesus glauben, das ewige Leben (Johannes 3,15). So nahmen die frühen Christen den Namen Zoe auf und verbanden ihn mit dieser Hoffnung. – In der ersten Hälfte des 2. Jahrhunderts erlitt die heilige Zoe das Martyrium in einer Christenverfolgung unter Kaiser Hadrian (➤ Adrian). Zusammen mit ihrem Mann und ihren Söhnen fand sie in Attalia, an der Südküste der heutigen Türkei, den Tod; ihr Namenstag ist der 2. Mai. Eine zweite heilige Zoe ist angeblich im 3. Jahrhundert in Rom gestorben. Sie scheint aber rein erfunden zu sein; ihr Fest ist am 5. Juli. Von April bis Juni 1042 war eine Zoe zusammen mit ihrer Schwester ➤ Theodora byzantinische Kaiserin. – In Deutschland taucht der Name im 19. Jahrhundert auf und bleibt recht selten. Erst nach der Wende zum 21. Jahrhundert steigt Zoe in der Gunst der Eltern und gehört bald zu den 50 beliebtesten Mädchennamen. Die Aussprache schwankt zwischen deutsch [tso-eh], französisch [so-eh] und englisch [seou-ih]. In England kommt der Name schon in den 1970er-Jahren in Mode, in den USA etwa zur selben Zeit wie bei uns.

Zora (w.) aus dem Bulgarischen. Das bulgarische *zora* [sora] bedeutet „Morgenröte"; der Name entspricht also dem griechischen ➤ Roxana, dem ebenfalls griechischen Éos und dem italienischen oder spanischen Aurora, die ebenfalls als Namen dienen. In Deutschland wurde der Name Zora bekannt durch ➤ Kurt Helds (eigentlich Kurt Kläber) Jugendbuch *Die rote Zora und ihre Bande*, das 1941 herauskam. Zora ist ein rothaariges Mädchen, das dem verfolgten Branko Unterschlupf gewährt und ihn in ihre Bande aufnimmt. Gemeinsam helfen sie dem Fischer Gorian, sich zur Wehr zu setzen gegen das Monopol der großen Fischfanggesellschaften. 1979 wurde die gleichnamige Fernsehserie ausgestrahlt, und 2008 kam ➤ Peter Kahanes Film in die Kinos. In der englischsprachigen Welt ist der Name als Zorah schon seit dem 19. Jahrhundert verbreitet, offenbar durch Gilbert und Sullivans Komische Oper *Ruddigore*, wo Zorah eine Brautjungfer ist. Hier vermuten manche als Ursprung des Namens das biblische *Zora* (in englischen Bibeln *Zorah*), ein Ort im Hügelland Judas, heute Sar'a. Der Name bedeutet wahrscheinlich „Niederung". – In Deutschland bleibt der Name sehr selten.

Namensbedeutungen von A bis Z

Die folgende Liste soll eine Hilfe bei der Namenswahl sein. Aufgenommen sind dabei nicht nur gesicherte Bedeutungen, sondern auch solche, die denkbar sind oder die erst später mit dem Namen verbunden wurden, etwa „rein" mit Katharina. Manchmal wurden Nomen in Adjektive geändert, etwa *mutig* statt *Mut*. Aufgelistet sind auch solche Bedeutungen, die hinter dem Namen stehen, ohne zum eigentlichen Sinn des Namens zu gehören, etwa *strebsam* bei Iris, weil das griechische Wort für „Regenbogen" (das bedeutet Iris) von einem Wort für „streben" abgeleitet ist. Dasselbe gilt für spätere (Fehl-) Deutungen eines Namens oder deren Teile. Weggelassen wurden hingegen Bedeutungen, die für die Namenwahl eher unwichtig sind, etwa „Mann aus Gaeta" (Gaetan) oder „aus Laurentum" (Laurenz).

Sinn dieser Liste ist es, die jeweiligen Namensgeschichten zu lesen und zu schauen, ob sie zu den eigenen Vorstellungen passen.

abwehren: Alex, Alexa, Alexander, Alexandra, Sandra, Sandro, Sascha
Adler: Arnd, Arne, Arno, Arnold, Arnulf, Arthur, Artur
allein: Eric, Erich, Erik, Erika, Monika
allumfassend: Armin
alt: Prisca, Priscilla, Priska
Amsel: Merle
angefeindet: Hiob, Job
Anmut, anmutig: Aglaia, Amrei, Anette, Anita, Anja, Anke, Ann, Anna, Annabel, Annabelle, Anna-Lena, Anna-Marie, Anne, Annegret, Annelie, Anneliese, Annelise, Annelore, Annemarie, Annerose, Annett, Annette, Anni, Annika, Ann-Kathrin, Annkathrin, Annmarie, Antje, Anuschka, Anu(u)k, Arabella, Isolde
Auferstehung: Anastasia
aufrichten: Achim, Joachim, Jeremia(s), Jochen, Kim (m.)
Augapfel: Corinna, Korinna
Bach: Lynn
Balsam: Mira, Ruth
Bär: Arthur, Artur, Belinda, Benno, Bernadette, Bernd, Bernhard, Bernward, Björn, Brunhilde, Bruno, Urs, Ursula, Uschi
Bauer: Georg, Gia, Jorina, Jörg, Jörn, Jürgen, Jurina
begehrt: Asmus, Erasmus, Rasmus
beglückend: Bea, Beatrice, Béatrice, Beatrix
behütet ➤ Schutz
berühmt, Ruhm: Abel, Adalbert, Albert, Alwin, Anneliese, Annelise, Annerose, Béla, Belinda, Berta, Bertha, Berthold, Bertram, Bertrand, Boris, Dagmar, Dietmar, Edna, Elmar, Engelbert, Erkenbrecht, Gisbert, Heiderose, Herbert, Hubert, Ingmar, Lorena, Lothar, Louis, Louisa/-e, Lovis, Ludger, Ludolf, Ludwig, Luis, Luisa, Lutz, Marlies, Marvin, Marwin, Mira, Mirko, Miroslav/-w, Norbert, Ot(h)mar, Raimar, Reimar, Robert, Roberta, Roberto, Roger, Roland, Rolf, Romuald, Romy, Rosa/-e/-i, Rosalia/-e, Rosamunde, Rosemarie,

Roswitha, Rotraut, Rudi, Rudolf, Rüdiger, Rupert, Siegbert, Si(e)gmar, Thekla, Tristan, Volkmar, Waldemar, Wenzel, Wenzeslaus, Wladimir

beschützt ➤ Schutz

Besitz: Edda, Edgar, Edith, Edmund, Eduard, Edward, Edwin, Odo, Otfried, Ot(h)mar, Ottilie, Otto, Ri(e)ke, Udo, Uli, Ulla, Ulli, Ulrich, Ulrika/-e, Uta/-e, Uwe

besonders: Diego

beständig ➤ zuverlässig

bestrickend: Rebecca, Rebekka

bezwingen, Bezwinger: Damian, Damon

Biene: Debora, Deborah, Linda, Melissa, Melitta

bitter: Mara, Myrt(h)a

blind: Cäcilia, Cäcilie, Cäzilia, Cäzilie, Kira, Kyra, Silke, Zilla/-i/-y

blond: Doreen, Finja, Finn, Fiona, Flora, Florentin/-a, Florian, Florin/-a, Flurina, Gwen, Gwendolin, Selma

blühend: Flora, Florentin/-a, Florian, Florin/-a, Flurina, Jolantha/-e; Yola

Blume: Flora, Jolantha/-e, Margarita, Rosa/-e, Susanne

Bohne: Fabian, Fabienne, Fabio

Bote: Bodo

braun: Brunhilde, Bruno

Burg: Birka, Birke, Ingeborg/-burg

charmant: Carmen

Christ/-in: Carsten, Christa, Christel, Christelle, Christian, Christiana, Christiane, Christina, Christine, Christof, Christoph, Dominic, Dominik, Dominique, Ina, Karsten, Kerstin, Kirsten (m./w.), Kristina/-e, Tina/-e

Dank, dankbar: Aglaia, Dankward, Dankwart, Judith, Jutta

Demut, demütig, Diener: Caleb, Kaleb, Serge(i)j

denken: Dankward, Dankwart

dunkel: Adrian, Laila, Leila, Melanie/-y, Maurice, Moritz, Pamela

Eber: Eberhard, Errol, Erwin, Jordis

echt: German

edel: Abel, Ada, Adalbert, Adelheid, Adolf, Albert, Alena, Alfons, Alfred, Ali, Alice, Alicia, Alina, Aline, Alisa, Alise, Alison, Almut, Almuth, Annelore, Audrey, Béla, Edda, Edelgard, Edeltraud, Edeltrud, Elfriede, Elina, Eline, Elke, Ella, Elmar, Elvira, Erkenbrecht, , Heide, Heidemarie, Heiderose, Ingelore, Knut, Lora/-e, Mona, Nora, Patric, Patricia, Patrick

Edelstein: Gemma, Saphira

Ehre, ehrwürdig: Bastian, Erhard, Erwin, Marvin, Marwin, Mirko, Prisca, Priscilla, Priska, Sabina/-e, Sebastian

Eibe: Ivo, Ivonne, Yvonne

eifrig: Balder, Baldur, Emely, Emil, Emilia, Emilie, Emily

Eisen: Isolde

Elfe: Alfred, Ali, Aubray, Elfriede, Fred, Oliver

Engel, engelhaft: Angela, Angelika, Angelina, Angélique, Engelbert, Ina

Ente: Penelope

entschlossen: Erna, Ernesta, Ernestina, Ernestine, Ernst, Neidhart

Erbe: Leif, Olaf

Erde: Adam, Dmitri, Ermute, Erdmuthe, Georg, Hert(h)a, Jorina, Jörg, Jörn, Jürgen, Jurina

erfolgreich: Mira

erhaben: Aaron, Abraham, Alina, Aline, August, Augusta, Auguste, Bastian, Birgid, Birgit, Birka, Birke, Birte, Birthe, Brigitta, Brigitte, Britta, Jeremias, Jeremy, Maybritt, Sebastian

Erholung: Noah, Rut(h)

erhört, Erhörung: Samantha, Samuel, Sim(e)on, Simone, Zacharias

erleuchtet: Aaron

erschienen: Tiffany

ersehnt: Asmus, Désirée, Erasmus
erstgeboren: Winona
erwünscht ➤ ersehnt
ewig: Eric, Erich, Erik, Erika
Falke: Falk, Falko
Fee: Fay
Fels: Peer, Per, Petar, Peter, Petra, Petrus, Pierro, Pierre, Piet, Rocco, Rochus
fest: Arthur, Artur, Cornelia, Cornelius, Kornelia, Kornelius
Feuer: Ignaz, Ken, Kenneth
flaumbärtig: Jule, Julia, Julian, Juliana/-e, Julius
fleißig: Debora, Deborah, Emely, Emil, Emilia, Emilie, Emily, Ida
Frau: Damaris, Ida, Jordis, Jördis
frei: Frances, Francesca, Francis, Frank/-a, Franz, Franziska, Knut
freigebig ➤ großzügig
fremd: Annelore, Barbara, Bärbel, Eleonora, Eleonore, Elina, Eline, Elvira, Gerschom/-n, Gerson, Guido, Xenia
Freude: Abigail
Freund: Balduin, Edwin, Erwin, Levin, Lewin, Marvin, Marwin, Oscar, Oskar, Phil, Philipp, Uwe, Winfried
freundlich: Naemi, Naomi, Noemi, Noomi
Friede: Absalom, Alfred, Ali, Axel, Bringfried, Bringfriede, Elfriede, Fenja, Ferdinand, Fred, Frederic(k), Fri(e)da, Friedemann, Friederike, Fri(e)derun, Friedhelm, Friedrich, Frithjof, Fritz, Gottfried, Ira, Irene, Irina, Irmfriede, Irmgard, Irmtraud, Manfred, Mira, Mirko, Miroslav/-w, Otfried, Salome, Salomo(n), Selma, Siegfried, Wilfried, Winfried, Wladimir
froh: Frauke
fromm: Pia
Frühling: Jara
Führer/-in: Carl, Carla, Carola, Carolin, Caroline, Cedric, Dieter, Karl, Karla, Karlheinz, Karola, Karolin, Karolina/-e
fünf: Quentin
Garten: Carmen, Gerda
gastfrei: Gebhard, Gustav, Oxana, Xenia
Gazelle: Jael, Yael, Lea(h), Tabea, Tabitha
gebieten, Gebieter: Bodo
Geheimnis: Fri(e)derun, Gudrun, Heide, Heidrun, Si(e)grun
gelehrt: Diego
geliebt ➤ lieb
gerecht: Justin, Justina/-e, Justus
gerechtfertigt: Dana, Daniel, Daniela, Daniella, Danielle, Danny, Dina
geschätzt ➤ lieb
Geschenk: Donat, Donata, Dora, Doreen, Doris, Dorothea, Dorothee, Dörte
gesegnet: Bea, Beata, Beate, Ben, Benedikt, Bennet, Benny, Gwen, Gwendolin, Jenni, Jennifer
gesund: Aischa/-e, Valentin, Valentina, Valeria/-e
getragen: Amos
glänzend ➤ strahlend
Glaube: Fay, Vera
Glück, glücklich: Absalom, Axel, Bea, Beata, Beate, Ben, Benjamin, Benny, Felia, Felicitas, Felix,
Gnade, gnädig: Aglaia, Amrei, Anette, Anita, Anja, Anke, Ann, Anna, Annabel, Annabelle, Anna-Lena, Anna-Marie, Anne, Annegret, Annelie, Anneliese, Annelise, Annelore, Annemarie, Annerose, Annett, Annette, Anni, Annika, Ann-Kathrin, Annkathrin, Annmarie, Antje Anuschka, Anu(u)k, Arabella, Clemens, Dankward, Dankwart, Dunja, Gia, Gianluca, Hanna(h), Hannelore,

Hanni, Hanno, Hans, Henning, Henny, Ivo, Iwan, Jack, Jan, Jana, Janik, Janika, Janina, Janine, Janni(c)k, Jannis, János, Janosch, Janus, Jeanette, Jenni, Jenny, Jens, Joan(n)a, Johann, Johanna, Johannes, Jonathan, Nancy, Nena, Nina, Nino, Wanja, Yannik
golden: Aurel, Aurelia
Gott, göttlich: Amadeus, Anselm, Ansgar, Ansgard, Astrid, Balthasar, Bettina, Bettine, Dana, Diana, Diane, Elia, Elias, Emanuel, Emmanuel, Fürchtegott, Gabi, Gabriel/-e, Giulia, Gottfried, Gottlieb, Götz, Gudrun, Gudula, Gustav, Hiob, Hosea, Ilka, Ilse, Immanuel, Ina, Isabel(l), Isabella/-e, Isidor, Israel, Jacqueline, Jakob, Jakobina/-e, James, Jascha, Jeremias, Jeremy, Jessica/-ka, Jiska, Joachim, Jochen, Job, Joel, Jonathan, Joscha, Joschka, Josef, Josefa, Joseph, Josephina/-e, Josia, Jule, Julia, Julian, Juliana/-e, Julius, Kim (m.), Kira, Kyra, Lazar, Li(e)selotte, Li(l)i, Lilly, Lisa/-e, Maik, Marlies, Micha, Michael, Michaela, Michel, Michelle, Mika, Mike, Oscar, Oskar, Oswald, Raf(f)ael, Raf(f)aela, Raphael, Raphaela, Sibylla/-e, Sybilla/-e, Thekla, Theophil(us), Tiffany, Tim, Timo, Timon, Timotheus, Timothy, Tina, Tobias, Traugott, Uwe, Yessika, Zacharias
Gott-bei-uns, Gott-mit-uns: Emanuel, Emmanuel, Manuel, Manuela
Gottesgeschenk: Dana, Donat, Donata, Dora, Doreen, Dorothea, Dorothee, Dörte, Fenja, Isidor, Mats, Mat(t)hias, Matt(h)is, Nathan, Nathanael, Samantha, Samuel, Saul, Silas, Sim(e)on, Simone, Thea, Theo, Theodor, Theodora
groß: Armgard, Armin, Emma, Gildo, Guildo, Imke, Irma, Irmfriede, Magnus, Marvin, Marwin, Max, Maximilian, Melinda
großzügig: Cedric
gut, gütig: Agatha, Agathe, Alma, Daria, Dario, Darius, Gottfried, Gudrun, Gudula, Gustav, Mona, Tobias
Hauch: Abel
Heer: Gunnar, Gunt(h)er, Günt(h)er, Harald, Harold, Herbert, Hermann, Hermine, Ina, Karl, Karla, Karlheinz, Karola, Karolin, Karolina/-e, Li(e)selotte, Lina, Linn, Lorena, Lothar, Lotta/-e, Louis, Louisa/-e, Lovis, Minna, Oliver, Rainer, Volker, Walt(h)er, Wern(h)er
heil, Heil, heilen, Heilung: Evelyn, Heilgard, Helga, Helgard, Helge, Jason, Josia, Oleg, Olga, Raf(f)ael, Raf(f)aela, Raphael, Raphaela, Salome, Salomo(n), Sven
heilig: Agnes, Ariadne, Ariana, Ariane, Ava, Elvira, Gwen, Gwendolin, Hieronymus, Ines, Jenni, Jennifer, Jenny, Jerome
Heim: Harry, Heike, Heiko, Heiner, Heinrich, Heinz, Hendrik, Henni, Henning, Henny, Henri, Henrietta/-e, Henrik/-a/-e, Henry, Javier, Ri(e)ke, Xaver
heiter: Adrian, Galina, Ilka
helfen, Helfer: Apollonia, Lazar
hell: Aglaia, Bianca, Bianka, Chiara, Claire, Clara, Luca, Lucas, Lucca, Lucia, Lucian, Lucie, Merle, Sven, Sweta, Swetlana
Helm: Anselm, Friedhelm, Helma, Helmut(h), Liam, Malte, Minna, Wilhelm, Wilhelma, Wilhelmina/-e, Willi/-y, William, Will, Wilma
Herr/-in: Elia, Elias, Fenja, Freija, Freyja, Mart(h)a, Nina, Sara(h)
herrlich strahlend: Ariadne, Ariana, Ariane
herrschen, Herrscher/-in: Arnd, Arne, Arno, Arnold, Aubray, Benno, Bert-

hold, Bodo, Dieter, Dietrich, Dirk, Eric, Erich, Erik, Erika, Frederic(k), Friederike, Friedrich, Fritz, Gerald, Gerold, Harald, Harold, Harry, Heike, Heiko, Heiner, Heinrich, Heinz, Hendrik, Henni, Henning, Henny, Henri, Henrietta/-e, Henrik/-a/-e, Henry, Israel, Leopold, Malte, Oswald, Regina/-e, Reinhold, Ricarda, Ri(e)ke, Romuald, Ronald, Ronny, Waldemar, Walt(h)er, Waltr(a)ud, Wladimir

hervorragend: Cassandra, German

Herz: Cordula

Hilfe: Felia

Himmel, himmlisch: Celina, Celine, Diana, Diane, Selina

hinkend: Claudia, Cláudio, Claudius

hinzufügen: Joscha, Joschka, Josef, Josefa, Joseph, Josephina/-e

Hoffnung: Nadine, Nadja, Nadjeschda

Horn: Cornelia, Cornelius, Kornelia, Kornelius, Neele, Nela/-e, Nelli/-y

hübsch: Carina

Hund: Caleb, Kaleb

irdisch: Adam

Insel: Holger

Jäger/-in: Sina, Teresa/-e, Tessa, Thea, Theresa/-e, Theresia

Jasmin: Jasmin, Yasmin

jung: Junia

Jupiter: Jule, Julia, Julian, Juliana/-e, Julius

kahl: Calvin

Kampf, Kämpfer/-in, kämpferisch: Aaron, Alena, Alessa, Alessandra, Alex, Alexa, Alexander, Alexandra, Alfons, Aljona, Aljoscha, Alwin, Belinda, Boris, Brunhilde, Carl, Carla, Carola, Carolin, Caroline, Cedric, Charlene, Charles, Charlie, Charlott, Charlotte, Charly, Dieter, Edda, Edith, Erna, Ernesta, Ernestina, Ernestine, Ernst, Erwin, Gernot, Gilda, Gildo, Gudrun, Gudula, Guildo, Gundolf, Gundula, Gunhild, Gunilla, Gunnar, Gunt(h)er, Günt(h)er, Hartwig, Hedwig, Hilda/-e, Hildegard, Hiltrud, Ilga, Isolde, Jascha, Kilian, Kri(e)mhild/-e, Ludwig, Luis, Luisa/-e, Marieluise, Marisa, Marlies, Mat(h)ilda/-e, Mechthild, Notker, Sandra, Sandro, Sascha, Sina, Solveig, Sven, Wiebke, Wi(e)gand, Wieland

keusch: Agnes

Kind: Camilla, Cammy, Jutta, Knut, Kunigunde

Kirchenmann: Kilian

klar: Astrid

klein: Boris, Lina, Pablo, Paola, Paolo, Paul, Paula, Paulina/-e, Pavol

klug: Roswitha

König/-in, königlich: Balthasar, Cedric, Regina/-e, Wassili(j)

kostbar: Mira

Kraft ➤ stark

Kranz: Nino, Stefan, Stefanie, Steffi, Stephan, Stephanie

Krieg, Krieger, kriegerisch ➤ Kampf

kühn ➤ mutig

Kunst: Arthur, Artur

Labsal: Ruth

Lachen: Isaak

Lamm: Agnes

Land: Georg, Jorina, Jörg, Jörn, Jürgen, Jurina

Leben, lebendig: Eileen, Ethan, Eva, Evelyn, Marvin, Marwin, Veit, Vivian, Viviana/-e, Vivien, Vivienne, Walli/-y, Zoe

leuchtend ➤ strahlend

Licht: Denis, Denise, Dennis, Denny, Eleonora, Elina, Eline, Gia, Luca, Lucas, Lucca, Lucia, Lucian, Lucie, Lukas, Lukian, Lutz, Nino, Phoebe, Sidney, Sweta, Swetlana

lieb, liebenswert, liebenswürdig, geliebt: Amadeus, Amanda, Amrei, Amy, Annabel, Annabelle, Anna-Marie, Annemarie, Arabella, Asmus, Aurel, Aurelia, Bella, Bellana, Cara, Carina, Cedric, Dagmar, Damaris, Darleen, David, Edna, Ella, Gottlieb, Heidemarie, Jara, Kevin, Laris(s)a, Levin, Lewin, Lioba, Ludmilla, Meika/-e, Maja, Manon, Mara, Maria, Mareike, Marie, Marieluise, Marion, Marisa, Marita, Marlena/-e, Marlies, Mary, Mascha, Maya, Maybritt, Meike, Meret, Merit, Mia, Mira, Miriam, Rasmus, Ri(e)ke, Romy, Rosemarie, Theophil(us), Venus
lieblich ➤ lieb
Liebling ➤ lieb
Lied: Carmen, Linus
Lilie: Lili, Lilia, Lilian
Linde: Dietlind/-e, Gerlinde, Gislind/-e, Linda/-e, Linn, Linnea
Lorbeer: Daphne, Ingelore, Lara, Laura, Laurent, Laurentius, Laurenz, Laurin, Lora/-e, Lorena, Lorenz, Lorenzo
Löwe: Leander, Leandre, Leandro, Lennard/-t, Lennert, Leonard, Leonhard, Leo(n), Leonie, Leopold
Macht ➤ stark
Mädchen: Corinna, Dagmar, Korinna, Nena
mahnen: Monika, Monique
Mann, männlich: André, Andrea, Andreas, Andris, Arsène, Ava, Fred, Friedemann, Hermann, Hermine, Karl, Karla, Karlheinz, Karola, Karolin, Karolina/-e, Kassandra, Leander, Leandre, Leandro, Manfred, Marc, Marco, Marcus, Mario, Marius, Mark, Marko, Markus, Marlon, Martin, Martina, Minna, Norman, Sven, Titus
Mars: Ina, Marc, Marcel, Marco, Marcus, Maren, Mario, Marius, Mark, Marko, Markus, Marlon, Martin, Martina, Selina, Tina
Mauretanien: Maurice, Moritz
Meer: Maren, Marina, Marius, Merle, Merlin, Mira, Muriel
Mensch: Adam
Moor: Fenja
Mond: Celina, Celine, Selina
Möwe: Laris(s)a
munter: Aischa/-e
Mut, mutig: Almut, Almuth, Balder, Balduin, Baldur, Bartholomäus, Conrad, Curd, Ermute, Erdmuthe, Ferdinand, Hardo, Hardy, Hartmut, Knut, Konrad, Kurt, Roland, Theo, Theobald
mutlos: Lea(h)
Mutter: Dmitri, Eva, Evelyn
Nacht: Laila, Samir, Samira
Nährerin: Alma, Monika, Monique
Name: Hieronymus, Jerome
neu: Javier, Xaver
Norden: Annelore, Eleonore, Hannelore, Ingelore, Lora/-e, Nora, Norbert, Norman
Olive: Oliver
Ostern: Pascal
Palme: Mara, Tamar(a), Thamar(a)
Perle: Annegret, Greta/-e, Madita, Margaret(h)a/-e, Margit, Margot, Margret, Margrit, Marit, Marita, Meggi(e), Meggy, Rita
Pferd: Horst, Phil, Philipp, Rosa/-e/-i, Rosalia/-e, Rosalinde, Rosemarie
Pferdelenker: Archip
Pilgerin: Bea, Beatrice, Béatrice, Beatrix
Prinz, Prinzessin: Regina/-e, Sabrina
Quitte: Dunja
Rabe: Bertram, Korbin, Korbinian, Korvin, Wolfram
Rat, Ratgeber: Alfred, Ali, Conrad, Curd, Elfriede, Fred, Konrad, Kurt,

Radolf, Raimar, Raimund, Rainer, Ralf, Ralph, Ramon, Ramona, Raoul, Raul, Raimar, Reimar, Reinhard, Reinhold, Ronald, Ronny, Sibylla/-e, Sybilla/-e
Regenbogen: Iris
Reh, Rehkitz: Elaine, Oscar, Oskar
reich: Beata, Beate, Erich, Richard
Reichtum ➤ Besitz
rein: Agnes, Annkathrin, Ann-Kathrin, Bianca, Bianka, Carina, Cathrin, Cathrina, Cathrine, Ina, Ines, Kai, Karin, Karina, Kat(h)arina/-e, Käthe, Kat(h)erina, Kathrin, Katinka, Katja, Katrin, Lavinia, Tina
retten, Rettung: Beata/-e, Beatus, Hosea, Mose(s)
Rom: Roman, Urban
Rose: Annerose, Romy, Rosa/-e/-i, Rosalia/-e, Rosalinde, Rosamunde, Rosemarie, Sina, Susan, Susanna/-e
Ross ➤ Pferd
rot, rothaarig: Finja, Rufus
Ruhe, ruhig: Galina, Noah, Rocco, Rochus
Ruhm ➤ berühmt
Sachse: Saskia
sanft, sanftmütig: Belinda, Clemens, Dietlind, Dietlinde, Galina, Gerlinde, Gislind/-e, Linda/-e, Linn, Linnea, Melinda, Rosa/-e/-i, Rosalinde, Si(e) glind(e)
Schaf: Rachel, Rahel
Schatz, Schatzmeister: Caspar, Casper, Kaspar, Kasper
scheu: Vera, Verena
Schicksal: Urd
Schild: Bertrand, Ilga, Linda/-e, Linn, Randolf, Rosalinde
Schildträger: Ägidius
Schmuck: Ada
schön: Astrid, Bella, Bellana, Frithjof, Gwen, Gwendolin, Ingrid, Inka, Kevin, Linda, Saphira, Si(e)grid
Schrecken: Egon, Eike
Schutz, schützen: Ansgard, Armgard, Balthasar, Birk, Birka, Birke, Diego, Diethelm, Edelgard, Edmund, Eduard, Edward, Ella, Elvira, Friedhelm, Hagen, Heilgard, Helgard, Helma, Helmut(h), Hildegard, Irmgard, Jacqueline, Jakob, Jakobina/-e, James, Jascha, Luitgard, Raimund, Ramon, Ramona, Reimund, Ri(e)ke, Rosa/-e/-i, Rosamunde, Si(e)gmund, Walburga, Walli/-y, Walpurga
Schwan: Svenja
schwarz: Laila, Linda/-e, Maurice, Melanie/-y, Moritz, Pamela
Schweden: Svea
Schwert: Eckard, Eckardt, Eckart, Eckehard, Eckehart, Egon, Eike, Ekkehard, Ekkehart, Elke, Jordis, Jördis, Uwe
See: Lynn
segnend: Alma
sehen: Jessica, Jiska, Merlin, Yessika
Sehnsucht: Ilga
Sieg, siegen: Berenike, Claus, Colin, Kai, Kassandra, Klaus, Kolja, Nick, Niclas, Nico, Nicola, Nicolas, Nicole, Niels, Nikita, Niklas, Nikolaus, Nicolai/-j, Nilas, Nils, Si(e)gbert, Siegfried, Si(e)glind(e), Si(e)gmar, Si(e)gmund, Si(e)grun, Stefan, Stefanie, Steffi, Stephan, Stephanie, Vera, Verena, Verona, Veronika, Vicki/-y, Victor, Victoria, Viktor, Viktoria, Vinzent/-z,
Sohn: Abel, Detlef, Detlev, Olaf, Rouven, Ruben
sonnenhaft, sonnig: Aylin, Kira, Kyra
Sonntag: Dominic, Dominik, Dominique
spätgeboren: Cordula
Speer: Ansgar, Corinna, Edgar, Engelbert, Gerald, Gerd, Gerhard, Gerlinde, Gernot, Gero, Gerold,

Gertrud, Gesa, Gesche, Gesina/-e, Gisbert, Gisela, Gislind/-e, Holger, Kai, Ludger, Notker, Oscar, Oskar, Roger, Rosalinde, Rüdiger
Spitze: Ortrud
standfest: Constanze, Konstantin, Konstanze
stark: Aileen, Audrey, Ava, Benno, Bernadette, Bernd, Bernhard, Birk, Birka, Birke, Cornelia, Cornelius, Eberhard, Eckard, Eckardt, Eckart, Eckehard, Eckehart, Edda, Edeltraud, Edeltrud, Eileen, Ekkehard, Ekkehart, Erhard, Evelyn, Gabi, Gabriel/-e, Gebhard, Gerd, Gerhard, Gertrud, Gesa, Gesche, Hardo, Hardy, Heiderose, Hert(h)a, Hiltrud, Ingetraud/-t, Irmtraud, Jara, Kai, Lennard/-t, Lennert, Leonard, Leonhard, Linn, Manfred, Mat(h)ilda/-e, Mechthild, Meike, Meinhard, Meno, Neidhart, Ortrud, Reinhard, Ricarda, Richard, Rosa/-e/-i, Rosemarie, Roswitha, Rotraut, Solveig, Tina, Valentin, Valentina, Valeria/-e, Volkhard, Waltr(a)ud, Wiltr(a)ud
Stein: Chantal
Steinbock: Jael, Yael
Stern: Ester, Esther, Stella
strahlend: Aglaia, Alena, Alina, Aline, Aljona, Aljoscha, Anna-Lena, Ariadne, Aurel, Aurelia, Aylin, Béla, Chiara, Claire, Clara, Diana, Diane, Eileen, Elaine, Elena, Eleonora, Eleonore, Elina, Eline, Ella, Ellen, Galina, Helen/-a/-e, Ilka, Ilona, Klara, Lena/-e/-i, Marlena/-e, Muriel, Nena, Ronja, Roxana, Selina
strebsam: Iris
streng: Severin, Sören
tapfer: Alfons, Amalia, Amalie, Amelie, Amélie, Balder, Balduin, Baldur, Ferdinand, Hartmut, Hartwig, Konrad, Kurt, Melina, Neidhart, Reinhard, Ricarda, Richard, Roland, Sina, Volkhard, Wieland
Tat: Tassilo, Tasso
Taube: Jona(h), Jonas
Täufer: Baptist, Baptiste
teuer: Cara, Dagmar, Darleen
Thor: Thorben, Thorsten, Torben, Torsten
Trost: Noah
tüchtig: Alma, Amalia, Amalie, Melina
Unterhaltung, unterhaltsam: Samir, Samira
unversehrt: Absalom, Axel
Vater: Abigail, Abraham, Absalom, Axel, Hiob, Job, Patric, Patricia, Patrick
Veilchen: Jolantha/-e, Viola
verdienstvoll: Meret
verehrungswürdig: Arabella, August, Augusta/-e, Bastian, Sebastian
vergeblich: Abel
verschlossen: Claudia, Cláudio, Claudius
Verstand, verständig: Hauke, Hubert, Hugo
Vertrauen: Traugott
Vogel: Sephora, Zippora
Volk: Abraham, Claus, Colin, Detlef, Detlev, Dieter, Diethelm, Dietlind, Dietline, Dietmar, Dietrich, Dirk, Kai, Klaus, Kolja, Leander, Leandro, Leopold, Ludmilla, Ludolf, Luitgard, Nick, Niclas, Nico, Nicola, Nicolas, Nicole, Niels, Nikita, Niklas, Nikolaus, Nicolai/-j, Nilas, Nils, Theo, Theobald, Till, Tillmann, Tilman(n), Tim, Volker, Volkhard, Volkmar
vollkommen, Vollkommenheit: Annelie, Anneliese, Annelise, Bella, Bellana, Bettina, Bettine, Elisa, Elise, Elisabeth, Ella, Elli, Elsa, Else, Ilse, Isabel(l), Isabella/-e, Li(e)selotte, Li(l)i, Lilly, Lisa/-e, Marlies, Salome,

Salomo(n), Tina
Vorfahr: Olaf
vornehm ➤ edel
wachen, wachsam, Wächter: Benno, Bernward, Gregor, Jorina, Jurina, Serge(i)j
wachsen: Creszentia, Kreszentia, Senta
wahr, Wahrheit: Ella, Elvira, Vera, Verena
Wald: Guido, Silvia, Walburga, Walli/-y, Walpurga
wandern: Wendelin
warnen: Werner
Wasser: Mose(s)
Weihnachten: Natalia/-e, Natal(i)ja, Natascha, Nathalie, Noel
weiß: Bianca, Bianka
Wesen: Adelheid, Elke, Heide, Heidemarie, Heiderose, Heidi, Heidrun
weise: Laila, Sofia/-e, Sonja, Sophia/-e
wiedergeboren: Renata/-e, Renatus, René, Renée
Wille: Liam, Minna, Wilfried, Wilhelm, Wilhelma, Wilhelmina/-e, Willi/-y, William, Will, Wilma, Wiltr(a)ud
wissen: Guido
Wohlergehen: Absalom, Axel, Salome, Salomo(n), Selma
wohlhabend: Mira
Wolf: Adolf, Arnulf, Boris, Errol, Gundolf, Ludolf, Oliver, Radolf, Ralf, Ralph, Randolf, Raoul, Raul, Rolf, Rudi, Rudolf, Ulf, Wolf, Wolfgang, Wolfram, Wulf, Ylva/-i(e)
wunderbar: Mira
Wunschkind: Amadeus, Amrei, Amy, Anna-Marie, Annemarie, Asmus, Damaris, David
zart: Aylin
Ziegenfell: Ägidius
ziehen, gezogen: Mose(s)
zuverlässig: Constanze, Ethan, Konstantin, Konstanze
Zwilling: Thomas, Tom, Tommy

Namenstage durchs Jahr

1. Januar. Maria (Mutter Jesu)
2. Januar: Basilius der Große, Dietmar von Prag
4. Januar: Rüdiger von Élan
5. Januar: Ämilie (Aemiliana, Emilia, Emilie), Edward der Bekenner
6. Januar: Balthasar, Kaspar, Wiltrud von Bergen
7. Januar: Reinhold von Köln, Sigrid von Tonars
8. Januar: Balduin von Laon, Erhard von Regensburg, Gudula von Brüssel, Severin von Norikum
9. Januar: Hadrian (Adrian) von Canterbury
12. Januar: Tatjana von Rom
13. Januar: Verus von Vienne
14. Januar: Nina
15. Januar: Traugott Hahn
17. Januar: Antonius der Große
18. Januar: Prisca von Rom
19. Januar: Henrik von Uppsala, Marius
20. Januar: Fabian, Sebastian
21. Januar: Agnes von Rom
22. Januar: Dietlind, Vinzenz von Saragossa
23. Januar: Hartmut von St. Gallen, Menno Simons (Meno)
24. Januar: Arno von Salzburg, Vera von Clermont, Xenia
26. Januar: Paula von Rom, Timotheus, Titus
28. Januar: Manfred (selig)
30. Januar: Martina
31. Januar: Kyrus von Alexandria (Kyra)

1. Februar: Brigitta, Siegbert von Austrasien
2. Februar: Bodo, Burkhard von Würzburg
3. Februar: Ansgar von Hamburg
4. Februar: Irmtraud von Köln, Veronika
5. Februar: Agatha von Catania (Agathe), Lea
6. Februar: Dorothea von Kappadozien, Gaston
7. Februar: Ava, Pius
9. Februar: Apollonia
11. Februar: Pascal, Theodora die Jüngere
14. Februar: Valentin von Terni
15. Februar: Siegfried von Växjö
16. Februar: Juliane von Nikomedia
17. Februar: Theodor Tiro
18. Februar: Constantia (Constanze)
19. Februar: Pia von Karthago
20. Februar: Amata (Amy), Falko von Tongern
21. Februar: Gunhild von Biblisheim
24. Februar: Matthias
25. Februar: Walburga
26. Februar: Gerlind, Swetlana (Photine)
28. Februar: Antonia von Florenz (selig)

1. März: Eudokia (Dunja)
5. März: Dietmar von Minden, Theophilos von Caesarea (Theophil)
6. März: Fridolin von Säckingen, Rosa von Viterbo
7. März: Felicitas von Karthago, Volker (selig)
9. März: Franziska von Rom
10. März: Gustav von Schweden
12. März: Almuth von Wetter
13. März: Gerald von Mayo, Leander

14. März: Leobin von Chartres (Levin), Mechthild
15. März: Louise von Marillac
16. März: Abraham von Kiduna
17. März: Gertrud von Nivelles, Patrick
18. März: Edward der Märtyrer
19. März: Josef
20. März: Claudia, Irmgard von Erstein, Cuthbert (Gisbert)
22. März: Lea von Rom
26. März: Ludger von Münster, Larissa
27. März: Eckart (Eckehard), Rupert von Salzburg
31. März: Amos, Cornelia, Guido Vagnotelli

1. April: Irene von Thessalonike
2. April: Theodora von Tyrus
4. April: Isidor von Sevilla
5. April: Maria Kreszentia Höss (selig)
6. April: Notker der Stammler
8. April: Dionysios von Alexandria
9. April: Waltraud von Cambrais
10. April: Notker von Lüttich
11. April: Gemma Galgani, Rainer von Pisa
12. April: Julius
14. April: Ernestine von Bayern
16. April: Bernadette
18. April: Alexander von Alexandria
19. April: Gerold, Timon
21. April: Anselm von Canterbury, Konrad von Konstanz
23. April: Georg von Kappadozien, Gerhard von Toul
25. April: Erwin von Steinbach, Markus
27. April: Simon
28. April: Hugo von Cluny, Theodora von Alexandria, Valeria
29. April: Dietrich von Thoreida, Irmtrud von Hasnon (Irmtraud), Wilfried der Jüngere
30. April: Hildegard (selig), Rosamunde

1. Mai: Bertha von Avenay, Jeremia(s), Sigismund von Burgund (Siegmund), Walburga
2. Mai: Zoe
3. Mai: Papst Alexander I., Jakobus der Herrenbruder, Philipp der Apostel, Viola
4. Mai: Florian, Valeria von Lorch
5. Mai: Sigrid
6. Mai: Gundula
7. Mai: Zar Boris I., Gisela von Ungarn (selig)
8. Mai: Arsenius der Große (Arsène), Ulrika Nisch (selig)
9. Mai: Volkmar von Niederaltaich
15. Mai: Sophia
17. Mai: Dietmar von Neumünster, Paschalis Baylon (Pascal)
18. Mai: König Erik IX. Jedwardson
19. Mai: Ivo Hélory, Theophilos von Caesarea (Theophil)
21. Mai: Konstantin der Große, Wiltrud von Ardei
22. Mai: Aemilius von Karthago (Emil), Julia von Korsika, Renata von Bayern
23. Mai: Desiderius von Langres (Désirée)
24. Mai: Vinzenz von Lérins
26. Mai: Alwin (selig)
28. Mai: Wilhelm von Aquitanien
29. Mai: Irmtraud von Millendonk
30. Mai: Basilius der Ältere (Wassili), König Ferdinand III., Johanna von Orléans
31. Mai: Hiltrud von Neuenheerse

1. Juni: Justin der Märtyrer
2. Juni: Odo von Canterbury
3. Juni: Kevin

4. Juni: Werner von Ellerbach
5. Juni: Winfried
6. Juni: Norbert von Xanten
8. Juni: Ilga (selig), Melania (Melanie)
10. Juni: Diana Andalò
11. Juni: Jolenta von Gnesen
12. Juni: Guido von Cortona
13. Juni: Anton
14. Juni: Hartwig von Salzburg
15. Juni: Bernhard von Menthon, Creszentia, Lothar von Séez, Vitus (Veit)
16. Juni: Benno von Meißen, Justine, Luitgard von Tongern
17. Juni: Adolf von Utrecht, Alena, Falko von Reims, Rainer von Pisa
19. Juni: Odo von Cambrais
20. Juni: Florentina
21. Juni: Alois von Gonzaga, Eberhard von Salzburg, Radolf
22. Juni: Rotraut
23. Juni: Edeltraud von Ely
24. Juni: Iwan
25. Juni: Eleonore von England
27. Juni: Crescens (Creszentia), Kenneth
28. Juni: Gero von Köln
29. Juni: Notker Labeo, Paulus (Paul), Petrus (Peter), Raymundus Lullus (Raimund), Simon
30. Juni: Bertram, Ernst von Padubitz, Otto von Bamberg

2. Juli: Zar Boris I., Wiltrud von Hohenwart (Wiltraud)
3. Juli: Thomas
4. Juli: Ulrich von Augsburg
5. Juli: Zoe
8. Juli: Kilian
10. Juli: Amalia von Maubeuge, Knut IV.
11. Juli: Benedikt von Nursia, Olga von Kiew, Papst Pius I., Renata von Ferrara
12. Juli: Jason
13. Juli: Arno von Würzburg, Eugenius von Karthago (Eugen), König Heinrich II., Silas
15. Juli: Egino von Augsburg (Egon), Rosalia von Palermo, Wladimir
16. Juli: Carmen, Elvira von Öhren
17. Juli: Donata
18. Juli: Arnulf von Metz, Friedrich
19. Juli: Arnold von Arnoldsweiler, Arsenius der Große (Arsène)
20. Juli: Aurelius (Aurel), Elias, Margareta von Antiochien, Marina
22. Juli: Magdalena
23. Juli: Brigitta von Schweden
24. Juli: Christina von Bolsena, Christopher, Siglind von Troclar (Sieglinde)
25. Juli: Jakobus (Jakob), Valentina
26. Juli: Anna, Joachim
28. Juli: Timon
29. Juli: Beatrix, Martha, König Olaf
30. Juli: Ingeborg von Frankreich
31. Juli: Ignatius von Loyola (Ignaz)

1. August: Alfons Maria von Liguori, Fides (Fay, Vera), Nadjeschda
2. August: Elfriede von Mercien
3. August: Lydia
5. August: Abel von Reims, Oswald
7. August: Donatus von Arezzo (Donat)
8. August: Dominikus von Kastilien (Dominik)
9. August: Edith Stein
10. August: Laurentius
11. August: Clara von Assisi, Gerold, Ludolf von Corvey
14. August: Maximilian Kolbe, Meinhard von Segeberg
15. August: Arnulf von Soissons
16. August: Rochus, Theodor von Sitten

18. August: Helena
19. August: Magnus von Trani
20. August: Bernhard von Clairvaux, Ronald
23. August: Rosa von Lima
24. August: Bartholomäus, Nathanael
25. August: Elvira von Öhren, König Ludwig IX., Patricia
26. August: Natalia von Nikomedien (Natalija)
27. August: Amadeus von Lausanne, Gebhard von Konstanz, Monika
28. August: Alexander von Konstantinopel, Augustinus von Hippo (Aurel), Elmar, Vivianus (Vivian)
29. August: Johannes der Täufer, Sabina von Rom
30. August: Arsenius I. von Serbien (Arsène), Heribert von Köln (Herbert)
31. August: Raimund Nonnatus

1. September: Ägidius, Harald, Ruth, Verena
2. September: Ingrid Elovsdotter
3. September: Marinus, Phöbe
4. September: Ida von Herzfeld, Iris, Irmgard von Köln, Rosa von Viterbo, Rosalia von Palermo
5. September: Roswitha von Gandersheim
6. September: Beate von Sens, Gundolf, Magnus von Füssen
7. September: Regina von Alesia
8. September: Korbinian
11. September: Adelmar (Elmar), Felix von Zürich, Theodora von Vasta
15. September: Ludmila, Melitta (Melissa), Nikita
16. September: Ludmila
17. September: Hildegard von Bingen
21. September: Matthäus (Matthias)
22. September: Gunhild von Suffersheim, Moritz
23. September: Linus
24. September: Hermann der Lahme (selig), Rupert von Salzburg
25. September: Sergius von Radonesch (Sergeij)
26. September: Damian, Justina (Justine)
27. September: Florentin, Hiltrud von Lissies, Sigebert von Ostanglien (Siegbert)
28. September: Dietmar von Salzburg, Lioba von Tauberbischofsheim, Wenzeslaus
29. September: Gabriel, Michael, Raffael
30. September: Hieronymus, Sophia, Ursus (Urs), Victor von Solothurn

1. Oktober: Theresia von Lisieux
2. Oktober: Ruth
3. Oktober: Dionysius (Dennis), Ewald, Udo von Metten (selig)
4. Oktober: Berenike, Damaris, Franz von Assisi
6. Oktober: Bruno von Köln, Renatus von Sorrent
7. Oktober: Justina
9. Oktober: Abraham, Denis (Sidney), Günther von Niederaltaich, Jobst (Justus)
10. Oktober: Victor von Xanten
11. Oktober: Philippus (Philipp)
12. Oktober: Edwin, Maximilian von Pongau, Wilfried von York
13. Oktober: Theophilus (Theophil)
14. Oktober: Justus von Lyon
15. Oktober: Aurelia von Regensburg (selig), Teresa von Avila
16. Oktober: Florentinus von Trier (Florentin), Hedwig von Andechs

17. Oktober: Ignatius von Antiochien (Ignaz)
18. Oktober: Justus, Lukas
20. Oktober: Kornelius (Cornelius)
21. Oktober: Celina von Laon, Ursula von Köln, Wendelin
22. Oktober: Cordula, Ingbert (Ingo)
23. Oktober: Severin von Köln, Oda von Lüttig (Uta)
25. Oktober: Daria
26. Oktober: Amandus von Straßburg (Amanda), Demetrius (Dmitri), Wigand
28. Oktober: König Alfred der Große
29. Oktober: Ermelinde von Meldert (Melina)
31. Oktober: Quentin, Wolfgang

3. November: Hubertus (Hubert), Silvia
4. November: Franziska von Rom, Carlo Borromeo (Karl)
5. November: Elisabeth
6. November: Gustav Adolf von Schweden (ev.), Leonhard von Noblac, Rudolf von Büren
7. November: Engelbert von Köln
8. November: Claudius von Rom, Gottfried von Amiens, Lucian von Bauvais
9. November: Aurelius von Riditio (Aurel)
10. November: Papst Leo der Große
11. November: Martin
12. November: Levin von Deventer
13. November: Detlev von Parkentin
15. November: Leopold
16. November: Otmar von St. Gallen
17. November: Florin vom Vinschgau, Gertrud von Helfta, Gregor der Wundertäter, Victoria von Córdoba
18. November: Odo von Cluny
19. November: Elisabeth von Thüringen
20. November: Bernward von Hildesheim, Edmund, Korbinian
21. November: Rufus
22. November: Cäcilie
23. November: Clemens, Felicitas von Rom
25. November: Katharine von Alexandrien
26. November: Konrad von Konstanz
30. November: Andreas

1. Dezember: Bianca von Kastilien, Natalija
3. Dezember: Gerlind, Xaver
4. Dezember: Adolph Kolping, Barbara
5. Dezember: Gerald von Braga, Hanno von Köln, Reinhard von Lüttig
6. Dezember: Nikolaus, Theophilos (Theophil)
7. Dezember: Gerald von Ostia
8. Dezember: Gunthildis von Ohrndorf (Gunhild)
9. Dezember: Abel, Valeria von Limoges
11. Dezember: Tassilo
12. Dezember: Chantal
13. Dezember: Lucia, Odilia vom Elsass (Ottilia)
14. Dezember: Berthold von Regensburg
15. Dezember: Christiana von Georgien (Nina)
16. Dezember: Adelheid von Burgund
17. Dezember: Jolanda von Marienthal (Jolanthe), Lazarus
19. Dezember: Susanna
21. Dezember: Juliane von Nikomedien
24. Dezember: Erkenbrecht (selig), Irmina (Hermine)

25. Dezember: Anastasia
26. Dezember: Dionysios von Rom (Dennis), Ruben, Stephanus (Stephan)
27. Dezember: Johannes der Evangelist
29. Dezember: David, König Lothar I.
31. Dezember: Donata, Marius, Melania (Melanie)

Literatur

Albaigés, Josep M.: Diccionario de nombres de personas, Edicions Universitat de Barcelona 1984

Bach, Adolf: Die deutschen Personennamen, Heidelberg: Carl Winter Universitätsverlag 1952

Bahlow, Hans: Unsere Vornamen im Wandel der Jahrhunderte, Limburg: C.A. Starke-Verlag 1965

Bandini, Ditte und Giovanni: Who's Who im Himmel, München: Marix-Verlag 2002

Beck, Heinrich, u.a. (Hrsg.): Reallexikon der Germanischen Altertumskunde, Berlin: de Gruyter 1968/73–2008 (35 Bd.e und 2 Registerbd.e, dazu zahlreiche Ergänzungsbd.e)

Bocian, Martin: Lexikon der biblischen Personen, Stuttgart: Alfred Kröner Verlag ²2004

Brechenmacher, Josef Karlmann: Etymologisches Wörterbuch der deutschen Familiennamen. 2 Bde., Limburg/Lahn: C.A. Starke-Verlag, 1957

Coenen, Dorothea, *Holzapfel,* Otto (Bearb.): Germanische und keltische Mythologie, Freiburg: Herder-Verlag ²1990

Dizionario Etimologico, Rusconi Libri, Genua 2006

Dubois, J., *Mitterand,* H., *Dauzat,* A.: Dictionnaire Étymologique, Paris: Larousse 2007

Dunkling, Leslie, *Gosling,* William: Everyman's Dictionary of First Names, London: J. M. Dent & Sons 1983

Farmer, David: The Oxford Dictionary of Saints, Oxford ⁴1997

De Felice, Emidio: Dizionario dei nomi Italiani, Mailand 1986, (Nachdruck 2002)

Fink, Gerhard: Who's who in der antiken Mythologie, München: dtv 1993

Förstemann, Ernst: Altdeutsches Namenbuch, Erster Band, Wilhelm Fink Verlag, München, Nachdruck der zweiten Auflage 1966

Forstner, Dorothea, *Becker,* Renate: Lexikon christlicher Symbole, Wiesbaden: Marix-Verlag 2007

Fuentes, Marina Cepada, *Cattabiani,* Stefano: Dizionario dei nomi, Rom: Newton & Compton 1992

Gallarín, Consuelo García: Los nombres de pila españoles, Madrid: Ediciones del Prado 1998

Gerritzen, Doreen: Voornamen – Een praktische handleiding, Utrecht: Het Spectrum 1999

Gottschald, Max: Deutsche Namenkunde, Berlin: de Gruyter ⁴1971

Graf, Fritz: Griechische Mythologie, Düsseldorf: Patmos Verlag ⁵1999

Grimm, Jacob: Deutsche Mythologie, Um eine Einleitung vermehrter Nachdruck der 4. Auflage, besorgt von Elard H. Meyer, Berlin 1975-78, Lizenzausgabe für VMA-Verlag, Wiesbaden 1968

Haarmann, Harald: Kleines Lexikon der Sprachen, München: Verlag C.H. Beck 2001

Haarmann, Harald: Lexikon der untergegangenen Sprachen, München: Verlag C.H. Beck 2002

Hafner, German: Bildlexikon antiker Personen, Düsseldorf: Albatros-Verlag 2001

Hainz, Josef u.a. (Hrsg.): Personen-Lexikon zum Neuen Testament, Patmos-Verlag, Düsseldorf 2004

Hanks, Patrick, *Hodges,* Flavia: Dictionary of First Names, Oxford 1990

Heinz-Mohr, Gerd: Lexikon der Symbole, München: Eugen Diederichs Verlag ²1998

Hoad, Terry F. (Hrsg.): Concise Dictionary of English Etymology, Oxford 1996

Kaufmann, Henning: Altdeutsche Personennamen, Ergänzungsband (zu Ernst Förstemann: Altdeutsches Namenbuch, Erster Band, München, Nachdruck der zweiten Auflage 1966), 1968

Kluge, Friedrich: Etymologisches Wörterbuch, Berlin: de Gruyter ²³1995

Köbler, Gerhard: Wörterbuch des althochdeutschen Sprachschatzes, Paderborn: Schöningh 1993

Kohlheim, Rosa und Volker: Das große Vornamenlexikon, Mannheim: Duden 2014

Kohlheim, Rosa und Volker: Familiennamen, Herkunft und Bedeutung, Mannheim: Duden 2000

König, Werner: dtv-Atlas Deutsche Sprache, München ¹³2001

Krause, Arnulf: Die Geschichte der Germanen, Frankfurt: Campus 2002

Krause, Arnulf: Von Göttern und Helden, Stuttgart: Konrad Theiss ²2013

Krause, Arnulf: Reclams Lexikon der germanischen Mythologie, Stuttgart 2010

Kunze, Konrad: dtv-Atlas Namenkunde, München, ⁵2004

Künzl, Ernst: Die Germanen, Stuttgart: Konrad Theiss 2006

Kytzler, Bernhard: Frauen der Antike, Frankfurt: Insel 1997

Kytzler, Bernhard: Mythologische Frauen der Antike, Düsseldorf: Artemis & Winkler 1999

Ladner, Gerhart B.: Handbuch der frühchristlichen Symbolik, Wiesbaden: VMA-Verlag 2000

Lexer, Matthias: Mittelhochdeutsches Taschenwörterbuch, Stuttgart: S. Hirzel ³⁸1992

Linnartz, K.: Unsere Familiennamen Band II, Aus deutschen und fremden Vornamen im Abc erklärt, Bonn: Ferdinand Dümmlers Verlag 1958

Lötzsch, Ronald: Jiddisches Wörterbuch, Mannheim: Duden 1992

Luther, Martin: Namen-Büchlein, fotomechanischer Neudruck der Originalausgabe 1674, Leipzig 1980

Meister, Abraham: Biblische Namen kurz erklärt, Neukirchen-Vlyn: Christliche Verlagsanstalt ⁶1995 (1975)

Meyer, Elard Hugo: Mythologie der Germanen, Straßburg 1903, Essen: Nachdruck Phaidon-Verlag o. J.

Mills, A. D.: A Dictionary of English Place-Names, Oxford 1998

Mitterauer, Michael: Ahnen und Heilige – Namengebung in der europäischen Geschichte, München: C. H. Beck 1993

Noth, Martin: Die israelitischen Personennamen im Rahmen der gemeinsemitischen Namengebung, Hildesheim 1929/1966

Oesterreicher-Mollwo, Marianne: Symbole, Freiburg: Herder 1993

Pfeifer, Wolfgang u.a.: Etymologisches Wörterbuch des Deutschen, Lizenzausgabe für Edition Kramer, Koblenz, Berlin: Originalausgabe Akademie Verlag ²1993

Reaney, P. H., *Wilson,* R. M.: A Dictionary of English Surnames, Oxford 1997

Rechenmacher, Hans: Althebräische Personennamen, Münster: Ugarit-Verlag 2012

Röhrig, Lutz: Lexikon der sprichwörtlichen Redensarten, Freiburg: Herder 1994

Room, Adrian: Dictionary of First Names, London: Cassell 1995

Rossebastiano, Bart Alda, *Papa,* Elena: I nomi di persona in Italia, Turin: UTET 2005

Schauber, Vera, *Schindler,* Hanns Michael: Bildlexikon der Heiligen, Seligen und Namenspatrone, Augsburg: Pattloch 1999

Schauber, Vera, *Schindler* Hanns Michael: Heilige und Namenspatrone im Jahreslauf, Augsburg: Pattloch 2001

Schönfeld, M.: Wörterbuch der altgermanischen Personen- und Völkernamen, Darmstadt ²1965

Schramm, Gottfried: Namenschatz und Dichtersprache, Göttingen 1957

Schröder, Edward: Deutsche Namenkunde, Göttingen 1938

Seibicke, Wilfried: Deutsches Historisches Vornamenbuch, Berlin: de Gruyter 1996-2006

Seibicke, Wilfried: Die Personennamen im Deutschen, Berlin: de Gruyter ²2008

Sidi, Smadar Shir: The Complete Book of Hebrew Baby Names, San Francisco: Harper 1989

Simek, Rudolf: Götter und Kulte der Germanen, München: Verlag C.H. Beck 2004

Simek, Rudolf: Lexikon der germanischen Mythologie, Stuttgart: Kröner 2006

Simek, Rudolf: Die Wikinger – Geschichte, Kultur und Lebensweise, München: Verlag C.H. Beck 1998

Stamm, J. J.: Beiträge zur hebräischen und altorientalischen Namengebung

Stamm, J. J. 1967: Hebräische Frauennamen; in: Hebräische Wortforschung (Festschrift zum 80. Geburtstag von Walter Baumgartner. Leiden (= Supplemente to Vetus Testamentum, vol. XVI), S. 301-339

Steimer, Bruno (Red.): Lexikon der Heiligen und der Heiligenverehrung, Freiburg: Herder 2003

Tacitus: Germania, Reclam, Leipzig 1982

Tanet, Chantal, *Horde,* Tristan : Dictionnaire des Prénoms, Paris: Larousse 2009

Torsy, Jakob, *Kracht,* Hans-Joachim (Hrsg.): Der große Namenstagskalender, Freiburg: Herder 1997

v. Train, J. K.: Wörterbuch der Gauner- und Diebessprache, Erftstadt: Area 2003

Urmes, Dietmar: Etymologisches Namenlexikon, Wiesbaden: Marix 2006

Urmes, Dietmar: Handbuch der geographischen Namen, Wiesbaden: Marix 2004

Viereck, Karin und Wolfgang, *Ramisch* Heinrich: dtv-Atlas Englische Sprache, München

Wasserzieher, Ernst: Hans und Grete, Bonn [18]1972

Westermann, Klaus: Genesis; Biblischer Kommentar, Neunkirchen [3]1983

Wimmer, Otto, *Melzer,* Hartmann: Lexikon der Namen und Heiligen, Innsbruck: Tyrolia 1988

Ziegler, Konrat: Der Kleine Pauly, Lexikon der Antike, München: Tyrolia 1979

Internet-Seiten:

www.behindthename.com
Hier findet sich eine sehr umfangreiche Datenbank mit Namen aus verschiedensten Kulturen. Die Informationen sind in der Regel sehr zuverlässig. Viele ungewöhnliche Namen werden zunächst als „user submitted" (von Nutzern eingereicht) eingestellt und (manchmal viel) später offiziell übernommen. Sehr hilfreich ist das „message board" (Forum): Hier kann man Fragen aller Art stellen, die von einem Heer kompetenter Fachleute gründlich und zeitnah beantwortet werden.

www.nordicnames.de
Eine gründlich recherchierte Seite, die sich auf nordische Namen spezialisiert hat. Hier finden sich historische und aktuelle Namen aus den skandinavischen Ländern, aber auch die Namen aus den Astrid-Lindgren-Büchern und die der IKEA-Produkte.

www.beliebte-vornamen.de
Die Seite bietet eine umfangreiche Datenbank mit kurzen, aber in der Regel brauchbaren Erklärungen. Besonders interessant sind die Statistiken: Für gut 700 Namen findet man ein Diagramm mit der Beliebtheitskurve (in Rängen), in vielen Fällen seit 1890. Daneben gibt es Hitlisten mit den 100 beliebtesten Jungen- und Mädchennamen, ab 2009 sogar die 500 populärsten Namen. Diese Daten basieren nicht auf offiziellen Statistiken (die gibt es im Gegensatz etwa zu den USA so nicht), sondern auf repräsentativen Auswertungen.

www.ssa.gov/oact/babynames/
Hervorragende Seite, um etwas über die Beliebtheit eines Namens in den USA von 1900 bis heute zu erfahren. Zugrunde liegen die Daten der SSA (Social Security Agency).

www.wikipedia.de
Die Angaben zu den Vornamen sind großenteils brauchbar bis zuverlässig. Zur Beurteilung ist es hilfreich, auf die Quellen in den Fußnoten zu achten. Oft werden Internetseiten angegeben, doch viele dieser Seiten bieten Informationen, die aus ungeprüften Quellen stammen.

sowie die Webseite des Autors:
www. unsere-vornamen.de

Hier sind erhältlich
***persönliche Namenskarten** mit Informationen zum Namen und Raum für Gratulationen.

Das ideale Geschenk zur Taufe oder Kindersegung, aber auch zum Geburtstag oder einfach nur so.

***indivduelle Namensbriefe.** Im Format 24 x 30 cm im rahmenlosen Bildhalter. Ausführliche Informationen zu bisher über 300 Namen, dazu das Bild eines prominten Namensträgers und ein passender Bibelvers